법 학 총 서

미국통일상법전

Uniform Commercial Code(UCC)

박정기·윤광운 공역

法 文 社

머 리 말

세계 모든 국가는 모두 동일한 역사를 가지고 있지 않기 때문에 각각 상이한 문화를 가지고 있으며, 한 국가의 가장 대표적인 문화 중 하나가 바로 법제도이다. 따라서 각 국가마다 상이한 법제도를 보유하고 있으나, 그 근본적인 법의 원리에 따라 다음과 같이 양분할 수 있다. 즉, 독일과 프랑스 등을 주축으로 하는 대륙법계 국가와 영국과 미국을 주축으로 하는 영미법계 국가로 구분할 수 있으며, 우리나라는 대륙법계 국가에 해당한다.

종전에는 이러한 구분이 매우 엄격하였기에 대륙법계에 해당하는 국가가 영미법의 원리를 수용하는 것에 대하여 소극적이었으며, 반대로 영미법계에 해당하는 국가가 대륙법의 원리를 수용하는 것 역시 소극적이었다. 그러나 교통수단의 발전과 국제거래의 활성화 등으로 국경을 기준으로 발생하는 지리적 제한은 더 이상 의미가 없게 되었다. 그 결과 명확하게 구별되었던 법계 역시 고유한 영역을 고수하면서 다른 것을 배척할 수 없게 되었으며, 상이한 법계에 속한 국가의 법원리와 법제도에 대한 연구를 진행하여 입법과정에서 상이한 법계의 법원리 또는 법제도를 수용하게 되었다.

이러한 현상은 우리나라에서도 예외가 아니다. 따라서 영미법계에 속하는 국가의 법원리와 법제도에 대한 연구가 활발하게 진행되어 왔으며, 그 연구성과는 현행의 법제도에 많은 영향을 끼쳤다. 현재에 있어서도 영미법에 대한 많은 연구가 진행되고 있으며, 시간이 경과함에 따라 더욱 전문적인 분야에 대한 연구의 필요성이 제기되고 있다.

이 중 가장 대표적인 분야가 바로 상거래 분야이며, 이를 규율하고 있는 가장 대표적인 법이 미국 통일상법전이다. 이러한 통일상법전에 대한 연구의 필요성은 미국을 비롯한 영미법계 국가와의 교류의 확대와 더불어 증대되고 있으며, 현재 각 분야별로 이에 대한 연구가 진행되고 있다. 하지만 많은 연구의 성과에도 불구하고 가장 기본적이라고 할 수 있는 통일상법전 전반에 대한 번역의 부족으로 인하여 공역자를 비롯하여 초심자 및 연구자가 연구활동을 진행함에 있어서 많은 어려움이 있었다. 따라서 통일상법전에 대한 번역의 필요성을 인식하고 이 분야를 연구하는 다양한 연구자들에게 조금이나마 연구활동에 도움이 되고자 번역작업을 시작하였다. 통일상법전에 대한 번역은 처음 생각과는 달리 법문화의 차이와 연구능력의 부족으로 인하여 시간이 많이 지연되었으며, 통일상법전 전반을 다루다 보니 전공과 다른 분야에서는 미흡한 부분이 많다. 이러한 점 때문에 출판 여부에 대하여 상당한 고민을 하였지만, 다른 연구자들에게 조금이나마 도움이 되었으면 하는 생각에서 출판을 결정하게 되었다. 부족한 부분과 미흡한 부분에 대하여는 지속적인 연구와 동학선배 제현의 질책과 지도편달을 통하여 추후 보완을 하고자 한다.

끝으로 어려운 시기에 본서의 출간을 흔쾌이 맡아 주신 법문사의 배효선 사장님과 영업부 김영훈 차장님, 편집부 송병량 차장님에게 이 자리를 통하여 감사의 인사를 드리며, 원고의 정리부터 교정까지 많은 도움을 준 고형석 박사에게 다시 한번 감사의 말씀을 전하는 바이다.

2006년 10월

공역자 씀

통일상법전의 개요

1. 의　　의

미국의 국가형태는 연방정부와 주 정부로 구성되어 있으며, 연방정부와 별도로 주 정부에게 독자적인 입법권이 인정된다. 그 결과 미국은 하나의 국가임에도 불구하고 내부적으로는 수 개의 국가가 결합된 형태를 취하고 있다. 따라서 주 단위로 입법을 함으로 인하여 미국의 전체적인 측면에서 법의 통일은 이루어지지 않으며, 상법분야에서도 법의 분열은 동일하다. 이에 주마다 서로 상법이 달라 초래되는 혼란을 없애기 위하여 미국 내에서 통일된 상법을 제정할 필요성이 제기되었으며, 1890년부터 논의해오다가 1942년부터는 법률을 입안하였으며, 마침내 1952년 미국법률협회와 통일주법전국위원회에서 공포한 통일법이 바로 통일상법전 또는 미국연방통일상법전이다. 이를 원어로 표기하면 Uniform Commercial Code라 하며, 이를 약칭하여 일반적으로 U.C.C.라고 칭한다.

2. 통일상법전의 제정과정

상거래를 규율하고 있는 각 주의 법은 서로 상이하여 법의 인식 및 적용 등에 있어서 많은 불편을 초래하였으며, 주간 거래의 활성화로 인하여 분쟁의 발생시 분쟁해결을 위하여 준거법의 결정문제가 커다란 문제로 등장하였다. 이에 주간 분열된 법의 통일성에 대한 필요성을 인식하고 이에 대한 준비를 시작하였다. 이러한 법의 통일화를 위한 준비는 뉴욕주에서 시작되었으며, 1890년에 주법을 통일화하기 위한 위원회 설치를 내용으로 하는 법률이 제정되어 주법통일위원회가 설치되었다. 또한 뉴욕주 이외의 다른 주에서도 이러한 위원회의 설치를 결정하게 되었으며, 이로 인하여 주법통일위원회(National Conference of Commissioners on Uniform State Laws)가 설립되었다. 동 위원회에서는 먼저 1895년에 유통증권법의 통일에 착수하여 W. H. Crawford에 의하여 초안된 법안을 동 위원회와 미국변호사협회(American Bar Association)의 승인을 얻어 통일유통증권법을 공포하였으며, 이 법은 1897년에 4개의 주에서 채택되었다. 또한 동 위원회는 S. Williston 교수가 1894년 영국의 물품매매법을 기초로 하여 작성한 통일매매법(Uniform Sale Act)을 1906년에 승인하여 공포하였으며, 동 교수가 초안한 창고증권법(Warehouse Receipts Act)을 1906년에, 1909년에 통일선하증권법(Uniform Bills of Landing Act)을 공포하였다. 이후 동 위원회는 주법의 통일화를 위하여 다양한 통일법을 승인하였으며, 현재에도 이를 준비하고 있다.

1940년에 이르러 동 위원회는 상거래 분야에 있어서 통일법 내지 상사사항에 관련한 중요하고 긴박한 통일법의 부존재와 새로운 규정을 통합하여 이것을 현대화하는 것을 내용으로 하는 통일상사법의 제정을 준비하는 것을 제안하여 채택하였다. 이후 1945년 1월 1일에 동 위원회와 미국법위원회(American Law Institute)는 공동으로 통일상법전의 제정작업을 시작하여 1952년에 공표하였다.

통일상법전의 초안은 동위원회와 미국법위원회의 공동위원회에서 심의하여 양 위원회의 총회에서 전원의 토론을 거쳤다. 초안의 작성 및 편집작업은 H. F. Goodrich 판사를 의장으로 하는 편집위원회(Editorial Board)에서 담당하였지만, 최종단계에 있어서 정책적 문제는 확대편집위원회(Enlarged Editorial Board)에서 심의되었다. 법전의 수석책임자는 시카코대학의 K.N. Llewellyn 교수이며, 부수석책임자는 동 대학의 Soia Mentschikoff 교수였으며, 최종편집작업은 C. Bunn 교수에 의하여 이루어졌다.

실제 초안은 변호사와 법학교수에 의하여 작성되었으며, 이후 임명된 법관, 변호사 및 법학교수로 구성된 심의위원회에 초안이 회부되어 초안작성자와 함께 이의 실질, 형식, 용어 등에 대하여 토론과 더불어 조정되었다. 이러한 조정후에 초안은 미국법위원회의 부속위원회와 주법통일위원회의 상사법분과위원회 및 재산법분과위원회에 회부되어 세밀한 검토가 행하였졌으며, 분과위원회의 승인을 받은 초안은 미국법위원회 및 주법통일위원회의 회원 전원이 참여하는 본 회의에서 토론과 심의가 이루어졌다. 이와 별도로 다수의 변호사, 사업자 및 금융업자 등이 비공식적으로 논의를 하였다. 또한 각주의 변호사협회에서도 이의 작업에 협력하였으며, 특히 미국변호사협회의 회사 · 금융 · 상사법 분과위원회는 각종 초안을 심의하여 제안하였다.

이후 통일상법전은 주법통일위원회와 미국법위원회의 최종적인 승인을 받은 후 주법통일위원회의 관례에 따라 미국변호사협회에 제출하였다. 미국변호사협회에서는 이를 승인하였으며, 1952년 공식적으로 통일상법전과 주해판이 공표되었다.

3. 통일상법전의 구성

통일상법전은 제1편 총칙, 제2편 매매, 제2A편 리스, 제3편 유통증권, 제4편 은행예금 및 추심, 제4A편 자금이체, 제5편 신용장, 제6편 일괄매매, 제7편 창고증권, 제8편 투자증권, 제9편 담보부거래, 제10편 시행일 및 폐지규정, 마지막 제11편 시행일과 경과규정 총 13편으로 구성되어 있다.

각 편의 주된 내용을 살펴보면 다음과 같다.

제1편 총칙에서는 통일상법전의 전반에 관한 정의와 해석원칙을 규정하고 있으며, 지역적 적용과 일반원칙 및 사적자치에 관하여 규정하고 있다.

제2편 매매에서는 본편상의 정의와 총칙, 일반적 해석원칙을 비롯하여 계약의 방식과 성립 및 재조정, 당사자의 일반적 의무 및 계약의 해석, 권원과 채권자 및 매수인의 권리, 채무불이행, 이행거절 및 항변, 채무불이행에 따른 구제방안에 관한 내용을 규정하고 있다.

제2A편 리스에서는 본편상의 정의, 총칙과 다른 법과의 관계를 비롯하여 리스계약의 성립과 해석, 리스계약의 효력, 리스계약의 이행, 취소, 대체, 면책과 임대인과 임차인의 채무불이행과 이에 대한 구제방안에 대하여 규정하고 있다.

제3편 유통증권에서는 본편상의 정의와 총칙, 유통증권의 유통, 이전 및 배서, 유통증권의 강제, 당사자의 책임, 유통증권의 부도, 유통증권에 대한 면책과 지급에 대하여 규정하고 있다.

제4편 은행예금 및 추심에서는 본편상의 정의와 총칙, 채무품목의 추심(예금은행 및 추심은행), 채무품목의 추심(지급은행), 지급은행과 고객과의 관계, 화환어음의 추심에 관하여 규율하고 있다.

제4A편 자금이체에서는 본편상의 정의와 총칙, 지급지시의 발행 및 수령, 수령은행에 의한 송신인의 지급지시의 이행, 지급 등에 관하여 규정하고 있다.

제5편 신용장에서는 본편상의 정의, 적용범위, 신용장의 요건・발행・수정・해제 및 유효기간, 신용장의 확인자, 지정인 및 통지인, 발행인의 권리와 의무, 신용장의 사기와 위조, 보증, 구제방법 및 신용장의 양도, 대금의 지급 및 소멸시효에 대하여 규정하고 있다.

제6편 일괄매매에서는 종전 일괄양도에 관한 규정을 폐지하고 이를 대체하는 일괄매매에 관한 내용을 규정하고 있으며, 구체적으로 본편에 의하여 변경되는 조항, 적용범위, 매수인의 의무, 매매의 통지, 부적합성에 대한 책임, 경매에 의한 일괄매매 등에 관하여 규정하고 있다.

제7편 창고증권에서는 본편상의 정의와 총칙, 창고증권의 발행권자 · 양식 · 오기의 효과 · 창고증권의 변조 · 창고업자의 유치권, 화물증권의 오기의 효과, 일괄화물증권, 운송업자의 유치권, 창고업자와 운송업자의 의무, 창고증권과 화물증권의 유통 및 이전, 증권의 분실에 관하여 규정하고 있다.

제8편 투자증권에서는 본편상의 정의와 총칙, 권리의 취득, 반대청구권의 인지, 지배권, 이서 · 지시의 효과, 보증, 준거법의 선택, 어음교환회사, 증권중개인, 투자증권의 발행 및 발행인, 증명부증권 및 증명서가 없는 증권의 이전, 증권의 등록, 증권상의 권리에 관하여 규정하고 있다.

제9편 담보부거래에서는 본편상의 정의와 총칙, 적용범위, 담보계약의 효력, 담보권의 압류, 담보계약 당사자의 권리, 완전화와 우선순위, 은행의 권리, 제3자의 권리, 등록, 등록사무소의 권리와 의무, 채무불이행과 담보권의 강제, 본편의 위반의 효과, 경과규정에 과하여 규정하고 있다.

제10편과 제11편에서는 통일상법전의 시행일, 폐지규정 및 경과규정에 관하여 규정하고 있다.

차 례

제7편 창고증권, 화물증권 및 그 외의 권원증서 (239~262)

제8편 투자증권 (263~294)

제9편 담보부거래 (295~410)

1

총 칙

제1장 본법의 약칭

제2장 정의와 해석의 원칙

제3장 지역직 적용과 일반법칙

제 1 장 본법의 약칭

제1-101조(약칭)

제1-102조(적용범위)

제1-103조(법의 목적과 정책을 향상시키기 위한 통일상법전의 해석; 법의 부수적 원칙의 적용)

제1-104조(묵시적 배제를 금지하는 해석)

제1-105조(일부무효)

제1-106조(단수와 복수의 사용; 성)

제1-107조(조문의 목차)

제1-108조(연방상법상 전자서명과의 관계)

제 2 장 정의와 해석의 원칙

제1-201조(정의)

제1-202조(통지; 인지)

제1-203조(담보권과 구별되는 리스)

제1-204조(대가)

제1-205조(합리적인 기간; 시기적합성)

제1-206조(추정)

제 3 장 지역적 적용과 일반법칙

제1-301조(지역적 적용; 준거법선택에 관한 당사자의 권한)

제1-302조(사적자치)

제1-303조(이행과정, 거래과정과 거래관습)

제1-304조(신의성실의 원칙)

제1-305조(구제방법에서 선택의 자유)

제1-306조(위반후의 청구권 혹은 권리의 포기 또는 단념)

제1-307조(제3자 문서에 의하여 채택된 증거)

제1-308조(권리유보에 의한 이행 또는 승낙)

제1-309조(조기변제의 선택)

제1-310조(부수적 의무)

제 1 편 총 칙

제 1 장 본법의 약칭

제1-101조(약칭)

(a) 본법은 통일상법전이라 칭한다.

(b) 본편은 통일상법전 - 총칙이라 칭한다.

제1-102조(적용범위)

본편은 통일상법전의 다른 편에 의하여 규율되는 거래에 적용된다.

제1-103조(법의 목적과 정책을 향상시키기 위한 통일상법전의 해석; 법의 부수적 원칙의 적용)

(a) 본법은 (1) 상거래를 규율하는 법을 단순, 명료 및 현대화하는, (2) 관습, 관행 또는 당사자의 합의에 의하여 상사관행을 계속적으로 확대하는 것을 인정하는, (3) 다양한 법역들 속에서 법의 통일이라는 근본적 목적 또는 정책을 향상하기 위하여 자유롭게 해석되고, 또한 적용되어야 한다.

(b) 본법의 개별 규정에 의하여 부정되지 않는 한, 상관습법 또는 계약능력, 대리관계, 금반언, 사기, 오표기, 협박, 강제, 착오, 파산 또는 다른 효력발생 혹은 무효원인에 관련된 법과 상사법을 포함하여 보통법과 형평법은 본법의 여러 규정을 보충한다.

제1-104조(묵시적 배제를 금지하는 해석)

본법은 부수적인 문제까지 통일적으로 규율하는 것을 목적으로 하는 법이므로 후속입법에 의하여 묵시적으로 본법의 일부가 폐지되었다고 해석할 수 없다.

제1-105조(일부무효)

본법의 일부 규정 또는 조항, 일부의 자 또는 상황에 그 적용이 무효라고 판시되더라도 그 무효는 무효인 규정과 범위를 제외하고, 효력을 인정할 수 있는 동법의 다른 적용 또는 규정에는 영향을 미치지 않는다.

제1-106조(단수와 복수의 사용; 성)

통일상법전상 명문으로 달리 정하지 않는 한, (1) 단수로 되어 있는 단어들은 복수를 포함하며, 복수로 되어 있는 단어들은 단수를 포함한다. (2) 또한 어떤 성(性)을 나타내는 단어들은 다른 성을 포함한다.

제1-107조(조문의 목차)

본문의 목차는 본법의 일부이다.

제1-108조(연방상법상 전자서명과의 관계)

본편에서 연방상법 제7001조 (c)항을 개정, 제한, 변경하거나 연방상법 제7003조 (b)항에서 규정된 고지의 전자적 전송을 부정하는 것을 제외하고, 본편은 연방전자서명법 제7001조를 변경하거나 제한한다.

제 2 장 정의와 해석의 원칙

제1-201조(정의)

(a) 다른 규정이 없는 한, 용어의 정의는 이 조항에서 또는 특별한 편 또는 장이 적용되는 통일상법전의 다른 편에서 포함된 추가적인 정의에서 정의된 바에 의한다.

(b) 다음의 특별한 편 또는 장에 적용되는 용어는 통일상법전의 다른 편에서 규정된 정의에 따른다.

(1) 사법절차의 의미로서 「소송」은 보상, 반소, 상계, 형평법상의 소송 또는 권리가 결정되는 그 외의 절차를 포함한다.

(2) 「피해자」는 피해구제를 청구할 수 있는 당사자를 의미한다.

(3) 계약과 구별되는 「합의」는 이행과정·거래과정·제1-303조에서 규정하고 있는 거래관행을 포함하여 양당사자의 의사속에서 또는 기타 상황에서 추론되는 사실에서의 당사자의 합의를 의미한다.

(4) 「은행」은 은행업에 종사하는 자를 말하며, 저축은행·저축과 여신조합·신용조합·신탁회사를 포함한다.

(5) 「지참인」은 지참인에게 지급할 수 있거나 은행이 보증한 양도성 증서·권원증서·보증된 유가증권을 점유하고 있는 자를 의미한다.

(6) 「선하증권」은 화물운송업 또는 화물취급업에 종사하는 자에 의하여 발행된 선적을 위한 물품의 수령을 증명하는 증서를 의미한다.

(7) 「지점」은 은행의 독립된 법인격을 가진 외국지점을 포함한다.

(8) 「입증책임」은 사실의 존재에 대한 개연성을 법관에게 설득할 부담을 말한다.

(9) 「일반적인 거래과정에서의 매수인」은 당해 매매가 물품에 대한 타인의 권리를 침해한다는 사실을 알지 못하고 신의성실로 물품을 구입하는 자이며, 전당포업자가 아닌 당해 물품의 판매를 업으로 하는 자로부터 일반적인 과정 속에서 구입하는 자를 의미한다. 당해 매매가 매도인과 관련된 업종의 또는 매도인의 관례와 관행에 일치한다면 그 자는 일반적인 과정에서 물품을 구입한 것이다. 원천 또는 광천에서 석유, 가스 또는 그 외의 광물을 매도하는 자는 당해 종류의 물품의 판매를 업으로 하는 자이다. 일반적인 거래과정에서 매수인은 현금, 교환 또는 신용으로 구입할 수 있으며, 종전 매매계약의 물품 또는 권원증서를 취득할 수 있다. 제2편에 의하여 매도인으로부터 물품을 수령할 수 있는 권리를 가진 또는 물품을 소유하는 매수인은 단지 일반적인 매매과정에서의 매수인일 뿐이다. 일괄양도에서 또는 금전채무의 담보, 전부 또는 일부의 변제로서 물품을 취득하는 자는 일반적인 매매과정에서 매수인이 아니다.

(10) 조항과 관련된 「현저한」은 합리적인 자가 인식하여야 하는 것으로서 기재, 게시 또는 제시된 것을 의미한다. 조항이 현저한 것인가에 대한 판단은 법원에서 결정된다. 현저한 조항은 다음의 것을 포함한다. (A) 대문자로 된 표제는 다른 문장보다 크기에서 동일 또는 크거나 크기가 적거나 동일한 다른 문장과 구별되는 유형, 글꼴 또는 색상; (B) 중요부분의 글자는 다른 문장보다 큰 형태로 기재 또는 게시 또는 동일한 크기의 다른 문장과 구별되는 유형·글꼴·색상 또는 당해 문장에 대한 주의를 야기할 수 있는 표시 또는 다른 표지를 사용하여 동일한 크기의 다른 문자와 구별.

(11) 「소비자」는 주로 개인·가정·가사의 목적으로 거래하는 개인을 말한다.

(12) 합의와 구별되는 「계약」은 다른 적용가능한 법에 의하여 보충되는 통일상법전에 의하여 설정되는 당사자간 합의의 결과인 전체적인 법적 의무를 의미한다.

(13) 「채권자」는 일반채권자, 담보부채권자, 유치권자 또는 채권자의 대리인을 포함하며, 채권자의 이익을 위한 수탁자, 파산관재인, 형평법상의 보전관리인, 변제불능의 채무자 또는 양도인의 부동산에 대한 유언집행인 혹은 관재인이 포함된다.

(14) 「피고」는 반소, 교차소송 또는 제3자 소송에서 피고의 지위에 있는 자를 포함한다.

(15) 증서, 권원증서 또는 동산증서와 관련하여 「양도」는 점유의 임의적인 이전을 의미한다.

(16) 「권원증서」는 선하증권, 항만창고증권, 창고증권 또는 물품의 양도청구서를 포함하며, 통상적인 영업 또는 금융과정에서 그 증서의 점유자가 그 증서 또는 증

서에서 기재된 물품을 수령, 유지, 처분하는 권리를 가지는 것을 적절하게 증명하는 것으로 취급되는 다른 증서도 포함한다. 권원증서로 인정되기 위하여 증서는 수탁자에 의하여 발행되거나 수탁자의 것으로 되어 있으며, 수탁자의 점유하에 있는 특정 물품 또는 특정 집합체 속의 불특정한 부분의 물품을 대상으로 하는 것이어야 한다.

(17) 「귀책사유」는 불법한 행위, 위반 또는 일탈을 의미한다.

(18) 「불특정물」이라는 것은 (A) 거래의 성질 또는 관행상 어떤 단위가 어떤 다른 단위와 동일하다고 인정되는 물품 또는 (B) 합의에 의하여 동등한 것으로 인정되는 물품을 의미한다.

(19) 「진정」이라는 것은 위조되지 않은 것을 의미한다.

(20) 「신의성실」은 제5편에서 규정하고 있는 것을 제외하고, 사실상 정직한 것과 공정거래의 합리적이고 상업적인 기준의 준수를 의미한다.

(21) 「보지인(保持人)」은 (A) 소지인 또는 점유자로 특정된 자에게 지급할 수 있는 양도증권을 점유하고 있는 자이거나, (B) 물품이 소지인 또는 점유자의 청구에 따라 인도할 수 있는 경우에 권원증서의 점유자를 말한다.

(22) 「파산절차」는 채권자의 이익이 되는 양도 또는 관계인의 자산을 청산 또는 갱생하기 위한 절차를 포함한다.

(23) 「지급불능」은 (A) 일반적인 거래과정에서의 채무의 변제가 일반적으로 정지된 것, (B) 만기가 도래한 채무를 변제할 수 없는 것, 또는 (C) 연방파산법상의 지급불능을 의미한다.

(24) 「금전」은 자국 또는 외국의 정부에 의하여 인정되었거나 또는 채택된 교환수단을 의미하고, 정부간 조직에 의하거나 또는 복수의 국가간의 합의에 의하여 확립된 계좌의 금전적 단위를 포함한다.

(25) 「단체」는 개인이 아닌 자를 의미한다.

(26) 「제3자」와 구별되는 「당사자」는 거래에 관여하는 자 또는 본법에서 말하는 합의를 체결한 자를 말한다.

(27) 「자」는 개인, 회사, 영업신탁, 부동산, 신탁, 합명회사, 유한회사, 조합, 합자투자, 정부, 정부기관, 대리인 또는 대행기관, 공기업 또는 다른 법적 또는 상업적 단체를 의미한다.

(28) 「현재가치」는 미래에 지급할 수 있는 하나 또는 복수의 금액에 대한 특정일의 가치를 말하며, 계약이 체결되는 시점에 이자율이 비합리적이지 않다면 당사자에 의하여 특정된 이자율 또는 이자율이 특정되지 않은 경우에 계약이 체결된 시점에 여러 사실과 주변 상황을 고려한 상업적으로 합리적인 이자율에 의하여 특정일에 할인된다.

(29) 「구매」는 매매, 리스, 할인, 양도, 저당, 보증, 유치권, 담보권, 발행 또는 재발행, 증여 또는 다른 임의적인 소유권에서 이익을 발생시키는 다른 임의적인 거래를 의미한다.

(30) 「구매자」는 구매에 의하여 취득하는 자를 말한다.

(31) 「기록」은 유체물에 기록되거나 전자적 또는 다른 매체에 저장되어 인식할 수 있는 형태로 복원할 수 있는 정보를 말한다.

(32) 「구제」는 피해자가 사법적 또는 그 외의 방법을 취할 수 있는 모든 구제적 권리를 의미한다.

(33) 「대표자」는 다른 자를 위하여 행위를 할 수 있는 자를 의미하며, 대리인・회사 또는 단체의 기관・수탁자・관재인 또는 부동산 관리인이 포함된다.

(34) 「권리」는 구제를 포함한다.

(35) 「담보권」은 변제 또는 채무이행을 담보하는 동산 또는 정착물에 대한 권리를 의미한다. 담보권은 계좌, 동산목록, 무형지급 또는 제9편의 적용을 받는 거래에서 약속어음의 매수인의 권리를 포함한다. 담보권은 제2-505조의 적용을 받는 매매계약에서 물품의 특정에 대한 물품매수인의 특별한 권리를 포함하지 않는다. 또한 물품의 소유권을 취득 또는 유보할 수 있는 제2편과 제2A편의 적용을 받는 물품의 임차인 또는 매도인의 권리는 담보권이 아니지만, 매도인과 임차인은 제9편에 의하여 담보권을 취득할 수 있다. 제2-401조에 따라 매수인에게 인도 또는 선적에도 불구하고 물품에 대한 매도인의 권리 유보는 담보권의 유보와의 관계에서 효력이 제한된다. 리스 형식으로 체결된 거래가 담보권을 발생시키는가에 대하여는 제1-203조에 의하여 결정된다.

(36) 표시, 기록 또는 고지와 관련된 「송신」은 (A) 우편요금 또는 운송비가 제공되고 적절하게 주소가 기재되어 우편으로 발송하거나 다른 일반적인 전송방법에 의하여 전송을 위한 인도가 이루어진 것을 말하며, 서류의 경우에 합의 또는 특정된 주소로 또는 주소가 존재하지 않은 경우에는 주위 사정을 고려하여 합리적인 수소로 송신되어야 하며, (B) 어떠한 경우에도 적절하게 전송되었다면 도달하였을 시간 내에 기록 또는 통지가 수신되어야 하는 것을 의미한다.

(37) 「서명된」 것은 표시를 승낙 또는 채택을 위한 명시적 의도로 채택된 또는 실행된 어떤 상징을 사용하는 것을 포함한다.

(38) 「주」는 미국의 주, 콜럼비아 특별지구, 푸에르토리코, 미 버진아일랜드 또는 미국의 사법권에 종속되는 다른 지역 또는 부속 도서를 의미한다.

(39) 「담보인」은 보증인 또는 다른 부수적 의무자를 포함한다.

(40) 「조항」은 특별한 문제와 관련된 합의의 일부를 의미한다.

(41) 「비인증서명」은 사실적, 묵시적 또는 명백한 권한없이 행하여진 서명을 말한다.

이 조항은 위조도 포함한다.

(42) 「창고증권」은 임대료를 목적으로 창고업에 종사하는 자가 발행한 영수증을 의미한다.

(43) 「표시」는 인쇄, 타자 또는 다른 유형적 형태로의 의도적 변형을 의미한다.

제1-202조(통지: 인지)

(a) (f)항에 의하여, 당사자는 다음의 경우에 통지를 받은 것이 된다. (1) 그것을 사실상 알았을 경우, (2) 그것의 고지를 받은 경우, (3) 문제의 시점에서 그 자가 알게 된 전부의 사실 또는 정황에서 그것이 존재한다는 것을 알 수 있는 이유가 있을 때.

(b) 인지는 사실상의 인식을 의미하며, 앎과 유사한 의미를 가진다.

(c) 「발견하다」 또는 「알다」와 동일한 의미의 말 또는 어구는 알아야 할 이유보다도 인식으로 언급하는 것이다.

(d) 상대방이 사실상 내용을 알게 되었는가와 관계없이 당사자는 일반적인 과정에서 상대방에게 전달하기 위하여 합리적인 단계를 취한 경우에 상대방에게 고지한 것으로 인정된다.

(e) (f)항에 의하여, 당사자는 (1) 당사자가 인식하게 된 시기 또는 (2) 계약이 체결된 장소 또는 통지를 수령할 장소를 지정한 경우에 당해 장소에서 주변상황에 적합한 합리적인 형태로 전달된 시기에 고지를 받은 것이 된다.

(f) 법인이 수령한 통지와 고지는 당해 거래를 체결한 개인이 인지하게 된 시기 또는 법인이 주의의무를 다하였다면 개인이 알게 되었을 시기에 효력을 발생한다. 법인은 당해 거래를 체결한 자와 중요한 정보를 제공할 수 있는 합리적인 방법을 보유하고 있으며, 그 방법을 준수하였다면 합리적 주의의무를 이행한 것이다.

제1-203조(담보권과 구별되는 리스)

(a) 리스의 형태로 된 거래가 리스인가 아니면 담보권에 해당하는가는 구체적인 사안에서의 여러 사실에 따라 결정된다.

(b) 임차인이 물품의 점유 또는 사용의 권리를 위하여 임대인에 대하여 지급하는 약인이 임차인에 의한 정지에 해당하지 않는 리스 기간에 대한 의무이고, 또한 다음과 같은 것의 경우에 거래는 담보권을 생성한다.

(1) 리스의 최초의 조건이 그 물품의 경제적 가치에 동등하거나, 그것 이상일 것, (2) 임차인이 물품의 경제적 가치가 남아 있는 기간 내에, 그 리스를 갱신하거나 또는 그 물품의 소유자로 된 경우, (3) 임차인이 리스계약을 준수했을 때, 부수적 가치 또는 명목적 가치를 요구하는 것이 아니라, 그 물품의 경제적 가치의 잔여기간 중 리스를 갱신할 선택권을 가질 경우, 또는 (4) 임차인이 리스계약을 준수했을

때, 부수적 가치 또는 명목적 가치를 요구하는 것이 아니라, 그 물품의 경제적 가치의 잔여기간 중 그 물품의 소유자로 되는 선택권을 가진다.

(c) 리스의 형태로 체결된 거래는 다음의 경우에 담보권을 가지지 않는다. (1) 임차인이 물품의 점유 또는 사용을 위하여 임대인에게 지급하는 의무를 지는 약인의 현재의 가액이 리스가 체결될 때의 그 물품의 공정시장가액과 실질적으로 동등하거나 그 이상인 경우, (2) 임차인이 물품 손실의 위험을 부담한 경우, (3) 세금, 보험, 등록, 기록 또는 등기의 수수료 또는 그 물품에 관한 서비스 또는 유지비용을 지급하는 것을 동의한 경우, (4) 임차인이 리스를 갱신 또는 물품의 소유자로 되는 선택권을 가진 경우, (5) 임차인이 선택권을 행사하여야 할 때의 갱신기간 동안에 합리적으로 예상 가능한 그 물품의 공정시장 가액이 동등하거나, 그 이상의 고정임료를 지급하고 리스를 갱신하는 선택권을 가진 경우, (6) 선택권이 행사되어야 할 때에 합리적으로 예견 가능한 그 물품의 공정시장 가액이 동등하거나, 그 이상의 고정임료를 지급하고 그 물품의 소유자로 되는 선택권을 가진 경우.

(d) 선택권이 행사되지 않고, 임차인이 합리적으로 예견 가능한 리스계약에 의한 이행비용보다도 소액인 경우에 그 부수적 가치는 명목적이다. (1) 리스를 갱신하는 선택권을 임차인이 가지는 경우, 그 임료는 그 선택권이 행사되어야 할 때에 산정되는 갱신기간 사이의 그 물건의 사용에 대한 공정시장임료인 것으로 정하여질 경우 또는 (2) 물품의 소유자로 될 수 있는 선택권이 임차인에게 주어졌을 때, 선택권이 행사되어야 할 때에 산정된 그 물품의 공정시장 가액으로 그 대금이 정하여졌을 경우에 부수적 가치는 명목적이지 않다.

(e) 물품의 경제적 가치의 유지와 합리적으로 예상할 수 있는 공정시장임료, 공정시장임료 또는 리스계약상 이행비용은 거래가 시작된 시점의 사실과 상황에 의하여 결정되어야 한다.

제1-204조(대가)

제3편 내시 제6편에서 별도로 정하고 있는 경우를 제외하고, 당사자가 (1) 사용할 수 있는가와 관계없이 또는 수령에 장애가 있는 부도어음인가와 관계없이 신용제공에 대한 구속력있는 약속 또는 즉시 이용할 수 있는 신용제공에 대한 대가로써, (2) 기존의 청구권에 대한 담보 또는 전부 또는 일부의 변제로써, (3) 기존의 구매계약에 따라 인도를 받음으로써, (4) 단순 계약을 유지하기에 충분한 약인에 대한 대가로서 권리를 획득하였다면, 당사자는 권리에 대한 대가를 지급하여야 한다.

제1-205조(합리적인 기간: 시기적합성)

(a) 통일상법전에서 요구된 행위를 취할 시기가 합리적인가의 여부는 당해 행위의 성

질, 목적과 주변상황에 따라 결정된다.

(b) 합의된 기간 또는 합의가 없는 경우에 합리적인 기간 내에 이루어진 당해 행위는 시기적절하게 이루어진 것이다.

제1-206조(추정)

통일상법전이 사실에 관하여 추정하거나 사실이 추정된다고 규정한 경우에 그것의 부존재를 증명하는 증거가 제시되지 않는다면 그것이 제시될 때까지 사실의 존재는 인정된다.

제 3 장 지역적 적용과 일반법칙

제1-301조(지역적 적용; 준거법선택에 관한 당사자의 권한)

(a) 본조에서;

(1) 국내거래는 국제거래와 다른 거래를 의미한다.

(2) 국제거래는 미국이 아닌 다른 국가와의 합리적인 관계를 유발하는 거래를 의미한다.

(b) 본조는 통일상법전의 다른 편에서 규율하는 거래에도 적용된다.

(c) 본조에서 별도로 규정하고 있는 것을 제외하고,

(1) 국내거래에서 당해 거래가 지정 주와의 관계를 발생하는 것과 관계없이 일정한 주 또는 다른 주의 법에 의하여 당사자의 권리와 의무가 정하여지도록 하는 당사자의 합의는 유효하다.

(2) 국제거래에서 당해 거래가 지정 주 또는 국가와의 관계를 발생하는 것과 관계없이 일정한 주, 다른 주 또는 국가의 법에 의하여 당사자의 권리와 의무가 정하여지도록 하는 당사자의 합의는 유효하다.

(d) (c)항에 의한 유효한 합의가 없고 (e)항과 (g)항에서 규정한 것을 제외하고, 주의 준거법결정의 원칙에 따라 정하여진 법에 의하여 당사자의 권리와 의무는 정하여진다.

(e) 거래의 일방이 소비자인 경우에는 다음의 법칙이 적용된다.

(1) 거래가 지정된 주 또는 국가와 합리적인 관계가 없는 경우에 (c)항에서 언급된 합의는 효력이 없다.

(2) (c)항과 (d)항에 의하여 지정된 주 또는 국가의 법 적용은 동조의 적용범위 내의 사항을 규율하는 법에 의한 소비자보호를 배제할 수 없으며, 소비자보호를 위하여 합의에 의하여 배제할 수 없다. (A) 다음의 (B)가 적용되지 않은 경우에 소비

자가 주로 거주하는 주 또는 국가, 또는 (B) 당해 거래가 물품매매이며, 당해 주 또는 국가가 소비자의 주된 거주지가 아닌 경우에 계약을 체결하고 목적물을 인도받은 국가 또는 주.

(f) (c)항에 따른 유효한 합의는 지정된 주 또는 국가의 법적용이 (d)항에 따른 합의의 부존재를 규율하는 주 또는 국가의 법의 근본 원칙에 상반하는 경우에는 무효이다.

(g) 통일상법전이 규율하는 거래의 범주 내에서, 통일상법전의 다음의 규정 중 하나의 규정이 준거법을 특정한 경우에 준거법은 당해 규정에 따르며, 당사자의 합의는 법에서 별도로 인정하는 경우에 한하여 유효하다; (1) 제2-402조, (2) 제2A-105조, 제2A-106조, (3) 제4-102조, (4) 제4A-507조, (5) 제5-116조, (6) 제6-103조, (7) 제8-110조, (8) 제9-301조 내지 제9-307조.

제1-302조(사적자치)

(a) (b)항에서 또는 본법에서 별도로 정하지 않는 한, 본법의 여러 규정의 효과는 합의에 의하여 변경될 수 있다.

(b) 본법에서 정하고 있는 신의성실, 근면, 합리성 또는 주의의무는 합의에 의하여 배제될 수 없다. 양당사자는 의무 이행의 기준을 합의에 의하여 결정할 수 있다. 다만, 그것의 기준은 명백히 불합리한 것이 아니어야 한다. 본법에서 합리적인 기간 내에 행위할 것을 요구하고 있는 경우에 명백히 불합리하지 않는 한 당해 기간은 합의에 의하여 결정될 수 있다.

(c) 본법의 규정에서 표현된 "별도의 합의가 없는 한"이라는 문언 또는 유사한 문언이 있는 것은 다른 규정의 효과가 본조에 따른 합의에 의하여 변경되지 못함을 의미하지는 않는다.

제1-303조(이행과정, 거래과정과 거래관습)

(a) 거래에 관한 당사자의 합의가 일방 당사자의 반복된 이행을 포함하고 있고, 상대방이 이행의 성실과 이행을 거절할 수 있는 기회를 인식하면서 이행을 수령하거나 거절없이 묵인한 경우에 이행과정은 존재하는 특별한 거래에 대한 당사자간 행위의 연속이다.

(b) 거래과정은 당사자의 표현, 그 외의 행위의 해석에 대한 일반적인 기초를 형성하는 것으로 공정하게 인정되는 특별한 거래에 대한 당사자간 기존의 거래에 관련된 행위의 연속이다.

(c) 거래관습은 문제된 거래와 관련하여 준수되어야 할 기대를 정당화하는 일정한 장소, 직업 또는 거래에서 의무이행을 규율하는 어떤 관행 또는 거래의 방법을 말한다. 이러한 관습의 존재와 범위는 사실로서 증명되어야 한다. 그 관행이 거래법 또

는 유사한 문서에 포함되었다고 인정된 경우에 그 문서의 해석은 법적 문제이다.

(d) 당사자간의 이행과정 또는 거래과정 또는 당사자들이 관계하는 직업 또는 거래에서 알고 있거나 알고 있어야 하는 거래관습은 합의의 일정부분에 대하여 특정의 의미를 부여할 수 있으며, 그 합의의 내용을 보충 또는 수정한다. 합의에 따라 이행의 일부가 발생하는 지역에서 적용 가능한 거래관습은 이용될 수 있다.

(e) (f)항에서 규정하고 있는 것을 제외하고 합의의 명시적 조항, 적용 가능한 이행과정, 거래과정 또는 거래관습은 양당사자 모두에게 합리적으로 해석되어야 하며, 다음과 같은 해석은 비합리적이다. (1) 명식적 합의가 이행과정, 거래과정 및 거래관습보다 우선한다. (2) 이행과정이 거래과정과 거래관습보다 우선한다. (3) 거래과정이 거래관습보다 우선한다.

(f) 제2-209조에 따라서, 이행과정은 이와 불일치하는 다른 내용을 수정 또는 배제하는 것과 관련된다.

(g) 일방 당사자가 제시한 관련된 거래관습의 증거는 법원이 상대방에게 불공정한 내용을 예방하기에 충분하다고 인정할 수 있는 고지를 일방이 상대방에게 하지 않은 경우에는 허용되지 않는다.

제1-304조(신의성실의 원칙)

통일상법전상 모든 계약 또는 의무는 이행 또는 권리를 행사함에 있어 신의칙상의 의무를 진다.

제1-305조(구제방법에서 선택의 자유)

(a) 상대방이 완전히 이행하였다면 피해자가 놓여져 있었을 상태가 될 수 있도록 본법상 구제방법은 자유롭게 인정되지만, 본법 또는 다른 법에서 별도로 규정하고 있는 것을 제외하고 간접 또는 특별손해 및 징벌적 손해는 인정되지 않는다.

(b) 본법상의 권리 또는 의무는 다른 또는 제한된 효력을 부여하는 규정이 없는 한, 소송에 의하여 강제될 수 있다.

제1-306조(위반후의 청구권 혹은 권리의 포기 또는 단념)

분쟁된 위반에서 발생한 청구권 또는 권리는 피해자에 의하여 서명되거나 양도된 권리포기서 또는 단념서에 의하여 전부 또는 일부가 대가없이 면책될 수 있다.

제1-307조(제3자 문서에 의하여 채택된 증거)

화물증권, 보험약관, 보험증서 또는 검사관의 증명서, 영사송장, 제3자에 의하여 발행된 것이 계약상 인정 또는 요구된 그 외의 증서로서 만들어진 적정한 양식의 문서는 그 자체가 진실성 없이 원본인 것 또는 그 제3자에 의하여 그 문서에 기재된 여러 사실의 증거로 인정된다.

제1-308조(권리유보에 의한 이행 또는 승낙)

(1) 명백히 권리를 유보하면서 상대방에 의하여 요구된 또는 제공된 방법으로 이행, 하거나, 이행의 약속 또는 이행에 동의한 당사자는 유보된 권리를 포기한 것은 아니니다. 권리에 영향을 주는 이의의 첨부 등의 용어는 상기와 동일하다.

(2) (1)항은 대물변제에는 적용되지 않는다.

제1-309조(조기변제의 선택)

일방 당사자 또는 승계인은「자기의사로」또는「자신이 불안하다라고 생각하는 경우」또는 동취지의 문언으로 변제 또는 이행을 하거나 또는 담보물 또는 부수적 담보물을 요구할 수 있다는 내용은 당사자가 신의칙상 변제 또는 이행에 대한 기대를 침해한다고 신뢰할 만한 경우에만 그러한 행위를 할 권한을 가지는 것을 의미한다고 해석되어야 한다. 신의성실의 결여를 입증하는 책임은 그 권한이 행사되는 자의 상대방이 진다.

제1-310조(부수적 의무)

채무는 채무자의 다른 채무변제에 수반하는 것으로서 발생될 수 있으며, 채권자는 채무자 또는 그 채무자의 다른 채권자와의 합의에 의하여 채무변제를 받는 그 채권자의 권리를 후위에 둘 수 있다. 권리의 후순위화는 공동의 채무자 또는 후순위의 채권자에 대하여 담보권을 발생시키지 않는다.

2

매　　매

제 1 장 약칭, 일반적 해석 및 주제

제2-101조(약칭)
제2-102조(적용범위; 본편부터 제외된 일정의 담보, 그 외의 거래)
제2-103조(정의 및 정의의 색인)
제2-104조(정의; 「상인」, 「상인 간」, 「금융기관」)
제2-105조(정의; 이전가능성: 「물품」, 「선물」, 「상업상의 단위」)
제2-106조(정의; 「계약」, 「합의」, 「매매계약」, 「매매」, 「현실매매」, 계약에의 「적합」 「해제」, 「해약」)
제2-107조(부동산으로부터 분리된 물품; 등기)

제 2 장 계약의 방식, 성립 및 재조정

제2-201조(형식의 요건; 사기방지법)
제2-202조(최종적으로 문서화된 합의; 구두증거 또는 외부증거)
제2-203조(효과없는 날인)
제2-204조(계약 성립의 일반적 요건)
제2-205조(청약의 구속력)
제2-206조(계약체결에서의 청약과 승낙)
제2-207조(승낙 또는 추인 중의 추가조항)
제2-208조(이행과정 또는 실무적 해석)
제2-209조(변경, 취소 또는 배제)
제2-210조(이행의 위임; 권리의 양도)

제 3 장 일반적 의무 및 계약의 해석

제2-301조(당사자의 일반적 의무)
제2-302조(비양심적 계약 혹은 조문)
제2-303조(위험배분 또는 분할)
제2-304조(현금, 물품, 부동산, 그 외의 것에 의하여 지급된 대금)
제2-305조(미정가격조항)
제2-306조(산출량, 기준량 및 배타적 거래)
제2-307조(단일구분 또는 복합구분으로 인도)
제2-308조(인도장소가 지정되지 않은 경우)
제2-309조(특정기한규정이 없는 경우; 해제 통지)
제2-310조(변제시 미결정 또는 신용의 시간경과; 유보를 부가하여 선적할 권한)
제2-311조(이행에 관한 선택권 및 협력)
제2-312조(권원의 보증 및 권리침해에 대한 보증)
제2-313조(확인, 약속, 설명, 견본에 의한 명시적 보증)
제2-314조(묵시적 보증; 물품성; 거래관행)
제2-315조(묵시적 보증; 특정목적을 위한 적합성)
제2-316조(보증의 배제 또는 수정)
제2-317조(명시적 또는 묵시적 보증의 중복 및 충돌)

제2-318조(명시적 또는 묵시적 보증의 제3수익자)
제2-319조(F.O.B. 조항과 F.A.S. 조항)
제2-320조(C.I.F. 조항과 C.&F. 조항)
제2-321조(C.I.F. 조항과 C.&F.; 「하적시의 중량」, 「도착지 지급」, 도착조건의 보증)
제2-322조(선측 인도)
제2-323조(해외발송에 요구된 선하증권 약식; 「해외」)
제2-324조(「무도착, 매매불성립」 조항)
제2-325조(「신용장」 조항; 「확인부신용」)
제2-326조(승낙조건부 매매 및 매각 · 반환조건부 매매; 위탁판매 및 채권자 권리)
제2-327조(승낙조건부 매매 및 반환조건부 매매의 특별부수조건)
제2-328조(경매에 의한 매매)

제 4 장 권원, 채권자 및 신의성실한 매수인

제2-401조(권원 이행; 담보를 위한 유보; 본조의 한정적용)
제2-402조(매도인의 채권자의 매각물품에 대한 권리)
제2-403조(이전 권한; 신의성실한 물품의 매수인; 「위임」)

제 5 장 이 행

제2-501조(물품에 관하여 부보가능한 이권; 물품의 특정방법)
제2-502조(매도인의 파산시 물품에 대한 매수인의 권리)
제2-503조(매도인의 인도제공의 방법)
제2-504조(매도인에 의한 발송)
제2-505조(유보를 붙인 매도인의 발송)
제2-506조(금융기관의 권리)
제2-507조(매도인의 제공 효력; 조건부 양도)
제2-508조(부적절한 제공 또는 양도에 대한 매도인의 보수; 교환)
제2-509조(계약위반이 없는 경우의 손실의 위험)
제2-510조(손실 위험에 대한 위반의 효과)
제2-511조(매수인에 의한 변제의 제공; 수표에 의한 변제)
제2-512조(검사전의 매수인에 의한 변제)
제2-513조(매수인의 물품검사권)
제2-514조(수령에 따른 증서의 양도시기; 변제의 시기)
제2-515조(계쟁물품의 증거보전)

제 6 장 위반, 이행거절 및 항변

제2-601조(부적절한 양도에 대한 매수인의 권리)
제2-602조(정당한 거절 방법과 효과)

제2-603조(정당하게 거절된 물품에 관한 매수인인 상인의 의무)
제2-604조(정당하게 거절된 물품의 구조에 관한 매수인의 선택권)
제2-605조(구체적으로 설명하지 않은 것에 따른 매수인의 이의제기권의 포기)
제2-606조(물품 수령의 구성요건)
제2-607조(수령의 효과; 위반통지; 수령 후의 위반 입증책임; 응소가능한 자에 대한 청구권 또는 소송의 통지)
제2-608조(수령의 전체 또는 일부의 취소)
제2-609조(이행의 적절한 확약을 구하는 권리)
제2-610조(이행기전의 이행거절)
제2-611조(이행기전 이행거절의 철회)
제2-612조(「할부판매계약」; 위반)
제2-613조(특정물품에 대한 우발사고)
제2-614조(대체적 이행)
제2-615조(전제조건이 결여되어 있다는 항변)
제2-616조(면책청구의 통지에 관한 절차)

제 7 장 구제방법

제2-701조(부수적 계약의 위반에 대한 구제방법의 배제불가)
제2-702조(매수인의 파산을 인식한 경우의 매도인의 구제방법)
제2-703조(매도인의 일반적 구제방법)
제2-704조(위반에도 상관없이 계약에 대하여 물품을 특정하거나 또는 미완성의 물품을 구제할 매도인의 권리)
제2-705조(운송 중 또는 그 외의 경우의 매도인의 양도금지)
제2-706조(매도인에 의한 전매 [전매를 포함한다])
제2-707조([매도인의 지위를 가지는 자])
제2-708조(수령거절 또는 계약해제에 대한 매도인의 손해배상청구권)
제2-709조(대금청구소송)
제2-710조(매도인의 부수적 손해배상)
제2-711조(매수인의 구제방법일반; 수령거절한 물품에 대한 매수인의 담보권)
제2-712조([대용품의 입수]; 매수인에 의한 대체물의 조달)
제2-713조(미인도 또는 이행거절에 대한 매수인의 손해배상청구권)
제2-718조(손해배상의 청산 또는 제한; 예탁)
제2-719조(구제방법의 계약에 의한 수정 또는 제한)
제2-720조(예견할 수 있는 위반에 의한 청구권에 근거하거나 「취소」의 효과)
제2-721조(사기에 대한 구제방법)
제2-722조(물품의 위해에 대하여 제3자를 소송할 수 있는 자)
제2-723조(시장가격의 증명; 시간과 장소)
제2-724조(시장 가치의 증거로서의 허용성)
제2-725조(매매계약의 소멸시효)

제2편 매 매

제1장 약칭, 일반적 해석 및 주제

제2-101조(약칭)

본편은 통일상법전 - 매매라 칭한다.

제2-102조(적용 범위; 본편에서 제외된 일정의 담보, 그 외의 거래)

별도의 규정이 없는 한, 본편은 물품에 관한 거래에 적용된다. 본편은 특별한 조건이 부가되지 않은 장래의 매매조건 또는 현실매매의 형식으로 이루어지고 있지만, 담보거래로서의 기능을 완수하는 것만을 목적으로 하는 거래에는 적용되지 않는다. 또 본편은 소비자, 농업경영자 그 외 특정종류의 매수인에 대하여 매매를 규율하는 제정법의 적용을 방해하거나 폐지하는 것은 아니다.

제2-103조(정의 및 정의의 색인)

(1) 본편에 대하여 다른 규정이 없는 경우에,

(a) 「매수인」은 물품을 구입하는 자 또는 구입계약을 체결하는 자를 말한다.

(b) (삭제)

(c) 물품이 「수령」은 그 물리적 점유를 취득하는 것을 말한다.

(d) 「매도인」은 물품을 판매하는 자 또는 판매계약을 체결하는 자를 말한다.

(2) 본편에서 적용되거나, 본편의 특정의 장에 적용되는 기타의 정의 및 그 정의가 보여주는 조문은 다음과 같다.

「수령」 - 제2-206조

「은행신용」 - 제2-325조

「상인간」 - 제2-104조

「취소」 - 제2-106조 제4항

「상업상 단위」 - 제2-105조

「확인부신용」 - 제2-325조

「계약에의 적합」 - 제2-106조

「매매계약」 - 제2-106조

「보증금」 - 제2-712조

「위임」 – 제2-403조
「금융기관」 – 제2-104조
「선물」 – 제2-105조
「물품」 – 제2-105조
「특정」 – 제2-501조
「할부판매계약」 – 제2-612조
「신용장」 – 제2-325조
「구분」 – 제2-105조
「상인」 – 제2-104조
「해외」 – 제2-323조
「매도인의 지위에 있는 자」 – 제2-707조
「현실매매」 – 제2-106조
「매매」 – 제2-106조
「승낙조건부매매」 – 제2-326조
「반환조건부매매」 – 제2-326조
「해제」 – 제2-106조

(3) 본편 외의 다음 정의는 본편에도 적용한다.
「확인」 – 제3-104조
「수탁자」 – 제7-102조
「위탁자」 – 제7-102조
「소비자물품」 – 제9-102조
「부도」 – 제3-502조
「어음」 – 제3-104조

(4) 또한, 제1편은 본편을 통해 적용되는 일반적 정의 및 해석원리를 포함하고 있다.

제2-104조(정의; 「상인」, 「상인 간」, 「금융기관」)

(1) 「상인」은 특정종류의 물품을 취급하거나 그것과는 별개로 거래에 관련하는 관행, 물품에 고유의 지식 또는 기술을 가진 자로서 그 자의 직업에 따라 외부에 알려진 자 또는 그 자의 직업에 따라 지식 또는 기술을 가진 자로서 외부에 알려진 대리인, 중개인 또는 그 외의 매개인으로 그 자의 고용에 따라 지식 또는 기술을 가졌다고 인정되는 자를 의미한다.

(2) 「금융기관」은 은행, 금융회사 또는 그 외 통상적인 영업의 과정으로 물품 또는 권원증서에 대하여 대금을 지급하는 자 또는 매도인 또는 매수인의 수의 결정에 의하여 일반적인 과정에서 참여하고 매수인의 어음을 매입하거나 그것에 대하여 대

금을 지급하거나 권원증서가 그 어음에 첨부되어 있는지의 여부와 관계없이 단지 추심하기 위하여 취득하는 자 및 만기여부 또는 판매계약보다 청구된 대금을 지급하거나 또는 추심하는 자를 의미한다.

(3) 「상인간」은 양 당사자가 상인의 지식 또는 기술을 가지고 책임을 지는 거래관계에 있는 것을 의미한다.

제2-105조(정의; 이전가능성; 「물품」, 「선물」; 「구분」; 「상업상의 단위」)

(1) 「물품」은 대금이 지급된 금전 이외의 매매계약의 대상으로서 특정될 때 동산으로 있던 전체의 물건(특히, 제조물을 포함한다), 투자증권, 부동산으로부터 분할된 물품과 관련된 조문에 규정된 부동산에 부착된 다른 특정물도 포함한다.

(2) 물품은 존재하고 있고, 물품상 권리는 이행하기 이전에 특정되어야 한다. 존재하지 않고, 특정되지 않은 물품은 「선물」이다. 선물 또는 그것에 대한 권리의 현실매매로 의도된 것은 매매계약으로서 기능한다.

(3) 존재하거나 특정된 물품상의 일부 권리에 대한 매매는 존재할 수 있다.

(4) 대체 가능한 물품의 특정 집합물에 대한 미분할 지분은 해당 집합물의 수량이 확정되어 있지 않더라도 판매를 위하여 충분히 특정되고 있다. 거래는 집합물의 합의된 부분 또는 수·중량 또는 다른 단위에 의하여 합의된 그 수량은 해당 집합물에 대하여 매도인의 권리의 한도내로 매수인에게 판매할 수 있고, 그 매수인은 공유자가 된다.

(5) 「구분」은 별개의 매매 또는 이전하는 것의 대상물인 1곤포 또는 단일물품을 의미하고, 그것이 계약의 이행에 충분한지의 여부와는 관계없다.

(6) 「상업상의 단위」는 상업상의 관행에 따라서 매매의 목적을 위하여 단일의 단위로 인정되고, 그것을 분리하면 실질적으로 물품의 성질, 시장가격 또는 사용가치를 해치는 물품의 단위를 의미한다. 상업상의 단위는 단일 물품(하나의 기계), 한 세트의 물품, 한 단위량 또는 사용상 또는 관련시장에 단일의 단위로서 취급되는 것이다.

제2-106조(정의; [계약], [합의], [매매계약], [매매], [현실매매]; 계약에의 [적합], [해제], [해약])

(1) 본편에서 달리 정하고 있지 않는 한, 「계약」 및 「합의」는 현재의 물품 또는 장래의 물품의 판매에 관계하는 것만으로 한정된다. 「매매계약」은 물품의 현실매매 및 장래에 물품을 판매하는 계약을 포함한다. 「매매」는 대금과 교환에 의하여 권원이 매도인으로부터 매수인에게 이전하는 것이다. 「현실매매」는 계약의 체결에 따라 완성되는 매매를 의미한다.

(2) 물품 또는 이행의 일부를 포함하는 행위는 그것들이 계약에 따른 채무와 일치하는

경우에 계약에 「적합하다」 또는 적합하고 있다.

(3) 「해제」는 일방 당사자가 계약위반 이외의 사유로 합의 또는 법에 따라 창설된 권한에 복종하고, 해당 계약을 종료시키는 경우에 발생한다. 「해제」시에는 양당사자에게 아직 미이행된 부분의 채무가 소멸하지만, 이전(以前)의 위반 또는 이행에 따른 권리는 존속한다.

(4) 「해약」은 일방 당사자가 상대방의 위반에 대하여 계약을 종료시킨 경우에 발생하고, 그 효과는 해약하는 당사자가 해당 계약 전체의 위반 또는 미이행의 잔액에 대하여 구제방안을 유지하는 것을 제외하고 「해제」의 효과와 동일하다.

제2-107조(부동산으로부터 분리된 물품; 등기)

(1) 광물 등(석유나 가스를 포함) 또는 부동산으로부터 제외된 구조 또는 자재의 매매계약은 매도인에 의하여 그것들이 분리되는 경우에 본편의 물품매매계약이지만, 분리되기까지는 토지에 대한 권리의 양도로서 유효하지 않고 매매계약으로서 유효이다.

(2) 토지로부터 분리된 재배중의 수확물 또는 부동산에 부착된 다른 것으로서 그것에 중대한 위해를 가하지 않고 분리할 수 있지만, (1)항에 정하여져 있지 않은 것 또는 벌채된 수목의 매매를 위한 계약은 계약 체결 시에 부동산의 일부를 형성하였다는 것에서도 해당 목적물이 매도인에 의하여 분리되어 있는가 또는 매수인에 의하여 분리되어 있는가와 관계없이 본편에서 말하는 물품의 매매계약에 해당하고, 양당사자는 특정에 따라 분리 전에 현실매매를 할 수 있다.

(3) 본조의 규정은 부동산등기에 관한 법률에 따라 규정된 제3자의 권리에 따르고, 매매계약은 토지의 권리를 이전하는 문서로서 집행에 대하여 제3자에게 통지하여야 한다.

제2장 계약의 방식, 성립 및 재조정

제2-201조(형식의 요건: 사기방지법)

(1) 본조에 별도로 정하여진 것이 없는 한, 가격이 500달러 이상인 물품의 매매계약은 당사자간에 체결된 것을 나타내는 것으로 충분하고, 강제가 요구된 상대방 또는 그 자가 수권한 대리인 또는 매개자에 의하여 서명된 서면이 없는 경우에는 소송 또는 항변의 수단에 의하여 강제할 수 없다. 합의된 조항을 누락하거나 부정확하게 기재하는 것만으로 서면이 충분하다고 할 수는 없지만, 해당 서면에 기재된 물품의

수량을 넘어 그 계약이 본조에 의하여 강제되지 않는다.

(2) 상인 간에는 발신인에 대하여 의무를 부가하는 것에 충분한 계약의 추인서가 수령되고, 그것을 수령한 당사자가 그 내용을 알아야 할 경우에 당해 서면은 해당 당사자에 대하여 (1)항의 요건을 충족하고 있다. 다만, 그 내용에 대하여 이유를 제기하는 통지서가 그것을 수령한 후 10일 이내에 고지된 경우에는 예외로 한다.

(3) (1)항의 요건을 충족하는 계약은 아니지만, 다음의 규정을 위반한 경우에는 그 외의 점으로 유효하다면 강제할 수 있다.

(a) 물품이 매수인을 위하여 특별히 제조되고 매도인의 통상영업의 과정에서 다른 자에게 매매하는 것은 적합하지 않고, 매도인이 해약의 통지를 수령하기 전에 해당 물품이 매수인을 위한 것이라는 것을 합리적으로 여겨지는 상황으로 그 물품의 제조를 실질적으로 개시하거나, 그 자재를 구입한 경우; 또는,

(b) 강제가 요구되는 상대방이 그 자의 변론, 증언, 그 외의 법원의 절차에서 매매계약이 체결된 것을 확인하는 경우. 다만, 그 계약은 인정된 물품의 수량을 초과하여 본조에 의하여 강제된 것은 아니다. 또한,

(c) 지급되고 인정된 물품 또는 수령되고 인정된 물품에 관한 경우.

제2-202조(최종적으로 문서화된 합의; 구두증거 또는 외부증거)

양당사자의 의사확인의 서면에 의하여 합의되고 있는 조항 및 해당 문서에 포함되는 것과 다른 방법에 의하여 규정되고, 양당사자의 합의의 최종적 표현이라는 의도가 서면에 쓰여진 조항은 선행하는 합의의 증거에 따라 또는 동시에 구두의 합의의 증거에 의하여 부인할 수 없지만, 다음의 방법으로 설명하고 또는 보충할 수 있다.

(a) 거래교섭의 과정, 거래관습 또는 이행과정에 의하여 설명 또는 보충하는 것; 그리고

(b) 모순없는 추가조항의 증거에 의한 경우. 다만, 법원이 해당 서면을 완전하게 하고, 배타적으로 합의의 조항을 설명한 서면에 의한 작성을 의도한 것으로 인정하는 경우는 예외로 한다.

제2-203조(효과가 없는 날인)

매매계약 또는 물품의 매입 또는 매수의 청약을 확인하는 서면에 날인하는 것은 해당 서면을 날인증서로 인정하는 것이 아니며, 날인증서에 관계하는 법률은 이러한 계약이나 청약에 적용되지 않는다.

제2-204조(계약 성립의 일반적 요건)

(1) 물품의 매매계약은 그 계약의 존재를 확인하는 양당사자의 행위를 포함하여 합의

를 증명함에 충분한 방법에 의하여 체결될 수 있다.

(2) 매매계약을 구성함에 충분한 합의는 그 체결의 시기를 확정하기 어려운 경우에도 인정된다.

(3) 당사자가 계약체결의 의사를 가지고 있고, 적절한 구제방법을 정하기 위하여 상당히 명확한 근거가 있는 경우에 하나 또는 복수의 조항이 미확정인 경우라도 매매계약은 불확정 때문에 불성립으로 인정되지 않는다.

제2-205조(청약의 구속력)

상대방을 구속하지 않는다는 보증이 부가된 서명을 붙이는 서면에 의하여 물품을 구입 또는 판매한다는 상인의 청약은 기재된 기간 중 또는 기간이 기재되어 있지 않으면 합리적인 기간 중, 약인의 결여를 이유로 철회할 수 없지만, 어떠한 경우에도 철회가 불가능한 기간은 3개월을 초과할 수 없다. 다만, 상대방이 제공한 양식상 보증조항은 개별적으로 청약자에 따라 서명되어야 한다.

제2-206조(계약체결에서의 청약과 승낙)

(1) 명료하게 특별한 문장 또는 여러 정황에 따라 인정되는 경우를 제외하고,

(a) 계약체결의 청약은 여러 정황에서 합리적인 방법과 수단으로써 승낙을 유인하는 것으로 해석되어야 한다.

(b) 신속 또는 즉시 발송을 요구한 물품의 주문 또는 그 외의 물품구입에 대한 청약은 발송이라는 신속한 약속에 의하여 또는 적합하거나 적합하지 않은 물품의 신속 또는 즉시 발송에 의하여 승낙을 유인하는 것으로 해석되어야 하지만, 매도인이 매수인에 대하여 그 선적이 매수인의 편의를 위한 것으로 제공된 것이라면 물품의 발송은 승낙으로 인정되지 않는다.

(2) 요구된 이행의 개시가 합리적으로 승낙 상태로 있는 경우에 합리적인 기간 내에 승낙의 통지를 받지 않은 청약자는 승낙 전에 해당 청약이 실효된 것으로 간주할 수 있다.

제2-207조(승낙 또는 추인 중의 추가조항)

(1) 명백한 또는 시기에 적합한 승낙의 표현 또는 합리적 기간 내에 송부된 추인은 그 서면에 청약 또는 합의된 조항에 추가한 조항 또는 그것과 다른 조항이 기재되어 있어도 승낙으로서 효력을 가진다. 다만, 추가적 또는 다른 조항에 대한 동의가 조건인 경우에는 예외로 한다.

(2) 추가조항은 해당 계약에 추가하는 것을 제안한 것으로서 해석된다. 상인 간에 적용되는 조항은 다음의 경우를 제외하고 계약의 일부가 된다.

(a) 청약이 그 청약의 조항에 승낙하는 것을 명시적으로 제한할 경우;
(b) 추가적 조항이 청약을 실질적으로 변경하는 경우; 또는
(c) 추가적 조항에 대한 거절의 통지가 이미 행하여진 경우 또는 추가적 조항을 수령한 후에 합리적인 시간 내에 거절의 통지가 행하여진 경우.

(3) 계약의 존재를 승인하는 양당사자의 행위는 양당사자의 서면이 계약을 성립시키지 않더라도 매매계약을 체결하기에 충분하다. 이러한 경우에 계약의 여러 조항은 양당사자가 합의하였던 서면에 표현된 여러 조항에 본법의 다른 규칙에 의하여 병합된 보충적인 여러 조항을 결합한 것으로 된다.

제2-208조(이행과정 또는 실무적 해석)

(1) 당사자가 이행의 성질을 알면서 이행을 반복하고 있으며, 한편 상대방이 그것에 대하여 이의를 제기하는 기회를 보유하고 있는 경우에 매매계약이 반복된 경우를 포함하는 경우에 이행과정이 받아들여진 것 또는 이의없이 묵인되는 것은 합의의 의미를 결정하는 것과 관련성을 가진다.

(2) 합의의 명시조항 및 그 이행과정은 거래교섭의 과정 및 거래관행과 동일하게 합리적인 한, 상호 모순이 없도록 해석되어야 한다. 다만, 그 해석이 합리적이지 않은 경우에 명시적 문언은 이행과정보다 우선하며, 이행과정은 거래교섭의 과정과 개개의 관행보다 우선한다.

(3) 이행과정의 변경 및 배제에 관하여는 다음 조에 의하며, 이행과정은 이와 모순되는 조항을 변경 또는 배제하는 것과 관련성을 가진다.

제2-209조(변경, 취소 또는 배제)

(1) 본편의 범위 내에 포함되어 있는 계약의 변경이 구속력을 가짐에 있어 약인을 필요로 하지 않는다.

(2) 서명부 서면에 따른 경우를 제외하고, 변경 또는 취소를 금지하는 서명부 합의는 다른 방법으로 변경되거나 삭제될 수 없다. 그러나 상인 간의 경우를 제외하고, 상인이 제공한 양식에 기재된 그 요건은 상대방에 따라 개별적으로 서명되어야 한다.

(3) 본편의 사기방지법의 조문상 여러 조건은 수정된 계약이 그 규정의 적용범위에 포함된 경우에도 충족되어야 한다.

(4) 변경 또는 취소의 시도는 (2)항 또는 (3)항의 여러 요건을 만족하는 것은 아니지만, 그것은 권리배제로서 인정될 수 있다.

(5) 계약이 이행되지 않는 부분에 영향을 미치는 권리를 배제한 당사자는 배제된 조항에 대하여 엄격한 이행이 요구된 취지의 합리적인 통지를 상대방이 수령하는 것에 따라 해당 배제를 삭제할 수 있지만, 그 취소가 당해 취소를 신뢰한 상대방의 입장

에 중대한 변화가 일어나는 것을 감안하여 불공정하다고 인정될 경우는 그러하지 아니하다.

제2-210조(이행의 위임; 권리의 양도)

(1) 별도의 합의가 있거나 또는 본래의 약속자가 계약상 요구된 행위를 이행하거나 또는 지배하는 것에 상대방이 실질적 이해관계를 가진 경우를 제외하고, 당사자는 제3자에 의하여 채무를 이행할 수 있다. 그러나 이행의 위임은 채무자에 대하여 이행의무 또는 위반에 대한 책임을 면제하는 것은 아니다.

(2) 제9-406조에 별도로 규정된 경우를 제외하고 별도의 합의가 없는 한, 매도인 또는 매수인의 모든 권리의 양도는 당해 양도가 상대방의 의무를 실질적으로 변경하거나 또는 그 자의 계약에 따라 그 자에게 부과시키는 부담 또는 위험을 실질적으로 증대시키거나 또는 반대이행을 하는 기회를 실질적으로 상실하게 되지 않은 경우에만 가능하다. 전체 계약의 위반에 대하여 손해배상을 요구하는 권리 또는 양도인의 전체 채무의 적정한 이행부터 생기는 권리는 별도의 합의와 관계없이 양도될 수 있다.

(3) 계약에서 매도인의 권리에 대한 담보권의 창설, 부가, 완전화 또는 강제는 매수인의 의무를 실질적으로 변경하지만, 매수인에 부과된 부담 또는 위험을 실질적으로 증대하는 이전이 아닌 한 (2)항의 범위내에서 반대이행을 얻는 기회를 실질적으로 상실하게 하는 이전은 아니다. 다만, 강제의 결과로 사실상 매도인의 실질적인 이행의 위임인 경우에는 이의 한도 내에서 이전될 수 있다. 이 경우에도 담보권의 창설, 부가, 완전화 또는 강제는 유효하지만, (i) 매도인은 매수인이 합리적으로 방지할 수 있었던 손해의 범위내에서 위임으로 인하여 발생한 손해를 배상하는 책임을 지며, (ii) 관할권을 가진 법원은 매매계약을 해약하는 담보권의 강제 또는 강제의 관철에 대한 차지명령을 포함하여 기타 다른 적절한 구제수단을 부여할 수 있다.

(4) 정황이 반대의 것을 나타내지 않는 한, 해당 계약의 양도금지는 양도인이 그 이행을 양수인에게 위임하는 것을 금지하는 것으로 해석된다.

(5) 계약 또는 계약에 따른 모든 권리의 양도 또는 유사한 일반조항에 따라 양도는 권리의 양도이고, 그 문언 또는 정황이 반대의 것을 나타내지 않는 한, 그것은 양도인의 의무 이행의 위임이고, 양수인에 의한 수령은 해당 의무를 이행하는 그 자에 의한 약속이 된다. 그 약속은 양도인 또는 원(原) 계약의 상대방 또는 수탁자에 의하여 강제될 수 있다.

(6) 상대방은 이행을 위임하는 양도를 불안하게 하는 합리적 이유를 야기하는 것으로 인정된 경우에 양도인에 대하여 자신의 권리를 상실함이 없이 수탁자부터 확약을 요구할 수 있다.

제3장 일반적 의무 및 계약의 해석

제2-301조(당사자의 일반적 의무)

매도인의 의무는 이전·양도하는 것이고, 매수인의 의무는 수령하고 계약에 따라 지급하는 것이다.

제2-302조(비양심적인 계약 혹은 조문)

(1) 법률문제로서, 법원이 계약체결시에 계약 또는 계약의 조항이 비양심적이라고 인정할 때에는 해당 계약을 강제하는 것을 거부하거나 또는 비양심적인 조항을 제외한 해당 계약의 잔여 부분을 강제하거나 또는 비양심적인 결과를 회피하도록 비양심적 조항의 적용을 제한할 수 있다.

(2) 계약 혹은 계약 조항이 비양심적이라고 주장될 때 또는 법원이 이와 같이 판단할 때에 양당사자는 법원이 그 결정을 내리는 것에 기여하고 해당 계약의 거래상의 배경, 목적 및 효과에 관한 증거를 제출할 합리적인 기회가 부여된다.

제2-303조(위험 배분 또는 분할)

본편에서 별도의 합의가 없는 한, 당사자간 위험 또는 부담을 배분할 경우에 단순히 배분을 변경할 수 있을 뿐만 아니라 그 위험 또는 부담을 분할할 수 있다.

제2-304조(현금, 물품, 부동산, 그 외의 것에 의하여 지급된 대금)

(1) 대금은 현금 또는 그 외의 방법으로 지급될 수 있다. 대금이 물품 전체 또는 일부에 대하여 지급되어질 경우에 각 당사자는 그 자가 이전하는 물품의 매도인이다.

(2) 비록 대금의 전부 또는 일부가 부동산의 권리에 대하여 지급할 수 있는 경우라도 물품의 양도 및 그것에 관련있는 매도인의 채무는 본편에 따르지만, 부동산 권리의 이전 또는 그것과 관련하는 양도인의 채무는 그러하지 아니하다.

제2-305조(미정가격조항)

(1) 비록 가격이 정하여져 있지 않는 경우라도 양당사자는 매매계약을 체결하는 것을 의도하면 어떠한 계약도 체결할 수 있다. 다음의 경우에 가격은 인도시의 합리적인 가격이다.

(a) 가격에 관하여 어떠한 것도 언급하지 않은 경우; 또는

(b) 당사자가 가격을 합의하기로 하였지만, 당사자가 합의하지 않은 경우; 또는

(c) 가격이 합의된 시장 또는 제3자 또는 기관에 의하여 설정되거나 또는 기록된 다른 기준에 의하여 확정되기로 예정되었으나, 그러한 설정 또는 기록이 존재하지 않은 경우.

(2) 매도인 또는 매수인에 의하여 확정된 가격은 그 자가 신의칙에 따라 확정하는 가격을 의미한다.

(3) 당사자의 합의 이외의 방법으로 확정되는 가격이지만, 한편 당사자의 귀책사유에 의하여 확정되지 않은 경우에 다른 당사자의 선택에 의하여 해당 계약을 해제된 것으로서 인정하거나 혹은 직접 합리적 가격을 확정할 수 있다.

(4) 가격이 확정되지 않고 또는 합의되지 않으면 당사자를 구속하지 않는다고 의도한 경우에 가격이 확정 또는 합의되지 않으면 계약은 존재하지 않는다. 그 경우에 매수인은 이미 수령한 물품을 반환하거나 또는 그렇게 할 수 없는 경우에 인도 시에 그 합리적 가격을 지급하거나 또는 매수인은 지급된 대금을 반환하여야 한다.

제2-306조(산출량, 기준량 및 배타적 거래)

(1) 매도인의 산출량 또는 매수인의 요구에 의하여 수량을 산정하는 조항은 신의칙에 따라 발생하는 실제의 산출량 또는 기준량을 의미하지만, 기재된 견적 또는 기록된 견적이 없는 경우에는 통상의 산출량 또는 기준량 또는 이에 비교적 근접한 양이 아닌 불합리 또는 부적합한 수량이 제공되거나 또는 요구된 경우에는 그러하지 아니하다.

(2) 문제된 종류의 물품의 배타적 거래를 위하여 매도인 또는 매수인 어느 쪽에 의하여 적법한 경우에 다른 합의가 없는 한 해당 물품을 공급하도록 매도인에게 최선의 노력을 다 하는 의무를 부과 또는 매수인에게 그 판매를 촉진하도록 최선의 노력을 하여야 한다.

제2-307조(단일구분 또는 복합구분으로 인도)

별도의 합의가 없는 한, 매매계약에 따라 필요하게 된 모든 물품은 일회에 제공되어야 하며, 변제는 그 제공이 된 때에만 의무로 되지만, 당사자에게 복잡한 구분에 의하여 인도하는 권리 또는 그것을 요구하는 권리를 부여하는 정황이 있는 경우에 그 대금은 분할할 수 있으면, 각 부분마다 청구될 수 있다.

제2-308조(인도장소가 지정되지 않은 경우)

별도의 합의가 없는 한,

(a) 물품의 인도 장소는 매도인의 영업소, 영업소가 없는 경우에는 거소; 그러나

(b) 특정물품에 대한 매매계약에서는 물품의 현존 장소; 그리고

(c) 권원증서는 통상적인 은행경로를 통하여 인수될 수 있다.

제2-309조(특정기한규정이 없는 경우; 해제 통지)

(1) 발송 또는 인도 혹은 계약에 의한 그 외 행위에 관한 시기는 본편에 규정이 없거나 합의도 없는 경우에 합리적인 시기로 한다.

(2) 계약이 계속적 이행을 규정하고 있지만, 유효기간이 불확정한 경우에 그 계약은 합리적인 기간 동안 유효하지만, 별도의 합의가 없는 한 당사자는 언제든지 해제할 수 있다.

(3) 한편 당사자에 의한 계약해제는 합의된 사건이 발생한 경우를 제외하고, 상대방에 의하여 합리적인 통지가 수령된 것을 필요로 하는 또는 통지를 명시하는 합의는 비양심적이라고 판단된 경우에 무효이다.

제2-310조(변제시 미결정 또는 신용의 시간경과: 유보를 부가하여 선적할 권한)

별도의 합의가 없는 한,

(a) 비록 발송의 장소가 인도의 장소일지라도 매수인이 물품을 수령하는 시간 또는 장소에서 변제의 의무가 생긴다; 그리고

(b) 매도인에게 물품을 발송하는 권한이 주어진 경우에, 매도인은 유보를 붙여 발송할 수 있고 또한 권원증서를 제공할 수 있지만, 매수인은 물품의 검사가 계약조항과 저촉하지 않는다면 변제의 의무가 생기기 전인 물품의 도착후에 그것을 조사할 수 있다(제2-513조); 그리고

(c) 인도 권한이 주어져 (2)호에 의한 예외의 방법으로 권원증서에 의하여 인도가 행하여졌을 경우에 해당 물품이 수령되어야 할 장소와 관계없이 매수인이 해당 증서를 수령했을 때 그 장소에서 변제할 의무가 발생한다; 그리고

(d) 매도인에게 신용으로 물품발송이 요구되거나 또는 그 권한이 주어진 경우에 그 신용기간은 발송 시점부터 기산되지만, 사후 일자부 송장 또는 그 배달의 연장은 신용기간의 개시일에 상응하여 지연된다.

제2-311조(이행에 관한 선택권 및 협력)

(1) 다른 점에서는 계약인 것이 충분히 명백한 매매의 합의(제2-204조 (3)항)는 당사자의 일방이 이행의 내용을 특정하는 것을 허락하고 있다는 사실에 의하여 무효로 되지 않는다. 그러한 특정은 신의성실 또는 상업상 합리성에 의하여 확립된 범위내에서 이루어져야 한다.

(2) 특별한 의미가 없는 한, 물품의 분류에 관한 특정은 매수인의 선택권이고, 또한 제2-319조 (1)항 (c) 및 (3)항에 특별히 정하여져 있는 경우를 제외하고 발송에 관한

특정 또는 결정하는 것은 매수인의 선택권이다.

(3) 그 특정이 다른 당사자의 이행에 중대한 영향을 주었다고 생각되지만, 적절한 시기가 아닌 경우에 또는 일방 당사자의 협력이 상대방 당사자의 합의된 이행에 필요하지만 적절한 시기에 협력이 행하여지지 않은 경우에 상대방은 다른 모든 구제방법을 포함하여,

(a) 자기 자신의 이행에 대한 결과로써 나타난 지체에 관하여 면제되고, 또한

(b) 합리적인 방법으로 이행을 계속하거나 또는 자신의 이행의 중요한 부분에 대한 기간이 경과한 후에 특정 또는 협력하지 않는 것을 해당 물품을 인도 또는 수령하지 않는 것에 의한 위반으로서 취급할 수 있다.

제2-312조(권원의 보증 및 권리침해에 대한 보증)

(1) (2)항에 따라서, 매도인은 매매계약에 대하여 다음을 보증한다.

(a) 수령한 권원은 양호한 것이고, 그 이전은 정당한 것; 및

(b) 해당 물품은 담보권 또는 매수인이 계약 체결시 알려지지 않았던 다른 우선특권 또는 부담없이 인도된 것.

(2) (1)항에 의한 보증은 매도인 자신이 권원을 주장하지 않았다는 것 또는 매도인은 단지 자신 또는 제3자가 소유하는 권리 또는 권원을 매도하고자 하였다는 사실을 매수인이 알 수 있는 이유를 부여하는 상황 또는 구체적인 문언에 의하여 수정 또는 배제될 수 있다.

(3) 별도의 합의가 없는 한, 해당 종류의 물품을 상시 취급하고 있는 상인인 매수인은 권리침해 등에 의한 제3자의 정당한 청구와 관계없이 그 물품이 인도된 것을 보증하지만, 매도인에게 견본을 제공한 매수인은 그 견본을 준수한 매도인에게 이의를 제기할 수 없다.

제2-313조(확인, 약속, 설명, 견본에 의한 명시적 보증)

(1) 다음의 경우에는 매도인에 의한 명시적 보증이 생긴다.

(a) 매도인이 매수인에게 제공한 물품과 관련하고 거래의 근거가 되는 약속 또는 사실의 확약은 물품이 확약 또는 약속에 일치한다는 명시적 보증을 발생하게 한다.

(b) 거래의 근거에 일부로 된 물품의 설명은 해당 물품이 그 설명에 적합한 것인가에 대한 명시적 보증을 발생하게 한다.

(c) 거래의 근거에 일부로 된 견본 또는 모델은 해당 물품의 전체가 그 견본 또는 모델의 적합한 것인가에 대한 명시적 보증을 발생하게 한다.

(2) 명시적 보증을 생기게 하기 위하여 매도인이 「보증」 또는 「지급보증」 등의 정식

용어를 사용하거나 또는 매도인이 보증하는 구체적 의사를 가질 필요는 없지만, 해당 물품의 가치에 단순한 확인 또는 해당 물품에 관한 매도인의 단순한 의견 또는 주장에 지나지 않는다고 의도된 언행은 보증을 발생하게 하지 않는다.

제2-314조(묵시적 보증; 물품성; 거래관행)

(1) 제2-316조에 의하여 배제 또는 수정되지 않는 한, 물품이 물품성을 가지는 것에 대한 보증은 매도인이 해당 종류의 물품에 관한 상인인 경우에 그 매매계약 속에 묵시적으로 표현되어 있다. 가옥 내에 있는 또는 그 외 장소에서 소비된 식품 또는 음료수를 유상으로 제공하는 것은 본조에 의하여 매매가 된다.

(2) 물품성을 유지하는 물품은 적어도 다음과 같은 것이어야 한다.

(a) 계약 설명서에 따른 거래에서 이의 없이 합격하는 것; 그리고

(b) 대체가능물품의 경우에 그 종류의 범위내에 공정한 평균의 질일 것; 그리고

(c) 해당 물품이 사용된 통상의 목적에 적합한 것; 그리고

(d) 해당 합의에 의하여 허용된 편차 내에서 각 단위마다 또는 전체 관련단위 중에 일정한 종류, 품질 및 용량을 지속하는 것; 그리고

(e) 합의에서 요구된 바와 같이 적절히 넣어져 포장되는 또한 라벨표시되어 있는 것; 그리고

(f) 용기 또는 라벨이 사용되어져 있는 경우에 그 위에 행하여진 사실의 약속 또는 확약에 적합한 것.

(3) 제2-316조에 의하여 배제 또는 수정되지 않는 한, 그 외 묵시적 보증은 교섭과정 또는 거래관행에서 발생한다.

제2-315조(묵시적 보증; 특정목적을 위한 적합성)

매도인이 계약 체결시에 물품을 필요로 하는 특정목적 및 매수인이 적절한 물품을 선택하시 않고 공급힐 매도인의 기술 또는 판단에 의뢰한 것으로 알고 있는 경우에는 다음 조문에 의하여 배제 또는 수정되지 않는 한 물품이 해당 목적에 적합하다는 묵시적 보증이 존재한다.

제2-316조(보증의 배제 또는 수정)

(1) 묵시적 보증을 발생하는 곳에 관련된 언어 또는 행위 및 보증을 부인 또는 제한하는 언어 또는 행위는 서로 모순이 없도록 해석하는 것이 합리적인 경우에 그렇게 해석하여야 한다. 그러나 구두증거 또는 외부증거에 관련하는 본편의 규정(제2-202조)에 따라 부인 또는 제한은 그 해석이 불합리한 범위내에서 효력을 가지지 않는다.

(2) (3)항의 규정에 따라, 물품성의 묵시적 보증 또는 그 일부를 배제 또는 수정하기 위

하여 물품성이라는 문언이 사용되어야 하고, 또한 서면의 경우에는 현저하여야 한다. 그리고 적합성에 대한 묵시적 보증을 배제 또는 수정하기 위하여 해당 배제는 서면에 의하여 행하여져야 하고, 또한 현저한 것이어야 한다. 적합성에 대한 묵시적 보증을 전부 배제하는 문언은 '문면에 기술된 것을 초과하여서는 어떠한 보증도 없다'라고 기재되어 있으면 충분하다.

(3) (2)항의 규정에도 불구하고,

(a) 정황이 다른 것을 나타내고 있지 않는 한, '있는 대로', '전부 손상을 포함하여' 등 표현에 의하여 또는 보증이 배제된 것에 매수인의 주의를 요하는 것과 일반적으로 이해가능하고 또한 묵시적 보증이 존재하지 않는다고 하는 것을 명확하게 하는 그 외 문언에 의하여 묵시적 보증이 배제된다; 그리고,

(b) 매수인은 계약을 체결하기 전에 그 물품, 견본 또는 모델을 본인이 충분히 검사할 지 또는 그 물품의 검사를 거절한 경우에 그 정황을 중심으로 매수인이 검사하면 발견될 것이라고 생각된 결함에 관하여 어떠한 묵시적 보증도 존재하지 않는다; 그리고,

(c) 거래교섭의 과정, 이행과정 또는 거래관행에 의하여 묵시적 보증은 배제될 수 없다.

(4) 보증 위반에 대한 구제방법은 본편의 청산 또는 손해배상제도와 관련한 규정 및 구제방법의 계약에 의한 변경에 관한 규정(제2-718조 및 제2-719조)에 따라 제한될 수 있다.

제2-317조(명시적 또는 묵시적 보증의 중복 및 충돌)

보증은 명시적인 것과 묵시적인 것이 존재하여 상호 저촉이 없는 경우에 중복되는 것으로 해석하여서는 안 되지만, 그 해석이 합리적이지 않은 경우에는 어느 쪽의 보증이 우선할 것인가는 당사자의 의사에 의하여 결정한다. 이 의사를 결정할 때에 다음의 원칙이 적용된다.

(a) 정확 또는 기술적인 명세서는 그것과 모순이 있는 견본, 모델 또는 일반적인 문언에 의한 기술을 대신한다.

(b) 대량의 것에서 취한 견본은 그것과 모순이 있는 일반적인 문언에 의한 설명서를 대신한다.

(c) 명시적 보증은 특정목적에 적합성의 묵시적 보증 이외의 것과 모순하는 묵시적 보증을 대신한다.

제2-318조(명시적 또는 묵시적 보증의 제3수익자)

대체안 A

명시적이든 묵시적이든 매도인의 보증은 그 매수인이 가족 또는 세대에 있는 자연인 또는 가정에 초대된 자가 해당 물품을 사용, 소비 또는 그것에 의하여 영향받을 수 있다고 합리적으로 기대할 수 있는 경우에 보증위반으로 신체에 상해를 입은 자연인에게도 효력을 미친다.

대체안 B

명시적이든 묵시적이든 매도인의 보증은 해당 물품을 사용, 소비 또는 그것에 의하여 영향받을 수 있다고 합리적으로 기대 가능한 자연인에게도 미친다. 매도인은 본조의 효과를 배제하거나 제한할 수 없다.

대체안 C

명시적이든 묵시적이든 매도인의 보증은 해당 물품을 사용, 소비 또는 그것에 의하여 영향받을 수 있다고 합리적으로 기대 가능한 자연인에 대하여도 효력이 있다. 매도인은 해당 보증이 미치는 개인의 신체에 대한 상해에 관하여 본조의 효과를 배제하거나 제한할 수 없다.

제2-319조(F.O.B. 조항과 F.A.S. 조항)

(1) 별도의 합의가 없는 한, F.O.B.라고 하는 용어는 기재대금과 관련하여 사용하더라도 다음 조건의 인도조항이다.

(a) 용어가 F.O.B. 발송장소일 때에 매도인은 그 장소에서 본편에 규정하는 방법(제2-504조)으로 물품을 배송하고 그것을 운송업자의 점유에 인도하는 비용과 위험을 부담하여야 한다; 또는

(b) 용어가 F.O.B. 도착장소일 때에 매도인은 자기 비용과 위험으로 해당 물품을 그 장소에 우송하여 또한 그 장소에서 본편에 규정된 방법(제2-503조)으로 인도하여야 한다.

(c) (a)호 또는 (b)호에 의하여, 조건이 F.O.B. 선박, 자동차 그 외의 차명이라도 있을 때에 매도인은 자기의 비용과 위험으로 해당 물품을 하역하여야 한다. 조건이 F.O.B. 라면 매수인은 그 선박명을 지정하여야 하고, 또한 적절한 경우에 매수인은 선하증권에 관한 본편의 규정(제2-323조)을 존중하여야 한다.

(2) 별도의 합의가 없는 한, F.A.S. 선박지정권이라고 하는 용어는 기재대금과 관련하여 매도인이 다음의 것을 하여야 하는 인도조항이다.

(a) 자기의 비용과 위험으로 매도인은 해당 항구에서 통상의 방법으로 또는 매수인

의 지정에 의하여 또는 준비된 부두에서 해당 물품을 인수하는 것; 그리고

(b) 운송업자가 화물증권을 발행하는 의무를 가지고 있는 물품과 교환하여 수령서를 취득 또는 제공하는 것.

(3) (1)항 (a)호 또는 (c)호 또는 (2)항에 해당하는 때에 별도의 합의가 없는 한, 매수인은 F.A.S. 또는 F.O.B.인 경우에 선박의 적하부두 또는 적절할 경우에 그 선박명과 출항일을 포함하여 인도를 행하기 위하여 필요한 시기에 적절한 지시를 하여야 한다. 매수인은 필요한 지시의 결여를 본편에 의하여 협력하지 않는 것(제2-311조)으로서 취급할 수 있다. 매도인은 그 선택에 의하여 인도 또는 발송의 준비에 합리적인 방법으로 해당 물품을 이동할 수 있다.

(4) F.O.B. 선박이름 또는 F.A.S. 조항에 의하여 별도의 합의가 없으면, 매수인은 요구된 증서의 제공에 대하여 변제를 하여야 하며, 매도인은 해당 증서에 대하여 물품의 인도를 제공하여야 한다.

제2-320조(C.I.F. 조항과 C.& F. 조항)

(1) C.I.F.라고 하는 용어는 가격에 그 총액 중에 물품의 비용 및 지정지까지 보험 및 운송료가 포함되어 있는 것을 의미한다. C.& F. 또는 C.F.라고 하는 용어는 가격이 그 비용 및 지정지까지의 운송료를 포함하고 있는 것을 의미한다.

(2) 별도의 합의가 없이 또는 비록 기재된 가격 및 지정지에 관련하여 사용되더라도 C.I.F. 지정지 또는 이와 동등한 용어는 매도인이 자기의 비용과 위험에서 다음의 것을 행하는 것을 요구한다.

(a) 발송을 위하여 선적항에서 물품을 운송업자의 점유로 이전하고, 목적지까지의 운송전체를 내용으로 하는 1통 또는 복수의 유통식 선하증권을 취득하는 것; 그리고

(b) 해당 물품을 적하하고 또한 운송표가 지급된 또는 제공된 것을 나타내고 있는 수령서를 운송업자로부터 취득하는 것; 그리고

(c) 그 때에 통상 금액 또는 계약의 통화에 의하여 해당 선하증권이 지시하는 물품과 동일의 물품을 대상으로 하는 것을 나타내거나 매수인의 지시인 또는 관계인의 계좌에 손실을 지급하는 것을 규정하거나 전쟁위험보험을 포함하여 선적항에서 행하여지고 있는 종류 및 제 조건 첨부의 보험증권 또는 보험증서를 취득하는 것; 그리고

(d) 물품의 송장을 준비 또는 발송을 실시하거나 또는 계약을 준수하는 것에 필요한 다른 문서를 입수하는 것; 그리고

(e) 상업상의 신속함을 가지고 적정한 양식의 모든 문서에 매수인의 권리를 완전화하기 위하여 필요한 배서를 하여 송부하고, 이를 제공하는 것.

(3) 별도의 합의가 없는 한, C.& F. 또는 그것과 동등의 용어는 C.I.F. 조항과 동등의 효력을 가지고 매도인에 대하여 동일한 의무를 지게 하여 보험에 관한 의무를 제거하는 동일한 위험을 부담시킨다.

(4) C.I.F. 또는 C.& F.라고 하는 용어에 의하여 별도의 합의가 없는 한, 매수인은 요구된 증서의 제공에 대하여 변제를 하여야 하고, 매수인은 해당 증서를 대신하여 물품의 인도를 제공하여서는 안 되며, 매수인도 그것을 요구하여서는 안 된다.

제2-321조(C.I.F. 또는 C.& F.; [하적시 중량]; [도착지 지급]; 도착조건의 보증)

C.I.F. 또는 C.& F.라고 하는 조건을 포함하는 계약에 의하여,

(1) 「하적시 중량」, 「인도중량」, 「산출」양 또는 품질 또는 그것과 유사한 것에 기본을 둔, 혹은 그것에 의하여 가격이 청산되는 경우에 별도의 합의가 없는 한, 매도인은 그 가격을 합리적으로 견적하여야 한다. 해당 계약에 필요한 문서의 제공에 대한 지급금액은 상기와 같이 산정된 금액이지만, 가격에 대한 최종적인 조정이 이루어진 후에는 상업상 신속하게 지급되어야 한다.

(2) (1)항에 규정된 합의 또는 도착 시에 물품의 품질 또는 상태의 보증은 수송중의 통상적인 품질 저하, 소모 등의 위험을 매도인에게 부담시키지만, 매매계약에 특정되는 장소 및 시간 또는 멸실위험의 이전에 관하여는 어떠한 효과도 없다.

(3) 별도의 합의가 없는 한, 계약이 물품의 도착시 또는 그 후의 변제를 결정하는 경우에 매도인은 변제 전에 가능한 그 예비적 검토를 허락하여야 하지만 물품이 손상된 경우에 물품의 인도 및 변제는 해당 물품이 도착할 때에 행한다.

제2-322조(선측 인도)

(1) 별도의 합의가 없는 한, 「선측 인도」 또는 동등한 문언에 의한 물품인도조항은 특정의 선박에 한정하지 않고, 그 종류의 물품이 통상적인 지정목적지항의 장소에서 인도를 요구한다.

(2) 그 조건에 의하여, 별도의 합의가 없는 한,

(a) 매도인은 해당 운송에서 생긴 전체 우선특권을 제거하거나 물품의 인도의무를 통상업자에게 부과하는 지시서를 매수인에게 교부하여야 한다; 그리고

(b) 손실의 위험은 그 물품이 선박의 하역장비를 벗어나거나 또는 다른 방법으로 적절히 물건을 하역할 시간까지 매수인에게 이전되지 않는다.

제2-323조(해외발송에 요구된 선하증권 양식; [해외]

(1) 계약에서 해외로 발송예정이고, C.I.F. 또는 C.& F. 또는 F.O.B. 선박명이라는 용어가 포함되어 있는 경우에 매수인은 별도의 합의가 없는 한, 해당 물품이 선박에 있

다는 것 또는 C.I.F. 또는 C.&F. 조항의 경우에 발송을 위하여 수령한 것을 기재한 선하증권을 취득하여야 한다.

(2) (1)항에 해당하여 선하증권이 한 세트로 발행된 경우에 별도의 합의가 없는 한, 해당 증서가 외국에서 송부되어 있지 않은 이상, 매수인은 그 조건부의 제공을 요구할 수 있다. 그 이외일 때는 해당 선하증권의 일부만을 제공하면 충분하다. 비록 합의가 조건부를 명시적으로 요구하고 있는 경우라도,

(a) 일부의 적절한 제공은 부적절한 인도의 시정에 관한 본편의 규정(제2-508조 (a)항)의 범위 내에 수령할 수 있다; 그리고

(b) 조건 전체가 요구되었다고 하더라도 해당 문서가 외국에서 송부된 경우에 불완전한 조건을 제공하는 자는 매수인이 신의성실에 적절하다고 생각하는 면책을 제공하여 지급을 요구할 수 있다.

(3) 해상 또는 항공에 의한 발송 그리고 그것에 의한 발송을 예정하고 있는 계약은 거래관행 또는 합의에 의하여 국제해상업에 특수한 상업관행, 금융관행 또는 선박운송관행에 따르고 있는 한, 「해외발송」이다.

제2-324조([미도착, 매매불성립]조항)

미도착 매매불성립 조항 또는 유사한 의미의 조항에 의하여 별도의 합의가 없는 한,

(a) 매도인은 적합한 물품을 적절히 송부하여야 하고, 또한 물품이 도착했을 때는 도착 시에 매도인은 그것을 제공하여야 하지만, 매도인이 도착하지 않았던 원인을 제공하였을 경우를 제외하고 매도인은 물품이 도착하지 않은 것에 대하여 책임을 지지 않는다.

(b) 매도인의 귀책사유없이 물품이 일부 손실 또는 일부 품질 저하되어 계약에 적합하지 않거나 계약 기간 후에 도착한 경우에 매수인은 특정물품에 피해가 발생한 것으로 처리할 수 있다.

제2-325조([신용장]조항; [확인부신용])

(1) 매수인이 적절한 시기에 적합한 신용장을 교부하지 않은 경우에는 매매계약의 위반이 된다.

(2) 적절한 신용장을 매도인에게 인도한 때에는 매수인의 변제의무를 정지시킨다. 신용장의 지급이 행하여지지 않은 경우에 매도인은 적시에 적당한 통지를 매수인에게 하여 직접 매수인으로부터 지급을 요구할 수 있다.

(3) 별도의 합의가 없는 한, 매매계약 중 「신용장」 또는 「은행신용」이라고 하는 용어는 신용이 높고, 발송이 해외인 경우에는 국제적 신용이 높고, 금융기관에 의하여 발행된 취소불능의 신용을 의미한다. 「확인부신용」이라는 용어는 그 용어가 매도인

의 금융시장에서 사업을 행하는 금융기관에 직접 의무를 부담시키는 것이라는 의미이다.

제2-326조(승낙조건부 매매 및 매각·반환조건부 매매; 위탁판매 및 채권자 권리)

(1) 별도의 합의가 없는 한, 인도한 물품이 계약에 적합한 경우라도 매수인에 의하여 반환될 때에 그 거래는,

(a) 해당 물품이 주로 사용하기 위한 것이라면 「승낙조건부 매매」이고; 그리고

(b) 해당 물품이 주로 재판매하기 위한 것이라면 「반환조건부 매매」이다.

(2) 승낙조건부에서 유지된 물품은 수령시까지 매수인의 채권자의 권리의 대상이 되지 않는다. 반환조건부에서 유지된 물품은 매수인의 점유하에 있는 기간 동안 그 청구권에 복종한다.

(3) 인도하는 자가 아닌 다른 자의 이름으로 동종의 물품을 판매하는 자에게 물품이 인도되고, 그 자의 영업장소에서 보관하고 있는 경우에 영업을 하고 있는 자의 채권자의 청구와 관련하여 물품은 판매 중 또는 반환되는 것으로 인정된다. 본항은 지급 또는 재판매될 때까지 인도하는 자에게 권리가 유보된다고 하는 합의가 있거나 위탁판매라는 용어가 사용된 경우라도 적용된다. 그러나 본항은 물품의 인도인이 다음에 해당하는 경우에는 적용되지 않는다.

(a) 서명에 의하여 증명될 수 있는 위탁자의 권리 또는 이와 유사한 것을 부여하는 준거법에 동의한 경우; 또는

(b) 영업을 하는 자가 다른 물품의 판매를 업으로 하고 있다고 채권자에게 일반적으로 알려져 있다고 인정한 경우; 또는

(c) 담보부 거래에 관한 제9편의 규정에 동의한 경우.

(4) 매매계약의 「반환조건부」 조항은 본편의 사기방지법의 조문(제2-201조)에 관하여 개별 매매계약으로서, 또한 구두증거 또는 외부증거에 관한 본편의 규정(제2-202조)에 관하여 매매계약에 모순하는 것으로 취급된다.

제2-327조(승낙조건부 매매 및 반환조건부 매매의 특별부수조건)

(1) 승낙조건부 매매에서 별도의 합의가 없는 한,

(a) 물품이 계약에서 특정되어 있지만, 손실 위험 및 권원은 승낙시까지 매수인에게 이전되지 않는다; 그리고

(b) 시험 목적으로 행하여진 물품의 사용은 승낙이 아니지만, 그 물품의 반환을 적절한 시기에 선택하였지만 매도인에게 알려지지 않은 것은 승낙이고, 해당 물품이 계약에 적합한 것이라면 일부 수령은 전체 수령으로 된다; 그리고,

(c) 반환하는 선택에 대한 적정한 통지 후, 그 반환은 매수인의 위험 및 비용에서 행

하여지지만, 상인인 매수인은 합리적인 지시에 따라야 한다.

(2) 반환조건부 매매에서 별도의 합의가 없는 한,

(a) 반환하는 선택권은 물품이 실질적으로 원래의 상태를 유지하는 전체 또는 그 상업상의 일부 단위에도 적용되지만, 적절한 시기에 행사하여야 한다; 그리고

(b) 그 반환은 매수인의 위험 및 비용에서 행하여진다.

제2-328조(경매에 의한 매매)

(1) 경매에 의한 매매에서, 물품이 복수의 구분으로 나누어진 경우에 각 구분은 별개의 매매의 대상물이다.

(2) 경매에 의한 매매는 경매인이 망치로 낙찰을 선언하거나 또는 다른 관습적 방법에 의하여 그 취지를 선언하는 시간에 종료한다. 종전 입찰 승낙에서 낙찰진행 중에 입찰이 행하여진 경우에 경매인은 그 재량에 의하여 당해 입찰을 재개하거나 또는 그 망치가 내려지는 중의 입찰에 의하여 해당 물품이 매각된 것으로 선언할 수 있다.

(3) 명백한 용어로 물품에 유보없음이라고 기재되지 않는 한, 유보부 경매이다. 유보부 경매에서, 경매인은 경매 완료를 선언할 때까지 언제나 해당 물품을 회수할 수 있다. 유보없는 경매에서는 합리적인 기간 내에 전혀 입찰이 없는 경우를 제외하고는 경매인이 일품목 또는 일부분에 관하여 입찰을 요구한 뒤에 그 품목 또는 일부분을 회수할 수 없다. 어느 쪽의 경우라도 입찰자는 경매인이 경매 종료를 선언하기까지 자신의 입찰을 취소할 수 있지만, 입찰자의 회수는 종전 입찰의 효력을 부정하지 않는다.

(4) 경매인이 임의로 매도인을 위하여 입찰을 수락하거나 또는 매도인이 그 입찰을 하거나 또는 입찰된 경우 또는 그 입찰의 자유가 유보된 것을 통지하여 주지 않은 경우에 매수인은 그 선택에 의하여 해당 매매를 부인하거나 또는 그 매매가 완료하기 전에 최후로 신의성실하게 입찰 대금을 지급하여 해당 물품을 취득할 수 있다. 본항은 강제매매에 의한 입찰에는 적용하지 않는다.

제4장　권원, 채권자 및 신의성실한 매수인

제2-401조(권원 이행; 담보를 위한 유보; 본조의 한정적용)

매도인, 매수인, 구입자 또는 그 외 제3자의 권리, 의무 및 구제방법에 관하여 본편의 각 규정은 그 규정이 물품 권원에 대하여 언급하고 있는 경우를 제외하고, 그 권원과

관계없이 물품에 적용된다. 정확이 본편에 의하여 적용되지 않고, 권원에 관한 사항이 중요한 것이 되는 한, 다음의 원칙이 적용된다;

(1) 물품의 권원은 계약에 관한 물품의 특정(제2-501조)보다 이전(以前)에 매매계약에 의한 물품 권원이 이전될 수 없고, 명백히 별도의 합의가 없는 한 매수인은 그 특정에 따라 본법에 의하여 한정된 특별 재산권을 취득한다. 매수인에게 발송되거나 또는 양도된 물품의 권원에 대한 매도인의 보유 또는 유보는 실질적으로 담보권유보를 제한한다. 본조 및 담보부거래에 관한 편(제9편)의 각 규정에 따라 물품의 권원은 당사자에 의하여 명시적으로 합의된 방법 및 조건으로 매도인으로부터 매수인에게 이전한다.

(2) 명백히 별도의 합의가 없는 한, 담보권의 유보가 있음에도 불구하고 또 권원증서를 다른 때 또는 장소에서 양도하기로 되어 있어도 물품의 물리적 양도에 관련하여 매도인이 그 이행을 완성한 때와 장소에서 권원은 매수인에게 이전된다. 특히, 화물증권에 의한 담보권의 유보임에도 불구하고,

(a) 그 계약이 매도인이 해당 물품을 매수인에게 발송하는 것을 요구하거나 또는 발송 권한을 주고 있지만, 도착지에서 그것을 양도하는 것을 요구하고 있지 않는 경우에 권원은 발송한 때에 그 장소에서 매도인에게 이전한다; 다만,

(b) 당해 계약이 도착지에서 양도를 요구하고 있는 경우에 권원은 그 장소에서 제공한 때에 이전한다.

(3) 명백히 별도의 합의가 없는 한, 물품을 이동시키지 않고 양도가 행하여지도록 된 경우,

(a) 매도인이 권원증서를 양도할 때는 매도인이 해당 증서를 양도한 때에 그 장소에서 권원이 이전된다; 또는

(b) 물품이 계약 체결시에 이미 특정되어 있어서 어떠한 문서도 양도되지 않은 때는 계약체결시에 그 장소에서 권원이 이전된다.

(4) 정당한가의 여부와 관계없이 또는 수령 취소가 정당한가의 여부와 관계없이 매수인에 의한 수령 또는 보유의 거절 혹은 다른 방법에 의한 거부는 해당 물품에 대한 권원을 매도인에게 귀속시킨다. 이러한 귀속은 법률의 효과로서 생긴 것으로 「매매」의 효과가 아니다.

제2-402조(매도인의 채권자의 매각물품에 대한 권리)

(1) (2)항 및 (3)항에 규정된 경우를 제외하고, 매매계약의 대상으로서 특정된 물품에 관한 담보권을 가지지 않는 매도인의 채권자들의 제 권리는 본편에 따라 물품을 회복하는 매도인의 권리(제2-502조 및 제2-716조)에 따른다.

(2) 매도인의 채권자는 매도인에 의한 점유의 보유가 물품이 현존하는 주의 법규에 의

하여 그 채권자에 대하여 기만적으로 취급되는 경우에 매도인 또는 특정 후 상업상 합리적인 기간동안 매도인인 상인이 신의성실하게 또는 현재의 거래 과정에서 점유를 보전하는 것은 기만적이지 않다.

(3) 본편의 모든 규정도 다음의 경우에는 매도인의 채권자의 제 권리를 해하는 것으로 간주되어서는 안 된다.

(a) 담보부거래에 관한 편(제9편)의 규정에 따른 경우; 또는

(b) 계약에 의한 특정 또는 양도가 현재의 거래과정에서 행하여져 있지 않지만, 금전, 담보 또는 유사한 것을 위한 기존 청구권을 만족시키기 위하여 또는 그 담보권으로서 행사되고, 해당 물품이 존재하는 주법의 적용에 따라 당해 거래를 기만적인 거래 또는 취소할 수 있는 것으로 인정하는 본편의 적용이 배제되는 경우.

제2-403조(이전 권한; 신의성실한 물품의 매수인; 「위임」)

(1) 물품 매수인은 양도인이 가지고 있었던 또는 이전하는 권한을 가지고 있었던 자의 모든 권원을 취득한다. 다만, 제한된 권리의 매수인은 제한된 범위내에서만 권리를 취득한다. 취소할 수 있는 권원을 가진 자는 신의성실한 구입자에 대하여 유상으로 권원을 이전하는 권원을 가진다. 매매계약에 따라 물품이 양도된 경우에 다음의 경우라도 구입자는 그 권원을 가진다.

(a) 양도인이 그 매수인의 신원에 관하여 기만을 당한 경우; 또는

(b) 수표와 교환으로 그 양도가 행하여진 후에 그 수표가 부도처리된 경우; 또는

(c) 그 거래가 「현금매매」인 것으로 합의된 때; 또는

(d) 형법에 따른 중죄로서 처벌된 사기에 의하여 양도가 행하여진 경우.

(2) 해당 종류의 물품을 취급하는 상인에 물품 점유를 위탁한 경우에 그 상인은 통상 영업의 과정에 있는 매수인에 대하여 위탁자의 모든 권리를 이전할 수 있다.

(3) 「위임」은 점유보전 중의 양도 및 묵시적 승낙을 포함하지만, 양당사자가 그 양도 또는 묵시적 승낙에 대하여 표시한 조건과는 무관하고 또 위탁을 행한 일 또는 점유자의 물품 처분이 형법에 의하여 절도가 되는가의 여부와 무관하다.

[주가 제6편의 폐지안(대체안 A)을 채택한 경우에 (4)항은 다음과 같다.]

(4) 물품의 다른 매수인 및 우선특권 채권자의 권리는 담보부거래에 관한 편(제9편) 및 권원증서에 관한 편(제7편)의 적용을 받는다.

[주가 제6편의 개정안(대체안 B)을 채택한 경우에 (4)항은 다음과 같다.]

(4) 물품의 다른 매수인 및 우선특권 채권자의 권리는 담보부거래에 관한 편(제9편), 일괄매매에 관한 편(제6편) 및 권원증서에 관한 편(제7편)의 적용을 받는다.

제5장 이 행

제2-501조(물품에 관하여 부보가능한 이권; 물품의 특정방법)

(1) 매수인은 특정된 물품이 적합하지 않고 반환 또는 거절할 선택권을 가지고 있을지라도 계약에서 언급된 물품으로서 현존하는 물품의 특정에 의하여 물품에 부보가능한 이권과 특별한 재산권을 가진다. 그 특정은 양당사자에 의하여 명시적으로 합의된 시기 및 방법으로 행하여질 수 있다. 명백한 합의가 없는 경우에 특정은 다음의 시기에 행하여진다.

(a) 이미 존재해 있고 또 특정된 물품을 위한 매매계약인 경우에 그 계약이 체결된 때;

(b) 계약이 (c)호에 정의하는 물품 이외의 선물의 매매를 위한 것인 경우에 해당 계약의 물품으로 매도인에 의하여 발송, 구분 또는 지정된 때;

(c) 계약이 그 체결 후 12개월 이내에 태어나는 미출생물의 매매인 경우에 또는 계약 체결 후 12개월 또는 다음의 통상 수확기 중 나중의 시기까지 수확되는 수확물의 매매인 경우에 수확물이 식재되었거나 혹은 성장한 수확물이 된 때 또는 새끼를 임신한 때.

(2) 매도인은 그 물품에 대한 권원 또는 담보권이 자신에게 있는 한, 그 물품에 대한 부보가능한 이권을 보유하고 있고, 특정이 매도인에 의한 경우에 채무불이행, 파산 또는 그 특정이 최종적이라는 것을 매수인에게 고지할 때까지 특정된 물품을 다른 물품과 교환할 수 있다.

(3) 본조의 어떠한 규정도 다른 제정법 또는 법규에 의하여 인정되는 부보가능한 이권을 침해하지 않는다.

제2-502조(매도인의 파산시 물품에 대한 매수인의 권리)

(1) (2)항 및 (3)항에 따라, 물품이 발송되지 않은 경우에도 바로 전조의 규정에 의한 특별재산권을 가지는 물품의 대금 전부 또는 일부를 지급한 매수인은 그 대금의 미지급분을 공탁하고 매도인이 이를 인출할 수 있는 상태가 된 때에 매도인으로부터 해당 물품을 회복할 수 있다.

(a) 개인, 가족 또는 세대를 위하여 구매한 물품의 경우에 해당 매도인이 계약에 따라 양도하는 것을 거절하거나 또는 양도를 하지 않는 경우; 또는

(b) 모든 경우에 매도인이 물품 대금의 첫 할부금을 수령한 다음 10일 이내에 파산한 경우.

(2) (1)항 (a)호에 의한 물품을 회복하는 매수인의 권리는 해당 매도인이 거절을 하지 않고 또는 양도를 하지 않은 경우라도 특별재산권의 취득시에 발생한다.
(3) 특별재산권을 창설하는 특정이 매수인에 의하여 이미 행하여진 경우에 그 매수인은 물품이 그 매매계약에 적합한 경우에만 해당 물품을 회복하는 권리를 취득한다.

제2-503조(매도인의 인도제공의 방법)

(1) 인도의 제공은 매도인이 적합한 물품을 매수인이 처분할 수 있는 상태로 보유하고, 매수인이 양도를 받을 수 있도록 합리적인 통지를 하는 것을 요건으로 한다. 제공을 위한 방법, 시간 및 장소는 합의 및 본편에 따라 결정된다. 또, 양도 제공은 특히 다음의 조건을 충족시켜야 한다.
(a) 제공은 합리적인 시간내에 행하여져야 한다. 그리고 물품의 제공인 경우에 매수인이 점유를 취득할 수 있도록 합리적으로 필요한 기간이 부여되어야 한다; 그러나
(b) 별도의 합의가 없는 한, 매수인은 그 물품을 수령하는데 적합한 시설을 준비하여야 한다.
(2) 선적과 관련하여 다음의 조(제2-504조)가 적용되는 경우에 매도인은 당해 규정을 준수하여야 변제의 제공은 이루어진다.
(3) 매도인이 특정 지정지에서 양도하는 것을 요구받는 경우, 제공에 관하여 매도인이 (1)항을 준수하는 것과 본조 (4)항 및 (5)항에 정의하는 문서를 제공하는 것이 요구된다.
(4) 물품이 수령자의 점유 하에 있고, 물품을 이동시키지 않고 양도되기로 된 경우에,
(a) 제공은 매수인이 해당 물품을 대상으로 하는 양도권원증서를 제공하거나 또는 물품을 점유할 수 있는 매수인의 권리를 수탁자가 알 수 있도록 하여야 한다; 그러나
(b) 매수인이 시기 적절하게 이의를 제기하지 않는 한, 유통성이 없는 권원증서 또는 서면 지시서에 의한 양도하여야 할 수탁자의 매수인에게의 제공은 충분한 제공이며, 매수인의 권리에 대한 고지의 수탁자에 의한 수령은 그 권리를 특정하는 경우를 제외하고, 해당 수탁자 및 모든 제3자에 대하여 이러한 권리를 특정한다. 그러나 물품 분실의 위험 및 유통성이 없는 권원증서를 수령자가 승낙하지 않는 것 또는 그 지시에 따르지 않는 것의 위험은 해당 매도인이 그 문서 또는 지시서를 제시하기 위한 합리적 시간을 가지는 때까지 매도인이 부담한다. 또한 해당 문서를 승낙하는 것 또는 해당 지시에 따르는 것을 수령자가 거절한 경우에 그 제공의 효력은 실효한다.
(5) 매도인이 증서를 양도하는 것을 계약이 요구하는 경우에,
(a) 그 매도인은 선하증권에 관하여 본편에 규정된 경우(제2-323조 (b)항)를 제외하고, 정확한 양식의 모든 증권을 제공하여야 한다; 그리고,

(b) 은행거래의 관습적 경로를 통한 제공은 충분한 것이고, 해당 증서가 첨부된 환어음의 부도는 수령거부 또는 거절이 된다.

제2-504조(매도인에 의한 발송)

매도인이 매수인에 대하여 물품을 발송하는 것이 요구되거나 수권되어 있고, 그 계약이 특정의 지정지에서의 매도인의 물품양도를 요구하지 않는 경우에 특별한 합의가 없는 한, 매도인은,

(a) 물품을 운송업자의 점유 하에 두고, 물품의 성질 및 그 사례의 다른 정황에 비추어 합리적이라고 생각되는 운송을 위한 계약을 체결하여야 한다; 그리고,

(b) 매수인이 해당 물품의 점유를 취득할 수 있도록 하기 위하여 필요한 증서 또는 해당 합의 혹은 거래 관행에 따라 요구되는 다른 증서를 취득하고, 적정한 양식으로 신속하게 양도하거나 제공하여야 한다; 그리고,

(c) 신속하게 매수인에게 그 발송을 고지하여야 한다.

(c)호에 따라 매수인에게 고지하지 않거나 혹은 (a)호에 따른 적절한 계약을 체결하지 않는 것은 실질적인 지연 혹은 손실이 생기는 경우에만 거절의 이유가 된다.

제2-505조(유보를 붙인 매도인의 발송)

(1) 매도인이 발송에 따른 또는 발송전에 계약 대상이 되는 물품을 특정한 경우,

(a) 자신의 지시에 따라 유통선하증서를 자신이 점유한 것은 해당 물품에 대한 담보권을 자기에게 유보하는 것이다. 금융기관 또는 매수인의 지시에 따라 증서를 점유하는 것은 기재된 자와 관련된 이전을 매도인이 예상한 경우에만 추가적으로 나타내는 것이다.

(b) 자기 수신 또는 그 지명인 수신의 비유통식 선하증권은 물품 점유를 담보로 하여 유보하지만, 조건부양도의 경우(제2-507조 (b)항)를 제외하고 수하인으로서 매수인을 지명하는 비유통식 선하증권은 매도인이 선하증권의 점유를 보유하고 있어도 어떠한 담보권을 유보하는 것이 아니다.

(2) 담보권유보의 매도인에 의한 발송이 매매계약의 위반이 될 때는 전조의 범위내에서 부적절한 운송계약이 되지만, 발송 및 계약에 따른 물품의 특정은 매수인에 주어진 권리를 침해하는 것도 아니고, 유통증권의 보유인으로서의 매도인의 권리를 침해하는 것도 아니다.

제2-506조(금융기관의 권리)

(1) 금융기관은 물품 발송과 관계하는 환어음에 가격을 지급하는 또는 구입하는 것에 따라 그 지급 또는 구입의 한도에서 또는 해당 환어음 및 그것을 담보하는 권원증

서에 따른 자기 권리에 추가하여 양도를 정지시키는 권리 및 해당 환어음을 매도인에게 지급하는 발송인의 권리를 포함하여 해당 물품에 대한 발송인의 권리를 취득한다.

(2) 매수인에의 위탁 혹은 수권에 따라 신의성실하게 환어음을 지급하는 또는 구입한 금융기관이 보전을 받는 권리는 그 문언상 확실히 정당한 것으로 보이는 관련증서에 관하여 추후에 결함이 발생하는 것에 의하여 침해되지 않는다.

제2-507조(매도인의 제공 효력; 조건부 양도)

(1) 양도의 제공은 물품을 수령하는 매수인의 의무에 부수하는 조건이고, 별다른 합의가 없는 한 물품에 대하여 지급하는 매수인의 의무에 부수하는 조건이기도 하다.

(2) 변제기가 도래하고, 매수인이 물품 또는 권원증서의 양도를 요구한 경우에 그것을 보유 또는 처분하는 매도인에 대한 권리는 만기 지급하는 것을 조건으로 한다.

제2-508조(부적절한 제공 또는 양도에 대한 매도인의 보수; 교환)

(1) 매도인에 의한 제공 또는 양도가 적합하지 않은 것을 이유로 거절된 경우에 이행기간이 도과하지 않은 때에 매도인은 시정하는 의사를 매수인에 대하여 시기적절하게 고지할 수 있고, 그 계약기간 내에 적합하게 양도할 수 있다.

(2) 매도인이 대금을 감액하거나 감액하지 않고 수령되어야 한다고 믿을 합리적인 이유가 있어 매도인이 적합하지 않은 제공을 거절하는 경우에 매도인은 매수인에 대하여 시기적절하게 고지하였다면 보다 적합한 제공과 교환할 수 있는 합리적인 기간을 가질 수 있다.

제2-509조(계약위반이 없는 경우의 손실의 위험)

(1) 매도인이 물품을 운송업자를 사용하여 발송하는 것을 계약이 요구하거나 또는 인정하고 있는 경우,

(a) 매도인이 특정의 장소에서 물품을 양도하는 것을 계약이 요구하고 있지 않은 때는 발송에 유보를 부가하여 행하여진 경우(제2-505조)라도 물품이 적정하게 운송업자에게 양도된 때에 손실의 위험은 매수인에게 이전된다; 다만,

(b) 매도인이 특정의 장소에서 물품을 양도하는 것을 계약이 요구하고 있고, 그 물품이 운송업자의 점유 하에 있고, 매수인이 양도를 받을 수 있도록 적정하게 제공된 때에 손실의 위험은 매수인에게 이전된다.

(2) 수령자가 보관하고 있는 물품을 이동하지 않고 양도가 행하여진 경우,

(a) 해당 물품을 대상으로 하는 유통권원증서를 매수인이 수령한 때; 혹은

(b) 해당 물품을 점유하는 매수인의 권리를 수령자가 승낙한 때; 또는

(c) 제2-503조 (4)항 (b)에서 규정하는 바와 같이 유통금지 권원증서, 혹은 그 외의 양도지시서를 매도인이 수령한 뒤에 손실의 위험은 매수인에게 이전된다.

(3) (1)항 또는 (2)항에 해당하지 않는 경우에 매도인이 상인인 때는 손실의 위험은 매수인이 물품을 수취한 때에 매수인에게 이전된다. 매도인이 상인이 아닌 때는 그 위험은 매수인에 대하여 인도의 제공이 행하여진 때에 이전된다.

(4) 본조의 규정은 당사자간 별도의 합의 및 본편의 승낙조건부매매(제2-327조) 및 손실의 위험에 대한 위반의 효과(제2-510조)에 관한 규정보다 우선하지 아니한다.

제2-510조(손실 위험에 대한 위반의 효과)

(1) 물품의 제공 또는 양도가 계약에 적합하지 않기 때문에 거절권을 발생하는 경우에는 시정 또는 수령이 행하여질 때까지 그 손실 위험은 매도인에게 있다.

(2) 매수인이 적법하게 수령을 취소한 경우에 보험에 따라 실제로 전보를 받지 않는 한도에서 매수인은 매도인이 처음부터 손실의 위험을 부담하고 있었던 것으로 취급할 수 있다.

제2-511조(매수인에 의한 변제의 제공; 수표에 의한 변제)

(1) 별도의 합의가 없는 한, 변제의 제공은 매도인이 양도를 제공하고 동시에 완료하는 의무의 조건이다.

(2) 매도인이 법적 공탁에 따른 변제를 요구하고, 그것을 실행하는데 합리적으로 필요한 시간연장을 인정하는 경우를 제외하고 변제의 제공은 통상 영업과정에서 사용되고 있는 수단 또는 방법으로 행하여진 때에 충분하다.

(3) 채무와 교환하여 취득한 증서의 효과에 관한 본편의 규정(제3-310조)에 따라, 수표에 따른 변제는 조건부 변제이며, 적정한 제시 때의 수표 부도는 당사자 간에 무효로 된다.

제2-512조(검사 전의 매수인에 의한 변제)

(1) 계약이 검사 전의 변제를 요구하고 있는 경우에 매수인은 다음에 해당하지 않는 한 지급시로부터 물품의 부적합을 검사하지 않는다.

(a) 부적합이 검사없이 나타난 경우; 또는

(b) 요구된 문서의 제공임에도 불구하고, 정황이 본법의 규정(제5-114조)에 따른 신용에 대한 금지명령을 정당화하는 경우.

(2) (1)항에 따르는 변제는 물품 수령이 되는 것도 아니고, 매수인의 검사권 또는 매수인의 구제방법의 어느 것도 방해하지 않는다.

제2-513조(매수인의 물품검사권)

(1) 별도의 합의가 있고, (3)항에 따르는 경우를 제외하고, 물품이 제공되었거나 혹은 양도되었거나 또는 매매계약에 특정된 경우에 매수인은 합리적인 장소 및 시간에 합리적인 방법으로 변제 또는 수령 전에 그것을 검사하는 권리를 가진다. 매도인은 매수인에게 물품을 발송하는 것을 요구받았거나 또는 수권된 경우에 그 검사는 그 도착 후에 행하여 질 수 있다.

(2) 검사 비용은 매수인이 부담하여야 하지만, 물품이 적합하지 않기 때문에 거절된 경우에는 매도인에게 청구할 수 있다.

(3) 별도의 합의가 없고, C.I.F 계약에 관한 본편의 규정(제2-321조 (3)항)에 따르고 있는 한, 매수인은 해당 계약이 다음과 같은 것을 규정하고 있는 경우에 대금 변제전에 물품을 검사하는 권리를 가지지 않는다.

(a) 「대금교환(C.O.D)」의 양도 또는 타 유사 조항; 또는

(b) 그 변제가 해당 물품을 검사할 수 있는 시기 이후에만 지급되어야 하는 경우를 제외하고, 권원증서에 대한 변제.

(4) 양당사자에 의하여 정해진 검사장소 및 방법은 배타적이라고 추정되지만, 명시적으로 별도의 합의가 없는 한, 그것은 특정을 연기시키는 것이 아니라면 양도 또는 손실의 위험을 이행하는 장소를 변경하는 것이 아니다. 준수할 수 없는 경우에 지정된 장소 또는 방법이 명백하게 필수조건이고, 그 결여가 해당 계약을 무효로 하는 의도인 경우를 제외하고 본조의 규정과 같은 검사가 행하여져야 한다.

제2-514조(수령에 따른 증서의 양도시기; 변제의 시기)

별도의 합의가 없는 한, 환어음이 발행되는 대상이 된 증서는 환어음이 제시 후 3일 이상 경과한 후에 지급되는 경우에 해당 환어음이 수령된 때에 피발행인에게 양도된 것으로 한다. 그 이외의 경우에는 지급시에만 그러하다.

제2-515조(분쟁물품의 증거보전)

청구 또는 분쟁의 조정을 촉진하기 위하여,

(a) 어느 당사자도 상대방에게 합리적인 통지를 하고, 사실을 확인하는 증거를 보전하기 위하여 그 상대방의 점유 또는 지배하에 있을 수 있는 물품도 포함하여 해당물품을 검사, 시험, 견본을 취득할 권리를 가진다; 그리고,

(b) 양당사자는 해당 물품의 적합성 또는 상태를 결정하기 위하여 제3자에게 검사 또는 조사를 위탁하는 것에 합의하고, 그 사실인정이 그 뒤의 소송 또는 조정에서 양당사자를 구속하는 것으로 합의할 수 있다.

제6장 위반, 이행거절 및 항변

제2-601조(부적절한 양도에 대한 매수인의 권리)

할부판매계약의 위반에 관한 본편의 규정(제2-612조)에 따라, 구제방법의 제약에 따른 제한에 관한 조문(제2-718조 및 제2-719조)에 의하여 별다른 합의가 없는 한 해당 물품 또는 양도의 제공이 다른 점에서 그 계약에 적합하지 않는 경우에 매도인은

(a) 그 전체를 거절할 수 있다; 또는,

(b) 그 전체를 수령할 수 있다; 또는,

(c) 상업상의 한 단위 또는 복수의 단위를 수령하고, 그 나머지를 거절할 수 있다.

제2-602조(정당한 거절 방법과 효과)

(1) 물품의 거절은 그 양도 또는 제공 후 합리적 기간 내에 하여야 한다. 매수인이 매도인에 대하여 시기적절하게 통지한 것이 아니라면 그 거절은 무효이다.

(2) 거절된 물품에 관한 다음 2조의 규정(제2-603조 및 제2-604조)에 따라,

(a) 거절 후, 어떠한 상업상의 단위에 관하거나 매수인에 의한 소유권 행사는 매도인에 대하여 불법이다; 그리고

(b) 거절 전에 매수인이 본편의 규정(제2-711조 (3)항)에 의하여 담보권을 가지고 있지 않는 물품의 물리적 점유를 취득한 경우에 그 매수인은 거절 후 매도인이 회수하기 위한 충분한 기간 동안 매도인의 의사에 따라 합리적인 주의를 하여 보유할 의무를 진다; 다만,

(c) 적법하게 거절한 물품과 관련하여 매수인은 더 이상 의무를 부담하지 않는다.

(3) 불법으로 거절된 물품에 관한 매도인의 권리는 매도인의 일반적 구제방법에 관한 본편의 규정(제2-703조)에 의하여 규정된다.

제2-603조(정당하게 거절된 물품에 관한 매수인인 상인의 의무)

(1) 매수인에 대한 담보권(제2-711조 (3)항)에 따라, 매도인이 거절당한 시장에 대리인도 영업소도 가지고 있지 않는 경우에 매수인인 상인은 그 점유 또는 지배하에 있는 물품을 거절한 후 해당 물품에 관하여 매도인으로부터 수령된 합리적인 지시에 따르고, 관련되는 지시가 없는 경우에 그것이 부패하기 쉽고 급속히 가격이 하락할 우려가 있을 때에는 그것을 매수인의 대금으로 매각하는 합리적인 노력을 할 의무를 가진다. 청구시에 경비 보상이 행하여지지 않은 경우에 지시는 합리적인 것이 아니다.

(2) 매수인이 (1)항에 의하여 물품을 매각할 경우에 그 매수인은 그것을 주의하여 보관

하는 동시에 매각하는 합리적 비용에 관하여 매수인 혹은 그 수익금으로부터 보전을 받을 권리 및 그 경비가 매각수수료를 포함하고 있지 않는 경우에 매수인은 해당 거래에서 일반적인 수수료 또는 그것이 없으면 총 수익금에 대하여 10%를 넘지 않는 합리적인 금액을 받을 권리를 가진다.

(3) 본조를 준수할 때, 매수인은 신의성실을 지키는 의무만을 지고, 본조에서 말하는 신의성실한 행위는 수령, 불법전환 또는 손해배상을 청구하는 소송의 원인도 되지 않는다.

제2-604조(정당하게 거절된 물품의 구조에 관한 매수인의 선택권)

부패물에 관하여 전조의 규정에 따라, 매도인이 합리적인 기간 내에 거절 고지 후 어떠한 지시도 받지 않은 경우에 매수인은 거절한 물품을 매도인의 대금으로 보관하거나 또는 매도인의 부담으로 그것을 반송하거나 또는 전조에 규정된 바와 같이 보전하고 매도인의 대금으로 그것을 재판매할 수 있다. 이러한 행위는 수령도 불법전환도 아니다.

제2-605조(구체적으로 설명하지 않는 것에 따른 매수인의 이의제기권의 포기)

(1) 매수인이 거절과 관련하여 합리적인 검사에 따라 확인할 수 있는 구체적인 결함을 설명하지 않는 때에 매수인은 다음의 경우에 거절을 정당화하기 위하여 또는 위반을 입증하기 위하여 설명하지 않았던 결함을 주장할 수 없다.

(a) 시기 적절하게 설명을 받았다면 매도인이 그 결함을 시정할 수 있었던 경우; 또는

(b) 상인 간에 매수인이 의도하고자 생각하는 모든 결함의 보완인 동시에 확정적인 서면에 따른 설명을 거절한 후에 매도인이 요구한 경우.

(2) 증서에 대한 변제가 권리유보없이 행하여진 때에 해당 증서의 문언상 명백한 결함에 대하여 행하여진 변제를 회복할 수 없다.

제2-606조(물품 수령의 구성요건)

(1) 다음의 경우에 물품의 수령으로 인정된다.

(a) 해당 물품을 검사할 수 있는 합리적인 기회 후, 매수인이 그 물품은 적합하다는 것 또는 그것이 적합하지 않음에도 불구하고 매수인은 그 물품을 취득하는 혹은 보유하는 것을 매도인에 대하여 알리는 경우; 또는

(b) 매수인이 유효한 거절(제2-602조 (a)항)을 하지 않는 경우, 다만, 매수인이 그것을 검사할 수 있는 합리적인 기회를 가지기 전까지는 해당 수령은 발생하지 않는다; 또는

(c) 매수인이 매도인의 소유권에 저촉하는 행위를 한 경우. 다만, 그 행위가 매도인

에 대한 것으로 불법적인 경우에는 매도인에 의하여 승낙된 때에만 그것은 수령이 된다.

(2) 상업상 단위의 일부에 대한 수령은 그 단위의 전체에 대한 수령이 된다.

제2-607조(수령의 효과; 위반통지; 수령 후의 위반 입증책임; 응소 가능한 자에 대한 청구권 또는 소송의 통지)

(1) 매수인은 수령한 물품에 대하여 계약의 비율에 따라 변제하여야 한다.

(2) 매수인이 물품을 수령한 때에는 수령된 물품을 거절할 수 없으며, 수령은 부적합이 시기적절하게 시정되지만 수령 그 자체가 부적합에 대한 본편의 다른 구제방안을 배제하지 않는다는 합리적인 가정에 따라 이루어진 경우를 제외하고 부적합을 알고 수령이 이루어진 경우에 부적합을 이유로 취소할 수 없다.

(3) 제공이 수령된 경우,

(a) 매수인은 위반을 발견했을 때 또는 발견할 수 있었던 때부터 합리적 기간 내에 그 위반을 매도인에게 고지하여야 하고, 그렇지 않으면 어떠한 구제방법도 사용할 수 없다; 또,

(b) 청구가 권리침해 또는 그것에 유사한 것(제2-312조 (3)항)이고, 매수인이 그 위반의 결과로 제소된 경우에 그 매수인은 소송의 통지를 수령한 때부터 합리적 기간 내에 그 취지를 매도인에게 통지하여야 하고, 그렇지 않으면 그 소송에 의하여 확정된 책임에 관하여 어떠한 구제방법도 사용할 수 없다.

(4) 수령된 물품에 관하여 위반을 증명하는 입증책임은 매수인 측에 있다.

(5) 매수인이 그 매도인이 책임을 져야 하는 보증 또는 다른 의무의 위반으로 제소된 경우,

(a) 매수인은 그 매도인에게 소송의 통지서를 교부할 수 있다. 그 통지가 매도인이 참가하고 변호할 수 있으며, 그 매도인이 그렇게 하지 않으면 그 매수인에 의한 해당 매도인에 대한 소송에서 그 두 개의 소송에 공통하는 사실의 인정에 의하여 매도인이 구속당하게 되는 내용을 기재하고 있는 경우에 그 매도인은 그 통지를 시기적절하게 행하여진 수령을 한 후 참가하고 또 변론하지 않는 한 이에 구속된다.

(b) 통지의 청구가 권리침해 또는 그것에 유사한 것(제2-312조 (3)항)인 경우에 처음의 매도인은 분쟁처리를 포함하여 소송 지배권을 자신에게 양도하도록 해당 매수인에 대하여 서면으로 청구할 수 있지만, 그렇지 않으면 어떠한 구제방법도 사용할 수 없게 되고, 그 자가 모든 비용을 부담하고 패소판정에 따르기로 합의한 경우에 그 매수인은 시기적절하게 행하여진 청구를 수령한 후 지배권을 양도할 때는 그 매도인은 동일하게 어떠한 구제방법도 사용할 수 없게 된다.

(6) (3)항, (4)항 및 (5)항의 규정은 침해 등의 위해를 매도인에게 주지 않도록 하는 매수인의 의무(제2-312조 (3)항)에도 적용된다.

제2-608조(수령의 전체 또는 일부의 취소)

(1) 매수인이 다음과 같은 정황 하에서 물품을 수령한 경우에 매수인에서 부적합이 실질적으로 그 가격을 해한다고 생각되는 구분 또는 상업상 단위의 수령을 취소할 수 있다.

(a) 그 부적합이 시정되어야 하며, 시기적절하게 시정되지 않았다는 합리적인 추정에 근거하고 있는 경우; 또는

(b) 수령전의 발견이 곤란하거나 또는 매도인의 보증에 의하여 수령이 이루어졌다면 부적합을 발견할 수 없는 경우.

(2) 수령 취소는 매수인이 그것의 근거를 발견하였거나 또는 발견할 수 있었던 때부터 합리적 기간 내에 물품자체의 결함에 따라 생긴 것이 아닌 해당 물품의 상태에 따라서 실질적 변화가 생기기 전에 행하여져야 한다. 매수인이 매도인에 대하여 그 고지를 할 때까지 그 취소의 효과는 생기지 않는다.

(3) 취소권을 행사한 매수인은 문제의 물품에 관하여 그 매수인이 거절한 경우와 동일한 권리의무를 가진다.

제2-609조(이행의 적절한 확약을 구하는 권리)

(1) 매매계약에 따라, 각 당사자는 적정한 이행을 받을 수 있다는 상대방의 기대를 침해하지 않을 의무를 진다. 어느 당사자의 이행에 관하여 불안의 합리적인 근거가 생긴 경우에 상대방은 적정한 이행의 확약을 서면으로 요구할 수 있고, 그 확약을 수령할 때까지 상업상 합리적으로 합의된 반대급부를 아직 수령하지 않은 것에 대응하는 이행을 정지시킬 수 있다.

(2) 상인간에서는 불안에 대한 기초의 합리성 및 제공된 확약의 적절성은 상업상의 기준에 따라 결정된다.

(3) 부적절한 양도 또는 변제를 수령하여도 장래 이행의 적절한 확약을 요구하는 피해자의 권리에 영향을 미치지 않는다.

(4) 정당한 청구를 수령한 뒤, 30일을 넘지 않는 합리적 기간 내에 사건의 구체적인 제정황하에서 적정한 이행의 확약을 주지 않는 것은 해당 계약의 이행거절이 된다.

제2-610조(이행기전의 이행거절)

일방 당사자가 기간이 아직 도래하지 않은 이행에 관하여 계약 이행을 거절하는 경우에 그 손실이 상대방에게 계약의 가치를 실질적으로 피해받은 때에 그 피해자는,

(a) 상업상 합리적인 기간 동안에 거절한 당사자에 의한 이행을 기다릴 수 있다; 또는
(b) 피해자가 이행거절한 당사자에 대하여 해당 당사자의 이행을 기다린다는 통지를 하고, 이행거절의 철회를 촉구한 경우라도 위반에 대한 구제방법(제2-703조 또는 제2-711조)을 사용할 수 있다; 그리고
(c) 어느 경우에도 자기 자신의 이행을 정지하고 또는 위반에도 상관없이 계약의 물품을 특정하거나 또는 미완료된 물품을 회수할 매도인의 권리에 관한 본편의 규정(제2-704조)에 따라서 조치를 취할 수 있다.

제2-611조(이행기 전 이행거절의 철회)

(1) 이행 거절한 당사자는 다음의 이행기가 도래하기까지 그 거절을 철회할 수 있지만, 피해자가 거절 후에 그 지위를 실질적으로 변경하였거나 또는 피해자가 거절을 확정적인 것이라고 생각하는 뜻을 별도의 방법으로 전달한 경우에 철회는 불가능하다.
(2) 거절한 당사자는 이행의 의사가 있다는 것을 피해자에 대하여 명백하게 나타내는 방법에 의하여 철회할 수 있지만, 그 철회는 본편의 규정(제2-609조)에 의하여 정당하게 청구된 보정을 포함하여야 한다.
(3) 철회한 경우에 거절한 당사자의 계약상 권리가 부활되고, 피해자에 대하여는 거절에 의하여 발생한 지연은 허용된다.

제2-612조(「할부판매계약」; 위반)

(1) 「할부판매계약」은 그 계약에 「각 양도는 별개의 계약이다」 또는 그것과 동등의 각 항을 포함하고 있어도 별개의 단위에는 별개의 수령된 물품의 양도를 요구하거나 또는 그것을 허락하는 계약이다.
(2) 부적합한 해당 할부의 가격을 실질적으로 훼손하거나 또는 개정할 수 없거나 그 부적합의 개정에 필요한 증서에 결함이 있는 경우에 매수인은 그 부분을 거절할 수 있다. 다만, 그 부적합이 (3)항에 해당하는 것이 아니라면 매도인이 그 시정의 적절한 보증을 받은 경우에는 매수인은 그 부분을 수령하여야 한다.
(3) 1 또는 2 이상의 할부에 관한 부적합 또는 채무불이행이 실질적으로 계약전체의 가치를 훼손할 경우에 전체의 위반이 된다. 다만, 피해자가 시기적절한 해약의 고지를 하지 않아서 부적합한 부분을 수령하거나 기 이행된 부분에 관하여만 소송을 제기하거나 또는 장래 부분의 이행을 청구한 경우에 해당 계약은 유효하다.

제2-613조(특정물품에 대한 우발사고)

계약이 그 이행을 위하여 계약체결시에 물품을 특정하는 것을 요구하거나 그 물품에

대한 손실의 위험이 매수인에게 이전되기 전에 어느 당사자에게도 귀책사유가 없는 우발적 사고가 발생한 경우 또는 「부도달시 계약의 불성립」조항(제2-324조)에 해당하는 경우에는,

(a) 손실이 전체인 경우에 계약은 무효가 된다; 또는,

(b) 손실이 일부이거나 또는 물품이 이미 계약에 적합할 수 없는 정도로 조악화된 경우에 그 매수인은 그것과 상관없이 검사를 요구하거나 그 선택에 의하여 해당 계약의 효력을 상실하는 것으로 취급하거나, 그 조악화 또는 수량부족에 대하여 계약대금으로부터 할인하여 매도인에 대한 그것 이상의 권리를 포기하고 해당 물품을 수령할 수 있다.

제2-614조(대체적 이행)

(1) 어느 당사자에게도 귀책사유가 없고, 적하 또는 하역의 설비가 사용되지 않거나 합의된 운송업자를 이용할 수 없거나 또는 합의된 양도방법이 다른 이유로 상업상 실행불가능하지만, 상업상 합리적인 대체방법을 이용할 수 있는 경우에 대체적 이행은 실행되고 승낙되어야 한다.

(2) 합의된 변제수단 또는 방법이 국내 또는 외국정부의 규제를 위하여 사용되지 않는 경우에 매수인이 상업상 실질적으로 동등한 변제수단 또는 방법을 주는 경우를 별도로 하고, 매도인은 양도를 대기 또는 정지할 수 있다. 양도가 이미 이행된 경우에는 규제에 의하여 주어진 수단에 의하거나 방법에 의하여 변제를 하면 매수인은 해당 구제가 차별적이거나 강압적이거나 또는 약탈적인 경우를 제외하고 의무를 면제받는다.

제2-615조(전제조건이 결여되어 있다는 항변)

매도인이 보다 큰 채무를 인수한 한도에서 별도로 대체적 수단에 의한 이행에 관한 전조의 규정에 따라서,

(a) (b)호와 (c)호에 따른 매도인이 전부 또는 일부의 양도를 지연한 것 또는 양도하지 않은 것은 합의된 이행이 예기하지 않은 사건에 의하여 실행불가능하게 된 경우로 그러한 것이 일어나지 않는 것이 계약체결의 기본적 전제조건으로 된 경우 또는 외국정부 또는 자국정부의 명령에 성실하게 따른 것에 의하여 실행불가능이 된 경우 또는 그것이 후에 효력을 잃게 될 것을 안 경우에도 매매계약에 근거한 매도인의 의무위반이라고 할 수 없다.

(b) (a)호에서 기술한 각 원인이 매도인의 이행능력의 일부에만 영향을 주는 경우에 매도인은 그 복수의 고객 사이에서 생산 및 양도를 분배하여야 하지만, 그 매도인의 선택에 의하여 자기의 필요분만이 아니라 그 시점에서 계약되지 않은 단골

고객의 주문양까지 포함하여 추가적으로 제조할 수 있다. 매도인은 공정하고 합리적인 방법으로 분배할 수 있다.
(c) 매도인은 지연 또는 미인도의 사실과 (b)호에 따라 매수인이 이용할 수 있도록 산정된 양의 배분이 이루어진 때를 시기적절하게 매수인에게 고지하여야 한다.

제2-616조(면책청구의 통지에 관한 절차)

(1) 매수인이 중대한 지연 또는 무기한의 지연 또는 전조에 의하여 정당화된 분배의 고지를 수령한 경우에 그 매수인은 문제의 인도에 관하여 매도인에 대하여 고지서를 발송하는 것에 의하여 또는 부족이 할부계약의 위반에 관한 본편의 각 규정에 의한 계약전체의 가치를 실질적으로 해하는 경우에는 그 전체에서도 또는,
(a) 당해 계약의 미이행의 부분을 해제하거나 그것에 의하여 책임을 면제하거나; 또는
(b) 매수인이 이용할 수 있는 대체물을 수취하는 것으로 합의함으로써 해당 계약을 변경할 수 있다.
(2) 매도인으로부터 관련된 고지를 수령한 후, 매수인이 30일을 넘지 않은 합리적 기간 내에 그러한 해당 계약을 수정하지 않은 경우에 해당 계약은 실행된 양도와 관련하여 기간을 도과한 것이다.
(3) 본조의 각 규정은 매도인이 전조에 의하여 과중한 의무를 지는 경우를 제외하고, 합의에 의하여 부정되지 않는다.

제7장 구제방법

제2 701조(부수적 계약의 위반에 대한 구제방법의 배제불가)

매매계약의 부수적인 의무 또는 약속의 위반에 대한 구제방법은 본편의 규정에 의하여 배제받지 않는다.

제2-702조(매수인의 파산을 인식한 경우의 매도인의 구제방법)

(1) 매도인이 매수인의 지급불능을 인식한 경우에 계약에 의하여 양도된 전부의 물품에 대하여 현금으로 변제된 경우를 제외하고, 매도인은 양도를 거절하거나 본편(제2-705조)에 의하여 양도를 정지할 수 있다.
(2) 매수인이 지급불능인 동안에 신용으로 물품을 수령한 것을 안 경우에 매도인은 물품의 수령 후 10일 이내에 재청구하여 그 물품을 다시 취득할 수 있지만, 양도 전 3개월 이내에 서면에 의하여 그 특정의 매도인에 대하여 지급가능의 부실표시가

되지 않은 경우는 그 10일의 제한은 적용되지 않는다. 본항에 규정된 경우를 제외하고, 매도인은 물품을 회수할 권리의 기초로서 매수인의 지급가능 또는 변제의사에 대하여 사기적 또는 선의의 부실표시를 주장할 수 없다.

(3) (2)항에 의한 매도인의 물품을 회수할 권리는 본편(제2-403조)에 의한 통상의 과정에서 매수인 또는 다른 신의성실한 매수인의 각 권리에 따른다.

제2-703조(매도인의 일반적 구제방법)

매수인이 물품의 수령을 불법으로 거절, 취소 또는 양도시나 그 전에 해야 할 변제를 하지 않거나 일부 또는 전부의 이행거절을 할 경우에 직접 영향을 받은 물품에 관하여 또는 위반이 전체의 계약에 관련하거나 또는 위반이 전체의 계약에 관련한 것이라면 양도되지 않은 나머지 전체에 관하여도 손실을 입은 매도인은 다음의 것을 할 수 있다.

(a) 해당 물품의 양도를 중단한다;
(b) 다음에 규정하고 있는 바(제2-705조)와 같이 수탁자에 의한 양도를 정지시킨다;
(c) 해당 계약에 아직 특정되지 않은 물품에 관한 다음의 규정에 의한 절차를 진행한다;
(d) 다음의 규정(제2-706조)에 따라 재판매하여 손해를 회복한다;
(e) 미수령에 대하여(제2-708조) 또는 적절한 경우에 가격에 대한(제2-709조) 손해를 회복한다;
(f) 해약할 수 있다.

제2-704조(위반에도 상관없이 계약에 대하여 물품을 특정하거나 또는 미완성의 물품을 구제할 매도인의 권리)

(1) 전조에 의하여 손해를 입은 매도인은,
(a) 위반을 알았을 때, 적합한 물품이 매도인의 점유 또는 지배하에 있는 경우에 아직 특정되지 않은 그 물품을 계약에서 특정할 수 있다;
(b) 그 물품이 미완성이라도 특정의 계약을 위하여 명백히 의도된 물품을 재판매의 대상물로 취급할 수 있다.

(2) 물품이 미완성인 경우에 손해를 입은 매도인은 손해를 회피하거나 효과적인 환가의 목적을 위하여 합리적인 상업상의 판단을 하고 그 제조를 완성시키거나 해당 물품을 계약에 완전하게 특정하거나 또는 제조를 중단시키거나 처분가격 또는 잔여가격으로 재판매하거나 또는 다른 합리적인 방법으로 조치를 진행할 수 있다.

제2-705조(운송 중 또는 그 외의 경우의 매도인의 양도금지)

(1) 매도인은 매수인이 지급불능인 것을 알았을 때(제2-702조), 운송업자 또는 그 외의

수탁자의 점유하에 있는 물품의 양도를 정지할 수 있고, 매수인이 양도 전에 지급하여야 하는 변제를 부인하거나 변제를 하지 않는 경우 또는 매도인이 그 외의 다른 이유로 해당 물품을 대기하거나 회수할 수 있는 권리를 가지고 있을 때는 화차화물, 트럭화물, 항공화물의 양도 또는 고속항공 또는 선박에 의한 발송을 정지할 수 있다.

(2) 그러한 매수인에 대하여 매도인은 다음의 시기까지 양도를 정지할 수 있다.
  (a) 매수인에 의한 물품의 수령; 또는
  (b) 운송업자를 제외한 물품의 수탁자에 의하여 수탁자가 해당 물품을 매수인을 위하여 보유하고 있다는 것에 대한 매수인에게의 고지; 또는
  (c) 재운송을 통한 운송업자에 의하거나 창고업자로서 매수인에게의 고지; 또는
  (d) 해당 물품을 대상으로 한 유통권원증서의 매수인에 대한 유통.

(3) (a) 양도를 정지시키기 위하여 매도인은 수탁자가 합리적으로 성실하게 물품의 양도를 저지할 수 있도록 고지하여야 한다;
  (b) 그 고지 후, 수탁자는 매도인의 지시에 따라 해당 물품을 보유하거나 양도하여야 하지만, 매도인은 수탁자에 대하여 그것으로부터 발생하는 요금 또는 손해배상에 대하여 책임을 진다;
  (c) 유통권원증서가 물품에 대하여 발행된 경우, 수탁자는 그 증서가 제출될 때까지 정지의 고지에 따른 의무를 지지 않는다;
  (d) 유통금지의 화물증권을 발행한 운송업자는 운송위탁자 이외의 자로부터 받은 정지의 고지에 따를 의무를 지지 않는다.

제2-706조(매도인에 의한 선매 [전매를 포함한다])

(1) 매도인의 구제방법에 관한 제2-703조에서 규정하는 정황의 근거로 매도인은 양도하지 않은 물품의 전부 또는 일부를 전매할 수 있다. 전매가 신의성실 또는 상업상 합리적인 방법으로 행하여진 경우에 매도인은 본편의 규정(제2-710조)에 의하여 인정된 부수적 손해배상과 동시에 전매대금과 계약대금 사이의 차액을 가산하여 매수인의 위반의 결과로서 절약할 수 있는 경비를 공제한 금액을 청구할 수 있다.

(2) (3)항 단서에 해당하는 경우와 별도의 합의가 있는 경우를 제외하고, 전매는 공개매매 또는 개별매매로 할 수 있지만, 하나 또는 복수의 매매계약을 체결하는 것에 의하여 또는 매도인의 기존의 계약의 목적물에서 특정하는 것에 의하여 이행된 매매도 포함된다. 매매는 한단위로 또는 포장으로서 언제 어디에서도 어떠한 조건으로 할 수 있지만, 해당 매매는 상업상 합리적으로 명확히 그 방법, 양태, 시기, 장소, 조건을 포함하여야 한다. 그러나 해당 물품의 존재 및 그 전부 또는 일부가 위반 전에 해당 계약의 목적물로 특정되어 있을 필요는 없다.

(3) 전매가 개별매매로 이행되는 경우에 매도인은 전매할 의사를 매수인에게 합리적으로 고지하여야 한다.

(4) 전매가 공개매매로 이행되는 경우,

(a) 목적물로서 특정된 물품만이 매각될 수 있다. 다만, 동종의 물품에 대하여 선물의 공개매매를 위하여 승낙된 시장이 존재할 경우는 그 한계가 없다; 그리고

(b) 그 공개매매가 합리적으로 이용될 수 있거나 물품이 부패하기 쉽거나 급속하게 가치가 하락할 우려가 있는 경우를 제외하고 매도인은 재판매의 장소와 시간을 매수인에게 합리적으로 고지하여야 한다; 그리고

(c) 해당 매매에 참고인으로서 입회하는 자가 그 물품을 볼 수 없는 경우에 그 매매의 고지는 해당 물품이 존재하는 장소를 기재하여야 하고, 경락희망자가 합리적인 검사를 수행할 수 있게 하여야 한다; 그리고

(d) 매도인도 구입할 수 있다.

(5) 전매 시에 신의성실로 구입하는 구입자는 매도인이 본조의 요건의 하나 이상의 규정을 위반한 경우에도 최초의 매수인의 권리에 구속되지 않고 해당 물품을 취득할 수 있다.

(6) 매도인은 전매에 의하여 얻은 이익을 매수인에게 지급할 의무를 지지 않는다. 매도인의 입장에 있는 자(제2-707조) 또는 수령을 적법하게 거절하거나 정당하게 취소한 매수인은 후에 산정된(제2-711조 (3)항) 매도인의 담보권의 금액을 넘지 않는 금액을 지급하여야 한다.

제2-707조([매도인의 지위를 가지는 자])

(1) 「매도인의 지위에 있는 자」는 매도인의 담보권에 유사한 해당 물품 상에 권리를 가지고 있는 자 또는 본인을 위하여 물품의 대금에 책임을 지거나 지급하는 본인에 대한 대리인을 포함한다.

(2) 매도인의 입장에 있는 자는 본편에서 규정된 바와 같이 양도를 보류 또는 정지(제2-705조), 재판매(제2-706조), 부수적 손해배상을 청구(제2-710조)할 수 있다.

제2-708조(수령거절 또는 계약해제에 대한 매도인의 손해배상청구권)

(1) (2)항의 경우 및 시장가격의 증명에 관한 본편의 규정(제2-723조)에 따라 매수인에 의한 수령거절 또는 지급거절에 대한 매도인의 손해배상액의 산정은 제공될 때의 장소에 있는 시장가격과 미지급된 계약대금에 본편에서 규정하고 있는 부수적 손해액을 더한 금액과의 차액이지만, 매도인의 위반의 결과로 절약될 수 있는 경비는 차감된다.

(2) (1)항에서 정해진 손해배상액의 산정은 이행되었다면 있게 되었을 상태에 매도인

을 두는 것이 부적절한 경우에 손해배상액의 산정은 매도인이 완전히 이행하였다면 취득하였다고 생각되는 이익으로, 본편에서 정하여진 부수적 손해배상액(제2-710조), 합리적으로 부담된 적정한 비용으로 인정되는 금액 및 변제비용 또는 전매의 판매금을 가산한 금액으로 한다.

제2-709조(대금청구소송)

(1) 지급일이 도래하였으나 매수인이 대금을 지급하지 않은 경우에 매도인은 다음 조항에 따른 부수적 손해배상과 동시에 다음을 청구할 수 있다,

(a) 수령시의 물품 또는 계약에 적합한 물품에 대하여 물품손실의 위험이 매수인으로 이전한 때부터 상업상 합리적인 기간 내에 손실이 생기거나 또는 위해를 입은 물품의 대금; 및

(b) 매도인이 합리적인 가격으로 물품을 재판매할 수 있는 합리적인 노력을 할 수 없거나 그러한 노력이 무용이라는 것을 나타내는 정황이 인정되는 경우에 계약에서 특정된 물품의 대금.

(2) 매도인이 대금청구소송을 제기한 경우에 매도인은 해당 계약의 목적물로서 특정된 그 지배하에 있는 물품을 매수인을 위하여 보유하여야 한다. 전매가 가능한 때에는 판결의 집행전이라면 언제라도 전매할 수 있다. 해당 전매의 순이익금은 매수인에게 귀속되어야 하고, 확정판결금액을 변제하면 매수인은 전매되지 않은 물품의 권리를 회복할 수 있다.

(3) 매수인이 물품의 수령을 불법으로 거절하거나 취소한 경우 또는 변제기가 도래한 대금을 지급하지 않은 경우 또는 이행거절을 한 경우(제2-610조), 본조에 의하여 대금을 청구할 권리를 가지지 않는 매도인이라도 전조에 의하여 수령하지 않는 것에 대한 손해배상을 청구할 수 있다.

제2-710조(매도인의 부수적 손해배상)

손해를 입은 매도인에 대한 부수적 손해배상은 양도의 중지에 원인이 된 매수인의 위반 후 물품의 운송, 주의 및 관리에 해당 물품의 반환 또는 재판매와 관련해서 또는 그 외의 방법으로 해당 위반으로부터 생긴 상업상 합리적인 요금, 경비 또는 수수료를 포함한다.

제2-711조(매수인의 구제방법 일반; 수령 거절된 물품에 대한 매수인의 담보권)

(1) 매도인이 양도를 하지 않거나 이행을 거절한 경우 또는 매수인이 수령을 적법하게 거절하거나 정당하게 철회한 경우에 당해 물품에 관하여 또는 위반이 계약전체와 관련된 때(제2-612조)는 그 전체에 관하여 매수인은 계약을 해제할 수 있다. 또, 매

수인은 계약의 해제와 관계없이 변제한 가격을 환급받을 수 있으며,

(a) 해당 물품이 계약의 목적물로 특정되어 있는가와 관계없이 그 물품전부에 관하여 다음 조에 의하여 「대용품을 입수」하거나 손해배상을 받을 수 있다; 또는

(b) 본편의 규정(제2-713조)에 따라 양도를 하지 않는 것에 대한 손해배상을 청구할 수 있다.

(2) 매도인이 양도하지 않거나 이행을 거절한 경우에 매수인은 동시에,

(a) 해당 물품이 특정되었다면 본편의 규정(제2-502조)에 따라 그것들을 양도받거나; 또는

(b) 적절한 경우에는 본편의 규정(제2-713조)에 따라 특정이행 또는 물품을 받을 수 있다.

(3) 매수인이 수령을 적법하게 거절하거나 또는 정당하게 수령을 취소했을 때에 매수인은 그 대금으로 지급한 변제금 및 그 검사, 수취, 운송, 관리 및 보관에 따른 합리적인 비용에 대하여 그 점유 또는 지배하에 있는 물품에 대한 담보권을 가진다. 그 물품을 보유해서 손해를 입은 매도인과 같은 방법(제2-706조)으로 그 물품을 전매할 수 있다.

제2-712조([대용품의 입수]; 매수인에 의한 대체물의 조달)

(1) 전조의 위반이 있은 후, 매수인은 신의성실로 또는 부당한 지체없이 매도인이 급부하여야 하는 물품을 대체하는 대용품을 합리적으로 구입하거나 구입계약을 체결하여 대용품을 입수할 수 있다.

(2) 매수인은 대용품취득의 경비와 계약가격과의 차액으로 후에 정의된 부수적 또는 결과적 손해배상(제2-715조)을 가산하고, 매도인의 위반의 결과로서 절약할 수 있는 경비를 차감한 금액을 청구할 수 있다.

(3) 본조에 의한 대용품취득을 이행하지 않아도 매수인이 다른 청구방법을 구하는 것을 방해하지 않는다.

제2-713조(미인도 또는 이행거절에 대한 매수인의 손해배상청구권)

(1) 시장가격의 증명에 관한 본편의 규정(제2-723조)에 따라 매도인이 양도를 하지 않거나 이행거절을 한 것에 대한 손해배상액은 해당 위반을 매도인이 알고 있은 때의 시장가격과 계약가격과의 차액으로 본편에서 규정된 부수적 또는 결과적 손해배상액(제2-715조)을 가산해서 매도인의 위반의 결과로서 절약할 수 있는 경비를 차감한 금액이다.

(2) 시장가격은 제공하여야 할 장소의 가격으로 산정된다. 또는 도달후의 수령거절 또는 수령의 취소의 경우에는 도착지의 가격으로 산정된다.

제2-714조(수령된 물품에 관한 위반에 대한 매수인의 손해배상청구권)

(1) 매수인이 물품의 수령을 고지(제2-607조 (3)항)한 때에 매수인은 이행제공이 계약에 적합하지 않은 것에 대한 손해배상으로 합리적인 방법에 의하여 계산되거나 매도인의 위반으로부터 통상 발생한 사건으로 인한 손실을 청구할 수 있다.

(2) 보증위반에 대한 손해배상액은 수령한 때의 그 시장에서 물품의 가치 및 보증대로 이행되어 있다면 해당 물품이 가지고 있다고 생각되는 가치와의 차액이다. 다만, 특별한 정황이 있거나 다른 금액에 근접한 손해배상액이 표시되어 있는 경우에 제한을 받지 않는다.

(3) 적절한 경우에 다음의 조에 의하여 부수적 손해배상 및 결과적 손해배상도 청구할 수 있다.

제2-715조(매수인의 부수적 손해배상 및 결과적 손해배상)

(1) 매도인의 위반으로부터 생긴 부수적 손해배상에는 정당하게 거절된 물품의 검사, 수령, 운송 및 관리와 보관에 관련된 합리적 경비 또는 대용품의 구입과 관련한 합리적인 요금, 경비 또는 수수료 및 이행지체 외의 위반에 부수한 다른 합리적 경비도 포함된다.

(2) 계약 체결시에 매도인이 알고 있거나 대용품 구입과 그 외의 방법에 의하여 합리적으로 방지하는 것이 불가능하였거나 일반적 또는 개별적인 요건과 필요로부터 생긴 손실 및 보증위반으로부터 발생한 생명, 신체 또는 재산에 대한 침해에 대한 손해도 포함된다.

제2-716조(특정이행을 요구하거나 점유를 회복할 매수인의 권리)

(1) 물품이 유일한 것일 경우 또는 다른 특별한 정황이 있는 경우에 특정이행의 명령을 발할 수 있다.

(2) 특정이행의 명령은 법원이 공정하다고 판단하는 대금의 변제, 손해배상 또는 그 외의 구제수단에 관한 각 조건을 포함할 수 있다.

(3) 합리적인 노력을 한 후, 매수인이 그 물품의 대용품을 입수하는 것이 불가능하거나 이와 같은 노력을 하는 것이 불가능한 정황이 합리적으로 보이는 경우 또는 해당 물품이 유보를 추가하여 발송되거나, 그 물품에 대한 담보권의 변제가 이행되어 있거나, 공탁된 경우에 매수인은 계약에 특정된 물품을 회복할 권리를 가진다. 개인, 가족 또는 세대의 각 목적을 위하여 구입된 물품의 경우에 매수인의 물품 회복권은 매도인이 그 때에 거절하지 않거나 또는 양도하지 않은 경우에도 특별재산권을 취득한 때에 발생한다.

제2-717조(손해배상액의 가격에서의 차액)

매수인은 차감할 의사를 매도인에게 고지하였을 때, 계약위반으로부터 생긴 손해배상액의 전부 또는 일부를 동일의 계약에 의하여 여전히 변제되어야 할 가격에서 차감할 수 있다.

제2-718조(손해배상의 청산 또는 제한; 예탁)

(1) 일방 당사자에 의한 위반에 대한 손해배상은 합의에 의하여 확정액을 정할 수 있지만, 위반에 의하여 생긴다고 예견되거나 현실의 위해, 손해의 입증의 곤란 및 다른 방법으로 적절한 구제를 구하는 것이 곤란하거나 불가능한 경우에 합리적인 금액으로 확정될 수 있다. 불합리한 고액의 확정손해배상액을 정한 조항은 무효하다.

(2) 매도인이 매수인의 위반을 이유로 정당하게 물품의 인수를 거절한 경우에 매수인은 지급액 중 다음을 초과한 금액을 반환받을 수 있다.

(a) (1)항에 따라 매도인의 손해배상액을 청산하는 각 조항에 의하여 매도인이 권리를 가지는 금액; 또는,

(b) 이와 같은 조항이 아닌 경우에 계약에 의하여 매수인이 의무를 지는 이행전체의 가격의 20% 또는 500달러 내에서 낮은 쪽의 금액.

(3) (2)항에 의하여 원상회복을 요구할 매수인의 권리는 매도인이 다음의 것을 증명한 한도에서 상계된다.

(a) (1)항 이외의 본편의 각 조문에 의하여 손해배상을 얻을 권리; 및

(b) 직접적 또는 간접적인 계약의 이유로, 매수인에 의하여 수령된 이익의 금액 또는 가치.

(4) 매도인이 물품대금을 지급받은 경우에 그 합리적인 가치 또는 그 재판매금은 (2)항에서 변제로 취급되어야 한다. 다만, 매도인이 부분적 이행에서 수령한 물품을 재판매하기 전에 매수인의 위반을 안 경우에 매도인의 재판매는 손해를 입은 매도인에 의한 재판매에 관하여 본편에서 규정된 각 조건(제2-706조)에 따른다.

제2-719조(구제방법의 계약에 의한 수정 또는 제한)

(1) 본조 (2)항 및 (3)항의 규정 또는 전조의 청산과 손해배상의 제한에 관한 규정에 따라,

(a) 본편에서 규정하고 있는 구제방법에 추가하여 또는 그 대신에 합의에 대한 구제방법에 대하여 규정할 수 있다. 그리고 매수인의 구제방법을 물품의 반환 및 계약에 합치하지 않는 물품 혹은 그 일부의 수령과 교환만으로 제한하여 본편에 의하여 회복할 수 있는 손해배상액의 계산을 제한 혹은 변경할 수 있다; 또한

(b) 규정된 구제방법을 행사하는 것은 해당 구제방법이 명시적으로 배타적인 것이

합의되어 있지 않는 한, 선택적인 것이다. 그 합의가 있는 경우에는 그것이 유일한 구제방법이다.

(2) 배타적 또는 제한적 구제방법이 그 본질적인 목적을 실현할 수 없는 정황인 경우에 본편의 규정에 따라 구제방법을 얻을 수 있다.

(3) 결과적 손해배상은 제한 또는 배제가 비양심적인 것이 아닌 한, 제한 또는 배제될 수 있다. 소비자 물품의 경우에 신체 상해에 대한 결과적 손해배상의 제한은 비양심적인 것으로 간주된다. 해당 손실이 상업상의 것인 경우에 손해배상의 제한은 이에 해당한다고 간주할 수 없다.

제2-720조(예견할 수 있는 위반에 의한 청구권에 근거하거나 「취소」의 효과)

반대의 의사가 명백하게 표현되어 있지 않으면, 계약의 「해약」 혹은 「취소」 또는 유사한 표현은 예견할 수 있는 위반에 대한 손해배상청구권의 포기 또는 면책으로 인정되지 않는다.

제2-721조(사기에 대한 구제방법)

중요한 부실표시 또는 사기에 대한 구제방법은 사기가 아닌 위반에 대하여 본편에 의하여 이용할 수 있는 모든 구제방법을 포함한다. 판매계약의 취소 또는 취소의 청구도 물품의 거절 또는 반환도 손해배상 또는 다른 구제방법을 방해하거나 모순하는 것으로 간주되지 않는다.

제2-722조(물품의 위해에 대하여 제3자를 소송할 수 있는 자)

제3자가 매매계약에 특정된 물품을 해당 계약의 당사자가 제소할 수 있는 위해를 야기할 수 있도록 취급한 경우,

(a) 해당 물품에 대하여 권원, 담보권, 특별재산권 또는 보유 가능한 권리를 가지는 매매계약의 어느 당사자도 제3자에게 소송을 제기할 수 있다. 또한 해당 물품이 훼손, 횡령된 경우에 제소권은 매매계약에 의하여 손실의 위험을 부담하는 당사자 또는 그 침해에 따라 상대방에 대하여 해당 위험을 받은 자에게도 있다;

(b) 어느 당사자도 상대방의 동의를 얻고 이에 관련된 자의 이익을 위하여 제소할 수 있다.

제2-723조(시장가격의 증명; 시간과 장소)

(1) 이행기 전의 이행거절에 근거한 소송이 물품의 약간의 부분 또는 전부에 관하여 이행기 전에 심리된 경우에 시장가격에 근거한 손해배상(제2-708조)은 피해자가 이행거절을 안 때에 사용되고 있었던 해당 물품의 가격에 따라 산정되어야 한다.

(2) 본편에서 정하여진 때 또는 장소에서 사용되고 있는 가격에 대하여 본편에서 규정하고 있는 시기의 전후의 합리적 기간내에 통용되는 가격 또는 상업 판단상 또는 거래관행에 의하여 본편에서 규정하고 있는 장소에 대한 합리적인 대체지역으로 사용될 수 있는 장소에서의 가격으로 증명하기가 곤란한 경우에 다른 지역으로부터 또는 다른 지역으로 물품의 운송비용을 적절하게 허용할 수 있다.

(3) 본편에서 정하여진 것 이외의 때 또는 장소에서 사용되고 있는 일방 당사자에 의하여 제출된 관련가격의 증거는 그 자가 상대방에 법원이 불공정한 경우를 피하기에 충분하다고 인정되는 통지를 주지 않는다면 허용되지 않는다.

제2-724조(시장 가치의 증거로서의 허용성)

확립된 물품거래시장에서, 상시 반입되거나 매각되는 물품의 통상가격 또는 가액이 문제되는 경우에는 항상 공적출판물 혹은 업계잡지 또는 일반 대중을 대상으로 간행되어 있는 해당 시장의 보고서로서 출판된 신문 혹은 정기간행물 중의 보고서는 그 중요성에 영향을 줄 수 있지만, 허용성에 대하여는 영향을 미치지 않는다.

제2-725조(매매계약의 소멸시효)

(1) 매매계약위반의 소송은 소송원인이 생긴 때부터 4년 이내에 개시되어야 한다. 최초의 합의에 의하여 양당사자는 소멸시효의 기간을 1년 이상으로 단축할 수 있지만, 연장할 수 없다.

(2) 침해받은 당사자가 위반의 사실을 알고 있는가의 여부와 관계없이 소송원인은 위반의 때에 생긴다. 보증의 위반은 양도가 제공된 때에 생기지만, 보증이 명백하게 해당 물품의 장래의 이행으로 확정되거나 그 위반이 해당 이행시까지 기다리지 않으면 발견될 수 없는 경우에 소송원인은 해당 위반이 발견된 시기 또는 발견될 예정의 시기에 발생한다.

(3) (1)항에 의하여 제한된 기간까지는 개시된 소송이 동일의 위반에 대한 별도의 소송에 의한 구제방법을 이용할 수 있도록 하기 위하여 정지된 경우에 해당 다른 소송은 그 제한된 기간이 경과한 후 최초 소송의 정지 후 6개월 이내에 개시될 수 있다. 다만, 그 정지가 임의의 소송취하의 결과 또는 제소하지 않는 것 또는 그 과실에 의한 각하의 결과인 경우에 제한되지 않는다.

(4) 본조가 제소기간의 경과에 관한 법을 변경하는 것이 아니라면 본조는 본법이 시행되기 전에 발생한 소송원인에 적용되지 않는다.

2A

리 스

제 1 장 총 칙

제2A-101조(약칭)

제2A-102조(범위)

제2A-103조(정의 및 정의의 색인)

제2A-104조(다른 법의 적용을 받는 리스)

제2A-105조(권원증서의 대상이 되는 물품에 대한 본편의 지역적 관할)

제2A-106조(소비자리스의 당사자가 준거법 빛 법원을 선택할 권리의 제한)

제2A-107조(위반후 청구권 또는 권리의 포기)

제2A-108조(비양심성)

제2A-109조(자기 의사에 의한 조기변제의 선택권)

제 2 장 리스계약의 성립 및 해석

제2A-201조(사기방지법)

제2A-202조(최종적 문서표현; 구두증거 또는 외부증거)

제2A-203조(효과없는 날인)

제2A-204조(계약성립의 일반적 요건)

제2A-205조(확정청약)

제2A-206조(리스계약의 성립에서 청약과 승낙)

제2A-207조(이행과정 또는 실무적 해석)

제2A-208조(수정, 취소 및 포기)

제2A-209조(공급계약의 수익자로서의 금융 리스에서의 임차인)

제2A-210조(명시적 보증)

제2A-211조(간섭 및 침해가 없는 보증; 침해에 대한 임차인의 의무)

제2A-212조(물품성의 묵시적 보증)

제2A-213조(특정목적을 위한 적합성의 묵시적 보증)

제2A-214조(보증의 배제 또는 수정)

제2A-215조(명시적 또는 묵시적 보증의 중시와 저촉)

제2A-216조(명시적, 묵시적 보증의 제3자 수익자)

제2A-217조(특정)

제2A-218조(보험 및 수익금)

제2A-219조(손실의 위험)

제2A-220조(채무불이행의 손실위험에 대한 효과)

제2A-221조(특정물품에 대한 우발적 사고)

제 3 장 리스계약의 효력

제2A-301조(리스계약의 강제가능성)

제2A-302조(물품의 권원 및 그 점유)

제2A-303조(리스계약에 의한 당사자의 이권의 분리가능성 또는 임대인의 물품에 대한 잔여권; 이행의 위임; 권리의 이전)

제2A-304조(임대인에 의한 물품의 사후적 리스)

제2A-305조(임차인에 의한 물품의 매각 또는 전대)

제2A-306조(법의 효과에 의하여 생기는 일정한 우선특권)

제2A-307조(물품에 대한 담보권 및 다른 청구권에 근거한 압류 또는 추심에 의하여 생기는 우선특권)

제2A-308조(채권자의 특별한 권리)

제2A-309조(물품이 정착물이 되었을 때의 임대인 및 임차인의 권리)

제2A-310조(물품이 부합할 때의 임대인 및 임차인의 권리)

제2A-311조(합의에 의한 순위변경)

제 4 장 리스계약의 이행; 취소, 대체 및 면책

제2A-401조(불안; 이행의 적절한 확약)

제2A-402조(이행기전의 이행거절)

제2A-403조(이행기전의 이행거절의 철회)

제2A-404조(대체이행)

제2A-405조(면책된 이행)

제2A-406조(집행완료 이행에 관한 절차)

제2A-407조(취소할 수 없는 약속; 금융 리스)

제 5 장 채무불이행

A. 일반규정

제2A-501조(채무불이행; 절차)

제2A-502조(채무불이행후의 통지)

제2A-503조(권리 및 구제방법의 수정 또는 감손)

제2A-504조(손해배상액의 확정)

제2A-505조(해약 또는 해제 및 해약, 해제, 취소 또는 사기의 권리에 관한 효과 및 구제방법)

제2A-506조(소멸시효)

제2A-507조(상관습상 차임의 증명; 시간 및 장소)

B. 임대인에 의한 채무불이행

제2A-508조(임차인의 구제방법)

제2A-509조(부적절한 인도에 대한 임차인의 권리; 적법한 거절)

제2A-305조(임차인에 의한 물품의 매각 또는 전대)

제2A-510조(분할 리스계약; 거절 및 채무불이행)

제2A-511조(적법하게 거절된 물품에 관한 상인인 임차인의 의무)

제2A-512조(적법하게 거절된 물품에 관한 임차인의 의무)

제2A-513조(부적절한 제공 또는 인도의 임대인에 의한 시정; 교환)

제2A-514조(임차인의 이의신청권의 포기)

제2A-515조(물품의 수령)

제2A-516조(물품수령의 효과; 채무불이행의 통지; 수령 후 채무불이행을 입증하는 책임; 항변할 수 있는 자에 대한 청구 또는 소송의 통지)

제2A-517조(물품수령의 취소)

제2A-518조(대체품의 조달; 교환물품)

제2A-519조(인도가 없는 경우, 취소, 채무불이행에 대한 임차인의 손해배상 및 수령된 물품에 대한 보증위반)

제2A-520조(임차인의 부수적 및 결과적 손해배상)

제2A-521조(특정이행 또는 원상회복을 요구하는 임차인의 권리)

제2A-522조(임대인이 지급불능이 된 경우의 임차인의 물품에 대한 권리)

C. 임차인에 의한 채무불이행

제2A-523조(임대인의 구제방법)

제2A-524조(리스계약에 물품을 특정하는 임대인의 권리)

제2A-525조(물품의 점유에 대한 임대인의 권리)

제2A-526조(운송중 또는 그 외 인도를 정지시킬 임대인의 권리)

제2A-527조(물품을 처분하는 임대인의 권리)

제2A-528조(수령하지 않는 경우, 지급하지 않을 경우, 취소 또는 그 외의 채무불이행에 대한 손해배상을 요구할 임대인의 권리)

제2A-529조(임대인의 차임청구소송)

제2A-530조(임대인의 부수적 손해배상)

제2A-531조(물품에 대한 위해에 대하여 제3자를 제소할 수 있는 자)

제2A-532조(잔여권에 대한 임대인의 권리)

제2A편 리 스

제1장 총 칙

제2A-101조(약칭)

본편은 통일상법전 - 리스라 칭한다.

제2A-102조(범위)

본편은 형식과 관계없이 리스에 관한 모든 거래에 적용된다.

제2A-103조(정의 및 정의의 색인)

(1) 본편에서 별도로 규정한 경우를 제외하고,

(a) 「통상의 영업 과정에서 매수인」은 자신에 대한 매각이 물품에 대한 제3자의 소유권, 담보권 또는 임차권을 침해한다는 것을 신의성실함과 더불어 그 사실을 모르고 그 물품을 판매하는 사업을 경영하는 자(다만, 전당포를 포함하지 않음)로부터 구입하는 자를 의미한다. 「매입」은 현금 또는 다른 물품과의 교환에 의하여 혹은 유담보, 무담보의 신용과 관계없이 기존의 매매계약에 의한 물품 또는 권원증서의 수령을 포함하지만, 일괄양도 또는 금전채무를 위한 담보로서 그 일부 또는 전부의 변제로 행하여지는 것을 포함하지 않는다.

(b) 「해약」은 일방 당사자가 상대방의 채무불이행에 대하여 리스계약을 종료시킬 때에 발생한다.

(c) 「상업상의 단위」는 상업상의 관행에 의하여 리스의 목적을 위하여 하나의 단위로 인정되고, 그것을 분할하면 실질적인 물품의 성질, 시장가격 또는 사용가치를 하락시키는 물품의 단위를 의미한다. 상업상의 단위는 단일물품(한 대의 기계), 세트물품(가구 일체 또는 일련의 기계), 한 단위량(12다스 또는 화물 자동차 한 대분의 화물) 또는 사용상 혹은 관련시장에서 하나의 단위로 취급되어지고 있는 다른 단위일 수도 있다.

(d) 리스계약에 의한 「적합한 물품 또는 이행」은 당해 리스계약에 기한 의무에 따른 물품 또는 이행을 의미한다.

(e) 「소비자리스」는 통상 리스업 또는 판매업을 경영하는 임대인이 개인, 가족 또는 세대의 목적을 위하여 당해 리스에 의하여 취득하는 임차인에 대하여 행하는 리

스를 의미한다.

(f) 「위반」은 불법적인 행위, 일탈, 침해 혹은 채무불이행을 의미한다.

(g) 「금융 리스」는 다음의 경우에 관한 리스를 의미한다.

(i) 임대인이 물품을 선택, 제조 또는 공급하지 않는 경우;

(ii) 임대인이 물품 또는 점유를 획득하고 리스와 관련하여 그 물품을 사용하는 경우; 그리고,

(iii) 다음의 사항 중 한 가지의 사항이 발생한 경우에 서면으로 당해 임차인에 고지한다.

(A) 임차인이 계약 사본을 수령하고, 그것에 의하여 임대인이 물품 또는 그 리스계약에 서명하기 전에 물품의 점유 또는 사용에 대한 권리를 획득한다;

(B) 임차인의 동의에 의하여 임대인이 물품 또는 물품의 점유권 또는 사용권을 획득하는 것은 리스계약을 유효화하는 조건이다;

(C) 임차인이 리스계약에 서명하기 전에 약속과 보증 또는 보증의 권리포기, 구제방법의 제한 또는 변경 혹은 확정손해배상액(제조자 등 제3자의 경우를 포함)을 명기하였거나, 정확하게 또는 완전한 설명서로 임대인이 그 계약에 의하여 물품 또는 그 물품의 점유권과 사용권을 획득하는 당해 계약과 관련하여 또는 그 일부로서 물품을 공급하는 자가 당해 임대인에게 교부한 설명서를 수령한다; 또는

(D) 리스가 소비자리스가 아닌 경우에 임대인이 당해 리스계약에 서명하기 전에 다음의 사실을 서면으로 고지하여야 한다. (a) 임대인에게 당해 물품을 공급하는 자의 신원(다만, 그 임차인이 공급자를 선택하고, 그 임대인에게 당해 물품 또는 당해 물품의 점유와 사용의 권리를 획득하는 것을 지시한 경우는 제외), (b) 임차인은 본편에 의하여 제3자의 약속과 보증을 포함하여 임대인이 그 물품 또는 당해 물품의 점유와 사용의 권리를 획득하는 수단이 되는 계약과 관련하여 또는 그 계약의 일부로서 당해 물품을 공급하는 자에 의하여 당해 임대인에게 제공된 약속 및 보증에 대한 권리, 그리고 (c) 임차인은 물품을 당해 임대인에게 공급하는 자와 연락할 수 있고, 약속 및 보증에 대한 정확하고 완전한 설명서(구제방법, 약속 및 보증의 포기 또는 제한).

(h) 「물품」은 리스계약에 특정된 경우에 동산 또는 정착물 등의 모든 물건을 의미하지만, 금전·증서·계좌·동산증서·일반적 무체자산 또는 정제전의 석유 및 가스를 포함한 광물 또는 그 유사한 것을 포함하지 않는다. 이 용어는 동물의 미출산물도 포함한다.

(i) 「분할 리스계약」은 리스계약이 「각 인도는 별개의 리스이다」라고 하는 그 조항을 포함하고 있어도 별개의 부분이 각각 수령되는 물품의 인도를 수권 또는 요구하는 리스계약을 의미한다.

(j) 「리스」는 약인과 교환되는 일정기간의 물품 점유권 및 사용권의 양도를 의미하지만, 매매(승인조건부매매 또는 반환조건부매매를 포함) 또는 담보권의 유지 또는 설정은 리스가 아니다. 별도의 규정이 없는 한, 이 용어는 전대차를 포함한다.

(k) 「리스합의」는 그 언어 속에 또는 거래교섭의 과정 또는 거래관행 혹은 본편의 규정에 따라 이행과정을 포함한 그 외의 모든 정황에서의 추측에 의하여 사실상 인정되는 임대인과 임차인의 리스에 관한 상호거래를 의미한다. 별도의 규정이 없는 한, 이 용어는 전대차 합의를 포함한다.

(l) 「리스계약」은 본편 및 다른 적용이 있는 법에 의하여 리스합의로부터 발생하는 법적 의무 전체를 의미한다. 별도의 규정이 없는 한, 이 용어는 전대차계약을 포함한다.

(m) 「리스의 이익」은 리스계약에 의한 임대인 또는 임차인의 이익을 의미한다.

(n) 「임차인」은 리스에 의한 물품을 점유하고 또한 사용할 권리를 획득하는 자를 의미한다. 별도의 규정이 없는 한, 이 용어는 전차인을 포함한다.

(o) 「통상 영업과정에서 임차인」은 신의성실 또는 당해 임차인에 대한 리스가 당해 물품상 제3자의 소유권 또는 담보권을 침해한다는 것을 알지 못하고 동종의 물품을 판매 또는 리스하는 업자(다만, 전당포를 포함하지 않는다)로부터 통상의 영업과정에서 그 물품을 임차하는 자를 의미한다. 「리스한다」는 현금을 지급 또는 다른 자산과의 교환에 의하여 또는 유담보 또는 담보없이 신용으로 행하여져도 관계없으며, 기존의 매매계약에 의한 물품 또는 권원증서를 수령하는 것을 포함하지만, 일괄양도에 의한 또는 금전채무의 전부 또는 일부의 충당을 위한 담보로서의 인도는 포함하지 않는다.

(p) 「임대인」은 리스에 의한 물품을 점유하고 또한 사용하는 권리를 양도하는 자를 의미한다. 별도의 규정이 없는 한, 이 용어은 전대인을 포함한다.

(q) 「임대인의 잔여권」은 리스계약의 기간만료, 해제 또는 해약 뒤에 남는 당해 물품에 대한 임대인의 권리를 의미한다.

(r) 「유치권」은 부채의 변제 또는 채무의 이행을 확실하게 하기 위하여 물품에 대한 부담 또는 이권을 의미하지만, 이 용어는 담보권을 포함하지 않는다.

(s) 「구분」은 별개의 리스 또는 인도의 대상물인 한 곤포 또는 단일물품을 의미하고 그것이 리스계약의 이행에 충분한가의 여부와는 관계없다.

(t) 「상인임차인」은 리스의 대상이 되는 종류의 물품에 관한 상인인 임차인을 의미

한다.

(u) 「현재의 가액」은 장래 지급되어야 할 확정일에 있어서의 금액으로부터 확정일까지의 할인을 한 금액을 의미한다. 그 할인은 거래가 체결된 시점에서 명백하게 불합리한 경우가 아니라면 당사자에 의하여 정하여진 이율에 의하여 결정된다. 그 외의 경우에 그 할인액은 거래가 체결된 시점에서 모든 사실 및 모든 정황을 고려하여 상업상 합리적인 요율에 의하여 산정된다.

(v) 「구입」은 판매, 리스, 양도담보, 담보권, 질권, 증여 또는 물품에 대한 권리를 설정하는 그 외의 임의의 거래에 의한 취득을 포함한다.

(w) 「전대차」는 물품의 리스이며, 그 점유권과 사용권이 기존의 리스에 의한 임차인으로서의 임대인에 의하여 취득되어지는 경우를 의미한다.

(x) 「공급자」는 임대인이 금융리스에 의하여 리스된 물품을 구입 또는 리스하는 상대방이 되는 자를 의미한다.

(y) 「공급계약」은 임대인이 리스된 물품을 구입 또는 리스의 기초가 되는 계약을 의미한다.

(z) 「해제」는 합의 또는 법률에 의하여 발생한 권한에 의하여 일방당사자가 채무불이행에 대한 계약해제가 아니고, 당해 리스를 종료시킬 때 발생한다.

(2) 본편에 적용된 다른 정의 및 그 정의가 존재하는 조문은 다음과 같다.

「부합물」 제2A-310조 (1)항
「건설양도담보」 제2A-309조 (1)항 (d)
「토지부담」 제2A-309조 (1)항 (e)
「정착물」 제2A-309조 (1)항 (a)
「정착물등록」 제2A-309조 (1)항 (b)
「구입금리스」 제2A-309조 (1)항 (c)

(3) 다른 편에 대한 다음의 정의는 본편에도 적용된다.

「계좌」 제9-102조 (a) (2)
「상인간」 제2-104조 (3)항
「매수인」 제2-103조 (1)항 (a)
「동산증서」 제9-102조 (a)항 (11)
「소비자물품」 제9-102조 (a)항 (23)
「문서」 제9-102조 (a)항 (30)
「위임」 제2-403조 (3)항
「일반적 무체자산」 제9-102조 (a)항 (42)
「신의성실」 제2-103조 (1)항 (b)
「증서」 제9-102조 (a)항 (47)

「상인」 제2-104조 (1)항
「양도담보」 제9-102조 (a)항 (55)
「약속 이행」 제9-102조 (a)항 (68)
「수령」 제2-103조 (1)항 (c)
「매매」 제2-106조 (1)항
「승낙조건부 매매」 제2-326조
「반환조건부 매매」 제2-326조
「매도인」 제2-103조 (1)항 (d)

(4) 또한, 제1편은 본편을 통하여 적용되는 일반적 정의 및 해석원리를 포함하고 있다.

제2A-104조(다른 법의 적용을 받는 리스)

(1) 리스는 본편의 적용을 받지만, 다음의 법도 적용된다.
 (a) 본주의 권원증서에 관한 법률: 자동차, 트레일러, 이동주택, 보트, 농업용 트렉터 등을 대상으로 하는 권원증서에 관한 법률을 열거한다.
 (b) 타주의 권원증서에 관한 법률(제2A-105조); 또는
 (c) 본편의 시행일에 존재하고 있는 본주의 소비자보호법 또는 본주의 법원의 최종적 소비자보호판결.

(2) 제2A-105조, 제2A-304조 (3)항, 및 제2A-305조 (3)항을 제외한 본편과 (1)항에서 정한 법률 또는 판결과의 사이에 저촉할 경우에 그 법률 또는 판결이 적용된다.

(3) 적용되는 어느 법률에 따르지 않는 것은 그 법률에 규정된 효과밖에 가지지 못한다.

제2A-105조(권원증서의 대상이 되는 물품에 대한 본편의 지역적 관할)

제2A-304조 (3)항 및 제2A-305조 (3)항의 규정에 따라 본주 또는 타주의 제정법에 의하여 발행된 권원증서의 대상이 되는 물품에 관하여 권원증서에 관한 법률의 준수 및 준수 또는 위반의 효과는 (a) 그 증서의 포기, 또는 (b) 당해 물품이 그 주에서 이동된 후 4개월간의 어느 쪽이든 빠른 날까지, 또한 이후는 새로운 권원증서가 타주마다 발행될 때까지 그 증서를 발행한 주의 법률(준거법을 포함한다)에 의하여 규율된다.

제2A-106조(소비자리스의 당사자가 준거법 및 법원을 선택할 권리의 제한)

(1) 소비자리스의 당사자에 의하여 선택된 법률이 리스합의를 강제할 경우, 또는 그 후 30일 동안 임차인이 살고 있는 주 또는 물품이 사용된 주 이외의 법률인 경우에 그 선택은 강제될 수 없다.

(2) 소비자리스의 당사자에 의하여 선택된 법정이 당해 리스에 대하여 일반적으로 관

할권이 없는 법정인 경우에는 그 선택을 강제될 수 없다.

제2A-107조(위반후 청구권 또는 권리의 포기)

채무불이행 또는 보증위반에서 발생한 청구권 또는 권리는 피해자에게 서명을 받고, 또한 인도된 포기서에 의하여 전부 또는 일부가 약인없이 소멸된다.

제2A-108조(비양심성)

(1) 법률문제로서 법원이 리스계약 또는 리스계약의 조항이 그 체결시에 비양심적이라고 인정할 경우에 법원은 그 리스계약을 강제하는 것을 거절하거나 혹은 그 비양심적인 조항을 제외한 당해 리스계약의 나머지를 강제하거나 혹은 비양심적인 결과를 회피할 수 있도록 비양심적인 조항의 적용을 제한할 수 있다.

(2) 소비자리스에 관하여는 법률문제로서 법원이 리스계약 또는 리스계약의 어느 조항이 비양심적인 행위에 의하여 유인되었다고 인정하는 경우 또는 비양심적 행위가 리스계약으로부터 발생한 청구권의 행사 중에 행하여졌다고 인정하는 경우에 법원은 적절한 구제를 인정할 수 있다.

(3) (1)항 또는 (2)항에 따라 비양심성이 인정되기 전에 법원은 직권 또는 당사자의 신청에 의한 리스계약 또는 그 조항 혹은 행위의 배경, 목적 및 효과에 관하여 증거를 제출할 합리적인 기회를 당사자에게 부여하여야 한다.

(4) 임차인이 소비자리스에 대하여 비양심성을 주장하는 소송에서,

(a) 법원이 (1)항 또는 (2)항에 의하여 비양심성을 인정할 경우에 법원은 임차인에게 합리적인 변호사보수를 지급할 수 있다;

(b) 법원이 비양심성을 인정하지 않고, 비양심성을 주장하는 임차인이 근거가 없다는 것을 알면서 소송을 제기하거나 또는 유지할 경우에 법원은 당해 주장에서 피소된 당사자에게 합리적인 변호사보수를 지급할 수 있다;

(c) 변호사보수를 산정할 때에 (1)항 또는 (2)항에 의한 청구인을 위하여 원상회복의 금액은 제한을 받지 않는다.

제2A-109조(자기 의사에 의한 조기변제의 선택권)

(1) 일방 당사자 또는 그의 권리 승계인이 변제 또는 이행을 착수하거나, 「자기의사로」 또는 「그 자가 불안하다라고 생각하는 경우」 또는 동취지의 문언에서 담보물 또는 부수적 담보물을 요구할 수 있다는 취지를 규정하는 조항은 그 자가 신의성실에 따라서 변제 또는 이행의 예정이 잘못되었다고 신뢰하는 경우에만 그 자가 [변제를] 촉구하는 권리를 가지는 것을 의미한다고 해석되어야 한다.

(2) 소비자리스에 관하여 (1)항에 의한 신의성실을 증명할 책임은 그 권한을 행사하는

당사자에게 있고, 그 반대로 신의성실의 결여를 증명할 책임은 그 권한을 행사하는 상대방이 진다.

제2장 리스계약의 성립 및 해석

제2A-201조(사기방지법)

(1) 리스계약은 다음과 같은 경우가 아니라면 소송 또는 항변에 의하여 강제할 수 없다.

(a) 리스계약에 의하여 행하여져야 하는 지급액이 갱신 또는 매입의 선택권에 대한 변제를 제외하고 1,000달러 이상인 경우; 또는,

(b) 리스계약이 양당사자 사이에서 체결된 것을 나타내고 리스된 물품과 리스기간을 나타내는 것은 충분하고, 이행강제를 요구당한 상대방에 의하여 또는 당해 당사자에 의하여 수권된 대리인에 의하여 서명된 서면이 존재할 경우.

(2) 리스의 목적물 또는 리스조건의 기재는 무엇이 기재되어 있는가를 합리적으로 특정된 것이라면 그것이 구체적인가의 여부와 관계없이 충분하고 (1)항 (b)를 충족하고 있다.

(3) 서면이 합의된 조건을 생략 또는 부정확하게 기재된 것을 이유로 그 서면은 불충분한 것으로 되지 않지만, 당해 계약은 그 서면에 나타난 리스조건 및 물품의 수량을 초과하여 (1)항 (b)에 의하여 강제될 수 없다.

(4) (1)항의 모든 요건을 충족하고 있지는 않지만, 그 외의 점에서는 유효한 리스계약은 다음의 경우에 강제할 수 있다.

(a) 그 물품이 임차인을 위하여 특별히 제조 또는 취득된 것이고 임대인의 통상의 영업 과정에서 다른 자에게 리스하거나, 판매하는 것이 적절하지 못한 경우로 당해 임대인이 취소 통지를 수령하기 전에 또는 당해 물품이 리스를 위한 물건인 것을 합리적으로 나타내는 정황하에서 그 제조를 실질적으로 개시하였거나 또는 그 실행에 착수한 경우;

(b) 강제가 요구된 상대방이 그 당사자의 변론, 증언, 그 외의 법원의 절차에 따라 리스계약이 체결된 것을 인정할 경우이거나 그 리스계약이 인정된 물품의 수량을 초과하여 본건에 의하여 강제되지 않는 경우; 또는

(c) 당해 임차인에 의하여 수령되고 수령된 물품에 관한 경우.

(5) (4)항에서 정하여진 리스계약의 조건은 다음의 경우이다.

(a) 강제가 요구된 상대방에 의하여 또는 당사자가 수권한 대리인에 의하여 서명되

었거나 그 리스조건을 규정한 서면이 있는 경우와 같이 규정된 조건;

(b) 강제가 요구된 상대방이 당해 당사자의 변론, 증언 또는 그 외의 사법절차에 따라 리스계약을 인정할 경우와 같이 인정된 조건; 또는

(c) 합리적인 리스조건.

제2A-202조(최종적 문서표현; 구두증거 또는 외부증거)

양당사자의 의사확인의 각서에 의하여 합의되어 있는 조항 및 당해 문서에 포함되어지는 것과 다른 방법에 의하여 규정되고, 양당사자의 합의의 최종적 표현으로 하는 의도가 서면에 기재된 조항은 선행하는 합의의 증거에 의하여 또는 동시에 행하여진 구두합의의 증거에 의하여 부인할 수 없지만, 다음의 방법에서 설명 또는 보충할 수 있다.

(a) 거래교섭의 과정, 거래관행 또는 이행과정; 및

(b) 모순이 없는 추가조항의 증거. 단 법원이 당해 서면을 완전하게 또한 배타적으로 합의의 조항을 설명한 문서로서 작성한 것으로 인정한 경우는 그 범위에 포함되지 않는다.

제2A-203조(효과없는 날인)

리스계약을 증명하는 서면 또는 리스계약을 체결하는 청약에 날인을 한 경우는 당해 서면을 날인 증서로 하는 것이 아니며, 날인 증서에 관한 법률은 그 리스계약 또는 청약에는 적용되지 않는다.

제2A-204조(계약성립의 일반적 요건)

(1) 리스계약은 리스계약의 존재를 인정하는 양당사자에 의한 행위를 포함하여 합의를 증명하기에 충분한 방법에 의하여 행하여질 수 있다.

(2) 리스계약을 구성하기에 충분한 합의는 그 체결의 시기를 확정할 수 없는 경우에도 인정된다.

(3) 하나 또는 복수의 조항이 미확정인 상태로 남아 있어도 리스계약은 당사자가 리스계약을 체결하는 것을 의도하고, 또한 적절한 구제방법을 부여하는 일정의 합리적 근거가 존재한다면 불확정성 때문에 불성립으로 되지 않는다.

제2A-205조(확정청약)

조건에 의하여 기재된 기간 또는 이 기간이 없는 경우에는 합리적인 기간동안 철회불가능성을 보증한 서명된 서면으로 다른 자에게 또는 다른 자로부터 행하여진 리스의 목적물에 관한 상인의 청약은 철회할 수 없지만, 철회할 수 없는 기간은 3개월을 초과할 수 없다. 피청약자에 의하여 부여된 양식상의 관계되는 보증조항은 청약자에 의하

여 개별적으로 서명되어야 한다.

제2A-206조(리스계약의 성립에서 청약과 승낙)

(1) 별도의 규정이 없는 한, 리스계약을 체결하는 청약은 그 정황 하에서 합리적인 방법 또는 수단에 의한 청약의 유인으로 해석되어서는 안된다.

(2) 요구된 이행 개시가 인수의 합리적인 상태인 경우에 합리적인 기간내에 인수의 통지를 받지 못한 청약자는 그 청약이 인수 전에 효력을 상실한 것으로서 취급할 수 있다.

제2A-207조(이행과정 또는 실무적 해석)

(1) 리스계약이 이행의 성질을 알고 있는 일방 당사자에 의하여 이행의 기회가 반복하여 발생하고, 그것에 대한 상대방에 의한 이의제기의 기회를 정하는 것과 관계한 것이라면, 이의를 주장하지 않고 승낙 또는 묵인된 이행과정은 당해 리스합의의 의미를 결정하는 것에 관련성을 가진다.

(2) 리스합의의 명시적 조항 및 거래교섭의 과정 또는 거래 관행과 동일한 이행과정은 합리적인 때에 항상 일관성있게 해석되어야 한다. 다만, 그 해석이 합리적이지 못한 경우에 명시적 문언은 이행과정보다 상위이고, 이행과정은 거래교섭의 과정 및 거래관행의 쌍방보다 상위이다. 또 거래교섭의 과정은 거래관행보다 상위이다.

(3) 수정 및 포기에 관한 제2A-208조의 규정에 따라, 이행과정은 그 이행과정과 저촉하는 조항의 포기 또는 수정을 입증하는 것과 관련성을 가진다.

제2A-208조(수정, 취소 및 포기)

(1) 리스계약을 수정할 경우에 구속력을 가지기 위하여 약인을 필요로 하지 않는다.

(2) 서명된 서면에 의한 경우를 제외하고, 수정 또는 취소를 배제한 서명있는 리스의 합의는 다른 방법으로 수정 또는 취소할 수 없지만, 상인간에서는 제외하고, 일방에 의하여 제공된 양식상에 관한 요건은 상대방에 의하여 별개로 서명되어야 한다.

(3) 수정 또는 취소의 노력이 (2)항의 모든 조건을 충족시키고 있지 않더라도 그것은 권리포기로서의 효력을 가진다.

(4) 리스계약의 집행가능한 부분에 영향을 미치는 권리포기를 한 당사자는 포기된 조건의 엄격한 이행이 요구된 때에 상대방이 수령한 합리적인 고지에 따라 그 포기를 취소할 수 있다. 다만, 당해 취소는 상대방이 그 포기를 신뢰하고 상황을 현저하게 변경하여 불공정하다고 인정하는 경우에는 취소할 수 없다.

제2A-209조(공급계약의 수익자로서의 금융 리스에서의 임차인)

(1) 공급계약의 일부로서 또는 이와 관련하여 규정된 제3자의 약속을 포함하여 공급계약과 모든 보증에 따라 임대인의 약속의 이익은 명시적 또는 묵시적인 것과 관계없이 공급계약과 관련된 금융 리스에 따라 임차인의 임차권의 범주까지 임차인에게 적용된다. 그러나 이러한 이익은 당해 보증과 당해 공급계약의 모든 조건 및 그것에서 발생하는 전부의 항변 또는 청구권의 적용을 받게 된다.

(2) 공급자의 계약 및 리스의 보증의 이익의 확장은 (i) 공급계약으로부터 발생하는가의 여부와 관계없이 그 당사자의 권리의무를 변경하는 것이 아니고, (ii) 그 공급계약에 의한 임차인에 대하여 어떠한 의무나 책임도 발생시키지 않는다.

(3) 공급자와 임대인에 의한 공급계약의 수정 또는 취소는 그 공급자와 임차인의 사이에서는 유효하다. 다만, 그 수정 또는 취소 전에 당해 임차인이 그 공급계약과 관계하는 금융 리스를 체결한다라는 통지를 당해 공급자가 수령한 경우에는 그러하지 아니하다. 그 수정 또는 취소가 공급자와 임차인의 사이에서 유효하다면, 임대인은 그 리스계약에 의하여 임대인의 임차인에 대한 의무를 포함하여 공급자의 임대인에 대한 구속 및 그와 같이 수정 또는 취소된 보증을 수정 또는 취소전에 존재하였던 것과 동일하게, 또한 그 임차인이 이용할 수 있는 것을 인수한 것으로 간주된다.

(4) (1)항에 의한 공급자의 임차인에 대한 구속의 이익 및 보증의 범위의 이익 외에 그 임차인은 그 임차인과 그 공급자와의 사이의 합의 또는 다른 법률에서 발생한 당해 임차인이 그 공급자에 대하여 가질 수 있는 모든 권리를 보유한다.

제2A-210조(명시적 보증)

(1) 임대인에 의한 명시적 보증은 다음과 같이 발생한다.

(a) 임대인에 의하여 임차인에게 행하여진 사실 또는 약속의 확인으로서 물품에 관계하고, 또 계약의 근거의 일부가 되는 것은 당해 물품이 그 확인 또는 구속과 일치하는 것에 대한 명시적 보증이다.

(b) 교섭의 근거의 일부로 취급된 물품의 설명은 당해 물품이 그 설명과 일치하는 것에 대한 명시적 보증이다.

(c) 교섭의 근거로 취급되는 견본 또는 모델은 당해 물품 전체가 그 견본 또는 모델과 일치하는 것에 대한 명시적 보증이다.

(2) 임대인이 「보증」 또는 「지급보증」 등의 정식용어를 사용하고 있거나 또는 임대인이 보증하고자 하는 구체적 의사를 가지고 있다는 명시적 보증을 발생시킴에 있어 필수적이지 않지만, 물품의 가액만의 확인 또는 물품에 대한 임대인의 단순한 의견 또는 장려를 의도한 설명은 보증이 아니다.

제2A-211조(간섭 및 침해가 없는 보증; 침해에 대한 임차인의 의무)

(1) 리스계약에는 그 리스기간동안 임차인이 그 리스의 이익을 향수하는 것을 방해하는 권리침해 등에 의한 청구권 이외의 임대인의 작위, 부작위에서 생기는 당해 물품에 대한 청구권 또는 권리를 가지고 있지 않다고 하는 보증이 존재한다.

(2) 금융 리스의 경우를 제외하고, 통상 그 종류의 물품을 취급하는 상인인 임대인에 의한 리스계약에는 권리침해 또는 유사한 것에 의한 정당한 청구권의 영향을 받지 않고 당해 물품을 인도한다라는 보증이 존재한다.

(3) 임대인 또는 공급자에 대하여 명세서를 주는 임차인은 그 명세서를 준수함으로써 생기는 권리침해 등을 이유로 제소되지 않도록 하여야 한다.

제2A-212조(물품성의 묵시적 보증)

(1) 금융 리스의 경우를 제외하고, 물품에 대한 물품성의 보증은 임대인이 그 종류의 물품에 관한 상인인 경우에는 그 리스계약에 묵시적으로 포함된다.

(2) 물품성이 있는 물품은 최소한 다음과 같은 것이어야 한다.

(a) 리스합의 속에서 기재된 바에 따라 당해 거래에서 이의없이 합격하는 것;

(b) 대체가능한 물품의 경우에 그 기재된 바에 따라 공정한 평균적 질의 물건이다;

(c) 그 형태의 물품이 사용되는 통상의 목적에 적합하다;

(d) 리스합의에 의하여 허가된 허용범위내에서 각 단위의 범위로 또한 관련하는 모든 단위 속에서 평균적 종류, 질 및 양의 물건을 제공한다;

(e) 리스합의에서 요구된 바와 같이 적절하게 담겨지고, 포장되어 라벨이 붙여져 있다;

(f) 용기 또는 라벨로 이루어진 약속 또는 사실 확인에 적합한 물건.

(3) 다른 묵시적 보증은 거래교섭의 과정 또는 거래의 관행으로부터 발생한다.

제2A-213조(특정목적을 위한 적합성의 묵시적 보증)

금융 리스의 경우를 제외하고, 리스계약이 체결된 경우에 임대인이 당해 물품이 요구되는 특정의 목적을 알고 있고, 또한 그 임차인은 적절한 물품을 선택하는 또는 공급하는 당해 임대인의 능력 또는 판단에 의지하고 있는 것을 알고 있어야 할 이유가 있는 경우에 그 리스계약에는 당해 물품이 그 목적에 적합한가에 대한 묵시적 보증이 존재한다.

제2A-214조(보증의 배제 또는 수정)

(1) 명시적 보증의 창설에 관련하는 용어 또는 행위 및 보증을 부정 또는 제한하는 용어 또는 행위는 상호 저촉되지 않도록 해석되어야 한다. 그러나 구두증거 또는 외

부증거에 관한 제2A-202조의 규정에 따라 그 해석이 불합리한 한도에서 부정 또는 제한은 효력이 부정된다.

(2) (3)항에 따라, 물품성의 묵시적 보증 또는 그 일부를 배제 또는 수정하기 위하여 문언은「물품성」을 언급하고 있어야 하고, 서면에 의한 것이어야 한다. 또 현저한 것이어야 한다. (3)항에 따라 적합성의 묵시적 보증을 배제 또는 수정하기 위하여 그 배제는 서면에 의한 것이어야 하며, 현저한 것이어야 한다. 적합성의 묵시적 보증을 전부 배제하기 위한 문언은 그것이 서면에 의한 것이든, 현저한 것이든,「당해 물품이 특정의 목적에 적합하다고 하는 보증은 존재하지 않는다」라고 기재되어 있다면 충분하다.

(3) (2)항에도 불구하고 (4)항에 따라서,

(a) 정황이 다른 것을 나타내고 있지 않는 한,「있는 대로」 또는「모든 손상을 포함해서」 등의 표현에 의하여 또는 보증의 배제에 임차인의 주의를 유도하는 것으로 일반적으로 이해할 수 있고, 묵시적 보증이 존재하지 않는 것을 명확하게 하는 그 외의 문언에 의하여 서면으로 현저히 행하여질 때는 모든 묵시적 보증이 배제된다.

(b) 리스계약을 체결하기 전에 임차인이 그 물품, 견본 또는 모델을 충분히 검사를 하였거나 또는 당해 물품을 검사하는 것을 거절한 경우에는 그 정황하에서 검사하면 명확하게 밝혀질 수 있는 결함에 관하여 묵시적 보증은 존재하지 않는다.

(c) 묵시적 보증은 거래교섭의 과정, 이행과정 또는 거래관행에 의하여 배제 또는 수정될 수 있다.

(4) 방해 또는 권리침해에 대한 보증(제2A-211조) 또는 그 일부를 배제 또는 수정하기 위하여 문언은 구체적이어야 하고, 서면에 의하여야 하고 또한 현저하여야 한다. 다만, 이행과정, 거래 교섭의 과정 또는 거래관행을 포함한 그 정황에서 당해 물품은 제3자의 청구권 또는 권리에 따라 리스되어 있는 것을 알아야 할 이유가 당해 임차인에게 있다면 적용되지 않는다.

제2A-215조(명시적 또는 묵시적 보증의 중시와 저촉)

명시적 보증이든 묵시적 보증이든, 보증은 상호간에 모순이 없어야 하고, 중첩적인 것으로 해석되어야 하지만, 그 해석이 불합리한 경우에 당사자의 의사에 따라 어느 보증이 주요한 것인가를 결정한다. 그 의사를 결정할 때 다음의 모든 원칙이 적용된다.

(a) 정확한 또는 기술적인 사양서는 저촉하는 견본, 모델 또는 종류의 일반적 문언을 대체한다.

(b) 기존 대량물의 견본은 저촉하는 종류의 일반적 문언을 대체한다.

(c) 명시적 보증은 특정목적을 위한 적합성에 대한 묵시적 보증과 다른 상반된 묵시

적 보증을 대체한다.

제2A-216조(명시적, 묵시적 보증의 제3자 수익자)

대체안A

본편에 의하여 임차인에 대한 또는 그 이익을 위한 보증은 명시적 또는 묵시적인 것과 관계없이 임차인의 가족, 세대안의 자연인 또는 임차인의 집에 초대된 손님이 당해 물품을 사용, 소비하는 또는 그에 따라서 영향받을 것이라는 기대가 가능한, 보증의 위반에 따라 신체에 상해를 입은 자에게까지 확대된다. 본조는 임차인에 대하여 또는 그 이익을 위하여 보증을 그 다른 자에게까지 확장하는 보통법 또는 형평법의 모든 원리로 대체하는 것은 아니다. 본조의 효력은 배제되거나 수정되거나 또는 제한될 수는 없지만, 권리와 구제방법을 포함하여 임차인에 대하여 유효한 보증의 배제, 수정 또는 제한은 본조에 의하여 지명되는 수익자에 대하여도 유효하다.

대체안B

본편에 의하여 임차인에 대한 또는 그 이익을 위한 보증은 명시적 또는 묵시적인 것과 관계없이 당해 물품을 사용, 소비하는 또는 그것에 따라 영향받을 것이라고 합리적으로 기대가능한 보증의 위반에 따라 신체 상해를 입은 자까지 확대된다. 본조는 임차인에 대하여 또는 그 이익을 위하여 보증을 그 다른 자에게까지 확장하는 보통법 또는 형평법의 모든 원리로 대체하는 것이 아니다. 본조의 효력은 배제되거나 수정되거나 또는 제한될 수는 없지만, 권리와 구제방법을 포함하여 임차인에 대하여 유효한 보증의 배제, 수정 또는 제한은 본조에 의하여 지명된 수익자에 대하여도 유효하다.

대체안C

본편에 의하여 임차인에 대한 또는 그 이익의 위한 보증은 명시적 또는 묵시적인 것과 관계없이 당해 물품을 사용, 소비하는 또는 그것에 따라 영향받을 것이라고 합리적으로 기대할 수 있고, 보증의 위반에 따라 신체에 상해를 입은 자까지 확대된다. 본조의 효력은 그 보증이 확장되는 개인의 신체에의 침해에 관하여 배제되거나, 수정되거나 또는 제한될 수 없지만 권리와 구제방법을 포함하여 임차인에 대하여 유효한 보증의 배제, 수정 또는 제한은 본조에 의하여 지명된 수익자에 대하여도 유효하다.

제2A-217조(특정)

리스계약상 물품의 특정은 양당사자에 따라 명시적으로 합의된 때 또는 방법으로 행하여진다. 명시적 합의가 없는 경우에 특정은 다음의 경우에 행하여진다.

(a) 리스계약이 기존의 물품 중에서 특정한 물품의 리스를 위한 물건일 경우에는 당해 리스계약이 체결되었을 때;

(b) 리스계약이 기존의 물품이 아니고, 또한 특정한 물품의 리스를 위한 것이 아닐 경우에는 물품이 발송되거나, 영수증이 있거나 또는 다른 방법으로 당해 리스계약에서 언급된 물품으로서 임대인에 따라 지정된 때; 또는

(c) 리스계약이 동물의 미출생물의 리스를 위한 물품일 경우에는 잉태하였을 때

제2A-218조(보험 및 수익금)

(1) 특정된 물품이 부적합하고, 임차인이 그것을 거절하는 선택권을 가지고 있는 경우에도 임차인은 물품이 리스계약에 특정된 때에 [보험의] 부보가능한 이권을 가진다.

(2) 임차인이 임대인의 물품특정만을 이유로 부보가능한 이권을 가진 경우에 채무불이행, 지급불능 또는 특정이 확정적이라는 사실을 임차인에게 고지할 때까지 임대인은 특정된 물품을 다른 물품과 교환할 수 있다.

(3) (1)항 및 (2)항에 의한 임차인의 부보가능한 이권에도 불구하고, 임차인에 따라 매입선택권이 행사된 후 손실의 위험이 임차인에게 이전할 때까지 임대인은 부보가능한 이권을 가진다.

(4) 본조의 어떤 규정도 다른 제정법 또는 법 원칙에 의하여 인정된 부보가능한 이권을 침해하지 못한다.

(5) 합의에 의하여 당사자는 당사자 한 명 또는 2명 이상이 당해 물품을 대상으로 하는 보험을 가입하고 지급할 의무를 부담시킬 수 있으며, 합의에 의하여 그 보험금의 수익자를 정할 수 있다.

제2A-219조(손실의 위험)

(1) 금융 리스의 경우를 제외하고, 손실의 위험은 임대인이 부담하며, 임차인에게 이전하지 않는다. 금융리스의 경우에는 손실의 위험은 임차인에게 이전한다.

(2) 손실의 위험에 관한 의무위반의 효과에 관한 본편의 규정에 따라 손실 위험이 임차인에게 이전하고, 이전의 시기가 기재되어 있지 않는 경우에 다음의 모든 원칙이 적용된다.

(a) 리스계약이 당해 물품이 운송업자에 의하여 운송되어질 것을 요구하거나 또는 수권하고 있고,

(i) 또한, 특정 장소에서의 인도를 요구하고 있지 않는 경우에 그 물품이 적정하게 운송업자에게 인도될 때에 손실의 위험은 그 임차인에게 이전된다. 그러나,

(ii) 특정 장소에서의 인도를 요구하고 있지 않으며, 또한 당해 물품이 운송업자의 점유 하에 있는 동안 적정하게 그 장소에서 제공된 경우에 손실의 위험은

당해 물품이 적정하게 제공되어 그 임차인이 인도를 받을 수 있게 되었을 때에 그 임차인에게 이전한다.

(b) 물품이 이동되지 않고, 인도를 위하여 임치인에 의하여 보관되는 경우에 손실의 위험은 그 임치인이 그 임차인의 당해 물품의 점유에 대한 권리를 승낙하였던 때에 이전한다.

(c) (a)항 또는 (b)항에 해당하지 않는 경우에 손실의 위험은 임차인 또는 금융리스의 경우에 공급자가 상인이라면, 당해 물품을 임차인이 수령하였던 때에 그 임차인에게 이전한다. 그 외의 경우에 위험은 인도를 제공할 때에 임차인에게 이전한다.

제2A-220조(채무불이행의 손실위험에 대한 효과)

(1) 손실의 위험이 임차인에게 이전하게 되어 있고, 이전의 시기가 기재되어 있지 않은 경우,

(a) 물품의 제공 또는 인도가 리스계약에 적합하지 않기 때문에 거절권이 발생한 경우에 그 손실의 위험은 임대인이 부담하며, 금융리스의 경우에 하자의 보수 또는 수령시까지 공급자가 진다.

(b) 임차인이 적정하게 수령을 취소할 경우에 임차인은 유효한 보험에서 부족한 범위에 대하여 그 손실의 위험을 처음부터 당해 임대인에게 있는 것으로 취급할 수 있다.

(2) 손실의 위험이 임차인에게 있는가의 여부와 관계없이 리스계약이 이미 특정되고, 적합한 물품에 관하여 그 임차인이 리스계약을 취소하거나 또는 다른 점에서 그 계약에 의한 의무위반이 있는 경우에 임대인 또는 금융 리스의 경우에 공급자는 유효한 보험에서 부족한 범위에 대하여 손실의 위험은 상업상 합리적인 기간내에 그 임차인이 부담하는 것으로 취급할 수 있다.

제2A-221조(특정물품에 대한 우발적 사고)

리스계약의 체결시에 물품이 특정된 것을 그 리스계약이 요구하고 있고, 그 물품이 임차인, 임대인 또는 공급자의 귀책사유없이 인도전에 우발적 사고를 당한 경우 혹은 당해 물품이 리스의 합의 또는 제2A-219조에 따라서 손실의 위험이 임차인에게 이전하기 전에 우발적 사고를 당한 경우,

(a) 손실이 전체에 영향을 미칠 경우에 당해 리스계약은 무효가 된다. 그리고,

(b) 손실이 부분적이거나 또는 리스계약에 이미 적합하지 않을 정도로 물품이 손상되었을 경우에도 임차인은 검사를 요구할 수 있고, 임차인의 선택에 의하여 당해 리스계약을 무효로 취급하거나 혹은 소비자리스가 아닌 금융리스의 경우를

제외하고, 당해 물품을 수령하고 멸실 또는 수량의 부족에 대한 리스기간 동안에 지급되어야 하는 차임에 상당한 감액을 하지만, 그 임대인에 대한 그 이상의 권리를 가질 수 없게 할 수 있다.

제3장 리스계약의 효력

제2A-301조(리스계약의 강제가능성)

본편에서 별도로 규정한 경우를 제외하고, 리스계약은 양당사자간의 합의조항에 따라서 물품의 매수인 또는 당사자의 채권자에 대하여도 효력을 가지고 또한 강제될 수 있다.

제2A-302조(물품의 권원 및 그 점유)

본편에서 별도로 규정한 경우를 제외하고, 임대인 또는 제3자가 물품에 대한 권원을 가지는가의 여부와 관계없이 또는 임대인, 임차인 또는 제3자가 물품을 점유하고 있는가의 여부와 관계없이 점유 또는 점유의 결여가 사기이다라는 제정법 또는 법원칙에도 불구하고, 본편의 각 조문이 적용된다.

제2A-303조(리스계약에 의한 당사자의 이권의 분리가능성 또는 임대인의 물품에 대한 잔여권; 이행의 위임; 권리의 이전)

(1) 본조에서 사용되는 「담보권의 설정」은 제9-109조 (a)항 (3)을 이유로 제9편(담보부거래)에 따른 리스계약의 매매도 포함한다.

(2) (3)항 및 제9-407조에 규정된 경우를 제외하고, (i) 물품에 대한 임대인의 잔여권의 매매, 전대, 담보권의 설정 또는 강제 혹은 압류, 과세 또는 다른 사법절차에 따른 이전을 포함하여 임의 또는 임의가 아닌 양도를 금지하는 규정 또는 (ii) 이와 같은 양도를 채무불이행의 사례로 하는 리스합의의 규정은 (4)항에 규정하는 권리 및 구제방법을 발생하게 하지만, 금지된 또는 리스합의에 의한 의무위반의 사례가 되는 양도는 이외의 점에서 유효하다.

(3) 리스합의에 관한 규정에서 (i) 전체의 리스계약에 관한 채무불이행에 대한 손해배상청구권의 양도를 금지하는 규정, 또는 (ii) 이와 같은 양도를 채무불이행의 대가로 하는 규정은 강제할 수 없다. 그리고 그 양도는 (4)항의 범위에 포함되는 리스계약의 상대방이 반대이행을 얻을 가능성을 실질적으로 손상시키거나 그 상대방의 의무를 실질적으로 변경 또는 그 상대방이 지는 책임 또는 위험을 실질적으로 증

대시키는 것은 아니다.

(4) (3)항 또는 제9-407조에 따라,

(a) 리스계약에 의하여 의무위반으로 인정되는 양도가 행하여지는 경우에 양도하지 않은 리스계약의 당사자는 당해 당사자가 의무위반을 묵인하거나 또는 별도의 합의를 한 것이 아니라면 제2A-501조 (2)항의 권리 및 구제방법을 가진다.

(b) (a)가 적용되지 않고, (i) 리스합의에 의하여 금지되었거나 또는 (ii) 리스계약의 상대방에 의한 담보물 이행의 예정을 손상시키거나, 실질적으로 그 당사자의 의무를 변경하거나 또는 실질적으로 그 자에게 부과된 부담 또는 위험을 증대시키는 양도라면 양도하지 않은 당사자가 어떤 시점에서라도 그 리스계약 중에 또는 다른 방법으로 그 양도에 합의한 것이 아니라면, 계약에 의하여 제한된 경우는 제외하고 (i) 양도인은 양도하지 않은 당사자에 대하여 합리적으로 예방하지 못하였던 손해배상액을 한도로 그 손해배상의 책임을 지고, 또 (ii) 관할권을 가지는 법원은 당해 리스계약 또는 그 양도 금지명령을 포함하여 다른 적절한 구제를 부여할 수 있다.

(5) 「리스」 또는 「리스에 의한 자신의 모든 권리」의 양도 또는 유사한 문언에 의한 양도는 모든 권리의 양도 여부와 관계없이 그 문언 또는 그 정황이 담보를 위한 양도와 같이 특별한 경우를 나타내고 있지 않으면, 그 양도는 양도인의 양수인에 대한 의무의 위임이다. 양수인에 의한 수령은 이러한 의무를 이행한다는 것에 대한 양수인에 의한 약속을 구성한다. 당해 약속은 양도인 또는 리스계약의 다른 당사자에 의하여 강제될 수 있다.

(6) 임대인과 임차인에 의하여 별도의 합의가 행하여진 경우를 제외하고, 이행의 위임은 이행하는 의무 또는 채무이행에 대한 책임에 대하여 상대방에 대한 양도인의 의무를 면제하지 않는다.

(7) 소비자리스에서 리스계약상 당사자의 이권의 양도를 금지하는 것 또는 채무불이행의 경우에 양도하기로 하는 것이라는 문언은 구체적이어야 하고, 서면에 의한 것으로 또한 현저한 것이어야 한다.

제2A-304조(임대인에 의한 물품의 사후적 리스)

(1) 제2A-303조에 따라, 기존의 리스계약에 의한 물품의 임대인으로부터의 사후적 임차인은 그 리스의 이권이 양도된 한도에서 임대인이 양도할 수 있는 권한을 가지고 있는 물품에 대한 임차권을 가지지만, (2)항과 제2A-527조의 적용을 받는 경우를 제외하고 기존의 리스의 적용을 받는다. 물품이 구입거래에 의하여 인도된 경우에 그 임대인은 다음의 경우에도 그 권한을 가지고 있다.

(a) 임대인의 양수인이 그 임대인의 본인확인에 관하여 기망당한 경우;
(b) 그 인도가 추후에 부도난 수표로 교환된 경우;
(c) 그 거래는 「현금매매」라고 합의된 경우; 또는
(d) 그 인도가 형법에 의하여 절도로 처벌할 수 있는 사기에 의하여 행하여진 경우.

(2) 임대인의 기존의 임차인에 의하여 물품이 위임되었거나, 그 종류의 물품을 취급하는 상인인 임대인으로부터 사후적 임차인의 권리가 임대인에 대하여 강제할 수 있기 전에 전대된 경우에 통상의 영업과정에서 사후적 임차인은 양도된 리스의 이권의 범위내에서 당해 물품에 대한 당해 임대인 및 기존 임차인의 모든 권리의 전부를 취득하고 또한 기존의 리스계약에 의한 구속을 받지 않는다.

(3) 기존 리스계약과 본주 또는 타주의 제정법에 의하여 발행된 권원증서의 적용을 받는 물품의 임대인에 대한 사후적 임차인은 본조와 권원증서에서 인정하고 있는 권리 이상의 권리를 취득할 수 없다.

제2A-305조(임차인에 의한 물품의 매각 또는 전대)

(1) 제2A-303조의 규정에 따라 기존의 리스계약에 의한 물품의 임차인으로부터의 매수인 또는 전대인은 이전된 권리의 범위내에서 당해 임차인이 가지고 있었던 또는 양도하는 권한을 가지고 있는 당해 물품에 대한 리스의 이권을 취득하고, 또한 (2)항 및 제2A-511조 (4)항에 정하여진 경우를 제외하고, 기존의 리스계약에 따른다. 취소한 리스의 이권을 가진 임차인은 신의성실한 매수인에게 배상하고 또는 신의성실한 전차인에게 유상으로 하자없는 임차권을 양도하는 권한을 가지지만, 그 범위는 위의 규정에서 정한 한도내이다. 물품이 리스계약에 의하여 인도되어질 때에 그 임차인은 다음의 경우에도 그 권한을 가진다.
(a) 임대인이 임차인의 본인확인에 관하여 기망당한 경우;
(b) 그 인도가 추후에 부도난 수표와 교환된 경우; 또는
(c) 그 인도가 형법에 의하여 절도로 처벌가능한 사기에 의하여 행하여진 경우.

(2) 통상의 영업과정에서 매수인 또는 물품이 임대인에 의하여 위임된 상대방, 그 종류의 물품을 취급하는 상인인 임차인으로부터 통상의 영업과정에서 전대된 자는 양도된 권리의 한도에서 당해 물품에 대한 임대인 및 임차인의 모든 권리의 전부를 취득하고, 또한 기존의 리스계약으로부터 자유롭게 된다.

(3) 기존 리스계약과 본주 또는 타주의 제정법에 의하여 발행된 권원증서의 적용을 받는 물품의 임대인에 대한 매수인 또는 전차인은 본조와 권원증서에서 인정하고 있는 권리 이상의 권리를 취득할 수 없다.

제2A-306조(법의 효과에 의하여 생기는 일정한 우선특권)

어떤 자가 자신의 통상적인 영업과정에서 리스계약에 따라 물품에 관한 서비스 또는 자재를 공급할 경우에 그것들의 자재 또는 서비스를 위하여 제정법 또는 법원칙에 의하여 부여된 그 자의 점유하에 놓여져 있는 당해 물품에 대한 우선특권은 당해 리스계약 또는 본편에 의한 임대인 또는 임차인의 권리에 우선한다. 다만, 그 우선특권이 제정법에 의하여 창설되었고, 그 제정법이 별도로 규정하거나 혹은 그 우선특권이 법원칙에 의하여 창설되고, 그 법원칙이 별도로 규정하는 경우에는 그러하지 아니하다.

제2A-307조(물품에 대한 담보권 및 다른 청구권에 근거한 압류 또는 추심에 의하여 생기는 우선특권)

(1) 제2A-306조에 별도로 규정된 경우를 제외하고, 임차인의 채권자는 리스계약에 따른다.

(2) (3)항 및 제2A-306조 및 제2A-308조에 별도로 규정된 경우를 제외하고, 임대인의 채권자는 리스계약이 강제되기 전에 당해 물품에 부착된 우선특권을 채권자가 가지고 있는 경우가 아니라면 리스계약에 따른다

(3) 제9-317조, 제9-321조 및 제9-323조에 별도로 규정된 경우를 제외하고, 임차인은 임대인의 채권자에 의하여 유지된 담보권에 따라 리스계약상의 이권을 취득한다.

제2A-308조(채권자의 특별한 권리)

(1) 리스계약에 따라 물품을 점유하는 임대인의 채권자는 당해 채권자에 대하여 그 임대인에 의한 점유가 제정법 또는 법원칙에 의하여 기만적인 경우에 그 리스계약을 무효로 취급할 수 있지만, 그 리스계약을 강제할 수 있는 시기가 경과한 후에 상업상 합리적인 기간 중 당해 임대인이 신의성실하며, 또한 현재의 거래 과정에서 점유한 경우에는 기만적이지 않다.

(2) 리스계약이 (a) 현재의 거래과정에서는 아니지만, 금전, 담보 등이 기존의 청구권의 실행에 해당하고 담보로서 강제될 수 있으며, 또한 (b) 본편과는 다른 제정법 또는 법원칙에 의하여 그 거래를 사기적 양도 혹은 취소할 수 있는 거래로 인정하는 정황하에서 체결된 경우에 본편의 어떠한 규정도 임대인의 채권자의 모든 권리행사를 방해하지 못한다.

(3) 매도인의 채권자는 물품의 매매 또는 매매계약에의 물품의 특정을 매도인에 대하여 점유의 유지가 제정법 또는 법원칙에 의하여 기만적으로 인정된 경우에 무효로 취급할 수 있지만, 물품의 매매 또는 특정과 관련하여 임차인으로서의 매수인과 임대인으로서의 매도인과의 사이에서 체결된 리스계약에 따라 물품의 점유를 유지하는 것이 그 매수인이 유상으로 또는 신의성실하게 매입한 경우라면 기만적이지

않다.

제2A-309조(물품이 정착물이 되었을 때의 임대인 및 임차인의 권리)

(1) 본조에서,

(a) 물품은 부동산에 대한 권리가 부동산법에 의하여 발생하는 특정한 부동산에 연결되었을 때에 「정착물」이라고 한다.

(b) 「정착물등록」은 부동산상의 양도담보가 등록 또는 기록된 사무소에서 행하여진 정착물이거나 정착물이 되며, 제9-502조 (a)항과 (b)항의 모든 요건을 충족한 물품을 다루는 융자설명서의 등록이다.

(c) 리스합의가 강제되기 전에 임차인이 물품의 점유 또는 사용을 가지고 있거나, 그 물품의 점유 또는 사용의 권리를 가진 경우가 아니라면, 리스는 「구입대금리스」이다.

(d) 양도담보는 기록문서가 그 뜻을 나타내고 있는 경우에는 토지의 획득비용을 포함하여 토지상의 개량 건설을 위하여 부담한 채무를 담보하는 한도에서 「건설양도담보」이다.

(e) 「토지부담」은 부동산양도담보 및 부동산상의 그 외의 우선특권 및 소유권이 아닌 부동산상 그 외의 모든 권리를 포함한다.

(2) 본편에 의하여 리스는 정착물인 물품을 대상으로 하는 경우에 일어날 수 있거나 정착물이 되는 물품에 대하여 존속할 수 있지만, 토지개량에 공급된 통상의 건축자재에 대하여 리스는 본편에 의하여 존재하지 않는다.

(3) 본편은 부동산법에 따라 정착물의 임차권을 설정하는 것을 방해하지 않는다.

(4) 정착물의 임대인의 완전화된 권리는 다음의 경우에 부동산의 토지부담 또는 소유자의 저촉하는 권리에 대하여 우선한다.

(a) 그 리스가 구입대금 리스이고, 물상보증인 또는 소유자의 저촉하는 권리가 당해 물품이 정착물이 되기 전에 발생하고, 임대인의 권리가 당해 물품이 정착물이 되기 전 또는 정착물이 된 후 10일 이내에 정착물등록에 의하여 완전화되어 있고, 또한 그 임차인이 그 부동산상에 기록된 권리를 가지거나 혹은 그 부동산을 점유하고 있는 경우; 또는

(b) 임대인의 권리가 물상보증인 또는 소유자의 권리가 기록되기 전에 정착물 등록에 의하여 완전화되어 임대인의 권리가 물상보증인 또는 소유자의 권원의 전주(前主)의 저촉하는 권리보다 우선권을 가지고 있으며, 그 임차인이 그 부동산에 기록된 권리를 가지거나 혹은 부동산을 점유하고 있는 경우.

(5) 정착물의 임대인의 권리는 완전화되었는가의 여부와 관계없이 다음의 경우에는 부동산의 물상보증인 또는 소유자의 저촉하는 권리보다 우선한다.

(a) 그 정착물이 용이하게 분리될 수 있는 공장 또는 사무기기, 부동산의 이용에 주로 사용되거나 또는 리스되지 않아 용이하게 분리할 수 있는 설비 또는 소비자리스에 따른 물품인 가정기구에서 용이하게 분리될 수 있는 교환품 또는 당해 물품이 정착물이 되기 전에 그 리스계약이 강제될 수 있는 경우; 또는

(b) 저촉하는 권리가 그 리스계약이 강제될 수 있는 물건이 된 후에 보통법 또는 형평법의 소송절차에 의하여 취득된 부동산상의 우선특권인 경우; 또는

(c) 물상보증인 또는 소유자가 서면에 의하여 그 리스에 합의하였거나, 정착물로서의 당해 물품에 대한 권리를 포기한 경우; 또는

(d) 임차인이 물상보증인 또는 소유자에 대하여 그 물품을 회수할 권리를 가진 경우,

그 임차인의 회수할 권리가 소멸한 때에 임대인의 권리의 우선권은 합리적 기간 중 존속한다.

(6) (4)항 (a)에도 불구하고, (4)항 및 (5)항에 따라 임대인의 잔여권을 포함하여 정착물에 대한 임대인의 권리는 당해 물품이 건설의 종료전에 정착물이 되는 경우에 그 물품이 정착물이 되기 전에 기록된 건설양도담보에 의한 부동산의 물상보증인의 저촉하는 권리에 우선하지 않는다.

(7) (1)항 내지 (6)항에 해당하지 않는 경우에 임대인의 잔여권을 포함하고, 정착물에 대한 임대인의 권리와 임차인이 아닌 부동산의 물상보증인 또는 소유자의 저촉하는 권리와의 사이의 우선권은 부동산의 저촉하는 모든 권리를 규율하는 우선권원칙에 의하여 결정된다.

(8) 임대인의 잔여권을 포함하고, 정착물에 대한 임대인의 권리가 부동산 전부의 물상보증인 또는 소유자의 전부에 저촉하는 권리보다 우선하는 경우에 그 임대인 또는 그 임차인은 (i) 리스합의의 의무위반, 기간도과, 해약 또는 해제의 시기, 단 당해 합의 및 본편에 따라서 또는 (ii) 본편에 의한 임대인 또는 임차인의 다른 모는 권리 빛 구세방법을 강제하기 위하여 필요하다면 부동산의 전부의 소유자 및 물상보증인의 전부에 저촉하는 권리에서 자유롭게 또한 명료하게 당해 부동산으로부터 그 물품을 분리할 수 있다. 그러나 그 임대인 또는 임차인은 임차인이 아닌, 또한 물리적 침해의 수리비용에 합의는 하였지만, 멸실된 물품의 결여에 의하여 또는 그것을 교환할 필요성에 의하여 발생한 당해 부동산의 가치의 감소에 합의하지 않았을 때에 그 부동산의 물상보증인 또는 소유자에게 보상하여야 한다. 보상을 받을 권리를 가진 자는 그 채무이행을 위하여 적절한 담보를 지급할 때까지 철거의 허가를 내리는 것을 거절할 수 있다.

(9) 리스합의가 담보권을 설정하는 것이 아니라고 할지라도 임대인의 잔여권을 포함하여 정착물에 대한 임대인의 권리는 담보부 거래에 관한 편(제9편)의 관련규정에 따

라서 정착물이거나 정착물이 된 리스물품을 위하여 정착물 등록으로서 융자설명서를 등록함으로써 완전화된다.

제2A-310조(물품이 부합할 때의 임대인 및 임차인의 권리)

(1) 물품은 다른 물품에 편입되었거나, 첨부될 때, 「부합물」이 된다.

(2) 물품이 부합물이 되기 전에 체결된 리스계약에 의하여 임대인 또는 임차인의 권리는 (4)항에 정하여진 경우를 제외하고, 그 전체에 대한 전부의 권리에 우선한다.

(3) 그 물품이 부합물이 되었을 때 또는 그 후에 체결된 리스계약에 의하여 임대인 또는 임차인의 권리는 (4)항에 정하여진 경우를 제외하고, 그 후에 획득된 전체에 대한 권리에 우선하지만, 전체에 대한 이러한 권리의 보유자가 서면에서 그 리스에 동의하였거나 또는 그 전체의 일부에 대하여 당해 물품에 대한 권리를 포기한 경우는 제외하고, 리스계약이 체결된 때에 이미 존재하고 있던 그 전체에 대한 권리에는 우선하지 않는다.

(4) (2)항 또는 (3)항에 정하여진 리스계약에 의한 임대인 또는 임차인의 모든 권리는 다음의 자의 권리보다 우선하지 않는다.

(a) 물품이 부합물이 된 후에 획득한 전체에 대한 권리의 통상의 영업 과정에서의 매수인 또는 통상의 영업 과정에서의 임차인; 또는

(b) 당해 채권자가 그 리스계약을 알지 못하고 사후에 선금을 지급한 한도에서 리스계약이 체결되기 전에 완전화된 전체에 대한 담보권을 가진 채권자.

(5) (2)항 또는 (3)항 및 (4)항에 의하여 부합물의 임대인 또는 임차인이 전체에 대한 전부의 권리에 우선하는 권리를 가진 경우에 그 임대인 또는 임차인은 (a) 다른 당사자에 의한 그 리스계약의 의무위반, 기간도과, 해약 또는 해제의 시기, 다만, 당해 리스계약 및 본편의 규정에 따라, 또는 (b) 본편에 의하여 다른 권리 및 구제방법을 강제하는 것이 필요하다면, 전체에 대한 권리에서 자유롭게, 또한 명료하게 그 물품을 분리할 수 있지만, 임차인이 아니고 물리적 침해의 수리비용에 합의하지 않았지만, 제거된 물품의 결여에 의하여 또는 그것을 교체할 필요성에 의하여 발생하는 당해 부동산의 가치는 감소하지 않거나, 그 전체에 대한 권리의 보유자에게 보상을 하여야 한다. 보상을 받는 권리를 가진 자는 그 채무의 이행을 위하여 적절한 담보를 제공할 때까지 철거의 허가를 내리는 것을 거절할 수 있다.

제2A-311조(합의에 의한 순위변경)

본편의 규정은 우선권자와의 합의에 의하여 순위를 변경할 수 있다.

제4장 리스계약의 이행; 취소, 대체 및 면책

제2A-401조(불안; 이행의 적절한 확약)

(1) 리스계약은 적정하게 이행된다라는 상대방의 기대가 좌절되지 않도록 하는 의무를 각 당사자에게 부과한다.

(2) 불안의 합리적 근거가 일방 당사자의 이행에 관하여 생긴 경우에 불안한 당사자는 서면에 의하여 이행의 적절한 확약을 요구할 수 있다. 그 불안한 당사자는 당해 확약을 수령할 때까지 상업상 합리적이라면 합의된 반대급부를 아직 수령하고 있지 않은 이행을 중단할 수 있다.

(3) 그 구체적 경우의 모든 정황하에서 적절하고 적정한 이행의 확약이 상대방에 의한 청구의 수령후 30일을 넘지 않는 합리적 기간내에 불안한 당사자에게 제공되지 않는 경우에 리스계약을 취소할 수 있다.

(4) 상인간에는 불안의 근거의 합리성 및 부과된 확약의 적절성은 상업상의 기준을 따라서 설정되어야 한다.

(5) 부적합한 인도 또는 이행의 수령은 장래 이행의 적절한 확약을 요구하는 피해자의 권리를 침해하지 않는다.

제2A-402조(이행기전의 이행거절)

어느 당사자가 리스계약에 의하여 이행기가 도래하기 전의 이행에 관하여 리스계약을 취소하는 경우에 그 이행의 손실이 실질적으로 상대방에 내하여 그 리스계약의 가치를 손상하게 되면 피해자는,

(a) 상업상 합리적인 시간 중, 취소의 철회 및 취소당사자에 의한 이행을 기대할 수 있다;

(b) 제2A-401조에 따라서 청구를 하고, 그 구체적 사례의 모든 정황하에서 적절한 장래 이행의 보증을 기대할 수 있다; 또는

(c) 피해자가 거래당사자의 이행 및 보증을 기대하고, 철회를 요구하는 것을 당해 취소당사자에게 고지한 경우에도 그 리스계약 또는 본편에 의한 채무불이행에 대한 권리 또는 구제방법을 행사할 수 있다. 또한, 피해자가 상기의 구제방법의 하나를 추가하는가의 여부와 관계없이 그 피해자는 이행을 정지하거나 혹은 피해자가 임대인인 경우에는 의무위반과 관계없이 리스계약에서 물품을 특정하고 또는 미완성의 물품을 회수하는 임대인의 권리에 관한 본편의 규정(제2A-524조)에 따라서 처분할 수 있다.

제2A-403조(이행기 전의 이행거절의 철회)

(1) 취소당사자의 다음의 이행기가 도래할 때까지 취소당사자는 그 취소를 철회할 수 있다. 다만, 그 취소 후, 피해자가 당해 리스계약을 해약하거나 실질적 피해자가 입장을 변경하거나 또는 피해자가 다른 방법으로 그 취소를 확정적이라고 표시한 경우에는 철회할 수 없다.

(2) 철회는 피해자에 대하여 취소당사자는 리스계약에 의하여 이행할 의사를 명료하게 나타내고 있고, 또한 제2A-401조에 의하여 요구된 확인을 포함한 방법으로 행하여야 한다.

(3) 철회는 그 취소에 의하여 발생하는 지연에 대하여 피해자에 적절한 면책 및 할인을 인정하고, 리스계약에 의한 취소당사자의 권리를 회복시킨다.

제2A-404조(대체이행)

(1) 임차인, 임대인 또는 공급자의 귀책사유없이 합의된 정선(停船), 적하 또는 하역 시설을 사용할 수 없거나 또는 합의된 종류의 운송업자를 이용할 수 없거나 또는 그 외에 합의된 인도방법이 상업상 실행불능하거나, 상업상 합리적인 대체방법을 이용할 수 있는 경우에 그 대체이행이 제공되어야 한다.

(2) 합의된 변제수단 또는 방법이 국내 또는 외국의 규정 때문에 사용할 수 없게 된 경우,

(a) 임차인이 상업상 실질적으로 동등의 지급 수단 또는 지급방법을 부여하지 않으면, 임대인은 인도를 대기, 정지 또는 공급자에게 인도를 대기시키거나 혹은 정지시킬 수 있다; 그리고

(b) 인도가 이미 이루어진 경우에 규정된 인정된 수단에 의하여 또는 방법에 의한 지급은 당해 규정이 차별적, 압제적 또는 약탈적인 것이 아닌 한 임차인의 의무를 면제시킨다.

제2A-405조(면책된 이행)

대체이행에 관한 제2A-404조에 따라, 다음의 모든 원칙이 적용된다.

(a) 임대인 또는 (b)호 및 (c)호를 준수하는 공급자에 의한 전체 또는 일부의 인도지연 또는 미인도의 경우에 우발사고가 발생하지 않는 것을 기본적인 전제하에 리스계약이 체결되었음에도 우발사고가 발생한 경우에 의하여, 또는 적용된 외국 또는 국내의 정부규제 혹은 명령(이 규제 또는 명령이 후에 무효가 되었는가의 여부와 관계없이)에 신의성실하게 따르는 것에 의하여 이행이 실행불가능이 된 경우에 그 리스계약에 의한 의무위반으로 되지 않는다.

(b) (a)호의 모든 원인이 임대인 또는 공급자의 이행능력의 일부에 영향을 줄 경우

에 임대인 등은 생산 및 인도를 자신의 고객의 사이에서 배분하여야 하지만, 임대인 등의 선택에 의하여 그 이상의 제조에 대한 임대인 등의 배상과 함께, 그 당시 매매 또는 리스계약에 의하지 않은 정규 고객을 포함할 수 있다. 임대인 등은 공정하게 또는 합리적인 방법에 의하여 이와 같이 배분할 수 있다.

(c) 임대인은 적절하게 임차인에 대하여 또는 금융 리스의 경우에 공급자는 임대인 및 임차인에 대하여 지연 또는 불이행이 있을 것이라는 것 또는 분배가 (b)호에 의하여 요구된다면, 그와 같이 그 임차인에게 배분되는 추정량에 대하여 고지를 하여야 한다.

제2A-406조(집행완료 이행에 관한 절차)

(1) 임차인이 중대한 혹은 무기한의 지연 또는 제2A-405조에 의하여 정당화된 배분의 고지를 수령한 경우에 그 임차인은 관련 물품에 관하여 그 임대인에게 고지하고, 분할리스계약에 의하여 그 리스계약 전체의 가치가 실질적으로 하락하였을 때(제2A-510조)는 당해 물품의 전부에 관하여,

(a) 리스계약을 해제할 수 있다(제2A-505조 (2)항); 또는

(b) 소비자 리스가 아닌 금융 리스의 경우를 제외하고, 그 부족분에 대한 리스기간의 잔여부분에 대하여 지급될 차임에서 적정한 할인을 하거나, 임대인에 대한 그 이상의 권리는 포기하고, 대체하여 이용할 수 있는 할당량을 수령하고 그 리스계약을 수정할 수 있다.

(2) 제2A-405조에 의하여 임대인으로부터 고지를 받은 후, 임차인이 30일을 넘지 않는 합리적인 기간내에 그와 같은 당해 리스협의를 수정하지 않는 경우에 리스계약은 영향받을 인도에 관하여 효력을 상실한다.

제2A-407조(취소할 수 없는 약속; 금융 리스)

(1) 소비자리스가 아닌 금융 리스의 경우에 리스계약에 의한 임차인의 약속은 그 물품을 임차인이 수령한 때에 취소불능으로 된다.

(2) (1)항에 의하여 취소불능으로 된 약속은,

(a) 양 당사자간에 또는 양 당사자의 양수인을 포함한 제3자에 의하거나, 제3자에 대하여 유효하고, 또한 강제할 수 있다; 그리고,

(b) 그 약속이 주어진 상대방의 동의없이 해약·해제·수정·취소·면책 또는 대체할 수 없다.

(3) 본조는 임차인의 약속을 취소할 수 없게 하고, 물품의 임차인의 수령과는 독립한 것으로 한다는 리스계약상 약정의 다른 법률상 효력에 영향을 미치지 않는다.

제5장 채무불이행

A. 일반규정

제2A-501조(채무불이행; 절차)

(1) 임대인 또는 임차인이 리스계약에 의한 채무불이행에 해당하는가의 여부는 리스합의 및 본편에 의하여 결정된다.

(2) 임대인 또는 임차인이 리스계약에 의한 채무불이행에 해당하는 경우에 강제를 요구하는 당사자는 본편의 규정 또는 본편에 의하여 제한되지 않은 한도에서 당해 리스합의에 규정된 권리 및 구제방법을 가진다.

(3) 임대인 또는 임차인이 리스계약에 의한 채무불이행에 해당하는 경우에 강제를 요구하는 당사자는 당해 당사자의 청구권을 판결액에서 감액하거나 또는 본인이 다른 방법을 행사하거나 또는 행정절차, 중재 등을 포함하여 이용할 수 있는 사법절차 혹은 비사법절차에 의하거나 본편에 따라 당해 리스계약을 강제할 수 있다.

(4) 제1-106조 (a)항 또는 본편 혹은 리스합의에 별도로 규정된 경우를 제외하고, (2)항 및 (3)항에 규정된 권리의무는 중첩적이다.

(5) 리스합의가 부동산 권리와 물품의 양쪽을 대상을 하는 경우에 강제를 요구하는 당사자는 당해 물품에 관하여 본편에 의한 절차를 진행하거나 부동산과 물품의 양쪽에 관하여 적용하는 다른 법률에 의하여 당해 부동산에 관한 당사자의 권리 및 구제방법에 따라서 절차를 진행할 수 있지만, 후자의 경우에 본편은 적용되지 않는다.

제2A-502조(채무불이행후의 통지)

본편 또는 리스합의에 별도로 규정된 경우를 제외하고, 리스계약에 따른 채무불이행이 있었던 임대인 또는 임차인은 리스계약의 상대방으로부터 채무불이행의 통지 또는 강제의 통지를 받을 권리를 가지지 않는다.

제2A-503조(권리 및 구제방법의 수정 또는 감손)

(1) 본편에서 별도로 규정된 경우를 제외하고, 리스합의는 본편에 정하여진 권리와 구제방법 외에 채무불이행에 대한 권리 및 구제방법을 포함할 수 있고, 또한 본편에 의하여 회복할 수 있는 손해배상의 산정액을 제한 또는 변경할 수 있다.

(2) 본편 또는 리스합의 속에 규정된 구제방법을 선택할 것인가는 그 구제방법이 배타

적인 것이라고 명시적으로 합의되지 않는 한 선택적이다. 배타적 또는 제한된 구제방법에서는 모든 정황에서 그 본질적 목적을 달성할 수 없는 경우 또는 배타적 구제방법의 규정이 비양심적일 경우에 본편에 규정된 구제방법을 이용할 수 있다.

(3) 결과적 손해배상은 제2A-504조에 의하여 확정액으로 인정되거나 혹은 그 제한, 변경 혹은 배제가 비양심적이지 않는 한, 다른 방법으로 제한, 변경 혹은 배제될 수 있다. 소비자물품의 경우, 신체 손해에 대하여 결과적 손해배상의 제한, 변경 또는 배제는 비양심적인 것으로 인정되지만, 손해가 영업과정에서 발생한 경우에는 그러하지 아니하다.

(4) 리스계약에 부차적인 또는 부수하는 의무 또는 약속에 관하여 임대인 또는 임차인에 의한 채무불이행에 관한 권리 및 구제방법은 본편에 의하여 침해받지 않는다.

제2A-504조(손해배상액의 확정)

(1) 채무불이행에 대하여 어느 당사자에 의하여 지급될 손해배상, 손실보전 또는 예측된 조세이익의 감소 또는 임대인의 잔여이익에 대한 손실 또는 손해를 포함하여 그 외의 작위 또는 부작위는 리스합의 속에서 확정액으로 정할 수 있지만, 그 채무불이행 혹은 작위 또는 부작위에 의하여 생기는 당시 예측된 위해에 비추어서 합리적인 금액 또는 계산식에 의하여야 한다.

(2) 리스합의가 손해배상의 확정액을 규정하고 있고, 또한 그 규정이 (1)항을 준수하는 것이 아니거나 또는 그 규정이 모든 정황이 그 본질적 목적을 달성할 수 없게 하는 배타적 또는 제한적인 구제방법인 경우에 구제방법은 본편에 규정된 경우로 판단할 수 있다.

(3) 임대인이 임차인의 채무불이행 또는 지급불능(제2A-525조 또는 제2A-526조)을 이유로 정당하게 물품의 인도를 보류하거나 정지하는 경우에 그 임차인은 그 자의 지급 총액이 다음의 금액을 초과하는 부분의 금액을 회복하는 권리를 가진다.

(a) (1)항에 따라서 임대인의 손해배상액을 확정하는 조항에 의하여 임대인이 권리를 가지는 금액; 또는

(b) 그와 같은 조항이 없는 경우에 리스의 잔존기간에 대하여 그 임차인이 지급하는 의무를 지는 전체 차임의 현재 금액 20%, 소비자리스의 경우에 그 금액 또는 500달러보다 적은 금액.

(4) (3)항에 의한 원상회복을 요구하는 임차인의 권리는 임대인이 다음의 경우를 입증하는 한도에서 상계된다.

(a) (1)항 이외에 본편의 규정에 의하여 손해배상을 가지는 권리; 및

(b) 리스계약을 이유로 직접적 또는 간접적으로 임차인에 의하여 수령된 모든 이익의 금액 또는 값.

제2A-505조(해약 또는 해제 및 해약, 해제, 취소 또는 사기의 권리에 관한 효과 및 구제방법)

(1) 리스계약의 해약의 경우에 양당사자가 이행하지 않은 채무는 전부 소멸되지만, 이전의 채무불이행 또는 이행에서 발생한 권리는 잔존한다. 그리고 취소권자는 리스계약의 전체 또는 미이행 잔여분의 의무위반에 대한 구제방법도 가진다.

(2) 리스계약의 해제의 경우에 미이행한 채무는 면제되지만, 이전의 채무불이행 또는 이행에 기초한 권리는 잔존한다.

(3) 특약이 있는 경우를 제외하고, 리스계약의 「해약」, 「취소」 또는 비슷한 용어는 선행하는 채무불이행에 대한 손해배상의 청구권의 포기 또는 면제로서 해석되어서는 안된다.

(4) 중대한 부실표시 또는 사기에 대한 권리 및 구제방법은 의무위반에 대한 본편에 의하여 이용할 수 있는 전부의 권리 및 구제방법을 포함한다.

(5) 리스계약의 취소 또는 취소의 청구권은 물품의 거절 또는 반환 및 손해배상의 청구 혹은 다른 권리 또는 구제방법을 금지하는 것이 아니고, 또한 저촉하는 것으로 간주되어서는 안된다.

제2A-506조(소멸시효)

(1) 보증 또는 면책의 위반을 포함하여 리스계약에 의한 채무불이행에 대한 소송은 소송원인이 발생한 후 4년 이내에 제기되어야 한다. 리스계약에서 양당사자는 1년 이상의 시효기간을 단축할 수 있다.

(2) 채무불이행에 대한 소송원인은 채무불이행 또는 보증의 위반에 근거가 되는 작위 또는 부작위가 피해자에 의하여 발견되어지거나 혹은 발견될 때, 또는 그 채무불이행이 발생한 때의 어느 경우 중 늦은 쪽의 시점에서 발생한다.

(3) (1)항에 의하여 제한된 기간내에 개시된 소송이 정지되어 동일한 채무불이행 또는 보증 혹은 면책의 위반에 대한 다른 소송에 의한 구제방법을 이용할 수 있는 경우에 그 다른 소송은 그 정지가 임의의 소송철회 또는 제소하지 않고, 혹은 제소의 해태에 의한 각하로부터 발생한 경우가 아닌 한, 그 제한된 기간이 경과한 후, 최초의 소송 정지후 6개월 이내에 재개될 수 있다.

(4) 본조는 시효기간의 계산에 관한 법률을 변경하는 것이 아니라면, 본편이 시행되기 전에 이미 발생한 소송원인에 적용되지 않는다.

제2A-507조(상관습상 차임의 증명; 시간 및 장소)

(1) 상관습상 차임에 기초한 손해배상(제2A-519조 또는 제2A-528조)은 최초의 리스합의의 잔여리스기간과 동일한 리스기간 사이의 관련물품의 사용을 위한 차임으로

서, 제2A-519조 및 제2A-528조에 정하여진 때에 통용하는 차임에 따라서 결정된다.

(2) 최초의 리스합의의 잔여리스기간과 동일한 리스기간 사이의 관련물품의 사용을 위하여 차임으로서 본편에 정하여져 있는 때 또는 당해 장소에서 행하여지고 있는 차임의 증명이 용이하지 않을 경우에, 그 규정된 시기의 전후의 합리적 기간내 또는 규정된 차임에 대한 합리적인 대체로서 이용되는 다른 지역 또는 다른 차임이 이용될 수 있다면 차임은 그 외의 장소에 또는 그 장소에서 당해 물품을 운송하는데 소요된 비용을 포함하여 차액을 인정할 수 있다.

(3) 본편에 규정된 경우 이외의 시간 또는 장소에서 행하여지고 있거나, 한쪽 당사자에 의하여 제출된 관련차임의 증거는 그 자가 상대방에게 법원이 불공정한 경우를 회피하는 데에 충분하다라고 인정하는 통지를 부여하지 않으면, 그 때까지는 허용되지 않는다.

(4) 확립된 시장에서 통상 리스된 물품의 통상의 차임 또는 가격이 경쟁되는 경우에는 공적 출판물 또는 업계잡지 혹은 일반대중을 대상으로 간행되어지고 있는 당해 시장의 보고서로서 출판된 신문 또는 정기간행물 속의 보고는 증거로서 허용된다. 이러한 보고서의 준비단계의 간행물은 그 중요도의 중요성에 영향이 있는 것을 증명할 수 있지만, 그 허용성은 인정되지 않는다.

B. 임대인에 의한 채무불이행

제2A-508조(임차인의 구제방법)

(1) 임대인이 리스계약에서 적합한 물품을 인도하지 않거나(제2A-509조), 리스계약을 취소한 경우(제2A-402조), 또는 임차인이 수령을 정당하게 거절하거나(제2A-509조) 정당하게 물품의 수령을 취소한 경우(제2A-517조)에는 당해 물품에 관하여, 또는 분할 리스계약하에서 리스계약 전체의 가격을 실질적으로 손상하게 하였을 경우(제2A-510조)에 그 물품전부에 관하여 임대인이 당해 리스계약에 의한 채무불이행에 해당하면, 그 임차인은 다음의 것을 할 수 있다.
  (a) 리스계약을 해약한다(제2A-505조 (1)항);
  (b) 이미 지급되어 그 정황하에서 공정한 차임 및 증권의 부분을 회복한다;
  (c) 물품이 리스계약에 특정되었는가의 여부와 관계없이 영향받는 물품전부에 관하여 먼저 조치하고 손해배상을 청구하거나(제2A-518조 및 제2A-520조), 또는 인도하지 않은 것에 대한 손해배상을 청구한다(제2A-519조 및 2A-520조);
  (d) 리스계약에 규정된 다른 권리를 행사하거나 다른 구제방법을 추가한다.

(2) 임대인이 리스계약에 적합한 물품을 인도하지 않거나 또는 리스계약을 취소한 경

우에 임차인은 다음의 것을 행사할 수 있다.

(a) 그 물품이 특정되어 있을 때는 그것을 회복한다(제2A-522조); 또는

(b) 적절한 경우에 특정이행 또는 물품을 회복할 수 있다(제2A-521조).

(3) 임대인이 다른 점에서도 그 리스계약에 의한 채무불이행에 해당하는 경우에 그 임차인은 리스계약에 규정된 구제방법(이 권리에는 당해 리스를 해약하는 권리를 포함한다)을 행사할 수 있고, 제2A-519조 (3)항에 규정된 권리와 구제방법을 행사할 수 있다.

(4) 명시적인 것인가 묵시적인 것인가와 관계없이, 임대인이 보증을 위반한 경우에 임차인은 손해배상을 청구할 수 있다(제2A-519조 (4)항).

(5) 적법한 거절 또는 정당한 수령을 취소한 경우에 임차인은 이미 지급된 차임과 담보 및 물품의 검사, 수령, 운송 및 보관과 관리에 관련된 합리적 경비에 대하여 그 임차인의 점유 또는 지배 하에 있는 물품에 대하여 담보권을 가지거나, 또한 그 물품을 유지하고, 또는 제2A-527조 (5)항에 따라서 신의성실하게 상업상 합리적인 방법으로 그것을 처분할 수 있다.

(6) 임차인이 제2A-407조의 규정에 따라 임대인에게 고지하였을 때에 리스계약에 의하여 지급하여야 할 차임의 부분에서 당해 리스계약에 의한 의무위반으로부터 생기는 손해배상액의 전부 또는 일부를 경감할 수 있다.

제2A-509조(부적절한 인도에 대한 임차인의 권리; 적법한 거절)

(1) 분할 리스계약에서 채무불이행에 관한 제2A-510조의 규정에 따라, 물품의 제공 또는 인도가 리스계약에 적합하지 않는 경우에 임차인은 당해 물품을 거절 또는 수령하거나 혹은 당해 물품의 일부를 수령하고, 그 나머지를 거절할 수 있다.

(2) 물품의 거절은 당해 물품의 제공 또는 인도 후에 합리적 기간내에 이루어지고, 또한 임차인이 시기적절하게 임대인에게 고지하지 않으면 유효하지 않다.

제2A-510조(분할 리스계약; 거절 및 채무불이행)

(1) 분할 리스계약에 의하여 부적합이 당해 인도 가격을 실질적으로 침해하거나, 시정할 수 없거나 혹은 그 부적합이 필요한 증서의 결함에 의한 경우, 임차인은 그 인도를 거절할 수 있다. 다만, 그 부적합이 (2)항에 해당하지 않고, 임대인 또는 공급자가 그 시정의 적절한 보증을 한 경우에 임차인은 그 분할을 수령하여야 한다.

(2) 1 또는 2 이상의 분할에 관한 부적합 또는 채무불이행이 실질적으로 전체 분할리스의 가격을 해하는 경우에 그 전체에 대한 채무불이행이다. 다만, 피해자가 시기적절한 해약의 고지를 하지 않고, 부적합한 분할을 수령하거나 과거의 분할에 관하여만 소송을 제기하거나 또는 장래의 분할 이행을 청구할 경우, 그 피해자는 당해

분할 리스계약의 효력을 재발생시킨다.

제2A-511조(적법하게 거절된 물품에 관한 상인인 임차인의 의무)

(1) 임차인의 담보권(제2A-508조 (5)항)에 따라서, 임대인 또는 공급자가 거절한 장소에 대리인도 영업소도 가지고 있지 않은 경우에 상인인 임차인은 그 점유 또는 지배 하에 있는 물품의 거절 후에 당해 물품에 관하여 임대인의 합리적인 지시에 따르거나, 이러한 지시가 없는 경우에 그것이 부패하기 쉬운 또는 급속하게 가격이 하락할 위험이 있을 때는 그것을 임대인의 대금으로 매각하는 합리적 노력을 할 의무를 진다.

(2) 상인인 임차인((1)항) 또는 그 외의 임차인(제2A-512조)이 물품을 처분할 경우에 임차인은 그것을 관리하는 한편 매각하는 합리적 비용에 대하여 임대인 또는 공급자로부터 또는 그 이익금에서 환급을 받을 권리 및 그 경비가 매각 수수료를 포함하고 있지 않은 경우에는 그 임차인은 당해 거래에서 통상의 수수료 또는 그것이 없다면 총매상금에 대한 10%를 넘지 않는 합리적인 금액을 받을 권리를 가진다.

(3) 본조 또는 제2A-512조를 준수할 경우에 임차인은 신의성실을 준수할 의무만을 진다. 본조에서 의미하는 신의성실한 행위는 수령도 아니고, 불법전환도 아니며, 손해배상을 요구하는 소송의 원인도 되지 않는다.

(4) 본조 또는 제2A-512조에 따라서 임차인으로부터 신의성실하게 매입한 구입자는 그 임차인이 본편의 요건의 하나 또는 그 이상의 것을 준수하지 않을 경우에도 임대인 및 공급자의 권리에 구속되지 않고 당해 물품을 획득할 수 있다.

제2A-512조(적법하게 거절된 물품에 관한 임차인의 의무)

(1) 가격이 감소할 우려가 있는 물품에 관하여 별도로 규정하고 있는 경우(제2A-511조)를 제외하고, 임차인의 담보권(제2A-508조 (5)항)에 따라서,

(a) 임차인은 그 임차인의 점유하에 있는 물품을 거절한 후에 시기적절한 거절이 고지후 합리적인 기간 중에 임대인 또는 공급자의 의사에 따라 합리적인 주의를 다 하여야 한다;

(b) 임대인 또는 공급자가 거절의 고지후 합리적인 기간내에 어떠한 지시도 하지 않는 경우에 그 임차인은 거절된 물품을 임대인 또는 공급자의 비용으로 보관하거나 임대인 또는 공급자에게 발송하거나 혹은 임대인 또는 공급자의 비용으로 제2A-511조에 규정된 방법으로 보상하고 그것을 처분할 수 있다;

(c) 임차인은 정당하게 거절된 물품에 관하여 그 이상의 채무를 지지 않는다.

(2) (1)항에 따른 임차인의 행위는 수령도 횡령도 아니다.

제2A-513조(부적절한 제공 또는 인도의 임대인에 의한 시정; 교환)

(1) 임대인 또는 공급자에 의한 제공 또는 인도가 부적합하다는 것을 이유로 거절된 경우에서 이행기간이 아직 경과하지 않은 경우에 그 임대인 또는 공급자는 보수할 의사를 임차인에 대하여 시기적절한 고지를 할 수 있고, 그 리스계약에 정하여진 기간내에 적합한 인도를 할 수 있다.

(2) 임대인 또는 공급자가 금전적 할인을 하여 또는 할인을 하지 않고 수령되어져야 한다고 믿을만한 합리적인 이유가 있는 부적합한 제공을 임차인이 거절한 경우에 그 임대인 또는 공급자는 임차인에 대하여 시기적절하게 고지하였다면 적합한 제공과 교환할 수 있는 합리적인 기간을 가질 수 있다.

제2A-514조(임차인의 이의신청권의 포기)

(1) 물품을 거절할 경우에 임차인이 합리적인 검사에 의하여 확인할 수 있는 구체적인 결함을 설명하지 않을 때, 그 임차인은 다음의 경우에 거절을 정당화하기 때문에 또는 위반을 입증하기 때문에 설명하지 않은 결함을 주장할 수 없다.

(a) 시기적절한 설명이 행하여지지 않았을 때 임대인 또는 공급자가 그것을 시정할 수 있는 경우(제2A-513조); 또는

(b) 상인간에서 거절후에 임대인 또는 공급자가 임차인이 신뢰한 모든 결함의 완전하고 확정적인 서면진술에 대하여 서면으로 요청한 경우.

(2) 문서에 대한 차임 또는 다른 약인을 지급한 때에 임차인이 권리유보를 할 수 없는 경우에 당해 문서의 문언상 명백한 결함에 대한 지급의 반환은 인정되지 않는다.

제2A-515조(물품의 수령)

(1) 물품의 수령은 임차인이 당해 물품을 검사하는 합리적 기회를 가진 후 또는 다음의 시기에 발생한다.

(a) 물품이 적합하거나 또는 부적합에도 불구하고 임차인이 물품을 수령 또는 보관할 것을 임대인 또는 공급자에게 통지하는 방법으로 임차인이 물품에 관하여 통지하거나 행위한 때; 또는

(b) 임차인은 물품의 유효한 거절(제2A-509조 (2)항)을 하지 않을 때,

(2) 상업상 단위의 일부 수령은 그 전체 단위의 수령이다.

제2A-516조(물품수령의 효과; 채무불이행의 통지; 수령 후 채무불이행을 입증하는 책임; 항변할 수 있는 자에 대한 청구 또는 소송의 통지)

(1) 임차인은 리스계약에 따라서 수령된 물품에 대하여 정당하게 거절하거나 또는 인도받지 못한 물품에 대하여 적정한 할인을 하여 차임을 지급하여야 한다.

(2) 임차인이 물품을 수령하였을 경우는 수령된 물품의 거절이 금지된다. 금융 리스의 경우에 부적합을 알면서 행하였을 때 수령은 그것을 이유로 취소할 수 있다. 그 외의 경우에 부적합을 알면서 행하였을 때, 그 부적합이 시기적절하게 시정되었다라는 합리적인 추정에 근거하여 수령된 경우를 제외하고, 수령은 그것을 이유로 취소할 수 없다. 수령은 본편 또는 부적합에 대하여 리스합의에 의하여 규정된 그 외의 구제방법을 방해하지 않는다.

(3) 제공이 수령된 경우,

(a) 임차인이 의무위반을 발견하거나 또는 발견하였을 경우, 합리적인 기간 중에 그 임차인은 임대인 및 공급자가 있다면, 그 공급자에게 통지하여야 한다. 그렇지 않으면, 통지받지 않은 당사자에 대하여 어떠한 구제방법도 금지된다;

(b) 소비자 리스의 경우를 제외하고, 임차인이 침해 등을 이유로 제기된 소송에 대한 통지(제2A-211조)를 수령한 후 합리적인 기간 내에 그 임차인은 임대인에게 통지하여야 한다. 그렇지 않으면, 그 소송에서 증명된 책임에 대하여 어떠한 구제방법도 금지된다; 그리고,

(c) 의무위반을 입증하는 책임은 임차인 측에 있다.

(4) 임대인 또는 공급자가 응답할 만한 보증 또는 다른 의무위반에 대하여 임차인이 제소된 경우에 다음의 규정이 적용된다.

(a) 임차인은 임대인 또는 공급자 또는 그 쌍방에게 소송의 통지서를 부여할 수 있다. 그 통지가 통지를 받은 자는 법원에 출석하여 변호할 수 있고, 통지를 받았음에도 불구하고 변호하지 않은 자는 당해 임차인을 제소한 자에 대한 소송에서 인정된 사실을 부정할 수 없다라는 취지를 기재하고 있는 경우에 통지를 받은 자가 그 통지를 시기적절히게 수령하였음에도 불구하고 출석하여 변호하지 않으면 소송당사자와 동일하게 판결에 기속된다;

(b) 임대인 또는 공급자는 청구권의 침해 등을 이유로 한 경우(제2A-211조)에 그 임차인이 화해를 포함하여 소송을 취하하도록 요구하고, 그렇지 않으면 어떠한 구제방법도 금지된다라고 서면으로 요구할 수 있다. 그 요구가 임대인 또는 공급자이 전체 경비를 부담할 것 및 반소판결에 따르는 것에 동의한다라는 뜻이 기재되어 있는 경우에 그 임차인이 그 요구의 적절한 수령 후에 취하하지 않으면 그 임차인은 이를 청구할 수 없다.

(5) (3)항 및 (4)항은 임대인 또는 공급자를 권리침해 등으로부터 지키는 임차인의 의무(제2A-211조)에 적용된다.

제2A-517조(물품수령의 취소)

(1) 임차인이 다음과 같은 상황하에서 물품을 수령한 경우에 그 임차인은 부적합이 실

질적으로 가격을 하락시킨다라고 생각되는 부분의 수령을 취소할 수 있다.

(a) 그 부적합이 시정될 것이라는 추정에 근거하에 수령하였으나 시기적절하게 시정되지 않을 경우; 또는

(b) 임차인의 수령이 임대인의 보증에 의하거나 또는 금융 리스의 경우를 제외하고, 수령전의 발견이 곤란한 것에 의하여 임차인의 수령이 이루어져 그 부적합을 발견할 수 없었던 경우.

(2) 소비자 리스가 아닌 금융 리스의 경우를 제외하고, 임대인이 리스계약에 의한 의무위반에 해당하여 그 의무위반이 실질적으로 그 임차인에게 구분 또는 상업상 단위의 가격을 해할 경우에 임차인은 그 구분 또는 상업상 단위의 수령을 취소할 수 있다.

(3) 리스합의에 포함되어 있는 경우에 임차인은 임대인에 의한 다른 의무위반을 이유로 그 구분 또는 상업상 단위의 수령을 취소할 수 있다.

(4) 수령의 취소는 임대인이 그 근거를 발견하였거나 혹은 발견하였을 때 합리적인 기간내에 그 부적합에 의하여 생기지 않는 물품의 상태의 실질적인 변화가 발생하기 전에 하여야 한다. 취소는 임차인이 임대인에게 고지하기까지는 유효하지 않다.

(5) 취소한 임차인은 물품을 거절한 임차인과 동일하게 당해 물품에 대하여 권리와 의무를 가진다.

제2A-518조(대체품의 조달; 교환물품)

(1) 제2A-508조 (1)항에 정하여진 종류의 리스계약상의 임대인에 의한 채무불이행 후, 또는 합의가 있다면, 임대인에 의한 그 외의 채무불이행 후, 임차인은 임대인으로부터 수령할 물품으로 대체하는 물품을 구입 혹은 리스하거나 또는 구입, 리스의 계약을 체결함으로써 보완할 수 있다.

(2) 리스 합의 중에 확정액 손해배상(제2A-504조)에 관하여 별도로 정하여진 경우 혹은 양당사자의 합의에 의하여 다른 것이 정하여진 경우(제1-103조 (c)항 및 제2A-503조)를 제외하고, 임차인의 보완이 최초 리스합의와 실질적으로 비슷한 리스합의에 의한 것으로 작성된 경우에 그 임차인은 손해배상으로서 (i) 최초의 리스합의 기간의 당시 잔여기간에 해당하는 신리스조항의 기간에 적용되는 신리스의 차임 또는 당해 신리스 합의기간의 개시일의 현재가치에서 최초의 리스계약의 당시 잔여기간에 대한 총 차임 중 중복된 날의 차임을 제외한 가격, 및 (ii) 부수적 또는 결과적 손해배상에서 당해 임대인의 의무위반의 결과로서 감소된 경비를 차감한 금액을 임대인으로부터 받을 수 있다.

(3) 임차인의 보완이 어떠한 이유에 의하여도 (2)항에 의한 취급을 적합하지 않는 것으로 인정하는 리스합의에 의하거나 또는 구입 혹은 그 외의 방법에 의한 경우에 당

해 임차인은 그 임차인이 보완하지 않는 것을 선택하였으며, 제2A-519조에 의하여 규율되는 것과 같이 임대인에게 회복을 요구할 수 있다.

제2A-519조(인도가 없는 경우, 취소, 채무불이행에 대한 임차인의 손해배상 및 수령된 물품에 대한 보증위반)

(1) 리스계약에 확정액을 규정한 손해배상에 관하여 별도로 정해진 경우(제2A-504조) 또는 다른 당사자의 합의에 의하여 규정된 경우(제1-102조 (d) 및 2A-503조)를 제외하고, 임차인이 보완하지 않을 것을 선택하거나 혹은 임차인이 보완하는 것을 선택하고 또한 그 보완이 제2A-518조 (2)항에 의하여 무효인 리스합의에 의한 것이거나 또는 구입 등에 의한 경우, 임차인에 의한 인도가 행하여지지 않은 것과 이행거절에 대한 손해배상액 또는 임차인에 의한 인수거절 또는 취소에 대한 손해배상액의 산정은 당시의 시장임차료의 채무불이행일의 현재의 가격에서 원래 임차료의 동일날의 현재의 가격을 차감한 것으로 원래 리스합의의 잔존 리스기간에 부수적 및 결과적 손해배상액을 가산하고, 당해 임대인의 채무불이행의 결과로서 감소된 모든 경비를 제외하고 계산된 것이다.

(2) 상관습상 차임은 제공장소에서의 그것으로서 또는 도착후의 거절 또는 수령의 취소의 경우에는 도착장소에서의 그것으로 결정된다.

(3) 별도의 합의가 있는 경우를 제외하고, 임차인이 물품을 수령하고 고지를 주었을 때(제2A-516조 (3)항), 적합하지 않은 제공 또는 인도, 그 외의 임대인에 의한 의무위반에 대한 손해배상액의 산정은 합리적인 방법에 의하여 결정되어 임대인의 의무위반에서 통상의 사정에서 발생하는 손실에 부수적 및 결과적 손해배상액을 가산하고, 임대인의 의무위반의 결과로 감소할 수 있었던 경비를 제외한 것이다.

(4) 별도의 합의가 있는 경우를 제외하고, 보증의 위반에 대한 손해배상액의 산정은 수령된 물품 사용의 가치 및 리스기간 중 보증된 대로였다면 그때 가치와의 차액에 근접한 손해를 나타내는 특별한 상황이 있는 경우를 제외하고, 부수적 및 결과적 손해배상을 가산하여 임대인의 의무위반 또는 보증의 위반의 결과로서 지급하지 않았던 경비를 제외한 가격으로서 수령한 때와 장소에서의 현재의 가격이다.

제2A-520조(임차인의 부수적 및 결과적 손해배상)

(1) 임대인의 위반으로부터 생기는 부수적 손해배상에는 정당하게 거절된 물품의 검사, 수령, 운송 및 주의와 보관에 관련된 합리적 경비, 대체품구입을 행한 것에 관련한 상거래상 합리적인 요금, 경비 또는 수수료 및 이행지체, 그 외의 위반에 부수하는 다른 합리적 경비도 포함된다.

(2) 임대인의 위반에서 발생하는 결과적 손해배상에는 다음과 같은 것이 포함된다.

(a) 계약 체결시에 매도인이 알고 있어야 하고, 대체품구입이나 그 외의 방법에 의하여 합리적으로 주의할 수 없거나, 일반적 또는 개별적인 요건과 필요에서 발생한 손실; 및

(b) 보증위반으로 발생한 신체 또는 재산에 대한 침해.

제2A-521조(특정이행 또는 원상회복을 요구하는 임차인의 권리)

(1) 물품이 유일무이한 경우 또는 다른 고유한 정황에 있는 경우에 특정이행의 명령을 내릴 수 있다.

(2) 특정이행의 명령은 법원이 공정하다라고 판단되는 대금의 변제, 손해배상 또는 그 외의 구제수단에 관한 모든 조항을 포함할 수 있다.

(3) 합리적인 노력을 하였지만, 당해 물품의 대체물을 구할 수 없는 경우 또는 그 물품이 보류를 조건으로 발송되거나 그것에 대한 담보권의 실행이 행하여졌거나, 행하도록 된 경우에는 임차인은 당해 특정된 물품의 점유를 회복할 권리를 가진다.

제2A-522조(임대인이 지급불능이 된 경우의 임차인의 물품에 대한 권리)

(1) (2)항에 따라, 당해 물품이 발송되지 않았더라도 임대인이 그 차임의 일부 또는 전부 및 리스계약에 특정된 물품의 담보(제2A-217조)를 지급하고 당해 리스계약에 의하여 만기가 된 차임 및 담보의 미지급 부분의 제공없이 양호한 상태에서 유지할 때 임대인이 차임 및 담보의 최초 분할을 수령한 후 10일 이내에 파산한 경우에 당해 임대인으로부터 특정된 물품을 회복할 수 있다.

(2) 임차인은 그 물품이 리스계약에 적합할 경우에만 그 임차인은 그 리스계약에 특정된 물품을 회복할 권리를 가진다.

C. 임차인에 의한 채무불이행

제2A-523조(임대인의 구제방법)

(1) 임차인이 불법으로 물품의 수령을 거절하거나 취소할 경우에 만기일의 도과에도 불구하고 지급하지 않는 경우 또는 일부 혹은 전체에 관하여 당해 물품에 대하여, 분할 리스계약에 의하여 그 전체의 리스계약의 가격이 실질적으로 피해를 입고(제2A-510조), 물품전체에 관하여 부인할 경우에 그 임차인은 당해 리스계약에 기한 채무를 이행하지 않으면, 그 임대인은,

(a) 리스계약을 해약할 수 있다(제2A-505조 (1)항);

(b) 리스계약에 특정되어 있지 않은 물품에 관하여 절차를 진행할 수 있다(제2A-524조);

(c) 물품의 인도를 정지하거나 이전에 인도한 물품의 점유를 회복할 수 있다(제2A-525조);

(d) 임치인에 의한 물품의 인도를 정지시킬 수 있다(제2A-526조);

(e) 물품을 처분하고, 손해배상을 얻거나(제2A-526조) 또는 당해 물품을 보관하고 손해배상을 얻거나(제2A-528조), 또는 적절한 경우에 차임을 반환받을 수 있다(제2A-529조);

(f) 리스계약에 규정된 그 외의 권리를 행사하거나 다른 구제방법을 취할 수 있다.

(2) 임대인이 충분히 권리를 행사하지 않고, 또는 당해 임대인이 (1)항에 의한 구제방법을 가지지 않는 경우에 임대인은 합리적인 방법으로 결정된 임차인의 채무불이행으로부터 통상의 거래과정에서 발생하는 손실에 부수적 손해배상액을 가산하고, 임차인의 채무불이행의 결과로 감소할 수 있는 경비를 제외한 금액을 회복할 수 있다.

(3) 임차인이 다른 점에서 리스계약에 의하여 채무불이행을 한 경우에 임대인은 리스계약에 규정된 권리를 행사하고, 그 외의 구제방법(당해 리스를 해약할 권리를 포함한다)을 이용할 수 있다. 또한 그 리스계약 중에 별도로 규정되어 있지 않는 한,

(a) 채무불이행이 실질적으로 리스계약의 가액을 침해할 경우, 그 임대인은 (1)항 또는 (2)항에 규정된 권리를 행사하고 구제방법을 이용할 수 있다; 또는

(b) 채무불이행이 리스계약의 가액을 실질적으로 침해하는 손해를 임대인에게 유발시키지 않을 경우에 그 임대인은 (2)항에 따라 배상을 청구할 수 있다.

제2A-524조(리스계약에 물품을 특정하는 임대인의 권리)

(1) 제2A-523조 (1)항 또는 제2A-523조 (3)항 (a)에 정하여진 종류의 리스계약에 의한 임차인의 채무불이행 후 또는 합의되었다면 그 임차인에 의한 그 외의 채무불이행 후 임대인은,

(a) 임대인이 위반에 대하여 알았을 때, 물품이 매도인의 점유 또는 지배 하에 있는 경우에 특정되어 있지 않은 적합물품을 리스계약에 특정할 수 있다;

(b) 그 물품이 미완성이라도 특정의 리스계약을 위하여 명백히 의도된 물품을 처분할 수 있다(제2A-527조 (1)항).

(2) 물품이 미완성인 경우에 피해를 입은 임대인 또는 공급자는 손실을 회피하고, 효과적인 환가의 목적을 위하여 합리적인 상업적 판단을 하고, 그 물품을 제조하여 당해 물품을 당해 계약에 특정하거나 제조를 중지하고, 처분가격 또는 잔여가격으로 재판매하거나 또는 다른 합리적인 방법으로 절차를 진행할 수 있다.

제2A-525条(물품의 점유에 대한 임대인의 권리)

(1) 임차인이 지급불능인 것을 인식한 경우에 임대인은 물품의 인도를 거절할 수 있다.

(2) 제2A-523조 (1)항 또는 제2A-523조 (3)항 (a)에 정하여진 종류의 리스계약에 의한 임차인에 의하여 채무불이행 후 또는 합의되었다면 그 임차인에 의한 다른 채무불이행 후 임대인은 당해 물품의 점유를 취득할 권리를 가진다. 리스계약에서 이를 인정하고 있다면, 그 임대인은 임차인에 대하여 당해 물품을 수집하고, 양당사자에게 합리적이고 편리한 임대인에 의하여 지정된 장소에서 임대인이 물품을 이용할 수 있도록 하여 줄 것을 요구할 수 있다. 물품의 반환을 대신하여 그 임대인은 거래 또는 사업에서 사용된 물품을 사용금지할 수 있고, 그 임차인의 토지가옥에서 물품을 처분할 수 있다(제2A-527조).

(3) 법을 위반하지 않는다면 임대인은 사법절차에 의하지 않고 (2)항에 의하여 절차를 진행하거나 임대인은 소송에 의하여 절차를 진행할 수 있다.

제2A-526条(운송중 또는 그 외 인도를 정지시킬 임대인의 권리)

(1) 임대인은 임차인이 지급불능인 것을 발견하였을 때에 운송업자 또는 그 외의 임치인의 점유하에 있는 물품의 인도를 정지할 수 있고, 임차인이 인도전에 지급하여야 하는 지급을 부인하거나 지급을 하지 않는 경우 또는 임대인이 그 외의 다른 이유로 당해 물품의 인도를 정지 또는 반환을 요구할 권리를 가질 때는 화차화물, 트럭화물, 항공화물의 인도 또는 대규모의 항공 혹은 선박의 발송을 정지시킬 수 있다.

(2) (1)항에 의하여 그 구제방법을 추구할 때 임대인은,

(a) 임차인에 의한 물품의 수령; 또는

(b) 운송업자를 제외하고, 물품의 임치인에 의한 임차인에 대하여 임치인이 당해 물품을 임차인을 위하여 유지하는 것을 승인; 또는

(c) 재발송에 의하여 창고업자 또는 운송업자에 의한 임차인에 대한 승인이 있을 때까지 인도를 정지할 수 있다.

(3) (a) 인도를 정지시키기 위하여 임대인은 임치인이 합리적인 성실함을 가지고 물품의 인도를 저지할 수 있도록 고지하여야 한다.

(b) 그 통지 후, 임치인은 임대인의 지시에 따라서 당해 물품을 유지하고, 인도하여야 하지만, 임대인은 임치인에 대하여 그것에서 발생하는 요금 또는 손해배상에 대하여 책임을 진다.

(c) 유통금지 화물증권을 발행한 운송업자는 운송위탁자 이외의 자로부터 받은 인도정지에 대한 고지에 따를 의무를 지지 않는다.

제2A-527조(물품을 처분하는 임대인의 권리)

(1) 제2A-523조 (1)항 또는 제2A-523조 (3)항 (a)에 규정된 종류의 리스계약에 의하여 임차인에 의한 의무위반 후 또는 임대인이 물품의 인도를 거절하거나 혹은 점유를 회복한 후(제2A-525조 또는 제2A-526조), 합의되었다면, 임차인의 다른 의무위반 후 임대인은 문제의 물품 또는 리스, 매매, 그 외의 것에 의하여 인도되지 않은 잔존물을 처분할 수 있다.

(2) 리스합의 중에 확정된 손해배상액에 관하여 별도로 규정된 경우(제2A-504조) 또는 당사자의 합의에 따라서 별도로 정하여진 경우(제1-102조 (c)항 또는 제2A-503조)를 제외하고, 그 처분이 최초의 리스합의와 실질적으로 비슷한 리스합의에 의한 것으로 신 리스합의가 신의성실하게 그리고 상업상 합리적인 방법으로 행하여진 경우에 임대인은 당해 임차인으로부터 (i) 당해 신 리스합의의 기간의 개시일에 발생하고 아직 지급하지 않은 차임, (ii) 기존 리스합의의 잔존 리스기간에 대한 전임차료의 현재가치에서 기존 리스합의의 잔존 리스기간에 해당하는 신 리스기간의 기간에 적용된 임차료 중 동일일에 대한 현재의 가치를 제외한 금액, 및 (iii) 제2A-530조에 의하여 인정된 부수적 손해배상액에서 당해 임차인의 채무불이행의 결과로 감소된 모든 경비를 제외한 금액을 손해배상으로 청구할 수 있다.

(3) 임대인의 처분이 어떠한 이유에 의하여 (2)항에 의하여 인정되지 않는 리스합의에 의한 것 혹은 매매 또는 그 외의 방법에 의한 것일 경우에 그 임대인은 당해 물품을 처분하지 않은 것을 선택한 것과 동일하게 그 임차인으로부터 배상을 받을 수 있으며, 제2A-528조가 적용된다.

(4) 본조에 의한 처분의 결과로서 신의성실하게 유상으로 임대인으로부터 매입한 혹은 리스한 이후의 매수인 또는 임차인은 그 임대인이 본편의 1 또는 2 이상의 요건을 준수하고 있지 않은 경우라도 원래의 리스계약으로부터 자유롭게 물품 또는 원래 임차인의 모든 권리를 취득한다.

(5) 임대인은 어떤 처분에 의하여 이익을 얻었다고 할지라도 임차인에 대하여 책임을 지지 않는다. 정당하게 거절하였고 정당화될 수 있는 수령을 취소한 임차인은 그 임차인의 담보권 금액의 초과액에 대하여 그 임대인에 대하여 책임을 진다(제2A-508조 (5)항).

제2A-528조(수령하지 않는 경우, 지급하지 않을 경우, 취소 또는 그 외의 채무불이행에 대한 손해배상을 요구할 임대인의 권리)

(1) 리스합의 중에 확정된 손해배상액(제2A-504조) 또는 양당사자의 합의에 따라서 결정된 손해배상액(제1-102조 (c)항 및 제2A-503조)이 있는 경우를 제외하고, 임대인이 당해 물품을 유지하는 것을 선택하거나 또는 임대인이 당해 물품을 처분할 것

을 선택한 경우, 그 처분이 어떠한 이유에 의하거나 제2A-527조 (2)항에 의하여 인정되지 않은 리스합의에 의한 경우 혹은 매매 또는 그 외의 방법에 의한 경우, 당해 임대인은 그 임차인으로부터 제2A-523조 (1)항 또는 제2A-523조 (3)항 (a)에 규정된 종류의 채무불이행에 대한 손해배상으로서 (i) 그 임차인이 당해 물품을 한 번도 점유하지 않은 경우에 채무불이행의 날에서 이미 발생한 미지급의 차임 또는 그 임차인이 물품을 점유하고 있을 때에는 당해 임대인이 그 점유를 반환하거나 또는 그 임차인이 당해 물품을 임대인에 대하여 제공한 날 이전에 이미 발생하고 있거나 미지급의 차임, (ii) 원래의 리스합의의 기간 당시 잔존하고 있는 기간에 대한 총 차임의 (i)에 의하여 결정된 날의 현재가치에서 물품이 존재하는 장소의 상관습상 차임에서 동일의 리스기간에 대하여 계산한 그 날의 현재가치를 감액한 금액, 및 (iii) 제2A-530조에 의하여 인정되는 부수적 손해배상에서 당해 임차인의 채무불이행의 결과로 감소할 수 있었던 경비를 감액한 금액을 청구할 수 있다.

(2) (1)항에 따른 손해배상액의 산정이 이행되었다면 있었을 지위에 임차인을 두는 것이 부적당한 경우에 제2A-530조에서 인정하는 부수적 손해를 포함하여 임차인의 완전이행으로부터 향유할 수 있었던 합리적인 간접비를 포함한 이익의 가치가 손해배상액이 된다.

제2A-529조(임대인의 차임청구소송)

(1) 제2A-523조 (1)항 또는 제2A-523조 (3)항 (a)에 정하여진 형태의 리스계약에 의하여 임차인에 의한 채무불이행 후 임대인이 (2)항을 준수할 때는 그 임대인은 물품에 대한 손해배상으로서 그 임차인으로부터 다음을 배상받을 수 있다.

(a) 임차인에 의하여 수령되어 임대인의 점유로 반환하거나 혹은 임대인에 대하여 제공되어 있지 않은 물품에 대하여 손실의 위험이 임차인에게 이전된 후(제2A-219조)에 상업상 합리적 기간 사이에서 분실 또는 파손한 적합물품에 대하여 (i) 임대인 승소의 판결이 내려진 날에 이미 발생한 미지급의 차임, (ii) 리스합의의 잔존 리스기간에 대한 차임의 그 동일일의 현재가치, 및 (iii) 제2A-530조에 의하여 인정되어지는 부수적 손해배상액에서 당해 임차인의 채무불이행의 결과로 감소된 경비를 감액한 금액; 및

(b) 임차인이 합리적 노력을 하여 당해 물품을 처분할 수 없거나 그 정황이 노력을 해도 불가능한 것을 합리적으로 나타내고 있는 경우에 리스계약에 특정된 물품에 대하여 (i) 임대인의 승소판결일 이전에 이미 발생한 미지급의 차임, (ii) 리스합의의 잔존 리스기간에 대한 차임의 동일일의 현재가격, 및 (iii) 제2A-530조에 의하여 인정된 부수적 손해배상액에서 당해 임차인의 채무불이행의 결과로 감소된 경비를 감액한 금액.

(2) (3)항에 정하여진 경우를 제외하고, 임대인은 리스합의의 잔존기간 중 리스계약에 특정된 임대인의 감시하에 있는 물품을 임차인을 위하여 보관하여야 한다.

(3) 임대인은 (1)항에 의하여 취득한 손해배상판결에 근거한 추심이 있기 전에 언제라도 그 물품을 처분할 수 있다. 그 처분이 리스합의의 잔존 리스기간의 종료전인 경우에 그 임대인의 그 임차인에 대한 손해배상청구는 제2A-527조 또는 제2A-528조에 의하여 규정되고, 그 임대인은 그 판결의 금액이 제2A-527조 또는 제2A-528조에 의하여 발생한 구제를 넘지 않는 한도에서 손해배상의 판결에 대하여 적절한 신용을 부여할 수 있다.

(4) (1)항에 따라 취득된 손해배상판결에 따른 지급이 있다면, 그 임차인은 당시 아직 처분되지 않은 그 물품을 잔존의 리스기간 중, 리스합의에 따라서 사용 및 점유할 권리를 가진다.

(5) 제2A-523조 (1)항 또는 제2A-523조 (3)항 (a)의 리스계약에서 임차인에 의한 채무불이행 후 또는 합의가 있다면, 그 임차인에 의한 다른 의무위반 후 본조에 의하여 차임을 받을 권리를 가지지 않는다라고 판시된 임대인은 제2A-527조 또는 제2A-528조에 의하여 수령되지 않은 것에 대한 손해배상을 받을 수 있다.

제2A-530조(임대인의 부수적 손해배상)

피해를 입은 임대인의 부수적 손해배상액에는 물품의 반송, 처분 또는 채무불이행과 관련하여 임차인의 채무불이행 이후의 물품 인도의 정지, 운송, 주의 및 관리로 인하여 발생한 상업상 합리적인 부담, 비용 또는 수수료가 포함된다.

제2A-531조(물품에 대한 위해에 대하여 제3자를 제소할 수 있는 자)

(1) 제3자가 리스계약에 특정된 물품을 취급한 결과 리스계약의 당사자가 제소할 수 있는 침해의 원인이 될 경우, (a) 임대인은 그 제3자에 대한 소권을 가진다. 또한 (b) 임자인도 다음의 경우에 제3자에 대한 소권을 가진다.
   (i) 당해 물품에 담보권을 가진다;
   (ii) 당해 물품에 부보할 수 있는 권리를 가진다; 또는
   (iii) 리스계약에 의한 손실의 위험을 부담하거나 그 침해 이후 임대인에 대하여 그 위험을 이전받아 당해 물품이 변질되거나 혹은 파손될 경우.

(2) 그 침해의 시기에 원고 당사자가 리스계약의 상대방에 대하여 손실의 위험을 부담하지 않고, 그 회복 조치에 대하여 양 당사자간에 어떤 약정이 없는 경우에 자신의 이익에 따른 소송 또는 화해는 리스계약의 상대방을 위하여 수탁한 것으로 인정된다.

(3) 일방 당사자는 상대방의 동의를 얻어 관련된 자의 이익을 위하여 제소할 수 있다.

제2A-532조(잔여권에 대한 임대인의 권리)

본편 또는 다른 법률에 의하여 인정된 다른 구제방법과 함께 임대인은 임차인의 채무불이행에 의하여 발생하는 당해 물품에 대한 임대인의 잔여권에의 손실 또는 손해를 임차인에게 청구할 수 있다.

3

유통증권

제 1 장 총칙 및 정의

제3－101조(약칭)
제3－102조(주제)
제3－103조(정의)
제3－104조(유통증권)
제3－105조(증권의 발행)
제3－106조(무조건 약속 또는 지급명령)
제3－107조(외국화폐로 지급되는 증권)
제3－108조(청구시 또는 특정시 지급)
제3－109조(지참인 또는 지정인에 대한 지급)
제3－110조(배서에 의하여 지급되는 당사자의 특정)
제3－111조(지급지)
제3－112조(이자)
제3－113조(증권의 일자)
제3－114조(증권의 모순된 문언)
제3－115조(불완전한 증권)
제3－116조(공동연대책임; 기여)
제3－117조(증권에 영향을 주는 그 외의 합의)
제3－118조(제척기간)
제3－119조(소송을 변호하는 권리의 통지)

제 2 장 유통, 이전 및 배서

제3－201조(유통)
제3－202조(취소될 수 있는 유통)
제3－203조(증권의 이전; 이전에 의하여 취득된 권리)
제3－204조(배서)
제3－205조(특별배서; 백지배서; 익명배서)
제3－206조(제한적 배서)
제3－207조(재취득)

제 3 장 증권의 강제

제3－301조(증권을 강제할 권리를 가지는 자)
제3－302조(정당한 소지인)
제3－303조(가격 및 요인)
제3－304조(기한을 도과한 증권)
제3－305조(감액청구에서의 항변 및 청구권)
제3－306조(증권에 대한 청구권)
제3－307조(충실의무의 위반통지)
제3－309조(분실, 파기 또는 절취된 증권의 강제)

제3-310조(인수받은 채무에 관한 증권의 효과)
제3-311조(증권의 사용에 의한 변제)
제3-312조(분실, 파기 또는 절취된 [은행의] 자기앞수표, 은행창구수표 또는 지급증명수표)

제 4 장 당사자의 책임

제3-401조(서명)
제3-402조(대표자에 의한 서명)
제3-403조(무권한 서명)
제3-404조(기망자; 위장지급인)
제3-405조(사용인에 의한 사기적 배서에 대한 사용자의 책임)
제3-406조(위조서명 또는 변조에 기여한 과실)
제3-407조(변조)
제3-408조(인수하지 않는 어음에 대한 수취인의 무책임)
제3-409조(어음의 인수; 지급보증수표)
제3-410조(조건을 바꾼 어음의 인수)
제3-411조([은행의] 자기앞수표, 은행창구수표 또는 지급 보증수표의 지급거절)
제3-412조(약속어음 또는 [은행의] 자기앞수표 발행인의 의무)
제3-413조(인수인의 의무)
제3-414조(발행인의 의무)
제3-415조(배서인의 의무)
제3-416조(이전보증)
제3-417조(제시보증)
제3-418조(착오에 의한 결제 또는 인수)
제3-419조(융통을 위하여 서명된 증권)
제3-420조(증권의 불법전환[횡령])

제 5 장 부 도

제3-501조(제시)
제3-502조(부도)
제3-503조(부도의 통지)
제3-504조(제시면제 및 부도통지)
제3-505조(부도의 증거)

제 6 장 면책 및 지급

제3-601조(면책 및 면책효과)
제3-602조(지급)
제3-603조(지급제공)
제3-604조(해약 또는 포기에 의한 면책)
제3-605조(배서인 및 융통인의 면책)

제 3 편 유통증권

제 1 장 총칙 및 정의

제3-101조(약칭)

본편은 통일상법전 - 유통증권이라 칭한다.

제3-102조(주제)

(a) 본편은 유통증권에 적용된다. 본편은 지폐, 제4A편에 의하여 규율되는 지급지시 또는 제8편에 의하여 규율되는 증권에는 적용되지 않는다.

(b) 본편 및 제4편 혹은 제9편 사이에 저촉될 경우에는 제4편과 제9편이 적용된다.

(c) 연방준비금조직의 이사회규칙 및 연방준비은행의 운용규정은 본편의 규정에 저촉될 경우에 본편의 규정보다 우선한다.

제3-103조(정의)

(a) 본편에서,

(1) 「인수인」은 환어음을 인수한 지급인을 의미한다.

(2) 「소비자 계좌」는 주로 개인, 가족 또는 가정의 목적을 위하여 개인에 의하여 개설된 계좌를 의미한다.

(3) 「소비자 거래」는 주로 개인, 가족 또는 가정의 목적을 위하여 개인이 의무를 지는 거래를 의미한다.

(4) 「어음수취인」은 환어음에서 지급을 지정받은 자를 의미한다.

(5) 「어음발행인」은 환어음에 서명을 하거나 또는 지급을 지정받은 자로서 환어음에 기명된 자를 의미한다.

(6) [삭제]

(7) 「작성자」란 약속어음에 서명한 자 또는 지급을 인수받은 자로서 약속어음에 기명된 자를 의미한다.

(8) 「지급명령」은 지시를 한 자에 의하여 서명된 금전지급지시서를 의미한다. 당해 지시는 당해 지시를 한 자를 포함하여, 누구나 혹은 1명 또는 2명 이상의 자를 공동으로 또는 승계적인 경우를 제외하고 선택적으로 발행될 수 있다. 지급권한은 지급권한을 가진 자가 지급하도록 지정되지 않은 경우에 지급명령이 아니다.

(9) 영업하는 자의 경우에 「통상주의」는 그 자가 영위하는 영업에 관련하여, 그 자가 주소를 가진 지역에서 이루어지는 합리적인 상업상 기준의 준수를 의미한다. 자동화된 수단에 의하여 추심 또는 결제를 위한 증권을 취급하는 은행의 경우에 합리적인 상업상 표준은 검사하지 않는 것이 당해 은행의 소정의 절차에 위반되지 않고, 당해 은행의 절차가 본편 또는 제4편에 의하여 승인되지 않는 일반적 은행관행과 비교하여 불합리할 정도로 큰 차이가 없다면 당해 은행이 그 증권을 검사하는 것을 요구하지 않는다.

(10) 「당사자」는 지시에 대한 당사자를 의미한다.

(11) 「주된 의무자」는 지시와 관련하여 이차적 의무자가 본편에 따라 상환청구하는 자에 대한 지시에 채무를 지는 당사자 또는 다른 당사자를 의미한다.

(12) 「약속」은 지급을 인수받는 사람에 의하여 서명된 금전지급인수서를 의미한다. 채무자에 의한 채무승인은 그 채무자가 그 채무지급을 인수하고 있지 않다면 약속이 아니다.

(13) 어느 사실에 관하여 「증명하다」는 당해 사실의 입증책임(제1-201조 (8))을 다하는 것을 의미한다.

(14) [삭제]

(15) 「인수인」은 증권이 구입자보다 특정인에게 지급할 수 있다면 발행인으로부터 증권을 구입한 자를 의미한다.

(16) 「간접적으로 발생한 소비자품목」은 소비자계좌에서 발행된 채무를 의미하며, 지급은행에 의하여 발행되지 않았으며, 발행자의 서명요건을 충족하기 위하여 수기로 된 서명이 없다.

(17) 「이차적 의무자」는 지시와 관련하여 (a) 승인자 또는 수용한 자, (b) 제3-116조 (b)항에 따른 지시에 다른 당사자에게 상환청구할 수 있는 지시에 대한 다른 당사자에게 제3-414조 (d)항 또는 (c)항에 규정된 의무를 가지는 발행인을 의미한다.

(b) 본편에 적용되는 이 외의 정의 및 그 정의를 볼 수 있는 조문은 다음과 같다:

「인수」 제3-409조
「피융통인」 제3-419조
「융통인」 제3-419조
「변조」 제3-407조
「변칙적 배서」 제3-205조
「백지배서」 제3-205조
「[은행의] 자기앞수표」 제3-104조
「예금증권」 제3-104조

「지급보증수표」 제3-409조
「수표」 제3-104조
「약인」 제3-303조
「환어음」 제3-104조
「정당한 소지인」 제3-302조
「미완성 증권」 제3-115조
「배서」 제3-204조
「배서인」 제3-204조
「증권」 제3-104조
「발행하다」 제3-105조
「발행인」 제3-105조
「유통증권」 제3-104조
「유통」 제3-201조
「약속어음」 제3-104조
「특정시지급」 제3-108조
「청구시지급」 제3-108조
「지참인지급」 제3-109조
「지급명령지급」 제3-109조
「지급」 제3-602조
「강제적 권리를 가진 자」 제3-301조
「제시」 제3-501조
「재취득」 제3-207조
「특별배서」 제3-205조
「은행창구수표」 제3-104조
「증권 이전」 제3-203조
「여행자수표」 제3-104조
「가격」 제3-303조

(c) 다른 편의 다음의 정의는 본편에도 적용된다.

「은행」 제4조-105조
「은영영업일」 제4조-104조
「어음교환소」 제4조-104조
「추심은행」 제4조-105조
「예금은행」 제4조-105조
「화환어음」 제4조-104조

「매개은행」 제4조-105조
「항목」 제4조-104조
「지급은행」 제4조-105조
「지급을 정지하다」 제4조-104조

(d) 또한, 제1편은 본편을 통하여 적용되는 일반적 정의 및 해석의 원칙을 포함하고 있다.

제3-104조(유통증권)

(a) (c)항 및 (d)항에 규정된 경우를 제외하고, 「유통증권」은 다음의 경우에 약속 또는 지급명령에서 기재된 이익이나 다른 비용으로 또는 이러한 것이 없이 고정된 금액을 지급할 무조건적인 약속이나 지급명령이다.

(1) 지참인에게 지급할 수 있거나 발행된 시기나 최초에 소지인이 점유한 때에 지급명령되는 경우;

(2) 청구시나 명기된 때에 지급되는 경우; 또한

(3) 지급을 약속하거나 또는 지급을 지정하는 자가 금전지급에 추가하였지만 그 외의 명확한 약속이나 지정도 기재되어 있지 않은 경우에, 그 약속 혹은 지급명령은 (i) 지급을 보증하는 담보물을 부여할 것인가, 유지할 것인가 또는 보호할 약속 혹은 권한, (ii) 소지인에 대하여 판결을 인정하거나 또는 담보물을 실현하거나 혹은 처분할 수권이나 권한, 또는 (iii) 채권자의 이익 혹은 보호를 위한 것이 의도된 법이익의 포기를 포함할 수 있는 경우.

(b) 「증권」은 유통증권을 의미한다.

(c) (1)호를 제외하고, (a)항의 요건을 충족하고 있으며, 그 외의 점에서 (f)항의 「수표」의 정의에 해당되는 지급명령은 유통증권이며, 수표이다.

(d) 수표 이외의 약속 또는 지급명령은 그것이 발행된 때에 혹은 최초로 소지인의 점유로 돌아간 때에 어떠한 표현이라도 당해 수표 또는 지급명령의 유통을 금지하는 것이거나 또는 본편에 의하여 규제받는 증권이 아닌 취지의 현저한 기재를 포함하고 있다면 증권이 아니다.

(e) 증권이 약속이라면 이는 「약속어음」이며, 증권이 지급명령이라면 이는 「환어음」이다. 증권이 「약속어음」과 「환어음」의 어느 한쪽의 정의에도 해당하지 않는다면, 그 증권을 강제할 권리를 가지는 자는 이것을 그 어느 하나의 것으로 취급할 수 있다.

(f) 「수표」는 (i) 은행에 대하여 요구되고 발행되는 화환어음 이외의 어음, (ii) 자기앞수표 또는 창구수표를 의미한다. 증권이 「금전지급」 등의 다른 용어로 그 권면에 기재되어 있어도 그 증권은 수표라 할 수 있다.

(g) 「[은행의] 자기앞수표」는 그 어음에 관한 어음발행인도 피발행인도 동일한 은행 또

는 동일은행 지점의 환어음을 의미한다.

(h) 「은행창구수표」는 한 은행에 의하여, (i) 다른 은행에 대하여 발행된 환어음, 또는 (ii) 은행에서나 은행을 통해서 지급되는 환어음을 의미한다.

(i) 「여행자수표」는 (i) 청구시에 지급되는 것으로, (ii) 은행에서 발행되거나 은행을 통해서 지급되어, (iii) 「여행자수표」라는 용어 혹은 실질적으로 동일한 용어에 의하여 표기되어 있고, 또한 (iv) 지급 조건으로서 당해 증권에 견본서명을 쓴 자에 의하여 부본을 요구하는 증권을 의미한다.

(j) 「예금증권」은 일정의 금액이 은행에 의하여 수령되었음을 당해 은행에 의한 승인 및 그 금액을 변제한다는 당해 은행에 의한 약속을 포함하는 증권을 의미한다. 예금증권은 은행의 약속어음이다.

제3-105조(증권의 발행)

(a) 「발행」은 소지인 또는 소지인이 아닌 자와 관계없이 어떤 자에게 증권상의 권리를 부여하기 위한 작성자 또는 어음발행인에 의한 최초의 증권인도를 의미한다.

(b) 미발행 증권 또는 미발행 불완전증권으로 완성된 것은 발행인 또는 발행인을 구속하지만, 발행되지 않았음을 항변할 수 있다. 조건부로 발행되었거나 또는 특별한 목적을 위하여 발행된 증권은 발행인 또는 어음발행인을 구속하지만, 그 조건 또는 특별한 목적이 충족되지 않았음을 항변할 수 있다.

(c) 「발행인」은 발행된 증권 및 발행되지 않은 증권에 대하여 사용된 증권 작성자 또는 어음 발행인을 의미한다.

제3-106조(무조건 약속 또는 지급명령)

(a) 본조에서 정하고 있는 경우를 제외하고, 제3-104조 (a)항의 약속 또는 지급명령은 그것이 (i) 지급의 명시적 조건, (ii) 당해 약속 또는 지급명령은 별도의 서면을 따를 것인지 또는 그것에 의하여 규제당할 것, 또는 (iii) 당해 약속 또는 지급명령에 관한 권리의무가 별도의 서면 안에 기재되어 있을 것을 기재하고 있지 않다면 조건이 아니다.

(b) 약속 또는 지급명령은 (i) 담보물, 선금 또는 조기변제에 관한 권리의 설명을 위하여 별도의 서면에 언급함에 따라, 또는 (ii) 지급이 특정 기금 혹은 재원에서 지급되도록 제한되어 있다는 것을 이유로 조건이 되지 않는다.

(c) 약속 또는 지급명령이 지급의 조건으로서 당해 약속 또는 지급명령 위에 서명한 자의 연서를 요구하는 경우에 제3-104조 (1)항의 목적을 위한 당해 약속 또는 지급명령은 조건으로 인정되지 않는다. 당해 약속 또는 지급명령 위에 견본의 서명을 한 서명자가 그 증권에 연서를 하지 않는 경우에 이는 발행인의 채무에 대한 항변

이지만, 이를 하지 않더라도 그 증권의 양도자가 그 증권의 소지인이 될 수 없는 것은 아니다.

(d) 발행되거나 혹은 최초에 소지인의 점유로 양도된 약속 또는 지급명령이 소지인이나 양수인의 권리는 당해 발행인이 최초의 수취인에 대하여 주장할 수 있는 청구권 혹은 항변에 따르는 효력이 제정법 또는 행정법에 의하여 요구되는 설명을 포함하고 있는 경우에 그 약속 또는 지급명령은 그에 의하여 제3-104조 (a)항의 목적을 위하여 조건부로 되지 않는다. 그러나 이 약속 또는 지급명령이 증권인 경우에, 그 증권의 정당한 과정에서 소지인은 존재할 수 없다.

제3-107조(외국화폐로 지급되는 증권)

지시가 별도의 것을 정하고 있는 경우를 제외하고, 외국화폐로 지급되는 금액을 규정하고 있는 증권은 외국화폐로 지급될 수 있으며, 증권이 지급되는 날에 달러구입을 위하여 지급하는 교환소에서 그 시기에 은행이 신청하는 환율을 사용하여 계산되는 같은 금액의 달러로 지급될 수 있다.

제3-108조(청구시 또는 특정시 지급)

(a) 약속 또는 지급명령이 (ⅰ) 청구시 또는 일람시에 지급되거나 또는 소지인이 원하는 시기에 지급할 것을 다른 단어로 나타내고 있는 경우, 또는 (ⅱ) 변제기에 대하여 아무 것도 기재하고 있지 않은 경우에 그 약속 또는 지급명령은 「청구시 지급」이다.

(b) 약속 또는 지급명령이 일람 또는 인수 후, 일정기간이 경과한 때에 또는 확정일 또는 복수의 날에 또는 당해 약속 혹은 지급명령이 발행된 때에 확정할 수 있는 하나 혹은 복수의 시기에 (ⅰ) 변제, (ⅱ) 기한전 조기변제, (ⅲ) 소지인의 선택에 의한 연장, 또는 (ⅳ) 작성자 또는 인수인의 선택에 의하거나 또는 특정행위나 특정사건이 발생한 시기 또는 그 후에 자동적으로 새로운 특정기간의 연장을 요구하는 권리에 따라 지급되는 경우에 그 약속이나 지급명령은 「특정시 지급」이다.

(c) 확정일에 지급되는 증권이 그 확정일보다 미리 청구되어 청구시 지급이 되는 경우에 그 증권은 그 확정일까지는 청구시 지급이며, 지급 청구가 그 날보다 이전에 행하여지지 않을 경우에 그 증권은 확정일의 확정시에 지급되어야 한다.

제3-109조(지참인 또는 지정인에 대한 지급)

(a) 다음의 경우에 약속 또는 지급명령은 지참인에 대하여 지급되는 것이다.

(1) 증권은 지참인 또는 지참인의 지정인에게 지급된다고 기재된 경우 또는 다른 단어로 당해 약속이나 지급명령의 점유자가 지급을 받는 권리를 가지게 됨을 나타

내는 경우;

(2) 변제받을 자를 기재하고 있지 않은 경우; 또는

(3) 현금 등에 대하여 혹은 현금 등의 지급명령에 대하여 지급되는 것으로 특정한 자에게 지급되는 것이 아님이 기재되어 있는 경우.

(b) 지참인 지급이 아닌 약속 혹은 지급명령은 그것이 (i) 특정인의 지급명령대로, 혹은 (ii) 특정인이나 그 지정인에게 지급되는 때는 지정인 지급이다. 지정인지급의 약속 혹은 지급명령은 지정인에게 지급된다.

(c) 지참인 지급의 증권은 제3-205조 (c)항에 따라 특별히 배서된 경우에 특정인에게 지급되는 것이다. 특정인에 대하여 지급되는 배서는 제3-205조 (b)항에 따라서 공백에 배서된 경우에 지참인에게 지급되는 것이다.

제3-110조(배서에 의하여 지급되는 당사자의 특정)

(a) 최초에 지급되는 자는 그 증권 발행인으로서 혹은 그 성명으로 또는 그 자를 위하여 서명하는 자(수권되어 있는가의 여부와 관계없다)의 의사에 의하여 결정된다. 그 자가 의도한 자의 성명 또는 다른 신분확인이 아닌 다른 것에 의하여 당해 증권에 특정되어 있는 경우라도 그 서명자에 의하여 특정된 자에게 지급된다. 2명 이상의 자가 증권 발행인의 성명으로 또는 그 발행인 때문에 서명하는 경우로서 모든 서명자가 동일인을 수취인으로서 의도하고 있지 않는 경우에 당해 증권은 서명자의 1명 혹은 2명 이상에 대하여도 지급될 수 있다.

(b) 증권 발행인의 서명이 수표기입기계 등의 자동화된 수단에 의하여 행하여진 경우에 이의 수권 여부와 관계없이 그 증권의 수취인은 그 수취인의 성명 또는 신분확인을 부여한 자의 의사에 의하여 결정된다.

(c) 증권이 지급되는 상대방은 성명, 신분확인번호, 사무소 혹은 계좌번호에 의한 것을 포함하는 기타의 방법으로 특정될 수 있다. 증권 소지인을 특정하는 목적을 위하여 다음의 원칙이 적용된다.

(1) 증권이 계좌로 지급되면서 그 계좌가 번호만으로 특정된 경우에 그 증권은 그 계좌로 지급을 받는 상대방에게 지급된다. 증권이 번호 및 인명에 의하여 특정되는 계좌로 지급되는 경우에 그 증권은 그 자가 번호에 의하여 특정되는 당해 계좌 소유자의 여부와 관계없이 지명된 자에게 지급된다.

(2) 증권이,

(i) 신탁, 유산 또는 신탁이나 유산의 수탁자나 대표자로서 기명된 자에게 지급되는 경우에 그 증권은 그 수익자 또는 유산도 지정되어 있는가의 여부와 관계없이 당해 수탁자, 대표자 혹은 어느 일방의 승계자에게 지급된다.

(ii) 지명되거나, 특정된 자의 대리인 또는 유사 대표자로서 기명된 자에게 지급

되어지는 경우에 그 증권은 대표된 자, 대표자 또는 대표자의 승계자에게 지급된다.

(iii) 법인단체가 아닌 기금 혹은 조직에게 지급되는 경우에 그 증권은 당해 기금 또는 조직의 회원 대표자에게 지급된다.

(iv) 관리 또는 사무소를 소유하는 자로서 기명된 자에게 지급되는 경우에 그 증권은 지명된 자 또는 당해 사무소의 담당자나 그 담당자의 승계자에게 지급된다.

(d) 증권이 2명 이상에게 대체적으로 지급될 수 있는 경우에 그 중의 누구에게나 지급될 수 있으며, 당해 증권을 점유하는 자에 의하여 또는 전원에 의하여 유통되고 면책되며, 강제될 수 있다. 증권이 2명 이상에게 대체적이지 않게 지급되는 경우에 이는 그 전원에 대하여 지급되는 것이며, 또한 그 전원에 의하여만 유통되고 면책되며, 강제될 수 있다. 2명 이상에게 지급되는 증권이 그들에게 대체적으로 지급되는가의 여부가 불명확한 경우에 그 증권은 대체적으로 그들에게 지급되는 것이다.

제3-111조(지급지)

제4편의 규정에 대하여 다른 규정이 있는 경우를 제외하고, 증권은 당해 증권에 기재된 지급장소에서 지급된다. 지급장소가 기재되어 있지 않는 경우에 증권은 당해 증권에 기재된 피발행인 혹은 작성자의 주소에서 지급된다. 주소가 기재되어 있지 않은 경우에 지급장소는 피지급인 혹은 작성자의 영업소이다. 피발행인이나 작성자가 2 이상의 영업소를 가진 경우에 지급장소는 당해 증권을 강제할 권리를 가진 자에 의하여 선택된 피발행인 혹은 작성자의 영업소이다. 피발행인이나 작성자가 영업소를 가지지 않는 경우에 지급장소는 피발행인 혹은 작성자의 주소이다.

제3-112조(이자)

(a) 증권 안에 별도의 규정이 없는 한, (i) 증권은 이자를 포함하여 지급되는 것이 아니며, 또한 (ii) 이자포함 증권에 대한 이자는 그 증권의 일자표기일부터 지급된다.

(b) 이자는 증권에 고정되어 있거나 변동하는 금전액으로 기재될 수 있으며, 고정되어 있거나 변동하는 요율로 표기될 수 있다. 이자액 또는 요율은 어떠한 방법에 의하여 당해 증권에 기재 혹은 표시될 수 있으며, 당해 증권에 포함되어 있지 않은 정보를 참조할 수 있다. 증권이 이자를 규정하고 있지만, 지급되어야 할 이자액이 그 기재에서 확정될 수 없는 경우에 이자는 당해 증권의 지급장소에서 이자가 최초로 발행한 시기에 유효한 법정 요율로 결정된다.

제3-113조(증권의 일자)

(a) 증권의 일자는 작성일보다 이전 혹은 이후로 정할 수 있다. 기재된 일자는 증권이 그 일자 뒤 일정기간에 지급되어야 하는 경우에 변제기를 결정한다. 제4-401조 (c)항에 규정된 경우를 제외하고, 청구시에 지급되어야 하는 증권은 당해 증권의 일자보다 이전에 지급되어서는 안된다.

(b) 증권이 작성일보다 전(前) 일자로 된 경우에 그 일자는 그 발효일의 일자이거나 혹은 미발행 증권의 경우에는 소지인의 점유로 이전된 최초의 날이다.

제3-114조(증권의 모순된 문언)

증권이 모순되는 문언을 포함하고 있는 경우에 활자의 문언보다 타이프라이터의 문언이 우선시되며, 수기 문언이 그 양쪽보다 우선시되고, 동시에 문자는 숫자에 우선한다.

제3-115조(불완전한 증권)

(a) 「불완전한 증권」은 서명자에 의하여 발행되었는가의 여부와 관계없이 서명된 서면이면 그 내용이 서명시에 불완전하였으나 서명자가 단어 또는 숫자의 추가에 의하여 완성시킬 수 있음을 의미한다.

(b) (c)항에 따라, 불완전한 증권이 제3-104조에 의한 증권일 경우에 그것이 완성되지 않으면 당해 조항에 따라 또는 완성에 의하여 확대된 그 조항에 따라서 강제될 수 있다. 미완성의 증권이 제3-104조의 증권은 아니지만, 완성 후에 제3-104조의 요건이 충족된 경우에 그 증권은 완성에 의하여 확대된 그 조항에 따라서 강제될 수 있다.

(c) 단어 혹은 숫자가 서명자의 수권없이 불완전한 증권으로 추가된 경우에 제3-407조에 의한 불완전한 증권의 변조가 존재한다.

(d) 서명자의 수권없이 단어 혹은 숫자를 불완전한 증권으로 추가되었다는 입증책임은 그 권한의 결여를 주장하는 자가 진다.

제3-116조(공동연대책임; 기여)

(a) 증권에 별도의 규정이 있는 경우를 제외하고, 작성자·발행인·인수인·공동변제수취인으로서 배서하는 배서인 또는 변칙적 배서인으로서 증권에 관하여 동일한 책임을 지는 2명 이상의 자는 서명한 때의 자격에 있어 공동임과 동시에 연대하여 책임을 진다.

(b) 제3-419조 (e)항 또는 영향을 주는 당사자의 합의가 있는 경우를 제외하고, 그 증권에 대하여 지급할 연대책임을 지는 당사자는 준거법에 따라서 동일의 공동연대책임을 지는 대상에 대하여 구상권을 가진다.

(c) 증권을 강제할 권리를 가진 자에 의한 공동연대책임을 지는 한 당사자의 면책은 면책된 자로부터 분담금을 수령하는 동일의 공동연대책임을 지는 당사자의 (b)항에 의한 권리에 영향을 미치지 않는다.

제3-117조(증권에 영향을 주는 그 외의 합의)

현재 혹은 이전 합의의 증거배제에 관한 준거법에 따라 증권에 대하여 지급할 증권 당사자의 의무는 그 합의를 신뢰하고, 혹은 그 합의를 발생하는 동일 거래의 일부로서 증권이 발행되었거나 또는 그 채무가 발생한 경우에 채무자 및 당해 증권을 강제할 권리를 가지는 자와의 개별 합의에 의하여 수정, 보충 또는 무효화될 수 있다. 채무가 본조에 의한 합의에 의하여 수정, 보충 또는 무효화된 한도내에서 그 합의는 채무에 대한 항변이다.

제3-118조(제척기간)

(a) (e)항에 규정된 경우를 제외하고, 특정시 지급 약속어음의 지급을 행하는 당사자의 의무를 강제하는 소송은 당해 약속어음에 기재된 만기일 후 6년 이내 또는 만기일이 단축된 경우에는 조기변제 만기일 후 6년 이내에 개시되어야 한다.

(b) (d)항 또는 (e)항에 규정된 경우를 제외하고, 청구시 지급 약속어음의 작성자에 대하여 지급청구가 이루어진 경우에 그 약속어음을 지급하는 당사자의 의무를 강제하는 소송은 그 청구 후 6년 이내에 개시되어야 한다. 그 작성자에 대하여 지급청구가 이루어진 경우에 그 약속어음을 강제하는 소송은 그 약속어음의 원본이나 이자가 계속하여 10년 동안 지급되지 않은 때는 금지된다.

(c) (d)항에 규정된 경우를 제외하고, 인수되지 않은 어음에 대하여 그 어음에 지급할 당사자의 의무를 강제하는 소송은 당해 어음의 부도후 3년 이내 또는 당해 어음의 일자로부터 10년 이내의 기간이 도과하기 전까지 개시하여야 한다.

(d) 지급증명 수표의 인수인 또는 은행수표, 자기앞수표 혹은 여행자수표 발행인의 채무를 강제하는 소송은 지급청구가 인수인 또는 발행인에 대하여 이루어진 후 3년 이내에 개시하여야 한다.

(e) 예금증명서 당사자가 증권에 지급할 의무를 강제하는 소송은 작성자에 대하여 지급청구가 이루어진 후 6년 이내에 개시되어야 하지만, 그 증권이 만기일을 기재하고 있고, 동시에 작성자가 그날보다 이전에 지급하도록 요구하지 않는 경우에는 그 6년의 기간은 지급청구가 유효하게 되고, 동시에 그 만기일이 경과한 때에 시작된다.

(f) 지급증명포함 수표 이외의 인수된 어음의 지급을 행할 당사자의 채무를 강제하는 소송은 (ⅰ) 인수인의 채무가 확정시에 지급되는 경우에 그 어음 또는 인수에 기재

된 만기일 후 6년 이내에, 또는 (ii) 인수인의 채무가 청구시에 지급되는 경우에 인수일로부터 6년 이내에 개시되어야 한다.

(g) 면책 또는 분담금을 요구하는 청구에 관한 다른 법에 의하여 규정된 경우를 제외하고, (i) 증권 불법전환[횡령]소송, 부당수령금전[반환청구]소송 혹은 횡령에 근거하는 유사 소송, (ii) 보증 위반에 대한 소송, 또는 (iii) 본편에 의하여 발생, 동시에 본조에 의하여 규제되지 않는 채무, 의무 또는 권리를 강제하는 소송은 그 [원인]이 발생한 후 3년 이내에 개시되어야 한다.

제3-119조(소송을 변호하는 권리의 통지)

본편 또는 제4편에 따라 제3자가 책임을 지는 의무위반 소송에서 피고는 당해 제3자에게 그 소송의 서면에 의한 통지를 부여하고, 동시에 통지를 받은 자는 그 다음에 인수받은 다른 자에게 유사통지를 부여할 수 있다. 그 통지가 (i) 통지를 받은 자는 법원에 출석하고 동시에 변호할 수 있으며, (ii) 그렇지 않을 경우에 2개의 소송에 공통되는 사실의 결정에 관하여 통지를 부여하는 자에 의하여 제기되는 소송에서 통지를 받은 자가 기속된다는 내용이 기재되어 있다면, 통지를 받은 자는 그 통지의 시기적절한 수령 후에 통지를 받은 자가 출석하고 변호하지 않는 한 이에 구속된다.

제2장 유통, 이전 및 배서

제3-201조(유통)

(a) 「유통」은 발행인 이외의 자가 자기의사에 의한 것인가와 관계없이 그것에 의하여 소지인이 되는 자에게 증권의 점유를 이전함을 의미한다.

(b) 송금인에 의한 유통의 경우를 제외하고, 증권이 특정인에게 지급된 경우에 유통은 증권의 점유 이전과 소지인에 의한 배서를 필요로 한다. 증권이 지참인 지급의 경우에 그 증권은 점유이전만으로 유통될 수 있다.

제3-202조(취소될 수 있는 유통)

(a) (i) 유아, 권한을 넘는 회사 또는 무능력자로부터, (ii) 사기, 협박 또는 착오에 의하여, 혹은 (iii) 의무 위반 혹은 위법적인 거래의 일부로서 취득한 경우라도 유통은 유효하다.

(b) 그 외의 법률에 의하여 허가된 한도에서 유통은 취소될 수 있으며, 또한 다른 구제방법에 구제될 수 있으나, 그 구제방법은 이후의 정당한 소지인 또는 신의성실함과

더불어 취소 혹은 다른 구제방법의 근거가 되는 사실을 알지 못하고 그 증권에 지급한 자에 대하여는 주장할 수 없다.

제3-203조(증권의 이전; 이전에 의하여 취득된 권리)

(a) 인도받은 자에게 증권을 강제할 권리를 부여할 목적으로 그 발행인 이외의 자가 그것을 인도할 때에 증권은 이전된다.
(b) 증권의 이전은 그 이전이 유통인가 아닌가와 관계없이 이전을 받은 자에게 정당한 소지인으로서의 권리를 포함하고, 증권을 강제할 이전자의 권리를 부여하지만, 이전을 받은 자가 기망을 하였거나 혹은 당해 증권에 영향을 미치는 위법행위를 행한 경우에 직접적 또는 간접적으로 정당한 소지인으로부터 이전받은 정당한 소지인의 권리를 취득할 수 없다.
(c) 별도의 합의가 없는 한, 증권이 대가를 지급하여 이전되고, 동시에 이전을 받은 자가 이전자의 배서가 부존재하여 소지인이 되지 못하는 경우에 이전을 받은 자는 이전자의 무권한적인 배서에 대하여 강제가능한 권리를 가지지만, 그 증권의 유통은 배서를 한 후에 할 수 있다.
(d) 이전자가 증권의 일부를 이전할 경우에 증권은 유통되지 않는다. 이전을 받는 자는 본편에 의하여 아무런 권리도 취득하지 못하고, 동시에 양도인의 권리에서 부분적인 권리를 가진다.

제3-204조(배서)

(a) 「배서」는 작성자, 발행인 또는 인수인과 같은 서명자의 서명 이외의 서명이며, 또는 (i) 당해 증권의 유통, (ii) 증권의 지급제한, 또는 (iii) 당해 증권의 배서인의 책임의 인수를 목적으로 하며, 증권에 기재된 단어 또는 다른 단어가 추가되어 기재된 서명을 의미하지만, 서명자의 의도와 관계없이 서명 및 그것에 추가된 단어는 그 추가된 단어, 증권의 조항, 서명장소, 그 외의 정황이 명백하게 당해 서명이 배서 이외의 목적을 표시하고 않은 한 배서이다. 증권에 서명이 이루어졌는가를 결정하기 위하여 첨가된 서면은 증권의 일부이다.
(b) 「배서인」은 배서를 하는 자를 의미한다.
(c) 증권의 피이전자가 소지인인가의 여부를 결정하기 위하여 증권에 대한 담보권을 이전하는 배서는 그 증권의 무조건적 배서로서 유효하다.
(d) 증권이 소지인의 성명이 아닌 성명에 의하여 소지인에게 지급된 경우에 배서는 당해 증권에 기재된 성명이나 혹은 그 소지인의 성명 또는 그 양쪽으로 소지인에 의하여 이루어질 수 있으나, 양쪽의 성명에 의한 서명은 유상이며, 추심을 위하여 그 증권을 지급하거나 또는 취득하는 자에 의하여 요구될 수 있다.

제3-205조(특별배서; 백지배서; 익명배서)

(a) 배서가 특정인에 대하여 지급되거나 지참인에 대하여 지급되었는가와 관계없이 증권의 보증인에 의하여 이루어지고 있으며, 그 배서가 그 증권이 지급되어야 하는 상대방을 특정하고 있는 경우에 이는 「특별배서」이다. 특별배서가 이루어진 경우에 배서는 특정된 자에게 지급되어야 하는 것이 되며, 또한 그 자의 배서에 의하여만 유통될 수 있다. 제3-110조에 규정된 원칙은 특별배서에 적용된다.

(b) 배서가 증권의 소지인에 의하여 이루어졌으며, 그것이 특별배서가 아닌 경우에 이는 「백지배서」이다. 공백에 배서가 이루어진 때에 증권은 지참인에게 지급된 것이며, 또한 특별배서가 이루어질 때까지 점유의 이전에 의하여만 유통될 수 있다.

(c) 소지인은 서명만으로 되어있는 백지배서를 배서인의 서명위에 당해 증권이 지급되어야 하는 상대방이 될 자를 특정하는 단어를 기입함으로써 특별배서로 전환할 수 있다.

(d) 「익명배서」는 증권의 소지인이 아닌 자에 의하여 이루어지는 배서를 의미한다. 익명배서는 당해 증권이 유통될 수 있는 방법에 영향을 미치지 않는다.

제3-206조(제한적 배서)

(a) 지급을 특정인에게 이루어지도록 제한하는 배서 또는 별도의 방법으로 그 증권의 새로운 이전 혹은 유통을 금지하는 배서는 당해 증권의 새로운 이전 혹은 유통을 금지하기 위하여는 유효하지 않다.

(b) 지급을 수령하는 피배서인의 권리에 대하여 조건을 규정하는 배서는 그 증권을 강제할 피배서인의 권리에 영향을 미치지 않는다. 증권지급을 하는 자 또는 유상 혹은 추심 때문에 증권을 취득하는 자는 그 조건을 무시할 수 있고, 동시에 그 자의 권리 및 책임은 그 조건이 충족되는가의 여부에 의하여 영향을 받지 않는다.

(c) 증권이 (ⅰ) 제4-201조 (b)항에 규정된 배서, 또는 (ⅱ) 공백 또는 「예금을 위한」, 「추심을 위한」 혹은 당해 배서인을 위하여 또는 특정의 계좌를 위한 은행에 의하여 당해 증권을 추심시키는 목적을 나타내는 그 외의 단어를 사용하여 특정 은행 앞으로 배서가 이루어지고 있는 경우에 다음의 원칙이 적용된다.

(1) 은행 이외의 자가 상기의 배서를 한 경우에 그 증권을 구입하는 자는 그 증권에 대하여 지급된 금액이 당해 배서인에 의하여 수령되었거나 또는 그 배서와 일치하여 충당된 경우가 아니라면 그 증권을 불법전환[횡령]하고 있다.

(2) 그 증권을 구입하거나 또는 추심을 위하여 그것을 취득하는 예금은행은 이러한 배서가 이루어진 때에 그 증권에 대하여 지급된 금액이 당해 배서인에 의하여 수령되었거나 또는 그 배서와 일치하여 충당된 경우가 아니라면 그 증권을 불법전환[횡령]하고 있다.

(3) 예금은행이기도 하고, 추심은행 이외의 대상으로부터 창구에서의 즉석 현금지급을 위하여 그 증권을 취득하는 지급은행은 그 증권의 대금이 당해 배서인에 의하여 수령되었거나 혹은 그 배서와 일치하여 충당된 경우가 아니라면 그 증권을 불법전환[횡령]하고 있다.

(4) (3)호에 별도로 규정된 경우를 제외하고, 지급은행 또는 매개은행은 그 배서를 무시할 수 있으며, 동시에 증권의 매상금이 그 배서인에 의하여 수령되지 않았거나 또는 그 배서와 일치하여 충당되지 않은 경우에 책임을 지지 않는다.

(d) (c)항의 대상이 되는 배서의 경우는 별도로 하고, 증권이 대리인, 수탁자 또는 그 배서인 혹은 별도의 대상의 이익을 위한 다른 관리인으로서 당해 배서인에게 지급이 이루어지도록 하는 취지의 단어를 사용하여 배서가 이루어지고 있는 경우에 다음의 원칙이 적용된다.

(1) 제3-307조에 따라 신탁상의 의무위반의 통지가 있는 경우가 아니라면 그 증권을 매입 또는 추심 혹은 지급을 위하여 피배서인으로부터 그 증권을 취득하는 자는 그 피배서인이 배서인에 대한 신탁상의 의무에 위반하는가의 여부와 관계없이 그 피배서인에 대하여 당해 증권의 매상금 또는 그 증권에 부여받은 가치를 지급할 수 있다.

(2) 그 증권 이후의 양수인 또는 그 증권의 지급을 하는 자는 그 배서 내의 제한을 알지 못한 경우에 그에 의한 영향을 받지 않는다. 다만, 그 양수인 또는 지급인이 당해 증권 또는 그 매상금을 취급한 수탁자가 신탁상의 의무에 위반하고 있음을 알고 있는 경우에는 그러하지 아니하다.

(e) 본소가 적용되는 배서가 증권에 이루어지는 것은 그 증권 구입자가 그 증권의 정당한 소지인이 될 수 있음을 부정하지 않는다. 다만, 그 구입자가 (c)항의 불법전환자[횡령자]이거나 또는 (d)항에서 규정하는 신탁상의 의무위반 통지를 받고 있거나 혹은 알고 있는 경우에는 그러하지 아니하다.

(f) 증권의 지급을 행하는 당사자의 재무를 강제하는 소송에서 채무자는 지급이 본조의 적용이 있는 배서에 위반한다고 판단되고, 동시에 그 지급이 본조에 의하여 허용되지 않은 경우에 항변권을 가진다.

제3-207조(재취득)

증권이 이전의 소지인에게 이전된 경우에 유통 또는 그 이외의 방법으로 증권을 재취득할 수 있다. 그 배서를 재취득하는 이전의 소지인은 그 재취득자가 최초로 증권소지인이 된 후에 이루어지는 배서를 말소할 수 있다. 그 말소한 것이 당해 증권을 재취득자에게 혹은 지참인에게 지급되도록 하는 경우에 그 재취득자는 당해 증권을 유통시킬 수 있다. 배서를 말소당한 배서인은 면책되고, 그 면책은 그 이후의 소지인에 대하여 유효하다.

제3장 증권의 강제

제3-301조(증권을 강제할 권리를 가지는 자)

증권을 「강제할 권리를 가지는 자」란, (i) 그 증권의 소유자, (ii) 소지인의 권리를 가지며, 그 증권을 점유하고 있지 않은 비소지인, 또는, (iii) 제3-309조 혹은 제3-418조 (d)항에 의하여 그 증권을 강제할 권리를 가지며, 그 증권을 점유하고 있지 않은 자를 의미한다. 어떠한 자가 그 증권의 소유자가 아닌 자 또는 증권을 불법으로 점유한 자라 할지라도 그 자는 증권을 강제할 권리를 가진 자가 될 수 있다.

제3-302조(정당한 소지인)

(a) (c)항 및 제3-106조 (d)항에 따라, 다음의 경우에 「정당한 소지인」은 증권 소지인을 의미한다.

(1) 소지인에 대하여 발행되었거나 유통된 때에 그 증권에 위조 혹은 변조의 명백한 증거가 없거나 혹은 다른 점에서 그것이 허위라는 의심이 들 정도로 불규칙하거나 불완전하지 않은 경우; 그리고

(2) 소지인이 (i) 대금을 지급하고, (ii) 신의성실하게, (iii) 만기가 도과하였거나, 혹은 지급이 거절되었음을 알지 못하고, 혹은 그것에 대한 항변 혹은 권리를 다른 자가 가지고 있음을 알지 못하고, (iv) 그 증권이 무권한의 서명을 포함하고 있거나 또는 그것이 변조된 것임을 알지 못하고, (v) 제3-306조의 증권에 대한 청구권임을 알지 못하고, (vi) 어느 당사자가 제3-305조 (a)항에 규정된 감액청구에 대하여 항변 또는 청구권을 알지 못하고 당해 증권을 취득한 경우.

(b) 파산절차에서 면책 이외의 당사자의 면책통지는 (1)항에 의한 항변의 통지가 아니지만, 그 면책은 이를 알고 있는 정당한 소지인이 된 자에 대하여 유효하다. 문서의 공적 등록 또는 기록은 그 자체로는 항변의 통지, 감액청구의 청구 또는 증권에 대한 청구로 인정되지 않는다.

(c) 양도인 또는 권리의 피승계인이 정당한 소지인으로서 권리를 가진 범위내의 경우를 제외하고, (i) 법적 절차에 의하거나 혹은 집행, 파산 또는 채권자의 매각 혹은 유사한 절차에서의 구입, (ii) 그 양도인의 통상적 영업의 과정이 아닌 일괄거래의 일부로서 구입, 또는 (iii) 유산 혹은 그 외의 법인의 권리승계인으로서 취득한 증권의 정당한 소지인의 권리를 취득하는 것이 아니다.

(d) 제3-303조 (a)항 (1)호에 의하여, 증권에 대한 약인인 이행의 약속이 일부 이행된 경우에 그 소지인은 일부이행의 가치가 약속된 이행의 가치에 의하여 나눈 금액과 동일한 당해 증권에 의하여 지급되는 금액의 부분에 대하여만 그 증권의 정당한 소지인으로서의 권리를 주장할 수 있다.

(e) (i) 증권을 강제할 권리를 가진 자가 증권상의 담보권을 보유하지 않는 경우, 또한 (ii) 그 증권에 지급되는 업무를 가지는 자가 항변, 감액청구의 권리 또는 담보권을 부여한 자에 대하여 주장될 수 있는 당해 증권에 대한 권리를 가지는 경우에 그 증권을 강제할 권리를 가진 자는 그 증권을 강제할 때에 당해 증권에 의하여 지급되는 금액이 담보된 미지급 채무액을 넘지 않는 금액에 대하여만 정당한 소지인으로서의 권리를 주장할 수 있다.

(f) 통지가 유효하기 위하여는 합리적인 시기적절한 방법으로 수령되어야 한다.

(g) 본조는 개별적인 종류의 거래에서 정당한 소지인으로서의 지위를 제한하는 법률에 따른다.

제3-303조(가격 및 요인)

(a) 증권은 다음의 경우에 가격의 지급과 교환하여 발행되거나 혹은 이전된다.

(1) 약속이 이행된 한도에서 약속이행에 대하여 증권이 발행되거나 혹은 이전된 경우;

(2) 이전을 받은 자가 담보권 또는 사법절차에 의하여 취득한 유치권 이외에 증권에 대하여 그 밖의 유치권을 획득하는 경우;

(3) 청구의 만기가 도래하였는가이 여부와 관계없이 누군가에 대한 이전 청구의 지급으로서, 또는 그것에 대한 담보로서 증권이 발행 혹은 이전된 경우;

(4) 유통증권과 교환하여 그 증권이 발행 혹은 이전된 경우;

(5) 그 증권이 증권을 취득하는 자에게 제3자에 대한 취소불능한 채무의 대가로 발행 또는 이전된 경우.

(b) 「약인」이란 계약의 효력을 유지하기에 충분한 약인을 의미한다. 증권의 발행인 또는 작성자는 당해 증권이 약인없이 발행된 경우에 항변권을 가진다. 이행약속에 대하여 증권이 발행된 경우에 그 발행인은 약속이행의 기한이 도과하게 되고, 또한 그 약속이 이행되지 않은 한도에서 항변권을 가진다. 증권이 (a)항에 따라 대금의 지급과 교환하여 발행된 경우에 그 증권은 약인과 교환하여 발행된 것이다.

제3-304조(기한을 도과한 증권)

(a) 청구시 지급증권은 다음 경우들 중 가장 빠른 경우에 지급기한이 경과한다.

(1) 지급 청구가 적절하게 이루어진 날의 다음날;

(2) 증권이 수표인 경우에는 그날 이후 90일; 또는

(3) 증권이 수표가 아닌 경우에 증권의 성질 또는 거래관행에 비추어 특별한 경우의 정황에서 불합리하게 장기간인 지급일 후에 일정 기간동안 증권이 미지급인 경우.

(b) 특정시 지급의 증권에 관하여는 다음의 원칙이 적용된다.

(1) 원본이 할부로 지급하게 되어 있고, 만기일이 단축되지 않은 경우에 할부 미지급에 대하여 당해 증권에 의한 의무위반 때에 그 증권은 기한도과가 되며, 동시에 그 의무위반이 시정되어질 때까지 그 증권은 기한도과인 상태이다.

(2) 원본이 할부로 지급하게 되어 있지 않고, 동시에 만기일이 단축되지 않은 경우에 그 증권은 만기일의 다음 날에 기한도과가 된다.

(3) 원본의 만기일이 단축된 경우에 그 증권은 그 단축된 만기일의 다음 날에 기한도과가 된다.

(c) 원본의 지급일이 단축된 경우를 제외하고, 이자의 지급에 대한 의무위반이 있지만, 원본의 지급에 대하여 의무위반이 없는 경우에 증권은 지급기한도과가 되지 않는다.

제3-305조(감액청구에서의 항변 및 청구권)

(a) (b)항에 규정되는 경우를 제외하고, 증권에 지급하는 당사자의 의무를 규제하는 권리는 다음의 적용을 받는다.

(1) (i) 그것이 단순계약에 대한 항변의 범위에서 채무자의 미성년, (ii) 다른 법률에 의하여 채무자의 채무를 무효화하는 협박, 법적 능력의 결여 또는 거래의 위법성, (iii) 그 성질 혹은 그 본질적인 조항도 알지 못하거나 그것을 알 수 있는 합리적인 기회도 가지지 못하고 그 증권에 채무자가 서명하도록 유인된 사기, 또는 (iv) 파산절차에서 채무자의 면책에 근거한 채무자의 항변;

(2) 본편의 별도의 조문에 규정하는 채무자의 항변 또는 증권을 강제할 권리를 가진 자가 단순계약에 의하여 지급을 요구하는 권리를 강제하고 있었다면 이용할 수 있었다고 생각되는 채무자의 항변; 및

(3) 당해 증권의 발생원인이 되는 거래로부터 청구권이 생긴 경우에 그 증권의 원 지급수취인에 대하여 채무자의 감액청구의 청구권에 따른다. 다만, 그 채무자의 청구권은 당해 소송이 제기된 때에 그 증권에 대하여 지급된 금액을 감액하기 위하여만 그 증권의 피양도인에 대하여 주장될 수 있을 뿐이다.

(b) 증권에 지급하는 당사자의 의무를 강제할 정당한 소지인의 권리는 (a)항 (1)호에서 규정하는 채무자의 항변을 따르지만, (a)항 (2)호에 규정하는 채무자의 권리 혹은 그 소지인 이외의 자에 대한 (a)항 (3)호에 규정한 감액청구에 대한 청구권을 따르

지 않는다.

(c) (d)항에 규정하는 경우를 제외하고, 증권에 지급하는 당사자의 의무를 강제하는 소송에서 그 채무자는 당해 증권을 강제할 권리를 가진 자에 대하여 타인의 항변, 감액청구권리 또는 당해 증권에 대한 권리(제3-306조)를 주장할 수는 없지만, 그 증권에 대한 그 외의 자의 청구권은 그 외의 자가 당해 소송에 참가하게 되어 개인적으로 그 증권을 강제할 권리를 가진 자에 대하여 청구권을 주장하고 있는 경우에는 당해 채무자에 의하여 주장될 수 있다. 채무자는 증권의 강제를 요구하는 자가 정당한 소지인의 권리를 가지지 않고, 그 채무자가 그 증권을 분실하였거나 절취당하였음을 증명하는 경우에는 그 증권에 지급의무를 지지 않는다.

(d) 그 증권을 지급하는 융통인의 채무를 강제하는 소송에서 융통인은 그 증권을 강제할 권리를 가지는 자에 대하여 당해 융통인이 그 증권을 강제할 권리를 가지는 자에 대하여 주장할 수 있었던 항변 또는 (a)항에 의한 감액청구의 권리를 주장할 수 있다. 다만, 파산절차에서의 면책 항변, 미성년 및 법적 능력의 결여는 제외한다.

제3-306조(증권에 대한 청구권)

정당한 소지인의 권리를 가지는 자 이외의 자로 증권을 취득하는 자는 거래교섭의 해제청구권 및 당해 증권 또는 그 수익금의 회복청구권을 포함하여 당해 증권 혹은 그 수익금에 대한 재산권 또는 점유권의 청구권에 따라야 한다. 정당한 소지인의 권리를 가지는 자는 그 증권상의 청구권과 분리하여 취득한다.

제3-307조(충실의무의 위반통지)

(a) 본조에서,

(1) 「수탁자」는 증권에 관하여 수탁의무를 지는 대리인, 신탁수탁자, 동업자, 법인간부 혹은 이사 또는 그 외 대표를 의미한다.

(2) 「대표되는 자」는 본인, 수익자, 동업자, 법인 또는 (1)호에서 규정하는 의무를 지는 그 외의 자를 의미한다.

(b) (i) 증권이 수탁자로부터 지급 혹은 추심을 위하여 또는 유상으로 취득하여, (ii) 그 취득자가 그 수탁자의 신탁상의 지위를 알고 있고, (iii) 대표되는 자가 그 수탁자의 거래는 신탁의무 위반임을 이유로 그 증권 또는 그 대금에 대한 청구를 할 경우에 다음의 원칙이 적용된다.

(1) 수탁자에 의한 신탁의무 위반의 통지는 대표되는 자의 청구권의 통지이다.

(2) 대표되는 자 또는 이러한 수탁자에게 지급되는 증권의 경우, 그 증권이 (i) 그 수탁자의 개인적 부채라고 취득자가 알고 있는 부채의 지급 혹은 담보로서 취득된 경우, 또는 (ii) 그 수탁자의 개인적 이익을 위한 것을 당해 취득자가 알고

있는 거래에서 취득된 경우, 또는 (iii) 수탁자로서의 계좌 혹은 그 대표자의 계좌 이외의 계좌에 예금된 경우에 그 취득자는 신탁상의 의무 위반을 알고 있다.

(3) 증권의 대표자 또는 수탁자에 의하여 발행되고, 수탁자에게 개인적으로 지급되는 것일 경우에 그 취득자는 그 신탁상의 의무위반을 알지 못하고 있다면 신탁상의 의무위반에 대하여 통지를 받은 것이 아니다.

(4) 증권이 지급수취인으로서의 취득자에 대하여 대표된 자에 의하여 혹은 신탁자가 그 자격으로 발행된 경우 또는 그 증권이 (i) 그 수탁자의 개인적 부채라고 취득자가 알고 있는 부채의 지급 또는 담보로서 취득된 경우, (ii) 그 수탁자의 개인적 이익을 위한 것을 당해 취득자가 알고 있는 거래로 취득한 경우, 또는 (iii) 수탁자의 계좌 혹은 그 대표자의 계좌 이외의 계좌로 예금된 경우에 그 취득자는 신탁상의 의무위반에 대하여 알고 있다.

제3-308조(서명 및 정당한 소지인으로서의 지위증명)

(a) 증권에 관한 소송에서 당해 증권 서명의 진정성 및 권한은 답변서에서 구체적으로 부정되지 않는 한 인정된다. 서명의 유효성이 답변서에서 부정된 경우에 유효성을 입증하는 책임은 유효성을 주장하는 자가 부담하지만, 그 소송이 목적이 되는 서명자의 책임을 강제하는 것이고, 그 서명자가 그 서명의 유효성을 다투는 재판시점에서 사망하고 있거나 또는 무능력인 경우가 아니라면, 그 서명은 진정한 것임과 동시에 수권된 것이라고 추정된다. 증권을 강제하는 소송이 증권의 당사자로서 서명한 익명 대리의 본인에 대하여 제기된 경우에 피고가 제3-402조 (a)항에 의하여 대표되는 자가 되어 당해 증권에 대하여 책임질 것을 입증하는 책임은 원고가 진다.

(b) 서명의 유효성이 인정 또는 증명되어, 또한 (a)항이 준수되고 있는 경우에 그 증권을 발송하는 원고는 제3-301조에 의한 증권을 강제할 권리를 증명하는 경우에 그 피고가 감액청구의 항변 또는 청구권을 증명하는 것이 아니라면 지급받을 권리를 가진다. 감액청구의 항변 또는 청구권이 증명된 경우에 원고의 지급에 대한 권리는 그 원고가 그 항변 또는 청구권에 따르지 않을 정당한 소지인의 권리를 가짐을 증명하는 경우를 제외하고 그 항변 또는 청구권에 따른다.

제3-309조(분실, 파기 또는 절취된 증권의 강제)

(a) 증권을 점유하고 있지 않은 자는 다음의 경우에 증권을 강제할 수 있다.

(1) 증권을 강제하고자 하는 자가,

(A) 점유를 상실한 때에 그것을 강제할 권리를 가지고 있는 경우;

(B) 점유를 상실한 때에 증권을 강제할 수 있는 권리를 가진 자로부터 직접 또는 간접으로 증권의 소유권을 취득한 경우.

(2) 점유의 상실이 강제하고자 하는 자 또는 합법적인 압류에 의한 이전에 의하여 발생하지 않은 경우;
(3) 증권이 멸실되거나 그 존재를 알 수 없거나 알 수 없는 제3자 등이 불법적으로 점유하고 있는 경우.

(b) (a)항에 의하여 증권의 강제를 요구하는 자는 그 증권의 조건과 그 증권을 강제하는 자의 권리를 증명하여야 한다. 그 증권에 강제를 요구하는 자가 그 증권을 발송한 경우에 제3-308조가 적용된다. 그 증권에 지급할 것을 요구받은 자가 타인에 의하여 그 증권을 강제할 권리를 행사하였기 때문에 발생할 수 있는 손실에 대하여 적절하게 보호된다고 법원이 인정하지 않는 한, 법원은 강제를 요구하는 자를 승소시키는 판결을 내려서는 안된다.

제3-310조(인수받은 채무에 관한 증권의 효과)

(a) 별도의 합의가 없는 한, 지급증명수표·자기앞수표 또는 은행창구수표가 채무와 교환하여 받은 경우에 그 증권의 금액과 동일한 현금이 당해 채무의 변제로 수령되었다면, 면책이 발생하는 한도에서 그 채무는 면책된다. 채무의 면책은 채무자가 그 증권의 배서인으로서 질 수 있는 책임에는 영향을 주지 않는다.

(b) 별도의 합의가 이루어진 경우가 아니라면 (a)항에 규정하는 경우를 제외하고, 채무를 위하여 약속어음 또는 지급보증이 없는 수표가 지급된 경우에 그 증권의 금액과 동일한 금액이 지급된 경우에 그 채무가 면책된다고 생각되는 범위까지 그 채무는 정지되고, 다음의 원칙이 적용된다.
(1) 지급보증이 없는 수표의 경우에 채무 정지는 수표가 부도로 될 때까지 또는 그것이 지급 혹은 지급보증 될 때까지 존속한다. 수표의 지급 또는 지급증명은 그 수표의 금액한도에서 그 채무를 해제한다.
(2) 약속어음의 경우에 채무정지는 그 어음이 부도로 될 때까지 또는 그것이 지급될 때까지 존속한다. 그 약속어음의 지급은 그 지급한도에서 그 채무를 면제한다.
(3) (4)호에 규정되는 경우를 제외하고, 수표 또는 어음이 부도가 되고, 그 증권이 취득된 목적의 채무 채권자가 당해 증권을 강제할 권리를 가진 자인 경우에 그 채무자는 그 증권이나 채무의 어느 한쪽을 강제할 수 있다. 채무자에 의하여 채권자에게 유통된 제3자의 증권의 경우에 당해 증권의 채무자의 면제는 그 채무도 면제된다.
(4) 채무를 위하여 취득된 증권을 강제할 권리를 가진 자가 채권자 이외의 자인 경우에 당해 채권자는 그 채무가 정지된 범위에서 당해 채무의 강제가 금지된다. 그 채권자가 당해 채무를 강제할 권리를 가진 자이지만 그것을 분실, 절취 혹은 파손된 이유로 그 점유를 가지고 있지 않은 경우에 당해 증권에 대하여 지급되

는 금액의 한도에서 또는 그 채무자에 대한 채권자의 권리가 그 증권의 강제에 대하여 제한되는 범위에서 그 채무는 강제될 수 없다.

(c) (a)항 또는 (b)항에 기술된 것 이외의 증권이 채무와 교환하여 취득된 경우에 그 효과는 (i) 작성자 또는 인수인으로서의 은행이 증권에 대하여 책임을 부담할 경우에 (a)항에 따르거나, 또는 (ii) 그 외의 경우에 (b)항에 따른다.

제3-311조(증권의 사용에 의한 변제)

(a) 청구를 받는 상대방이 (i) 신의성실하게 청구권자에게 당해 청구권의 완전한 변제로서 그 증권을 제공하여, (ii) 청구권의 금액이 확정되지 않거나 선의의 분쟁에 따르는 것이며, (iii) 청구권자가 증권의 지급을 받았음을 증명하는 경우에 다음의 항이 적용된다.

(b) (c)항이 적용되는 경우를 제외하고, 증권 또는 첨부된 서명통지에 그 증권이 그 청구권의 완전한 이행으로서 공탁되었다는 명백한 설명이 포함되어졌음을 당해 청구권에 대한 상대방이 증명한다면 그 청구권은 소멸된다.

(c) (d)항을 따라, 다음 중 어느 하나가 적용되는 경우에 청구권은 (b)항에 의하여 소멸되지 않는다.

(1) 단체인 경우, (i) 청구권자가 제공전의 합리적 기간내에 부채의 완전한 변제로서 발송된 증권을 포함하여, 다투어질 부채에 관한 통지는 지정된 자, 사무소 또는 장소로 송부되었다고 주장하는 자에 대하여 상세한 설명서를 송부하였음을, 또한 (ii) 증권 또는 첨부된 서명통지가 그 지정된 자에 의하여 사무소 또는 장소에서 수령되지 않았음을 당해 청구권자가 증명한 경우.

(2) 단체인가의 여부와 관계없이, 청구권자는 그 증권 지급후 90일 이내에 그 청구권이 주장될 상대방에 대하여 당해 증권의 금액 변제를 제공하였음을 증명하여야 한다. 본항은 청구권자가 (a)항 (i)를 따르는 설명서를 송부한 단체일 경우에는 적용되지 않는다.

(d) 청구권을 주장당한 상대방이 증권의 추심이 개시되기 전의 합리적 기간내에 다투어졌던 채무에 관하여 청구권자 또는 다투어진 채무에 관하여 직접 책임을 지는 당해 청구권자의 대리인은 그 증권이 청구권의 전액변제에 공탁되었음을 알고 있었음을 증명하는 경우에 청구권은 소멸된다.

제3-312조(분실, 파기 또는 절취된 [은행의] 자기앞수표, 은행창구수표 또는 지급증명수표)

(a) 본조에서,

(1) 「수표」는 자기앞수표, 은행창구수표 또는 지급증명부 수표를 의미한다.

(2) 「청구권자」는 분실, 파손 또는 절취된 자기앞수표, 은행창구수표 또는 지급증명부 수표를 수령할 권리를 청구하는 자를 의미한다.

(3) 「손실선언」은 위증에 관한 형벌에 따른 기록으로 된 설명서이며, 다음과 같은 취지의 것을 의미한다; (i) 선언자는 수표를 분실, (ii) 지급증명부 수표의 경우에 선언자가 당해 수표 발행인 혹은 수취인 또는 자기앞수표 또는 은행창구수표의 경우에 당해 수표 송금인 또는 수취인이다. (iii) 점유상실은 선언자에 의한 이전 또는 적법한 몰수의 결과가 아니며, (iv) 그 수표가 파기된 주소가 결정되지 않은 혹은 그것이 미지의 자 또는 발견될 수 없는 혹은 소장의 송달에 복종하지 않는 자의 불법한 점유 하에 있다.

(4) 「채무은행」은 자기앞수표 또는 은행창구수표의 발행인 또는 지급보증수표 인수인을 의미한다.

(b) 청구권자는 (i) 그 청구권자는 지급증명부 수표 발행인 혹은 수취인 또는 자기앞수표 또는 여행자 수표의 송금인 혹은 수취인이며, (ii) 당해 전달은 그 수표에 관하여 청구권자의 손실선언을 포함하거나 또는 선언이 첨부되어 있고, (iii) 수표가 지급되기 전에 은행이 그에 대처할 수 있는 합리적인 시간을 부여하는 시기 및 방법으로 당해 전달은 수령되어, (iv) 청구권자가 의무를 지는 은행에 의하여 요구된 때, 합리적인 신분확인을 제공하는 경우에 합리적 확실성을 가지고 그 수표를 기술하고, 또한 그 수표의 금액 지급을 요구하는 의무를 가지는 은행에 대한 전달에 의하여 수표의 금액에 대한 청구권을 주장할 수 있다. 손실선언의 인도는 그 선언에서 행하여진 기재에 대한 진실성의 보증이다. 청구권이 본항에 따라 주장된 경우에 다음의 원칙이 적용된다.

(1) 청구권은 (i) 그 청구권이 주장된 때, 또는 (ii) 자기앞수표 혹은 은행창구수표의 경우에 수표 일자의 다음날로부터 90일 또는 지급증명부 수표의 경우에 인수일의 다음날로부터 90일의 어느 하나 중 나중에 도래한 일에 강제할 수 있다.

(2) 그 청구권이 강제할 수 있게 될 때까지 그것은 어떠한 법적 효과도 가지지 않고, 동시에 의무를 지는 은행은 그 수표를 지급할 수 있는가 또는 여행자수표의 경우에 명의자에게 수표의 지급을 허가할 수 있다. 그 수표를 강제할 권리를 가지는 자에 대한 지급은 당해 수표에 관하여 의무를 지는 은행 전부의 책임을 면제한다.

(3) 그 청구권이 수표가 지급을 요구하여 제시되기 전에 강제할 수 있도록 된 경우에 의무를 지는 은행은 그 수표를 지급할 의무를 지지 않는다.

(4) 청구권을 강제할 수 있게 된 때에 의무를 지는 은행은 그 수표의 지급이 그 수표를 강제할 권리를 가지는 자에 대하여 이루어지지 않은 경우에 그 수표의 금액을 청구권자에게 지급할 의무를 진다. 제4-302조 (3)항 (a)호에 따라 청구권자에

대한 지급은 당해 수표에 관하여 의무를 부담할 은행의 모든 책임을 면제시킨다.

(c) 의무를 지는 은행이 (b)항 (4)호에 의하여 청구권자에 대하여 수표의 금액을 지급할 경우 및 그 수표가 정당한 소지인의 권리를 가지는 자에 의하여 지급을 요구하여 청구된 경우에 그 청구권자는 (ⅰ) 당해 수표가 지급된 때는 그 의무를 지는 은행에 당해 지급을 변제하거나, (ⅱ) 그 수표가 부도난 경우에는 정당한 소지인의 권리를 가지는 자에게 당해 수표의 금액을 지급할 의무를 진다.

(d) 청구권자가 (b)항에 의한 청구권을 주장하는 권리를 가지고, 분실·파손 또는 절취된 [은행의] 자기앞 수표, 은행창구수표 또는 지급보증부 수표를 강제할 권리를 가지는 자인 경우에 그 청구권자는 본조 또는 제3-309조의 어느 하나에 의한 수표에 관한 권리를 주장할 수 있다.

제4장 당사자의 책임

제3-401조(서명)

(a) (ⅰ) 일정한 자가 증권에 서명한 경우 또는 (ⅱ) 증권에의 서명이 대리인 또는 대표자에 의하여 대리된 경우로 당해 서명이 제3-402조에 의하여 대리될 것을 약속한 경우를 제외하고, 그 자는 증권에 대하여 책임을 지지 않는다.

(b) 서명은 (ⅰ) 절차 혹은 도구 또는 기계에 의하여, (ⅱ) 통칭 혹은 일정한 자가 문서의 진정을 증명하는 의도를 가지고 사용하였거나 채용한 단어, 도장 혹은 표식을 포함한 성명을 사용하여 성립시킬 수 있다.

제3-402조(대표자에 의한 서명)

(a) 대표자로서 행위하는 자 혹은 행위하는 의도를 가진 자가 대표된 자의 성명 또는 서명자의 성명 중 어느 하나의 성명에 의하여 증권에 서명한 경우에 당해 서명이 단순계약으로 이루어진 때에 대표된 자가 구속 당할 것이라고 생각되는 것과 동일한 한도로 대표되는 자는 당해 서명에 의하여 구속된다. 대표된 자가 구속되는 경우에 대표자의 서명은 [대표된 자의 정당한 서명]이며, 대표된 자는 당해 증권에 명기되어 있는가의 여부와 관계없이 당해 증권에 대하여 책임을 진다.

(b) 대표자가 자신의 성명을 증권으로 서명하여, 그 서명이 대표된 자의 정당한 서명인 경우에 다음의 원칙이 적용된다.

(1) 증권에 특정되거나 또는 대표된 본인을 대신하여 서명한 것이 명백하게 그 서명

의 방식에 제시되어 있는 경우에 대표자는 그 증권에 대하여 책임을 지지 않는다.

(2) (c)항을 따라, (i) 서명 방식이 당해 서명은 대표자의 자격으로 이루어졌음을 명백하게 제시하고 있지 않거나, 또는 (ii) 대표된 자의 성명이 그 증권에 명기되어 있지 않는 경우에 당해 대표자는 그 증권에 대하여 책임을 질 의사가 없다는 것을 알지 못하고 그 증권을 취득한 정당한 소지인에 대하여 책임을 진다. 그 외의 자에 관하여 그 증권에 대하여 대표자가 책임을 지지 않는다는 것을 입증하지 못한 경우에 대표자는 그 증권에 대하여 책임을 진다.

(c) 대표자가 자신의 신분을 명기하지 않고, 수표의 발행인으로서 자신의 성명을 서명하고, 당해 수표가 수표에 명기된 대표자의 계좌로부터 인출된 경우에 당해 서명이 대표되는 자의 정당한 서명일 때는 서명자는 수표에 대하여 책임을 지지 않는다.

제3-403조(무권한 서명)

(a) 본편 또는 제4편에 별도의 규정이 없는 한, 신의성실하게 그 증권에 지급한 자 또는 유상으로 취득한 자를 위하여 무권한자의 서명인 경우를 제외하고 무권한 서명은 무효이다.

(b) 2명 이상의 서명이 단체의 수권서명이 되기 위하여 필요한 경우에 그 단체의 서명은 필요한 서명 중 하나가 누락되어 있는 때는 무권한이다.

(c) 무권한 서명을 하는 자의 민사책임 또는 형사책임은 그 무권한의 서명을 무효로 하는 본편의 규정과 무관하다.

제3-404조(기망자; 위장지급인)

(a) 증권의 지급수취인 또는 그 수취인에 대리하는 권한을 수여받은 자를 위장한 기망자가 우편 그 외의 방법을 사용하여 증권 발행인을 유인하여 당해 증권을 기망자에 대하여 또는 기망자에 협력한 자에 대하여 발행한 경우에 지급수취인의 성명으로 다른 자가 행한 증권의 배서는 신의성실하게 그 증권에 지급을 한 자 또는 가격의 지급 혹은 추심 때문에 그것을 취득한 자를 위한 지급인의 배서로서 유효하다.

(b) (i) 증권이 지급되는 상대방을 결정하는 자(제3-110조 (a)항)가 당해 증권에 대하여 권리를 가지는 지급수취인으로서 특정되는 자라고 의도하지 않거나, (ii) 증권의 지급수취인으로서 특정된 자가 가공의 자인 경우에 그 증권이 특별 배서에 의하여 유통될 때까지 다음의 원칙이 적용된다.

(1) 증권을 점유하는 자는 그 소지인이다.

(2) 그 증권에 기재된 지급수취인의 성명에 의한 다른 자의 배서는 신의성실하게 그 증권에 지급한 자 또는 추심때문에 그것을 취득한 자를 위한 지급수취인의 배서

로서 유효하다.

(c) (a)항 또는 (b)항에 의하여 혹은 (i) 배서가 실질적으로 지급수취인의 성명과 동일한 성명으로 행하여졌는가, 또는 (ii) 당해 증권이 배서되었는가의 여부와 관계없이 예금은행에서 실질적으로 지급수취인의 성명과 동일한 성명의 계좌에 예금된 경우에 배서는 그 지급수취인의 성명으로 이루어진다.

(d) (a)항 또는 (b)항이 적용되는 증권에 관하여 증권에 지급하는 자 또는 유상으로 혹은 추심때문에 그것을 취득하는 자가 그 증권에 지급 혹은 취득할 때에 통상의 주의를 하지 않고, 그 부작위가 당해 증권의 지급으로부터 발생한 손실에 실질적으로 기여하고 있는 경우에 그 손실을 부담하는 자는 통상의 주의를 하지 않은 것이 그 손실에 기여한 한도에서 통상의 주의를 하지 않은 자로부터 배상을 받을 수 있다.

제3-405조(사용인에 의한 사기적 배서에 대한 사용자의 책임)

(a) 본조에서,

(1) 「피용인」은 독자적인 계약자와 사용자에 의하여 고용된 계약자의 피용인을 포함한다.

(2) 「사기적 배서」는 (i) 사용자에게 지급하여야 할 증권의 경우에 그 사용자의 배서로 위조한 위조배서, 또는 (ii) 사용자가 발행인인 증권에 관한 것의 경우에 수령인으로서 지정된 자의 배서로 보이게 한 위조배서를 의미한다.

(3) 증권에 관한 「책임」은 (i) 사용자를 위하여 증권에 서명 혹은 배서할 수 있는, (ii) 장부에 기입, 계좌로의 입금 또는 그 외의 처분을 위하여 사용자에 의하여 수령된 증권을 처리할 수 있는, (iii) 사용자의 성명으로 발행되기 때문에 증권을 준비 혹은 처리할 수 있는, (iv) 사용자의 성명으로 발행되는 지급수취인의 성명과 주소를 결정하는 정보를 제공할 수 있는, (v) 사용자의 성명으로 발행되는 증권을 처분할 수 있는, 또는 (vi) 책임능력에 있어 증권과 관련한 다른 행위를 할 수 있는 권한을 의미한다. 「책임」은 보관 혹은 이송된 것 또는 우편의 수신물 또는 발송물인 증권 또는 백지 혹은 미완성의 증권양식에 접근할 수 있는 권한을 사용인에게 부여하는 것을 포함하지 않는다.

(b) 신의성실하게 증권의 지급을 한 자 혹은 유상으로 또는 추심 때문에 그것을 취득한 자의 권리 및 책임을 결정하기 위하여 사용자가 증권에 관한 채무를 사용인에게 지게 하고, 또한 그 사용인 또는 그 사용인과 협력하여 행위하는 자가 그 증권의 사기적 배서를 할 경우 또는 배서가 증권의 지급수취인의 성명으로 이루어진 경우에 그 배서는 그 자의 배서로서 유효하다. 그 증권에 지급하는 자 또는 유상으로 혹은 추심을 위하여 취득하는 자가 그 증권에 지급하는 것 또는 취득함에 대하여 통상의 주의를 다 하지 않고 그것이 실질적으로 사기로부터 발생한 손실에 기

여하고 있는 경우에 그 손실을 입은 자는 통상의 주의를 기울이지 않은 것이 그 손실에 기여한 한도에서 통상의 주의를 다 하지 않은 자로부터 배상받을 수 있다.

(c) (b)항에 의하여, (ⅰ) 증권이 지급되는 상대방의 성명과 실질적으로 유사한 성명으로 배서가 이루어졌는가, 또는 (ⅱ) 그 증권이 배서되었는가의 여부와 관계없이 예금은행에서 그 자의 성명과 실질적으로 유사한 성명의 계좌에 예금된 경우에 배서는 그 자의 성명으로 행하여진 것이다.

제3-406조(위조서명 또는 변조에 기여한 과실)

(a) 당사자가 통상의 주의를 다 하지 않은 것이 증권의 변조에 또는 서명의 작성에 실질적인 영향을 주었을 때에 그 자는 신의성실하게 그 증권의 지급을 하였는가 또는 가격을 지급하였거나 추심 때문에 그것을 취득한 자에 대하여 그 변조 또는 위조를 주장하는 것을 허용하지 않는다.

(b) (a)항에 의하여, 배제를 주장하는 자가 그 증권의 지급 또는 취득에서 통상적인 주의를 다 하지 않은 경우에 그 부작위가 실질적으로 손실에 기여한 때는 각자가 통상의 주의를 다 하지 않은 것이 당해 손실에 기여한 정도에 따라 그 손실은 배제되는 자와 배제를 주장하는 자 사이에서 배분된다.

(c) (a)항에 의하여, 통상의 주의를 다 하지 않은 것의 입증책임은 그 배제를 주장하는 자가 진다. (b)항에 의하여, 통상의 주의를 다 하지 않은 것의 입증책임은 배제되는 자가 진다.

제3-407조(변조)

(a) 「변조」는 (ⅰ) 당사자의 의무에 관하여 수정을 의도한 증권의 무권한 변경, 또는 (ⅱ) 당사자의 채무에 관한 미완성의 증권에 문자 또는 숫자의 무권한 추가, 또는 그 외의 변경을 의미한다.

(b) (c)항에 규정되는 경우를 제외하고, 사기적으로 이루어진 변조는 그 당사자가 변조를 인정하거나 또는 변조의 주장이 금지된 경우를 제외하고, 그 변조에 의하여 채무에 영향을 받은 당사자를 면책한다. 그 밖의 여러 가지 변조는 당사자를 면책하지 못하고, 동시에 그 증권은 그 원래의 조항에 따라 강제될 수 있다.

(c) 사기적으로 변조된 증권을 지급하는 지급은행 혹은 수취인 또는 유상이며 신의성실하고 동시에 그 변조를 알지 못하고 그것을 취득한 자는 그 증권에 관한 권리를 (ⅰ) 그 원래의 조항에 따라, 또는 (ⅱ) 무권한의 완성에 의하여 변조된 불완전한 증권의 경우에 완성된 때에 그 조항에 따라 강제할 수 있다.

제3-408조(인수하지 않는 어음에 대한 수취인의 무책임)

수표 또는 다른 어음은 그 지급을 위하여 이용할 수 있는 발행인의 점유에 있는 자금의 양도로서의 효과를 가지는 것이 아니라, 수취인은 그것을 인수할 때까지는 그 증권에 대한 책임을 지지 않는다.

제3-409조(어음의 인수; 지급보증수표)

(a) 「인수」는 제시되었을 때 어음에 지급하는 수취인의 서명부 합의를 의미한다. 그것은 어음에 기재되어 있어야 하고, 수취인의 서명만으로 성립될 수 있다. 인수는 언제라도 성립될 수 있으며, 또한 지시에 따라 고지가 부여되었거나 아니면 인수된 어음이 그 인수의 제 권리를 부여할 목적을 위하여 일정한 자에게 인수되었을 때에 유효화된다.

(b) 발행인에 의한 서명이 이루어져 있지 않거나, 다른 점에서 불완전하다든지, 기한초과이거나 또는 부도인 경우에도 그 어음은 인수될 수 있다.

(c) 어음이 일람 후의 일정기간에 지급하도록 되어 있고, 동시에 인수인이 그 인수의 날을 기재하지 않은 경우에 그 소지인은 신의성실하게 그 날을 기입하여 당해 어음을 완성시킬 수 있다.

(d) 「지급 보증수표」는 그것이 발행된 때에 은행에 의하여 인수되는 수표를 의미한다. 인수는 (a)항에 의하여, 또는 당해 수표는 지급보증된 취지를 수표위에 기입함으로써 이루어질 수 있다. 수표의 수취인은 그 수표의 지급보증을 할 의무는 없고, 또한 지급보증의 거절은 그 수표의 부도도 아니다.

제3-410조(조건을 바꾼 어음의 인수)

(a) 수취인의 인수시 조항이 제시받은 어음의 항목과 상이할 경우에 그 소지인은 그 인수를 거절하고 또한 그 어음을 부도로 취급할 수 있다. 그 경우에 수취인은 그 인수를 해제할 수 있다.

(b) 당해 어음은 그 은행 또는 장소에서만 변제되어야 한다고 그 인수에 기재된 경우를 제외하고, 어음의 조건은 미국내의 특정은행 또는 장소에서 지급되도록 인수에 의하여 변경되지 않는다.

(c) 소지인이 어음의 조건을 바꾼 인수에 동의하는 경우에 그 인수에 명시적으로 동의하고 있지 않은 각각의 발행인 및 배서인의 의무는 면제된다.

제3-411조([은행의] 자기앞수표, 은행창구수표 또는 지급 보증수표의 지급거절)

(a) 본조에서 「채무은행」은 지급보증수표의 인수인 또는 발행인으로부터 매입된 자기앞수표 또는 은행창구수표의 발행인을 의미한다.

(b) 채무은행이 불법적으로 (ⅰ) 자기앞수표 또는 지급보증수표의 지급을 거절하고, (ⅱ) 은행창구수표의 지급을 정지시키고, 또는 (ⅲ) 부도난 여행자수표의 지급을 거절할 경우에 그 수표를 강제할 권리를 주장하는 자는 그 미지급에서부터 생기는 제 경비 및 이자의 손실에 대하여 보상 받을 권리를 가지고, 당해 채무은행이 손해가 발생할 구체적인 정황을 통지받은 후에 지급을 거절하였다면 결과적 손해배상을 청구할 수 있다.

(c) (b)항에 의한 경비 또는 결과적 손해배상은 (ⅰ) 은행이 지급을 정지하는 것, (ⅱ) 채무은행이 그 증권을 강제할 권리를 가지는 자에 대하여 이용할 수 있다고 믿는 합리적 근거가 있다는 은행의 청구권 또는 항변을 주장하는 것, (ⅲ) 지급을 청구하는 자가 그 증권을 강제할 권리를 보유하는가의 여부에 대하여 채무은행이 합리적 의심을 가지는 것, 또는 (ⅳ) 지급이 법률에 의하여 금지됨을 이유로 채무은행의 지급거절이 일어난 경우에 청구할 수 없다.

제3-412조(약속어음 또는 [은행의] 자기앞수표 발행인의 의무)

수표, [은행의] 자기앞수표 또는 발행인에 대하여 발행된 어음은 (ⅰ) 그것이 발행된 때 또는 발행되어 있지 않다면 소지인의 점유로 최초로 인도된 때에, 또는 (ⅱ) 그 발행인이 불완전한 증권에 서명하여 완성된 때에 그 조항에 따라 제3-115조 및 제3-407조에 규정된 한도에서 당해 증권을 지급할 의무를 진다. 그 의무는 당해 증권을 강제할 권리를 가지는 자에 대하여 또는 제3-415조에 의하여 그 증권에 지급한 배서인에 대하여 진다.

제3-413조(인수인의 의무)

(a) 어음의 인수인은 (ⅰ) 어음이 최초 발행시점에 지급가능하거나 이와 동등한 조건을 인수시에 기재하였을지라도 인수시점의 조건에 따라서, (ⅱ) 인수를 하면서 어음의 조건을 변경한 경우에 변경된 어음의 조건에 따라서, 또는 (ⅲ) 인수가 불완전한 증서로 되어 있는 어음인 경우에 제3-115조와 제3-407조의 범위내에서 성취된 조건에 따라서 어음을 지급하여야 한다. 당해 어음을 강제할 수 있는 권리를 가진 자에 대하여 제3-414조 또는 제3-415조에 따라서 당해 어음을 지급한 발행인 또는 배서인에게도 동일한 의무를 부담한다.

(b) 수표의 증명 또는 다른 어음의 인수에 증명되거나 인수된 금액이 기재된 경우에 인수인의 의무는 그 금액으로 한정된다. (ⅰ) 증명 또는 인수에 금액이 기재되지 않거나, (ⅱ) 증서의 금액이 후에 증액되어 있고, (ⅲ) 증서가 후에 정당한 소지인에게 유통된 경우에 인수인의 의무는 정당한 과정에서 소지인에 의하여 취득된 시점의 증서에 기재된 금액으로 한정된다.

제3-414조(발행인의 의무)

(a) 본조는 은행의 자기앞수표 또는 발행인에 대하여 발행된 그 밖의 환어음에는 적용되지 않는다.

(b) 수령되지 않은 환어음이 부도난 경우에 발행인은 (i) 환어음이 발행된 때의 조항에 따라, 또는 발행되지 않은 경우에 그것이 최초의 소지인 점유로 이전된 때의 그 조항에 따라, 또는 (ii) 발행인이 미완성 증권에 서명한 경우에 제3-115조 및 제3-407조에 규정된 한도에서 완성된 때의 그 조항에 따라 환어음을 지급할 의무를 진다. 그 의무는 당해 환어음을 강제할 권리를 가진 자에 대하여 또는 제3-415조에 의하여 당해 환어음을 지급한 배서인에 대하여 진다.

(c) 환어음이 은행에 의하여 인수된 경우에 언제 인수되었는가 또는 누구에 의하여 인수되었는가와 관계없이 발행인은 면책된다.

(d) 환어음이 인수되어 그 인수인이 은행이 아닌 경우에 발행인이 환어음을 지급할 의무는 그 환어음이 인수인에 의하여 부도난 때의 제3-415조 (a)항 및 (c)항에 의한 배서인의 의무와 동일한 의무이다.

(e) 환어음이 [소구의무를 지지 않고] 발행된 취지가 기재되어 있거나 또는 별도의 방법으로 발행인이 그 환어음에 지급하는 의무를 부인하고 있는 경우에 당해 환어음이 수표가 아닌 때에 그 발행인은 (b)항에 의하여 그 환어음을 지급할 책임을 지지 않는다. (b)항에 규정하는 책임의 부인은 그 환어음이 수표인 경우에는 유효하지 않다.

(f) (i) 수표가 지급을 요구하여 제시되지 않았거나 또는 그 일자 후 30일 이내에 추심을 위하여 예금은행에 제공되지 않은 (ii) 수취인이 그 수표를 지급하지 않고, 그 후 30일 경과 후에 지급을 정지하고, 또한 (iii) 그 지급정지를 이유로 발행인이 그 수표의 지급에 충당하기 위하여 당해 수취인에게 예치하고 있던 자금을 회수당한 경우에 자금을 잃은 한도에서 그 발행인은 그 수표를 강제할 권리를 가지는 자에 대하여 그 자금에 관하여 수취인에 대한 발행인의 권리를 양도함으로써 당해 수표를 지급하는 그 자의 의무를 면제시킬 수 있다.

제3-415조(배서인의 의무)

(a) (b)항, (c)항, (d)항, (e)항 및 제3-419조 (d)항에 따라, 증권이 부도난 경우에 배서인은 (i) 배서가 이루어진 시점에서 당해 증권의 조항을 따라, 또는 (ii) 그 배서인이 불완전한 증권에 배서한 때는 완성된 때의 조항을 따라서 제3-115조 및 제3-407조에 규정하는 한도에서 만기가 된 증권에 대하여 금액을 지급할 의무를 진다. 배서인은 그 증권을 강제할 권리를 가지는 자에 대하여, 또는 본조에 의하여 그 증권 지급을 한 자에 대하여 의무를 진다.

(b) 배서에 [소구의무를 지지 않도록] 작성되었다고 기재되어 있거나, 또는 별도의 방식으로 배서인의 책임을 부정하고 있는 경우에 그 배서인은 (a)항에 의하여 그 증권을 지급할 책임을 지지 않는다.
(c) 증권의 부도통지가 제3-503조에 의하여 요구되고, 또한 그 조문에 따르는 부도통지가 배서인에게 부여되지 않은 경우에 (a)항에 의한 그 배서인의 책임은 면제된다.
(d) 환어음이 배서가 이루어지지 않은 후에 은행에 의하여 인수된 경우에 (a)항에 의한 그 배서인의 책임은 면제된다.
(e) 수표의 배서인이 (a)항에 의하여 책임을 지고, 또한 당해 배서가 이루어진 후 30일 이내에 그 수표가 지급을 요구하여 제시되지 않았거나, 또는 추심을 위하여 예금은행에 부과된 경우에 (a)항에 의한 그 배서인의 책임은 면제된다.

제3-416조(이전보증)

(a) 약인과 교환하여 증권을 이전하는 자는 그 피이전자에 대하여, 또는 그 이전이 배서에 의한 경우에는 그 후의 피이전자에 대하여 다음을 보증한다.
  (1) 보증인은 그 증권을 강제할 권리를 가지는 자이다;
  (2) 그 증권상의 모든 서명이 진정이며, 또한 수권되는 것이다;
  (3) 그 증권은 변조되어 있지 않다;
  (4) 그 증권은 보증인에 대하여 주장될 수 있으며, 당사자의 항변 또는 감액청구의 청구권에 따르지 않는다; 그리고
  (5) 작성자 또는 인수자에 관하여, 또는 인수되지 않은 환어음의 경우에 발행인에 대하여 개시된 파산절차가 있음을 보증인은 알지 못한다.
(b) (a)항에 의하여 보증이 이루어진 상대방으로 신의성실하게 그 증권을 취득한 자는 그 위반 결과로서 입은 손실과 동일한 금액이지만, 당해 증권의 금액에 그 위반결과로서 지급된 경비와 이자의 손실을 가산한 금액을 넘지 않는 금액은 보증의 위반에 대한 손해배상으로 그 보증인에게 청구할 수 있다.
(c) (a)항에 규정되는 보증은 수표에 관한 권리를 포기할 수 없다. 보증의 위반에 대한 청구권의 통지가 그 청구권자가 당해 위반 및 그 보증인의 신원을 알아야 하는 때로부터 30일 이내에 그 보증인에게 행하여지지 않았다면 (b)항에 의한 보증인의 책임은 그 청구권의 통지의 지연에 의하여 발생한 손실의 한도에서 면책된다.
(d) 본조에 의한 보증의 위반에 대한 [소송원인]은 청구권자가 그 위반을 알아야 하는 때로부터 발생한다.

제3-417조(제시보증)

(a) 인수되지 않은 환어음이 지급 또는 인수 때문에 수취인에게 제시되어, 또한 그 수

취인이 그 환어음을 지급 혹은 인수할 경우에 (ⅰ) 제시 시에 지급 또는 인수를 취득하는 자, 및 (ⅱ) 그 이전시에 그 환어음 전의 이전인은 당해 환어음을 신의성실하게 지급 또는 인수하는 수취인에 대하여 다음을 보증한다.

(1) 보증인은 보증인이 환어음을 이전한 때에 그 환어음을 강제할 권리를 가진 자 또는 그 환어음을 강제할 권리를 가진 자 때문에 그 지급 혹은 환어음의 인수를 취득하는 권한을 부여받은 자이거나 또는 부여받았던 자이다;

(2) 그 환어음은 변조되어 있지 않다; 그리고

(3) 그 보증인은 그 환어음의 발행인의 서명이 무권한자에 의한 것을 알지 못한다.

(b) 지급하는 수취인은 보증의 위반에 대하여 수취인에 의하여 지급된 금액에서 지급에 의하여 발행인으로부터 그 수취인이 수령한 혹은 수령할 권리를 가진 금액을 차감한 금액과 동일한 금액의 손해배상을 보증인으로부터 회복할 수 있다. 또한 수취인은 당해 위반에서 발생한 경비 및 이자의 손실에 대하여 배상을 요구할 권리가 있다. 본조에 의하여 손해배상을 청구할 수 있는 수취인의 권리는 그 수취인이 지급함에 대하여 통상의 주의를 다 하지 않았음에 의하여 영향받지 않는다. 수취인이 그 환어음을 인수할 경우에 보증의 위반은 인수인의 채무에 대한 항변이 된다. 인수인이 그 환어음에 관하여 지급할 경우에 그 인수인은 보증의 위반에 대하여 본조에 규제하는 금액을 보증인으로부터 청구할 권리를 가진다.

(c) 수취인이 환어음의 무권한 배서 또는 어음의 변조에 근거하여, (a)항에 의한 보증의 위반에 대한 청구권을 주장할 경우에 보증인은 그 배서를 제3-404조 또는 제3-405조에 의하여 유효한 것으로 또는 당해 수취인은 제3-406조에 의하여 당해 수취인에 대하여 무권한의 배서 또는 변조의 주장이 금지되어 있음을 증명함으로써 항변할 수 있다.

(d) (ⅰ) 부도어음이 수취인 또는 배서인에게 지급을 요구하여 제시되었거나, 혹은 (ⅱ) 그 외의 증권이 이 증권을 지급할 의무를 가지는 당사자에게 지급을 요구하여 제시되어 동시에 지급이 수령된 경우에 다음의 원칙이 적용된다.

(1) 지급받은 자 및 그 증권의 이전의 이전자는 신의성실하게 지급을 하는 자에 대하여 그 보증인은 증권을 이전한 때에 그 증권을 강제할 권리를 가지는 자 혹은 그 증권을 강제할 권리를 가지는 자를 위하여 지급받을 권리를 가지고 있거나 있었다는 것을 보증한다.

(2) 지급한 자는 위반으로부터 발생한 경비 및 이자의 손실을 가산한 금액과 동일한 금액을 보증의 위반을 이유로 보증인에게 청구할 수 있다.

(e) (a)항 및 (b)항에 규정하는 보증은 수표에 관하여 권리를 포기할 수 없다. 보증의 위반에 대한 청구권의 통지가 청구권자가 그 위반 및 그 보증인의 신원을 알아야 할 때부터 30일 이내에 그 보증인에게 행하여지지 않았다면, (b)항 또는 (d)항에 의

한 보증인의 책임은 청구권의 통지의 지연에 의하여 발생한 손실의 한도에서 면책된다.

(f) 본조에 의한 보증의 위반에 대한 [소송원인]은 청구권자가 그 위반을 알아야 할 때부터 발생한다.

제3-418조(착오에 의한 결제 또는 인수)

(a) (c)항에 규정된 경우를 제외하고, 환어음의 발행인이 그 환어음을 지급할 것인가, 인수할 것인가 또한 수취인이 (i) 그 환어음의 지급이 제4-403조에 따라 정지되지 않았거나, (ii) 그 환어음의 발행인의 서명이 수권된 것이라는 잘못된 신념에 근거하여 취급한 경우에 그 수취인은 지급이 이루어진 상대방 또는 그 이익을 얻은 자로부터 환어음의 금액을 회복할 수가 있고, 또는 인수의 경우에는 그 인수를 취소할 수 있다. 본항에 의한 수취인의 제 권리는 당해 수취인이 그 환어음에 지급 또는 인수할 때 통상의 주의를 다 하지 않았음에 의하여 영향받지 않는다.

(b) (c)항에 규정된 경우를 제외하고, 증권이 잘못에 의하여 지급되거나 인수되고, 또한 (a)항의 대상이 되지 않는 경우에 지급 또는 인수하는 자는 착오 및 원상회복을 규제하는 법률에 의하여 허용되는 한도에서 (i) 지급이 이루어진 상대방 또는 그 이익을 얻은 자로부터 지급을 회복, 또는 (ii) 인수의 경우에 그 인수를 취소할 수 있다.

(c) (a)항 또는 (b)항에 규정된 구제방법은 그 증권을 신의성실하게 또한 유상으로 취득한 자 또는 그 지급 혹은 인수를 신뢰하고 신의성실하게 지위를 변경한 자에 대하여 주장될 수 없다. 본항은 제3-417조 또는 제4-407조에 규정된 구제방법을 제한하지 않는다.

(d) 제4-215조에도 불구하고, 증권이 착오에 의하여 지급되거나 또는 인수되어 동시에 지급인 또는 인수인이 변제를 회복하거나 또는 (a)항 혹은 (b)항에 의하여 인수를 취소한 경우에 당해 증권은 지급되지 않은 또는 인수되지 않은 것으로 간수되어 부도로서 취급된다. 또한 변제가 회복된 상대방은 부도증권을 강제할 권리를 가진 자의 모든 권리를 가진다.

제3-419조(융통을 위하여 서명된 증권)

(a) 증권이 증권의 당사자([피융통인])의 이익을 위하여 부과된 가치를 위하여 발행되고, 다른 당사자([융통인])가 당해 증권에 대하여 부과된 가치의 직접 수익자가 되지 않으면서 증권상의 책임을 부담할 목적으로 서명할 경우에 융통인이 융통을 위하여 증권에 서명한다.

(b) 융통인은 작성자, 발행인, 인수인 또는 배서인으로서 증권에 서명할 수 있고, 또한 (d)항을 따라, 그 융통인이 서명한 경우에 그 증권을 지급할 의무를 가진다. 융통인

의 채무는 사기방지법에도 불구하고, 또한 융통인이 융통에 대하여 가격을 인수하고 있는가 없는가와 관계없이 강제될 수 있다.

(c) 증권에 서명하는 자는 융통인이라고 추정되고, 또한 그 서명이 모순된 배서이거나 혹은 서명자는 그 증권의 다른 당사자의 채무에 관하여 보증인 혹은 신원보증인으로서 행위한다는 것이 기재된 경우에 당해 증권이 융통을 위하여 서명되었다는 것으로 인정된다. 제3-605조에 규정된 경우를 제외하고, 증권에 지급하는 융통인의 의무는 의무를 강제하는 자가 그 증권을 얻은 때에 융통인이 융통을 위하여 그 증권에 서명하였다는 점을 알고 있다는 사실에 의하여 영향을 받지 않는다.

(d) 증권 당사자의 서명이 증권의 다른 당사자의 채무변제보다 당사자는 추심을 보증한다는 점을 명료하게 나타내는 단어를 사용하고 있는 경우에 그 서명자는 (ⅰ) 상대방에 대한 판결의 집행이 효과없는 경우, (ⅱ) 상대방이 파산하였는가, 파산절차 중인가, (ⅲ) 상대방이 소장의 송달을 받을 수 없는, 또는 (ⅳ) 상대방으로부터 지급을 받을 수 없음이 그 외의 점에서 명백할 때에만 그 증권을 강제할 권리를 가진 자에 대하여 당해 증권상 만기금액을 지급할 의무를 진다.

(e) 증권을 지급하는 융통인은 피융통인으로부터 보전을 받는 권리를 가지고, 또한 융통인에 대하여 그 증권을 강제할 권리를 가진다. 그 증권에 지급하는 피융통인은 융통인에 대하여 소구권을 가지지 않고, 또한 그 당사자로부터 분담금을 요구할 권리를 가지지 않는다.

제3-420조(증권의 불법전환[횡령])

(a) 동산의 불법전환[횡령]에 관한 법률은 증권에 적용된다. 또한 증권은 유통 이외의 이전에 의하여 당해 증권을 강제할 권리를 가지지 않는 자로부터 취득된 경우, 또는 은행이 당해 증권을 강제하거나 지급을 수령하는 권리를 가지지 않는 자를 위하여 당해 증권에 관하여 지급을 하거나 혹은 지급받는 경우에 불법전환[횡령]이 된다. 증권의 불법전환[횡령]에 대한 소송은 (ⅰ) 당해 증권의 발행인 혹은 인수인, 또는 (ⅱ) 직접 혹은 대리인 또는 공동수취인에게 인도함으로써 당해 증권을 인도받지 않은 수취인 또는 피배서인에 의하여 제기될 수 있다.

(b) (a)항에 의한 소송에서 책임산정은 그 증권에 대하여 지급된 금액이라고 추정되지만, 회복액은 그 증권에 대한 원고의 이권액을 초과할 수 없다.

(c) 증권을 강제할 권리를 가지는 자가 아닌 자를 위하여 증권 혹은 그 수익금을 신의성실하게 취급한 예금은행 이외의 대리인은 그 대리인이 지급하지 않은 수익금의 금액을 초과하여 그 자에 대하여 불법전환[횡령]의 책임을 지지 않는다.

제5장 부 도

제3-501조(제시)

(a) 「제시」는 증권을 강제할 권리를 가지는 자에 의하여, 혹은 그 대상을 위하여 (ⅰ) 수취인 혹은 그 증권을 지급하는 업무를 가지는 당사자 앞으로 또는 은행에서 지급되는 약속어음 혹은 인수된 환어음의 경우에 은행앞으로 작성된 증권을 지급하거나, (ⅱ) 수취인 앞으로 작성된 환어음을 인수하는 증권을 강제할 권리를 가진 자에 의하여 또는 그 자를 위하여 이루어지는 청구를 의미한다.

(b) 다음의 원칙은 제4편 양당사자의 합의 및 어음교환소 규칙 등에 따른다.

(1) 제시는 증권의 지급장소에서 이루어질 수 있다. 또한 그 증권이 미국의 은행에서 지급되는 경우에 그 지급장소에서 이루어져야 한다. 제시는 구두, 서면 또는 전자적 전달을 포함하여 상업상 합리적인 수단에 의하여 이루어질 수 있다. 제시가 이루어지는 상대방에 의하여 지급 또는 인수를 요구하는 청구가 이루어졌을 때에 유효하게 된다. 그리고 작성자, 인수인, 발행인 또는 그 밖의 지급인인 1인 또는 2인 이상에 대하여 청구가 이루어진 경우에도 유효하다.

(2) 제시가 이루어지는 상대방의 청구에 제시하는 자는 (ⅰ) 그 증권을 제시하고, (ⅱ) 합리적인 특정을 제공하여 또한 제시가 다른 자를 위하여 이루어진 경우에 이러한 권한의 합리적 증거를 제공하거나, (ⅲ) 금액이 지급된 경우에는 이루어진 지급에 대하여 당해 증권상에 수령의 서명을 하거나 또는 당해 증권을 발송히여야 한디.

(3) 그 증권을 부도내지 않고 제시받은 상대방은 (ⅰ) 필요한 배서의 결여를 이유로 그 증권을 교환하거나, (ⅱ) 증권의 주항, 당사자의 합의 혹은 다른 준거법, 규칙을 준수하는 제시를 하지 않았음을 이유로 지급 또는 인수를 거절할 수 있다.

(4) 제시받은 상대방이 지급 또는 인수를 요구하여 제시받은 증권의 수령 및 처리때문에 오후 2시보다 이전에 마감시간을 설정하고 그 마감 후에 인수와 제시가 이루어진 경우에 제시한 날의 다음날에 발생하는 것으로서 그 제시를 취급할 수 있다.

제3-502조(부도)

(a) 약속어음의 부도는 다음의 원칙에 의하여 규제된다.

(1) 약속어음이 청구시 지급되는 경우에 작성인에 대하여 적절한 제시가 이루어지고 또한 약속어음이 제시일에 지급되지 않은 때에 그 약속어음은 부도가 된다.

(2) 약속어음이 청구시 지급되는 것이 아니고 또한 은행 혹은 은행을 통하여 지급하게 되어 있는가 또는 당해 약속어음의 조항이 제시를 요구하는 경우에 그 약속어음은 제시가 적절하게 이루어지고, 그 약속어음이 지급되어야 하는 날 또는 제시일 중에 늦은 일자에 지급되지 않을 때에는 부도가 된다.

(3) 약속어음이 청구시 지급되는 것이 아니고, 또한 (2)호가 적용되지 않는 경우에 그 어음이 지급되어야 할 시기에 지급되지 않을 때에 당해 어음은 부도가 된다.

(b) 화환어음 이외의 인수되지 않았던 환어음의 부도는 다음의 원칙에 의하여 규제된다.

(1) 수표가 창구에서의 현금지급을 요구하는 경우 이외의 방법으로 지급은행에 대하여 지급을 요구하고 적절하게 제시된 경우에 그 수표는 제시가 작성자에 대하여 적절하게 이루어지고, 또한 그 수표가 제시일에 지급되지 않은 때에 부도가 된다.

(2) 환어음이 청구시 지급되는 것으로 (1)호의 적용이 없는 경우 또는 지급을 요구하는 제시가 수취인에 대하여 적절히 이루어지고 또한 그 환어음이 제시일에 지급되지 않았던 때에 그 환어음은 부도가 된다.

(3) 환어음이 당해 환어음 위에 기재된 날에 지급되어지는 경우, (i) 지급을 요구하는 제시가 수취인에 대하여 적절하게 이루어지고, 또한 그 환어음이 지급되어야 하는 날 또는 제시일 중 늦은 일자에 지급이 이루어지지 않았거나, 혹은 (ii) 인수를 요구하는 제시가 환어음이 지급되어야 하는 날보다 이전에 적절하게 이루어지고, 또한 그 환어음이 제시일에 지급되지 않은 때에 그 환어음은 부도가 된다.

(4) 환어음이 일람 또는 인수 후 어느 기간이 경과한 때에 지급되는 경우에 그 환어음은 인수 때문에 제시가 적절하게 이루어지고 또한 그 환어음이 제시일에 인수되지 않은 때에 당해 환어음은 부도가 된다.

(c) (b)항 (2)호, (3)호 및 (4)호에 규정하는 원칙에 따라 인수되지 않은 화환어음은 부도가 된다. 다만, 지급 또는 인수는 지급 또는 인수가 각 호에 의하여 요구되는 날의 다음 당해 수취인의 제3영업일의 종료시보다 먼저 부도없이 지연될 수 있다.

(d) 인수된 환어음의 부도는 다음의 원칙에 의하여 규제된다.

(1) 환어음이 청구시 지급일 경우에 지급을 요구하는 제시가 인수인에 대하여 적절히 이루어졌지만, 그 환어음이 제시일에 지급되지 않은 때에 당해 환어음은 부도가 된다.

(2) 환어음이 청구시 지급이 아닌 경우에 지급을 요구하는 제시가 인수인에 대하여 적절히 이루어졌지만, 지급일 또는 제시일 중 늦은 날에 지급이 이루어지지 않은 때에 당해 환어음은 부도가 된다.

(e) 본조에 의하여 부도를 위한 제시는 별도로 필요하고, 또한 제시가 제3-504조에 의하여 면제된 경우 또는 그 증권이 적절하게 인수되지 않았거나 지급되지 않은 때는 제시없이 부도가 된다.

(f) 시기적절한 환어음의 인수가 없었던 것을 이유로 당해 환어음은 부도가 되고, 또한 청구시에 인수를 받는 권리를 가지는 자가 부도후에 인수에 동의하는 경우에 인수때부터 그 환어음은 부도가 없었던 것으로 인정된다.

제3-503조(부도의 통지)

(a) 제3-415조 (a)항에 규정된 배서인의 의무 및 제3-414조 (d)항에 규정되는 발행인의 의무는 (ⅰ) 그 배서인 또는 발행인에 대하여 본조에 따라 증권의 부도통지가 제공되었거나, 또는 (ⅱ) 부도통지가 제3-504조 (b)항에 의하여 면제될 경우가 아니라면 강제할 수 없다.

(b) 부도통지는 몇 명에 의하여도 부과될 수 있다. 구두, 서면 또는 전자적 전달을 포함하여 모든 상업상의 합리적인 수단에 의하여 이루어질 수 있다. 그리고 추심을 위하여 은행에 대하여 제공된 증권의 반환은 부도의 충분한 통지이다.

(c) 제3-504조 (c)항을 따라, 추심은행에 의하여 추심을 위하여 취급하는 증권에 관하여 부도는 (ⅰ) 그 은행이 당해 증권의 부도통지를 수령한 영업일의 익일인 영업일의 자정보다 이전에 당해 은행에 의하여, 또는 (ⅱ) 그 자가 부도의 통지를 수령한 날의 익일로부터 30일 이내에 다른 자에 의하여 통지되어야 한다.

제3-504조(제시면제 및 부도통지)

(a) 증권의 지급 또는 인수를 위한 제시는 (ⅰ) 그 증권을 제시할 권리를 가진 자가 합리적 성실함을 가지고 제시할 수 없는 경우, (ⅱ) 작성자 또는 인수인이 그 증권을 지급할 의무를 부인하는 경우 또는 사망 혹은 파산절차를 따르고 있는 경우, (ⅲ) 그 증권의 조항에 의하여 배서인 또는 발행인의 의무를 강제하기 위하여 제시가 필요하지 않은 경우, (ⅳ) 그 자의 의무를 강제당하는 발행인 또는 배서인이 제시할 수 있는 권리를 포기하였거나 또는 다른 이유로 그 증권의 지급 또는 인수를 예상하거나 요구할 권리를 가지고 있지 않은 경우, 또는 (ⅴ) 발행인이 수취인에 그 환어음을 지급하지 않거나 인수하지 않도록 지시한 경우 또는 수취인이 발행인에 대하여 그 환어음에 지급할 의무를 지지 않는 경우에 면제된다.

(b) 부도의 통지는 (ⅰ) 그 증권의 조항에 의하여 그 증권을 지급하는 당사자의 의무를 강제하기 위하여 부도통지가 필요하지 않은 경우, 또는 (ⅱ) 의무가 강제당하는 당사자가 부도의 통지를 포기한 경우에 면제된다. 제시의 포기는 부도통지의 포기이기도 하다.

(c) 부도의 통지에 대한 지연은 그 지연이 통지하는 자의 지배를 넘는 정황에 의하여 발생하고, 그 통지를 부여한 자가 지연의 원인이 없어진 후, 합리적 성실함을 행사하는 경우에 부도의 통지에 대한 지연은 면책된다.

제3-505조(부도의 증거)

(a) 다음의 것은 증거로서 허용되고, 부도 및 부도의 통지가 이루어졌다고 추정된다.
  (1) 거절증권으로 하겠다는 것을 의도한 (b)항에 규정된 양식의 정규문서;
  (2) 거절을 위한 이유가 기록되고, 또한 그 이유가 부도라고 합치되지 않은 경우를 제외하고, 인수 또는 지급이 거절당하였다는 점을 기재한 당해 증권상 또는 그것에 첨부된 수취인, 지급은행 또는 제시은행의 소정의 스탬프 또는 서면;
  (3) 누가 그 기입을 하였는가에 대한 증거가 없는 경우라도 영업의 통상 과정에서 보관되는 수취인, 지급은행 또는 추심은행의 장부 또는 기록으로 부도를 나타내고 있는 것.

(b) 거절증권은 미국영사 혹은 부영사 또는 부도가 발생한 지역의 법률에 의하여 선서를 담당하는 권한을 부여받은 공증인 혹은 그 외의 자에 의하여 작성된 부도 증명서이다. 이 증명서는 상기의 자가 이해할 수 있는 정보에 기인하여 작성될 수 있다. 당해 거절증권은 그 증권을 특정하고 또한 그 제시가 이루어졌는가 또는 제시가 이루어지지 않은 때는 그 이유 중 어느 하나 그리고 그 증권이 인수거부 또는 지급거부에 의하여 부도가 되었음을 증명하여야 한다. 그 거절증권은 부도가 당사자의 일부 또는 전원에게 통지되었음을 증명하여야 한다.

제6장 면책 및 지급

제3-601조(면책 및 면책효과)

(a) 증권을 지급하는 당사자의 의무는 본편에 의하여 면책되거나 또는 계약에 의하여 금전을 지급할 의무의 면책이 가능한 당사자와의 행위 혹은 합의에 의하여 면책된다.

(b) 당사자 의무의 면책은 면책사실을 알지 못하고 증권의 정당한 소지인의 권리를 취득한 자에 대하여는 효력을 가지지 않는다.

제3-602조(지급)

(a) (b)항에 따라, (ⅰ) 증권을 지급할 의무를 지는 당사자에 의하거나 혹은 그 당사자를 위하여, 그리고 (ⅱ) 그 증권을 강제할 권리를 가진 자에 대하여 지급이 이루어진 한도에서 증권은 지급된다. 그 지급의 한도에서 증권에 지급할 의무를 진 당사자의 의무는 다른 자가 제3-306조에 의하여 증권에 대하여 청구권을 가졌음을 알고 지급한 경우라도 면책된다.

(b) 증권에 지급할 당사자의 의무는 다음의 경우에는 (a)항에 의하여 면책되지 않는다.

(1) 제3-306조에 의한 증권에 대한 청구권이 지급을 받은 당사자에 대하여 강제할 수 있는 경우로 (ⅰ) 관할권을 가진 법원의 금지명령 또는 유사한 절차에 의하여 지급이 금지되어 있음을 지급인이 알고 있으면서 지급하지 않거나, 혹은 (ⅱ) 은행의 자기앞수표, 은행수표 또는 지급보증수표 이 외의 증권의 경우에 지급하는 자가 그 증권에 대하여 청구권을 가지는 자로부터 당해 증권을 강제할 권리를 가지는 자에게 지급을 거절함으로써 발생하는 손실에 대하여 면책을 받은 경우; 또는

(2) 지급하는 자는 그 증권이 절취당한 증권임을 알고 있고, 또한 그 증권의 불법점유를 하고 있다고 그 자가 알고 있는 자에게 지급하는 경우.

제3-603조(지급제공)

(a) 증권에 지급할 의무의 지급제공이 그 증권을 강제할 권리를 가지는 자에 대하여 이루어진 경우에 그 제공의 효과는 단순계약에 의한 변제 제공에 적용되는 법의 원리에 의하여 규제된다.

(b) 증권에 지급하는 의무의 지급제공이 그 증권을 강제할 권리를 가진 자에 대하여 이루어지고, 또한 그 제공이 거절된 경우에 그 제공의 금액 한도에서 그 제공이 관계하는 채무에 관하여 소구권을 가진 배서인 또는 융통인의 의무책임이 존재한다.

(c) 증권상 만기인 금액의 지급제공이 그 증권을 강제할 권리를 가진 자에 대하여 이루어진 경우에 제공된 금액에 대하여 만기일 후의 이자를 지급할 채무자의 의무는 면제된다. 제시가 증권에 관하여 요구되고, 또한 그 채무자가 당해 증권에 기재된 모든 지급장소에서 만기일에 지급할 수 있고, 또한 지급하려는 경우에 당해 채무자는 그 증권을 강제할 권리를 가진 자에 대하여 당해 만기일에 지급제공을 행한 것으로 간주된다.

제3-604조(해약 또는 포기에 의한 면책)

(a) 약인의 유무와 관계없이 증권을 강제할 권리를 가진 자는 (ⅰ) 당사자에 대한 그 증권의 발송, 증권의 파손, 절취 혹은 말소, 당사자의 서명말소 혹은 삭제 또는 면제를 나타내는 문언의 증권에 대한 추가 등, 자유의사에 의한 임의의 행위에 의하여, 또는 (ⅱ) 부제소를 합의하거나 혹은 별도의 방법으로 서명부 서면에 의하여 당사자에 대한 권리를 포기함으로써 그 증권에 지급할 당사자의 의무를 면제할 수 있다.

(b) (a)항에 따라 배서의 말소 또는 삭제는 그 배서로부터 발생한 당사자의 지위 및 권리에 영향을 주지 않는다.

제3-605조(배서인 및 융통인의 면책)

(a) 본조에서 「배서인」이라는 용어는 제3-411조 (d)항에 규정된 의무를 지는 발행인을 포함한다.

(b) 증권에 지급하는 당사자의 의무인 제3-604조에 의한 면책은 면책된 당사자에 대하여 소구권을 가진 배서인 또는 융통인을 면책하지 않는다.

(c) 증권을 강제할 권리를 가진 자가 약인의 유무와 관계없이, 그 증권에 지급을 할 당사자의 채무만기일을 연장함에 합의한 경우에 그 연장은 당해 연장이 소구권에 관하여 배서인 또는 융통인에게 손실을 초래하였음을 당해 배서인 또는 융통인이 증명하는 한도에서 채무가 연장된 채무자에 대하여 구상권을 가진 당해 배서인 또는 융통인을 면책한다.

(d) 증권을 강제할 권리를 가진 자가 약인의 유무와 상관없이 만기일의 연장이외에 당사자 의무의 실질적 수정에 합의한 경우에 그 수정은 당해 수정이 소구권에 관하여 배서인 또는 융통인에게 손해를 유발하였음을 당해 배서인 또는 융통인이 증명하는 한도에서 의무가 수정된 채무자에 대한 소구권을 가진 당해 배서인 또는 융통인을 면책한다. 수정의 결과로서 그 배서인 또는 융통인이 입은 손실은 그 수정에 의하여 손실이 발생하지 않았음을 또는 그 수정에 의하여 발생한 손실은 소구권의 금액보다도 소액이었음을 증명하여야 할 자가 증명하지 않는 한 그 소구권의 금액과 동일하다.

(e) 증권을 지급하는 당사자의 의무가 담보물에 대한 권리에 의하여 담보되어 있고, 또한 증권을 강제할 권리를 가지는 자가 담보물에 대한 권리의 가치를 해할 경우에 채무자에 대한 소구권을 가지는 배서인 또는 융통인의 의무는 그 침해의 한도에서 면제된다. 담보물상의 권리가치는 (ⅰ) 당해 권리의 가치가 면책을 주장하는 당사자의 소구권 금액 이하의 금액까지 감소하거나, (ⅱ) 당해 권리 가치의 감소가 금액을 증대시키고, 그에 의하여 소구권의 금액이 당해 권리의 가치를 초과한 한도에서 침해하고 있다. 침해를 증명할 책임은 면책을 주장하는 당사자가 진다.

(f) 당사자의 채무가 융통인에 의하여 제공된 것이 아닌 담보물에 대한 권리에 의하여 담보되어 있고, 또한 증권을 강제할 권리를 가지는 자가 담보물에 대한 권리의 가치를 해하는 경우에 피담보 채무에 관하여 연대하여 책임을 지는 당사자의 채무는 당해 침해의 결과로 면책을 주장하는 당사자에 대하여 분담금 청구권을 고려하여 침해가 생기지 않았다면 그 당사자가 지급할 의무를 졌다고 생각되는 금액보다도 많은 금액을 지급하게 되는 한도에서 면제된다. 면책을 주장하는 당사자가 (e)항에 의하여 면책받는 권리를 가지지 않는 융통인인 경우에 그 당사자는 환급 청구권보다도 오히려 연대책임에 기인하는 분담금 청구권을 가진 것으로 간주된다. 침해를 증명할 책임은 면책을 주장하는 당사자가 진다.

(g) (e)항 또는 (f)항에 의하여 담보물에 대한 권리가치를 훼손하는 것은 (i) 담보물에 대한 권리의 완전화 또는 기록첨가를 취득 또는 유지하지 않음, (ii) 동 가치의 담보물을 취득하지 않고 담보물을 포기, (iii) 제9편 또는 다른 법에 의하여 채무자 혹은 보증인 또는 다른 제2차적인 책임을 지는 자에 대하여 의무를 지는 담보물의 가치를 유지할 의무를 다하지 않음, 또는 (iv) 담보물의 처분에 대하여 적용할 수 있는 법률을 준수하지 않는 것을 포함한다.

(h) 융통인은 당해 증권을 강제할 권리를 가진 자가 그 융통을 알고 있거나 혹은 당해 증권이 융통을 위하여 서명된 것인가 하는 점을 제3-419조 (c)항에 의하여 알고 있는 경우가 아니라면, (c)항과 (d)항에 의하여 면책되지 않는다.

(i) 당사자는 (i) 면책을 주장하는 당사자가 그 면책의 근거가 되는 사실 또는 행위에 동의하는 경우, 또는 (ii) 당해 증권 혹은 당사자의 개별합의가 구체적 혹은 일반적인 문언이거나, 양당사자가 보증 혹은 담보물의 감소에 기인하는 항변을 포기하였음을 나타내고 있는 경우에 본조에 의한 면책이 인정되지 않는다.

4

은행예금 및 추심

제 1 장 총칙 및 정의

제4-101조(약칭)

제4-102조(적용범위)

제4-103조(합의에 의한 변경; 손해배상액의 산정; 통상의 행위를 구성하는 행위)

제4-104조(정의 및 정의의 색인)

제4-105조([은행]; [예금은행]; [지급은행]; [매개은행]; [추심은행]; [제시은행])

제4-106조(은행을 통한 지급 또는 은행에서의 지급; 추심은행)

제4-107조(은행의 별도 지점)

제4-108조(채무품목의 수령시기)

제4-109조(지연)

제4-110조(전자적 제시)

제4-111조(소멸시효)

제 2 장 채무품목의 추심: 예금은행 및 추심은행

제4-201조(대리인으로서의 추심은행의 지위 및 신용의 잠정적 위치; 본편의 적용범위 ;[은행지급]으로 배서된 채무품목)

제4-202조(추심 또는 반환의 채무; 적기)

제4-203조(지시 효과)

제4-204조(송금 및 제시 방법; 지급은행으로의 직접 송금)

제4-205조(배서가 없는 채무품목의 예금은행보유인)

제4-206조(은행간의 이체)

제4-207조(이체보증)

제4-208조(제시보증)

제4-209조(입력 및 보관보증)

제4-210조(채무품목, 첨부증서 및 수익금에 대한 추심은행의 담보권)

제4-211조(정당한 보유인을 위하여 은행이 대가를 지급하는 경우)

제4-212조(은행에 의하여, 은행을 통하여, 은행에서 지급된 채무품목의 통지에 의한 제시; 발행인 혹은 배서인의 책임)

제4-213조(은행에 의한 결제수단 및 시기)

제4-214조(과금반환 및 환급의 권리; 추심은행의 책임; 채무품목의 반환)

제4-215조(지급은행에 의한 채무품목의 최종결제; 잠정적 임금 및 신용대금이 확정할 시기; 일정의 신용대금이 인출할 수 있는 시기)

제 3 장 채무품목의 추심: 지급은행

제4-301조(지연된 채무품목의 반환에 의한 지급금의 회복; 부도시; 지급은행에 의한 채무품목의 반환)

제4-302조(채무품목의 반환의 지연에 대한 지급은행의 책임)

제4-303조(채무품목이 통지, 지급금지지시의 법적 절차 또는 상계에 따르는 경우; 채무품목을 부과할 수 있거나 또는 증명할 수 있는 경우의 지급명령)

제 4 장 지급은행과 고객의 관계

제4-401조(은행이 고객의 계좌로부터 송금할 수 있는 경우)

제4-402조(위법인 부도에 관한 은행의 고객에 대한 책임)

제4-403조(지급을 정지시킨 고객의 권리; 손실의 입증책임)

제4-404조(6개월 이상 경과된 수표에 대한 은행의 면책)

제4-405조(고객의 사망 혹은 무능력)

제4-406조(무권한 서명 혹은 변조를 발견하여 보고할 고객의 의무)

제4-407조(부적절한 지급에 대한 지급은행의 채권자대위권)

제 5 장 화환어음의 추심

제4-501조(화환어음의 취급; 제시를 위하여 송부하고, 부도를 고객에게 통지할 의무)

제4-502조([도착시] 화환어음의 제시)

제4-503조(문서 및 물품에 대한 제시은행의 책임; 부도에 대한 이유의 보고; 중재인이 필요한 경우)

제4-504조(제시은행이 물품을 취급하는 특권; 경비에 관한 유치권)

제 4 편 은행예금 및 추심

제 1 장 총칙 및 정의

제4-101조(약칭)

본편은 통일상법전 - 은행예금 및 추심이라 칭한다.

제4-102조(적용범위)

(a) 본편의 채무품목이 제3편 및 제8편의 적용을 받는 범위 내에서 그 채무품목은 제3편과 제8편의 적용을 받는다. 저촉이 있는 경우에 본편은 제3편에 우선하지만, 제8편은 본편보다 우선한다.

(b) 제시, 지급 혹은 추심의 목적을 위하여 은행이 취급한 채무품목에 관하여 은행의 조치 혹은 미조치 책임은 은행 주소지의 법률에 따라 규율된다. 은행의 지점 혹은 다른 지점에 의한 혹은 그곳에서의 조치 혹은 미조치에 따른 책임은 해당 지점 혹은 다른 지점의 주소가 있는 곳의 법률에 따라 규율된다.

제4-103조(합의에 의한 변경; 손해배상액의 산정; 통상의 행위를 구성하는 행위)

(a) 본편의 규정의 효과는 합의에 의하여 변경할 수 있지만, 그 합의 당사자는 은행의 신의성실의 결여 혹은 통상 주의를 다 하지 않은 것에 대한 은행의 책임을 부정할 수 없고, 또한 그 결여 혹은 해태에 대한 손해배상액을 제한할 수 없다. 그러나 양당사자는 명백히 불합리한 것이 아니라면 합의에 따라 은행의 책임이 산정되는 기준을 정할 수 있다.

(b) 연방준비금규칙 및 운용통지, 어음교환소규칙 등은 취급된 채무품목에 이해관계를 가진 모든 당사자의 실제 합의 여부와 관계없이 (a)항에 따른 합의의 효과를 가진다.

(c) 본편에 의하여 혹은 연방준비금규칙 또는 운용규정 등에 따라 승낙된 작위 혹은 부작위는 통상적인 주의를 하는 것이고, 특별지시가 없는 경우에 어음교환소규칙 등 또는 일반적인 은행관행에 합치된 작위 혹은 부작위이고, 본편에 따라 승인되지 않는 것도 통상의 주의의무를 행사한 것으로 추정된다.

(d) 본편에 따른 일정한 절차의 지정 혹은 승인은 그 정황 하에 합리적일 수 있는 다른 절차를 부인하는 것은 아니다.

(e) 채무품목을 취급할 때에 통상적인 주의를 다 하지 않는 것에 대한 손해배상액은

통상적인 주의를 다 하였다면 발생하지 않았을 금액을 해당 채무품목의 금액에서 차감한 금액이다. 신의성실하지 않는 경우에 그 금액은 [인과관계의] 결과로서 그 당사자가 피해를 입은 다른 손해배상액도 포함한다.

제4-104조(정의 및 정의의 색인)

(a) 본편에서 별도로 규정하고 있지 않는 한,

(1) 「계좌」는 예금증서에 의하여 증명된 계좌 이외의 것으로 일람불어음, 확정일불어음, 저축, 통장, 주식어음 또는 유사한 계좌를 포함하는 은행 예금 또는 신용계좌를 의미한다.

(2) 「오후」는 하루 중 정오부터 자정까지의 기간을 의미한다.

(3) 「영업일」은 은행이 그 은행기능을 행하기 위하여 일반인에게 개방되어 있는 하루 중의 부분을 의미한다.

(4) 「어음교환소」는 은행협회 혹은 정규적으로 채무품목을 교환하는 지급인을 의미한다.

(5) 「고객」은 은행에 계좌를 가진 자 혹은 다른 은행에 계좌를 유지하고 있는 은행을 포함하여 채무품목의 추심에 합의된 상대방을 의미한다.

(6) 「화환어음」은 특정된 증서, 지급증명서(제8-102조) 혹은 증명서가 없는 증권을 위한 지시(제8-102조) 또는 다른 증명서, 명세서 등이 그 환어음의 인수 또는 지급되기 전에 수취인 또는 다른 지급인에 의하여 수령되기로 예정된 경우에는 인수 또는 지급을 요구하여 제시되는 환어음을 의미한다.

(7) 「환어음」은 제3-104조에 정의된 환어음을 의미하거나, [지급]지시인 날인증서 이외의 채무품목을 의미한다.

(8) 「수취인」은 환어음 중에서 지급하도록 지시된 자를 의미한다.

(9) 「채무품목」은 추심 혹은 지급을 위하여 은행에서 취급되는 금전을 지급하기 위한 날인증서, 약속 또는 지시를 의미한다. 이 용어는 제4A편에 따라 규율된 지급지시 또는 차변·대변카드전표를 포함하지 않는다.

(10) 은행에 관하여 「자정 마감시간」은 은행이 관련된 채무품목 혹은 통지를 수령한 영업일의 다음 영업일 또는 소송을 개시하여야 하는 시점 중 후일의 자정을 의미한다.

(11) 「결제하다」는 어음교환소의 결제에 의하여 현금, 비용 혹은 신용대금 또는 송금에 의한 또는 다른 합의된 방법으로 지급하는 것을 의미한다.

(12) 은행에 관하여 「지급을 정지하다」는 감독기관의 명령에 의하여 지급이 금지된 것, 지급을 승계할 자가 임명된 것 또는 통상의 영업과정에서 지급하는 것을 은행이 정지하거나 거절하는 것을 의미한다.

(b) 본편에 적용되는 다른 정의 및 그 정의가 있는 조문은 다음과 같다.

「전자적 제시의 합의」 제4-110조
「은행」 제4-105조
「추심은행」 제4-105조
「예금은행」 제4-105조
「매개은행」 제4-105조
「지급은행」 제4-105조
「제시은행」 제4-105조
「제시통지」 제4-105조

(c) 다른 편에 있는 다음의 정의는 본편에도 적용된다.

「인수」 제3-409조
「변조」 제3-407조
「자기앞수표」 제3-104조
「예금증서」 제3-104조
「지급보증수표」 제3-409조
「수표」 제3-104조
「신의성실」 제3-103조
「정당보유인」 제3-302조
「증서」 제3-104조
「부도 통지」 제3-503조
「[지급]지시」 제3-103조
「통상 주의」 제3-103조
「강제하는 권리를 가진 자」 제3-301조
「제시」 제3-501조
「약속」 제3-103조
「증명하다」 제3-103조
「창구불수표」 제3-104조
「무권한서명」 제3-403조

(d) 또한, 제1편은 본편을 통하여 적용되는 일반적 정의 및 해석원리를 포함하고 있다.

제4-105조([은행]; [예금은행]; [지급은행]; [매개은행]; [추심은행]; [제시은행])

본편에서,

(1) 「은행」은 저축은행, 저축·금전대부협회, 신용조합 또는 신탁은행을 포함하는 은행업을 행하는 자를 말한다.

(2) 「예금은행」은 그 은행이 지급은행이라 하더라도 채무품목을 취득하는 최초의 은행을 말한다. 그 채무품목이 은행창구에서 바로 지급되는 것을 요구하여 제시되는 경우는 제외한다.
(3) 「지급은행」은 환어음의 발행인인 은행을 말한다.
(4) 「매개은행」은 예금은행 또는 지급은행 이외의 은행으로 추심 과정에서 채무품목이 이전되는 중간 은행을 말한다.
(5) 「추심은행」은 지급은행 이외의 은행으로 추심을 위하여 채무품목을 취급하는 은행을 말한다.
(6) 「제시은행」은 지급은행 이외의 은행으로 채무품목을 제시하는 은행을 말한다.

제4-106조(은행을 통한 지급 또는 은행에서의 지급; 추심은행)

(a) 채무품목은 해당 채무품목 중에서 특정된 은행을 「통하여 지급가능한」 것이 기재되어 있는 경우에 (i) 그 채무품목은 해당 은행을 추심은행으로 지정하여 두고, 그 자체에 의하여 해당 채무품목을 그 은행이 지급할 권리를 주지 않고, (ii) 해당 채무품목은 은행에 의하여 또는 은행을 통하여만 지급을 요구하여 제시될 수 있다.

대체안 A

(b) 채무품목이 특정된 은행에서 「지급된다」고 기재되어 있는 경우에 그 채무품목은 은행에 대하여 발행된 환어음과 동일하다.

대체안 B

(b) 채무품목이 특정된 은행에서 「지급된다」고 기재되어 있는 경우에 (i) 그 채무품목은 해당 은행을 추심은행으로 지정하여 두고, 그 자신에 의하여 해당 채무품목을 그 은행이 지급할 권리를 주지 않고, (ii) 해당 채무품목은 은행에 의하여 또는 은행을 통하여만 지급을 요구하여 제시될 수 있다.

(c) 환어음이 어떤 은행을 수취인으로 지명하지 않고, 해당 환어음에 지명된 은행이 공동수취인 또는 추심은행의 여부가 확실하지 않는 경우에 그 은행은 추심은행이다.

제4-107조(은행의 별도 지점)

은행 지점 또는 별도 지점은 본편에 따라 또 제3편에 따라 조치가 취하여질 수 있는 기간 또는 통지 혹은 지시가 주어져야 하는 기간을 계산하는 목적 및 그 장소 내지 수신지를 결정함에 있어서 별개의 은행이다.

제4-108조(채무품목 수령시)

(a) 채무품목을 처리하고 잔고를 증명하고 또한, 그 날과 그 상황을 결정하기 위하여 해당 통장에 필요한 기입을 하기 위한 시간을 부여하기 위하여 은행은 오후 2시 또는 그 이후의 시간을 금전 및 채무품목의 처리 또는 통장의 기입의 마감시간으로 정할 수 있다.

(b) 이와 같이 정하여진 정지시간 이후 또는 영업일 종료 후의 날에 수령된 채무품목 또는 금전 예금은 다음 영업일의 개점시에 수령된 것으로 취급할 수 있다.

제4-109조(지연)

(a) 별다른 지시가 없는 한, 추심은행은 신의성실하게 은행 이외의 지급인에 대하여 발행된 특정 채무품목의 지급을 확보하도록 노력하고, 또한 관계자의 승낙 여부와 관계없이 통일상법전에 의하여 인정 또는 부가된 시간제한을 발행인 또는 배서인 또는 양도인 또는 이전 당사자로의 책임을 면제하지 않고 추가 2 영업일을 넘지 않는 범위 내에서 권리포기, 수정 또는 연장을 허락할 수 있다.

(b) 통일상법전에 따라 또는 지시에 의하여 규정된 또는 허용된 시간제한을 넘은 추심은행 또는 지급은행에 의한 지연은 (i) 그 지연이 전신 또는 컴퓨터 시설 장해, 타은행에 의한 지급정지, 전쟁, 긴급사태, 설비고장 또는 그 다른 은행의 지배가 미치지 않은 정황에 의하여 발생하고, 또 (ii) 해당 은행이 그 정황에 따라 성실하게 행사한 경우에는 면책된다.

제4-110조(전자적 제시)

(a) 「전자적 제시를 위한 합의」는 합의, 어음교환소규칙 또는 연방준비금규칙 또는 운용규정을 의미하지만 채무품목의 제시가 해당 채무품목을 자신이 인도하기보다도 채무품목의 화상 또는 채무품목을 기술하는 정보 전송(제시통지)에 의하여 행하여질 수 있는 경우에 한한다.

(b) 제시를 위한 합의에 따르는 채무품목의 제시는 제시통지가 수령된 때에 행하여진다.

(c) 제시가 제시통지에 의하여 행하여지는 때에 본편에 있어 「채무품목」 또는 「수표」로의 언급은 별도로 규정되지 않는 한 해당 제시통지를 의미한다.

제4-111조(소멸시효)

본편에 의하여 생기는 채무, 의무 또는 권리를 강제하는 소송은 [소송원인]이 발생한 때로부터 3년 이내에 제기되어야 한다.

제2장 채무품목의 추심: 예금은행 및 추심은행

제4-201조(대리인으로서의 추심은행의 지위 및 신용의 잠정적 위치; 본편의 적용범위; [은행지급]으로 배서된 채무품목)

(a) 반대 의사가 없는 한, 채무품목에 대하여 추심은행이 행한 결제가 확정적이거나 혹은 확정되기 전에 해당 은행이 채무품목에 관하여 그 채무품목 소유자의 대리인 또는 복대리인으로 그 채무품목에 관하여 행한 결제는 잠정적인 것이다. 본조는 배서 형식 또는 배서의 결여와 관계없이, 또 해당 채무품목에 주어진 신용이 즉시 인출할 수 있거나. 실제로 인출되었다고 하더라도 적용된다. 그러나 그 소유자에 의한 채무품목 소유권의 계속 및 해당 채무품목의 이익금에 대한 소유자의 권리는 해당 채무품목에의 미결제 선금으로부터 생겨나는 권리 및 감액청구나 상계의 권리 등, 추심은행의 권리에 따른다. 채무품목이 제시, 지급, 추심, 또는 반환의 목적때문에 은행에 의하여 취급되는 경우에 본편의 규정은 특정 은행이 그것을 구입하고 동시에 그 소유자로 되어 있는 것이 당사자의 소송으로 명확히 입증되어 있는 경우에 적용된다.

(b) 채무품목이 「은행지급」 등의 문언을 첨가하여 배서된 경우에 해당 채무품목이 다음의 요건을 충족할 때까지 단지 은행은 보유인의 권리를 취득할 수 있다.

(1) 추심을 개시한 고객에 반환되거나; 또는

(2) 은행 이외의 자에게 은행이 특별하게 배서한 경우.

제4-202조(추심 또는 반환의 채무; 적기)

(a) 추심은행은 다음의 경우에 통상 주의를 다 하여야 한다.

(1) 채무품목을 제시하는 때 또는 제시를 위하여 송부할 때;

(2) 부도 또는 지급금지 통지를 송부할 때 또는 그 채무품목이 그 경우에 따라서 지급되지 않는 것 또는 인수되지 않는 것을 안 후 은행의 양도인에 대한 화환어음 이외의 채무품목을 반환하는 때;

(3) 해당 은행이 최후 결제를 수령하는 경우에 그 채무품목의 결제를 하는 때;

(4) 이송중의 분실 혹은 지연을 안 후, 합리적 기간 내에 그것에 대하여 해당 양도인에 통지할 때.

(b) 추심은행은 채무품목, 통지 혹은 결제후의 그 자정 마감시보다 전에 적절한 조치를 취하는 것에 따라 (a)항에 의한 통상 주의를 다 하여야 한다. 합리적으로 보다 긴 시간 내에 적절한 조치를 취하는 것은 통상의 주의를 다 한 것이지만, 해당 은행은

적시에 행하여진 것을 입증하는 책임을 진다.

(c) (a)항 (1)호에 따르는 것은 별도로 하고, 은행은 타 은행 또는 일정한 자의 파산, 해태, 비행, 실수 혹은 의무위반에 대하여 또는 다른 자의 점유중 혹은 이송중의 채무품목의 파손에 대하여 책임을 지지 않는다.

제4-203조(지시효과)

증서의 횡령(제3-420조) 및 제한적 배서(제3-206조)에 관한 제3편에 따라, 추심은행의 양도인만이 은행에 영향을 주고 또는 은행에 통지가 되는 지시를 줄 수 있고, 동시에 추심은행은 해당 지시에 따라 또는 그 양도인과의 합의에 따라 취하여진 조치에 관하여 이전의 당사자에 대한 책임을 지지 않는다.

제4-204조(송금 및 제시 방법; 지급은행으로의 직접 송금)

(a) 추심은행은 관련하는 지시, 채무품목의 성질, 관할범위내 채무품목의 수, 필요한 추심비용 및 해당 은행 또는 다른 자가 그 채무품목을 제시하기 위하여 일반적으로 사용하고 있는 방법을 고려하여 합리적이고 신속한 방법으로 그 채무품목을 송부하여야 한다.

(b) 추심은행은,

(1) 채무품목을 직접 지급은행으로 송부할 수 있다;

(2) 양도인에 의하여 인정된 경우에 채무품목을 은행이 아닌 지급인에게 송부할 수 있다.

(3) 연방준비금규칙 또는 운용규정, 어음교환소규칙 등에 의하여 인정된 경우에 화환어음 이외의 채무품목을 은행이 아닌 지급인에게 송부할 수 있다.

(c) 지급은행 또는 다른 지급인의 제시가 요구된 장소에서 제시은행은 제시할 수 있다.

제4-205조(배서가 없는 채무품목의 예금은행보유인)

고객이 추심 때문에 예금은행에 채무품목을 인도하는 경우,

(1) 인도시에 고객이 채무품목에 배서하고 있는가의 여부와 관계없이 그 채무품목 보유인인 경우에 그 예금은행은 추심 때문에 그 채무품목을 수령하였을 때, 해당 채무품목 보유인이 되고, 또한 그 은행이 제3-302조의 다른 요건을 만족하고 있는 경우에 해당 은행은 정당한 보유인이 된다; 그리고

(2) 그 예금은행은 추심은행, 지급은행 또는 그 외의 지급인 및 발행인에 대하여 해당 채무품목의 금액이 그 고객에게 지급된 것 또는 그 고객의 계좌에 입금된 것을 보증한다.

제4-206조(은행간의 이체)

양도인의 은행을 특정하는 방법만 합의되어 있으면, 채무품목을 다른 은행에 이체시킬 수 있다.

제4-207조(이체보증)

(a) 채무품목을 이체하고 결제 혹은 다른 약인을 수령하는 고객은행 또는 추심은행은 그 양도인에 대하여, 또한 그 후의 추심은행에 대하여 다음을 보증한다.

(1) 보증인은 그 채무품목을 강제하는 권리를 가진 자인 것;

(2) 그 채무품목에 첨가된 모든 서명이 진정한 것이고, 동시에 권리가 수령된 것;

(3) 그 채무품목은 변조되지 않은 것;

(4) 그 채무품목은 보증인에 대하여 주장될 수 있으며, 어떤 당사자의 감액청구 항변 혹은 청구권(제3-305조 (a)항)에 포함하는 것이 아닌 것; 및

(5) 그 보증인은 작성자 또는 인수자에 관하여, 또는 인수하지 않았던 환어음의 경우에 발행인에 관하여 개시된 파산절차을 알지 못하는 것.

(b) 채무품목이 부도가 된 경우, 고객 또는 그 채무품목을 이전하고, 동시에 결제 혹은 그 이외의 약인을 수령하는 추심은행은 (i) 그것이 전송된 때에 해당 채무품목의 조건에 따르고, 또는 (ii) 그 이전이 불완전한 품목의 것인 경우에 제3-115조 및 제3-407조에 정하여진 대로 완성된 때의 조건에 따라서 해당 채무품목에 관하여 지급되어야 하는 금액을 지급하여야 한다. 양도인는 양수인 및 신의성실하게 해당 채무품목을 취득하는 후의 추심은행에 대하여 책임을 진다. 양도인은 「소구의무를 지지 않고」 또는 그 외의 방법에서 책임을 부인하면서 배서가 행하여진 뜻을 기재한 배서에 의하여 본항에 따르는 책임을 부인할 수 없다.

(c) (a)항에 따른 보증이 행하여진 상대방 쪽에서, 또 채무품목을 신의성실하게 취득한 자는 보증 위반에 대한 손해배상으로 그 보증인으로부터 해당 위반의 결과로서 피해를 입은 손해에 동등한 금액이지만, 그 채무품목의 금액에 해당 위반의 결과로 발생한 경비 및 손실을 가산한 금액을 넘지 않는 금액을 청구할 수 있다.

(d) (a)항에 정의된 보증은 수표에 관하여 부인될 수 없다. 보증 위반 및 보증인의 이름을 청구권자가 알아야 하는 때부터 30일 이내에 해당 보증의 위반에 대한 청구권이 그 보증인에 통지되지 않는 것이라면, 해당 보증인은 통지의 지연에 의하여 발생한 손실의 한도에서 면책된다.

(e) 본조에 의한 보증 위반에 대한 소송원인은 청구권자가 그 위반을 알아야 하는 때에 발생한다.

제4-208조(제시보증)

(a) 인수되지 않았던 환어음이 지급 또는 인수를 요구하여 수취인에 제시되고, 동시에 그 수취인이 그 환어음을 지급하거나 혹은 인수한 경우에 (i) 그 제시에 지급 혹은 인수를 하는 자, 혹은 (ii) 그 환어음의 종전 양도인은 양도시에 신의성실하게 해당 환어음을 지급하거나 혹은 인수하는 수취인에 대하여 다음의 것을 보증한다.

(1) 보증인은 그 보증인이 환어음을 이전한 때에 해당 환어음을 강제하는 권리를 가지고 있었던, 또는 해당 환어음을 강제하는 권리를 가진 자 때문에 해당 환어음의 지급 또는 인수를 얻는 권한을 가지는 자 또는 가졌던 자일 것;

(2) 그 환어음은 변조되지 않은 것; 및

(3) 해당 환어음의 발행인이 되는 자의 서명이 무수권인 것을 보증인이 알지 못할 것.

(b) 지급하는 수취인은 자신이 지급한 금액에서 그 지급을 이유로 발행인으로부터 해당 수취인이 수령하였거나, 혹은 수령할 수 있는 금액을 차감한 금액에서 동일한 보증의 위반에 대한 손해배상액을 보증인에게 청구할 수 있다. 또한 그 수취인은 해당 위반으로부터 발생한 경비 및 이익의 손실에 대하여 배상받을 권리를 가진다. 본항에 따른 수취인이 손해배상을 받을 권리는 해당 수취인이 지급할 때 통상 주의를 다 하지 않았던 것에 의하여 영향받지 않는다. 수취인이 그 환어음을 인수할 때는 (i) 보증 위반은 인수인의 의무에 대한 항변이고, 또한 (ii) 그 인수인이 해당 환어음에 관하여 지급하는 경우에 그 인수인은 본항에 정의하는 금액을 보증 위반으로서 보증인으로부터 청구할 수 있는 권리를 가진다.

(c) 수취인이 환어음 무권한의 배서 또는 환어음의 변조에 근거하여 (a)항에 의한 보증의 위반에 대하여 청구권을 주장하는 경우에 보증인은 그 배서가 제3-404조 또는 제3-405조에 따른 효과인 것 또는 보증인은 제3-406조 또는 제4-406조에 의하여 수취인에 대한 그 무권한 배서 또는 변조의 주장으로부터 배제된 것을 증명함으로써 항변할 수 있다.

(d) (i) 부도로 된 환어음이 지급을 위하여 발행인 또는 배서인에게 제시되거나, 또는 (ii) 그 이외의 채무품목이 지급을 요구하여 해당 채무품목을 지급할 의무를 지는 자에게 제시되어 지급된 경우에 지급받은 자 및 그 이전의 해당 채무품목의 양도인은 신의성실하게 지급한 자에 대하여 보증인은 해당 채무품목을 이전한 때에 이를 강제할 권리를 또는 이를 강제할 수 있는 자를 위하여 지급을 받을 수 있는 자이거나 자였던 것을 보증한다. 지급한 자는 지급된 금액에 보증 위반으로부터 발생한 경비 및 이익의 손해를 가산한 금액을 해당 위반에 대하여 보증인에게 청구할 수 있다.

(e) (a)항 또는 (b)항에 정의하는 보증은 수표에 관하여 부인될 수 없다. 보증 위반 및

보증인의 이름을 청구권자가 알아야 하는 때부터 30일 이내에 해당 보증 위반에 대한 청구권이 보증인에게 통지된 것이 아니라면 해당 보증인은 그 청구권을 통지하는 것의 지연에 의하여 생긴 손해의 한도에서 면책된다.

(f) 본조에 따른 보증 위반에 대한 소송원인은 청구권자가 그 위반에 대하여 알아야 하는 때에 발생한다.

제4-209조(입력 및 보관보증)

(a) 발행 후에 채무품목의 또는 채무품목에 관하여 정보를 입력하는 자는 이후의 추심은행, 지급은행 또는 타 지급인에 대하여 그 정보가 정확히 입력되어 있는 것을 보증한다.

(b) 전자적 제시를 위한 합의에 따라서 채무품목을 보관하는 것을 인수하는 자는 이후의 추심은행, 지급은행 또는 타 지급인에 대하여 그 채무품목의 보관 및 제시가 그 합의에 따르는 것임을 보증한다. 예금은행의 고객이 채무품목의 보관을 인수하는 경우에 그 은행도 이에 대한 보증을 한다.

(c) 본조에 따른 제시가 행하여진 상대방 쪽에서 동시에 신의성실하게 그 채무품목을 수취한 자는 보증 위반에 대한 손해배상으로서 해당 위반으로부터 발생한 손실과 동등한 금액에 해당 위반의 결과로서 발생한 경비 및 이익 손실을 가산한 금액을 보증인에게 청구할 수 있다.

제4-210조(채무품목, 첨부증서 및 수익금에 대한 추심은행의 담보권)

(a) 추심은행은 채무품목 및 첨부증서 또는 다음의 수익금에 대하여 담보권을 가진다.

(1) 계좌에 납입된 채무품목의 경우에 해당 채무품목에 대하여 주어진 신용이 인출된 혹은 충당된 한도;

(2) 해당 은행이 부여한 신용이 당연히 인출하는데 이용할 수 있는 채무품목의 경우에 해당 신용이 인출되었는가의 여부 또는 과금반환의 권리가 존재하는가의 여부와 관계없이 주어진 신용한도; 또는

(3) 해당 은행이 해당 채무품목에 관하여 또는 그것에 대하여 선금을 지급하는 경우.

(b) 일시에 수령된 복수의 채무품목에 관하여 혹은 단일의 합의에 따라 주어진 신용이 일부 인출된 또는 충당된 경우에 담보권은 해당 채무품목의 전부, 첨부증서 또는 복수의 수익금 상에 존속한다. 본조의 목적을 위하여 최초에 주어진 신용이 먼저 인출된다.

(c) 채무품목에 관한 확정적 결정을 추심은행이 수령하는 것은 해당 채무품목, 첨부증서 및 수익금에 대한 담보권의 실행이다. 해당 은행이 그 채무품목에 관하여 최후 결제를 수령하지 않았거나 혹은 추심 이외의 목적 때문에 해당 채무품목 또는 첨

부증서의 점유를 포기하지 않는 한, 담보권은 그 한도에서 존속하고, 제9편의 적용을 받지만,

(1) 그 담보권을 강제하기 위하여 어떠한 담보권설정의 합의도 필요하지 않다(제9-203조 (b)항 (3) (A));

(2) 그 담보권을 완전화하기 위하여 등록은 요구되지 않는다; 그리고

(3) 그 담보권은 해당 채무품목, 첨부증서 또는 수익금에 대하여 저촉하는 완전화된 담보권에 대하여 우선권을 가진다.

제4-211조(정당한 보유인을 위하여 은행이 대가를 지급하는 경우)

정당한 보유인으로서 지위를 확정하기 위하여 은행은 해당 은행이 특별한 방법으로 정당한 보유인이 되기 위한 제3-302조의 요건을 준수하고 있는 경우에 채무품목에 대하여 담보권을 가진 한도에서 충분한 대가를 지급하고 있다.

제4-212조(은행에 의하여, 은행을 통하여, 은행에서 지급된 채무품목의 통지에 의한 제시; 발행인 혹은 배서인의 책임)

(a) 별도의 지시가 없는 한, 추심은행은 그 은행이 인수 또는 지급을 위하여 해당 채무품목을 보유하고 있는 취지의 통지서를 인수 또는 지급을 요구하는 당사자에 대하여 송부함으로써 은행에 의하여, 은행을 통하여 또는 은행에서 지급되지 않은 채무품목을 제시할 수 있다. 이 통지는 제시가 행하여져야 하는 기간 또는 그 이전을 수령할 수 있도록 기한에 맞추어 송부하여야 하고, 또 해당 은행은 당사자의 요구에 대하여 알고 난 후, 해당 은행의 다음 영업일의 폐점시까지 제3-501조에 의하여 인수할 것인가, 혹은 지급하기 위하여 그 당사자의 요구를 충족시켜야 한다.

(b) 제시가 통지에 의하여 행하여지고, 동시에 지급, 인수 또는 제3-501조에 의한 요구준수의 청구가 기간 후 다음날 영업종료시까지, 혹은 일람불식 채무품목의 경우에 통지가 송부된 후, 제3영업일의 종료시까지 수령되지 않은 경우에 해당 제시은행은 그 채무품목의 부도로서 취급하고, 동시에 사실의 통지를 발행인 또는 배서인에게 송부함으로써 그 자에게 책임을 부담시킬 수 있다.

제4-213조(은행에 의한 결제수단 및 시기)

(a) 은행에 따른 결제에 관한 수단과 시간은 연방준비금규칙 또는 운용규정, 어음교환소규칙 등 또는 합의에 의하여 결정할 수 있다. 해당하는 규정이 없는 경우,

(1) 결제 수단은 현금 또는 그 자의 연방준비금은행 계좌 혹은 결제를 수령하는 자에 의하여 지정된 계좌로의 대변기입이다.

(2) 변제시는 다음의 시기이다.

(i) 현금 또는 자기앞수표에 따른 결제 제공에 관하여 현금 또는 수표가 송부된 또는 인도된 때;

(ii) 연방준비금은행 계좌에서의 대변기입에 따른 결제 제공에 관하여 그 신용이 행하여진 때;

(iii) 은행 계좌로의 신용 또는 입금에 따른 결제 제공에 관하여 그 신용 또는 입금이 행하여진 때 또는 계좌에 부과할 수 있는 권한에 따른 결제 제공의 경우에 그 권한이 송부되었거나 혹은 인도된 때; 혹은

(iv) 자금이체에 따른 결제 제공에 관하여 결제를 수령하는 자에 대하여 제4A-406조 (a)항에 따라 지급이 행하여진 때.

(b) 결제 제공이 (a)항에 의하여 인정된 수단에 의한 것이 아닌 경우 또는 (a)항에 의하여 결정된 때에 행하여진 것이 아닌 경우에 그 결제 제공이 결제를 수령하는 자에 의하여 승낙되기까지는 어떠한 결제도 일어나지 않는다.

(c) 채무품목의 결제가 자기앞수표에 따라 행하여지고, 동시에 결제를 수령하는 자가 그 자정 마감시까지,

(1) 추심 때문에 그 수표를 제시하는 혹은 차감하는 경우에 그 수표가 최종적으로 지급되는 때에 결제는 확정적인 것이 된다; 또는

(2) 추심 때문에 그 수표를 제시하지 않거나 차감하지 않는 경우에 결제를 수령하는 자의 자정 마감시에 결제는 확정적인 것이 된다.

(d) 채무품목의 결제가 결제를 수령하는 은행에서 결제하는 은행 계좌에 대변기입하는 권한을 부여함으로써 행하여지는 경우에 해당 채무품목 금액에 관하여 그 계좌에 이용할 수 있는 기금이 있다면, 그 대변기입이 결제를 수령하는 은행에 의하여 행하여진 때에 그 결제는 확정된다.

제4-214조(과금반환 및 환급의 권리; 추심은행의 책임; 채무품목의 반환)

(a) 추심은행이 채무품목에 관하여 고객과 잠정적인 결제를 하고, 동시에 부도, 은행에 의한 지급정지 혹은 그 이외의 이유에 의하여 해당 채무품목에 관하여 확정적인 또는 확정적으로 되는 결제를 수령하지 않는 경우에 해당 은행은 해당 채무품목을 반환할 수 있는가의 여부와 관계없이 해당 은행이 사실을 안 후 그 자정 마감시까지 또는 그것보다 합리적으로 장기간 내에 해당 채무품목을 반환하거나 혹은 그 사실의 통지를 송부할 때는 그것에 따라 주어진 결제를 취소하여 그 고객의 계좌에 해당 채무품목에 관하여 주어진 신용대금 금액을 회수하거나 그 고객으로부터 환급을 받을 수 있다. 그 반환 혹은 통지가 추심은행이 사실을 안 뒤, 그 은행의 자정 마감시 또는 보다 합리적으로 장기간을 도과하여 지연된 경우에 그 은행은 해당 결제를 취소, 신용대금을 회수하거나 혹은 그 고객으로부터 환급을 받을 수 있

지만, 그 지연으로부터 발생한 손실에 대하여 해당 은행은 책임을 진다. 취소권, 회복권 또는 환급을 받는 권리는 해당 은행에 의하여 수령된 해당 채무품목에 관한 결제가 확정적인 또는 확정적으로 되는 때에 소멸한다.

(b) 추심은행은 채무품목이 해당 은행의 고객 혹은 양도인 또는 그 지시에 따라 송부되거나, 혹은 인도되었을 때에 그 채무품목을 반환한다.

(c) 지급인인 예금은행은 그 고객의 계좌로부터 채무품목 금액을 회수할 수 있는, 혹은 그 통장상으로 신용에 대하여 지급은행에 따라 수령된 채무품목의 반환을 규율하는 규정(제4-301조)에 따라 환급을 받을 수 있다.

(d) 과금반환의 권리는,

(1) 그 채무품목에 대하여 주어진 신용의 종전 이용에 의하여; 또는

(2) 그 채무품목에 관하여 은행이 통상의 주의를 하지 않은 것에 의하여 영향받지 않지만, 주의를 표하지 않은 은행은 책임을 진다.

(e) 과금반환 또는 반환청구를 하지 않는 것은 고객 또는 다른 당사자에 대한 은행의 다른 권리에 영향을 미치지 않는다.

(f) 외화로 지급되는 채무품목의 가격과 동일액으로 달러로 신용이 주어지는 경우에 과금반환 또는 변제액의 달러금액은 그 과금반환 또는 환급액을 얻는 권리를 가지는 자가 통상의 과정에서 지급을 수령하지 않을 것을 안 날에 통용하는 외화를 위하여 은행제공율에 의하여 계산되어야 한다.

제4-215조(지급은행에 의한 채무품목의 최종결제; 잠정적 임금 및 신용대금이 확정할 시기; 일정의 신용대금이 인출할 수 있는 시기)

(a) 지급은행이 다음을 행하였을 때에 채무품목은 해당 은행에 의하여 확정적으로 지급된다.

(1) 현금으로 그 채무품목에 대하여 지급을 한다;

(2) 제정법, 어음교환소규칙 또는 합의에 의하여 그 결제를 취소하는 권리를 가지지 않고, 해당 채무품목을 결제한다; 또는

(3) 해당 채무품목의 잠정적 결제를 하고, 동시에 제정법, 어음교환규칙 또는 합의에 의하여 허가된 시간 및 방법으로 그 결제를 취소하지 않는다.

(b) 채무품목에 관한 잠정적 결제가 확정적인 것이 아닐 경우에 그 채무품목은 확정적으로 지급되지 않는다.

(c) 제시은행과 지급은행 간의 채무품목에 관한 잠정적 결제가 어음교환소를 통하여, 또는 양 은행간의 계좌로의 대변기입에 의하여 이루어지는 경우에는 해당 채무품목에 대한 그 잠정적 차변기입 또는 대변기입이 제시은행 및 지급은행의 계좌에, 또 계속적으로 종전의 추심은행 계좌로 순서대로 기입된 한도에서 그것들은 지급

은행에 의하여 해당 채무품목의 잠정적 지급이 행하여진 때에 잠정적인 것이 된다.

(d) 추심은행이 채무품목에 관하여 확정적인, 혹은 확정적이 되는 결제를 수령하는 경우에 해당 은행은 그 고객에 대하여 해당 채무품목의 금액에 대한 책임을 지고, 또 그 고객 계좌에 그 채무품목에 관하여 주어진 잠정적 신용은 확정적인 것이 된다.

(e) (i) 자금을 이용할 수 있는 때를 결정한 준거법, 및 (ii) 신용을 고객의 책임으로 인정할 수 있는 은행의 권리에 따라 고객 계좌에 채무품목을 위하여 은행이 부여한 신용은 다음과 같은 시기에 이용할 수 있다.

(1) 은행이 그 채무품목에 관하여 잠정적 결제를 받은 경우에 그 결제가 잠정적인 것이 되고, 동시에 그 은행이 해당 채무품목을 반환받을 수 있는 합리적인 시간이 부여되어 그 시간내에 해당 채무품목이 수령되지 않았을 때;

(2) 해당 은행이 예금은행과 지급은행의 양쪽인 경우로, 동시에 그 채무품목이 최종적으로 지급된 경우에 해당 채무품목이 수령된 다음날부터 해당 은행의 제2영업일 개점시.

(f) 자금을 이용할 수 있는 때를 정한 준거법 및 예금자 채무에 신용을 충당할 수 있는 은행의 권리에 따라 금전 예금은 해당 예금의 수령 후, 그 은행의 다음 영업일의 개점시에 인출을 위하여 이용할 수 있게 된다.

제4-216조(파산 및 우선권)

(a) 지급을 정지한 지급은행 또는 추심은행이 채무품목을 점유하거나, 혹은 점유가 이전되고, 동시에 그 채무품목이 최종적으로 지급되지 않은 경우에 해당 채무품목은 휴업은행에 책임을 지는 관재인, 수탁자 또는 대리인에 의하여 제시은행 또는 휴업은행 고객에 반환되어야 한다.

(b) 지급은행이 최종적으로 채무품목을 지급하고, 동시에 그 고객 또는 제시은행과 해당 채무품목에 대하여 결제하지 않고 지급을 정지한 경우에 해당 채무품목의 소유자는 지급은행에 대하여 우선적 청구권을 가진다.

(c) 지급은행이 채무품목에 관하여 잠정적 결제를 하거나 혹은 추심은행이 잠정적 결제를 하거나 혹은 수령하고, 그 뒤에 지급을 정지하는 경우에 일정 기간 경과 후 혹은 일정 사건이 일어난 때에 확정이 자동적으로 되는 경우에 그 정지는 해당 결제가 확정적인 것이 되는 것을 방해하지 않는다.

(d) 추심은행이 그 이후의 당사자로부터 채무품목에 관하여 결제를 수령하고, 결제가 확정적이거나 확정적으로 되고, 동시에 해당 은행이 결제가 확정 또는 확정적으로 되는 해당 채무품목에 관하여 그 고객에게 결제하지 않고 지급을 정지하는 경우에 그 채무품목의 소유자는 해당 추심은행에 대하여 우선적 청구권을 가진다.

제3장 채무품목의 추심: 지급은행

제4-301조(지연된 채무품목의 반환에 의한 지급금의 회복; 부도시; 지급은행에 의한 채무품목의 반환)

(a) 수령은행의 영업일의 자정 전에 창구에서 즉시 지급하는 것을 요구하는 방법 이외의 방법으로 제시된 화환어음 이외의 일람불식 채무품목을 지급은행이 결제하는 경우에 지급은행은 해당 결제를 취소하고, 최종적 지급을 하기 전 또는 그 자정의 마감시 이전에 그 은행이,

(1) 그 채무품목을 반환할 때: 또는

(2) 해당 채무품목이 반환에 이용할 수 없는 경우, 부도 또는 지급금지의 통지서를 송부할 때 해당 결제를 회복할 수 있다.

(b) 일람불식 채무품목이 그 장부상의 대변기입하기 위하여 지급은행에 의하여 수령된 경우에 그 은행은 해당 채무품목을 반환하거나 또는 부도의 통지를 송부할 수 있으며, 또한 해당 은행이 (a)항에서 규정된 제한시간 또는 방법으로 하였다면 부여한 신용을 취소하거나, 그 고객에 의하여 인출된 금액을 회복할 수 있다

(c) 부도의 사전의 통지가 송부된 경우를 제외하고, 채무품목은 부도의 목적을 위하여 그 품목이 반환되거나 또는 통지가 본조에 따라 송부된 때에 부도가 된다.

(d) 채무품목은 다음의 시기에 반환된다.

(1) 어음교환소를 통하여 제시된 품목에 관하여서는 또 제시은행 또는 최후의 추심은행에 또는 어음교환소에 그것이 인도될 때, 또는 어음교환소 규칙에 따라 송부 또는 인도될 때: 또는

(2) 그 외 모든 경우의 해당 은행의 고객 또는 양도인에게 또는 지시에 따라 그것이 송부 또는 인도될 때.

제4-302조(채무품목의 반환의 지연에 대한 지급은행의 책임)

(a) 채무품목이 지급은행에 제시되어 또한 그 은행에 의하여 수령된 경우에 해당 은행은 다음의 금액에 관하여 책임을 진다.

(1) 은행이 동시에 예금은행이 아닌 경우에 채무품목에 관하여 결제하지 않고 수령의 영업일의 자정을 넘어서 그 채무품목을 유지하는 경우 혹은 은행이 동시에 예금은행인 경우와 관계없이 그 채무품목의 지급을 하지 않고 또는 반환을 하지 않고, 또는 자정의 결제시를 넘기기까지의 부도의 통지를 하지 않은 경우에 적절하게 지급될 수 있는가의 여부와 관계없이 화환어음 이외의 일람불식 채무품

목의 금액;

(2) 그 외 적절하게 지급될 수 있는 채무품목의 금액. 다만, 해당 채무품목의 인수 또는 지급을 위하여 인정된 시간 내에 그 은행이 해당 채무품목을 인수하거나 또는 지급하는 어느 쪽이던 또는 그것과 첨부증서를 반환한 경우는 제외한다.

(b) (a)항에 따라 채무품목을 지급하는 책임을 제시 보증의 위반에 근거하여 항변(제4-208조) 또는 그 책임의 강제를 추구하는 자가 해당 지급은행을 기망할 목적으로 해당 채무품목을 제시 또는 전송하였다는 것을 입증하여 항변할 수 있다.

제4-303조(채무품목이 통지, 지급금지지시의 법적 절차 또는 상계에 따르는 경우; 채무품목을 부과하거나 또는 증명할 수 있는 경우의 지급명령)

(a) 지급은행이 수령한 지시, 통지 또는 지급금지지시, 지급은행이 수령한 소장 또는 지급은행이 행사한 상계는 그 지시, 통제, 지급금지지시 또는 법적 절차가 수령 혹은 통지되거나 또한 그 은행이 그것에 대하여 항변하는 합리적 시간이 경과하였거나 또는 다음의 때보다 이른 시기 이후에 그 상계가 행하여진 경우에 지연되어 채무품목을 지급하는 또는 그 금액의 고객의 계좌에 해당 채무품목의 차변기입을 하는 해당 은행의 권리 및 의무를 해제, 정지 또는 변경하지 않는다.

(1) 그 은행이 해당 품목을 인수하였을 때 또는 지급증명을 하였을 때;

(2) 그 은행이 해당 채무품목을 현금으로 지급하였을 때;

(3) 그 은행이 재정법, 어음교환소 규칙 또는 합의에 의하여 결제를 취소하는 권한을 가지지 않고 그 채무품목을 결제할 때;

(4) 채무품목의 지연된 반환에 대한 지급은행의 책임을 규정하고 있는 제4-302조에 의하여 은행이 그 채무품목의 금액에 책임을 진 경우; 또는

(5) 수표에 관하여, 해당 은행이 수표를 수령한 영업일 후, 그 다음 영업일의 개점 후 1시간 보다 빠르지 않게 또는 해당 다음 영업일의 개점 시보다 늦지 않은 정지시간 또는 정지시간이 정하여져 있지 않은 경우에는 해당 은행이 수표를 수령하는 영업일의 다음 영업일의 개점시.

(b) (a)항에 따라 채무품목은 지시 안에서 지정되어진 그 고객의 계좌에 인수되어 지급되고, 증명 또는 대변기입될 수 있다.

제4장 지급은행과 고객의 관계

제4-401조(은행이 고객의 계좌로부터 송금할 수 있는 경우)

(a) 은행은 당해 지급이 당좌 대월로 될 경우라도 계좌에서 적절하게 지급되어야 할 채무품목에 대하여 고객의 계좌에서 지급할 수 있다. 그것이 고객에 의하여 특정한 권리를 부여받게 되거나 또한 해당 고객과 은행 간의 합의에 따르고 있는 경우에 채무품목은 적절하게 지급되어야 한다.

(b) 고객이 해당 결재품목에 대하여 고객이 해당 채무품목에 서명하고 있지 않거나, 해당 채무품목의 대금으로부터 이익을 얻고 있지 않은 경우에 그 고객은 당좌 대월에 대하여 책임을 지지 않는다.

(c) 지급이 수표의 일자보다 전에 이루어진 경우라도 합리적인 확실성을 가지고 해당 수표의 일자를 기재하여 그 기일 전 변제에 관하여 은행의 통지를 주는 경우를 제외하고, 은행은 보통이라면 해당 결제로부터 적절하게 지급되어야 하는 수표에 대하여 고객의 계좌에서 지급할 수 있다. 해당 통지는 지급정지지시에 관한 제4-403조 (b)항에서 규정된 기간동안 유효하고, 제4-403조에 정하여져 있는 수표에 관한 조치를 은행이 취하기 전에 해당 은행이 그것에 대처할 수 있는 합리적인 시간을 부여할 시기와 방법으로 수령되어야 한다. 은행이 기일전 변제의 통지에 기재된 날보다 전에 고객의 계좌에 대하여 수표를 추심할 수 있는 경우에 그 은행은 행위의 결과로 발생하는 손해에 대하여 배상책임을 진다. 그 손해배상은 제4-402조에 의한 사후적 채무품목의 인도에 대한 손실보상을 포함할 수 있다.

(d) 제시인에게 신의성실하게 지급을 하였던 은행은 다음의 모든 조건에 따라 지정된 그 고객의 계좌로부터 환급받을 수 있다.

(1) 수정된 채무품목의 이전의 모든 조건; 또는

(2) 해당 은행이 그 채무품목이 완성된 것을 알고 있더라도 그 은행이 그 완성이 부적절한 것을 알고 있지 않은 한, 완성된 채무품목의 조건.

제4-402조(위법인 부도에 관한 은행의 고객에 대한 책임)

(a) 본편에 별도로 규정되지 않은 한, 지급은행은 적절하게 지급하여야 할 채무품목을 부도처리한 경우에 그 채무품목을 위법하게 부도로 한 것이지만, 해당 은행이 초과발행된 어음의 지급에 합의한 경우가 아니면 초과발행된 채무품목을 부도로 취급할 수 있다.

(b) 지급은행은 채무품목을 위법하게 부도로 처리함으로써 발생한 피해에 관하여 고객

에 대하여 배상하는 책임을 진다. 그 책임은 증명된 현실의 손해만으로 제한되지만, 고객의 구속, 기소 혹은 그 외의 결과적 손해의 손해배상을 포함한다. 결과적 손해가 위법의 부도에 의하여 발생하였는가의 여부는 각 사례마다 결정되어야 할 사실문제이다.

(c) 이용가능한 자금이 불충분한 것을 이유로 한 부도결정의 근거가 된 고객계좌의 잔고지급은행에 의한 계정은 그 채무품목이 해당 지급은행에 의하여 수령된 때와 해당 지급은행이 그 채무품목을 반환하거나 또는 반환 대신에 통지를 할 시기와의 사이 중 언제라도 행하여질 수 있지만, 1 이상의 계정에 대하여 행하여질 필요는 없다. 지급은행의 선택에 의하여 그 채무품목을 부도로 하는 해당 은행의 결정을 재평가하기 위하여 사후의 잔고결정이 행하여진 경우에 그 때의 계좌잔고가 이용가능한 자금이 불충분한 것을 이유로 한 부도가 위법인가의 여부를 결정한다.

제4-403조(지급을 정지시킨 고객의 권리; 손실의 입증책임)

(a) 고객 혹은 2명 이상의 자가 있는 경우에 그 계좌 인출의 권한을 인정받은 자는 그 고객의 계좌에 대하여 발행된 채무품목의 지급을 정지하거나 혹은 제4-303조에 규정된 채무품목에 관련하여 은행이 다른 조치를 취하기 전에 그것에 대처할 수 있는 합리적인 선택권을 은행이 부여하는 방법과 시간에 수령된 채무품목 혹은 계좌를 합리적 확실성으로 기재하고 있는 은행에 대한 지급명령에 의하여 해당 계좌를 폐쇄할 수 있다. 2명 이상의 서명이 계좌 인출을 위하여 필요한 경우에는 그들 중 누구라도 지급을 정지하거나 혹은 계좌를 폐쇄하는 것을 선택할 수 있다.

(b) 지급정지지시는 6개월간 유효하지만, 이전의 지시가 구두에 의하거나 또는 14일의 기간 중에 서면으로 확인되지 않은 경우에는 14일간 은행을 구속한다. 지급정지지시는 해당 지급정지지시가 유효한 기간 중에 은행에 대한 서면에 의하여 6개월간의 기간 중에 갱신될 수 있다.

(c) 지급정지지시 혹은 계좌를 폐쇄하는 지시에 반하여 채무품목에 대하여 지급함으로써 발생한 피해의 사실 및 금액을 증명하는 책임은 고객이 진다. 지급정지지시에 반하여 채무품목에 대하여 지급함으로써 발생한 피해는 제4-402조에 의하여 사후적 채무품목의 부도에 대한 피해보상을 포함한다.

제4-404조(6개월 이상 경과된 수표에 대한 은행의 면책)

은행은 수표의 일자로부터 6개월 이후에 제시된 지급증명부 수표 이외의 수표를 지급하는 의무를 고객에 대하여 지지 않지만, 6개월후 신용이 상실된 지급에 관하여 그 고객의 계좌에 차변기입할 수 있다.

제4-405조(고객의 사망 혹은 무능력)

(a) 채무품목을 인수, 지급 혹은 추심 또는 다른 점에서 유효하다면, 그 추심의 이익금을 지급하거나 지급은행 혹은 추심은행의 권한은 해당 채무품목이 발행되거나, 또는 해당 은행이 무능력의 심판절차에 관하여 알지 못하였을 때에 그 추심이 행하여진 시점에 존재하였던 고객의 무능력에 의하여 무효로 되지 않는다. 고객의 사망도 무능력도 그 은행이 사망의 사실 또는 무능력의 심판절차에 관하여 알고, 그것에 대하여 처리하는 합리적인 기회를 얻기까지 인수, 지급, 추심 혹은 계산하는 권한은 인정된다.

(b) 해당 계좌에 이권을 청구하는 자에 의하여 지급정지지시가 나오지 않는 한, 비록 알고 있더라도 은행은 사망일로부터 10일 사이에, 그 날 혹은 그 이전에 발행된 수표지급 또는 지급증명을 할 수 있다.

제4-406조(무권한 서명 혹은 변조를 발견하여 보고할 고객의 의무)

(a) 계좌에 관하여 채무품목의 지급을 나타내는 계좌명세서를 고객에게 송부 또는 이용할 수 있도록 한 은행은 지급된 채무품목을 고객에게 반환 또는 이용할 수 있도록 하거나, 지급된 채무품목을 고객이 합리적으로 특정하는 것을 허락함에 충분한 정보를 계좌명세서에 기재하여야 한다. 그 계좌명세서는 해당 채무품목이 번호, 금액 및 지급일에 의하여 기술되어 있으면 충분히 설명하고 있다.

(b) 채무품목이 고객에게 반환되지 않은 경우에 그 채무품목을 보유하는 자는 해당 채무품목의 수령 후 7년이 경과 할 때까지 해당 채무품목을 보유하거나 또는 그 채무품목이 파기된 경우에는 해당 채무품목의 합법적인 복사본을 제공할 권한을 유지할 것인가를 선택하여야 한다. 고객이 채무품목을 지급하였던 은행에 그 채무품목을 요구한 경우에 해당 은행은 합리적인 기간 내에 그 채무품목이거나 혹은 그 채무품목이 파기된 경우 혹은 다른 이유로 이용할 수 없게 된 경우에 해당 채무품목의 해석가능한 사본 중 어느 쪽이라도 교부하여야 한다.

(c) 은행이 (a)항에 따라 계좌명세서 또는 채무품목을 송부하거나, 또는 이용할 수 있도록 하는 경우에 고객은 채무품목의 변조 또는 그 고객 또는 고객을 위한 서명 또는 서명으로 된 것이 무권한이기 때문에 지급이 무권한인가의 여부를 결정하기 위하여 합리적으로 신속하게 검토하여야 한다. 제공된 명세서 또는 채무품목에 기초하여 고객이 합리적으로 무권한적 지급을 발견한 경우에 그 고객은 관련사실을 신속하게 은행에 알려야 한다.

(d) 은행이 (c)항에 의하여 부과된 고객의 의무를 준수하지 않는 것을 입증한 경우에 그 고객은 은행에 대하여 다음 사항을 주장할 수 없다.

(1) 은행이 그 의무위반으로 인하여 입은 손실을 입증한 경우에 해당 서류에 첨부된

무한권 서명 또는 변조; 및

(2) 고객이 그 채무품목 또는 계좌명세서를 검토하여 은행에 통지할 수 있는 30일을 초과하지 않는 합리적인 기간이 부여된 후에 은행이 고객으로부터 무권한 서명 혹은 변조의 통지를 수령하기 전에 지급되었다면 은행에 의하여 신의성실하게 지급된 그 외의 채무품목에 대하여 동일한 불법 행위자에 의한 고객의 무권한 서명 또는 변조.

(e) (d)항이 적용되어 은행이 채무품목의 지급을 하였을 때에 통상 주의하지 않았던 것 및 그 주의의 결여에 의하여 실질적인 손실이 발생한 것을 고객이 증명하는 경우에 그 손실은 고객이 (c)항에 따르지 않았다는 것 및 은행이 통지의 주의를 다 하지 않았다는 것이 그 손실에 기여한 정도에 따라 금지를 주장한 고객 및 금지를 주장하는 은행과의 사이에서 배분된다. 은행이 신의성실하게 그 채무품목을 지급하지 않았다는 것을 고객이 증명하는 경우에 (d)항에 의한 금지는 적용되지 않는다.

(f) 고객 또는 은행 어느 쪽이든 주의 또는 주의의 결여에 관하여 명세서 또는 채무품목을 고객이 이용할 수 있도록 된 후((a)항) 1년 이내의 해당 채무품목상의 무권한 서명 또는 변조를 발견하고 고지하지 않은 고객은 은행에 대하여 그 무권한 서명 또는 변조를 주장할 수 없다. 본조에 의한 금지가 있는 경우에 지급은행은 해당 금지가 적용된 무권한 서명 또는 변조에 관하여 제4-208조에 의하여 보증위반으로 주장할 수 없다.

제4-407조(부적절한 지급에 대한 지급은행의 채권자대위권)

발행인 또는 작성자의 지급정지지시에 반하여 또는 계좌가 폐쇄된 후 또는 그 외 발행인 또는 작성자에 의한 이의신청에 근거를 제공하는 정황에 따라 지급은행이 채무품목을 지급한 경우에 해당 이득을 방지하고, 또한 해당 채무품목의 그 지급을 이유로 해당 은행에 발생한 손실을 방지하는 것에 필요한 한도만으로 해당 은행은 다음 자의 권리를 대위하여 행사할 수 있다.

(1) 발행인 또는 작성자에 대한 해당 채무품목에 의한 해당 보유인의 권리;

(2) 그 채무품목에 대한 또는 그 채무품목의 근거가 된 거래에 의할 것인가에 의하여 발행인 또는 작성자에 대한 해당 채무품목의 지급수취인 또는 다른 보유인의 권리; 및

(3) 그 채무품목의 근거가 된 거래에 관련하여 해당 채무품목의 지급수취인 또는 다른 보유인에 대한 발행인 또는 작성자의 권리.

제5장 화환어음의 추심

제4-501조(화환어음의 취급; 제시를 위하여 송부하고, 부도를 고객에게 통지할 의무)
추심을 위하여 화환어음을 취득하는 은행은 해당 화환어음 및 제시를 위하여 첨부증서를 제시 또는 송부하여 해당 화환어음이 적절한 과정으로 지급 또는 인수되지 않은 것을 알았을 경우에 비록 은행이 그 화환어음을 할인 또는 매입하거나 또는 해당 권리에 따라 인출하여 이용가능한 신용을 제공한 경우라도 적당한 시기에 그 사실을 은행 고객에게 고지하여야 한다.

제4-502조([도착시] 화환어음의 제시)
화환어음 또는 관련제시가「도착시」,「물품이 도착한 때」 등의 제시를 요구하는 경우에 추심은행은 해당 물품의 도착까지 합리적 기간이 경과하였다고 스스로 판단하는 경우까지 제시할 필요는 없다. 물품이 도착하지 않은 것을 이유로 하는 지급 또는 인수의 거절은 부도는 아니다. 은행은 그 거절에 관하여 양도인에게 통지하여야 하지만, 그러한 지시를 받기까지 또는 해당 물품의 도착을 알 때까지 다시 해당 화환어음을 제시할 필요는 없다.

제4-503조(문서 및 물품에 대한 제시은행의 책임; 부도에 대한 이유의 보고; 중재인이 필요한 경우)
별도의 제시가 없는 한, 또한 제5편에 규정된 경우를 별도로 하고, 화환어음의 제시은행은,

(1) 그 수표가 제시 뒤 3일 이상 경과한 후에 지급된 경우에 그 화환어음의 인수시 수취인에게 해당 문서를 인도하여야 한다; 또는

(2) 부도시 인수를 요구하는 제시의 경우 또는 지급을 요구하는 제시의 경우 어느 쪽이더라도 필요한 경우에는 해당 화환어음 중 지명된 중재인으로부터 지시를 요구하여 그것에 따를 수 있거나, 해당 제시은행이 중재인의 중재를 이용하는 것을 선택한 경우에 부도시 이유를 확인하기 위하여 근면 또는 신의성실하게 행하여야 하며, 그 부도에 관하여 또는 그 이유를 확인하는 노력의 결과에 대하여 그 양도인에게 통지하여야 하고, 또한 지시를 요구하여야 한다. 그러나 제시은행은 적당한 시기에 수령한 합리적인 지시에 따르는 것을 제외하고, 해당 증명서에 제시된 물품에 관하여 어떠한 의무도 지지 않는다. 해당 은행은 지시에 따른 시기에 관하여 경비를 구상하는 권리 및 모든 경비에 변제 또는 보전을 요구하

는 권리를 가진다.

제4-504조(제시은행이 물품을 취급하는 특권; 경비에 관한 유치권)

(a) 화환어음의 부도에 계속되는 제시를 적시에 요구하였지만, 합리적인 기간내에 그 지시를 받을 수 없는 제시은행은 합리적인 방법으로 해당 물품을 보관, 매각 또는 다른 방법으로 처분할 수 있다.

(b) (a)항에 의한 조치에 의하여 사용된 합리적인 경비에 관하여 제시은행은 해당 물품 또는 이익금에 대하여 유치권을 가지고, 이 유치권은 지급을 받고 있지 않은 매도인의 경우와 같은 방법으로 실행된다.

4A

자금이체

제1장 주제 및 정의
제2장 지급지시의 발행 및 수령
제3장 수령은행에 의한 송신인의 지급지시의 집행
제4장 지 급
제5장 기 타

제 1 장 주제 및 정의

제4A-101조(약칭)

제4A-102조(적용범위)

제4A-103조(지급지시; 정의)

제4A-104조(자금이체; 정의)

제4A-105조(그 밖의 정의)

제4A-106조(지급지시가 수령될 때)

제4A-107조(연방준비금규칙 및 운영규정)

제4A-108조(연방법에 의한 규율된 소비자 거래의 배제)

제 2 장 지급지시의 발행 및 수령

제4A-201조(안전확보절차)

제4A-202조(수권부 및 진정증명부 지급지시)

제4A-203조(일정한 진정증명부 지급지시의 강제불가능)

제4A-204조(지급금의 반환 및 무권한의 지급지시에 관하여 고지할 고객의 의무)

제4A-205조(잘못된 지급지시)

제4A-206조(자금이체 또는 다른 이체시스템을 통한 지급지시의 송신)

제4A-207조(수익자의 오기)

제4A-208조(매개은행 또는 수익자의 은행의 오기)

제4A-209조(지급지시의 인수)

제4A-210조(지급지시의 거절)

제4A-211조(지급지시의 해제 및 수정)

제4A-212조(수령되지 않은 지급지시에 관한 수령은행의 책임 및 의무)

제 3 장 수령은행에 의한 송신인의 지급지시의 집행

제4A-301조(집행 및 집행일)

제4A-302조(지급지시의 집행에서 수령은행의 의무)

제4A-303조(지급지시의 잘못된 집행)

제4A-304조(잘못 집행된 지급지시를 송금인에게 보고할 의무)

제4A-305조(지연되거나 부적절한 집행 또는 지급지시의 미집행에 대한 책임)

제 4 장 지 급

제4A-401조(지급일)

제4A-402조(송금인이 수령은행에 지급할 의무)

제4A-403조(송금인에 의한 수령은행에의 지급)

제4A-404조(수취인에 지급 또는 통지를 주는 수익자의 은행의 의무)

제4A-405조(수익자의 은행에 의한 수익자에 대한 지급)

제4A-406조(지급인에 의한 수익자에의 지급; 채무의 면책)

제 5 장 기 타

제4A-501조(자금이체 시스템 규칙의 합의에 의한 변경 및 효력)

제4A-502조(수령은행에 송달된 채권자의 소장; 수익자의 은행에 의한 상계)

제4A-503조(자금이체에 관한 금지 명령 및 억지 명령)

제4A-504조(채무품목 및 지급지시의 요금을 계좌에 부과하는 것을 허용하는 지시; 계좌에서의 인출 지시)

제4A-505조(고객의 계좌의 채무계정으로의 이의신청의 사전금지)

제4A-506조(이율)

제4A-507조(준거법의 선택)

제4A편 자금이체

제1장 주제 및 정의

제4A-101조(약칭)

본편은 통일상법전 - 자금이체라 칭한다.

제4A-102조(적용범위)

제4A-108조에 규정된 경우를 제외하고, 본편은 제4A-104조에 정의된 자금이체에 적용된다.

제4A-103조(지급지시; 정의)

(a) 본편에서,

(1) 「지급지시」는 다음의 경우에 수익자에 대하여 확정금액 또는 산정할 수 있는 금액을 지급하거나 또는 지급할 것을 구두, 전자적 또는 서면으로 전달하는 수령은행에 대한 송금인의 지시를 의미한다.

(i) 그 지시가 지급시기 이외에 수익자에게 지급할 조건을 서술하고 있지 않은 경우;

(ii) 수령은행은 송금인의 계좌로부터 대변기입하는 것에 의하여 환급을 받거나 또는 다른 방법으로 송금인으로부터 변제를 수령하는 경우; 그리고

(iii) 그 지시가 송금인에 의하여 직접 수령은행 또는 대리인, 자금이체시스템 또는 수령은행으로의 이체를 위하여 전송시스템으로 전송되는 경우.

(2) 「수익자」는 수익자의 은행에 의하여 변제를 받는 자를 의미한다.

(3) 「수익자의 은행」은 수익자의 계좌가 지급지시에 의하여 대변기입하여야 한다고 기재되어 있는 당해 지시 중에 또는 그 지시가 계좌로 지급하는 것을 규정하고 있지 않은 경우에 다른 방법으로 수익자에게 지급하거나 지급지시 중 특정된 은행을 의미한다.

(4) 「수령은행」은 송금인의 지시가 지정하는 은행을 의미한다.

(5) 「송금인」은 수령은행에 대하여 지시를 하는 자를 의미한다.

(b) (a)항 (1)호에 따른 지시가 수익자에 대하여 2회 이상의 지급을 하는 것인 경우에 그 지시는 각 지급에 관한 별개의 지급지시이다.

(c) 지급지시는 그것이 수령은행에 송부될 때에 발행된다.

제4A-104조(자금이체; 정의)

본편에서,

(a) 「자금이체」는 지급지시의 수익자에게 지급하기 위하여 행한 지급인의 지급지시에 시작하는 일련의 거래를 의미한다.

(b) 「매개은행」은 지급인 이외의 은행 또는 수익자 은행 이외의 수령은행을 의미한다.

(c) 「지급인」은 자금이체에 있어 최초의 지급지시를 발하는 자를 의미한다.

(d) 「지급인의 은행」은 (ⅰ) 지급인이 은행이 아닌 경우에 지급인의 지급지시가 발하여진 수령은행, 혹은 (ⅱ) 지급인이 은행인 경우에 그 지급인을 의미한다.

제4A-105조(그 밖의 정의)

(a) 본편에서,

(1) 「수권계좌」는 은행에 대하여 고객에 의하여 발행된 지급지시의 지급재원으로서, 해당 고객에 의하여 지정된 그 은행의 예금계좌를 의미한다. 고객이 그러한 계좌를 지정하지 않았을 경우에 계좌로부터 지급지시의 지급이 그 계좌의 이용에 관한 제약에 저촉하지 않을 때는 해당 고객의 어느 계좌라도 수권계좌가 된다.

(2) 「은행」은 은행업을 경영하는 자를 의미하고, 저축은행, 저축・대출은행, 신용조합 및 신용신탁회사를 포함한다. 은행의 지점 또는 별개의 사무소는 본편에서 별개의 은행이다.

(3) 「고객」은 은행에 계좌를 가지고 있는 자(은행을 포함) 또는 은행이 지급지시를 수령하는 것에 합의한 상대방을 의미한다.

(4) 수령은행의 「자금이체영업일」은 하루 중 지급지시의 수령, 처리, 전송 및 지급지시의 해제 및 수정을 위하여 수령은행이 영업하는 시기를 의미한다.

(5) 「자금이체시스템」은 진송이체 네트워크, 자동화된 어음교환소, 어음교환소 또는 다른 은행협회의 다른 전달 시스템을 통하여 은행에 의한 지급지시가 해당 지시의 수취인 은행으로 전송된 것을 의미한다.

(6) 「신의성실」은 사실상 정직 및 공정거래의 합리적인 상업상의 기준을 준수하는 의미이다.

(7) 사실에 관하여 「증명하다」는 사실의 입증책임(제1-201조 (8))을 부담하는 것을 의미한다.

(b) 본편에 적용된 다른 정의 및 그 정의가 보여준 조문은 다음과 같다.

「인수」 제4A-209조

「수익자」 제4A-103조

「수익자의 은행」 제4A-103조
「집행되었다」 제4A-301조
「집행일」 제4A-301조
「자금이체」 제4A-104조
「자금이체시스템규칙」 제4A-501조
「매개은행」 제4A-104조
「지급인」 제4A-104조
「지급인의 은행」 제4A-104조
「수익자의 은행에 의한 수익자의 지급」 제4A-405조
「지급인에 의한 수익자의 지급」 제4A-406조
「송금인에 의한 수령은행의 지급」 제4A-403조
「지급일」 제4A-401조
「지급지시」 제4A-103조
「수령은행」 제4A-103조
「안전성확보절차」 제4A-201조
「송신인」 제4A-103조

(c) 제4편에 있는 다음의 정의는 본편에도 적용된다.
「어음교환소」 제4-104조
「채무품목」 제4-104조
「지급의 정지」 제4-104조

(d) 제1편은 본편 전체를 통하여 적용되는 일반적 정의 및 해석의 원리를 포함하고 있다.

제4A-106조(지급지시가 수령될 때)

(a) 지급지시를 해제 또는 수정하는 지급지시 또는 통지의 수령시 제1-201조 (27)에 규정한 통지의 수령에 적용된 원칙에 의하여 규율된다. 수령은행은 지급지시 및 지급지시를 해제 또는 수정하는 통지를 수령하여 처리함에 있어 자금이체영업일에 자금이체 마감시간을 설정할 수 있다. 또한 수령은행은 지급지시, 해제 또는 수정뿐만 아니라 다른 범주에 속하는 지급지시에 다른 마감시간을 적용할 수 있다. 마감시간은 송금인에게 일반적으로 적용될 수 있거나, 다른 마감시간이 다른 송금인 또는 지급지시의 종류에 적용될 수 있다. 지급지시를 해제 또는 수정하는 지급지시 또는 통지가 자금이체 영업일의 폐점시 후, 또는 자금이체영업일의 적절한 마감시간 후 수령된 경우에 수령은행은 그 수령지시 또는 통지를 다음 자금이체영업일의 개점시에 수령한 것으로 취급할 수 있다.

(b) 본편에서 집행일 또는 지급일에 규정하고 있거나, 또는 수령은행이 조치를 취하여야 할 날을 정하고 있고, 또한 그 기일 또는 그 날이 자금이체영업일에 해당하지 않는 경우에 자금이체영업일인 그 익일이 본편에 별도로 규정되어 있지 않는 한, 해당 규정된 기일 또는 일로써 취급된다.

제4A-107조(연방준비금규칙 및 운영규정)

연방준비금조직의 이사회규칙 및 연방준비금은행의 운용규정과 본편이 저촉하는 경우에 본편은 적용되지 않는다.

제4A-108조(연방법에 의한 규율된 소비자 거래의 배제)

본편은 1978년의 전자적 자금이체에 관한 법률에 의하여 규율되는 자금이체에 적용되지 않는다.

제2장 지급지시의 발행 및 수령

제4A-201조(안전확보절차)

「안전확보절차」는 (i) 지급지시를 수정하거나 해제하는 지급지시 또는 전달이 고객의 것임을 확인하거나, (ii) 전송 또는 지급지시 또는 전달의 오류를 발견할 목적을 위하여 고객과 수령은행이 합의에 의하여 확립된 절차를 의미하는 안전확보절차는 알고리즘 또는 다른 코드, 식별문자 또는 번호, 암호문, 콜백절차 또는 유사한 안전확보의 장치의 사용을 요구할 수 있다. 지급지시 또는 전달상의 서명을 해당 고객의 수권견본서명과 비교하는 것만으로는 안전확보절차를 모두 이행한 것으로 되지 않는다.

제4A-202조(수권부 및 진정증명부 지급지시)

(a) 수령은행에 의하여 수령된 지급지시는 송금인이 그 지시를 수권하거나 또는 대리에 관한 법률이 적용되는 경우에 송금인으로서 특정된 자의 수권부지시이다.

(b) 은행 및 그 고객이 고객의 이름으로 송금인으로서 해당 은행에 대하여 행한 지급지시의 진정성이 안전확보절차에 의하여 검증된 것에 합의한 경우에 수령은행에 의하여 수령된 지급지시는 (i) 그 안전확보절차가 무권한의 지급지시에 대한 안전성을 확보하는 상업상 합리적인 수단이고, 또 (ii) 은행이 신의성실 또는 그 안전확보절차 및 그 고객의 이름으로 발행된 지급지시의 인수를 제한하는 해당 고객의 합의시 또는 지시에 따라서 그 지급지시를 받은 것을 증명할 경우에 수권여부와

관계없이 그 고객의 지시로서 유효하다. 그 은행은 고객과의 합의서에 위반하는 지시에 또는 지급지시가 인수되기 전에 은행이 그것에 대하여 행위할 수 있는 합리적인 기회를 부여하는 시간 및 방법으로 수령되지 않는 통지에 따를 필요가 없다.

(c) 안전확보절차의 상업상 합리성은 은행에 대하여 표현된 고객의 의사를 고려하여, 해당 은행이 알고 있는 그 고객의 각 정황(그 고객이 은행에 대하여 통상 행한 지급지시의 규모, 종류 및 빈도를 포함한다), 고객 및 수령은행이 일반적으로 사용하는 안전확보절차를 결정하는 것은 법률문제이다. 안전확보절차는 (ⅰ) 해당 고객에 상업상 합리적인 대체적 안전확보절차를 제공하고, 동시에 고객이 거절한 후에 그 안전확보절차가 고객에 의하여 선택되거나, (ⅱ) 그 고객이 수권 여부와 관계없이 그 자의 이름으로 발행되거나 또는 그 고객에 의하여 선택된 안전절차를 준수하여 은행에 의하여 인수된 지급지시에 의하여 구속된 것에 서면으로 명시적으로 합의한 경우에 상업상 합리적이라고 간주된다.

(d) 본편에서 「송금인」이라고 하는 용어는 지급지시가 (a)항에 의한 고객의 수권지시이거나, 또는 (b)항에 의하여 고객의 지시로서 유효한 경우에 그 이름으로 지급지시가 발행된 고객을 포함한다.

(e) 본조는 지급지시에 적용되는 범위에서 그 지시의 수정 및 철회에도 적용된다

(f) 본조 및 제 4A-203조 (a)항 (1)호에서 정한 경우를 제외하고, 본조 또는 제4A-203조에 의하여 발생한 권리의무를 합의에 의하여 변경할 수 없다.

제4A-203조(일정한 진정증명부 지급지시의 강제불가능)

(a) 인수된 지급지시가 제4A-202조 (a)항에 의하여 송금인으로서 특정된 고객의 진정한 지시는 아니지만, 제4A-202조 (b)항에 따라 고객의 지시로서 유효한 경우에 다음의 각 원칙이 적용된다.

(1) 서면의 명시적 합의에 의하여, 수령은행은 그 은행이 지급지시의 지급을 강제하거나 또는 유지하는 권리를 가지는 한도를 제한할 수 있다

(2) 지급지시는 (ⅰ) 지급지시 또는 안전절차에 관하여 고객을 위하여 대리하는 의무를 언제 위탁하였는가, (ⅱ) 그 정보를 취득한 방법 또는 그 고객에 귀책사유가 있었는가의 여부와 관계없이 고객의 전송시설에의 접근권을 취득한 자에 의하여 직접 또는 간접으로 발하지 않았다는 것을 고객이 증명하는 경우에 수령은행은 그 지급지시의 지급을 강제하거나 유지하는 권리를 가진다. 정보는 접근도구, 컴퓨터·소프트웨어 등을 포함한다.

(b) 본조는 그것이 지급지시에 적용되는 것과 같은 범위내에서 지급지시의 수정에도 적용된다.

제4A-204조(지급금의 반환 및 무권한의 지급지시에 관하여 고지할 고객의 의무)

(a) (i) 수권되지 않고 동시에 제4A-202조에 의한 고객의 지시로서 유효하지 않거나, 또는 (ii) 제4A-203조에 의하여 고객에 대하여 전체 또는 일부를 강제할 수 없는 송금인으로서의 고객의 이름으로 발행된 지급지시를 수령한 수령은행은 해당 은행이 지급을 강제하는 권리를 가지지 않는 범위에서 그 고객으로부터 수령한 지급지시의 지급금을 반환하여야 하며, 동시에 그 은행이 지급을 수령한 날로부터 그 반환의 날까지 반환금에 대한 이자를 지급하여야 한다. 그러나 그 지시가 고객에 의하여 수권되지 않은 것을 조사하는 것, 그리고 그 고객이 은행으로부터 해당 지시가 인수되거나 고객의 계좌는 해당 지시와 관련하여 대변기입되었다는 통지를 수령한 날로부터 90일을 넘지 않는 합리적 기간 내에 관련사실을 은행에 통지하는 것에 대하여 통상의 합리적 주의를 다 하지 않는 경우에 그 고객은 그 반환금에 대한 이자를 은행으로부터 받을 수 없다. 그 은행은 고객이 본조에서 정하여진 통지를 하지 않는 것에 대하여 그 고객으로부터 손해배상을 받을 권리를 가지지 않는다.

(b) (a)항에 의한 합리적 기간은 제1-204조 (a)항에서 규정된 합의에 의하여 정하여질 수 있지만, (a)항으로 정하여진 지급금을 반환하는 수령은행의 의무는 합의에 의하여 변경할 수 없다.

제4A-205조(잘못된 지급지시)

(a) 인수되지 않은 지급지시가 오류의 검사를 위하여 안전확보절차에 따라서 전송된 경우에 또는 해당 지급지시가 (i) 송금인이 의도하지 않은 수익자에게 잘못된 지급을 하였거나, (ii) 송금인에 의하여 의도된 금액보다도 많은 금액의 지급을 잘못 지시하였거나, (iii) 송금인에 의하여 이체에 송부된 지급지시를 잘못 복사하여 송부한 경우에 다음의 각 원칙이 적용된다.

(1) 송금인이 그 송금인 또는 제4A-206조에 따라서 발행을 위하여 대리하는 자가 안전확보절차에 따르고, 수령은행도 그것을 준수하고 있으면 오류는 발견될 수 있었다는 것을 증명할 경우에 그 송금인은 (2)호 및 (3)호로 정한 한도로 그 지시로 지급하는 의무를 지지 않는다.

(2) 자금이체가 (a)항 (i) 또는 (iii)로 정한 잘못된 지급지시를 기준으로 완료한 경우에 송금인은 그 명령으로 지급을 하는 의무를 지지 않거나, 수령은행은 착오 및 원상회복을 규율하는 법률에 의하여 허락된 한도로 수익자로부터 해당 수익자에게 지급되는 금액을 청구할 수 있다.

(3) 자금이체가 (a)항 (ii)에 규정된 지급지시에 따라 완료된 경우에 그 송금인은 수익자에 의하여 수령된 금액이 송금인에 의하여 의도된 금액보다 큰 금액을 한도로 해당 지시로 지급을 할 의무를 지지 않는다. 그 경우에 수령은행은 착오 및

원상회복을 규율하는 법률에 의하여 허락된 한도로 수령된 초과액을 수익자로부터 청구할 수 있다.

(b) (ⅰ) (a)항에서 정한 잘못된 지급지시의 송금인이 그 지시의 전부 또는 일부를 지급할 필요가 없고, (ⅱ) 그 송금인이 해당 지시는 그 은행에 의하여 인수된 것 또는 해당 지시와 관련하여 그 송금인의 계좌에서 계산되었다고 하는 통지를 수령은행으로부터 수령한 경우에 그 송금인은 이용할 수 있는 정보를 근거로 하여 그 지시에 관한 잘못을 발견하기 위하여 또는 그 은행의 통지가 송금인에 의하여 수령된 후 90일을 넘지 않은 기간 내에 관련사실을 은행에 고지하기 위하여 통상적으로 주의를 다할 의무를 진다. 은행이 그 송금인은 그 의무를 이행하지 않은 것을 증명하는 경우에 그 송금인은 그 불이행의 결과로 발생하였다고 증명된 은행의 손실에 대하여 책임을 지지만, 그 송금인의 책임은 송금인의 지시액을 초과할 수 없다.

(c) 본조는 그것이 지급지시에 적용된 같은 범위내에서 지급지시의 수정에도 적용된다.

제4A-206조(자금이체 또는 다른 이체시스템을 통한 지급지시의 송신)

(a) 수령은행으로 당해 지급지시가 자금이체 시스템 또는 은행에의 전송을 위한 다른 제3자의 전달 시스템에 전달된 경우에 해당 시스템은 해당 지급지시를 그 은행으로 전하기 위한 송금인의 대리인으로 간주된다. 그 시스템으로 전달된 지급지시의 조건으로 그 시스템에 의하여 은행으로 전달된 지급지시의 조건 간에 불일치가 있는 경우에 송금인의 조건은 그 시스템에 의하여 전달된 것이다. 본조는 연방준비금은행의 자금이체 시스템에는 적용되지 않는다.

(b) 본조는 그것이 지급지시에 적용된 것과 같은 범위내에서 지급지시의 해제 또는 수정에도 적용된다.

제4A-207조(수익자의 오기)

(a) (b)항에 따라, 수익자의 은행에 의하여 수령된 지급지시에 수익자의 이름, 은행계좌번호·또는 그 신원확인이 없거나 특정될 수 없는 자 또는 계좌를 기입하지 않은 경우 또는 그 지시의 수익자로서 권리를 가지는 자가 존재하지 않은 경우에 그 지시는 인수되지 않는다.

(b) 수익자의 은행이 이름에 의하여 식별된 자에게 지급을 하였거나 또는 그 이름과 번호가 다른 자를 특정하고 있는 경우에는 다음의 각 원칙이 적용된다.

(1) (c)항에 별도의 예금으로 정하여지지 않은 한, 수령은행이 이름과 번호가 다른 자를 지시하고 있는 것을 알지 못한 경우에 해당 은행은 그 명령의 수익자의 적절한 식별기준으로 그 번호를 사용할 수 있다. 그 수익자의 은행은 그 이름과 번호가 동일한 자를 지시하는가의 여부를 결정할 필요가 없다.

(2) 수익자의 은행이 이름에 의하여 식별된 자에게 지급을 하였거나, 그 이름과 번호가 다른 자를 특정하는 것을 알고 있는 경우에 그 자가 해당 자금이체의 지급인으로부터 지급을 수령할 권리를 가지고 있었을 때에 그 수익자의 은행에 의하여 지급된 자를 제외하고, 누구도 수익자로서 각 권리를 가지지 않는다. 누구도 수익자로서의 각 권리를 가지지 않는 경우에 그 지시의 인수는 일어날 수 없다.

(c) (ⅰ) (b)항으로 규정된 지급지시가 수령되어, (ⅱ) 지급인의 지급지시가 모순된 이름 및 번호에 의하여 그 수익자를 기술하고, 또 (ⅲ) 그 수익자의 은행이 (b)항 (1)호에 규정된 번호에 의하여 특정된 자에게 지급이 된 경우에는 다음의 각 원칙이 적용된다.

(1) 지급인이 은행인 경우에 그 지급인은 그 지시에 지급할 의무를 진다.

(2) 지급인이 은행이 아니고, 동시에 번호에 의하여 특정된 자가 지급인으로부터 지급을 수령할 권리를 가지지 않는 것을 증명할 경우, 또는 그 지급인의 은행이 지급인의 지시를 인수하기 전에 해당 지급인은 지명된 수익자와 다른 자의 식별번호가 특정되었다고 하더라도 식별번호 또는 은행계좌번호를 근거로 그 수익자의 은행 또는 지급인에 의하여 발행된 지급지시에 따라 지급이 될 수 있다는 것을 알고 있는 것을 증명하는 경우를 제외하고, 그 지급인은 그 지시에 지급을 하는 의무를 지지 않는다. 통지의 증명은 인정할 수 있는 증거에 의하여 할 수 있다. 지급인의 은행은 그 지급인이 지급지시가 수령되기 전에 그 통지에 관계하는 정보를 기재한 서면으로 서명한 것을 해당 은행이 증명하는 경우에 입증책임은 충족된다.

(d) (b)항 (1)호에 의하여 규율된 경우에 수익자의 은행이 번호에 의하여 특정된 자에 대하여 정당하게 지급을 하고, 동시에 그 자가 지급인으로부터 지급을 수령할 권리를 가지는 자가 아닌 경우에 지급된 금액은 다음의 경우에 착오 및 원상회복에 관한 법률에서 규정하고 있는 범위내에서 그 자에게 청구할 수 있다.

(1) 지급인이 (c)항으로 징하여신 지급지시로 지급을 하는 의무를 지는 경우에 그 지급인은 반환청구할 수 있다.

(2) 지급인이 은행이 아니기 때문에 그 지급지시의 지급을 하는 의무를 지지 않는 경우에 그 지급인의 은행은 반환청구할 수 있다.

제4A-208조(매개은행 또는 수익자의 은행의 오기)

(a) 본항은 신원확인번호에 의하여만 매개은행 또는 수익자의 은행을 특정하는 지급지시에 적용된다.

(1) 수령은행은 매개은행 또는 수익자의 은행이 적용한 특정방법으로 그 번호를 선택할 수 있고, 그 번호가 은행을 특정하는가의 여부를 결정할 필요가 없다.

(2) 그 지시를 집행할 때, 또는 집행하려고 할 때에 은행이 번호를 신뢰한 결과로서 수령은행이 입은 손실과 경비에 대하여 송금인은 그 수령은행에 배상하여야 한다.

(b) 이름 및 번호가 다른 자를 특정하는 경우에 본조는 매개은행 또는 수익자의 은행을 이름과 신원확인번호의 쌍방에 의하여 특정되는 지급지시에 적용된다.

(1) 송금인이 은행인 경우에 수령은행은 그 수령은행이 송금인의 지시를 집행할 때 그 이름 및 번호가 다른 자를 특정하는 것을 알지 못한다면, 매개은행 또는 수익자의 은행에 적절한 특정방법으로 그 번호를 선택할 수 있다. 그 수령은행은 그 이름과 번호가 동일인을 지시하고 있는가의 여부 또는 그 번호가 은행을 지시하고 있는가의 여부를 특정할 필요가 없다. 그 지시를 집행할 때 또는 집행하려고 할 때, 그 번호를 신뢰한 결과로써 수령은행이 입은 손실 및 경비에 대하여 송금인은 그 수령은행에 배상할 의무를 진다.

(2) 송금인이 은행이 아니거나, 또는 수령은행이 그 지급지시가 인수되기 전에 송금인은 해당 수령은행이 매개은행 또는 수익자의 은행의 적절한 식별로서 번호가 사용될 수 있다는 것을 알고 있는 경우에 그 은행이 이름에 의하여 특정된 은행과는 다른 은행을 특정한다고 하여도 송금인과 수령은행의 권리의무는 그 송금인이 은행인 것과 동일하게 (b)항 (1)호에 의하여 규율된다. 통지의 증명은 인정할 수 있는 증거에 의하여 증명될 수 있다. 수령은행은 그 송금인이 해당 지급지시가 인수되기 전에 그 통지에 관계하는 정보를 기재한 서면에 서명한다는 것을 해당 은행이 증명할 경우에는 입증책임을 다 한 것이다.

(3) 은행 여부와 관계없이, 수령은행이 그 송금인의 지시를 집행할 때에 그 이름 및 번호가 다른 자를 특정하는 것을 알지 못하였을 경우에 수령은행은 매개은행 또는 수익자의 은행의 적절한 특정방법으로 그 이름을 선택할 수 있다. 수령은행은 그 이름과 번호가 동일인을 가리키고 있는가의 여부를 결정할 필요는 없다.

(4) 수령은행이 그 이름 및 번호가 다른 [복수의] 자를 특정하고 있는 것을 알고 있을 경우에 송금인의 지급지시를 집행할 때에 그 이름 또는 그 번호 중 어느 것을 선택하는 것은 제4A-302조 (a)항 (1)호에서 정하여진 의무의 위반이다.

제4A-209조(지급지시의 인수)

(a) (d)항에 따라, 수익자의 은행 이외의 수령은행은 지급지시를 집행할 때에 그 지시를 인수한다.

(b) (c)항 및 (d)항에 따라, 수익자의 은행은 다음의 시기 중 가장 빠른 시기에 지급지시를 인수한다.

(1) 해당 통지가 그 지시를 거절 또는 인수하거나 또는 그 지시의 송금인으로부터

지급을 수령할 때까지 사용금지를 지시하지 않는 한, 그 은행은 (ⅰ) 제4A-405조 (a)항 또는 제4A-405조 (b)항에 의하여 수익자에게 지급할 때, 또는 (ⅱ) 그 수익자에게 그 지시의 수령 또는 그 수익자의 계좌가 해당 지시에 관하여 대변기입을 통지할 때;

(2) 그 은행이 제4A-403조 (a)항 또는 제4A-403조 (b)항에 따라서 송금인의 지시의 전액을 수령할 때; 또는

(3) 그 시기에 송금인의 지시의 금액이 송금인의 수권계좌 가운데 인출할 수 있는 대변기입잔고에 의하여 충분히 처리할 수 있는 경우에 또는 그 은행이 별도의 방법으로 발신인으로부터 전액의 지급을 수령할 경우에 그 지시의 지급일과 계속하는 해당 은행의 다음 자금이체영업일의 개시 시기. 다만, 그 지시가 그 시기보다 먼저 거절되거나, (ⅰ) 그 시기로부터 1시간 이내, 또는 (ⅱ) 그 지급일에 계속하는 송금인의 다음 영업일의 개시 시기로부터 1시간 이내(그 시기가 끝나면)에 거절된 경우에는 그 한도가 없다. 거절의 통지가 지급일 후에 송금인에 의하여 수령되거나, 송금인의 수권계좌가 이자를 발생하는 것이 아닐 경우에 그 은행은 지급일로부터 해당 송금인이 그 지시는 인수될 수 없다고 통지를 수령한 날, 또는 그 사실을 송금인이 안 날까지 경과한 일수를 계산하고, 그 경과일수분에 대하여 그 지시의 금액에 대한 이자를 지급할 의무를 진다. 인출할 수 있는 신용잔고가 그 지시의 금액보다 적은 경우에 지급되어야 하는 이자의 금액은 그 금액만큼 감액된다.

(c) 지급지시의 인수는 그 지시가 수령은행에 의하여 수령되기 전에 일어나지 않는다. 지급지시의 수익자가 수령은행에 계좌를 가지고 있지 않은 경우, 그 계좌가 폐쇄된 경우 또는 수령은행이 수익자의 계좌에 대변기입하는 것이 법률에 의하여 허용되지 않는 경우에 (b)항 (2)호 또는 (b)항 (3)호에 의한 인수는 일어나지 않는다.

(d) 수신인이 지급인의 은행에 행한 지급지시는 그 은행이 수익자의 은행인 경우에 지급일까지 또는 그 은행이 수익자의 은행이 아닌 경우에 그 집행일까지 인수할 수 있다. 지급인의 은행이 그 집행일 전에 지급인의 지급지시를 집행하거나 또는 그 지급일 전에 지급인의 지급지시의 수익자에게 지급을 하고, 동시에 그 지급지시가 제4A-211조 (b)항에 따라서 그 후에 해제될 경우에 그 은행은 착오 및 원상회복을 규율하는 법률에 의한 한도로 수령된 지급을 해당 수익자에게 청구할 수 있다.

제4A-210조(지급지시의 거절)

(a) 지급지시는 구두, 전자적 방식 또는 서면으로 송신된 송금인에 대한 거절의 통지에 따라 수령은행에 의하여 거절된다. 거절의 통지는 어떤 특정의 용어를 사용할 필요는 없다. 그 통지가 수령은행은 그 지시를 거절하고 있는 것, 또는 그 지시를 집행

하지 않거나 지급하지 않는 것을 나타내고 있다면 충분하다. 거절은 전송된 정보가 처음부터 합리적 수단에 의한 것이라면, 그 통지가 주어졌을 때에 유효하다. 송금인과 수령은행의 합의가 지급지시의 거절을 위하여 사용된 수단을 정하고 있는 경우에는 (i) 합의를 준수하는 수단은 합리적이고, (ii) 준수하지 않은 수단으로부터 발생한 지시의 수령에서 중대한 지연이 없는 경우를 제외하고 준수되지 않는 수단은 비합리적이다.

(b) 본항은 수익자의 은행 이외의 수령은행이 집행일에 송금인의 수권계좌에 그 지시에 따라 인출할 수 있는 충분한 대변기입잔고가 있음에도 불구하고, 그 지급지시를 집행하지 않은 경우에 적용한다. 송금인이 집행일에 지급거절의 통지를 수령하지 않거나, 송금인의 수권계좌에 이자가 생기지 않은 경우에 그 은행은 지급일로부터 제4A-211조 (d)항에 따라 해당 지시가 해제된 날 또는 그 지시는 인수되지 않았다는 통지를 수령한 날 또는 그 사실을 송금인이 안 날 중 먼저 도래한 날까지 경과한 일수를 계산하여 그 경과일수분에 대하여 그 지시의 금액에 대한 이자를 지급할 의무를 진다. 지급할 수 있는 신용잔고가 그 명령의 금액보다 적은 경우에 지급되어야 하는 이자의 금액은 그 금액만큼 감액된다.

(c) 수령은행이 지급을 정지할 경우에 해당 은행에 대하여 발행되었지만, 인수가 거절된 지급지시는 해당 은행이 지급의 정지를 한 시기에 모두 거절된 것이라고 간주된다.

(d) 지급지시를 인수한 후에는 거절할 수 없다. 지급지시를 거절한 후에는 그 지시를 인수할 수 없다.

제4A-211조(지급지시의 해제 및 수정)

(a) 송금인에 의한 지급지시의 해제 또는 수정은 수령은행에 대하여 구두, 전자적 방식 또는 서면으로 전달할 수 있다. 안전확보절차가 송금인과 수령은행과의 사이에서 유효한 경우에 그 전달이 안전확보절차에 따른 것으로 증명되지 않거나 은행이 해제 또는 수정에 동의한 경우가 아니라면 그 전달은 해당 지시를 해제 또는 수정한 것으로 유효하지 않다.

(b) (a)항에 따라, 지급지시를 해제 또는 수정한 송금인에 의한 전달은 은행이 그 지급지시를 인수하기 전에 전달의 통지가 수령은행에 해당 전달에 따라 처리할 수 있는 합리적인 기회를 주는 시기 및 방법으로 수령된 경우에 유효하게 그 지시를 해제 혹은 수정할 수 있다.

(c) 지급지시가 인수된 후, 다음의 경우에 은행의 동의없이 해제 또는 수정하는 것에 수령은행이 동의하지 않거나 또는 자금이체시스템규칙이 허용되고 있는 것이 아니라면 지시의 해제 또는 수정은 유효하지 않다.

(1) 수익자의 은행 이외의 수령은행에 의하여 인수된 지급지시에 관하여 해당 수령은행에 의하여 발행된 지급지시의 적합한 해제 또는 수정된 경우가 아니라면 해제 또는 수정은 유효하지 않다.

(2) 수익자의 은행에 의하여 인수된 지급지시에 관하여 그 지시가 수권되지 않은 지급지시를 집행하고 발행되었거나, 또는 (i) 송금인에 의하여 이체에 발행된 지급지시의 복사이거나, (ii) 지급인으로부터 지급을 수령할 권한을 가지지 않은 수익자에게 지급을 지시하거나, (iii) 그 수익자가 지급인으로부터 수령할 권리를 가지는 금액 이상의 지급을 지시한 지급지시의 발행의 결과로 자금이체에 송금인의 착오가 있는 경우를 제외하고, 해제 또는 수정은 유효하지 않다. 지급지시가 해제 또는 수정된 경우에 수익자의 은행은 착오 및 원상회복을 규율하는 법률에 의하여 허용된 한도로 수익자에 지급된 금액을 수익자에게 청구할 수 있다.

(d) 인수되지 않은 지급지시는 해당 지시의 집행일 또는 지급일 후에 수령은행의 5 자금이체영업일의 개점시기에 해제된다.

(e) 해제된 지급지시는 인수할 수 없다. 인수된 지급지시가 해제된 경우에 그 인수는 무효이며, 어떠한 자도 무효인 인수에 근거하여 권리와 의무를 가지지 않는다. 지급지시의 수정은 그 수정의 시기에 원래의 지시가 해제되고, 동시에 수정된 양식의 새로운 지급지시가 발행된 것으로 간주된다.

(f) 양 당사자의 합의 또는 자금이체 시스템에 별도로 규정된 경우를 제외하고, 수령은행이 지급지시를 수령한 후, 발신인에 의한 지시의 해제 또는 수정에 합의하거나, 해당 은행의 합의없이 해제 또는 수정을 허용하는 자금이체 시스템 규칙에 의하여 구속된 경우에 그 발신인은 해제 또는 수정이 유효한가의 여부와 관계없이 합리적인 변호사보수를 포함하여 그 해제 또는 수정의 시도의 결과로 발생한 손실 및 경비에 대하여 은행에 대하여 책임을 진다.

(g) 수령은행이 그 사망에 대하여 알고 있거나, 또는 적절한 재판관할권을 가지는 법원에 의한 불능의 판결에 대하여 알고 있고, 그 지시의 인수 전에 행위할 합리적인 기회를 가지는 경우가 아니라면 지급지시는 발신인의 사망 또는 법적 무능력에 의하여 취소할 수 없다.

(h) 자금이체 시스템 규칙은 (c)항 (2)에 저촉하는 한도내에서 무효이다.

제4A-212조(수령되지 않은 지급지시에 관한 수령은행의 책임 및 의무)

수령은행이 인수의 명시적 합의에 의하여 인수하여야 할 지급지시를 인수하지 않은 경우에 그 은행은 그 합의에 또는 본편에 규정된 한도로 해당 합의의 위반에 대하여 책임을 지지만, 그 외의 점에는 지급지시를 인수할 것, 또는 인수 전에 본편 또는 명시적 합의에 의하여 규정된 경우를 제외하고, 해당 시시에 관하여 어떠한 조치를 취할 또는 조치에 필요한 준비를 할 의무도 없다. 인수가 제4A-209조에서 규정된 바에 따라 발생한 경우에만 인수에 따른 책임은 발생하고, 책임은 본편에서 규정된 한도로 제한된다. 수령은행은 그 은행이 인수한 지급지시의 송금인 또는 수익자의 대리인이 아니거나 그 자금이체의 다른 당사자의 대리인이 아니거나, 또는 그 은행은 본편 또는 명시적 합의에 의하여 정하여진 경우는 별도로 하고, 그 자금이체의 당사자에 대하여 어떠한 의무도 지지 않는다.

제3장 수령은행에 의한 송신인의 지급지시의 집행

제4A-301조(집행 및 집행일)

(a) 은행에 의하여 수령된 지급지시를 실행할 것을 의도한 지급지시를 발행하였을 때에 그 명령은 수령은행에 의하여 집행된다. 수익자의 은행에 의하여 수령된 지급지시는 수령될 수 있지만, 집행될 수는 없다.

(b) 지급지시의 「집행일」은 수령은행이 발신인의 지시를 집행하여 지급지시를 적절하게 발행할 수 있는 날을 의미한다. 그 집행일은 발신인의 지시에 의하여 결정될 수 있지만, 해당 지시가 수령된 날보다 이전의 날로 될 수 없고, 또 별도의 날이 결정되지 않는 한 해당 지시가 수령된 날이 된다. 발신인의 지시가 지급일을 결정할 경우에 그 집행일은 해당 지급일이거나 또는 그 지급일에 수익자에게 합리적으로 지급할 수 있는 이체의 집행의 날이다.

제4A-302조(지급지시의 집행에서 수령은행의 의무)

(a) (b)항 내지 (d)항에 규정된 경우를 제외하고, 수령은행이 제4A-209조 (a)항에 의하여 지급지시를 인수할 경우에 그 은행은 해당 지시를 집행하는 것에 대하여 다음의 의무를 진다.

(1) 수령은행은 집행일에 발신인의 지시에 따른 지급지시를 집행하거나 또는 (i) 자금이체를 수행할 때에 사용되는 매개은행 또는 자금이체 시스템, 또는 (ii) 그 자금이체에 있어서 지급지시가 전송된 그 수단에 관한 발신인의 지시에 따를 의무를 진다. 지급인의 은행이 지급지시를 매개은행에 대하여 발행할 경우에 지급인의 은행은 지급인의 지시에 따라서 매개은행에 지시할 의무를 진다. 그 자금이체에 있어서 매개은행은 인수한 지급지시에 대하여 수령은행과 동일하게 구속된다.

(2) 송금인의 지시가 그 자금이체는 전화 또는 전자전송에 의하여 수행되어야 한다

고 기재하고 있거나, 또는 그 자금이체는 가장 간편한 수단에 의하여 수행되어야 한다고 별도의 방법으로 지시하고 있을 경우에 수령은행은 이용할 수 있는 가장 간편한 수단에 의하여 그 지급지시를 전송하고, 동일한 방법으로 매개은행에 지시할 의무를 진다. 송금인의 지시가 지급일을 기재하고 있을 경우에 수령은행은 그 지급일 또는 가능한 그것에 가까운 시기에 수익자에게 지급할 수 있도록 합리적으로 필요한 시기 및 방법으로 그 지급지시를 전송할 의무를 진다.

(b) 별도의 지시가 없는 한, 지급지시를 집행하는 수령은행은 (i) 그 정황에서 자금이체 시스템의 이용이 합리적이라면 그 시스템을 이용하거나, 또는 (ii) 수익자의 은행 또는 수령은행이 매개은행의 선택에 통상의 주의를 다 하고 있다면, 송금인의 지시에 적합한 지급지시가 수익자의 은행에 대하여 발행되도록 그 매개은행에 대하여 지급지시를 발행할 수 있다. 그 수령은행은 신의성실하게 송금인의 지시에 따를 수 없거나 그 지시에 따른 것이 자금이체를 부당하게 지연시킨 것이라고 결정할 경우에 자금이체 시스템을 지정한 송금인의 지시를 따르지 않을 수 있다.

(c) (a)항 (2)호가 적용되거나, 또는 수령은행이 별도의 지시를 받고 있을 경우가 아니라면, 그 은행은 제1종 우편에 의하거나, 또는 정황에서 합리적인 수단에 의하여 그 지급지시를 전송함으로써 지급지시를 집행할 수 있다. 수령은행이 그 지급지시를 특정의 수단에 의하여 전송함으로써 송금인의 지시를 집행하도록 지시된 경우에 그 수령은행은 정하여진 수단에 의하거나, 또는 정하여진 수단과 같은 적절한 수단에 의하여 그 지급지시를 발행할 수 있다.

(d) 송금인에 의하여 지시되지 않았다면, (i) 수령은행은 송금인의 지시의 금액을 공제한 금액과 동일한 금액이 지급지시를 발행하여 송금인의 지시의 집행에 관련한 서비스 및 경비의 요금을 취득할 수 없으며, 또는 (ii) 그 후의 수령은행에 대하여 동일한 방법으로 그 요금을 취득하도록 지시할 수 없다.

제4A-303조(지급지시의 잘못된 집행)

(a) (i) 송금인의 지시의 금액보다도 더 큰 금액으로 지급지시를 발행하여 해당 송금인의 지급지시를 집행하거나, 또는 (ii) 해당 송금인의 지시를 집행하여 지급지시를 발행하거나 또는 그 후에 중복되는 지시를 발행하는 수령은행은 제4A-402조 (c)항의 요건이 충족될 경우에 동항에 의하여 송금인의 지시의 금액의 지급을 받을 권리를 가진다. 그 은행은 착오 및 원상회복을 규율하는 법률에 의하여 허락된 한도로 수령된 초과지급을 수익자에게 청구할 수 있다.

(b) 송금인의 지시의 금액보다 작은 금액으로 지급지시를 발행하여 해당 송금인의 지급지시를 집행하는 수령은행은 제4A-402조 (c)항에 의하여 (i) 동항이 별도의 방법으로 보안되거나, (ii) 그 은행이 해당 오류를 송금인의 지시의 수익자의 이익을

위하여 추가적 지급지시를 발행하여 시정될 때는 해당 송금인의 지시 금액을 환급받을 수 있다. 시정되지 않을 경우에 잘못된 지시의 발행인은 그 잘못된 지시의 금액의 한도에서만 그 자가 인수한 지시의 발행인으로부터 지급을 수령 또는 유지할 권리를 가진다. 수령은행이 송금인의 지시에 따라서 서비스 및 경비에 대한 요금의 지급을 취득할 목적을 위하여 송금인의 지시의 금액보다도 적은 금액의 지급지시를 발행하여 송금인의 지급지시를 집행할 경우에는 본항은 적용되지 않는다.

(c) 수령은행이 송금인의 지시의 수익자와는 다른 수익자에 대하여 지급지시를 발행하여 그 송금인의 지급지시를 집행하거나 그 자금이체가 그 오류에 근거하여 완료한 경우에 잘못 집행된 지급지시의 송금인 및 그 자금이체의 그 이체의 모든 송금인은 그들이 발행한 지급지시를 지급할 필요가 없다. 잘못된 지시의 송금인은 착오 및 원상회복을 규율하는 법률에 의하여 허용된 한도로 그 지시의 수익자에게 수령된 금액을 청구할 수 있다.

제4A-304조(잘못 집행된 지급지시를 송금인에게 보고할 의무)

제4A-303조에서 규정한 바와 같이 잘못 집행된 지급지시의 송금인이 그 지시가 집행되거나 또는 송금인의 계좌가 그 지시에 따라 차변기입되었다는 내용의 통지를 수령은행으로부터 수령한 경우에 그 송금인은 이용할 수 있는 정보를 근거로 하여 해당 지시가 잘못 집행되었다는 것을 확정하거나 해당 은행으로부터 통지가 그 송금인에 의하여 수령된 날로부터 90일을 넘지 않는 합리적 기간내에 관련사실을 그 은행에게 고지할 통상의 주의를 다할 의무를 진다. 송금인이 그 의무를 이행하지 않을 경우에 해당 은행은 집행의 잘못에 대하여 알기 전의 기간에 대하여 제4A-402조 (d)항에 의하여 송금인에 대하여 변제된 금액으로 이자를 지급할 의무를 지지 않는다. 은행은 본조에서 정하여진 의무를 송금인이 이행하지 않은 것을 이유로 그 송금인으로부터 어떠한 손해배상을 청구할 수 있는 권리를 가지지 않는다.

제4A-305조(지연되거나 부적절한 집행 또는 지급지시의 미집행에 대한 책임)

(a) 자금이체는 완료하였지만 제4A-303조에 위반한 수령은행에 의한 지급지시의 집행이 수익자에 대한 지급을 지연시킨 경우에 그 은행은 그 부절적한 집행에 의하여 생긴 지연기간에 대하여 그 자금이체의 지급인 또는 수익자 어느 쪽에 대하여도 이자를 지급할 의무를 진다. (c)항에서 정하여진 경우를 제외하고, 부수적 손해는 청구될 수 없다.

(b) 제4A-302조에 위반한 수령은행에 의한 지급지시의 집행이 (i) 자금이체의 미완료, (ii) 지급인에 의하여 지정된 매개은행을 사용하지 않는 경우, 또는 (iii) 지급인의 지급지시의 각 조항에 따르지 않는 지급지시의 집행의 결과로 발생한 경우에

그 자금이체에 관련한 경비에 대하여 또는 (a)항에 의하여 대체되지 않은 한도로 부수적 경비 및 이자의 손실에 대하여 그 은행은 지급인에 대하여 책임을 진다. (c)항에서 정하여진 경우를 제외하고 부수적 손해는 청구될 수 없다.

(c) (a)항 및 (b)항에 의하여 지급된 금액에 추가하여, 결과적 손해배상도 포함한 손해배상은 수령은행의 명시적 합의에서 규정된 한도로 인정된다.

(d) 수령은행이 명시적 합의에 의하여 그 은행이 집행할 의무를 지는 지급지시를 집행하지 않는 경우에 그 수령은행은 그 거래의 각 경비에 대하여 또는 집행하지 않는 것으로부터 생긴 부수적 경비 및 이자에 대하여 송금인에 대하여 책임을 진다. 결과적 손해배상을 포함한 부수적 손해배상은 수령은행의 명시적 합의에서 규정된 한도로 청구할 수 있지만, 그 외의 경우에는 그러하지 아니하다.

(e) (a)항 또는 (b)항에 의하여 배상을 청구하거나, 그 청구권에 기한 소송이 제기되기 전에 거절된 경우에 합리적인 변호사 보수는 청구될 수 있다. 청구가 (d)항에 의한 합의의 위반에 기하거나 그 합의가 손해배상을 규정하고 있지 않은 경우에 (d)항에 의하여 배상을 청구하거나, 그 청구권에 기한 소송이 제기되기 전에 거절되었을 때에 합리적인 변호사 보수는 청구될 수 있다.

(f) 본조에서 정하여진 경우를 제외하고, (a)항 및 (b)항에 의한 수령은행의 책임은 합의에 의하여 변경할 수 없다.

제4장 지　급

제4A-401조(지급일)

지급지시의 「지급일」은 그 지시의 금액이 수익자의 은행에 의하여 수익자에게 지급된 날을 의미한다. 지급일은 송금인의 지시에 의하여 결정될 수 있지만, 수익자의 은행이 그 지시를 받은 날보다 빠른 날로 할 수 없고, 별도로 지정된 날이 없는 경우에 수익자의 은행이 그 지시를 받은 날로 한다.

제4A-402조(송금인이 수령은행에 지급할 의무)

(a) 본조는 제4A-205조 및 제4A-207조에 따른다.

(b) 수익자의 은행에 대하여 집행된 지급지시에 관하여 은행이 그 지시를 수령하였을 때에 송금인은 그 지시의 전액을 은행에 지급할 의무를 지지만, 지급은 그 지시의 지급일까지 만기로 되지 않는다.

(c) 본항은 (e)항 및 제4A-303조에 따른다. 수익자의 은행 이외의 수령은행에게 발행

된 지급지시에 대하여 그 수령은행에 의한 해당 지시의 수령는 송금인이 그 지시의 금액을 해당 은행에 지급할 의무를 진다. 그 송금인에 의한 지급은 그 송금인의 지시의 집행일까지 만기로 되지 않는다. 자금이체가 해당 송금인의 지급지시에 대한 수익자에게 지급할 것을 지시하는 지급지시를 수익자의 은행이 인수하는 것에 의하여 완료되지 않았다면 해당 지급지시에 대하여 지급할 송금인의 의무는 면제된다.

(d) 지급지시의 송금인이 그 지시의 지급을 하거나, 지급된 금액의 전부 또는 일부를 지급할 의무를 지고 있지 않은 경우에 지급을 수령한 은행은 그 송금인이 지급할 의무를 지지 않은 한도로 지급을 반환할 의무를 진다. 제4A-204조 및 제4A-304조에 규정된 경우를 제외하고, 그 지급일로부터 반환된 금액에 대하여 이자는 지급되어야 한다.

(e) 자금이체가 (c)항에서 규정된 바와 같이 완료되지 않은 경우에 매개은행이 (d)항에 의하여 지급을 반환할 의무를 지지만, 다른 법률에 의하여 허락되지 않은 것을 이유로 또는 은행이 지급을 정지하기 위하여 반환할 수 없을 경우에 제4A-302조 (a)항 (1)호에 의한 지시에 따라서 그 매개은행을 통하여 자금이체의 경로를 정하고, 지급지시를 집행한 자금이체의 송금인은 해당 은행이 인수한 지급지시의 송금인으로부터 지급을 수령 또는 유지할 권리를 가진다. 그 매개은행을 통하여 경로를 정하는 것을 지시한 자금이체의 최초의 송금인은 (d)항에 의하여 그 매개은행에 대하여 지급한 은행의 반환금을 취득할 권리를 대위한다.

(f) 지급지시의 송금인이 (c)항에서 규정된 바와 같이 그 지시의 지급을 할 의무 또는 (d)항에 의하여 반환금을 수령할 의무로부터 면책된 권리는 합의에 의하여 변경할 수 없다.

제4A-403조(송금인에 의한 수령은행에의 지급)

(a) 수령은행에 지급한 제4A-402조에 의한 송금인의 채무의 지급은 다음의 시기에 일어난다.

(1) 송금인이 은행인 경우에 수령은행이 연방준비금은행 또는 자금이체 시스템을 통하여 해당 채무의 최종결제를 수령한 시기에 지급이 일어난다.

(2) 송금인이 은행이거나 또는 그 송금인이 (ⅰ) 해당 송금인의 수령은행의 계좌에 대변기입한, 또는 (ⅱ) 다른 은행의 계좌에 대변기입하도록 한 경우에 해당 신용이 인출된 때 또는 인출되지 않았을 때에는 그 날의 자정 중에 그 신용을 인출할 수 있고, 해당 수령은행이 그 사실을 알았을 때 지급이 일어난다.

(3) 수령은행이 그 수령은행의 송금인의 계좌에 차변기입할 경우에 그 차변기입이 해당 계좌로 인출할 수 있는 신용잔고에 의하여 배상된 한도로 지급이 일어

난다.

(b) 송금인 및 수령은행이 당사자 사이에 다중적으로 채무를 결제할 자금이체 시스템의 당사자인 경우에 수령은행은 그 시스템 규칙에 따라 결제가 완료될 때에 최종적 결제를 수령한다. 자금이체 시스템을 통하여 전송된 지급지시의 금액을 지급할 송금인의 의무는 해당 시스템 규칙에 의하여 허용된 한도로 상계에 의하여 또는 그 자금이체 시스템을 통하여 수령은행에 의하여 해당 송금인에게 전송된 다른 지급지시의 금액에 대하여 수령은행으로부터 지급을 수령할 송금인의 권리를 송금인의 채무와 상계할 수 있다. 그 자금이체 시스템에 있어서 각 송금인이 각 수령은행에 지는 채무의 총 잔고는 그 시스템 규칙에 의하여 허용되는 한도로 상계에 의하여 또는 그 시스템의 다른 당사자에 의하여 해당 송금액에 대하여 지는 총 잔고를 해당 잔고에 충당하는 것에 의하여 정하여질 수 있다. 그 총 잔고는 본항 제2문에서 정하여진 상계권이 행사된 후에 결정된다.

(c) 두개의 은행이 상호의 채무의 결제를 제4A-402조에 의하여 그 날의 자정 또는 다른 기간의 종료일에 이행한다는 합의에 의하여 상호에게 지급지시를 전송할 경우에 은행에 의하여 전송된 전부의 지시에 관하여 부채가 되는 합계액이 다른 은행에 의하여 전송된 전부의 지시에 관하여 부채가 되는 합계액과 상계된다. 그 상계의 한도로 각 은행은 상대방 은행에 대하여 지급한 것이다.

(d) (a)항에 해당하지 않는 경우에는 제4A-402조 (b)항 또는 제4A-402조 (c)항에 의하여 송금인의 채무가 변제될 때를 채무가 이행된 때로 정하는 법률의 각 원칙에 의하여 규율된다.

제4A-404조(수취인에 지급 또는 통지를 주는 수익자의 은행의 의무)

(a) 제4A-211조 (e)항, 제4A-405조 (d)항 및 제4A-405조 (f)항에 따라, 수익자의 은행이 지급지시를 인수할 경우에 그 은행은 해당 지시의 수익자에 대하여 그 지시의 금액을 지급할 의무를 진다. 해당 지시의 지급일에 지급되어야 하지만, 그 은행의 자금이체영업일이 경과한 후에 지급된 경우에 지급은 그 익일의 자금이체영업일에 지급된 것이 된다. 은행이 수익자에 의한 청구 및 지급의 결과로서 결과적 손해배상을 발생시킨 특별한 정황의 통지를 수령한 후, 지급을 거절한 경우에 수익자의 지급을 받을 권리에 관하여 합리적인 근거하에 지급되지 않는 것을 해당 은행이 증명할 경우를 제외하고, 그 수익자는 해당 은행이 손해배상의 통지를 받은 한도에 지급을 하는 것을 거절한 것으로부터 발생한 손해배상을 청구할 수 있다.

(b) 수익자의 은행에 의하여 수령된 지급지시가 수익자의 계좌로 지급을 지시하고 있는 경우에 해당 은행은 지급일에 계속된 익일의 자금이체영업일의 자정 이전의 이체에 대하여 그 지시의 수령을 해당 수익자에게 통지할 의무를 진다. 지급지시가

수익자의 계좌로 지급을 지시하지 않는 경우에 해당 은행은 통지가 그 지시에 의하여 요구된 경우에만 수익자에게 통지하여야 한다. 통지는 제1종 우편 또는 그 정황에 처음부터 합리적인 다른 수단을 통하여 할 수 있다. 은행이 필요한 통지를 하지 않은 경우에 그 은행은 통지를 하여야 할 날로부터 그 수익자가 그 은행에 의한 지급지시의 수령에 대하여 안 날까지 해당 지급지시의 금액에 대하여 그 수익자에게 이자를 지급할 의무를 진다. 그 외의 손해배상은 청구될 수 없다. 합리적인 변호사 보수 또는 이자가 요구되어 그 청구권에 기한 소송이 제기되기 전에 거절된 경우에는 청구될 수 있다.

(c) (a)항에 따라 지급과 손해배상을 수령할 수 있는 수익자의 권리는 합의 또는 시스템 규칙에 의하여 변경할 수 없다. (b)항에 따라 통지를 받은 수익자의 권리는 그 수익자가 자금이체의 개시전에 시스템 규칙을 안 경우에 그 수익자의 합의 또는 자금이체 시스템 규칙에 의하여 변경할 수 있다.

제4A-405조(수익자의 은행에 의한 수익자에 대한 지급)

(a) 수익자의 은행이 지급지시의 수익자의 계좌에 대변기입할 경우에 (i) 그 수익자가 그 신용을 인출할 권리의 통지를 받는다, (ii) 그 은행이 적법하게 그 수익자의 차변기입에 그 신용을 충당한다, 또는 (iii) 그 지시에 관한 자금이 별도의 방법으로 은행에 의하여 수익자가 이용할 수 있는 경우에 제4A-404조 (a)항에 의한 은행의 채무의 지급이 일어난다.

(b) 수익자의 은행이 수익자의 계좌에 지급지시의 대변기입을 하지 않을 경우에 제4A-404조 (a)항에 따라 은행이 지급할 의무가 발생하는 시기는 채무가 이행될 때를 결정하는 법률의 각 원리에 따라 규율된다.

(c) (d)항 및 (e)항에서 정하여진 경우를 제외하고, 수익자의 은행이 지급에 조건을 부가하여, 또는 해당 은행이 그 지시의 지급을 수령하지 않을 때 해당 수익자로부터 지급을 청구할 권리를 은행에 부여한 수익자의 합의에 의하여 그 은행이 지급지시의 수익자에 지급을 할 경우에 그 지급의 조건 또는 합의는 강제할 수 없다.

(d) 자금이체 시스템 규칙은 그 시스템을 통하여 이루어진 자금이체의 수익자에 대한 지급은 그 은행이 인수한 지급지시의 수익자의 은행에 의한 지급의 수령 때까지 임시적인 것으로 규정할 수 있다. 이 규칙에 의하여 임시적으로 지급한 수익자의 은행에 대하여 (i) 자금이체가 개시되기 전에 이체의 임시적 성질에 관하여 수익자와 지급인 쌍방에게 통지하는 것을 당해 규정에서 요구하거나, (ii) 수익자, 수익자의 은행 내지 지급인의 은행이 당해 규정에 구속된다는 것에 합의하고, (iii) 그 수익자의 은행이 그 은행이 인수한 지급지시의 지급을 수령하지 않을 경우에 수익자로부터 반환을 받을 수 있다. 수익자가 그 수익자의 은행에 지급을 변제할 의무를

질 경우에 수익자의 은행에 의한 지급은 제4A-406조에 의하여 일어나지 않는다.

(e) 본항은, (ⅰ) 당사자간에 다중적으로 채무관계를 형성하고, (ⅱ) 당사자의 전체 채무를 만족시키는 것이 불가능한 1 또는 2 이상의 당사자의 채무를 완전하게 결제하는 것에 필요한 자금을 제공하기 위하여 채무자간의 손실공동부담합의에 효력이 있는 자금이체 시스템에 따라 전송된 지급지시를 포함한 자금이체로 적용된다. 자금이체에 있어서 수익자의 은행이 지급지시를 수령하거나 그 시스템이 그 자금이체에 있어서 지급지시에 관하여 각 원칙에 따라 결제를 완료하지 않을 경우에 (ⅰ) 수익자의 은행에 의한 인수는 무효가 되고, 그 인수에 기한 권리의무는 누구에게도 발생하지 않으며, (ⅱ) 그 수익자의 은행은 해당 수익자로부터 지급을 회복할 수 있으며, (ⅲ) 지급인에 의한 그 수익자에의 어떠한 지급도 제4A-406조에 의하여 일어나지 않고, 동시에 (ⅳ) 제4A-402조 (e)항에 따라, 그 자금이체에 있어서 각 송금인은 그 자금이체가 완료하지 않은 것을 이유로 제4A-402조 (c)항에 의하여 그 지급지시로 지급하는 그 자의 의무로부터 면제된다.

제4A-406조(지급인에 의한 수익자에의 지급; 채무의 면책)

(a) 제4A-211조 (e)항, 제4A-405조 (d)항 및 제4A-405조 (e)항에 따라, 자금이체의 지급인은 그 지급인의 지급지시의 수익자에게 (ⅰ) 수익자를 위하여 지급지시가 자금이체에 따라 수익자의 은행에게 인수된 시기, 또는 (ⅱ) 지급인의 금액을 초과하지 않지만, 수익자의 은행에 의하여 인수된 금액과 같은 금액으로 지급한다.

(b) (a)항에 의한 지급이 채무를 이행하기 위한 경우에 (ⅰ) (a)항에 의한 지급이 해당 채무에 관하여 수익자의 계약에 의하여 금지된 수단에 의하여 행하여진 경우, (ⅱ) 수익자의 은행에 의한 지시의 수령의 통지를 받은 후, (ⅲ) 해당 지시에 관하여, 자금이 그 수익자에 의하여 인출되지 않았거나 또는 수익자의 채무에 충당되지 않은 경우, 또는 (ⅳ) 지급이 계약에 따른 수단에 의한 경우라면, 합리적으로 회피할 수 있다고 생각되는 손실을 그 수익자가 입은 경우를 제외하고, 동일 금액이 수익자에게 지급된 결과로서 면책되는 범위에서 그 채무는 면제된다. 지급인에 의한 지급이 본조에 의한 면책의 결과를 발생시키지 않을 경우에 그 지급인은 제4A-404조 (a)항에 의하여 수익자의 은행으로부터 지급을 받는 수익자의 각 권리에 채권자를 대위한다.

(c) 채무의 면제가 (b)항에 의하여 발생하였는가의 여부를 결정하기 위하여 수익자의 은행이 자금이체에 있어서 1 또는 2 이상의 은행의 비용보다 적은 지급인의 지급지시의 금액과 동일한 금액으로 지급지시를 인수하였다면 그 수익자에 대한 지급은 그 수익자의 청구에 의하여 지급인이 할인된 금액을 해당 수익자에게 지급하지 않을 경우를 제외하고, 지급인의 지시의 금액으로 간주된다.

(d) 본조에 의한 자금이체의 지급인은 수익자의 권리에 대하여 지급인과 수익자의 합의에 의하여만 변경할 수 있다.

제5장 기 타

제4A-501조(자금이체 시스템 규칙의 합의에 의한 변경 및 효력)

(a) 본편에 별도로 규정된 경우를 제외하고, 자금이체 당사자의 권리의무는 관련당사자의 합의에 의하여 변경될 수 있다.

(b) 「자금이체 시스템규칙」은 (i) 협회의 자금이체 시스템에 의한 지급지시의 전송 및 협회의 지시에 관한 권리와 의무를 규율하는 규칙을 의미한다, 또는 (ii) 매개은행으로서 행동하는 연방준비금 은행이 수익자의 은행에 대하여 지급지시를 송부하거나, 그 자금이체의 당사자인 여러 은행 사이의 권리 의무를 규율하는 한도에서 은행협회의 규칙을 의미한다. 본편에 별도로 규정된 경우를 제외하고, 그 시스템을 이용하는 참가은행 사이의 권리의무를 규율하는 자금이체 시스템규칙은 비록 그 규칙이 본편과 저촉하고 또한 그 규칙에 동의하지 않는 자금이체의 다른 당사자에 간접적으로 영향을 주는 경우라도 유효하다. 자금이체 시스템규칙은 제4A-404조 (c)항, 제4A-405조 (d)항 및 제4A-507조 (c)항에 정하는 한도에서 참가 은행 이외의 해당 시스템을 이용하는 당사자의 권리의무도 규율한다.

제4A-502조(수령은행에 송달된 채권자의 소장; 수익자의 은행에 의한 상계)

(a) 본조에서 사용되는 경우에 「채권자의 소장」은 추심, 압류, 급여 압류, 우선특권의 통지, 담보권 실행 또는 계좌에 관하여 채권자 또는 다른 청구권자에 의하거나, 혹은 그 자를 대신하여 발행되는 그 외의 유사 송달을 의미한다.

(b) 본조는 채권자의 소장이 수령은행에 대하여 송달되는 경우에 지급지시의 송금인의 수권액에 관하여 채권자의 소장에 적용된다. 채권자의 소장에 관한 권리를 결정하기 위하여 수령은행이 그 지급지시를 인수한 경우에 수권계좌의 잔고는 그 은행이 그 지급지시를 인수하기 전에 대처할 수 있는 합리적인 기회를 은행에게 부여하는 시간 및 방법으로 채권자의 소장이 송달되는 경우를 제외하고, 그 은행이 다른 방법으로 당해 지시의 지급을 수령하지 않는 한도에서 해당 지급지시의 금액에 의하여 공제된 것으로 간주된다.

(c) 수령은행이 그 은행의 수익자 계좌로 지급을 요구하는 지급지시를 수령한 경우에 다음의 여러 원칙이 적용된다.

(1) 그 은행은 수익자의 계좌로 대변기입할 수 있다. 대변기입된 금액은 그 은행에 대하여 수익자가 가지는 채권과 상계될 수 있거나, 그 계좌에 관하여 해당 은행에 송달된 채권자의 소장상의 청구를 만족시키는데 충당될 수 있다.

(2) 채권자가 인출을 방지하도록 대처할 수 있는 합리적인 기회를 줄 수 있는 시간 및 방법으로 그 계좌에 관한 채권자의 소장이 송달되는 경우를 제외하고, 은행은 수익자의 계좌에 대변기입하고, 대변기입된 금액의 인출을 허가할 수 있다.

(3) 수익자의 계좌에 관한 채권자의 소장이 송달되고, 은행이 이에 대처할 수 있는 합리적인 기회를 가진 경우에 그 은행은 해당 소장의 송달과 관련없는 이유에 의한 경우를 제외하고, 그 지급지시를 거절할 수 없다.

(d) 자금이체에 따른 지급인에 의하여 수익자에 대한 지급에 관한 채권자의 소장은 수익자에 대하여 지고 있는 부채에 관하여 해당 은행에 대하여만 송달될 수 있다. 채권자의 소장이 송달된 다른 은행은 그 소장에 관하여 처리할 필요가 없다.

제4A-503조(자금이체에 관한 금지 명령 및 억지 명령)

적절한 원인에 대하여 또는 적용되는 법률을 준수하여 법원은 (ⅰ) 당사자가 자금이체를 시작하는 지급지시를 발행할 것, (ii) 지급인의 은행이 그 지급인의 지급지시를 집행할 것, 또는 (iii) 수익자의 은행이 수익자에게 자금을 지급할 것 혹은 수익자가 자금에서 인출하는 것을 금지할 수 있다.

제4A-504조(채무품목 및 지급지시의 요금을 계좌에 부과하는 것을 허용하는 지시; 계좌에서의 인출 지시)

(a) 수령은행이 송금인의 2 이상의 지급지시 또는 1 혹은 2 이상의 지급지시와 그 송금인의 계좌에서 지급되는 다른 채무품목을 수령하는 경우에 그 은행은 여러 가지 지시 및 채무품목에 관하여 어떤 순서로 그 송금인의 계좌에서 인출할 것인가를 결정할 수 있다.

(b) 계좌에 대한 신용이 그 계좌를 보관하는 자에 의하여 인출되거나, 혹은 그 계좌를 보관하는 자의 부채에 충당되는가를 결정할 때에 그 계좌에 최초로 제공된 신용은 먼저 인출되거나 충당된다.

제4A-505조(고객의 계좌의 채무계정으로의 이의신청의 사전금지)

송금인으로서 고객의 이름으로 발행되고, 그 은행에 의하여 인수된 지급지시에 관하여 수령은행이 그 고객으로부터 지급을 수령하였고, 그 고객이 합리적으로 지시를 특정하는 통지를 수령한 경우에 해당 고객은 통지를 수령한 때부터 1년 이내에 그 지급에 대한 거절을 은행에게 통지하지 않았다면 당해 은행이 그 지급을 보유할 수 없다고 주장하지 못한다.

제4A-506조(이율)

(a) 본편에 의하여 수령은행이 은행에 대하여 발행된 지급지시에 관하여 이자를 지급하는 의무를 지는 경우에 지급되는 금액은 (i) 송금인과 수령은행의 합의에 의하여, 또는 (ii) 그 지급지시가 자금이체 시스템을 통하여 전송된 경우에 자금이체 시스템 규칙에 따라 결정될 수 있다.

(b) 이자의 금액이 합의 또는 (a)항에 결정되는 원칙에 의하여 정하여지지 않을 경우에 그 금액은 연방자금비율을 이자가 지급되어야 하는 금액에 곱하여 결정한 후, 이자가 지급되는 일수에 곱하여 계산된다. 해당 연방자금비율은 이자가 지급되는 각 날에 대하여 뉴욕 연방 준비금 은행에 의하여 공표된 연방자금비율의 평균을 360일로 분할한 것이다. 공표된 대금 비율을 이용할 수 없는 날에 대하여 연방자금비율은 공표된 대금 비율의 어느 그 전날의 공표된 연방자금비율과 동일하다. 지급지시를 인수한 수령은행이 해당 자금이체가 완료하지 않은 것을 이유로 그 지시의 송신인에 대하여 지급을 반환할 것을 요구하지만, 완료하지 않은 것에 대하여 은행의 귀책사유가 없을 경우에 지급된 이자는 수령은행의 예금에 대하여 준비요건에 동등한 비율로 감액된다.

제4A-507조(준거법의 선택)

(a) 영향을 받은 당사자가 별도의 합의를 하거나 또는 (c)항이 적용되는 경우를 제외하고, 다음의 여러 원칙이 전용된다.
  (1) 지급지시의 송금인과 수령은행 사이의 권리의무는 그 수령은행이 주소로 되어 있는 주의 법률에 의하여 규율된다.
  (2) 수익자의 은행과 수익자와의 사이의 권리의무는 그 수익자의 은행이 주소로 되어 있는 주의 법률에 의하여 규율된다.
  (3) 자금이체에 의하여 지급인으로부터 수익자에게의 지급이 발생한 시기의 결정문제는 수익자의 은행이 주소로 되어 있는 주의 법률에 의하여 규율된다.

(b) (a)항의 각 호에 정하여진 당사자가 각 당사자간의 권리의무를 규율하기 위하여 특정 주의 법률을 선택하는 합의를 한 경우에 그 주의 법률은 그 지급지시 또는 자금이체가 그 주와 합리적 관계를 가지는가의 여부와 관계없이 그 권리의무를 규율한다.

(c) 자금이체 시스템규칙은 (i) 그 시스템을 통하여 전송 또는 처리된 지급지시에 관한 참가은행 사이의 권리의무 또는 (ii) 그 시스템의 수단에 의하여 그 일부가 이행된 자금이체의 일부 또는 전체의 당사자의 권리의무를 규율하는 주의 법률을 선

택할 수 있다. (i)에 따른 법률의 선택은 참가은행에 대하여 구속력을 가진다. (ii)에 따른 법률의 선택은 지급인, 다른 송금인 또는 자금이체에 자금이체 시스템이 사용될 수 있다는 통보를 받거나 또는 해당 지급인, 다른 송금인 또는 수령은행이 지급지시를 발행하였거나 혹은 인수한 때에 해당 시스템에 의한 법률의 선택에 따른 통보를 받은 수령은행에 대하여 구속력을 가진다. 자금이체의 수익자는 자금이체가 개시된 때에 그 수익자가 그 자금이체에 그 자금이체 시스템이 이용된 것과 그 시스템에 의한 준거법에 대하여 알고 있던 경우에 그 준거법에 의하여 구속된다.

(d) (b)항에 의한 합의와 (c)항에 의한 준거법 원칙 간에 불일치가 있을 경우에 (b)항에 따른 합의가 우선된다.

(e) 자금이체가 두개 이상의 자금이체 시스템을 이용하고, 해당 시스템의 준거법 사이에 불일치가 존재하는 경우에 채무품목은 당해 채무품목과 가장 밀접한 관계를 가지고 있는 준거법 원칙에 의하여 규율된다.

5

신 용 장

제5-101조(약칭)

제5-102조(정의)

제5-103조(적용범위)

제5-104조(형식적 요건)

제5-105조(약인)

제5-106조(발행, 수정, 해제 및 유효기간)

제5-107조(확인자, 지정인 및 [신용장]통지인)

제5-108조(발행인의 권리 및 의무)

제5-109조(사기 및 위조)

제5-110조(보증)

제5-111조(구제방법)

제5-112조(신용장의 양도)

제5-113조(법률에 의한 양도)

제5-114조(대금의 양도)

제5-115조(소멸시효)

제5-116조(준거법의 선택 및 법정지)

제5-117조(발행인, 신청인 및 지정인의 채권자 대위권)

제5-118조(발행인 및 지정인의 담보권)

경과규정

제[ ]조(시행일)

제[ ]조(폐지)

제[ ]조(적용 가능성)

제[ ]조(유보 조항)

제5편 신 용 장

제5-101조(약칭)

본편은 통일상법전 - 신용장이라 칭한다.

제5-102조(정의)

(a) 본편에서,

(1) 「[신용장] 통지인」이란 발행인, 확인자 또는 다른 [신용장] 통지인의 요청에 의하여 신용장이 발행, 확인 또는 수정된 것을 수익자에게 통지하거나 다른 [신용장] 통지인에게 통지하도록 요청하는 자를 말한다.

(2) 「신청인」이란 그의 요청 또는 계산으로 신용장을 발행한 자 또는 다른 자를 대신하여 발행인에게 신용장을 개설하도록 요청하는 자를 말한다. 그러한 발행을 타인에게 요청한 자는 발행인에 대하여 상환하여야 할 의무를 진다.

(3) 「수익자」는 신용장의 조건을 준수한 서류에 의하여 지급받을 수 있는 권리를 부여받은 자와 양도가능한 신용장에서 환어음을 발행할 권리를 양도받은 자를 말한다.

(4) 「확인자」는 발행인의 요구 또는 동의에 따라 지정되어 다른 자에 의하여 개설된 신용장의 조건과 일치하는 서류가 제시될 경우에 이를 지급할 것을 약속하는 자를 말한다.

(5) 신용장의 「부도」는 신용장이 요구하는 조건에 따라 어음의 인수와 같은 잠정적인 조치를 취하지 못하거나 정당하게 지급하여야 할 시기에 지급하지 못하는 것을 의미한다.

(6) 「문서」는 어음 또는 그 외의 청구서, 권원증서, 투자증권, 증명서, 운송장 혹은 (i) 신용장에 의하여 또는 신용장에 의하여 금지되지 않는 한, 제5-108조 (e)항에서 정하는 표준관행에 의하여 인정된 서면에 의하거나 다른 매체로 제시되고, (ii) 해당 신용장의 조건을 충족하는가를 조사할 수 있다는 기록, 설명서 또는 사실, 법률 혹은 의견을 의미한다. 문서는 구두로 할 수 없다.

(7) 「신의 성실」은 관계하는 행위 또는 거래에서 사실상 정직한 것을 의미한다.

(8) 신용장의 「지급」은 대금을 지급하거나 또는 양도한다고 하는 신용장상의 약속을 발행인이 이행하는 것을 의미한다. 해당 신용장이 달리 정하고 있지 않는 한, 「지급」은 (i) 지급할 때에, (ii) 신용장이 인수에 대하여 규정하고 있는 경우에

환어음의 인수를 하고, 만기시에 지급한 때에, 또는 (iii) 신용장이 지급이 연기된 채무에 대하여 규정하고 있는 경우에 그 채무를 인수하고, 만기시에 그 이행을 한 때에 발생한다.

(9) 「발행인」이란 신용장을 발행하는 은행 또는 그 외의 자를 말하며, 개인, 가족, 세대를 위하여 약속하는 개인을 포함하지 않는다.

(10) 「신용장」은 신청인의 청구에 의하여 혹은 신청인의 대금으로 수익자에 대하여 또는 금융기관의 경우에는 자기에 대하거나 혹은 자기 자신의 계좌를 위하여 금액이 있는 채무품목을 지급하거나 양도함으로써 증서의 제시에 대하여 발행인이 수익자에게 지급한다고 하는 제5-104조의 요건을 충족하는 명확한 약속을 의미한다.

(11) 「지정인」은 발행인이 (i) 지급, 수령, 유통 또는 신용장에 의하여 기타 가치를 부여하는 것을 지시 또는 수권한, (ii) 합의 또는 관습·관행에 의하여 환급을 약속한 자를 의미한다.

(12) 「제시」는 신용장에 의한 가격의 지급 혹은 부여를 위하여 발행인 또는 지정인에 대한 문서를 양도하는 것을 의미한다.

(13) 「제시인」은 수익자 또는 지정인으로서 혹은 그 자를 위하여 제시하는 자를 의미한다.

(14) 「기록」은 유체물에 기술된 정보 또는 전자 혹은 다른 매체에 보관되어 판독할 수 있는 형태로 변환할 수 있는 정보를 의미한다.

(15) 「수익자의 승계인」은 해당 수익자가 합병된 혹은 합병한 법인, 유산 관재인, 유언 집행자, 대리인, 파산 관재인, 점유를 가지는 채무자, 청산인 및 파산 집행자를 포함하여, 법적 효과에 의하여 수익자 전부의 권리를 실질적으로 승계하는 자를 의미한다.

(b) 본편에 적용되는 다른 편에서의 정의는 다음과 같다.
「인수하다」 또는 「인수」 제3-409조
「가격」 제3-303조, 제4-211조

(c) 제1편은 일반적 정의 및 본편을 통하여 적용되는 해석 원리를 포함하고 있다.

제5-103조(적용범위)

(a) 본편은 신용장 및 신용장에 관한 거래에서 발생하는 일정한 권리의무에 적용된다.

(b) 본편에서의 원칙은 본편에서 규정되지 않는 정황 또는 지명되지 않는 자에 대하여 동일한 원칙 혹은 반대의 원칙을 적용할 것을 요구, 암시 또는 부정하는 것은 아니다.

(c) 본항, (a)항 및 (b)항, 제5-102조 (a)항 (9) 및 (10), 제5-106조 (d)항 및 제5-114조

(d)항을 제외하고, 제1-102조 (3)항 및 제5-117조 (d)항에서 금지되는 경우를 제외하고, 본편의 효과는 합의 또는 약속에 의하여 기술된 혹은 준용되는 규정에 의하여 변경할 수 있다. 의무를 이행하지 않는 것에 대한 책임을 일반적으로 면책하거나, 구제방법을 일반적으로 제한하는 합의 혹은 약속으로 본편에 의하여 규정된 의무를 변경할 수 없다.

(d) 신용장에 의한 수익자 혹은 지정인에 대한 발행인의 권리의무는 발행인과 신청인간 또는 발행인과 수익자간 약속 혹은 결정을 포함하여 신용장이 발생되거나 그 근거가 되는 약속 혹은 결정의 존재, 이행 또는 불이행과는 관계가 없다.

제5-104조(형식적 요건)

신용장, 확인, 신용장 통지, 이전, 수정 또는 해제는 기록의 형태가 되면 어떤 형태로도 발행될 수 있고, (ⅰ) 서명에 의하여, 또는 (ⅱ) 당사자의 합의 혹은 제5-108조 (e)항에 결정되는 표준 관행에 따라 인증된다.

제5-105조(약인)

신용장, 신용장 통지 또는 확인을 발행, 수정, 이전 혹은 해제하기 위하여 약인은 필요하지 않다.

제5-106조(발행, 수정, 해제 및 유효기간)

(a) 발행인이 신용장 통지를 요구받은 자 또는 수익자에 대하여 발행인이 신용장을 송부 또는 다른 방법으로 전송한 때에 신용장은 발행되고, 해당 발행인에 대하여 그 조항에 따라 강제할 수 있다. 신용장이 그 취지를 규정하고 있는 경우에만 취소할 수 있다.

(b) 신용장이 발행된 후, 수익자, 신청인, 확인자 및 발행인의 권리의무는 그 자가 동의하지 않는 수정 또는 해제에 의하여 영향받지 않는다. 다만, 해당 신용장이 취소할 수 있다고 하는 것 또는 발행인은 이것에 대하여 동의를 얻지 않더라도 그 신용장을 수정 혹은 해제할 수 있는 것을 규정하고 있는 한도에서 그 제한은 없다.

(c) 명기된 유효기간을 결정하는 다른 규정이 없는 경우에 신용장은 그 명기된 발효일 후 또는 아무 것도 기재하고 있지 않는 경우에 그것이 발행된 날로부터 1년 이후에 실효한다.

(d) 영구적으로 유효하다고 기재한 신용장은 그 명기된 발효일 후 또는 아무것도 기재되지 않은 경우에 그것이 발행된 날로부터 5년 이후에 실효한다.

제5-107조(확인자, 지정인 및 〔신용장〕 통지인)

(a) 확인자는 신용장에 대하여 직접적으로 의무를 지고, 그 확인의 한도에서 발행인에 대한 권리의무를 가진다. 확인자는 발행인이 신청인과 동일하게, 그리고 확인자가 발행인의 요구 또는 발행인의 계산으로 그 신용장을 발행한 경우에 해당 발행인에 대한 권리의무를 가진다.

(b) 확인자가 아닌 지정인은 제시에 대하여 지급하거나 혹은 다른 방법으로 가격을 지급할 의무를 지지 않는다.

(c) 신용장 통지를 하여야 하는 자는 [신용장] 통지인으로서 행위하는 것을 거부할 수 있다. 확인자가 아닌 통지인은 제시에 대하여 지급하거나, 가격을 지급할 필요가 없다. 통지인은 발행인 또는 수익자에 대하여 신용장, 확인서의 수정 혹은 해당자에 의하여 수령된 신용장 통지의 여러 조건을 정확하게 신용장 통지를 할 책임을 지고, 해당 수익자에 대한 요구의 외견상의 진정성을 검사하여 통지할 책임을 진다. 그 신용장 통지가 부정확하더라도 신용장, 확인서 또는 수정은 발행된 내용대로 강제할 수 있다.

(d) 신용장의 조건, 확인, 조건 수정 또는 통지에 대하여 통지하는 자는 (c)항에 의한 [신용장] 통지인의 권리와 의무를 가진다. 피이전자의 수익자에 대한 통지의 조건은 그 통지를 하는 자에 의하여 수령된 신용장, 확인서, 수정 또는 신용장 통지에 의하여 인정된 범위에서 신용장을 양도한 제1수익자에 대한 통지의 조건과 상이할 수 있다.

제5-108조(발행인의 권리 및 의무)

(a) 제5-109조에 별도로 규정된 경우를 제외하고, 발행인은 (e)항에서 정하여진 표준관행에 의하여 그 문언상 또는 외견상 신용장의 여러 조건을 엄수하고 있는 제시에 대하여 지급하여야 한다. 제5-113조에서 별도로 규정되는 경우를 제외하고, 신청인과 별도의 합의가 되지 않는 한, 발행인은 그와 같이 준수하고 있지 않는 제시를 거부하여야 한다.

(b) 발행인은 제시 후, 다음의 일을 하는데 합리적인 기간을 가지며, 발행인이 문서를 수령한 날 이후 해당 발행인의 제7영업일의 종료시를 도과할 수 없다.

(1) 지급하는 것;

(2) 그 신용장이 제시 후 7영업일 이상 경과된 후 지급이 완료되어야 한다라고 규정하는 경우에 환어음을 인수하는 것 또는 지급연기된 채무를 인수하는 것; 또는

(3) 제시에서의 불일치에 대하여 해당 제시인에게 통지하는 것.

(c) (d)항에서 별도로 규정된 경우를 제외하고, 발행인은 적시에 통지하지 않는 경우에 부도를 이유로 불일치 또는 적시에 통지하는 경우라도 부도를 이유로 해당 통지에

기재되지 않는 불일치를 주장할 수 없다.

(d) (b)항에서 결정하는 통지를 하지 않는 것 또는 해당 통지에서 사기, 위조 혹은 실효를 서술하고 있지 않는 것은 발행인이 부도를 이유로 제5-109조 (a)항에 규정하고 있는 사기 혹은 위조를 주장하는 것 또는 제시 전에 신용장이 실효하고 있는 것을 주장할 수 있다.

(e) 발행인은 신용장을 발행하는 금융기관의 표준 관행을 준수하여야 한다. 해당 발행인이 그 표준 관행을 준수한 것에 대한 판단은 법원의 해석 문제이다. 그 법원은 양 당사자에게 표준 관행의 증거를 제출할 수 있는 합리적인 기회를 주어야 한다.

(f) 발행인은 다음의 책임을 지지 않는다.

(1) 원인이 되는 계약, 결정 또는 거래의 이행 혹은 불이행;

(2) 다른 자의 작위 또는 부작위; 또는

(3) (e)항에서 정하는 표준 관행 이외의 특정 거래의 관례의 준수 또는 지식.

(g) 제5-102조 (a)항 (10)에 의한 신용장의 내용이 되는 약속이 문서 이외의 조건을 포함하고 있는 경우에 발행인은 문서 이외의 조건을 무시하고, 그것들이 기재되고 있지 않는 것과 같이 취급할 수 있다.

(h) 제시를 부도로 한 발행인은 문서를 변환하거나, 또는 제시인이 처분할 수 있도록 그것들을 보호하고 유지하고, 그 취지의 신용장 통지를 제시인에게 송부하여야 한다.

(i) 본편에 의하여 허가되었거나 또는 요구된 제시에 지급한 발행인은,

(1) 그 자의 대금의 지급일보다 이전에 바로 이용할 수 있는 자금으로 신청인에게 환급받는 권리를 가진다;

(2) 수익자 또는 제시인의 청구권과 관계없이 문서를 취득한다;

(3) 제3-414조 및 제3-415조에 의한 환어음에 기한 소구권을 주장하는 것은 금지된다;

(4) 제5-110조 및 제5-117조에 별도로 규정된 경우를 제외하고, 지급된 금전을 청구하는 것 또는 그 착오가 해당 문서 안의 불일치 혹은 제시의 문면상 명백한 제공에 관한 착오에 의하여 나타난 그 외의 가격을 청구할 수 없다; 그리고,

(5) 해당 발행인이 요구된 수익자의 서명이 위조된 제시에 지급한 경우를 제외하고, 신용장에 의한 그 이행의 한도로 면책된다.

제5-109조(사기 및 위조)

(a) 문언상 엄밀하게 신용장의 여러 조건을 만족하고 있는 제시가 있지만, 요구된 문서가 위조되었는지 또는 실실석으로 사기적인 것인가 혹은 제시의 지급이 해당 발행인 또는 신청인에 대하여 수익자에 의한 실질적인 사기에 해당하는 것으로 인정되

는 경우에는,

(1) 지급이 (ⅰ) 신의성실하게 위조 혹은 실질적인 사기에 대하여 선의로 지급한 지정인, (ⅱ) 신의성실하게 그 확인서에 지급한 확인자, (ⅲ) 발행인 또는 지정인에 의한 인수 후에 취득된 신용장에 의하여 발행된 환어음의 정당한 보유자, 또는 (ⅳ) 채무가 발행인 또는 지정인에 의하여 인수된 후에 가격을 지급하고, 위조 혹은 실질적인 사기를 알지 못하고 취득된 발행인 또는 지정인의 지급이 연기된 채무의 양수인에 의하여 청구된 경우에 해당 발행인은 제시에 대하여 지급하여야 한다.

(2) 신의성실하게 행위하는 발행인은 그 외의 경우에 제시에 대하여 지급할 수 있거나, 부도로 취급할 수 있다.

(b) 신청인이 요구된 문서가 위조되었는지 또는 실질적으로 사기적인 것인가 혹은 제시의 지급이 해당 발행인 또는 신청인에 대하여 수익자에 의한 실질적인 사기에 해당한다고 주장하는 경우에 적절한 관할권을 가지는 법원은 그 법원이 다음의 확정을 하는 경우에만 일정 혹은 영구히 제시의 지급을 하는 것을 발행인에게 금지하거나 또는 발행인에게 그 외의 같은 구제를 인정할 수 있다.

(1) 해당 구제가 인수된 환어음 또는 해당 발행인에 의하여 인수된 연기 채무에 적용되는 법에 의하여 금지되지 않는 것:

(2) 불리한 영향을 받을 수 있는 수익자, 발행인 혹은 지정인은 그 구제시 발생할 수 있는 손실에 대하여 적절하게 보호되는 것:

(3) 본주의 법률에 의한 구제를 얻는 권리를 〔자에게〕 부여하는 여러 조건이 충족되어 있는 것: 그리고,

(4) 법원으로 제출된 정보에 근거하여 신청인은 그 위조 혹은 실질적인 사기의 청구에 의한 승소여부가 불확실하여 지급을 청구하는 자는 (a)항 (1)에 의한 보호를 받을 자격이 없다.

제5-110조(보증)

(a) 수익자가 제시한 서류가 인수되었을 때, 수익자는 다음과 같이 보증한다.

(1) 발행인 또는 서류의 제시를 받은 자에 대하여 제시된 서류에는 제5-109조 (a)항에서 규정된 종류의 사기 또는 위조가 없다;

(2) 발행의뢰인에 대하여는 발행의뢰인과 수익자간 모든 약정 또는 신용자에 추가된 양자간 약정에 위반하여 어음이 발행된 것이 아니다.

(b) (a)항의 보증은 제3편, 제4편, 제7편 및 제8편의 어느 것이 대상으로 하는 문서의 제시 또는 이전을 이유로 그 편에 의하여 발생하는 보증에 추가된다.

제5-111조(구제방법)

(a) 발행인이 제시 전에 신용장에 의한 금전을 지급하는 의무를 불법으로 부도로 하거나 또는 취소한 경우에 수익자, 권리 승계인 또는 대리인은 부도 또는 취소의 대상액인 금액을 그 발행인으로부터 환급받을 수 있다. 신용장에 의한 발행인의 의무가 금전의 지급 때문이 아닌 경우에 청구권자는 특정 이행을 청구할 수 있거나, 그 청구권자의 선택에 의하여 발행인으로부터 이행의 금액에 동등한 금액을 환급받을 수 있다. 어느 경우라도 그 청구권자는 부수적이지만, 결과적이 아닌 손해배상도 청구할 수 있다. 그 청구권자는 본항에 의한 발행자가 지급의무를 부담할 지도 모르는 손해배상을 회피하기 위한 조치를 취할 의무를 지지 않는다. 그 청구권자가 그러한 의무를 지지 않더라도 손해배상을 회피한다면, 해당 청구권자가 발행인으로부터 얻은 회복액은 회피된 손해배상의 금액만큼 감액되어야 한다. 그 발행인은 회피된 손해배상액을 증명하는 책임을 진다. 취소의 경우에 그 청구권자는 어떠한 문서도 제시할 필요가 없다.

(b) 발행인이 신용장에 따라 제시된 환어음은 청구를 불법적으로 부도처리하거나 혹은 신청인에 대하여 그 의무에 위반하여 환어음 또는 청구에 지급한 경우에 해당 신청인은 부수적이지만, 결과적이지 않는 손해배상액에서 해당 위반에 의하여 감소될 수 있는 금액을 제외한 금액을 포함하여 해당 위반에서 발생한 손해배상을 청구할 수 있다.

(c) [신용장] 통지인, 또는 확인자 이외의 지정인이 본편에 의한 의무에 위반하는 경우 또는 발행인이 (a)항 또는 (b)항에서 대상으로 되지 않은 의무를 위반하는 경우에 의무를 지지 않게 되는 상대방은 부수적 손해배상이지만, 결과적 손해배상이 아닌 것을 포함하여, 해당 위반에서 발생한 손해배상에서 그 위반 결과로서 감소될 수 있는 금액을 제외한 금액을 청구할 수 있다. 그 확인의 한도로 확인자는 본항 및 (a)항 및 (b)항에 성한 발행인의 책임을 진다.

(d) (a)항, (b)항 또는 (c)항에 의한 책임이 있다고 인정된 발행인, 지정인 또는 [신용장] 통지인은 각 항에 의하여 결정된 금액에 대하여 불법적으로 부도처리한 날 혹은 다른 적절한 날부터 이자를 지급하여야 한다.

(e) 합리적인 변호사 보수 및 그 외의 소송비용은 본편에 의하여 제기된 소송에서 승소 당사자에게 인정되어야 한다.

(f) 본편에 의한 의무의 위반에 대하여 통상적이라면 당사자에게 지급되어야 한다고 생각되는 손해배상은 합의 또는 약속에 의하여 확정액으로 될 수 있지만, 예견된 손해에 비추어 합리적인 금액으로 또는 계산방식에 의한 것이어야 한다.

제5-112조(신용장의 양도)

(a) 제5-113조에 별도로 규정된 경우를 제외하고, 신용장이 양도할 수 있다고 기재되어 있지 않는 한, 신용장에 따라 발행하거나 또는 다른 방법으로 이행을 청구할 수 있는 수익자의 권리는 양도될 수 없다.

(b) 신용장이 그것을 양도할 수 있다고 정하고 있는 경우라도,

(1) 그 양도가 적용되는 어느 법률에 위반한다고 생각되는 경우; 혹은

(2) 양도인 또는 양수인이 신용장에서 정한 요건 혹은 제5-108조 (e)항에서 정한 표준 관행의 범위내인지 혹은 그 상황 아래에서 보통 합리적인 양도와 관련하여 발행자에 의하여 부과된 그 외의 요건에 따르지 않을 경우, 그 발행인은 양도를 승인할 것 또는 실행할 것을 거절할 수 있다.

제5-113조(법률에 의한 양도)

(a) 수익자의 승계인은 갱신에 동의하고, 문서에 서명하여 승계인으로서 그 자의 지위를 공개하지 않고, 수익자의 이름으로 변제 또는 다른 가격의 어느 품목을 수령할 수 있다.

(b) 수익자의 승계인은 수정에 동의하여 문서에 서명하고, 제시하고, 그리고 해당 수익자의 공개된 승계인으로서 자신의 이름으로 변제 또는 다른 채무품목을 수령할 수 있다. (e)항에 규정된 경우를 제외하고, 발행인은 제5-108조 (e)항에 서술된 표준관행에 따라, 표준관행이 없을 경우에 해당 발행인을 보호하는데 충분히 합리적인 다른 절차에 따라 법 규정에 의하여 발행권의 양도에 대한 해당 발행인의 승인을 위한 여러 요건을 준수한 경우에 종전의 자를 완전히 대위하는 것으로써 수익자의 공개된 승계인을 수익자로서 인정하여야 한다.

(c) 발행인은 승계인이라고 칭하고 있는 자가 수익자의 승계인인가의 여부 또는 승계인이라고 칭하고 있는 자의 서명이 진정인 또는 수권된 것인가의 여부를 결정할 의무를 지지 않는다.

(d) 승계인이라고 칭하고 있는 자의 (a)항 또는 (b)항에 의하여 외견상 조건을 준수하고 있는 제시의 지급은 승계인으로 칭하고 있는 자가 수익자의 승계인이 아니라고 하여도, 제5-108조 (i)항에서 정하는 바에 따른다. 수익자 혹은 공개된 승계인의 이름으로 수익자 또는 수익자의 승계인의 어느 것도 아닌 자에 의하여 서명된 문서는 제5-109조에서 위조문서로 된다.

(e) 환급의 권리가 (d)항 또는 실질적인 동일법의 대상으로 되어 있지 않는 발행인 및 확인자 또는 지정인은 (b)항에 의한 제시의 승인을 거절할 수 있다.

(f) 신용장의 발행 후에 이름이 변경된 수익자는 본조에 의한 수익자의 승계인으로서의 권리의무를 가진다.

제5-114조(대금의 양도)

(a) 본조에서 「신용장의 대금」은 신용장의 조건에 따라 개설인 또는 기타 지정된 자가 서류를 인수하고 동시에 현금, 수표, 인수된 어음 또는 기타 금전적인 가치가 있는 것을 지급, 교부 또는 양도하는 것을 말한다. 신용장의 대금이라는 용어에는 수익자가 어음을 발행할 수 있는 권리 또는 수익자가 제출한 문서는 포함되지 않는다.

(b) 수익자는 신용장의 대금의 일부 또는 전부에 대한 권리를 양도할 수 있다. 해당 수익자는 신용장의 여러 조건을 준수하는 것을 조건으로 대금을 수령할 수 있는 권리를 양도할 수 있다.

(c) 발행인 또는 지정인은 신용장의 대금 양도에 동의하기까지는 그 양도를 인정할 필요는 없다.

(d) 발행인 또는 지정인은 신용장의 대금 양도에 대하여 그 자에게 동의할 의무도, 거절할 의무도 지지 않지만, 양수인이 해당 신용장을 점유하여 공개하고 있고, 그 신용장의 제시가 지급의 조건인 경우에 동의를 불합리하게 거절할 수 없다.

(e) 피이전 수익자 또는 지정인의 권리는 신용장의 대금에 대한 수익자의 양도와 무관하고, 해당 대금에 대한 양수인의 권리에 우선한다.

(f) 발행인, 피이전 수익자 또는 지정인 사이에서 본조에 의하여 인정되는 여러 권리도 양수인 또는 제3자에 대한 대금의 해당 발행인 또는 지정인의 변제도 양수인 및 해당 발행인, 피이전 수익자 혹은 지정인 이외의 자와의 사이의 여러 권리에 영향을 주지 않는다. 담보권을 설정하고, 완전화하는 형식 또는 대금에 대한 수익자의 권리의 양도를 인정하는 형식은 제9편 또는 그 외의 법에 의하여 규율된다. 발행인, 피이전 수익자 또는 지정인 이외의 자에 대하여 담보권의 설정 혹은 그 외의 대금에 대한 수익자의 권리를 양도할 때, 또는 그 완전화의 경우에 발생하는 권리 및 의무는 제9편 또는 다른 법에 의하여 규율된다.

제5-115조(소멸시효)

본편에 의하여 발생하는 권리 또는 채무를 강제하는 소송은 관련하는 신용장의 실효일 이후 1년 또는 [구제의 청구권] [소송원인]이 발생한 뒤 1년 중 장기의 기간 내에 개시되어야 한다. [구제의 청구권] [소송원인]은 피해자가 그 위반에 대하여 알고 있는가의 여부와 관계없이 위반이 생겼을 때에 발생한다.

제5-116조(준거법의 선택 및 법정지)

(a) 작위 또는 부작위에 대한 발행인, 지정인 또는 [신용장] 통지인의 책임은 제5-104조에서 정한 방법으로 영향을 받는 당사자에 의하여 서명 또는 다른 방법으로 인정된 기록 형식의 합의에 의하여, 혹은 그 자의 신용장, 확인서 또는 다른 약속의

규정에 의하여 선택된 관할[주]의 법률에 의하여 규율된다. 해당 지역의 법률이 선택된 관할지는 해당 거래와 어떤 관계를 가질 필요도 없다.

(b) (a)항이 적용된 경우는 제외하고, 작위 또는 부작위에 대한 발행인, 지정인 또는 [신용장] 통지인의 책임은 그 자가 주소를 가지는 관할 [주]의 법률에 의하여 규율된다. 그 자의 약속에 나타난 주소에 그 자의 주소가 있다고 간주된다. 2개 이상의 주소가 있는 경우에는 그 자의 약속이 발행된 곳의 주소에 그 자의 주소가 있다고 간주된다. 다만, 판결의 강제를 위한 경우를 제외하고 관할권, 준거법 및 지점 간 신용장의 승인의 여러 목적을 위하여 은행의 모든 지점은 별개의 법인으로 간주되며, 은행은 본항에 의하여 그 관련 지점의 주소가 있다고 간주되는 장소에 그 주소가 있다고 간주된다.

(c) 본항에 별도로 규정된 경우를 제외하고, 발행인, 지정인 또는 [신용장] 통지인의 책임은 신용장, 확인서 또는 그 외의 보증이 명시적으로 준수하는 화환신용장에 관한 통일 관습・관행 등과 같은 관습・관행의 여러 법리에 의하여 규율된다. (ⅰ) 본편이 (a)항 또는 (b)항에 의하여 발행인, 지정인 혹은 [신용장] 통지인의 책임을 규율한다고 생각되고, (ⅱ) 관련되는 약속이 관습・관행의 여러 법리에 상반하고, (ⅲ) 본편 및 해당 약속에 적용되는 그것들의 여러 법리 사이에 저촉이 있을 경우에 제5-103조 (c)항에서 정하는 불변규정[강행규정]과 저촉하는 한도에서는 별도로 하고, 그것들의 여러 법리가 규율한다.

(d) 본편 및 제3편, 제4편, 제4A편 또는 제9편과의 사이에 저촉이 있을 경우에 본편이 규율한다.

(e) 본편의 대상이 되는 약속에서 발생한 분쟁을 처리하는 법원은 (a)항에 따라서 준거법이 선택되는 방법에 의하여 구속력을 가지고, 선택될 수 있다.

제5-117조(발행인, 신청인 및 지정인의 채권자 대위권)

(a) 수익자의 제시에 지급하는 발행인은 그 발행인이 해당 수익자에 대하여 지고 있는 채무의 제2채무자와 동일하게 그 수익자의 권리를 대위하고, 그 신청자에 대하여 지고 있는 채무의 제2채무자와 동일하게 해당 신청인의 권리를 대위한다.

(b) 발행인에게 환급을 하는 신청인은 발행인이 지는 의무의 제2차적 채무자이고, (a)항에서 정하는 수익자의 여러 권리에 대하여 발행인을 대위하는 권리와 동일하게 수익자, 제시인 또는 지정인에 대하여 해당 발행인의 권리를 대위한다.

(c) 신용장에 의하여 제시된 환어음 또는 청구에 대한 대가를 지급하고, 또는 부여하는 지정인은,

(1) 지정인이 신청인에 의하여 발행인이 지는 의무의 제2차적 채무자와 동일하게 그 신청인에 대하여 해당 발행인의 여러 권리를 대위한다;

(2) 지정인이 수익자에 대하여 지는 의무의 제2차적 채무자와 동일하게 해당 수익자의 여러 권리를 대위한다; 그리고
(3) 신청자에 대하여 지는 채무의 제2차적 채무자와 동일하게 해당 신청인의 권리를 대위한다.

(d) 별도의 합의 또는 조항에 관계없이, (a)항 및 (b)항에서 정하는 대위권은 발행인이 신용장에 지급하거나 또는 다른 방법으로 지급할 때까지는 발생하지 않는다. 또한 (c)항의 권리는 지정인이 신용장에 지급하거나, 또는 다른 방법으로 지급할 때까지는 발생하지 않는다. 그 때까지 발행인, 지정인 및 신청인은 청구권, 항변 또는 면책의 원인을 제공하는 현재 또는 장래의 권리를 본조에 의하여 주장할 수 없다.

제5-118조(발행인 및 지정인의 담보권)

(a) 발행인 또는 지정인이 제시에 대하여 지급하였거나 혹은 가격을 부여한 한도로 그 발행인 또는 지정인은 신용장에 의하여 제시된 문서에 대한 담보권을 가진다.

(b) 발행인 또는 지정인이 보전을 받거나 또는 (a)항에 의한 문서에 대한 담보권에 관하여 부여된 가격을 그 외의 방법으로 회복하지 않는 한, 그 한도로 담보권이 존속하고, 제9편에 따르지만,
(1) 해당 담보권을 제9-203조 (b)항 (3)에 의하여 강제할 수 있는 것이기 때문에 담보 합의는 필요하지 않다;
(2) 문서가 문서 또는 그 외의 유체물 이외의 매체로 제시된 경우에 담보권이 완전화된다; 그리고
(3) 문서가 문서 또는 그 외의 유체 매체로 제시되고, 그것이 증명부 증권, 동산 증서, 권원증서, 날인증서, 또는 신용장이 아닌 경우에 담보권은 완전화되어, 채무자가 그 문서를 점유하고 있지 않는 한, 해당 문서에 대하여 저촉하는 담보권보다도 우선한다.

경과규정

제[ ]조(시행일)

본 [법률]은 199 년 월 일부터 효력을 발생한다.

제[ ]조(폐지)

본 [법률]은 [기존의 제5편의 인용을 삽입한다]를 [폐지한다] [수정한다].

제[ ]조(적용 가능성)

본 [법률]은 본 [법률]의 시행일 또는 그 후에 발행되는 신용장에 적용된다. 본 [법률]

의 시행일보다 이전에 발행된 신용장 또는 그 신용장과 관련하여 발생한 거래, 사건, 채무 또는 의무에는 적용되지 않는다.

제[ ]조(유보 조항)

본 [법률]의 시행일보다 이전에 발행된 신용장에서, 또는 그것과 관련하여 발생한 거래 및 해당 거래에서 생긴 권리, 의무 및 이권은 폐지 혹은 수정이 없었던 것으로서 본 [법률]에 의하여 수정 또는 폐지되는 제정법 혹은 그 외의 법률에 의하여 규율된다. 또, 해당 제정법 혹은 그 외의 법률에 의하여 해제, 완성, 종료 또는 강제될 수 있다.

6

〔구〕 제6편 일괄양도의 폐지규정 및 〔개정〕 제6편 일괄매매

[A안]

제1조(폐지)

제2조(수정)

제3조(수정)

제4조(유보 조항)

[B안]

제6-101조(약칭)

제6-102조(정의 및 정의의 색인)

제6-103조(본편의 적용 가능성)

제6-104조(물건의 매수인의 의무)

제6-105조(청구권자에 대한 통지)

제6-106조(분배계획)

제6-107조(적합하지 않는 것에 대한 책임)

제6-108조(경매에 의한 일괄매매; 청산인에 의하여 행하여진 일괄매매)

제6-109조(등록을 구성하는 것; 등록관의 의무; 등록관으로부터의 정보)

제6-110조(소송의 제한)

제6편 [구] 제6편 일괄양도의 폐지 규정 및 [개정] 제6편 일괄매매

(각 주는 다음 하나의 안을 선택한다)

[A안]

제1조(폐지)

통일상법전 제6편 및 제9-111조는 본조에 의하여 폐지되고, 이 폐지는 ___에 발효한다.

제2조(수정)

통일상법전 제1-105조 (2)는 본조에 의하여 폐지되어, 다음과 같이 변경할 수 있다.

(2) 본법 이하의 여러 규정의 하나가 준거법을 지정하고 있는 경우에 그 규정이 규율하고, 반대의 합의는 당해 법률(저촉법 규정을 포함한다)에 의하여 허용된 범위내에서 유효하다.

「매각된 물품에 대한 채권자의 권리」 제2-402조

「리스에 관한 편의 적용가능성」 제2A-105조 및 제2A-106조

「은행 예금과 추심에 관한 편의 적용가능성」 제4-102조

「일괄양도에 관한 편에 따르는 일괄매매」 제6-102조

「투자 증권에 관한 편의 적용가능성」 제8-106조

「담보부 거래에 관한 편의 완전화에 관한 규정」 제9-103조

제3조(수정)

통일상법전 제2-403조 (d)항은 본조에 의하여 폐지되고, 다음과 같이 변경할 수 있다.

(d) 물품의 다른 구입자 및 우선특권 채권자의 권리는 담보부 거래에 관한 편(제9편), 일괄양도에 관한 편(제6편) 및 권원증서에 관한 편(제7편)에 의하여 규율된다.

제4조(유보 조항)

통일상법전 제6편 및 제9-111조에 의하여 그 폐지 전에 발생하는 권리와 의무는 유효하고, 당해 제정법이 폐지되지 않은 것과 동일하게 강제할 수 있다.

[A안 마침]

[B안]

제6-101조(약칭)

본편은 통일상법전 - 일괄매매라 칭한다.

제6-102조(정의 및 정의의 색인)

(1) 본편에서 별도의 규정이 없는 한,

(a) 「자산」은 일괄매매의 대상물인 재고품 및 주로 매도인의 영업에서 사용되거나, 그 사용을 위하여 유지되고 있거나, 또는 그 영업에서 발생한 유체 혹은 무체의 동산으로 해당 재고품과 관련하여 매각되는 것을 의미하는데, 그 용어는 다음의 것을 포함하지 않는다.

(i) 용이하게 이동할 수 있는 공장기계 및 사무기기 이외의 정착물(제9-313조 (a)항 (1));

(ii) 부동산 리스에서 임차인의 권리; 또는

(iii) 파산법이 아닌 법률에 의하여 채권자의 소장에서 일반적으로 면제되고 있는 범위의 재산.

(b) 「경매인」은 매도인이 경매에 의하여 매매를 지시, 행사, 지배 혹은 책임을 지는 상대방을 의미한다.

(c) 「일괄매매」는 다음을 의미한다.

(i) 경매에 의하여 매매 또는 매도인을 위하여 청산인이 행한 1회 혹은 일련의 매매의 경우에 그 날 매도인은 해당 매매 또는 일련의 매매 후, 동일 혹은 유사한 영업을 계속하는 것은 아니다라는 것을 경매인 또는 청산인이 알고 있거나, 혹은 합리적인 조사 후 알았을 때에 일괄매매가 합의된 날의 가격으로 산정된 통상의 영업 과정에서 나오지 않는 매도인의 재고의 반 이상의 1회 또는 일련의 매매; 및

(ii) 그 밖의 모든 경우, 그 날에 매도인은 해당 매매 또는 일련의 매매 후 동일 혹은 유사한 영업을 계속하는 것이 아닌 것을 경매인 또는 청산인이 알고 있거나, 혹은 합리적인 조사 후에 알고 있었을 경우에 일괄매매의 합의된 날의 가격으로 산정된 통상의 영업 과정에서 나오지 않은 매도인의 재고의 반 이상의 매매.

(d) 「청구권」은 그 권리가 판결에 의하여 감액되는가의 여부와 관계없이 확정, 고정, 만기에 경쟁되고, 보증된 보통법상 또는 형평법상의 지급을 매도인에게 받은 권리를 의미한다. 채권자에 대한 소송에서 본주의 법률이 해당 청구권의 보존인에게 그것들을 회복하는 것을 인정하고 있는 범위내에서 그 용어는 추심의 비용

및 변호사 보수를 포함한다.

(e) 「청구권자」는 매도인의 영업에서 발생한 다음에 해당하지 않는 청구권을 보존하고, 유지하는 자를 의미한다.

(i) 수수료 및 휴가, 서비스 및 병가 휴가 수당을 포함하여 고용보상 및 지급을 요구하는 담보가 없는 만기가 되지 않은 청구권;

(ii) 다음의 경우가 아니면, 개인에 대한 혹은 재산에 대한 침해 또는 보증의 위반에 대한 청구권;

(A) 청구권을 요구하는 소송의 권리가 발생한다;

(B) 그 청구권이 매도인에 대하여 주장된다; 그리고

(C) 그 매도인이 그 청구권을 주장하고 있는 자의 특정 및 그 자가 그것을 주장한 근거를 알고 있는 경우.

(각주는 다음 어느 것의 대체 안을 선택한다.)

대체안 A

[(iii) 정부기관에 대하여 지는 조세에 대한 청구권.]

대체안 B

[(iii) 다음의 경우에 정부기관에 대하여 지는 조세에 대한 청구권.

(A) 청구권의 강제를 규율하는 제정법이 본편의 여러 요건에 따르는 것 이외의 방법으로 정부기관에 대하여 일괄매매의 통지를 주는 것을 인정하고, 요구하는 경우;

(B) 제정법에 따라 통지가 주어진 경우.]

(f) 「채권자」는 청구권자 또는 청구권을 가지는 다른 자를 의미한다.

(g) (i) 「일괄매매일」은 다음의 날을 의미한다.

(A) 그 매매가 경매에 의하거나 혹은 매도인을 위하여 청산인에 의하여 행하여지는 경우, 순대금의 10% 이상이 매도인에 대하여 또는 매도인의 이익을 위하여 지급된 날; 및

(B) 다른 모든 경우에 다음 어느 날 중 늦은 쪽;

(I) 계약 순대금의 10% 이상이 매도인에 대하여 또는 매도인의 이익을 위하여 지급된 날; 혹은

(II) 가치에 의하여 산정된 그 자산의 10% 이상이 매수인에 대하여 이전된 날.

(ii) 본항에서,

(A) 자산과 교환하여 매도인에 대하여, 혹은 매도인의 이익을 위하여 유통증권을 양도하는 것(제3-104조 (1)항)은 그 비율에 따른 계약 대금의 지급이 된다;

(B) 계약 대금이 지급 보증기금에 예탁된 한도에서 계약 대금은 그 매도인이 해당 예금을 수령하는 무조건의 권리를 취득할 때, 또는 그 예금이 매도인에 대하여 혹은 매도인의 이익을 위하여 양도된 때 중 빠른 시간에 지급된다; 그리고

(C) 지급 증명이 없는 청구권을 가지는 자가 그 일괄매매의 결과로서 발생한 매수인의 여러 권리에 우선하고, 해당 자산에 대한 여러 권리를 사법 절차를 통하여 이미 습득할 수 없게 된 때에 자금은 이전된다. 지급 증명이 없는 청구권을 가지는 자는 적어도, 그 일괄매매의 계약에 의하여 해당 자산을 점유하는 무조건의 권리를 매수인이 가지기전까지 유체자산에 대한 그와 같은 우선적 권리를 취득할 수 있고, 또, 지급 증명이 없는 청구권을 가지는 자는 적어도, 그 일괄매매의 약속에 의한 해당 자산을 사용하는 무조건의 권리를 매수인이 가지기전까지 무체자산에 대한 그와 같은 우선적 권리를 취득할 수 있다.

(h) 「일괄매매일」은 다음의 날을 의미한다.

(i) 경매에 의하거나, 청산인에 의하여 행하여지는 매매((c)호 (i))의 경우에 매도인이 경매인 혹은 청산인에게 위탁하는 날; 그리고

(ii) 다른 경우에 일괄매매가 매도인과 매수인간에 강제할 수 있는 날.

(i) 「부채」는 청구권에 대한 책임을 의미한다.

(j) 「청산인」은 청산 혹은 해산을 고려하여 자산을 처분하는 것을 업으로 하는 자를 의미한다.

(k) 「계약 순대금」은 자산에 대하여 매수인이 지급하는 의무를 지는 새로운 대가에서 다음의 금액을 공제한 대금을 의미한다.

(i) 그 자산에 의하여 담보된 부채의 부분적 혹은 전체의 충족에 그 대금이 부가된 한도로 자산의 매각대금; 및

(ii) 자산이 매수인에게 매각되기 전 혹은 후에 그 자산에 대하여 강제할 수 있는 담보권 또는 우선특권에 의하여 담보된 한도에서 부채의 금액. 부채가 매도인의 자산 및 다른 자산에 의하여 담보되는 경우에 그 자산에 대하여 강제할 수 있는 담보권 혹은 우선특권에 의하여 담보된 부채의 금액은 그 일괄매매일의 그 자산에 대한 새로운 약인의 가액을 분자로 하고, 그 일괄매매일의

그 부채를 담보하는 전 재산의 가액을 분모로 하는 분수를 곱하는 것에 의하여 결정된다.

(l) 「순대금」은 경매에 의한 매매 혹은 매도인을 위하여 청산에 의하여 행하여진 매매 시기에 매각된 자산에 대하여 수령된 새로운 약인에서 다음의 것을 공제한 것을 의미한다.

(i) 매매의 수수료 및 합리적인 경비;

(ii) 자산에 의하여 담보된 부채의 일보 혹은 전체를 변제하기 위하여 그 대금이 충당된 한도에서 그 매매의 대금; 및

(iii) 자산이 매수인에게 매각되기 전 혹은 후에, 그 자산에 대하여 강제할 수 있는 담보권 또는 우선특권에 의하여 담보된 한도에서 부채의 금액. 부채가 매도인의 자산 및 다른 자산에 의하여 담보된 한도에서 그 자산에 대하여 강제할 수 있는 담보권 혹은 우선특권에 의하여 담보된 부채의 금액은 그 일괄매매일의 그 자산에 대한 새로운 약인의 가액을 분자로 하고, 그 일괄매매일의 그 부채를 담보하는 전 재산의 가액을 분모로 하는 분수를 곱하는 것에 의하여 결정된다.

(m) 매매가 매도인이 경영하고 있는 종류의 사업에서 통상 혹은 관행에 의하여 또는 매도인의 통상 혹은 관행에 의하여 행하여지는 경우, 그 매매는 「매도인의 통상의 영업과정으로」 행하여지고 있다.

(n) 「미국」은 그 준주 및 속영 및 푸에르토리코공화국을 포함한다.

(o) 「가격」은 공정시상 가격을 의미한다.

(p) 「진정 증명되었다」는 서명되고, 그것에 대하여 선서 혹은 확인된 것을 의미한다.

(2) 다른 편의 다음의 정의는 본편에도 적용된다.

(a) 「매수인」 제2-103조 (1)항 (a)

(b) 「설비」 제9-102조 (a)항 (33)

(c) 「재고품」 제9-102조 (a)항 (48)

(d) 「매매」 제2-106조 (1)항

(e) 「매도인」 제2-103조 (1)항 (d)

(3) 또한, 제1편은 본편을 통하여 적용되는 일반적 정의 및 해석원리를 포함하고 있다.

제6-103조(본편의 적용 가능성)

(1) (3)항에서 규정하고 있는 경우를 제외하고, 본편은 다음의 일괄매매에 적용된다.

(a) 매도인의 주된 영업이 창고에서 재고품의 매매인 경우;

(b) 일괄매매일에 매도인이 본주에 거수하고 있거나, 매도인이 미국의 일부가 아닌 나라에서 살고 있을 때는 미국에서 매도인의 주된 영업소가 본주에 있는 경우.

(2) 매도인은 그 자의 영업의 장소에 주소를 가지는 것으로 추정된다. 매도인이 2개 이상의 영업소를 가지는 경우에 매도인은 대표자의 소재지에 주소를 가지는 것으로 추정된다.

(3) 본편은 다음의 경우에는 적용되지 않는다.

(a) 지급 또는 채무의 이행을 확보하기 위한 이전;

(b) 제9-609조에 따른 담보물의 담보권자에게의 이전;

(c) 제9-610조에 따른 담보물의 매각;

(d) 제9-620조에 따른 담보물의 유지;

(e) (i) 매매의 전대금이 담보권 혹은 우선특권에 의하여 담보되는 부채의 일부 또는 전체를 충족시키기 위하여 충당되거나, 혹은 (ii) 담보권 혹은 우선특권이 매수인에게 자산이 매각되어 그 계약 순대금이 없는 경우에 담보권 또는 우선특권에 의하여 제한되는 자산의 매매;

(f) 채권자의 이익을 위하거나 양수인에 의한 이후의 이전에 대한 일반적 양도;

(g) 유언 집행인, 유산 관리인, 관재인, 파산 수탁자 또는 사법절차상의 공무원에 의한 매매;

(h) 단체의 해산 혹은 재조직을 위하여 사법절차 혹은 행정절차의 과정에서 행하여지는 매매;

(i) 주 영업의 장소가 미국내에 있고, 다음의 매수인에 대한 매각;

(i) 일괄매매 전의 21일 이내에 (A) 매도인이 그 리스트를 매수인에게 송부하고, 혹은 양도하는 날부터 3일 전에 매도인이 알고 있는 청구권자의 진정증명이 부착된 현행의 리스트를 매도인으로부터 취득하는 매수인, 혹은 (B) 그 청구권자를 찾기 위하여 합리적인 조사를 행하는 매수인;

(ii) 그 경우에 응하여 매수인이 매도인으로부터 청구권자의 리스트를 수령하는 날 또는 매수인이 그 합리적인 조사를 완료하는 날에 매수인이 알고 있는 청구권자에 대하여 지고 있는 부채의 전액을 인수하는 물건의 매수인;

(iii) 인수 후 파산하지 않은 물건의 매수인; 그리고,

(iv) (ii)에 특정된 청구권자에 대하여 통지를 송부 또는 전달하여, 또는 [주무장관의] 사무소에 통지를 등록하는 것에 의하여 그 일괄매매일 후의 30일 이내에 그 인수통지서를 교부하는 매수인.

(j) 주된 영업의 장소가 미국내에 있고, 다음 물건의 매수인에 대한 매각;

(i) 그 일괄매매일 전에 매도인의 영업에 관련한 부채의 전액을 양도하는 매수인;

(ii) 인수 후 파산하지 않은 매수인; 그리고

(iii) 부채가 인수된 각 채권자에 대하여 통지를 하거나 혹은 양도에 의하여 또는

[주무장관의] 사무소에 통지를 등록하는 것에 의하여 그 일괄매매일 후의 30일 이내에 그 인수통지서를 교부하는 매수인.

(k) 다음의 경우에는 그 주된 영업의 장소가 미국내에 있고, 매도인의 영업을 승계하여 계속하기 위하여 설립된 새로운 단체로의 매매;

(i) 일괄매매일 전에 매도인의 영업에 관련한 부채 전부를 물건의 매수인이 인수하는 경우;

(ii) 물건의 매도인이 그 인수에서 발생한 해당 단체에 대한 청구권에 따라 새로운 단체에 대한 권리 이외에 아무것도 수령하지 않은 경우; 그리고

(iii) 부채가 인수된 각 채권자에 대하여 통지를 하거나 혹은 양도하는 것에 의하여 또는 [주무장관의] 사무소에 통지를 등록하는 것에 의하여, 그 일괄매매일 후의 30일 이내에 그 인수통지서를 교부하는 경우.

(l) 다음의 가치를 가지는 자산의 매매;

(i) 1만 달러 이하의 가치 또는 우선특권 및 담보권의 총액. 채무가 매도인의 자산 그 외의 재산에 의하여 담보되는 경우에 해당 자산의 순가치는 그 대금에서 부채에 동일한 금액을 공제하여 해당 일괄매매일의 해당 자산 가치를 분자로 하여 해당 일괄매매일에 그 채무를 담보하는 전체의 재산을 분모로 하는 분수를 곱하는 것에 의하여 결정된다.

(ii) 일괄매매일에 2,500만 달러 이상의 가치.

(m) 특별법에 의하여 요구되고, 제정법에 의하여 행하여지는 매각.

(4) (3)항 (i), (iv)에 의한 통지는 다음을 기재하여야 한다. (i) 일괄매매를 구성할 수 있는 매매가 되었거나 되는 것, (ii) 그 일괄매매의 일자 혹은 장래의 일자, (iii) 개인, 합자회사 또는 법인의 이름 및 그 물건의 매도인과 매수인의 주소, (iv) 물건의 매도인의 주소와 다르다면, 해당 매매에 대하여 서로 일치시킬 수 있는 주소, 및 (v) 매수인이 매도인으로부터 청구권자 리스트를 수령한 날에, 혹은 그 청구권자를 찾기 위한 조사를 완료한 날에 매수인이 알고 있는 청구권자에 대하여 지고 있는 부채의 전액을 매수인이 인수한 것 또는 인수하는 것.

(5) (3)항 (j) (iii) 및 (3)항 (k) (iii)에 의한 통지는 다음을 기재하여야 한다. (i) 일괄매매를 구성할 수 있는 매매가 되었거나 되는 것, (ii) 그 일괄매매의 일자 또는 장래의 일자, (iii) 개인, 합자회사 혹은 법인의 이름 및 그 물건의 매도인과 매수인의 주소, (iv) 물건의 매도인의 주소와 다르다면, 해당 매매에 대하여 서로 일치시킬 수 있는 주소, 및 (v) 매수인이 그 물건의 매도인으로부터 청구권자 리스트를 수령한 날에 혹은 그 청구권자를 발견하기 위하여 조사를 완료한 날에 매수인이 알고 있는 그 청구권자에 대하여 지고 있는 부채의 전액을 매수인이 인수한 것 또는 인수하는 것.

(6) (3)항 (1)을 위하여 자산의 가치는 물건의 매수인이 그 자산에 지급하기로 합의한 금액과 동일한 것으로 추정된다. 그러나 경매에 의한 매매 혹은 물건의 매도인을 위하여 청산인이 행한 매매에서 자산의 가치는 경매인 혹은 청산인이 경매 또는 청산절차에서 합리적으로 평가하는 금액으로 추정된다.

제6-104조(물건의 매수인의 의무)

(1) 제6-102조 (1)항 (c) (ii)에 정의된 일괄매매에서 물건의 매수인은 다음을 하여야 한다.

(a) 리스트가 물건의 매수인에게 송부되거나 교부된 날 이전부터 3년내에 매도인에 의하여 사용된 모든 거래 상대방의 성명 및 주소를 매도인으로부터 취득한다;

(b) (2)항에 의하여 면제된 경우를 제외하고, 매도인이 그 리스트를 매수인에게 송부하거나, 혹은 인도하기 3일 전에 매도인이 알고 있는 매도인에 대한 청구권자의 진정 증명이 부착된 현행의 리스트로 매도인에게 알려진 한도에서 각 청구권자의 주소 및 금액을 부기한 것을 매도인으로부터 취득한다;

(c) 분배계획(제6-106조 (1)항)을 매도인으로부터 취득하거나, 혹은 준비한다;

(d) 제6-105조에 따라서 일괄매매를 통지한다;

(e) 제6-105조 (4)항에 의하여 면제된 경우를 제외하고, 분배계획상 매수인의 약속에 따라 순계약대금을 배분한다; 그리고

(f) (2)항에 의하여 면제된 경우를 제외하고, 다음의 방법으로 청구권자의 리스트((1)항 (b))를 이용할 수 있도록 한다;

(i) 일괄매매일로부터 6개월 이내에 매수인이 수령한 청구서의 청구권자에게 요금을 받지 않고, 신속히 리스트 사본을 송부 혹은 교부한다;

(ii) 일괄매매일로부터 6개월 이내에 매수인이 수령한 청구에 기초하여 청구자가 합리적인 시간내에 언제라도 해당 리스트를 열람하고, 복사하는 것을 인정한다; 또는

(iii) 일괄매매의 통지(제6-105조 (5)항)를 하기 전에 [주무장관] 의 사무소에 그 리스트 사본을 등록한다. 본호에 의하여 등록된 리스트는 개인, 합자회사, 또는 법인 이름 및 그 물건을 매도인의 우편 수신인으로 기재하여야 한다.

(2) 제6-105조 (2)항에 따라 통지하는 물건의 매수인은 (1)항 (b) 및 (f)의 여러 요건을 준수할 의무를 면한다.

제6-105조(청구권자에 대한 통지)

(1) (2)항에 규정되는 경우를 제외하고, 제6-104조 (1)항 (b)에 따르기 때문에 물건의 매수인은 청구권자의 리스트에 기재된 각 청구권자에 대하여, 또는 일괄매매의 통

지가 송부 혹은 교부된 경우에 매수인이 알고 있는 다른 청구권자에 대하여 일괄매매의 통지서(제6-104조 (1)항 (b))를 교부하거나, 또는 양도하여야 한다.

(2) 물건의 매수인은 다음의 경우에 [주무장관의] 사무소에 일괄매매의 통지서를 등록함으로써 제6-104조 (1)항 (b)를 준수할 수 있다.

(a) 일괄매매일에 물건의 매도인이 고용 보상, 중개료 및 휴가, 질병, 병가 휴가 수당을 포함한 여러 지급에 대한 담보권 및 만기의 청구권을 유지하는 청구권자를 제외하고, 200명 이내의 청구권자가 있는 경우;

(b) 물건의 매수인이 그 일괄매매일의 시점에서 고용보상, 중개료 및 휴가, 질병, 병가 휴가 수당을 포함한 여러 지급에 대한 담보권 및 만기의 청구권을 유지하는 청구권자를 제외하고, 청구권자의 수는 200명 이상이라고 기재한 진정 증명 설명서를 물건의 매도인으로부터 수령한 경우.

(3) 일괄매매의 통지서에 분배계획서의 사본(제6-106조 (1)항)이 첨부되어야 하고, 적어도 다음의 사항이 기재되어야 한다.

(a) 물건의 매도인과 매수인이 __주의 법률에 의하여 일괄매매에 따른 합의를 체결하는 것;

(b) 그 합의의 날;

(c) 그 자산의 10% 이상이 이전되거나, 혹은 그 이후에 이전된 날;

(d) 그 날이 분배계획서에 기재되어 있지 않은 경우에 계약 순대금의 10% 이상이 지급되거나 혹은 그 이후에 지급되는 날;

(e) 물건의 매도인의 이름 및 그 우편 수신인;

(f) 제6-104조 (1)항 (a)에 따라 물건의 매도인에 의하여 고지된 다른 사업자 및 주소;

(g) 매매에 관한 정보가 취득될 수 있는 물건의 매수인의 이름 및 주소;

(h) 자산의 종류를 나타내고, 혹은 항목마다 자산을 기술한 설명;

(i) 물건의 매수인이 청구권자의 리스트를 이용할 수 있도록 하는 방법(제6-104조 (1)항 (f)); 및

(j) 그 매매가 물건의 매도인이 대차한 이전의 부채 전부 혹은 일부의 변제와 상충하는 경우에 변제되는 그 부채의 금액 및 대차하였던 상대방의 이름.

(4) (3)항의 (e) 및 (3)항의 (g)의 여러 목적을 위하여, 당사자의 이름은 그 자의 개인, 합자회사 혹은 법인의 이름이다.

(5) 물건의 매수인은 일괄매매일로부터 45일 전에 그 일괄매매의 통지를 하여야 하고, 물건의 매수인이 (1)항에 따라 통지를 하는 경우에 청구권자의 리스트를 취득한 후 30일 이내에 그 통지를 하여야 한다.

(6) (3)항의 여러 요건을 실질적으로 준수하는 통지서는 그것이 현저한 오해를 일으키

는 것이 아닌 사소한 착오를 포함하고 있다고 하여도 유효하다.
(7) 실질적으로 다음에 따른 양식은 (3)항을 준수하는 데 충분하다.

매매의 통지

(1) (이 자의 주소는)는 이 통지에서 「물건의 매도인」이라고 기술된다.
(2) (이 자의 주소는)는 이 통지에서 「물건의 매수인」이라고 기술된다.
(3) 물건의 매도인은 과거 3년 간 다른 영업명을 사용하였다. 다른 주소에서 영업하였다. 또는 그 쌍방 모두: ____________________
(4) 물건의 매도인과 매수인은 ___주의 법률에 의하여 ___일에 일괄매매에 대한 합의를 하였다.
(5) 매매의 대상물인 자산의 10% 이상이 이전되거나, 이전되는 날 혹은 그 후의 이전되는 날은 ___이고, [그 분배계획서에 기재되어 있지 않다고 한다면] 계약순대금의 10%가 지급되거나, 또는 그 후에 지급되는 날은 ___이다.
(6) 다음의 자산은 매매의 대상물이다. ___
(7) [적용된다면] 물건의 매수인은 다음 방법으로 매도인의 청구권자에 대하여 매도인의 청구권자 리스트를 이용할 수 있게 한다. ___
(8) [적용된다면] 그 매매는 물건의 매도인에 의하여 ___에 대하여 대차한 이전의 부채 ___달러에 충당한다.
(9) 계약순대금의 분배계획의 사본에는 이 통지를 첨부한다.

제6-106조(분배계획)

(1) 물건의 매도인 및 매수인은 계약 순대금의 분배방식에 대하여 합의하고, 분배계획서에 그 합의를 기재하여야 한다.
(2) 분배계획서는 매도인에 대한 전체 계약순대금의 분배를 포함하여, 언제라도 누구에 대하여 분배하는 것을 규정할 수 있다.
(3) 분배계획에서 매수인의 약속은 물건의 매도인에 대하여만 효력을 가진다. 그러나 분배계획의 매수인의 약속에 따라 계약순대금을 배분하지 않는 매수인은 제6-107조 (1)항에 규정되는 경우에만 채권자에 대하여 책임을 진다.
(4) 매수인이 분배계획에서 매수인 이외의 자에 대하여 그 계약순대금의 일부를 분배하는 약속을 하는 경우에 매수인이 제6-105조에 따라 통지를 받은 후, 예견된 계약순대금의 일부 혹은 전부가 법원의 명령, 사법절차, 제정법 혹은 법 원칙을 매수인이 준수한 결과로서 분배할 수 없게 된 경우에 물건의 매수인이 다음의 일을 행한 경우에 해당 물건의 매수인은 본편에 의하여 그 계획에서 매수인의 약속에 따라

계약순대금을 배분하는 물건의 매도인과의 계약에 의하여 발생한 의무에서 면책된다.

(a) 분배계획에서 정하여진 지급의 우선순위에 따라 이용할 수 있는 잔존 계약순대금을 배분하고, 그 대금이 우선순위를 가지는 전부의 부채를 지급하는데 불충분한 한도에서 동일의 우선순위를 가지는 것으로서 해당 계획서에 기재된 [복수의] 부채 사이에서 비례하여 분배한다;

(b) 법원의 명령에 따라 이용할 수 있는 잔존 계약순대금을 배분한다;

(c) 적절한 재판관할을 가지는 법원에서 소송을 참가하고, 그 절차를 각하한다; 또는

(d) 이용할 수 있는 잔존 계약순대금의 분배에 대하여 매도인과 새로운 합의를 체결하고, 개정된 분배계획에 그 새로운 합의를 기재하여 그 개정된 계획에 물건의 매수인과의 약속에 따라 이용할 수 있는 잔존 계약순대금을 분배한다.

(5) (4)항 (b)에 의한 통지는 물건의 매수인이 계약순대금에서 처분할 수 있는 잔액분을 배당하는데 적어도 14일 전까지는 매수인과 매도인을 특정하여 최초의 통지서가 있으면 그 등록번호를 기재하여 개정된 분배계획을 기술하고, 제6-105조 (1)항 혹은 (2)항의 어느 것 중 적용이 있는 것에 따라 하여야 한다.

(6) 매도인이 분배계획에서 계약순대금의 일부를 배분하는 것을 약속하고, 그 물건의 매수인이 제6-105조에 따라 통지를 한 경우에 예상된 계약순대금의 일부 혹은 전부가 법원의 명령, 사법절차, 제정법 혹은 법 원칙에 따라 매수인 및 매도인이 준수한 결과로서 분배에 이용할 수 없거나 이용할 수 없게 된 경우에 매도인 및 매수인의 지배하에 있는 자는 본편에 의하여 물건의 매도인이 다음의 일을 하는 경우에 그 계획 안의 물건의 매도인의 약속에 따라 계약순대금을 분배하는 물건의 매수인과의 합의에서 발생한 채무에서 면책된다.

(a) 분배계획서에 정하여진 지급이 우선순위에 따라 이용할 수 있는 잔존 계약순대금을 배분하고, 그 대금이 우선순위를 가지는 전부의 부채를 지급하는데 불충분한 한도에서 동일의 우선순위를 가지는 것으로서 해당 계획서에 기재된 [복수의] 부채 간에서 비례하여 분배한다;

(b) 매도인이 법원의 명령에 따라 이용할 수 있는 잔존 계약순대금을 배분한다;

(c) 적절한 재판관할을 가지는 법원에서 소송을 참가하고, 그 절차를 각하한다; 또는

(d) 이용할 수 있는 잔존 계약순대금의 분배에 대하여 매도인과 새로운 합의를 하고 그 내용을 기재하여, 그 개정계획을 통지하고, 동시에 그 개정계획에 따라 이용할 수 있는 잔존 계약순대금을 분배한다.

(7) (6)항 (d)호에 의한 통지는 매수인과 매도인을 특정하고, 최초 통지의 등록번호를 기재하고 개정된 계획을 기술함과 동시에, 제6-105조 (1)항 또는 (2)항의 어느 것에 적용되는 규정에 따라서 해당 물건의 매도인이 이용할 수 있는 잔존 계약순대금의

일부를 분배하는 통지는 적어도 14일 전까지는 도달하여야 한다.

제6-107조(적합하지 않는 것에 대한 책임)

(1) (3)항에서 정하는 경우를 제외하고, 또 (4)항의 제한에 따라,

(a) 채권자에 대하여 제6-104조 (1)항 (e)의 여러 요건을 준수하지 않는 매수인은 청구액에서 매수인이 준수하였다면 채권자가 실현할 수 없었을 것이라고 생각되는 금액을 감액한 손해배상액을 해당 채권자에 대하여 지급할 의무를 진다.

(b) 채권자에 대하여 제6-104조의 다른 요건에 따르지 않는 매수인은 청구액에서 매수인이 준수하였다면 채권자가 실현할 수 없었을 것이라고 생각되는 금액을 감액한 손해배상액을 해당 채권자에 대하여 지급할 의무를 진다.

(2) (1)항에 의한 소송에서 채권자는 그 청구의 유효성과 금액을 입증할 책임을 지고, 또 매수인은 그 매수인이 준수한 때 해당 채권자가 실현하지 않았을 것이라고 생각되는 금액을 입증할 책임을 진다.

(3) 다음의 매수인은 제6-104조의 여러 요건을 준수하지 않는 것에 대하여 채권자에 대한 책임을 지지 않는다. 매수인은 그 효과 혹은 신의성실성 및 상업상의 합리성을 입증할 책임을 진다.

(a) 제6-104조 (1)항의 여러 요건을 준수하기 위하여 신의성실하고 상업상 합리적인 노력을 다한 자 또는 제6-103조 (3)항에 의하여 해당 매매를 본편의 적용에서 배제한 자;

(b) 일괄매매일 전이지만 일괄매매계약일 또는 그 이후에, 신의성실에 따라 동시에 상업상 합리적인 판단에 따라 특별한 매매는 본편의 적용을 받지 않는다고 하는 확신을 가진 자.

(4) 단일의 일괄매매에서 제6-104조의 여러 요건에 따르지 않는 것에 대한 매수인의 총 책임은 다음의 금액과 동일한 금액을 초과할 수 없다.

(a) 해당 자산이 재고품과 비품만으로 되는 경우에 계약순대금의 2배에서 매도인 혹은 채권자에 대하여 지급된 또는 그 자의 이익을 위하여 충당된 계약순대금의 부분을 공제한 액수; 또는

(b) 해당 자산이 재고품과 비품 이외의 재산을 포함하는 경우에 그 재고품 및 비품의 순가치의 2배에서 매도인 혹은 채권자에 대하여 지급된 또는 그 자의 이익을 위하여 충당된 계약순대금의 일부로 그 재고품 및 비품에 할당될 수 있는 금액을 공제한 액수.

(5) (4)항 (b)의 여러 목적을 위하여 자산의 「순가치」는 그 자산의 가치에서 (ⅰ) 그 자산에 의하여 담보된 부채의 일부 혹은 전부의 만족에 그 대금이 충당된 한도에서 그 자산의 매각대금, 및 (ⅱ) 그것이 물건의 매수인에게 매각되기 전에 또는 매각

된 후에 그 자산에 대하여 강제할 수 있는 담보권 혹은 우선특권에 의하여 그것이 담보되는 한도에서 그 부채의 금액을 공제한 금액이다. 부채가 물건의 매도인의 자산 및 다른 재산에 의하여 담보된 경우에 그 자산에 대하여 강제할 수 있는 담보권 또는 우선특권에 의하여 담보되는 부채의 금액은 해당 부채를 해당 일괄매매일의 그 자산의 가치를 분자로 하고, 해당 일괄매매일의 그 부채를 담보하는 전부의 재산의 가치를 분모로 하는 분수를 곱하는 것에 의하여 결정된다. 매도인 혹은 채권자에게 지급된 또는 그 자의 이익을 위하여 충당된 계약순대금의 일부로 「그 재고품 혹은 비품에 할당될 수 있다」부분은 그 재고품 및 비품의 순가치가 그 자산 전부의 순가치에 대하여 가지는 비율과 같은 율을 해당 계약순대금의 부분에 일치시켜 얻어질 수 있는 부분이다.

(6) (1)항에 의한 물건의 매수인이 책임을 지고, 혹은 책임을 진다고 신뢰한 상대방에 대하여 그 매수인에 의하여 행하여진 지급은 그 비례배분에 의하여 물건의 매수인의 (4)항에 의한 총 책임을 감소시킨다.

(7) 청구권이 미확정 또는 우발적인 것이라도 청구자에 의하여 혹은 그 청구권자를 위하여 (1)항 (b)에 의하여 소송을 제기할 수 없다.

(8) 물건의 매수인이 제6-104조 (1)항의 여러 요건을 준수하지 않는 것은, (i) 물건의 매수인의 여러 자산에 대한 권리 혹은 권원을 해치지 않고, (ii) 당해 매매를 실효, 무효 혹은 취소할 수 없고, (iii) 채권자에 대하여 그 자의 청구권의 1 이상의 충분한 권리를 부여하는 것도 아니고, 또한 (iv) 본편에서 규정되는 것 이외의 책임을 발생시키는 것도 아니다.

(9) (1)항에 의하여 매수인이 지급할 책임은 채권자에 대한 매도인의 채무의 범주내로 제한된다.

(10) 별도의 합의가 있는 경우를 제외하고, 매수인은 (1)항에 의한 책임의 일부 혹은 전부의 이행으로써 채권자에게 지급한 금액에 대하여 매도인에게 직접 반환청구할 수 있다.

(11) 매도인이 단체인 경우에 매도인의 직접적 혹은 간접적인 지배하에 있는 자로서 고의적으로 법적 정당성없이 매도인이 분배계획에 따라 계약순대금을 배분하지 않도록 원인을 제공한 자는 그 매도인이 그 계획에 의하여 지급을 하는 것을 약속한 상대방인 채권자에 대하여 그 불이행으로 인하여 발생한 손해를 배상할 책임을 진다.

제6-108조(경매에 의한 일괄매매; 청산인에 의하여 행하여진 일괄매매)

(1) 제6-104조, 제6-105조 및 제6-108조는 다음의 수정을 추가하여 매도인을 위하여 경매에 의한 일괄매매 및 청산인에 의한 일괄매매에도 적용된다.

(a) 「매수인」은 해당하는 경우의 경매인 혹은 청산인을 의미한다;

(b) 「계약순대금」은 해당하는 경우의 경매의 대금 또는 매매의 대금을 의미한다;

(c) 제6-105조 (3)항에 의하여 필요한 통지서는 분배계획의 사본이 첨부되어야 하고, 동시에 적어도 다음의 사항을 기재하여야 한다;

(i) 매도인 및 경매인 혹은 청산인이 주의 법률에 의하여 일괄매매하는 계약을 체결할 수 있고, 경매 혹은 청산 서비스를 위하여 계약을 체결하였다;

(ii) 합의 일자;

(iii) 경매가 개시된 혹은 개시되는 날 또는 그 후의 날, 청산인이 매도인을 위하여 자산의 매각을 개시한 혹은 개시하는 날 또는 그 후의 날;

(iv) 그 일자가 분배계획 안에 기재되어 있지 않은 경우에 매매의 대금의 10% 이상이 지급된 혹은 지급될 날 또는 그 후의 날;

(v) 매도인의 이름 및 우편 수신처;

(vi) 제6-104조 (1)항 (a)에 따라 매도인에 의하여 기재된 다른 사업자 및 주소;

(vii) 그 경매인 혹은 청산인의 이름 및 해당 매매에 관한 정보를 취득할 수 있는 해당 경매인 혹은 청산인의 우편 수신처;

(viii) 자산의 종류를 나타낸 또는 항목마다 그 자산을 기술한 설명서;

(ix) 적용된다면, 그 경매인 혹은 청산인이 청구권자의 리스트(제6-104조 (1)항 (f))를 이용할 수 있도록 하는 방법; 및

(x) 그 매매가 매도인이 지는 이전의 부채 전부 혹은 일부의 충당에 부딪치는 경우에 충당되는 부채의 금액 및 부채를 지는 상대방의 이름; 및

(d) 단일의 일괄매매에서 본조의 여러 조건에 따르지 않는 것에 대한 경매인 혹은 청산인의 총책임은 매각된 재고품 및 비품에 할당되는 매매대금에서 채권자에 대하여 지급되거나, 혹은 채권자의 이익을 위하여 충당된 순매상금의 부분으로 해당 재고품 또는 비품에 할당될 수 있는 부분의 금액을 공제한 금액을 초과할 수 없다.

(2) 본조에서 경매인 혹은 청산인이 책임을 지거나, 책임을 진다고 믿는 상대방에 대하여 그 경매인 또는 청산인에 의하여 행하여진 지급은 (1)항 (d)에 의한 그 경매인 혹은 청산인의 중량적 책임에 비례 안분하여 감소된다.

(3) 실질적으로 다음의 양식은 (1)항 (c)를 준수하는 데 충분하다.

매매의 통지

(1) ___(이 자의 주소는 ___)는 이 통지에서는 「매도인」이라고 기술된다.

(2) ___(이 자의 주소는 ___)는 이 통지에서는 「매수인」이라고 기술된다.

(3) 매도인은 과거 3년간 다른 영업명을 사용하였다. 다른 주소에서 영업하였다. 또는 그 양쪽 모두: _____

(4) 매도인과 매수인은 ___주의 법률에 의하여 일괄매매대로 얻는 ___일자에 합의를 하였다.

(5) 매매의 대상물인 자산의 10% 이상이 이전되거나, 이전되는 날 혹은 그 이후에 이전되는 날은 ___이고, [그 분배계획서에 기재되어 있지 않다고 한다면] 계약순대금의 10% 이상이 지급되거나, 지급될 날 또는 그 후에 지급되는 날은 ___이다.

(6) 다음의 자산은 매매의 대상물이다.: ___

(7) [적용된다면] 물건의 매수인은 다음 방법으로 매도인의 청구권자에 대하여 매도인의 청구권자 리스트를 이용할 수 있게 한다.: ___

(8) [적용된다면] 그 매매는 물건의 매도인에 의하여 ___에 대하여 대차된 이전의 부채 ___달러에 충당한다.

(9) 계약순대금의 분배계획의 사본에는 이 통지를 첨부한다.

통지의 말미

(4) 경매에 의한, 혹은 청산인에 의하여 행하여진 일괄매매에서 매수인은 제6-104조 (1)항의 여러 요건을 준수할 필요는 없고, 동시에 동조의 여러 요건을 경매인 혹은 청산인이 준수하지 않는 것에 대하여 책임을 지지 않는다.

제6-109조(등록을 구성하는 것; 등록관의 의무; 등록관으로부터의 정보)

(1) 등록을 위한 통시 혹은 청구권의 리스트 제시 및 등록 수수료의 공탁 또는 등록관에 의한 통지, 리스트의 수령은 본편에 의하여 등록된다.

(2) 등록관은 다음을 하여야 한다.

(a) 각각의 통지 혹은 리스트에 등록번호를 붙이고, 그 등록 일시를 기록한다;

(b) 대중의 열람을 위하여 그 통지 혹은 리스트 및 리스트 사본을 보관한다;

(c) 매도인 혹은 매수인에 대하여 부여된 각각의 이름에 따라서 해당 통지 및 리스트 색인을 작성한다; 그리고

(d) 그 색인에 해당 통지 또는 리스트에 부여된 매도인과 매수인의 등록번호와 주소를 기재한다.

(3) 통지 또는 리스트를 등록하는 자가 등록관에게 사본을 주는 경우에 그 등록관은 요구에 의하여 그 사본에 등록번호 및 원본의 등록일시를 기재하고, 동시에 그 자에게 그 사본을 송부 및 양도한다.

(4) 등록 및 색인 제작의 수수료 및 등록하는 자에 의하여 제공되는 사본에 등록일자

와 장소를 나타내는 스템프를 날인하는 수수료는 최초의 페이지에 대하여 ___달러, 그리고 추가 각 페이지마다 ___달러이다. 2명 이상의 색인 제작의 수수료는 ___달러이다.

(5) 등록관은 확실한 요구가 있으면, 특정의 매도인 혹은 매수인에 대하여 통지 및 리스트가 그 증명서에 기재되는 일시에 등록되어 있는가의 여부를 증명하는 증명서를 발행하여야 한다. 통지 및 리스트가 등록되어 있다고 하면, 그 증명서는 각 통지 및 리스트의 등록 일시 및 각 매도인, 매수인, 경매인, 청산인의 이름 및 주소를 기재하여야 한다. 그 증명서의 수수료는 해당 증명서의 요구가 [주무장관]에 의하여 결정된 표준양식에 의한 것이면, ___달러, 그리고 그 외의 경우에는 ___달러이다. 누군가의 요청에 의하여 등록관은 ___달러의 수수료로 등록된 통지 및 리스트 사본을 주어야 한다.

(6) 등록관은 각 통지 및 리스트를 그것이 등록된 후 2년간 보존하여야 한다.

제6-110조(소송의 제한)

(1) (2)항에 규정된 경우를 제외하고, 본편에 의한 매도인, 경매인, 청산인에 대한 소송은 일괄매매일로부터 1년 이내에 제기되어야 한다.

(2) 매도인, 경매인, 청산인이 매매가 행하여진 사실을 은닉한 때에 본편에 의한 소송은 (ⅰ) 소송을 제기하는 자가 매매가 체결된 것을 인식한 후 1년, 또는 (ⅱ) 그 소송 날로부터 2년 이내의 날 중 먼저 도래한 날까지 제기될 수 있다. 본편의 여러 요구를 모두 충족시키지 않는 것은 그것 자체만으로는 은닉이 되지 않는다.

(3) 제6-107조 (11)항에 의한 소송은 주장된 위반이 발생한 때로부터 1년 이내에 제기되어야 한다.

[B안 마침]

7

창고증권, 화물증권 및 그 외의 권원증서

제4장 창고증권 및 화물증권; 일반적 의무

제7-401조(창고증권 또는 화물증권의 발행 또는 발행인의 행위에서 불규칙성)

제7-402조(권원증서의 복사본; 초과발행)

제7-403조(창고업자 또는 운송업자의 인도의무; 면책)

제7-404조(증권에 따른 신의성실한 인도에 대한 무책임)

제5장 창고증권 및 화물증권; 유통 및 이전

제7-501조(유통의 형식과 [적정한 유통]의 요건)

제7-502조(적정한 거래교섭에 의하여 취득된 권리)

제7-503조(일정의 사례에서 부정된 물품의 권원증서)

제7-504조(적정한 유통 및 취득된 권리)

제7-505조(다른 당사자를 위한 보증인이 아닌 배서인)

제7-506조(배서가 없는 인도; 배서를 강제하는 권리)

제7-507조(유통에 관한 보증 또는 창고증권 또는 화물증권의 이전)

제7-508조(권원증서에 관한 취입은행의 보증)

제7-509조(상사계약에의 적절한 준수)

제6장 창고증권 및 화물증권; 기타

제7-601조(분실되어 제시되지 않는 증서)

제7-602조(유통증서의 대상이 되는 물품의 압류)

제7-603조(저촉되는 청구권; 경합권리자 확정절차)

제7장 기 타

제7-701조(시행일)

제7-702조(폐지)

제7-703조(적용가능성)

제7-704조(존속규정)

제7편 창고증권, 화물증권 및 그 외의 권원증서

제1장 일 반

第7-101조(약칭)

본편은 통일상법전 - 권원증서라 칭한다.

第7-102조(정의 및 정의의 색인)

(a) 본편에서 별도의 규정이 없는 한,

(1) 「수탁자」는 창고증권, 화물증권 또는 그 외의 권원증서에 의하여 물품의 점유를 이전받으며, 동시에 그것들을 인도하는 계약을 체결한 자를 의미한다.

(2) 「운송인」은 선하증권을 발행하는 자를 의미한다.

(3) 「수하인」은 증권이 인도를 약속한 상대방 또는 지명인으로 그 증권에 지명된 자를 의미한다.

(4) 「위탁자」는 발송을 위하여 물품을 수령한 상대방으로 증권에 지명된 자를 의미한다.

(5) 「인도지시」는 통상 영업과정에서 창고증권 또는 화물증권을 발행하는 창고업자, 운송업자 또는 그 외의 자에게 물품인도를 지시하는 지시서를 의미한다.

(6) 「신의성실」은 사실상의 정직과 공정거래의 합리적인 상업적 표준의 준수를 의미한다.

(7) 「물품」은 임치계약 또는 운송계약의 목적을 위하여 동산으로써 다루어지는 모든 것을 의미한다.

(8) 「발행인」은 증서를 발행하는 수치인을 의미하지만, 인수받지 않은 인도지시에 관하여 이 용어는 해당 물품의 점유자에게 인도를 지시하는 자를 의미한다. 발행인은 대리인 또는 피용자가 증서를 발행할 수 있는 현실적 또는 명목상 권리를 가진 경우에 그 발행인이 물품을 수령하지 않거나 또는 그 물품이 다르게 기재되어 있거나 그 외에 대리인 또는 피용자가 그 지시에 위반한 것과 관계없이 대리인 또는 피용자가 증서의 발행에 대하여 대리하는 것을 의미한다.

(9) 「증서에서 수권된 자」는 유통권원증서의 경우에 소지인 또는 유통금지증서에 기재된 지시에 따라 또는 조건으로 물품을 인도받은 자를 의미한다.

(10) 「기록」은 유형물에 기재되거나 전자매체 또는 다른 매체에 저장되고 인식할 수

있는 형태로 복구할 수 있는 정보를 의미한다.

(11) 「서명」은 기록을 채택 또는 증명할 의도로 행한 다음의 것을 의미한다.

(A) 유형적 부호를 채택 또는 실행하는 것;

(B) 기록에 전자적 소리, 부호 또는 절차를 부착하거나 논리적으로 결합시킨 것.

(12) 「하주」는 수하인과 운송계약을 체결한 자를 의미한다.

(13) 「창고업자」는 임대로 물품의 보관업을 영위하는 자를 의미한다.

(b) 본편 또는 본편의 조문에 적용되는 다른 편의 정의는 다음과 같다.

「매매계약」 제2-106조

「일반적 영업에서의 임차인」 제2A-103조

물품의 「수령」 제2-103조

(c) 제1편은 본편을 통하여 적용되는 일반적 정의 및 해석의 모든 원칙을 정하고 있다.

제7-103조(본편 및 조약 또는 제정법과의 관계)

(a) 본편은 조약, 제정법 및 규정이 적용되는 범위내에서 조약, 미국의 제정법 또는 본주의 규정은 본편보다 우선한다.

(b) 본편에서 별도로 규정하고 있지 않는 한, 본편은 권원증서의 내용이나 형태, 수하인에 의하여 행하여지는 용역이나 설비 또는 수하인의 업무에 관하여 규율하는 다른 법을 폐지 또는 개정하지 않는다. 그러나 권원증서의 정의에 합치한다면 이러한 법의 위반은 권원증서의 효력에 영향을 미치지 않는다.

(c) 통일상법전은 국제상법의 연방전자서명을 수정, 변경 또는 우선하지만, 국제상법 제101조 (c)항에서 규정하는 것과 제103조 (b)항에서 규정하고 있는 통지의 전자적 전송에 대하여는 수정, 변경 또는 우선하지 않는다.

(d) 통일전자거래법과 본편이 충돌하는 경우에 본편이 우선한다.

제7-104조(유통권원증서와 유통금지권원증서)

(a) 권원증서는 그 조항에 의하여 그 물품이 지참인 또는 기명인의 지시에 의하여 인도되는 경우에 유통할 수 있다.

(b) (a)항의 경우가 아닌 때에는 권원증서의 유통은 금지된다. 해당 물품은 지명인에게 인도되는 것으로 기재된 선하증권은 동일 또는 다른 자에 의하여 서명된 기록에 의한 지시에 따라 물품이 인도되어야 한다고 하는 규정만으로는 유통할 수 없다.

(c) 권원증서가 발행될 때, 증서는 유통금지된다라는 일반화된 관습이 있는 경우에 권원증서는 유통금지된다.

제7-105조(선택적 수단에 의한 재발행)

(a) 전자적 권원증서에 의하여 수권된 자의 요청에 따라 전자적 증권의 발행자는 다음의 경우에 전자적 증권의 대용으로 서면권원증서를 발행할 수 있다.

(1) 전자적 증권에 의하여 수권된 자가 발행자에게 증권의 지배를 인도한 경우; 그리고

(2) 유체증권이 발행될 때에 전자적 증권의 대용으로 발행되었다는 것이 기재된 경우.

(b) (a)항에 따라 전자적 권원증서의 대용으로 서면권원증서의 발행에 대하여,

(1) 전자적 증서는 더 이상 효력을 가지지 않는다;

(2) 유체증서를 발행한 자는 보증인이 발행자에게 전자증서의 지배를 인도하였을 때 보증인이 전자증서에 의하여 수권받는 자라는 것을 그 이후에 유체증서에 의하여 권원을 취득한 자에 대하여 보증한다.

(c) 다음의 경우에 유체권원증서에 의하여 수권받은 자의 요청에 따라 유체증권의 발행자는 유체증권의 대용으로서 전자증권을 발행할 수 있다.

(1) 유체증서에 의하여 수권된 자가 발행자에게 증서의 점유를 이전하고;

(2) 전자증서가 발행될 때에 유체증서의 대용으로 발행되었다는 것이 기재되었다.

(d) (c)항에 따라서 유체권원증서의 대용으로 전자증서의 발행에 대하여,

(1) 유체증서는 더 이상 효력을 가지지 않고;

(2) 전자증서를 발행한 자는 보증인이 발행자에게 유체증서의 지배를 인도하였을 때 보증인이 유체증서에 의하여 수권받은 자라는 것을 그 이후에 전자증서에 의하여 권원을 취득한 자에 대하여 보증한다.

제7-106조(전자적 권원증서의 지배)

(a) 전자증서상 권리의 이전을 신뢰할 수 있도록 증명하기 위하여 채택된 시스템이 전자증서가 일정한 자에게 발행 또는 이전되었다고 인정하고 있다면 그 자는 전자권원증서를 지배하고 있다.

(b) 증서가 다음의 방법으로 생성, 저장 및 이전되었다면, 시스템이 (a)항을 충족하고 그 자는 전자권원증서를 지배하고 있는 것으로 인정된다.

(1) (4)호, (5)호 및 (6)호에서 별도로 규정하고 있지 않는 한, 유일하고 동일성을 증명할 수 있으며, 변경할 수 없는 단일의 유효한 증서의 복사본;

(2) 다음에서 인정되는 자로서 유효한 복사본이 지배를 주장하는 자를 증명한 경우;

(A) 증서를 발행한 자;

(B) 유효한 복사본이 증서가 이전되었다는 것을 나타내고 있다면 가장 최근에 증서를 이전받은 자.

(3) 유효한 복사본이 지배를 주장하는 자 또는 지명된 보관인에 의하여 전송되어 보관된 경우;
(4) 지배를 주장하는 자의 동의하에 유효한 복사본의 확인된 수탁자를 변경 또는 추가하는 복사 또는 개정이 이루어진 경우;
(5) 유효한 복사본의 각 복사본과 복사본의 복사본은 유효한 복사본으로 인정되지 않는 경우;
(6) 유효한 복사본의 수정이 권한에 의하여 또는 무권한으로 이루어졌다는 것을 증명할 수 있는 경우.

제2장 창고증권; 특별규정

제7-201조(창고증권을 발행할 수 있는 자; 정부채권에 의한 창고임치)

(a) 창고증권은 창고업자에 의하여 발행될 수 있다.
(b) 양조주 및 농업물품을 포함하는 물품이 인출된 때에 정부채권 또는 창고증권의 성질을 가지는 수령권의 발행허가를 요구하는 제정법에 의하여 보관되는 경우로서 물품의 소유자로 창고업자가 아닌 자에 의하여 발행된 것이라고 하더라도 물품과 교환으로 발행된 수령서는 창고증권과 유사한 효력을 가진다.

제7-202조(창고증권의 양식)

(a) 창고증권은 어떤 특정의 양식일 필요는 없다.
(b) 창고증권이 그 기재된 또는 인쇄된 조항 중에 다음의 것을 포함하고 있지 않는 한, 창고업자는 부주의에 의하여 침해를 받은 자에 대하여 발생한 손해를 배상하여야 한다.
  (1) 물품이 임치된 창고의 주소;
  (2) 창고증권의 발행일;
  (3) 창고증권의 안내 번호;
  (4) 그 물품이 지참인, 지정된 자 또는 그 지시인에게 인도되었는가의 여부에 대한 설명;
  (5) 보관료 및 거래수수료; 다만, 야적창고의 계약에 의하여 물품이 보관되는 경우에는 유통 금지증권에 그 사실의 설명이 있는 것만으로도 충분하다.
  (6) 물품 또는 물품이 포함된 꾸러미의 기재;
  (7) 창고업자의 서명; 그 서명은 그 수권대리인이 행하지 않아도 효력이 있다.

(8) 단독, 합동 또는 그 외의 자와 함께 창고업자가 소유자인 물품에 대하여 창고증권이 발행된 경우에 그 소유권에 대한 사실; 및

(9) 지급된 선금 및 발생한 책임의 금액으로 그것에 대한 창고업자가 우선특권 또는 담보권(제7-209조)을 청구하는 것의 설명. 이와 같이 지급된 선금 또는 발생한 책임의 정확한 금액이 창고증권 발행시에 창고업자 또는 그것을 발행한 대리인에게 알려지지 않은 경우에 선금이 지급되거나 또는 책임이 발생하였다는 사실 및 목적이 기재되어 있다면 충분하다.

(c) 창고업자는 그 창고증권에 본편의 규정에 반하지 않고, 동시에 그 자의 인도의무(제7-403조) 또는 주의의무(제7-204조)를 침해하지 않는 다른 모든 조항을 포함시킬 수 있다. 이를 위반하는 규정은 무효이다.

제7-203조(불수령 또는 오기에 대한 책임)

화물증권 이외의 권원증서의 당사자 또는 그 유상으로 신의성실한 구입자로서 그 어떠한 경우에도 그것에 기재된 물품의 설명을 신뢰한 자는 그 물품의 수령이 없거나 또는 오기에 의하여 발생한 손해배상을 그 발행인에게 청구할 수 있다. 다만, 다음의 경우에는 그러하지 아니하다.

(1) 지시가 사실이라면, 설명이 마크 또는 라벨 또는 종류, 수량 또는 상태에 의하여 이루어져 있거나, 「내용, 상태 및 수량불명」 「포함한다는 진술」 등의 문언으로 설명되어 있는 경우에 물품의 일부 또는 전부가 실제상 수령되었는가 아닌가, 또는 해당 설명에 합치하는가 아닌가, 발행인은 알지 못한다는 것을 증서에서 명확하게 나타내고 있는 경우; 또는

(2) 당사자 또는 구입자가 미수령 또는 무표시를 알고 있는 경우.

제7-204조(주의의무; 계약에 의한 창고업자 책임의 제한)

(a) 창고업자는 물품에 관하여 합리적이며, 주의 깊은 자가 유사한 상황하에서 주의를 다할 것이라고 여겨지는 것에 대한 부주의에 의하여 발생한 물품의 손실 또는 위해에 대하여 손해배상의 책임을 지지만, 별도의 합의가 없는 한, 창고업자는 그와 같이 주의하였음에도 피할 수 없었던 손해배상책임은 지지 않는다.

(b) 손해배상은 손실 또는 손해의 경우에 창고임치계약 중에 책임 금액을 제한하는 조항으로써 물품 또는 항목마다 특별책임을 규정하고 또는 중량마다 규정된 금액 이상을 창고업자는 책임을 지지 않는다는 것에 의하여 제한될 수 있다. 다만, 그 책임은 그 임치계약에 서명할 때에 또는 창고증권의 수령 후 합리적인 기간 내에 임치인의 서면에 의한 요구에 의하여 그것에 의한 물품의 일부 또는 전부에 관하여 증대될 수 있다. 그러나 그 경우에 증대된 요율은 상기의 평가에 근거하여 과하여질

수 있지만, 창고업자의 요금표 중에 적법한 책임제한이 포함되어 있다면, 그 적법한 책임제한을 위반한 증대는 허용되지 않는다. 관련되는 제한은 자기 자신의 사용에 대한 횡령[불법전환]에 대한 창고업자의 책임에 관하여는 유효하지 않다.

(c) 청구를 하거나 또는 임치에 근거한 소송을 제기하는 시기와 방법에 관한 합리적인 규정은 그 창고증권 또는 임치계약에 포함될 수 있다.

(d) 본조는 [본편에 따라 인정할 수 있는 계약에 따른 제한을 무효화하거나 창고업자에 대하여 보다 과중한 책임을 부과하는 다른 제정법을 기입한다]를 해하거나 또는 폐지하는 것이 아니다.

제7-205조(일정한 경우에 무효가 되는 창고증권에 의한 권원)

대체가능물품의 영업을 행하는 창고업자에 의하여 그 통상의 영업과정에서 매각된 동시에 인도된 대체가능물품의 매수인은 그 창고증권이 적정하게 유통된 경우라도 그 증권에 의한 청구에 대하여 책임을 지지 않는다.

제7-206조(창고업자의 선택권에 의한 창고임치의 해제)

(a) 창고업자는 물품이 보관되어 있는 계좌를 가진 자 또는 그 물품에 대한 권리를 요구하는 자에게 고지를 할 때에 그 증서에 의하여 정하여진 보관기간의 종료시에 또는 보관기간이 정하여져 있지 않는 경우에는 그 통지 후 30일 이상의 소정의 기간 내에 요금을 지급하고, 창고로부터 해당 물품을 출고할 것을 요구할 수 있다. 물품이 그 통지에서 지정된 날까지 출고되지 않는 경우에 창고업자는 창고업자의 우선특권에 관한 규정(제7-210조)에 따라 그것들을 매각할 수 있다.

(b) 창고업자가 (a)항과 제7-210조에 규정된 기간 내에 해당 물품의 가격이 그 자의 우선특권의 금액 이하로 하락할 정도로 조악한 또는 퇴화하고 있다고 신의성실하게 신뢰한 경우에 그 창고업자는 해당 통지 중에서 물품의 출고를 위하여 (a)항에 따라 고지한 통지에서 단기간을 지정할 수 있고, 동시에 해당 물품이 출고되지 않는 경우에 일회의 광고 또는 게시 후 1주일 이상이 경과한 후에 행하여지는 공개매각으로 물품을 매각할 수 있다.

(c) 입고 시에 창고업자가 알지 못한 그 물품의 질 또는 상태의 결과로써 해당 물품이 다른 재산, 창고 또는 인체에 대한 위험물인 경우에 그 창고업자는 해당 물품에 대한 권리를 청구한 전원에게 합리적인 고지를 통지하는 광고를 하고, 공개매각 또는 개별매각으로 해당 물품을 매각할 수 있다. 그 창고업자가 합리적인 노력을 한 후, 그 물품을 매각할 수 없는 경우에 그 창고업자는 적법한 방법으로 그것들을 처분할 수 있고, 동시에 그 처분을 이유로 이떠한 책임도 지지 않는다.

(d) 창고업자는 본조에 의한 매매 또는 다른 처분 이전에 이루어진 적절한 청구를 한

본편에 의하여 물품에 대한 권리를 가지는 자에게 해당 물품을 인도하여야 한다.

(e) 창고업자는 본조에 의한 매각 또는 처분의 수익금으로부터 그 우선특권을 충족시킬 수 있지만, 그 창고업자가 해당 물품을 인도할 의무를 지는 상대방의 청구에 따라 지급하기 위하여 대금을 보관하여야 한다.

제7-207조(별개로 보관되어야 하는 물품; 혼합물)

(a) 창고증권에 별도로 규정된 경우 또는 창고업자가 다른 구분으로 대체가능 또는 혼합가능한 경우를 제외하고, 언제라도 해당 물품의 특정 및 인도를 허가할 수 있도록 각 증권의 대상이 되는 물품을 별도로 보관하여야 한다.

(b) 혼합된 대체 가능한 물품은 그것에 대한 권리를 가지는 자에 의하여 공유의 형태로 소유되고, 또한 창고업자는 해당 소유자의 지분마다 각 소유자에 대하여 개별적으로 책임을 진다. 초과발행 때문에 대체가능물품의 집합물은 그것에 대한 창고업자가 발행한 창고증권의 전부를 만족시킬 수 없는 경우에 초과발행된 창고증권을 점유하는 자를 포함하여 이에 대하여 권리를 가진 자에게 양도된다.

제7-208조(변조된 창고증권)

유통창고증권의 공백이 권한없이 기입된 경우에 대가를 지급하고, 동시에 그 권한의 결여를 알지 못하였던 구입자는 그 기입을 수권에 의한 것으로 취급할 수 있다. 그 외의 무권한의 변조는 그 기존 증서에 따라 발행인에 대하여 해당 증권을 강제할 수 있다.

제7-209조(창고업자의 우선특권)

(a) 창고업자는 창고증권에 의하여 대상이 되며, 그 점유 하에 있는 물품에 관하여 또는 그 매각금에 관하여 창고임치료 또는 운송료(정박료 및 터미널 요금을 포함한다), 보험, 임금 또는 해당 물품에 관한 현재 또는 장래의 모든 요금 및 그 물품의 존재에 필요한, 또는 법률에 따르는 그 매각에 관계되는 합리적인 모든 경비에 대하여 임치인에 대하여 우선특권을 가진다. 물품을 보유하고 있는 계좌를 가진 자는 예탁된 때에는 언제라도 다른 물품과 관련하여 유사한 요금액 및 경비에 대하여 책임을 지고, 동시에 해당 수령서 중에서 다른 물품과 관련하여 요금 및 경비에 대하여 우선특권이 청구될 취지가 기재되어 있는 경우에 창고업자는 그 외의 물품이 창고업자에 의하여 인도되었는가의 여부와 관계없이 관련된 요금 및 경비에 대하여 그 자에 대한 우선특권을 가진다. 그러나 유통창고증권이 적정하게 유통된 상대방에 대하여 창고업자의 우선특권은 그 수령권 상에 명기된 금액 또는 요율의 금액으로, 또는 요금이 그와 같이 명기되어 있지 않은 경우에 그 수령증의 날짜 이후

그 수령권에 의하여 대상이 되는 물품의 창고임치에 대한 합리적인 요금으로 제한된다.

(b) 창고업자는 선금 및 이자에 대한 것 등 (a)항에 기재된 것 이외의 요금의 수령증에 기재된 최고액에 대하여 위탁자에 대한 담보권을 유보할 수 있다. 관련하는 담보권은 담보부거래에 관한 편(제9편)에 의하여 규율된다.

(c) (a)항에 의한 요금 및 경비에 대한 창고업자의 우선특권 또는 (b)항에 의한 담보권도 그 물품의 점유를 수치인에게 위탁하고 그 결과로서 그 자에 의한 물품의 유상의 신의성실한 구입자에 대한 저당권 설정은 유효하다. 그러나 우선특권 또는 담보권은 권원증서의 발행전에 이해관계를 가지거나 물품에 대하여 완전화된 담보권을 가지고 있으며, 다음의 것을 하지 않는 자에 대하여 효력이 없다;

(1) 물품 또는 물품상 증서를 사실상 또는 명백한 권한으로 선적, 저장 또는 판매를 위하여 임치인 또는 그의 지명자에게 양도 또는 위탁한 경우; 또는 제7-403조에 의하여 인도를 수령할 권한을 가지고, 또는 제2-403조, 제2A-304조 (2)항, 제2A-305조 (2)항, 제9-320조 또는 다른 제정법 또는 법 규정에 따라 임치권에 의하여; 또는

(2) 임치인 또는 그의 지명자에 의한 증서의 조달에 대한 묵인.

(d) (a)항에 의한 물품에 관한 요금 및 경비에 대하여 가정용의 물품에 대한 창고업자의 우선특권은 임치인이 임치시에 해당 물품의 법적 점유자인 경우에 모든 자에 대하여 유효하다. 「가정용 물품」은 임치인에 의하여 주택 중에서 사용되는 가구, 장식품 및 신변의 물건을 의미한다.

(e) 창고업자는 임의로 인도하였거나 또는 부당하게 인도를 거절한 물품에 대한 우선특권을 상실한다.

제7-210조(창고업자 우선특권의 상세)

(a) (b)항에 정한 경우를 제외하고, 창고업자의 우선특권은 물품에 대한 이권을 청구하는 자를 알고 있는 전원에게 고지를 한 후, 언제라도 또는 어느 장소에서도 동시에 상업상 합리적인 조건에서 화물차단위로 또는 소포로 그 물품의 공개매매 또는 개별매매에 의하여 강제될 수 있다. 그 고지는 지급되어야 하는 금액, 제안된 매매의 성질 및 일반 매매의 시간과 장소의 설명을 포함하여야 한다. 그 창고업자에 의하여 선택된 것과 다른 시간에 또는 다른 방법으로 매각되었다면, 보다 높은 대금을 얻을 수 있었다는 사실만으로 해당 매매가 상업상 합리적인 방법으로 이루어지지 않은 것으로 인정되지 않는다. 창고업자가 그 공개시장에서 통상의 방법으로 물품을 매각하거나 또는 그 창고업자가 그 매각의 시점에 그 시장에서 통용하는 대금으로 매각하거나 또는 다른 방법으로 매각된 종류의 판매업자 사이에서의 합리적

인 관행에 적합하게 매각한 경우에 그 창고업자는 상업상 합리적인 방법으로 매각한 것으로 인정된다. 그 채무의 이행을 명확하게 하기 위하여 신고되고, 필요하다고 인정되는 물품의 매각이 전문에 의하여 행하여진 경우일 때를 제외하고, 상업상 합리적이지 않다.

(b) 상인에 의하여 그 자의 통상 영업의 과정으로 보관된 물품 이외의 물품에 대한 창고업자의 우선특권은 다음의 방법에 의하여 강제될 수 있다.

(1) 물품에 대한 권리를 청구하는 것을 알고 있는 모든 자에게 고지되어야 한다;

(2) 그 고지는 직접 배달되거나 고지되어야 하는 자의 알려진 최후의 주소에 서류 또는 내용증명우편으로 송부되어야 한다;

(3) 그 고지는 청구권의 항목별 설명, 우선특권에 따르는 물품의 기재, 해당 고지의 수령 후 10일 이상의 지정기간 내에서 지급청구 및 그 청구가 해당기간 내에 지급되지 않으면 그 물품은 매각을 위하여 광고되고 동시에 특정 때와 장소에서 경쟁에 의하여 매각되는 의미의 명확한 설명을 포함하여야 한다;

(4) 매각은 고지의 모든 조건을 따르는 것이어야 한다;

(5) 매매는 물품이 점유 또는 보관되는 장소에 가장 가까운 적절한 장소에서 행하여져야 한다;

(6) 그 고지에서 주어진 기간이 경과한 후, 그 매매의 광고는 그 매매가 행하여진 경우에 일반적으로 구매되고 있는 신문에 2주일에 걸쳐 계속하여 1주일에 한번은 게재되어야 한다. 그 광고는 그 물품의 기재, 그것이 보유된 기존 계좌를 가진 자의 이름 및 매각의 일시와 장소를 포함하여야 한다. 그 매매가 행하여지는 장소에 일반적으로 구독되고 있는 신문이 아닌 경우에 그 광고는 제안된 매매의 인접한 장소에서 적어도 매각 전 10일간 게재되어야 한다.

(c) 본조에 의한 매매 전에 물품에 대한 권리를 청구하는 자는 그 우선특권 및 본조에 의하여 부담되는 합리적인 경비를 만족시키는 것에 필요한 금액을 지급할 수 있다. 그 경우에는 물품은 매각되어야 하지만, 그 수령의 모든 조항 및 본편에 따르는 해당 창고업자가 점유하여야 한다.

(d) 창고업자는 본조에 따라 일반매매로 구입할 수 있다.

(e) 창고업자의 우선특권을 강제하기 위하여 매각된 물품의 신의성실한 구입자는 본조의 모든 조건을 창고업자가 준수하지 않았음에도 불구하고, 그 우선특권이 보유하고 있던 상대방의 모든 권리로부터 독립하여 그 물품을 취득한다.

(f) 창고업자는 본조에 따르는 매각의 수익금으로부터 그 자의 우선특권을 만족시킬 수 있지만, 잔금이 있는 경우에는 그 자가 해당 물품을 인도할 의무를 지고 있다고 여겨지는 상대방에 대하여 청구권의 인도를 위하여 그 잔금을 보관하여야 한다.

(g) 본조에 규정된 모든 권리는 법률에 의하여 정하여져 있으며, 채권자의 채무자에 대

한 그 외의 모든 권리에 추가된다.

(h) 우선특권이 상인의 영업의 과정에서 그 상인에 의하여 보관된 물품에 대한 것인 경우에 그 우선특권은 (a)항 또는 (b)항의 어느 것에 따라서도 강제할 수 있다.

(i) 창고업자는 본조에 의한 매매의 모든 요건에 따르지 않음으로써 발생한 손해를 배상하여야 한다. 또한 고의의 위반의 경우에 불법전환[횡령]의 책임을 진다.

제3장 화물증권; 특별규정

제7-301조(불수령 또는 오기에 의한 책임; [포함된다고 언급되다]; [발송인의 선적과 감정]; 부적절한 취급)

(a) 신의성실하게 가치를 부여한 유통금지 증서의 수하인, 또는 증권상 물품의 기재 또는 증권상 표시되어 있는 일자를 신뢰하여 유통가능한 증서를 적절하게 인도받은 점유자는 그 증서의 일자의 오기 또는 그 물품의 틀린 기재에 의하여 발생한 손해배상을 그 발행인에게 청구할 수 있다. 다만, 그 증서가 마크, 라벨, 종류, 수량 또는 상태의 용어로 그 기재가 「포장물의 내용 또는 내용의 상태는 알지 못한다」, 「포함한다는 주장」, 「발송인의 중량, 화물 및 짐의 수」 등에 의하여 수식되어 있으며, 그 표현이 사실인 경우에 그 물품의 일부 또는 전부가 사실상 수령되었거나 또는 해당 발행인은 그 기재에 합치하고 있는가의 어부를 알지 못한다는 것을 나타내고 있는 한도에서 손해배상을 청구할 수 없다.

(b) 선하증권의 발행인에 의하여 물품이 선적되는 경우에 그 발행인은 포장물의 경우에는 물품의 수를 세고, 또한 일괄화물의 경우에는 그 종류와 수량을 확인하여야 한다. 그리고 「발송인의 중량, 화물 및 화물의 수」 또는 발송인에 의한 기재는 뭉지더미에 포함된 물품을 제외하고 무효로 한다는 것을 나타내는 표시를 확인하여야 한다.

(c) 일괄화물이 그 화물의 계량을 위하여 적절한 시설을 발행인이 이용할 수 있도록 발행인에 의하여 선적된 경우에 일반운송업자인 발행인은 그렇게 하는 것을 요구하는 발송인의 요구서를 수령한 후 합리적 기간 내에 그 종류와 수량을 확인하여야 한다. 그 경우에 「발행인의 계량」 또는 유사한 의미를 가지는 다른 표시는 무효가 된다.

(d) 발송인은 그 증권에 「발송인의 중량, 화물 및 화물의 수」 또는 유사한 의미의 다른 표시를 기입함으로써 해당 물품은 발송인에 의하여 선적된 것을 나타낼 수 있다. 그리고 그 설명이 진실이라면, 그 발송인은 부적절한 선적에 의하여 발생한 손해에

대한 책임을 지지 않는다.

(e) 발송인은 발행인에 대하여 그 자에 의하여 공여된 것과 같이 그 설명, 마크, 라벨, 번호, 종류, 수량, 상태 및 중량이 발송시에 정확하다는 것을 보증하였다고 인정된다. 그리고 그 발송인은 그 모든 사항의 부정확한 기재에 의하여 발생하는 손해에 대하여 그 발행인을 면책한다. 그 면책을 받는 발행인의 권리는 발송인 이외의 자에 대한 운송계약에 의한 그 자의 책임을 어떠한 방법에 의하여 제한하지 않는다.

제7-302조(일괄화물증권 및 유사한 증서)

(a) 대리인으로서 행위하는 자 또는 이행하는 운송인에 의하여 부분적으로 이행되어야 할 약속을 포함하는 일괄화물증권 또는 기타 권원증서의 발행인은 증서상의 의무를 이행하는 운송인 또는 기타의 다른 자에 의한 위반에 대하여 증서에 따라 청구할 수 있는 권리를 가지는 자에게 책임을 진다. 그러나 증서가 해상, 미국의 영역이 아닌 지역 또는 운송이 아닌 다른 수단을 포함하는 약속에 의하여 이행되어야 할 약속을 포함하는 범위내에서 다른 자 또는 이행하는 운송인에 의한 위반에 대한 책임은 당사자간의 합의에 의하여 변경할 수 있다.

(b) 물품이 일괄화물증권 또는 발행인 이외의 자에 의하여 일부 이행된 약속을 내용으로 하는 다른 증서의 대상이 되는 경우에 그 발행인은 해당 물품이 그 자의 점유하에 있는 동안 자신의 이행에 관하여 그 발행인의 의무에 따른다.

(c) (a)항에서 규정된 일괄화물증권 또는 기타 권원증서의 발행인은 증서상의 의무위반이 발생한 시점에 물품을 점유하고 있는 중간운송인 또는 기타의 자로부터 다음을 청구할 수 있다.

(1) 영수증, 판결 또는 판결문의 복사본에 의하여 증명될 수 있는 것으로써 위반에 대하여 증서에 따라 회복할 권리가 있는 자에게 지급되어야 할 금액; 그리고

(2) 위반에 대하여 증서에 따라 회복할 권리가 있는 자에 의하여 제기된 소송에서 변호하기 위하여 발행인이 지급한 합리적인 비용.

제7-303조(전환; 재임치; 지시의 변경)

(a) 화물증권에 별도로 기재되어 있지 않는 한, 창고업자는 증권에 기재된 자에 대하여 또는 지정지에서 물품을 인도할 수가 있다. 또는 다음과 같은 자의 지시에 따라 별도의 방법으로 물품을 처분할 수 있다.

(1) 유통증권의 점유인; 또는

(2) 수탁자의 반대지시에도 불구하고 불융통증권의 위탁자; 또는

(3) 해당 물품이 증권의 지정지에 도착한 경우에 위탁자로부터 반대의 지시와 관계없는 유통금지증권의 수하인; 또는

(4) 수하인이 위탁자에 대한 그 물품을 처분할 권리를 가지는 경우에 유통금지증권의 수하인.

(b) 관계하는 지시가 유통화물증권에 기재되어 있는 경우가 아니라면 해당 증권이 적정하게 유통된 상대방은 최초의 조항에 따라 수탁물을 보관할 수 있다.

제7-304조(세트로 된 화물증권)

(a) 해외운송에서 관습이 된 경우를 제외하고, 화물증권은 각 부분이 세트로 발행되지 않는다. 발행인은 본항의 위반에 의하여 발생한 손해배상의 책임을 진다.

(b) 화물증권이 각 부분을 세트로 하여 발행된 경우로 그 각 부분에 번호가 붙여져 있고, 동시에 물품이 다른 부분에 대하여 인도될 수 없는 경우에만 유효하다고 표현되어 있는 경우는 한 개의 화물증권이 된다.

(c) 화물증권이 복수 부분의 한 부분으로써 적법하게 발행되고, 다른 부분이 다른 자에 대하여 유통된 경우에 최초의 적정한 유통이 이루어진 점유자는 그 이후의 점유자가 신의성실하게 운송업자로부터 물품을 수령하고, 동시에 그 자의 부분을 서류로 제출하여 운송업자의 의무를 경감시켰다하더라도, 최초의 적정한 유통이 이루어진 점유자의 권원은 해당 증서 및 물품에 대하여 우선한다.

(d) 세트로 발행된 화물증권의 일부를 유통하거나 또는 이전하는 자는 전체인 것과 동일하게 그 부분의 점유자에 대하여 책임을 진다.

(e) 수치인은 제4장에 따라, 적법하게 세트로 발행된 화물증권의 최초에 제시된 부분에 대하여 인도할 의무를 진다. 이 방법에 의한 인도는 전체의 화물증권에 대한 수치인의 의무를 면제한다.

제7-305조(도달시증권)

(a) 발송 장소에서 위탁자에게 화물증권을 발행하는 대신에 운송업자는 위탁자의 요구에 따라 도착지 또는 그 요구로 지정된 다른 장소에서 발행될 수 있는 증서를 교부할 수 있다.

(b) 운송중에 있으며, 물품에 관련한 다른 영수증 또는 다른 미지급 화물증권의 지배 또는 점유의 이전에 의하여 운송업자에 대하여 물품을 지배할 권한이 있는 자의 요청에 의하여 발행인은 제7-105조에 따라 요청에서 지정된 다른 장소에서 발행될 수 있는 대체적 증서를 교부할 수 있다.

제7-306조(변조된 화물증권)

화물증권의 공백부분에 무권한으로 변경 또는 기재되어 있어도 그 증권은 그 원래의 취지에 따라 강제될 수 있다.

제7-307조(운송업자의 우선특권)

(a) 운송업자는 물품을 보관 또는 운송을 위하여 수령한 날 이후의 요금(초과정박료 및 역보관료를 포함한다) 및 그 운송에 따르는 물품보존에 필요한 경비 또는 법률에 따라 그 매각에 합리적으로 관련된 필요한 경비에 대하여 화물증권의 대상인 물품에 대하여 우선특권을 가진다.

(b) 운송업자가 법률에 의하여, 운송에 대하여 수령할 것이 요구되는 물품에 대한 (a)항에 의한 경비 및 요금을 위한 우선특권은 해당 운송업자가 위탁자는 그 물품을 관련된 요금 및 경비에 따르는 권한을 가지지 않는다는 것을 알고 있던 경우가 아니라면 그 위탁자 또는 해당 물품에 대한 권리를 가진 자에 대하여 유효하다.

(c) 운송업자는 운송업자가 임의로 인도한 물품 또는 부당하게 인도를 거절한 물품에 대하여 우선특권을 상실한다.

제7-308조(운송업자의 우선특권의 강제)

(a) 운송업자의 우선특권은 그 물품상 권리의 청구를 알고 있는 모든 자에 대하여 고지를 한 후, 상업상 합리적인 시간 또는 장소로 동시에 모든 조항에 의하여 집합물이나 꾸러미로 해당 물품의 일반매매 또는 개별매매에 의하여 강제될 수 있고, 그 고지는 지급되어야 하는 금액, 제안된 매매의 성질 및 공개매매의 일시와 장소의 설명을 포함하여야 한다. 운송업자에 의하여 선택된 것과 다른 시간 또는 방법으로 매각되었다면, 보다 높은 대금을 얻을 수 있었다는 사실은 그 자체만으로 매매가 상업상 합리적인 방법으로 이루어지지 않았다라는 증명으로 충분하지 않다. 운송업자가 물품을 그 공개시장에서 통상의 방법으로 매각한 경우 또는 그 매각한 물품종류의 취급업자 사이에서 상업상 합리적인 관행에 따라 매각한 경우에 그 업자는 상업상 합리적인 방법으로 매각한 것이다. 그 채무를 만족시키기 위하여 주장된 명백하게 필요한 것 이상의 물품 매각은 전문에서 규정하고 있는 경우를 제외하고 상업상 합리적이지 않다.

(b) 본조에 따르는 매매 전에 물품에 대한 권리를 청구하는 자는 그 우선특권을 만족시키는 것에 필요한 금액 및 본조에 의하여 관련되는 합리적 경비를 지급할 수 있다. 그 경우에 그 물품은 매각되어야 하지만, 화물증권 및 본편의 모든 조항에 따라 운송업자에 대하여 보관되어야 한다.

(c) 운송업자는 본조에 의하여 공개 매매로 매입할 수 있다.

(d) 운송업자의 우선특권을 강제하기 위하여, 매각된 물품의 신의성실한 구입자는 해당 운송업자가 본조의 모든 요건을 준수하고 있지 않더라도, 그 우선특권이 유효한 상대방의 모든 권리를 제외하고 그 물품을 취득한다.

(e) 운송업자는 본조에 의한 모든 매각의 수익금으로부터 그 자의 우선특권을 충족시

킬 수 있지만, 잔금이 있다면 그 물품을 인도하는 의무를 지고 있다고 여겨지는 상대방에 대한 청구권의 인도를 위하여 그 잔금을 보관하여야 한다.

(f) 본조에서 규정하는 모든 권리는 그 채무자에 대하여 법률에 의하여 인정되는 채무자의 다른 모든 권리에 추가된다.

(g) 운송업자의 우선특권은 (a)항 또는 제7-210조 (b)항에 규정된 절차의 어느 것에 따라 강제될 수 있다.

(h) 운송업자는 본조에 의한 매매를 위한 모든 요건을 따르지 않음으로써 발생하는 손해를 배상할 책임을 지고, 또한 고의의 위반의 경우에 불법전환[횡령]의 책임을 진다.

제7-309조(주의의무, 운송업자의 책임에 대한 계약상 제한)

(a) 유통가능 또는 유통금지와 관계없이 화물증권을 발행하는 운송업자는 합리적으로 주의깊은 자가 동일한 정황하에서 하는 정도로 해당 물품에 대하여 주의를 다 하여야 한다. 본항은 그 업자의 과실에 의하여 발생한 것이 아닌 손해배상에 대하여 일반운송업자에게 책임을 지게 하는 법률 또는 법원칙을 폐지하거나 변경하지 않는다.

(b) 손해배상은 운송업자의 요금이 물품의 가격에 따르고 위탁자가 물품의 가격을 인상할 수 있으며, 이를 변경할 수 있는 경우에 운송인의 책임은 운송계약 또는 증서상 물품의 가격을 초과할 수 없다는 운송계약 또는 화물증권의 조항에 따라 제한될 수 있다. 다만, 이 제한은 운송업자가 자신의 사용에 따른 불법횡령에 대한 책임의 제한으로는 무효이다.

(c) 발송에 근거한 청구권의 행사 및 소송의 제기의 시간 및 방법에 관한 합리적인 규정은 화물증권 또는 운송계약에 포함될 수 있다.

제 4 장 창고증권 및 화물증권; 일반적 의무

제7-401조(창고증권 또는 화물증권의 발행 또는 발행인의 행위에서 불규칙성)

본편에 의한 발행인에게 부과된 의무는 다음의 사실과 관계없이 권원증서에 적용된다.

(1) 해당 증서가 그 발행, 양식 또는 내용에 관하여 본편 또는 다른 법률 또는 규칙의 요건을 충족하지 않고 있다; 또는

(2) 발행인은 그 사업 활동을 규제하는 법률을 위반하였다;

(3) 증서가 발행된 때에 그 증서의 대상인 물품이 수치인에 의하여 점유되고 있다;

(4) 그 증서를 발행한 자는 창고업자는 아니지만, 증서가 창고증서로 될 것을 의도하고 있다.

제7-402조(권원증서의 복사본; 초과발행)

대체물에 대한 증서의 초과발행 및 분실, 절취, 파손된 증서 또는 제7-105조에 따라 발행된 대체증서 및 세트로 된 유통화물증권에 대하여 규정하고 있는 경우를 제외하고, 동일한 발행인의 미지급의 증서에 의하여 표시된 물품을 대상으로 하기 위한 권원증서의 복사본 또는 다른 증서는 해당 물품에 대하여 어떠한 권리도 부여하지 않는다. 그러나 그 발행인은 그 발행인의 초과발행에 의하여 발생한 또는 그 권면에 현저하게 기재하는 등의 방법으로 복제증서를 식별하지 않음으로 인하여 발생한 손해배상에 대하여 책임을 진다.

제7-403조(창고업자 또는 운송업자의 인도의무; 면책)

(a) 수치인은 (b)항 또는 (c)항에 따르는 증서에 의하여 권리를 가지는 자에 대하여 물품을 인도하여야 한다. 다만, 수치인이 다음 중 어느 것을 증명하였을 때에는 그 한도에서 면책된다.

(1) 청구자에 대한 것과 동일하게 정당한 창고증권을 가진 자에 대한 물품의 인도;

(2) 물품에 대한 손해 또는 지연, 손실 또는 파괴로 수치인이 책임을 지지 않는 것 [다만, 그 경우에 과실의 입증책임은 해당 증서에 근거하여 권리를 가지는 자가 진다];

(3) 우선특권의 적법한 강제로써 또는 창고업자의 적법한 창고임치의 해제에 근거하여 해당 물품의 종전 매매 또는 처분;

(4) 제2-705조에 따라 인도를 정지할 수 있는 매도인의 권리의 행사 또는 제2A-526조에 따라 인도를 정지할 수 있는 임대인의 권리의 행사;

(5) 본편의 규정(제7-303조) 또는 그 권리를 규제하는 요금표에 따르는 전환, 재임치 또는 그 외의 처분;

(6) 청구자에 대한 개인적 항변을 부여하는 우선특권의 해제, 변제 또는 그 외의 사실;

(7) 그 외의 적법한 면책.

(b) 권원증서의 대상이 되는 물품을 청구하는 자는 수치인이 그것을 요구하는 경우 또는 수치인이 법률에 의하여 요금을 지급하기까지 물품의 인도가 금지되는 경우에 수치인의 우선특권을 변제하여야 한다.

(c) 청구하는 자가 제7-503조 (a)항에 따라 해당 증서가 권리를 부여하지 않는 상대방인 경우가 아니라면,

(1) 증서에 따른 청구자는 부분적 인도의 취소 또는 지시를 위하여 물품을 대상으로 하는 미지급된 유통증권의 점유 또는 지배를 이전하여야 하고;

(2) 수치인은 해당 증서를 취소하거나 그 부분적 인도를 증서에 명확하게 기재하거나, 해당 증서가 적정하게 유통된 상대방에 대하여 책임을 진다.

第7-404條(증권에 따른 신의성실한 인도에 대한 무책임)

신의성실하게 물품을 수령하고 동시에 본편과 권원증서의 모든 조건에 따라 물품을 인도하거나 처분한 수치인은 다음의 경우에 해당할 지라도 물품에 대하여 책임을 지지 않는다.

(1) 수치인에게 물품을 인도한 자가 증서를 취득할 또는 물품을 처분할 권한이 없는 경우; 또는

(2) 수치인으로부터 물품을 인도받은 자가 물품을 인도받을 권한이 없는 경우.

第5장 창고증권 및 화물증권; 유통 및 이전

第7-501條(유통의 형식과 [적정한 유통]의 요건)

(a) 지명된 자의 지시에 따라 유통된 유통권원증서는 그 자의 배서와 인도에 의하여 유통된다. 공란이거나 또는 지참인에 대한 그 자의 배서 이후는 누구도 인도에 의하여만 그것을 유통시킬 수 있다.

(b) (1) 유통권원증서는 그 최초의 모든 조항에 의하여 그것이 지참 인도되는 경우에는 인도에 의하여만 유통된다.

(2) 지명된 자의 지시인에게 유통된 증서가 그 자에게 인도된 경우에 그 효과는 해당 증서가 유통된 경우와 동일하다.

(c) 유통권원증서가 특정한 자에 대하여 배서된 후의 해당 유통증서의 유통은 인도와 동시에 그 특별 피배서인에 의한 배서를 필요로 한다.

(d) 유통권원증서는 신의성실하게, 제3자에 의한 항변 또는 제3자의 청구권을 알지 못하며, 유상으로 그것을 구입한 소지인에게 본항에서 정한 방법으로 그것을 유통할 때에 「적정하게 유통」한 것이 되지만, 그 유통이 정규의 영업 또는 융통의 과정으로 이루어지지 않은 것 또는 결제 또는 금전채무의 지급으로써 증서를 수령한 것에 관한 것이 입증된 경우에는 그러하지 아니하다.

제7-502조(적정한 거래교섭에 의하여 취득된 권리)

(a) 다음의 조문에 따라 또는 대체가능물품에 관한 제7-205조에 따라 유통권원증서가 적정하게 유통된 상대방은 그것에 의하여 다음을 획득한다.

(1) 해당 증서의 권리;

(2) 해당 물품의 권리;

(3) 증서가 발행된 후에 수치인에게 인도된 물품에 대한 모든 권리를 포함하는 대리 또는 금반언에 관한 법률에 의하여 발생한 전부의 권리; 및,

(4) 증서의 모든 조항에 의하거나 또는 본편에 의하여 발생하는 것을 제외하고, 발행인에 의한 항변 또는 청구권으로부터 독립하여 그 증서의 모든 조항에 따라 물품을 소지하고, 또는 인도하는 발행인의 직접적 의무. 인도지시의 경우에 그 수치인의 의무는 인수할 때에만 발생하며, 동시에 소지인에 의하여 획득된 의무는 해당 발행인 및 배서인이 그 수치인의 인수를 행하게 한다.

(b) 다음의 조항에 따르는 것과 같이 획득된 권원 및 권리는 그 증서에 의하여 표시된 물품의 정지에 의하여, 또는 수치인에 의한 그 물품의 포기에 의하여 무효가 되지 않고, 또한 유통 또는 그 이전의 유통이 의무위반에 해당하거나 누군가의 부실표시, 사기, 착오, 협박, 분실, 절도 또는 횡령에 의하여 점유를 상실하거나 또는 증서의 이전의 매각 또는 다른 이전이 제3자에 대하여 이루어졌다고 하더라도 침해받지 않는다.

제7-503조(일정의 사례에서 부정된 물품의 권원증서)

(a) 권원증서의 발행 전에 해당 물품에 대한 법적 권리 또는 완전화된 담보권을 가지고 있던 자로 다음의 자에 대하여 그 증서는 물품에 대하여 어떠한 권리도 부여하지 않는다.

(1) 물품 또는 그것을 대상으로 하는 권원증서를 사실상 또는 명백하게 발송하거나, 보관하거나 매각할 권원을 가지거나 또는 본편에 의하여 인도를 받을 권한을 가지거나(제7-403조) 또는 본법(제2-403조 및 제9-307조) 또는 다른 제정법 및 법원칙에 의하여 처분권을 가지거나 수치인 또는 그 자의 지명자에 대하여 인도한 자 또는 임치한 자;

(2) 수치인 또는 그 자의 권원증서의 지명자에 의한 취득을 묵인한 자.

(b) 승낙되지 않은 인도지시에 기한 물품의 권원은 물품을 대상으로 하는 양도성 창고증권 또는 선하증권을 적절하게 유통시킨 자의 권리에 종속한다. 그 권원은 발행자 또는 발행자로부터 이전받은 자의 권리가 미치는 범위까지 제7-504조에 따라 무효로 된다.

(c) 화물운송업자에 대하여 발행된 화물증권에 기한 물품에 대한 권원은 화물운송업자

에 의하여 발행된 증권이 적정하게 유통된 상대방의 권리에 종속한다. 다만, 자신의 화물증권을 본편의 제4장을 준수한 운송업자의 인도는 해당 운송업자의 인도의무를 면제시킨다.

第7-504條(적정한 유통 및 취득된 권리)

(a) 증서가 인도되었으나 적정하게 인도되지 않은 양수인은 유통가능한가 또는 유통금지인가와 관계없이 양도인이 가지고 있거나 또는 실질적으로 이전할 수 있는 모든 권원 및 권리를 취득한다.

(b) 유통금지증서의 경우에 양도의 통지를 수치인이 수령한 후가 아니라면, 피이전자의 권리는 다음과 같이 부인될 수 있다.

(1) 그 매매를 제2-402조에 의하여 무효로써 취급할 수 있는 이전자의 채권자에 의하여; 또는

(2) 그 수치인이 해당 물품을 매수인에게 인도하거나 또는 그 자의 모든 권리의 고지를 수령한 경우에 통상 영업의 과정에서 양도인으로부터 매수인에 의하여; 또는

(3) 수치인에 대한 경우는 수치인이 양도인과 신의성실하게 거래함으로써.

(c) 유통금지화물증권에 수탁자에 의한 발송지시의 전환, 그 외의 변경이 수치인이 수취인에 대하여 인도하지 않은 원인이 되는 경우에 물품이 통상 영업과정에서 매수인에게 인도되거나, 그 수하인의 물품에 대한 권리를 경감시킨 경우라면 수하인의 물품에 대한 권리를 경감시킨다.

(d) 유통금지 증서에 의한 인도는 제2-705조에 의한 매도인에 의하여, 또는 동조에 규정된 적정한 고지의 모든 요건에 따라 정지될 수 있다. 매도인의 지시에 따라 수치인은 결과로써 발생하는 손실 또는 경비에 대하여 매도인에 의한 보상을 받을 권리를 가진다.

第7-505條(다른 당사자를 위한 보증인이 아닌 배서인)

수치인에 의하여 발행된 권원증서는 수치인 또는 이전의 배서인에 의한 채무불이행에 대하여 배서인에게 책임을 지지 않는다.

第7-506條(배서가 없는 인도; 배서를 강제하는 권리)

유통권원증서의 양수인은 양도인에 대하여 필요한 배서를 하게 할 특별한 강제권을 가지고 있지만, 그 이전은 해당 배서가 이루어질 때만 유통할 수 있다.

제7-507조(유통에 관한 보증 또는 창고증권 또는 화물증권의 이전)

다음의 조문에 의하여 단순한 매개인이 아닌 자가 유상으로 권원증서를 유통시키거나 이전시킬 경우에 별도의 합의가 없는 한, 이전인은 물품의 매매 또는 리스에 대한 보증에 추가한 경우에 직접적인 구입자에 대하여 다음의 보증을 한다.

(1) 해당 증서가 진정한 것;

(2) 그 유효성 또는 가치를 손상시킨 사실을 전혀 알지 못할 것; 또는

(3) 그 자의 유통 또는 이전은 해당 증서 및 그것이 표시하는 물품에 대한 권원에 관하여 권리를 가지고, 동시에 완전히 유효한 것.

제7-508조(권원증서에 관한 매입은행의 보증)

타인을 위하여 권원증서, 증서의 매입 또는 증서의 인도에 대하여 다른 청구를 위탁받은 자로서 알려진 매입은행 또는 매개인은 매입되어야 할 증서 또는 청구에 반하여 행하여지거나 구입되었을지라도 신의성실함과 권한을 가지고 증서를 인도한다는 것을 보증한다.

제7-509조(상사계약에의 적절한 준수)

증서가 매매계약, 리스계약상 채무의 이행 또는 신용장의 조건을 만족시키기 위하여 적절한가의 여부는 제2편, 제2A편 및 제5편에 의하여 결정된다.

제6장 창고증권 및 화물증권; 기타

제7-601조(분실되어 제시되지 않는 증서)

(a) 증서가 절취 또는 파손된 경우에 법원은 그 물품의 인도 또는 대체증서의 발행을 명령할 수 있으며, 동시에 수치인은 책임을 지지 않고 누구에 대하여도 그 명령에 따를 수 있다. 그 증서가 유통될 수 있는 것이었다면, 그 증서의 서류가 송부되지 않은 결과로서 손실을 입을 수 있는 자를 보호하기 위하여 청구권자는 법원에 의하여 승인된 담보를 제시하여야 한다. 그 증서가 유통될 수 없는 것이라면, 그 담보는 법원의 재량에 의하여 요구될 수 있다. 법원은 그 재량에 의하여 수치인의 합리적 비용 및 상담료의 지급을 명령할 수 있다.

(b) 법원의 명령 및 분실한 유통증권에 관한 청구에 대한 물품을 인수할 수치인은 그것에 의하여 손실을 입은 자에 대하여 책임을 지고, 동시에 그 인도가 신의성실하지 않으면, 불법전환[횡령]에 대하여 책임을 진다. 신의성실한 인도는 등록된 분류

또는 요금에 따라 이루어진 경우 또는 분류도 요금도 등록되어 있지 않은 경우에 그 인도 후 1년 이내에 청구권을 등록하고, 그 인도에 의하여 침해된 자를 보호하기 위하여 게시할 때 해당 물품의 가격의 적어도 2배의 가격을 청구권자가 수치인에게 담보로써 제공할 경우에는 불법전환[횡령]이 아니다.

제7-602조(유통증서의 대상이 되는 물품의 압류)

원래 물품을 처분할 권원증서를 가지지 않는 자에 의한 물품의 인도에 대한 증서가 발행된 경우를 제외하고, 유통권원증서가 미집행이며, 수치인의 점유 하에 있는 물품에 대한 사법영장에 의하여 우선특권은 부가되지 않는다. 다만, 그 증서가 처음에 수치인에게 압류되거나, 또는 그 유통이 금지되며, 동시에 그 수치인이 해당 증서가 그 자에게 압류되었거나 법원에 의하여 몰수될 때까지 영장에 따라 또는 차지명령을 모르고 유상으로 그 증서를 구입한 자는 그 사법영장에 의하여 부과된 우선특권으로부터 독립하여 취득한다.

제7-603조(저촉되는 청구권; 경합권리자 확정절차)

복수의 자가 물품의 권리 또는 점유를 청구하는 경우에 그 수치인은 반대청구권의 유효성을 확인하거나 상대 권리자를 위한 소송을 제기하기 위한 합리적인 시간을 가지기까지 인도가 면제된다. 그리고 수치인은 경합권리자에 대하여 미인도에 대한 소송에서 항변하거나 직접 소송을 제기할 수 있다.

제7장 기 타

제7-701조(시행일)

동법은 _년 _월에 발효한다.

제7-702조(폐지)

현행 제7편과 통일상법전 제10-104조는 폐지한다.

제7-703조(적용가능성)

동법은 동법의 시행일 이후에 발효된 권원증서 또는 창고증권에 적용된다. 동법의 시행일 이후에 발행되었다면 동법의 적용을 받게 될 권원증서 또는 창고증권이라고 하더라도 동법의 시행일 이전에 발행된 권원증서 또는 창고증권에는 적용되지 않는다. 동법은 시행일 이전에 발생한 경매권에는 적용되지 않는다.

제7-704조(존속규정)

수정 또는 폐지가 다른 제정법 또는 규칙에 의하여 발효, 종료, 이행, 완료 또는 시행되지 않은 것과 같이 다른 제정법 또는 규칙의 적용을 받는 동법의 시행일 전에 발행된 권원증서, 창고증권 및 이로부터 발생하는 권리, 의무 및 이권은 동법에 의하여 수정 또는 폐지된다.

8

투자증권

제 1 장 약칭 및 일반적 사항

제8-101조(약칭)
제8-102조(정의)
제8-103조(일정한 채권채무가 증권인가 금융자산인가를 결정하기 위한 모든 원칙)
제8-104조(증권 또는 금융자산 또는 그것에 화체된 권리의 취득)
제8-105조(반대청구권의 인지)
제8-106조(지배권)
제8-107조(배서, 지시 또는 이권지시의 유효)
제8-108조(직접점유의 경우의 보증)
제8-109조(간접점유의 경우의 보증)
제8-110조(적용가능성; 준거법의 선택)
제8-111조(어음교환회사의 규칙)
제8-112조(채권자의 법적 절차)
제8-113조(사기방지법이 적용되지 않는 경우)
제8-114조(증명부증권에 관한 증거준칙)
제8-115조(반대청구권에 대하여 책임을 지지 않는 증권중개인 및 그 외의 자)
제8-116조(대금을 지급한 매수인으로서의 증권매개인)

제 2 장 발행 및 발행인

제8-201조(발행인)
제8-202조(발행인의 책임 및 항변; 결함의 인지 또는 항변)
제8-203조(결함 또는 항변고지의 지연)
제8-204조(발행인 이전제한의 효과)
제8-205조(증권증명서에 대한 무권원서명의 효과)
제8-206조(증권 변경의 완성)
제8-207조(등록소유자에 관한 발행인의 권리 및 의무)
제8-208조(진정증명을 하는 수탁자, 등록관 또는 이전기관의 서명의 효과)
제8-209조(발행인의 우선특권)
제8-210조(발행초과)

제 3 장 증명부 증권 및 증명서가 없는 증권의 이전

제8-301조(인도)
제8-302조(구입자의 권리)

제8-303조(보호받는 구입자)

제8-304조(배서)

제8-305조(지시)

제8-306조(보증하는 서명, 배서 또는 지시의 효과)

제8-307조(이전의 등록을 요구하는 구입자의 권리)

제 4 장 등 록

제8-401조(이전을 등록하는 발행인의 의무)

제8-402조(배서 또는 지시가 유효한 것에 대한 확약)

제8-403조(발행인이 등록하지 않는 것에 대한 요구)

제8-404조(불법 등록)

제8-405조(분실, 파기 또는 불법으로 취득한 증권증명서의 교환)

제8-406조(분실, 파기 또는 불법으로 취득된 증권증명서에 대하여 발행인에게 통지할 의무)

제8-407조(진정증명을 하는 수탁자; 이전대리인 및 등록관)

제 5 장 증권상의 권리

제8-501조(증권거래계좌; 증권매개인으로부터의 증권상의 모든 권리의 취득)

제8-502조(이권소지인에 대한 반대청구권의 주장)

제8-503조(증권매개인이 소지하는 금융자산에 대한 이권소지인의 재산권)

제8-504조(금융자산을 유지하는 증권매개인의 의무)

제8-505조(지급과 배당에 관한 증권매개인의 의무)

제8-506조(이권소지인에게 지시되는 것과 같이 권리를 행사하는 증권매개인의 의무)

제8-507조(이권지시에 따르는 증권매개인의 의무)

제8-508조(이권소지인의 지위를 증권소지인이 다른 형식으로 변경한 증권매개인의 의무)

제8-509조(다른 법 또는 규정에 의한 증권매개인의 의무목록; 증권매개인의 의무이행과 이권소지인의 권리실행의 방법)

제8-510조(이권소지인으로부터 증권상의 권리를 구입한 자의 권리)

제8-511조(증권상의 모든 권리 및 모든 이권소지인 사이의 우선순위)

제 6 장 개정된 제8편의 경과규정

제8-601조(시행일)

제8-602조(폐지)

제8-603조(유보조항)

제8편 투자증권

제1장 약칭 및 일반적 사항

제8-101조(약칭)

본편은 통일상법전 - 투자증권이라 칭한다.

제8-102조(정의)

(a) 본편에서,

(1) 「반대청구권」은 청구권자가 금융자산에 대하여 담보권을 가지는 것 및 타인이 금융자산을 보유하거나 양도하거나 거래하는 것이 해당 청구권자의 권리침해에 해당하는 청구권을 의미한다.

(2) 「지참인 양식」은 증명부증권에 적용되는 경우에 해당 증권이 그 모든 조항에 따라 단순히 배서를 이유로 하는 것이 아니라, 증권증명서의 지참인에 대하여 지급하는 양식을 의미한다.

(3) 「중개인」은 연방증권법에 의하여 중개인 또는 거래업자로서 정의된 자를 의미하지만, 그 자격으로 행위하는 은행을 배제하지 않는다.

(4) 「증명부증권」은 증명서에 의하여 표시된 증권을 의미한다.

(5) 「어음교환회사」는 다음과 같은 자를 의미한다.

(i) 연방증권법에 의하여 「어음교환기관」으로써 등기된 자;

(ii) 연방준비금은행; 또는

(iii) 규칙의 제정을 포함하여, 어음교환회사로서 그 모든 활동이 연방정부 또는 주 정부의 당국에 의한 규제에 따르는 경우에 등록요건으로부터의 제외 또는 면제가 없다면 연방증권에 의하여 어음교환으로써 등록하는 것이 요구된다고 인정되거나 어음교환 또는 결제 서비스를 공여하는 자 외의 다른 자.

(6) 「전달한다」는,

(i) 서명이 있는 서면을 송부하거나; 또는

(ii) 정보를 전송하고 동시에 수령한 자에 의하여 합의된 전송기기에 의하여 정보를 송신하는 것을 의미한다.

(7) 「이권소지인」은 증권매개인에 대하여 증권상 권리를 가진 자로 그 증권매개인의 기록에 특정된 자를 의미한다. 제8-501조 (b)항 (2) 또는 (3)에 의하여 증권상 권

리를 취득하는 자는 이권소지인이 된다.

(8) 「이권지시」는 이권소지인이 증권상 이권을 가진 금융자산의 이전 또는 다시 지급함을 증권매개인에게 전달하는 통지를 의미한다.

(9) 「금융자산」은 제8-103조에 별도로 규정된 경우를 제외하고, 다음의 것들을 의미한다.

(i) 증권;

(ii) 타인의 채무 또는 타인, 재산 또는 타인의 사업에 대한 지분권, 참가권 또는 그 외의 권리로 금융시장에서 거래되거나 또는 처리되는 유사한 것이거나, 그것이 발행되었거나 또는 발행된 지역에서 투자 수단으로서 승인된 것; 또는

(iii) 그 재산이 본편에 의하여 금융자산으로서 인정되는 것에 그 증권매개인이 명시적으로 다른 자와 합의하는 경우에 증권계좌에 타인을 위한 증권매개인에 의하여 보유되는 재산. 이 용어는 증명부증권 또는 증명서가 없는 증권, 증권증명서 또는 증권상 이권을 포함하며, 이권 그 자체 또는 그것에 대한 청구권이 증명된 수단의 것을 의미한다.

(10) 「신의성실」은 본편에서의 의무의 이행 또는 강제에 대하여 사실상 정직하고, 공정거래의 합리적인 표준을 준수하고 있는 것을 의미한다.

(11) 「배서」는 증권의 양도, 이전 또는 환매의 목적을 위하여 또는 그것을 양도하거나 이전하거나 또는 환매 권한을 부여하기 위하여 등록양식의 증권증거상에 또는 별개의 문서상에 그 자체 또는 다른 말을 추가하여 서명하는 것을 의미한다.

(12) 「게시」는 지급증명이 없는 증권의 발행인에게 전달된 고지로 증권의 이전을 등록하는 것 또는 증권을 환매하는 것을 게시한 것을 의미한다.

(13) 「등록양식」은 지급증권에 적용되는 때는 다음과 같은 양식을 의미한다.

(i) 그 증권증서가 그 증권에 대한 권리를 가진 자를 명기한다; 그리고

(ii) 그 증권의 이전이 발행인에 의하여 또는 발행인을 위하여 유지되고 있거나 또는 해당 증권증명서에 그와 같이 기재한다.

(14) 「증권매개인」은 다음의 자를 의미한다.

(i) 어음교환회사; 또는

(ii) 은행 또는 중개인을 포함한 통상 영업의 과정에서 타인을 위하여 증권계좌를 유지하고 동시에 그 자격으로 행위하는 자.

(15) 「증권」은 제8-103조에 별도로 규정된 경우를 제외하고, 발행인의 의무 또는 발행인에 대한 또는 발행인의 재산 또는 사업에 대한 지분권, 참가권 또는 그 외의 이권으로 다음의 것을 의미한다.

(i) 지참인식 또는 등록양식의 증권증서에 의하여 표시되거나 또는 그 이전이

그 발행인에 의하여, 또는 그 자의 이익을 위하여 해당 목적을 위하여 유지되는 것;

(ii) 한 종류 또는 일련의 것 중 하나이거나 또는 그 조건에 의하여 지분권, 참가권, 이권 또는 채무의 종류 또는 일련의 것으로 나누어질 수 있는 것; 그리고

(iii) 다음의 것;

(A) 증권거래소 또는 증권시장에서 거래되고 있거나 또는 그 종류의 것;

(B) 투자의 수단으로 동시에 그 모든 조항에 의하여 그것은 본편에 의하여 규율된 증권인 것이 명시적으로 규정되는 것.

(16) 「증권증명」은 증권을 증명하는 증명서를 의미한다.

(17) 「증권상의 권리」는 제5장에 정한 금융자산에 관한 이권소지인의 권리 및 재산권을 의미한다.

(18) 「증명서가 없는 증권」은 증명서에 의하여 보증되지 않은 증권을 의미한다.

(b) 본편에 적용되는 그 외의 정의는 다음과 같다.

「적격자」 제8-107조
「지배권」 제8-106조
「인도」 제8-301조
「투자회사 담보」 제8-103조
「발행인」 제8-201조
「초과발행」 제8-210조
「보호된 구입자」 제8-303조
「증권계좌」 제8-501조

(c) 또한, 제1편은 본편을 통하여 적용되는 일반적 정의 및 해석의 원칙을 포함하고 있다.

(d) 본편에서 타인, 영업 또는 거래의 성질은 다른 법률, 규칙 또는 준칙의 모든 목적을 위하여 타인, 영업 또는 거래의 성질을 결정하지 않는다.

제8-103조(일정한 채권채무가 증권인가 금융자산인가를 결정하기 위한 모든 원칙)

(a) 회사, 비즈니스 트러스트, 합동법률회사 또는 유사한 단체가 발행하는 주식 또는 유사한 자기자본권은 증권이다.

(b) 「투자회사증권」은 증권이다. 투자회사증권은 연방투자회사법에 의한 투자회사로서 등록된 단체에 의하여 발행된 주식 또는 유사한 자기자본의 권리, 단위투자신탁으로서 등록된 단위투자신탁의 이권 또는 액면증서회사로서 등록된 그 회사에 의하여 발행된 액면증서를 의미한다. 투자회사증권은 보험회사에 의하여 발행된 보험계약 또는 기부약관 또는 연금증권을 포함하지 않는다.

(c) 증권거래소의 증권시장에서 거래되거나, 거래하게 하거나 그 조항이 명시적으로 해당 이권이 본편에 의하여 규율된 증권인 것을 규정하고 있거나 또는 그것이 투자회사증권인 경우가 아니면, 합자회사 또는 유한회사의 이권은 증권이 아니다. 그러나 합자회사 또는 유한회사의 이권은 그것이 증권계좌 안에 보유되어 있다면 금융자산이다.
(d) 어음교환회사의 참가자에 대하여 그 회사가 발행하는 옵션 또는 유사한 채권은 증권이 아니지만 금융자산이다.
(e) 제9-102조 (a)항 (15)에 정의된 물품거래계약은 증권이 아니지만, 금융자산이다.

제8-104조(증권 또는 금융자산 또는 그것에 화체된 권리의 취득)

(a) 다음의 경우에는 본편에 의하여 증권 또는 그 권리를 취득한다.
 (1) 제3-301조에 따라 증권의 인도를 받는 구입자인 경우; 또는
 (2) 제3-501조에 따라 그 증권에 대한 증권상의 권리를 취득한 경우.
(b) 타인이 금융자산에 대한 증권상의 권리를 취득한 경우에 그 자는 증권 이외의 금융자산 또는 그것에 대한 권리를 취득한다.
(c) 증권 또는 다른 금융자산에 대한 증권 상의 권리를 취득한 자는 제5장에 정한 모든 권리를 가지지만, 제8-503조에서 정한 한도에서만 증권매개인에 의하여 소지된 증권, 증권상의 권리 또는 다른 금융자산의 구입자이다.
(d) 별도로 규정한 경우를 제외하고, 다른 법률, 규칙, 원칙 또는 합의에 의하여 양도, 인도, 게시, 교환 또는 다른 방법으로 증권 또는 금융자산을 일정한 자의 점유에 두는 자는 그 타인이 (a)항 또는 (b)항에 의하여 그 증권 또는 금융자산상의 권리를 취득할 수 있게 됨으로써 해당 요건을 만족시키고 있다.

제8-105조(반대청구권의 인지)

(a) 다음의 경우에 당사자는 반대청구권을 알고 있다.
 (1) 그 자가 반대청구권에 대하여 지식을 얻고 있는 경우;
 (2) 그 자가 반대청구권이 존재할 중대한 가능성이 있는 것을 나타내는 것에 충분한 모든 사실을 알고 있으며, 동시에 반대청구권의 존재를 증명한다고 여겨지는 정보를 회피하는 경우; 또는
 (3) 그 자가 제정법 또는 규칙에 의하여 부과된 반대청구권이 존재하는가의 여부를 조사할 의무를 지고 있으며, 동시에 요구된 조사가 이루어지면 그 반대청구권의 존재를 증명할 수 있었다고 인정되는 경우.
(b) 대리인에 의하여 금융자산 또는 그것에 대한 이권이 이전되거나 이전된 사실을 알고 있는 것은 거래의 정당성에 대한 조사 의무를 지게 하지 않으며, 또한 반대청구

권을 알고 있는 것으로 인정되지 않는다. 그러나 대리인의 개인적 이권을 위한 거래 또는 다른 점에서 의무를 위반한 거래 또는 그 수익금이 그와 같이 사용된 거래에서 금융자산 또는 그 이자를 대리인이 이전한 것을 알고 있는 자는 반대청구권을 알고 있다.

(c) 증권증명서에 표시된 주된 채무의 즉시 이행을 요구하는 권리를 발생시키는 행위 또는 사건은 환매 또는 교환을 위하여 증명서가 제시되어야 하거나 또는 서류로 송부되어야 할 날 또는 그 후에 설정하는 행위 또는 사건은,

(1) 환매 또는 교환을 위한 게시 또는 서류를 보내기 위하여 설정된 날로부터 1년 이후;

(2) 금전이 그 날에 지급을 위하여 이용된다면 제시에 대한 현금의 지급 또는 증명서의 발송을 위하여 정하여진 날로부터 6개월 이전인 경우를 제외하고, 그 자체가 반대청구권의 통지가 되는 것은 아니다.

(d) 지급증명증권의 구입자는 증권증서가 다음의 것일 경우에 반대청구권의 인지를 얻을 수 있다.

(1) 지참인양식이나 등록양식에 관계없이 「추심을 위한」, 「발송을 위한」 또는 이전과 관계가 없는 그 외의 목적을 위한 배서된 것; 또는

(2) 지참인양식으로 그것은 이전자 이외의 자의 재산이라는 것을 명료한 설명이 기재되어 있는 것. 다만, 증권에 이름을 쓴 것만으로는 설명이 되지 않는다.

(e) 제9편에 의한 융자설명서의 등록은 금융자산에 대한 반대청구권의 통지가 아니다.

제8-106조(지배권)

(a) 증명부증권이 매수인에게 양도되는 경우에 매수인은 지참인지급양식의 증명부증권의 「지배권」을 가진다.

(b) 증명부증권이 매수인에게 인도되고, 동시에 다음의 경우에 매수인은 등록양식의 증명부증권의 「지배권」을 가진다.

(1) 증명서가 구입자에 대하여 배서된 경우 또는 유효한 배서에 의하여 공란인 경우; 또는

(2) 발행인에 의한 최초의 발행 또는 이전의 등록시에 해당 증서가 구입자의 이름으로 등록된 경우.

(c) 구입자는 다음의 경우 증명서가 없는 증권의 「지배권」을 가진다.

(1) 증명서가 없는 증권이 구입자에게 인도된 경우;

(2) 등록소유자에 의한 동의를 얻지 않고, 구입자에 의하여 개시된 이권지시를 준수하는 것에 발행인이 동의한 경우.

(d) 구입자는 다음의 경우 증권상 권리인 「지배권」을 가진다.

(1) 구입자가 이권소지인이 되는 경우;

(2) 이권소지인에 의한 동의를 얻지 않고, 구입자에 의하여 개시된 이권지시를 준수하는 것에 증권매개인이 동의한 경우; 또는

(3) 다른 자가 구입자를 위하여 증권상의 권리의 지배권을 가지고 있거나, 이전에 그 증권상 이권의 지배권을 가지고 있어 그 자가 구입자를 위하여 지배권을 가지는 것을 인정한 경우.

(e) 증권상의 권리가 이권소지인에 의하여 자신의 증권매개인에 대하여 부여된 경우에 그 증권매개인은 지배권을 가진다.

(f) (c)항 또는 (d)항의 요건을 만족시킨 구입자는 이권소지인의 동의 및 (c)항 (2) 또는 (d)항 (2)에 정한 종류의 합의를 결합할 수 없지만, 발행인 또는 증권매개인은 등록소유자 또는 이권소지인이 그와 같은 지시를 부여하고 있어도 관계된 합의를 결합하는 것을 요구하지 않거나, 관계하는 합의를 결부하는 발행인 또는 증권매개인은 등록소유자 또는 권리소지인에 의하여 그렇게 하는 것이 요구된 경우를 제외하고, 다른 당사자와의 합의의 존재를 확인하는 것을 요구하지 않는다.

제8-107조(배서, 지시 또는 이권지시의 유효)

(a) 「적격자」는 다음과 같은 자를 의미한다.

(1) 배서에 관하여는 증권증서에 의하여 또는 유효한 특별배서에 의하여 해당 증권에 대한 권리를 가진다고 기재된 자;

(2) 지시에 관하여는 증명서가 없는 증권의 등록소유자;

(3) 이권지시에 관하여는 이권소지인;

(4) (1), (2) 또는 (3)에 지정된 자가 시망한 경우 다른 법률에 의하여 취득한 그 지정된 자의 상속인 또는 사자(死者)의 유산을 집행하는 해당 지정된 자의 대표자; 또는

(5) (1), (2) 또는 (3)에 지정된 자의 법적 능력이 결여된 경우에 그 지정인의 보호자, 후견인 또는 다른 법률에 의하여 그 증권 또는 금융자산을 이전하는 권한을 가진 다른 대리인.

(b) 다음의 경우 배서, 지시 또는 이권지시는 유효하다.

(1) 적격자에 의하여 그것이 이루어진 경우;

(2) 지시 또는 이권지시의 경우에는 제8-106조 (c)항 (2) 또는 (d)항 (2)에 의하여 지배권을 가지는 자를 포함하며, 적격자를 위하여 대리의 법에 의하여 증권 또는 금융자산을 이전하는 권한을 가지는 자에 대하여 이루어지는 경우; 또는

(3) 적격자가 그것을 추인하였거나 또는 다른 방법으로 그 무효를 주장하는 것이 금지된 경우.

(c) 다음의 경우에도 대리인에 의하여 이루어진 배서, 명시 또는 이권지시는 유효하다.

(1) 대리인이 지배적인 지시로 또는 대리인이 그 거래에 대하여 법원의 승인을 취득할 것을 요구하는 법률을 포함하여 대리관계의 관할권을 가지는 주의 법률에 따르지 않는 경우; 또는

(2) 배서, 지시 또는 이권지시를 하는 것 또는 그 거래의 수익금을 사용하는 것에 대하여 대리인의 행위가 다른 점에서 의무위반이 되는 경우.

(d) 증권이 대리인으로서 기재된 이름으로 등록되어 있거나 또는 그 자에 대하여 특별배서가 이루어진 경우 또는 대리인으로서 기재된 자의 이름으로 증권거래계좌가 유지되는 경우에 그 자에 의하여 이루어진 배서, 지시 또는 이권지시는 그 자가 기재된 자격으로 행위하고 있지 않더라도 유효하다.

(e) 배서, 지시 또는 이권지시의 유효성은 그 배서, 지시 또는 이권지시가 이루어진 날을 기준으로 결정되며, 배서, 지시 또는 이권지시는 후의 정황의 변화를 이유로 무효로 되지 않는다.

제8-108조(직접점유의 경우의 보증)

(a) 구입자에게 증명부증권을 유상으로 이전한 자는 또한 그 이전이 배서에 의한 경우에 배서인은 후의 구입자에 대하여 다음을 보증한다.

(1) 증명서는 진정한 것임과 동시에 실질적으로 변조되지 않은 것;

(2) 이전자 또는 배서인은 그 증권의 유효성을 손상시킬 수 있는 어떠한 사실도 알지 못하는 것;

(3) 그 증서에 대하여 반대청구권이 존재하지 않을 것;

(4) 그 이전은 이전에 관한 제한을 위반하는 것이 아닐 것;

(5) 이전이 배서에 의한 경우에 그 배서가 적격자에 의하여 이루어진 것이거나 배서가 대리인에 의하여 이루어진 경우에 그 대리인은 그 적격자를 위하여 대리할 권한을 가지고 있을 것;

(6) 해당 이전은 다른 점에서도 유효하고 동시에 정당할 것.

(b) 증명서가 없는 증권 이전의 등록을 유상의 구입자에게 이전지시를 발한 자는 해당 구입자에 대하여 다음을 보증한다.

(1) 지시가 적격자에 의하여 발하여진 것 또는 그 지시가 대리인에 의한 경우에 그 대리인은 그 적격자를 위하여 대리할 권한을 가지고 있을 것;

(2) 해당 증권이 유효할 것;

(3) 해당 증권에 대한 반대청구권이 존재하지 않을 것;

(4) 발행인에게 그 지시가 제시되었을 때에,

(i) 구입자는 이전의 등록을 시킬 권리를 가질 것;

(ii) 그 이전은 발행인에 의하여 전부의 우선특권, 담보권, 제한 및 해당 지시에 특정된 것 이외의 청구권으로부터 독립하여 등록될 것;

(iii) 그 이전은 이전에 관한 제한을 위반하는 것이 아닐 것;

(iv) 요구된 이전은 그 외의 점에서는 유효하고, 동시에 정당한 것일 것.

(c) 증명서가 없는 증권을 유상으로 구입자에게 이전하는 동시에 그 이전에 관련하여 지시를 하지 않는 자는 다음을 보증한다.

(1) 증명서가 없는 증권은 유효하다는 것;

(2) 그 증권에 대한 반대청구권은 존재하지 않은 것;

(3) 그 이전은 이전에 대한 제약을 위반하는 것이 아닐 것;

(4) 그 이전은 그 외의 점에서 유효하며, 동시에 정당할 것.

(d) 증권증명서에 배서한 자는 발행인에 대하여 다음을 보증한다.

(1) 그 증서에 대한 반대청구권은 존재하지 않을 것;

(2) 그 배서는 유효할 것.

(e) 증명서가 없는 증권의 이전등록의 지시를 한 자는 그 발행인에 대하여 다음을 보증한다.

(1) 그 지시가 유효할 것;

(2) 발행인에게 지시가 제시되었을 때에 구입자는 이전등록을 할 권리를 가지게 될 것.

(f) 이전등록 또는 지급 또는 교환을 위한 지급증명이 없는 증권을 제시하는 자는 발행인에 대하여 그 등록, 지급 또는 교환의 권리를 가지고 있는 것을 보증하지만, 유상과 동시에 반대청구권의 존재를 알지 못하고, 이전이 등록된 상대방인 구입자는 필요한 배서에 관한 무권한의 서명이 있는 것을 알지 못한다는 것만을 보증한다.

(g) 일정한 자가 증명부증권을 구입자에게 인도함으로써 그 자의 대리인으로서 행위하는 경우에 그 본인의 신원은 그 증명서가 인도된 상대방에게 알려져 있을 때에 그 대리인에 의하여 인도된 증명서가 본인으로부터 대리인에 의하여 수령되거나 또는 본인의 지시에 의하여 타인으로부터 대리인에 의하여 수령된 경우에 증권증서를 인도한 자는 그 인도를 한 자가 본인을 대리하는 권한을 가지고 있으며, 동시에 해당 지급증명증권에 대한 어떠한 반대청구권의 존재도 알지 못한다는 것만을 보증한다.

(h) 수령한 증권증명서를 재인도하거나 또는 지급 후에 동시에 채무자의 지시에 의하여 그 증권증명을 타인에게 인도하는 담보권자는 (g)항에 의한 대리인의 보증만을 한다.

(i) (g)항에 별도로 규정되어 있지 않은 한, 고객을 대리하는 중개인은 그 발행인 및 구입자에 대하여 (a)항 및 (f)항에 규정된 보증을 한다. 그 고객에게 증권증서를 인도

하거나 또는 그 고객이 증명서가 없는 증권의 소유자로서 등록되도록 중개인은 해당 고객에 대하여 (a)항 또는 (b)항에 규정되어 있는 보증을 하고, 동시에 본조에 의한 구입자의 권리 및 특권을 가진다. 대리인으로서 행위를 하는 중개인의 보증 및 그 자를 위한 보증은 해당 고객에 의하며, 동시에 그 고객을 위하여 부여되고 적용되는 보증에 추가된 것이다.

제8-109조(간접점유의 경우의 보증)

(a) 이권지시를 증권매개인에 대하여 한 자는 다음을 증권매개인에게 보증한다.

(1) 그 이권지시는 적격자에 의하여 이루어질 것 또는 그 권리지시가 대리인에 의한 경우에 그 대리인은 해당 적격자를 위하여 대리할 권한을 가지고 있을 것;

(2) 그 증권상의 권리에 대한 반대청구권은 존재하지 않을 것.

(b) 증권거래계좌에 대변기입하기 위하여 증권매개인에게 증권증서를 인도하거나 또는 비인증증권이 증권계좌에 대변기입되는 것을 나타내는 비인증증권과 관련하여 지시를 한 자는 그 증권매개인에 대하여 제8-108조 (a)항 또는 (b)항에 정한 보증을 한다.

(c) 증권매개인이 증권증서를 그 이권소지인에게 인도하거나 또는 그 이권소지인이 증명서가 없는 증권의 소유자로서 등록되도록 한 경우에 그 증권매개인은 이권소지인에 대하여 제8-108조 (a)항 또는 (b)항에 정한 보증을 한다.

제8-110조(적용가능성; 준거법의 선택)

(a) 발행인의 관할지방의 법률[주법]은 (d)항에서 규정한 바와 같이 다음을 규정하여야 한다.

(1) 증권의 효력;

(2) 이전의 등록에 관한 발행인의 권리의무;

(3) 발행인에 의한 이전등록의 유효성;

(4) 발행인이 증권에 대한 반대청구권에 대하여 의무를 지는가의 여부;

(5) 반대청구권이 증명부증권 또는 증명서가 없는 증권의 이전이 등록된 자 또는 증명서가 없는 증권의 지배인을 취득한 자에 대하여 주장될 수 있는가 없는가의 여부.

(b) (e)항에 정한 바와 같이 증권매개인의 관할지역의 법률[주법]은 다음의 모든 사항을 규율한다.

(1) 증권매개인으로부터의 증권상의 권리 획득;

(2) 증권으로부터 발생하는 증권매개인 및 이권소지인의 권리의무;

(3) 그 증권매개인이 증권의 권리에 대한 반대청구권에 대하여 의무를 지는가의 여부;

(4) 반대청구권이 증권매개인으로부터 증권상의 권리를 획득한 자에 대하여 또는 이권소지인으로부터 증권상의 권리 또는 그 권리를 구입하는 자에 대하여 주장될 수 있는가의 여부.

(c) 인도시에 증권증명서가 소재한 관할 지방법[주법]이 그 증권증명이 인도된 상대방에 대한 반대청구권이 주장될 수 있는가의 여부를 규율한다.

(d) 「발행인의 관할」은 증권의 발행인이 소재한 관할 [주] 또는 해당 관할 [주]의 법률에 의하여 허가된다면 발행인에 의하여 지정된 관할 [주]를 의미한다. 본주의 법률에 의하여 설립된 발행인은 (a)항 (2) 및 (5)에 정하여진 모든 사항을 규율하는 다른 관할지방의 법 [주법]을 지정할 수 있다.

(e) 본조에서 다음의 모든 준칙이 증권매개인의 관할을 결정한다.

(1) 증권매개인과 그 이권소지인 사이의 증권거래계좌를 규율하는 합의가 특정 관할 [주]가 본장, 본편 또는 본[법률]의 모든 목적을 위한 증권매개인의 관할 [주]라고 명시적으로 규정하고 있는 경우에 그 관할 [주]가 증권매개인의 관할 [주]이다.

(2) (1)호의 적용이 없고, 증권매개인과 그 이권소지인 사이의 증권거래계좌를 규율하는 합의가 해당 합의는 특정 관할 [주]의 법률에 의하여 규율될 것을 명시적으로 규정하고 있는 경우에 그 관할 [주]가 증권매개인의 관할 [주]이다.

(3) (1)호 및 (2)호의 적용이 없고, 증권매개인과 그 이권소지인 사이의 증권거래계좌를 규율하는 합의가 증권거래계좌가 특정 관할 [주]에서 사무소에 유지되는 것을 명시적으로 규정하고 있는 경우에 그 관할 [주]가 증권매개인의 관할 [주]가 된다.

(4) 이상의 각호가 모두 적용되지 않는 경우에는 증권매개인의 관할 [주]는 계좌설명서 안의 이권소지인의 계좌의 서비스를 담당하는 사무소가 소재하는 장소로서 특정된 사무소가 소재하는 관할 [주]이다.

(f) 증권매개인의 관할 [주]는 금융자산을 표시하는 증명서의 물리적 소재지에 의하여 또는 이권소지인이 증권상의 권리를 가지는 금융자산에 관하여 그 자산의 발행인이 소재한 주에 의하여 또는 그 계좌에 관한 데이터 처리 또는 다른 기록보존을 위한 시설의 소재지에 의하여 결정되지 않는다.

제8-111조(어음교환회사의 규칙)

어음교환회사에 의하여 채용된 어음교환 회사 및 어음교환회사 참가자 사이의 권리의무를 규율하는 규칙은 본 [법률]에 저촉되고, 그 규칙에 동의하지 않는 다른 당사자에 영향을 미치는 경우일지라도 유효하다.

제8-112조(채권자의 법적 절차)

(a) 증명부증권의 채무자의 권리는 (d)항에 별도로 규정된 경우를 제외하고, 압류 또는 추심을 하는 담당관에 의한 해당 증권증명서의 현실적 몰수에 의하여만 채권자에 의하여 영향을 받을 수 있다. 그러나 그 증명서가 발행인에게 인도된 증명부 증권은 그 발행인에 대한 법적 절차에 따라 채권자에 의하여 영향을 받을 수 있다.

(b) 증명서가 없는 증권에 대한 채무자의 권리는 (d)항에 별도로 규정된 경우를 제외하고, 미국내의 그 주된 집행사무소에서 발행인에 대한 사법절차에 따라 채권자에 의하여 영향을 받을 수 있다.

(c) 증권상의 권리에 대한 채무자의 권리는 (d)항에 별도로 규정된 경우를 제외하고, 채무자의 증권거래계좌가 유지되고 있는 증권매개인에 대한 법적 절차에 따라 채권자에 의하여 영향을 받을 수 있다.

(d) 증명부증권이 담보권자의 점유 하에 있는 해당 증권의 채무자의 권리 또는 담보권자의 이름으로 등록된 증명서가 없는 증권 또는 담보권자의 이름으로 유지된 증권상의 권리는 그 담보권자에 대한 사법 절차에 따라 채권자에 의하여 영향을 받을 수 있다.

(e) 채무자가 증명부증권, 증명서가 없는 증권 또는 증권상 권리의 소유자인 경우에 채권자는 적절한 재판관할권을 가지는 법원으로부터 해당 증명부증권, 증명서가 없는 증권 또는 증권상의 권리에 영향을 부여하기 위하여 또는 다른 사법 절차에 의하여 영향을 받지 않는 재산에 대한 법과 형평법에 따라 허용된 방법에 의하여 청구를 만족시키기 위하여 법원의 이행명령 등을 이용할 수 있다.

제8-113조(사기방지법이 적용되지 않는 경우)

증권의 매매 또는 구입계약 또는 계약의 경개는 체결된 때로부터 1년 이내에 이행할 수 없는 경우라 하더라도 강제가 요구되는 자의 상대방에 의하여 서명된 서면 또는 공증된 기록이 존재하는가의 여부와 관계없이 강제된다.

제8-114조(증명부증권에 관한 증거준칙)

발행인에 대한 증명부증권에 관한 소송에 다음의 모든 원칙이 적용된다.

(1) 답변서에서 구체적으로 부정되는 것이 아니라면, 증권증서상의 또는 필요한 배서 안의 각 서명은 허용된다.

(2) 서명의 유효성이 쟁점이 되는 경우에 그 유효성을 입증할 책임은 그 서명에 의하여 청구하는 당사자측에 있지만, 그 서명은 진정이며, 수권된 것으로 추정된다.

(3) 증권증서상의 서명이 자인되거나 또는 입증된 경우에 그 증명서의 제출은 피고

가 그 증권의 효력에 관계하는 항변 또는 결함을 입증하지 않는 한 그것에 의하여 배상을 받을 권리를 부여한다.

(4) 항변 또는 결함이 존재하는 것이 증명된 경우에 원고는 그 원고 또는 원고가 청구하는 자가 해당 항변 또는 결함을 주장할 수 없는 자임을 입증할 책임을 진다.

제8-115조(반대청구권에 대하여 책임을 지지 않는 증권중개인 및 그 외의 자)

금융자산을 이권지시에 따라 양도한 중개인 또는 그 고객 또는 본인의 지시에 의하여 금융자산을 다루는 중개인 또는 그 외의 대리인 또는 수탁자는 증권매개인, 중개인, 다른 대리인 또는 수탁자가 다음의 것을 한 경우는 별도로 하고, 금융자산에 대하여 반대청구권을 가진 자에 대하여 책임을 지지 않는다.

(1) 관할법원에 의하여 발하여진 이행명령, 금지명령 또는 이러한 것을 포함하는 다른 법적 절차에 따르고, 이행명령, 금지명령 또는 다른 법적 절차에 대하여 소송을 제기할 합리적인 기회를 가진 후에 소송을 제기하였다;

(2) 반대청구권자의 모든 권리를 침해하는 것에 대하여 불법행위자와 대립하여 행위하였다; 또는

(3) 절취된 증권증서의 경우에 반대청구권의 통지에 따라 처리하였다.

제8-116조(대금을 지급한 매수인으로서의 증권매개인)

금융자산을 수령하고, 동시에 이권소지인을 위하여 그 금융자산에 대한 증권상의 권리를 입증하는 증권매개인은 그 금융자산의 유상 구입자이다. 다른 증권매개인으로부터 금융자산에 대한 증권상의 권리를 획득하는 증권매개인은 그 증권상의 권리를 획득하는 해당 증권매개인이 이권소지인에 유리하게 금융자산상 권리를 입증하는 경우에 유상으로 그 증권의 권리를 획득한다.

제2장 발행 및 발행인

제8-201조(발행인)

(a) 증권상의 의무 또는 그것에 대한 항변에 관하여 「발행인」은 다음의 자를 포함한다.

(1) 권한이 있는 수탁자, 등록관, 이전자의 대리인 등의 자 이외의 자로서 재산 또는 사업에 지분, 참가 또는 그 외의 이권을 증명하기 위하거나 증명서에 기재된 의무를 이행할 의무를 증명하기 위하여 증빙부증권에 성명을 기재할 권한을 가지거나 기재한 자;

(2) 그 재산 또는 사업에 대하여 지분, 참가 또는 다른 권리를 발생하게 하거나 채무, 즉 지급보증이 없는 증권을 인수한 자;

(3) 분할이권이 증권증서에 표시되어 있는 경우에 직접적 또는 간접적으로 그 권리 또는 재산상의 분할이권을 발생하게 한 자;

(4) 본조에서 발행인으로서 기재된 별도의 자가 책임을 지거나 그 자를 대신하는 자.

(b) 증권상 의무 또는 그것에 대한 항변에 관하여 보증인은 그 자의 채무가 증권증서상에 기재되어 있는가의 여부와 관계없이 그 자의 보증 한도에서 발행인이 된다.

(c) 이전등록과 관련하여 「발행인」은 자신의 이익을 위하여 이전장부를 유지하고 있는 자를 의미한다.

제8-202조(발행인의 책임 및 항변; 결함의 인지 또는 항변)

(a) 선의이며, 유상으로 구입한 자에 대하여도 증명부증권의 모든 조항은 해당 증권에 기재된 모든 조항 및 언급된 모든 조항이 해당 증권에 기재된 모든 조항에 저촉되지 않는 한도에서 다른 증서, 신탁증서 또는 문서 또는 제정법, 조례, 규칙, 규제, 명령 등에 대한 해당 증권상의 언급에 의하여 그 증권의 일부가 되는 모든 조항을 포함한다. 본항에 의한 언급은 해당 증권이 그것을 수령한 자는 알고 있다는 것을 자인하는 취지를 기재하고 있더라도 해당 증권의 유효성과 관계하는 결함의 인지의 책임을 유상 구입자에게 지게 하지 않는다. 비인증증권의 모든 조항은 증서, 날인증서 또는 문서 안에 또는 헌법, 제정법, 조례, 규칙, 명령 등에 따라 발행된 증권에 기재된 모든 것을 포함한다.

(b) 발행인이 증권은 유효하지 않다고 주장하는 경우에 다음의 모든 원칙이 적용된다.

(1) 정부 또는 정부기관 또는 관련단체에 의하여 발행된 증권 이외의 증권이 그 효력에 관련하는 결함을 가지고 발행되었다고 하더라도 그 결함이 헌법상의 규정위반과 관계가 없다면 유상과 동시에 그 구체적인 결함을 알지 못하는 구입자가 점유하고 있는 때에는 유효하다. 그 경우에 기존의 발행에 의하여 취득한 자 이외의 유상과 동시에 그 결함에 대하여 알지 못하는 구입자가 점유하고 있는 때에는 유효하다.

(2) (1)호는 발행을 규율하는 모든 법적 요건이 실질적으로 준수하고 있거나 또는 그 발행인이 전체 발행에 대하여, 또는 특정 발행에 대하여 실질적인 약인을 수령하고, 발행의 기재된 목적이 그 발행인은 금전을 대차하거나 또는 증권을 발행하는 권한을 가지는 경우에 한정하여 정부 또는 정부기관 또는 관계단체인 발행인에 대하여 적용된다.

(c) 제8-205조에 별도로 규정된 경우를 제외하고, 증명부증권의 진정성의 결여는 선의

이며, 유상으로 구입한 자에 대하여도 완전한 항변이다.

(d) 증명부증권의 인도가 없는 것 및 조건부인도를 포함한 증권의 발행인의 다른 모든 항변은 구체적인 항변을 알지 못하며, 그 증명부증권을 유상으로 구입한 자에 대하여는 무효이다.

(e) 본조는 그 계약의 목적인 담보의 성질 또는 증권을 발행 또는 분배하는 계획이나 협정을 근본적으로 변경하는 경우에 발행되거나 발행된 또는 분배된 시기에 증권에 대한 계약을 취소할 수 있는 당사자의 권리에 영향을 미치지 않는다.

(f) 증권이 증권매개인에 의하여 소지되고, 이권소지인이 그 자에 대하여 해당 증권에 관한 증권상의 권리를 가지고 있는 경우에 그 발행인은 이권소지인이 직접 그 증권을 소지하고 있다면 주장할 수 없었던 항변을 주장할 수 없다.

제8-203조(결함 또는 항변고지의 지연)

취소되는 청구가 아닌 증명부증권에 의하여 표시된 주된 채무의 즉시 이행을 요구하거나 해당 증권이 환매 또는 교환을 위하여 제시되거나 또는 인도되어야 할 날 또는 그 후의 날을 결정할 수 있는 권리를 발생시키는 사건이나 소송이 제기된 후에 구입자는 소송 또는 사건이 다음의 것인 경우에 발행에 대한 하자 또는 발행인의 항변을 고지하여야 한다.

(1) 증권증명서의 게시 또는 발송 시에 금전의 지급, 증명부증권의 인도, 증명서가 없는 증권의 이전등록 또는 그것들 중 어느 것을 요구하는 경우에 그 금전 또는 증권은 지급 또는 교환을 위하여 정하여진 날에 이용할 수 있게 되고, 동시에 그 구입자가 그 날로부터 1년 이상 지났을 때에 해당 증권을 취득하는 경우; 또는

(2) (1)호가 적용되지 않고, 동시에 그 구입자가 인도 또는 제시를 위하여 정하여진 날 또는 이행이 행하여져야 하는 날로부터 2년 이상이 경과한 후 해당 증권을 취득한 경우.

제8-204조(발행인 이전제한의 효과)

발행인에 의하여 부가된 증권의 이전에 대한 제한은 다른 점에서 적법하더라도 다음의 경우가 아니면 그 제한을 알지 못하는 자에 대하여는 무효이다.

(1) 해당 증권의 증명서가 발행되고, 동시에 그 제한이 증권증명서상 현저하게 표기되어 있는 경우; 또는

(2) 해당 증권의 증명서가 발행되지 않고, 동시에 등록소유자가 그 제한의 통지를 부여한 경우.

제8-205조(증권증명서에 대한 무권원서명의 효과)

발행 전 또는 발행의 과정에 있는 증권의 증명서에 부가된 무권한의 서명은 무효이지만, 구입자가 권한을 가지지 않은 것을 알지 못하고, 동시에 그 서명이 다음의 자에 의하여 이루어진 경우에는 증명부증권의 가격을 지급한 구입자를 위하여 그 서명은 유효하다.

(1) 진정증명을 하는 수탁자, 등록관, 이전대리인 또는 해당 증권증명서 또는 유사한 증권증명서에 서명하는 것을 발행인이 위탁한 자; 또는

(2) 해당 증권증명서의 책임이 있는 취급을 위탁한 발행인 또는 (1)호에 기재된 자의 종업원.

제8-206조(증권 변경의 완성)

(a) 증권증명서가 그 발행 또는 이전에 필요한 서명을 포함하고 있지만, 그 다른 점에서 불완전한 경우,

(1) 몇 명이라도 수권되도록 공란에 기입함으로써 완성시킬 수 있다;

(2) 그 공란이 부정확하게 기입된 경우에도 그 증권증명서는 유상과 동시에 부정확한 것을 알지 못하고, 그것을 취득한 구입자에 의하여 완성되어 있는 것을 강제할 수 있다.

(b) 부적절하게 변조된 완전한 증권증명서는 사기적이라고 하더라도 그대로 강제될 수 있지만, 기존의 모든 조항은 준수하여야 한다.

제8-207조(등록소유자에 관한 발행인의 권리 및 의무)

(a) 규정된 양식으로 증명부증권의 이전등록 또는 비인증증권의 이전등록을 요청하는 지시의 등록을 위한 적정한 제시가 있기 전에 발행인 또는 신탁증서 수탁자는 등록된 소유자를 대표하며, 고지를 받고 모든 소유자의 권한과 권리를 행사할 수 있는 배타적인 수권을 가지는 자로서 인정할 수 있다.

(b) 본편은 청구, 세금 등에 대하여 증권의 등록된 소유자의 책임에 영향을 미치지 않는다.

제8-208조(진정증명을 하는 수탁자, 등록관 또는 이전기관의 서명의 효과)

(a) 진정증명을 하는 수탁자, 등록관, 이전대리인 등으로서 증권증명서에 서명하는 자는 구입자가 구체적인 결함을 알지 못하는 경우에 증명부증권의 유상 구입자에 대하여 다음의 것을 보증한다.

(1) 그 증명서는 진정한 것일 것;

(2) 증권의 발행에 그 자신이 참가하는 것은 그 자의 능력 범위 내에 있으며, 또한

발행인으로부터 그 자가 수령한 권한의 범위 내에 있을 것; 그리고

(3) 그 자는 증명부증권은 발행인이 발행한 수권을 한 방식에 의한 것과 동시에 수권한 금액의 범위 내에 있는 것을 믿는 합리적 근거를 가질 것.

(b) 특별한 합의가 없다면, (a)항에 의하여 서명을 한 자는 다른 점에 관하여 증권의 효력에 대하여 책임을 지지 않는다.

제8-209조(발행인의 우선특권)

증명부증권상의 발행인을 위한 우선특권은 그 우선특권에 대한 발행인의 권리가 증권증명서상에 현저하게 기재되어있는 경우에만 구입자에 대하여 유효하다.

제8-210조(발행초과)

(a) 본조에서 「발행초과」는 발행인이 발행하는 회사의 권한을 가진 금액을 초과하여 증권을 발행하는 것을 의미하지만, 적절한 조치에 의하여 그 발행초과를 시정하는 경우에 발행초과는 발생하지 않은 것으로 된다.

(b) (c)항 및 (d)항에 별도로 규정된 경우를 제외하고, 증권을 유효화하거나 그 발행 또는 재발행을 강제하는 본편의 모든 규정은 유효화, 발행 또는 재발행이 발행초과가 된다고 인정되는 범위에서 적용되지 않는다.

(c) 발행초과가 되지 않는 동일한 증권을 합리적으로 구입할 수 있는 경우에 발행 또는 유효화의 권리를 가진 자는 자신이 보유하고 있는 다른 증명부증권의 이전에 대하여 발행인에게 증권의 구입과 더불어 인증되었다면 증권을 인도할 것을, 인증되지 않은 경우에는 증권의 이전을 등록할 것을 요구할 수 있다.

(d) 증권이 구입을 위하여 합리적으로 이용되지 않는 경우에 발행하거나 또는 유효화하는 권리를 가진 자는 그 자 또는 최후의 유상 구입자가 그것에 지급한 대금을 그 자의 청구일로부터 이자를 더하여 발행인으로부터 청구할 수 있다.

제3장 증명부 증권 및 증명서가 없는 증권의 이전

제8-301조(인도)

(a) 증명부증권의 특정구입자에 대한 인도는 다음의 시기에 발생한다.

(1) 그 구입자가 증권증명서의 점유를 획득하는 때;

(2) 증권매개인 이외의 다른 자가 그 구입자를 위하여 증권증명서의 점유를 획득하거나 또는 그 증명서의 점유를 이전에 획득하였을 때에 그 자가 해당 구입자를

위하여 보유하는 것을 승인할 때; 또는

(3) 그 구입자를 위하여 대리하는 증권매개인은 그 증명서가 등록양식에 의한 것과 동시에 유효한 배서에 의하여 구입자에 대하여 특별하게 배서되어 있는 경우에만 그 증권증명서의 점유를 획득할 수 있다.

(b) 증서가 없는 증권의 특정구입자에 대한 인도는 다음의 시기에 발생한다.

(1) 발행인이 기존의 발행 또는 이전의 등록에 관하여 그 구입자를 등록소유자로서 등록한 경우;

(2) 증권매개인 이외의 다른 자가 그 구입자를 위하여 증명서가 없는 증권의 등록소유자가 되거나 또는 등록소유자가 되는 자가 그 구입자를 위하여 소지하는 것을 승인한 경우.

제8-302조(구입자의 권리)

(a) (b)항 및 (c)항에 별도로 규정된 경우를 제외하고, 증명부증권 또는 증명서가 없는 증권의 인도를 할 때에 구입자는 양도인이 양도할 수 있는 권한을 가지고 있거나 또는 가지고 있었던 그 증권에 대한 전부의 권한을 취득한다.

(b) 제한된 권한의 구입자는 구입된 권리의 한도에서만 권한을 취득한다.

(c) 종전의 소지인으로서 반대청구권의 통지를 받은 증명부증권의 구입자는 보호된 구입자로부터의 취득한 것에 의하여 지위를 변경할 수 없다.

제8-303조(보호받는 구입자)

(a) 「보호받는 구입자」는 증명부증권 또는 증명서가 없는 증권 또는 그것에 대한 권리의 구입자로,

(1) 가격을 지급하는 자;

(2) 그 증권에 대한 반대청구권의 통지를 받지 않은 자; 및

(3) 증명부증권 또는 증명서가 없는 증권의 지배권을 취득하는 자를 의미한다.

(b) 구입자의 권리를 취득하는 것에 추가하여 보호를 받는 구입자는 반대청구권에 방해받지 않고 그 증서상의 권리를 획득한다.

제8-304조(배서)

(a) 배서는 공란 또는 별도로 할 수 있다. 공란에서의 배서는 지참인에의 배서를 포함한다. 특별배서는 증권이 이전되어야 하는 상대방을 특정하거나 또는 그것을 이전하는 권한을 가진 자를 특정한다. 소지인은 공란에서의 배서를 특별배서로 전환할 수 있다.

(b) 발행인이 분할하여 이전할 것을 의도한 경우에 모든 부분을 나타내는 증명부증권

의 일부에 대한 것을 목적으로 하는 배서는 그 배서의 범위에서만 유효하다.

(c) 배서는 공란 또는 별도로 한 것인가와 관계없이 그것이 기재된 증명서가 인도될 때까지 또는 배서가 다른 문서로 이루어져 있는 경우에 그 문서와 증명서의 모두가 인도될 때까지 이전되지 않는다.

(d) 등록양식의 증권증명서가 필요한 배서없이 구입자에게 인도된 경우에 그 구입자는 그 배서가 보충된 경우에만 보호받는 구입자가 될 수 있다. 그러나 이전자에 대하여 이전은 인도시에 완전화되고, 동시에 그 구입자는 필요한 배서가 행하여질 때까지 특별한 강제권을 가지고 있다.

(e) 지참인 양식의 증권증명서의 배서는 그 증명서에 반대청구권의 통지를 부여할 수 있지만, 그것은 다른 점에서는 그 소지인이 보유하는 등록을 요구하는 권리에 영향을 미치지 않는다.

(f) 별도의 합의가 없는 한, 배서를 하는 자는 제8-108조에 규정되어 있는 의무만을 인수하고, 그 증권이 발행인에 의하여 지급된 채무를 인수하지 않는다.

제8-305조(지시)

(a) 적격자에 의하여 지시되었으나, 다른 점에 관하여는 불완전한 경우에 어떠한 자라도 수권을 받은 것과 같이 그것을 완성시킬 수 있고, 그것이 부정확하게 완성되었더라도, 그 발행인은 완성된 것으로써 그것을 주장할 수 있다.

(b) 별도의 합의가 없는 한, 지시를 발행한 자는 제8-108조에 의하여 규정되는 채무만을 인수하고, 그 증권이 발행인에 의하여 지급되는 채무를 인수하지 않는다.

제8-306조(보증하는 서명, 배서 또는 지시의 효과)

(a) 증권증명서에 배서의 서명을 보증하는 자는 그 서명할 때,

(1) 그 서명은 진정한 것이고;

(2) 서명자가 배서할 수 있는 적격자이었거나 또는 그 서명이 대리인에 의하여 행하여진 경우에 해당 대리인은 적격자를 위하여 행위할 수 있는 실질적인 권한을 가지고 있었다; 그리고

(3) 서명자는 서명하는 법적 능력을 가지고 있었다는 것을 보증한다.

(c) 지시를 한 자의 서명을 특별하게 보증하는 자는 (b)항에 의한 서명보증인의 보증을 이루며, 동시에 그 지시가 발행인에게 제시된 때에 다음과 같은 것을 보증한다.

(1) 증명서증권의 등록소유자로서 해당 지시에 명기된 자는 등록소유자가 된다;

(2) 그 지시에 요구된 비인증증권의 이전은 전부의 우선특권, 담보권, 제한 및 그 지시에 특정된 것 이외의 청구권으로부터 자유롭게 발행인에 의하여 등록된다.

(d) (a)항 및 (b)항에 의한 보증인 또는 (c)항에 의한 특별보증인은 그 다른 점에서 해

당 이전의 정당성을 보증하지 않는다.

(e) 증권증명서의 배서를 보증하는 자는 (a)항에 의한 서명보증인의 보증을 이루는 동시에 전부에 관하여 그 이전의 정당성을 보증한다.

(f) 증명서가 없는 증권의 이전을 요구하는 보증을 하는 자는 (c)항에 의한 특별서명보증인의 보증을 이루며, 동시에 모든 점에서 그 이전의 정당성을 보증한다.

(g) 발행인은 이전의 등록 조건으로서 서명의 특별보증 또는 지시의 보증을 요구하여서는 안 된다.

(h) 본조에 의한 보증은 보증을 신뢰하여 증권을 취득하는 또는 취급하는 자에 대하여 행하여지고, 동시에 보증인은 그 위반으로부터 발생하는 손실에 대하여 책임을 진다. 그 자의 서명, 배서 또는 지시가 보증된 지시의 배서인 또는 지급인은 보증위반의 결과로써 보증인이 입은 손실에 대하여 책임을 진다.

제8-307조(이전의 등록을 요구하는 구입자의 권리)

별도의 합의가 없으면 적정한 청구에 의한 증권의 이전자는 이전하는 권한의 증명서 또는 그 증권의 이전등록에 필요한 다른 요건이 되는 것을 구입자에게 교부하여야 하지만, 그 이전이 유상이 아닌 경우에 이전자는 구입자가 필요한 모든 경비를 지급하지 않는 한 준수할 필요가 없다. 그 이전자가 합리적인 기간 내에 그 청구에 따르지 않는 경우에 구입자는 해당 이전을 거절하거나 또는 취소할 수 있다.

제4장 등　　록

제8-401조(이전을 등록하는 발행인의 의무)

(a) 등록 양식의 증명부증권이 이전을 등록하는 것을 요구함과 함께 발행인에 대하여 제시되었거나 또는 증명서가 없는 증권의 이전을 등록하는 것을 요구함과 동시에 지시가 발행인에 대하여 제시된 경우에 그 발행인은 다음의 경우에 요구된 바에 따라 그 이전을 등록하여야 한다.

(1) 해당 증권의 모든 조항에 의하여 이전등록을 요구한 자가 그 이름으로 해당 증권을 등록시킬 자격을 가진 경우;

(2) 배서 또는 지시가 적격자에 의하여 또는 적격자를 위하여 대리할 권한을 가지는 대리인에 의하여 이루어진 경우;

(3) 배서 또는 지시가 진정함과 동시에 수권된 것(제8-402조)의 합리적 확증이 주어진 경우;

(4) 조세의 징수에 관하여 적용되는 법률이 준수된 경우;

(5) 이전이 제8-204조에 따라 발행인에게 부과된 이전에 관한 제한을 위반하지 않은 경우;

(6) 발행인이 이전등록을 하지 않는다는 요구가 제8-403조에 의하여 무효로 되거나 발행인이 제8-403조 (b)를 준수하고 있지만, 제8-403조 (d)에 따라 법적 절차 또는 손해배상담보가 행하여지지 않은 경우;

(7) 그 이전이 사실상 정당하거나 또는 보호된 구입자에 대한 경우.

(b) 발행인이 증권의 보호를 등록할 의무를 진 경우에 그 발행인은 증명부증권 또는 등록을 요구하는 지시의 제시인에 대하여 또는 그 자의 본인에 대하여 등록에 대한 불합리한 지연 또는 그 이전을 하지 않는 것 또는 거절로부터 발생한 손실에 대하여 책임을 진다.

第8-402조(배서 또는 지시가 유효한 것에 대한 확약)

(a) 발행인은 각각의 필요한 배서 또는 지시가 진정함과 동시에 수권된 것에 대한 다음의 확약을 요구할 수 있다.

(1) 모든 경우에 배서하거나 또는 지시의 경우에는 면책이 합리적인 보증을 포함하며, 지시를 발하는 자의 서명의 보증;

(2) 배서가 대리인에 의하여 이루어졌거나 또는 지시가 대리인에 의하여 발하여진 경우에 서명할 권한의 적절한 보증;

(3) 제8-107조 (a)항 (4) 또는 (a)항 (5)에 따라 배서가 수탁자에 의하여 이루어졌거나 또는 지시가 수탁사에 의하여 발하여진 경우에 선임 및 임기의 적절한 증거;

(4) 수탁자가 2인 이상인 경우에 서명하는 것이 요구된 모든 자가 서명하였다는 것의 합리적인 보증;

(5) 본항의 별도의 규정에 의하여 대상이 되지 않는 자에 의하여 배서되거나 또는 지시가 발하여진 경우에 본항의 규정과 비교될 수 있는 한 그것에 가까운 적절한 보증.

(b) 발행인은 본조에서 정한 보증을 넘은 합리적인 보증을 요구하는 것을 선택할 수 있다.

(c) 본조에서,

(1) 「서명의 보증」은 발행인에 의하여 책임이 있다고 합리적으로 신뢰되는 자에 의하여 또는 그 자의 이익을 위하여 서명된 보증을 의미한다. 발행인은 그 기준이 명백하게 불합리하지 않다면, 책임에 관하여 기준을 채택할 수 있다.

(2) 「임명 또는 임기의 적절한 증거」는 다음의 것을 의미한다.

(i) 법원에 의하여 임명되거나 또는 자격이 부여된 수탁자의 경우에 법원 또는

그 담당관에 의하여 또는 그 지시 또는 감독 하에서 발행된 증명서로 이전을 위한 제시일 전 60일 이내의 일자가 기입된 것;

(ii) 그 외의 경우에 그 임명을 증명하는 문서를 부여하거나 발행인에 의하여 책임이 있다고 합리적으로 신뢰되는 자에 의하거나 그 자의 이익을 위하여 발행된 증명서 또는 해당 문서 또는 증명서가 없는 경우에 그 발행인이 적절하다고 합리적으로 생각하는 그 외의 증거.

제8-403조(발행인이 등록하지 않는 것에 대한 요구)

(a) 일정한 자가 배서하거나 또는 지시를 발하기 위한 적격자인 경우에 등록소유자 및 어떤 증권이 일부인가의 문제를 특정하고, 그 청구를 이루는 자에게 전달하는 수취인 주소를 부여하는 통지를 발행인에게 전달함으로써 발행인이 증권의 이전을 등록하지 않도록 요구할 수 있다. 그 요구는 발행인에게 그것에 대처하는 합리적인 기회를 주는 시간 및 방법으로 그것이 그 발행인에 의하여 수령된 경우에만 유효하다.

(b) 이전을 등록하는 것을 요구서와 함께 등록 양식의 증명부증권이 발행인에 대하여 제시되고, 발행인이 이전을 등록하지 않을 요구가 유효하게 된 후 증명서가 없는 증권의 이전을 등록하는 것의 요구와 함께 지시가 발행인에 대하여 제시된 경우에 그 발행인은 빠른 시일에 (i) 그 요구에 포함된 주소로 요구한 자, 및 (ii) 이전 등록을 위한 증권을 표시하거나 이전 등록을 요구하는 지시를 한 자에 대하여 다음을 기재한 통지를 전달하여야 한다.

(1) 신속하게 증명부증권이 이전 등록을 위하여 제시된 것 또는 증명서가 없는 증권의 이전 등록을 요구하는 지시가 수령된 것;

(2) 발행인은 이전을 등록하지 않는다는 요구가 이전에 수령되었다는 것; 그리고

(3) 발행인은 그 요구를 한 자에게 사법영장 또는 면책증서를 취득할 기회를 부여하기 위하여 그 통지에 정하여진 기간 동안에 이전 등록을 준비할 것.

(c) (b)항 (3)에 정한 기간은 통지를 전달한 후 30일을 초과할 수 없다. 이 보다 짧은 기간은 그것이 명백하게 불합리하지 않은 경우에 발행인에 의하여 정하여질 수 있다.

(d) 그 요구를 한 자가 발행인의 전달에 의하여 발하여진 기간 내에 다음의 어떠한 것을 하지 않았을 경우에 발행인은 유효한 배서 또는 지시에 따라 이전의 등록을 한 결과로써 그 자가 입은 손실에 대하여 발행인이 이전을 등록하지 않도록 요구를 한 자에 대하여 책임을 지지 않는다.

(1) 발행인이 이전을 등록하는 것을 금지하는 적절한 억제명령, 차지명령 또는 다른 영장을 정당한 재판관할권을 가진 법원으로부터 취득한 경우; 또는

(2) 이전등록의 거절로 인하여 입을 수 있는 피해를 포함하여 발행인 및 이전대리인, 등록관 또는 다른 관련하는 발행인의 대리인을 보호하기 위한 발행인의 판단으로 충분한 면책증서를 해당 발행인에게 등록하는 경우.

(e) 본조는 유효하지 않았던 배서 또는 지시에 따라 이전을 등록하는 책임으로부터 발행인을 면책하지 않는다.

제8-404조(불법 등록)

(a) 제8-406조에 별도로 규정된 경우를 제외하고, 발행인이 그 권리를 가지지 않는 자에 대하여 증권의 이전을 등록하고, 동시에 그 이전이 다음에 따라 이루어진 경우에는 그 발행인은 불법한 이전등록에 대하여 책임을 진다.

(1) 무효인 배서 또는 의도에 의한 경우;

(2) 발행인은 이전을 등록하여서는 안된다는 요구가 제8-403조 (c)항에 의하여 유효하게 된 후, 그 발행인이 제8-403조 (c)항을 준수하지 않은 경우;

(3) 발행인이 그 이전을 등록한 것을 금지하고, 적절한 재판관할권을 가진 법원에 의하여 내려진 이행명령, 금지명령, 그 외의 사법절차의 송달을 받은 후에 그 발행인이 해당 이행명령, 금지명령 그 외의 사법절차에 대처하는 합리적인 기회를 가진 후에 등록된 경우;

(4) 불법행위자와 결탁하여 발행인에 의하여 등록된 경우.

(b) 청구에 근거하는 (a)항에 의한 불법한 이전등록에 대하여 책임을 지는 발행인은 증권상 권리를 가지는 자에 대하여 유사한 증명부증권 또는 증명서가 없는 증권 및 그 불법한 이전등록의 결과로써 그 자가 수령하지 않은 지급 또는 배당금을 주어야 한다. 초과발행이 이러한 결과를 초래하였다면, 그 자에게 유사한 증권을 주는 발행인의 채임은 제8-210조에 의하여 규율된다.

(c) (a)항 또는 세금의 징수에 관한 법률에 별도로 규정된 경우를 제외하고, 등록이 유효한 배서 또는 지시에 따라 이루어진 경우는 증권이전등록의 결과로써 발생한 손실을 입은 소유자 또는 그 외의 자에 대하여 발행인은 책임을 지지 않는다.

제8-405조(분실, 파기 또는 불법으로 취득한 증권증명서의 교환)

(a) 증명부증권의 소유자가 증명서를 분실, 파기 또는 불법으로 얻어졌다고 주장하는 경우에 해당 소유자가 다음을 하였을 때에는 그 발행인은 새로운 증명서를 발행하여야 한다.

(1) 그 증명서가 보호된 구입자에 의하여 획득된 것을 발행인이 알기 전에 그 요구를 한다;

(2) 충분한 손해전보증서를 발행인에게 등록한다; 그리고

(3) 발행인에 의하여 부과된 다른 합리적인 모든 요건을 만족시킨다.

(b) 새로운 증권증명서의 발행 후, 기존의 증명서의 보호된 구입자가 그것을 이전 등록을 위하여 제시한 경우에 발행인의 책임은 제8-210조에 의하여 규율된다. 손해전보증서에 대한 권리에 추가하여 발행인은 그 새로운 증명서를 보호된 구입자를 제외하고, 그것이 발행된 상대방 또는 그 자에게서 취득한 자로부터 회복할 수 있다.

제8-406조(분실 파기 또는 불법으로 취득된 증권증명서에 대하여 발행인에게 통지할 의무)

증권증명서가 분실되었거나, 명백히 파기되었거나 또는 위법하게 도난당하였거나, 그 소유자가 그것을 안 후 합리적 기간 내에 그 소유자가 해당 사실을 발행인에 대하여 통지하지 않고, 동시에 그 발행인이 통지를 수령하기 전에 해당 증권의 이전을 등록한 경우에 그 소유자는 제8-404조에 의한 이전의 등록을 요구할 청구권 또는 제8-405조에 의한 새로운 증권증명서의 청구권을 그 발행인에 대하여 주장할 수 있다.

제8-407조(진정증명을 하는 수탁자; 이전대리인 및 등록관)

그 증권의 이전 등록에 대하여 새로운 증권증명서 또는 증명서가 없는 증서의 발행에 대하여 또는 발송된 증권증명서의 해약에 대하여 진정증명을 하는 수탁자, 이전대리인, 등록관 또는 발행인을 위한 다른 대리인으로서 행위를 하는 자는 발행인으로서 이행된 특정의 직무에 관하여 발행인이 가지는 그 직무에 관하여 증명부증권 또는 증명서가 없는 증권의 소지인 또는 소유자에 대하여 동일한 의무를 진다.

제5장 증권상의 권리

제8-501조(증권거래계좌; 증권매개인으로부터의 증권상의 모든 권리의 취득)

(a) 「증권거래계좌」는 계좌를 보유하는 자가 금융자산을 구성하는 모든 권리를 행사할 수 있는 권한을 가지는 계좌의 보유자로 인정되는 자와의 합의에 의하여 금융자산이 입금된 또는 입금될 수 있는 계좌를 의미한다.

(b) (d)항 및 (e)항에 별도로 규정된 경우를 제외하고, 증권매개인이 다음을 하였을 때에 그 자는 증권상의 권리를 취득한다.

(1) 장부에 기입된 것에 의하여 금융자산이 그 자의 증권거래계좌에 대변기입된 것을 나타낸다;

(2) 그 자로부터 금융자산을 수령한다; 또는

(3) 다른 법률, 규칙 또는 원칙에 의하여 금융자산을 그 자의 증권거래계좌에 대변 기입하여야 한다.

(c) (b)항의 조건이 충족되는 경우, 즉 그 증권매개인 자신이 그 금융자산을 소지하고 있지 않더라도 그 자는 증권상의 권리를 가진다.

(d) 증권매개인이 타인을 위하여 금융자산을 보유하고, 동시에 그 금융자산이 다른 이름으로 등록되어 있거나 다른 자의 지시인에게 지급하게 되거나 또는 다른 자로 특별하게 배서되어 있어 그 증권매개인에게는 배서되지 않거나 공백으로 되어 있는 경우에 그 타인은 해당 금융자산에 관하여 증권상의 권리를 가지는 것보다는 오히려 직접적으로 해당 금융자산을 소지하는 것으로 취급된다.

(e) 증권의 발행은 증권상 권리의 증명이 아니다.

제8-502조(이권소지인에 대한 반대청구권의 주장)

금융자산에 대한 반대청구권에 기한 소송은 불법전환[횡령], 동산점유회복소송, 의제신탁, 자기자본상의 우선특권 또는 그 외의 이론의 어떠한 것으로 구성되더라도 유상과 동시에 반대청구권을 알지 못하고 제8-501조에 의하여 증권상의 권리를 획득하는 자에 대하여는 주장될 수 없다.

제8-503조(증권매개인이 소지하는 금융자산에 대한 이권소지인의 재산권)

(a) 특정 금융자산에 관하여 증권매개인이 전부의 증권상의 모든 권리를 충족시키는데 필요한 한도에서 그 증권매개인에 의하여 소지되는 해당 금융자산에 대한 모든 권리는 이권소지인을 위하여 증권매개인이 소지하고 있으며, 그 증권매개인의 재산이 아니며, 동시에 제8-511조에 별도로 규정된 경우를 제외하고 증권매개인의 채권자의 청구권에도 따르지 않는다.

(b) (a)항에 의한 특정의 금융자산에 관하여 이권소지인의 재산권은 이권소지인이 증권상의 권리를 획득한 때 또는 증권매개인이 해당 금융자산에 대한 권리를 획득한 때와 관계없이 해당 증권매개인에 의하여 소지된 그 금융자산상의 전부의 권리에 대한 비율에 따른 재산권이다.

(c) (a)항에 의한 특정의 금융자산에 관하여 이권소지인의 재산권은 제8-505조 및 제8-508조에 의한 이권소지인의 권리를 행사하는 것에 의하여만 증권매개인에 대하여 강제될 수 있다.

(d) (a)항에 의한 특정 금융자산에 관하여 이권소지인의 재산권은 다음의 경우에만 금융자산 또는 그 이권에 대하여 강제될 수 있다.

(1) 파산절차가 증권매개인에 의하여 또는 증권매개인에 대하여 개시된다;

(2) 증권매개인은 해당 금융자산에 대한 그 자의 이권소지인의 증권상의 권리를 만

족시키기에 충분한 그 금융자산상의 권리를 가지고 있지 않으며;

(3) 그 증권매개인이 그 금융자산 또는 그 이권을 구입자에게 이전하는 것에 의하여 제8-504조에 의한 그 자의 의무를 위반하였다; 그리고

(4) 구입자가 (e)항에 의하여 보호되지 않는 경우.

(e) 불법전환[횡령], 동산점유회복소송, 의제신탁, 형평법상의 우선특권 또는 그 외의 것에 해당하는 (a)항에 의한 특정 금융자산에 관하여 이권소지인의 재산권에 기한 소송은 유상으로 지배권을 취득하고 동시에 제8-504조에 의한 증권매개인의 의무를 증권매개인과 공동으로 위반하지 않은 금융자산 또는 그 이권의 구입자에 대하여 제기될 수 없다.

제8-504조(금융자산을 유지하는 증권매개인의 의무)

(a) 증권매개인은 해당 금융자산에 관하여 그 이권소지인을 위하여 권한보유자가 창설한 모든 증권의 총액에 해당하는 수량의 금융자산을 신속하게 취득하고, 동시에 그 이후 소지하여야 한다.

(b) 그 이권소지인에 의하여 특별한 합의가 이루어진 한도에서의 경우를 제외하고, 증권매개인은 (a)항에 의하여 유지하는 것을 의무로 하는 금융자산에 대한 담보권을 부여하여서는 안된다.

(c) 다음의 경우에는 (a)항에서의 의무를 충족하고 있다.

(1) 이권소지인과 증권매개인의 합의에 따른 의무를 증권매개인이 이행한 경우; 또는

(2) 합의가 없을 때, 증권매개인이 그 금융자산을 취득하고, 동시에 유지하기 위하여 합리적인 상업상의 표준에 따라 적정한 주의를 다 한 경우.

(d) 이권소지인이 증권상의 권리를 가지는 선택 또는 다른 유사한 채무를 지는 채무자인 어음교환회사인 경우에 본조는 적용되지 않는다.

제8-505조(지급과 배당에 관한 증권매개인의 의무)

(a) 증권매개인은 금융자산의 발행인에 의하여 이루어진 지급 또는 배당을 취득하는 조치를 취하여야 한다. 증권매개인은 다음의 경우에 그 의무를 이행하고 있다.

(1) 이권소지인과 증권매개인에 의하여 합의된 의무에 관하여 증권매개인이 행위하는 경우; 또는

(2) 합의가 없을 때에는 합리적인 상업상의 표준에 따라 그 지급 또는 배당을 취득하기 위하여 적정한 주의를 다 한 경우.

(b) 증권매개인은 변제 또는 배당이 그 증권매개인에 의하여 수령된 경우에 그 이권의 소지인에 대하여 금융자산의 발행인에 의하여 이루어진 지급 또는 배당을 지급할

의무를 진다.

제8-506조(이권소지인에게 지시되는 것과 같이 권리를 행사하는 증권매개인의 의무)

증권매개인은 이권소지인에 의하여 권리를 행사하도록 지시를 받은 경우에 금융자산에 관하여 모든 권리를 행사하여야 한다. 증권매개인은 다음의 경우에 그 의무를 이행하고 있다.

(1) 이권소지인과 증권매개인에 의하여 합의된 바와 같이 그 의무에 관하여 증권매개인이 행위하는 경우; 또는

(2) 합의가 없을 경우에 증권매개인이 그 이권소지인을 직접 그 권리를 행사할 수 있도록 하거나 그 이권소지인의 지시에 따르도록 합리적인 상업상의 표준에 따라 적정한 주의를 다 한 경우.

제8-507조(이권지시에 따르는 증권매개인의 의무)

(a) 증권매개인은 이권지시가 적격자에 의하여 지시되고, 그 증권매개인이 이권지시가 진정한 것이며, 동시에 수권된 것을 스스로 확인하는 합리적 기회를 가지고, 그 증권매개인이 그 이권지시를 준수하는 합리적 기회를 가진 경우에는 그 이권지시에 따라야 한다. 증권매개인은 다음의 경우에 의무를 이행하고 있다.

(1) 증권매개인이 이권소지인과 증권매개인에 의하여 합의된 의무에 관하여 행위하는 경우; 또는

(2) 합의가 없는 경우에 증권매개인이 그 이권지시를 지키도록 합리적인 상업상의 표준에 따라 직정한 주의를 다 한 경우.

(b) 증권매개인이 무효인 이권지시에 따라 금융자산을 이전한 경우에 그 증권매개인은 그것에 대한 권리를 가진 자를 위하여 증권상의 권리를 재창설하고, 동시에 그 자가 불법한 이행의 결과로써 수령하지 않았던 지급 또는 배당을 지급하거나 대변기입을 하여야 한다.

제8-508조(이권소지인의 지위를 증권소지인이 다른 형태로 변경한 증권매개인의 의무)

증권매개인은 증권상의 권리를 그 이권소지인이 이용할 수 있는 보유의 다른 형태로 변경하거나 다른 증권매개인과 함께 금융자산을 이권소지인의 증권계좌로 이전되는 원인을 제공하는 이권소지인의 지시에 따라 행위하여야 한다. 증권매개인은 다음의 경우에 그 의무를 이행하고 있다.

(1) 증권매개인은 이권소지인과 증권매개인간의 합의에 따라 행위한 경우;

(2) 이권소지인의 증권매개인에 대한 채무가 이행되지 않은 결과로써 다른 제정법, 규칙 또는 원칙에 의하여 그 의무의 이행을 준비하는 증권매개인의 모든 권리.

(d) 제8-504조 및 제8-508조는 증권매개인이 다른 제정법, 규칙 또는 원칙에 의하여 금지되는 행동을 취하는 것을 요구하지 않는다.

제8-509조(다른 법 또는 규정에 의한 증권매개인의 의무목록; 증권매개인의 의무이행과 이권소지인의 권리실행의 방법)

(a) 제8-504조 내지 제8-508조에서 증권매개인에게 부과된 의무의 본질이 다른 법, 규정 또는 규칙에 종속적이라면, 다른 법, 규정 또는 규칙에 따르는 것은 자신의 의무를 이행한 것이다.

(b) 증권매개인의 의무이행 또는 이권소지인의 권리실행에 대한 특별한 기준이 다른 법, 규정 또는 증권매개인과 이권소지인간 합의에 의하여 특정되지 않은 범위까지 상업상 합리적인 방법으로 증권매개인은 자신의 의무를 이행하고, 이권소지인은 자신의 권리를 행사하여야 한다.

(c) 제8-504조 내지 제8-508조의 의무를 이행할 증권매개인의 의무는 다음에 종속한다.

(1) 이권소지인 등과의 담보합의에 따라 담보권을 발생시키는 증권매개인의 권리; 그리고

(2) 다른 법, 규정, 규칙 또는 증권매개인에 대한 이권소지인의 의무불이행의 결과로써 자신의 의무이행을 보류하기로 한 합의에서의 증권매개인의 권리.

(d) 증권매개인은 제8-504조 내지 제8-508조에 따라 다른 법, 규정 또는 규칙에서 금지하는 어떠한 행위를 할 필요가 없다.

제8-510조(이권소지인으로부터 증권상의 권리를 구입한 자의 권리)

(a) 금융자산 또는 담보상의 권리에 대한 반대청구권에 기한 소송은 불법전환[횡령], 동산점유회복소송, 의제신탁, 자기자본상의 우선특권 또는 다른 이론의 모두로 구성되어 있더라도 증권상의 권리 또는 그 권리를 이권소지인으로부터 구입하는 자에 대하여는 주장될 수 없다.

(b) 반대청구권이 제8-502조에 의하여 이권소지인에 대하여 주장될 수 있었다고 여겨지는 경우에 그 반대청구권은 이권소지인으로부터 증권의 권리 또는 그것에 대한 이권을 구입하는 자에 대하여 주장될 수 없다.

(c) 제9편의 우선순위의 모든 원칙에 의하여 대처할 수 없는 경우에 증권상의 권리 또는 그 이권의 유상 구입자로 지배권을 취득한 자는 증권상의 권리 또는 그 권리의 구입자로 지배권을 취득하지 않는 자에 대하여 우선권을 가진다. (d)항에 별도로 규정된 경우를 제외하고, 지배권을 가지는 구입자는 다음의 시간에 따라 우선순위가 결정된다.

(1) 구입자가 제8-106조 (d)항 (1)에 의하여 지배권을 취득한 경우에 구입자가 증권상의 권리가 운용되는 증권거래계좌가 유지된 해당 증권계좌의 수익자가 되는 때;

(2) 구입자가 제8-106조 (d)항 (2)에 의하여 제3자를 통하여 지배권을 취득한 경우에 증권상의 권리가 운용되는 증권거래계좌에서 운용되거나 또는 운용되어야 하는 증권상의 권리에 관한 구입자의 이권지시에 따르는 것을 증권매개인이 합의한 때; 또는

(3) 구입자가 제8-106조 (d)항 (3)에 의하여 제3자를 통하여 지배권을 취득한 경우에 해당 제3자가 담보권자일 때에 우선권이 본항에 기한 때.

(d) 구입자로서의 증권매개인은 해당 증권매개인에 의하여 특별한 합의가 이루어지지 않은 경우에는 저촉하는 구입자보다도 우선권을 가진다.

제8-511조(증권상의 모든 권리 및 모든 이권소지인 사이의 우선순위)

(a) (b)항 및 (c)항에 별도로 규정된 경우를 제외하고, 증권매개인이 해당 금융자산에 대한 증권상의 권리를 가진 이권소지인에 대한 그 자의 채무 및 해당 금융자산에 담보권을 가진 증권매개인의 채무자에 대한 그 자의 채무 양쪽 모두를 만족시키기 위하여 특정 금융자산에 대한 충분한 권리를 가지고 있는 경우에 채무자 이외의 이권소지인의 청구권은 채권자의 청구권보다 우선한다.

(b) 증권매개인에 의하여 보유된 금융자산에 대한 담보권을 가진 증권매개인의 채권자의 청구권은 그 채권자가 해당 금융자산을 지배하고 있을 때에 해당 금융자산에 관하여 증권상의 모든 권리를 가진 증권매개인의 이권소지인의 모든 권리보다 우선한다.

(c) 어음교환회사가 금융자산에 관하여 증권상의 권리를 가진 이권소지인에 대한 그 자의 의무 및 해당 금융자산에 대한 담보권을 가진 어음교환회사의 채권자에 대한 의무의 양쪽 모두를 만족시키기에 충분한 금융자산을 가지고 있지 않는 경우에 그 채권자의 청구권이 이권소지인의 청구권에 대하여 우선권을 가진다.

제6장 개정된 제8편의 경과규정

제8-601조(시행일)

본편은 _년 _월 _일부터 시행한다.

제8-602조(폐지)

본편은 ___을 폐지한다.

제8-603조(유보조항)

(a) 본편은 본편이 시행되기 전에 개시된 소송 또는 절차에 영향을 미치지 않는다.

(b) 증권상의 담보권이 본편이 시행된 날에 완전화되거나 유효하거나, 이의 담보권을 완전화하는 행위가 동법에 따라 담보권을 완전화하기에 충분하다고 판단되는 경우에 완전화를 계속하기 위하여 상기의 요건을 충족하지 않아도 된다. 이러한 담보권은 시행일로부터 4개월동안 완전화된 상태로 되거나 동법에 따라 담보권을 완전화하기 위한 적절한 행위가 당해 기간내에 이루어진 경우에는 계속하여 완전화된다. 담보권이 동법의 시행 후에 완전화되고, 담보권이 동법에 따라 등록되어 완전화된 경우에 채무자가 아닌 담보권자에 의하여 서명된 융자설명서는 당해 기간동안 완전화를 계속하며, 이후에 완전화되었다고 하더라도 등록할 수 있다.

9

담보부거래

제1장 총　　칙

제1절　약칭, 정의 및 일반적 개념

제9-101조(약칭)

제9-102조(정의 및 정의의 색인)

제9-103조(구입대금담보권; 변제금의 충당; 입증책임)

제9-104조(예금 계좌의 지배권)

제9-105조(전자적 동산증서의 지배권)

제9-106조(투자재산의 지배자)

제9-107조(신용장 권리의 지배자)

제9-108조(기재의 충분성)

제2절　본편의 적용

제9-109조(적용범위)

제9-110조(제2편 및 제2A편에 의하여 발생하는 담보권)

제2장　담보계약의 효력; 담보권의 압류; 담보계약 당사자의 권리

제1절　압류의 효력

제9-201조(담보계약의 일반적 효력)

제9-202조(담보물의 권원이 중요하지 않은 것)

제9-203조(담보권의 설정과 강제가능성; 수익금; 이차적 채무; 형식적 요건)

제9-204조(설정 후에 취득되는 매물; 선물물품의 선금)

제9-205조(담보물의 사용 또는 처분의 허용)

제9-206조(금융자산의 구입 또는 인도 시에 발생하는 담보권)

제2절　권리 및 의무

제9-207조(담보물의 점유권 또는 지배권을 가진 담보권자의 권리 및 의무)

제9-208조(담보물의 지배권을 가진 담보권자의 추가적 의무)

제9-209조(계좌채무자가 양도 통지를 한 경우의 담보권자의 의무)

제9-210조(계산의 요구; 담보물의 리스트 또는 계좌명세서에 관한 요구)

제3장　완전화 및 우선순위

제1절　완전화 및 우선순위를 규율하는 법률

제9-301조(담보권의 완전화 및 우선순위를 규율하는 법률)

제9-302조(농업상 우선특권의 완전화 및 우선순위를 규율하는 법률)

제9-303조(권원증서의 대상이 되는 물품에 대한 담보권의 완전화 및 우선순위)
제9-304조(예금계좌에 대한 담보권의 완전화 및 우선순위)
제9-305조(투자재산에 대한 담보권의 완전화 및 우선순위를 규율하는 법률)
제9-306조(신용장의 권리에 대한 담보권의 완전화 및 우선순위)
제9-307조(채무자의 주소)

제2절 완 전 화

제9-308조(담보권 또는 농업상 우선특권이 완전화되는 시기; 완전화의 계속)
제9-309조(부착시에 완전화되는 담보권)
제9-310조(담보권 또는 농업상 우선특권을 완전화하는 것에 등록이 필요한 경우; 등록에 관한 모든 규정이 적용되지 않는 담보권 및 농업상의 우선특권)
제9-311조(일정한 법률, 원칙 및 조약의 적용을 받는 재산에 대한 담보권의 완전화)
제9-312조(동산증서, 예금계좌, 문서, 문서의 대상이 되는 물품, 증서, 투자재산, 신용장의 권리 및 현금에 대한 담보권의 완전화; 허용적 등록에 의한 완전화; 등록 및 점유가 없는 일시적 완전화)
제9-313조(등록없이 완전화된 담보권의 담보권자에게의 이전 또는 인도)
제9-314조(지배권에 의한 완전화)
제9-315조(담보물의 처분시기 및 수익금에 대한 담보권자의 권리)
제9-316조(준거법의 변경에 따른 담보권 완전화의 계속)

제3절 우선순위

제9-317조(담보권 또는 농업상 우선특권에 의하여 우선하여 또는 그것과 관계없이 취득된 권리)
제9-318조(매각된 지급금 수령권에 소지할 수 있는 이권의 부존재; 채권자 및 구입자에 관한 계좌 또는 동산명세서 매도인의 권리 및 권원)
제9-319조(채무자 및 구입자에 관한 수하인의 권리 및 권원)
제9-320조(물품의 매수인)
제9-321조(통상 영업의 과정에서 일반적 무형재산의 사용허락을 받은 자 및 물품의 임차인)
제9-322조(동일 담보물에 대한 담보권 및 농업상 우선특권이 충돌한 경우의 우선순위)
제9-323조(선물물품의 선금)
제9-324조(구입대금담보권의 우선순위)
제9-325조(이행된 담보물에 대한 담보권의 우선순위)
제9-326조(신채무자에 의하여 설정된 담보권의 우선순위)
제9-327조(예금계좌에 대한 담보권의 우선순위)
제9-328조(투자재산에 대한 담보권의 우선순위)
제9-329조(신용장 권리에 대한 담보권의 우선순위)
제9-330조(동산증서 및 비유통증서의 구입자의 우선순위)

제9-331조(다른 편에 의한 증서, 문서 및 증권 매수인의 권리의 우선순위; 금융자산에 대한 권리 및 제8편에 의한 증권상 권리의 우선순위)

제9-332조(자금의 이체; 예금계좌로부터의 이체)

제9-333조(법률의 효과에 의하여 발생하는 일정한 우선특권의 우선순위)

제9-334조(정착물 및 수확물에 대한 담보권의 우선순위)

제9-335조(부합물)

제9-336조(혼합물품)

제9-337조(권원증서의 대상이 되는 물품에 대한 담보권의 우선순위)

제9-338조(일정의 부정확한 정보를 기입한 융자명세서에 의하여 완전화된 담보권 또는 농업상 우선특권의 우선순위)

제9-339조(사적자치)

제4절 은행의 권리

제9-340조(예금계좌에 대한 감액청구 또는 상계권의 효력)

제9-341조(예금계좌에 관한 은행의 권리 및 의무)

제9-342조(지배권 합의의 존재를 폐지 또는 개시를 거절할 수 있는 은행의 권리)

제4장 제3자의 권리

제9-401조(채무자 권리의 양도 가능성)

제9-402조(채무자의 계약에 관하여 또는 불법행위에 대하여 의무를 지지 않는 담보권자)

제9-403조(양수인에 대하여 항변을 주장하지 않는다는 합의)

제9-404조(양수인에 의하여 취득된 권리; 양수인에 대한 청구권 및 항변)

제9-405조(양도된 계약의 수정)

제9-406조(계좌채무자의 면책; 양도의 고지; 양도의 특정과 증명; 계좌, 동산증서, 지급수령권 및 약속어음의 양도에 대한 제한의 무효)

제9-407조(리스 보유권 또는 임대인의 잔여권에 대한 담보권의 설정 또는 강제에 관한 제한)

제9-408조(약속어음, 건강보험수급금 수령권 및 그 외 일정한 무형재산의 양도에 대한 제한의 무효)

제9-409조(신용장 권리의 양도에 대한 제한의 무효)

제5장 등 록

제1절 등록사무소; 융자명세서의 내용 및 효력

제9-501조(등록사무소)

제9-502조(융자명세서의 내용; 융자명세서로 인정되는 양도담보등서; 융자명세서를 등록하는 때)

제9-503조(채무자와 담보권자의 이름)

제9-504조(담보물의 특정)

제9-505조(위탁판매, 리스 및 그 위탁 및 그 외의 거래를 위한 등록 및 다른 법 및 조약의 준수)
제9-506조(오기 또는 누락의 효과)
제9-507조(융자명세서의 효력에 대한 일정한 사건의 효과)
제9-508조(신채무자가 담보계약에 의하여 구속된 경우의 융자명세서의 효력)
제9-509조(기록을 등록할 수 있는 자)
제9-510조(등록된 기록의 효과)
제9-511조(기록상의 담보권자)
제9-512조(융자명세서의 수정)
제9-513조(해제명세서)
제9-514조(기록상 담보권자의 권한 양도)
제9-515조(융자명세서의 유효기간과 효력; 유효기간 초과 후의 효과)
제9-516조(등록을 구성하는 것; 등록의 효력)
제9-517조(색인 오기의 효과)
제9-518조(부정확 또는 부정한 등록기록에 대한 청구권)

제2절 등록사무소의 의무 및 업무

제9-519조(기록의 번호지정, 유지보관 및 색인작성; 기록에 부여되는 정보의 전달)
제9-520조(등록의 수령 및 수령의 거절)
제9-521조(융자명세서 및 수정서의 통일양식)
제9-522조(기록의 보존 및 파기)
제9-523조(등록사무소로부터의 정보; 기록의 매매 또는 사용허락)
제9-524조(등록사무소에 의한 지연)
제9-525조(수수료)
제9-526조(등록사무소의 규칙)
제9-527조(보고의무)

제6장 채무불이행

제1절 채무불이행 및 담보권의 강제

제9-601조(채무불이행 후의 권리; 사법적 강제; 계좌, 동산증서, 지급수령권 또는 약속어음의 위탁자 또는 매수인)
제9-602조(권리의무의 포기 또는 변경)
제9-603조(권리의무에 관한 표준에 대한 합의)
제9-604조(담보합의가 부동산 또는 정착물을 대상으로 하는 경우의 절차)
제9-605조(미지의 채무자 또는 이차적 채무자)
제9-606조(농업상 우선특권에 대한 채무불이행)

제9-607조(담보권자에 의한 추심 및 강제)
제9-608조(추심 또는 강제수익금의 충당; 부족액에 대한 책임 및 잉여금에 대한 권리)
제9-609조(채무불이행 후 점유를 취득한 담보권자의 권리)
제9-610조(채무불이행 후 담보물의 처분)
제9-611조(담보물 처분 전의 고지)
제9-612조(담보물 처분 전의 고지의 적시성)
제9-613조(담보물 처분 전의 고지 내용과 양식; 총칙)
제9-614조(담보물 처분 전의 고지 내용과 양식; 소비자 물품 거래)
제9-615조(처분 수익금의 충당; 부족금에 대한 책임 및 잉여금에 대한 권리)
제9-616조(잉여금 또는 부족액의 계산 설명)
제9-617조(담보물의 피이전자의 권리)
제9-618조(일정한 이차적 채무자의 권리 및 의무)
제9-619조(기록 또는 법적 권원의 이전)
제9-620조(채무의 전부 또는 일보의 대물 변제로서의 담보물의 수령; 담보물의 강제처분)
제9-621조(담보물을 수령하는 제안의 고지)
제9-622조(담보물 수령의 효과)
제9-623조(담보물을 재구입하는 권리)
제9-624조(권리의 포기)

제2절 본편의 위반

제9-625조(담보권자가 본편을 준수하지 않는 경우의 구제방법)
제9-626조(부족금 또는 잉여금을 다투는 소송)
제9-627조(행위가 상업상 합리적이었는가의 결정)
제9-628조(담보권자의 무책임 및 책임의 제한; 이차적 채무자의 책임)

제7장 경과규정

제9-701조(시행일)
제9-702조(유보 조항)
제9-703조(시행일 전에 완전화된 담보권)
제9-704조(실행일 전에 완전화되어 있지 않은 담보권)
제9-705조(실행일 전에 개시된 행위의 효력)
제9-706조(최초의 융자명세서가 융자명세서의 효력을 유지시키는 데 충분한 경우)
제9-707조(본법 시행 전의 융자명세서의 수정)
제9-708조(최초의 융자명세서 또는 계속명세서를 등록하는 권리를 가지는 자)
제9-709조(우선순위)

제9편　담보부거래

제1장 총　칙

제1절　약칭, 정의 및 일반적 개념

제9-101조(약칭)

본편은 통일상법전 - 담보부거래라 칭한다.

제9-102조(정의 및 정의의 색인)

(a) [제9편의 정의] 본편에서의 용어에 대한 정의는 다음과 같다.

(1) 「획득물」은 기존 물품의 특성을 상실하지 않게 하기 위한 방법으로 여타의 물품과 물리적으로 결합된 물품을 의미한다.

(2) 「계좌」는 「계산한다」로 쓰이는 경우를 제외하고, 이행에 의하여 변제의무가 생기는가의 여부와 관계없이 다음에 대한 금전채무의 지급금에 대한 권리를 의미한다. (i) 매각되었거나 그렇지 않으면 매각, 임대, 사용계약, 양도 또는 그 이외의 방법으로 처분된 재산에 의하여, (ii) 증여된 것이나 또는 증여된 서비스에 대하여, (iii) 발행되거나 발행된 보험 약관에 대하여, (iv) 담보되거나 담보된 이차적 채무에 대하여, (v) 증여되거나 증여된 에너지에 대하여, (vi) 용선계약 또는 그 이외의 계약에 의한 비용 또는 출항에 대하여, (vii) 신용카드 또는 현금카드 또는 그 카드에 포함된 또는 그것과 함께 사용된 정보의 사용에 의하여 생기며, 또는 (viii) 주, 주의 정부기관, 주 또는 주의 정부기관에 의한 게임의 운영이 허가되었거나 또는 인가된 자에 의하여 조업되거나 또는 지원되거나, 도박 또는 그 이외의 우연성의 게임에서의 당첨으로서 금전채무를 받는 권리를 의미한다. 이 용어는 건강보험금의 수령권을 포함한다. 이 용어는 (i) 동산증서 또는 증서에 의하여 증명된 지급을 받을 권리, (ii) 상업상의 불법행위청구권, (iii) 예금계좌, (iv) 투자재산, (v) 신용장의 권리 또는 신용장, (vi) 신용카드, 현금카드, 그 카드 상에 포함되어 있거나 그것과 함께 사용되는 정보의 사용에 의하여 발생하는 권리 이외의 기일 전에 주어지거나 매각된 금전 또는 기금에 대하여 지급을 받는 권리를 포함하지 않는다.

(3) 「계좌 채무자」는 계좌, 동산증서 또는 일반적 무형재산에 의한 의무를 진 자를

의미한다. 이 용어는 그 증서가 동산 증서의 일부를 구성하는 것이라도 유통증서의 지급을 의무로 하는 자를 포함하지 않는다.

(4) 「명세서」는 「계산한다」는 의미를 제외하고,

(A) 담보권자에 의하여 정본화되고;

(B) 그 기록을 한 날로부터 35일 전후 사이에 미지급담보채무를 나타내고 있으며; 그리고

(C) 채무의 모든 항목을 상당히 상세하게 특정한 기록을 의미한다.

(5) 「농업상의 우선특권」은 농산물에 대하여 담보권 이외의 권리로,

(A) 다음의 것에 대하여 채무의 미지급 또는 이행을 보증하는 것;

(i) 채무자의 농업경영과 관련하여 제공되는 물품 또는 서비스;

(ii) 채무자의 농업경영과 관련하여 채무자의 부동산을 임대한 자를 위하여 제정법에 의하여 창설한 것

(B) 그 효력이 타인의 동산 점유에 근거하고 있지 않은 것을 의미한다.

(6) 「굴착될 때마다 발생하는 담보물」은,

(A) 담보권에 따르는 석유, 가스 또는 그 이외의 광물에 있어서;

(i) 그 담보권이 굴착전에 그 광물에 대한 권리를 가진 채무자에 의하여 설정된 것으로; 동시에

(ii) 굴착할 때마다 그 광물에 부착된 것; 또는

(B) 굴착 전에 채무자가 권리를 가지고 있던 석유, 가스 또는 그 이외의 광물의 원천 또는 광천에서의 매매로부터 발생하는 지급금에 대한 권리를 의미한다.

(7) 「인증한다」는,

(A) 서명하는 것; 그리고

(B) 그 자를 특정하는 현재의 의사를 가지고, 기록의 전체 또는 일부를 작성하거나 그것에 날인하거나 다른 방법으로 적용하거나 새기거나 단순히 가공하고, 동시에 기록을 하거나 수령하는 것을 의미한다.

(8) 「은행」은 은행업을 하는 단체를 의미한다. 이 용어는 예금은행, 예금대출협회, 신용조합 및 신탁회사를 포함한다.

(9) 「현금 수익금」는 현금, 어음, 예금계좌 등의 수입을 의미한다.

(10) 「권리 증명서」는 권리증서로 담보물에 관하여 담보권이 우선특권 채권자보다 우선권을 얻는 조건 또는 결과로서 문제의 담보권이 권리증명서상 기재되어야 한다는 것을 제정법이 정하고 있는 것을 의미한다.

(11) 「동산증서」는 금전채무 및 특정의 물품에 대한 담보권, 특정의 물품 및 물품 중에서 사용되고 있는 소프트웨어에 대한 담보권, 특정의 물품 및 그 물품 및 물품 중에서 사용되고 있는 소프트웨어의 사용허락에 대한 담보권 또는 특정 물품의

리스 및 그 물품 중에서 사용되는 소프트웨어의 사용허가의 전부를 서명하는 기록을 의미한다. 본호에서 「금전채무」는 물품에 의하여 담보되는 금전채무 또는 물품의 리스에 의하여 담보되는 금전 채무를 의미하며, 그 물품 중에서 사용되는 소프트웨어에 관한 금전채무를 포함한다. 이 용어는 선박의 사용 또는 임차와 관계하는 용선계약 또는 그 외의 계약을 포함하지 않는다. 하나의 증서 또는 일련의 증서를 포함하는 기록에 의하여 거래가 증명되는 경우에 함께 취급되어지는 일련의 기록은 동산증서이다.

(12) 「담보물」은 담보권 또는 농업상의 우선특권에 따르는 재산을 의미한다. 이 용어는 다음과 같은 것을 포함한다.

(A) 담보권이 부착된 수익금;

(B) 매각된 계좌, 동산증서, 무형자산과 약속어음;

(C) 위탁의 대상물인 물품.

(13) 「상업불법행위청구권」은 불법행위로부터 발생하는 청구권으로 그것에 관하여,

(A) 청구권자가 단체인 경우; 또는

(B) 청구권자가 개인인 동시에 그 청구권자가,

(i) 그 청구권자의 영업 또는 전문업의 과정에서 발생한 것;

(ii) 개인 신체의 상해 또는 개인의 사망으로부터 발생한 손해배상을 포함하지 않는 것을 의미한다.

(14) 「물품거래계좌」는 물품매개인에 의하여 유지되는 계좌로 물품고객을 위하여 그것에 의하여 물품거래계약이 수행된 것을 의미한다.

(15) 「물품거래계약」는 물품선물계약, 물품선물계약의 옵션, 물품옵션 또는 이외의 계약에서 다음을 의미한다.

(A) 물품거래에 관한 연방법에 의거한 계약을 위한 계약시장으로써 지정된 거래위원회의 규칙의 적용을 받거나 또는 그 규칙에 따라 거래된 계약;

(B) 외국 물품의 거래, 교환 또는 시장의 위원회에서 거래되며, 물품고객을 위한 물품 개인의 장부상에서 수행된 계약.

(16) 「물품고객」은 물품 매개인이 그 장부에 근거하여 물품거래계약을 수행하는 상대방이 되는 자를 의미한다.

(17) 「물품매개인」은 다음과 같은 자를 의미한다.

(A) 연방 물품거래법에 의한 선물물품의 도매상으로 등록된 자;

(B) 그 통상의 영업 과정에 있어서 물품거래법에 의하여 계약시장으로 지정된 거래위원회를 위한 청산 또는 결제서비스를 공여한 자.

(18) 「전달한다」는 다음과 같은 것을 의미한다.

(A) 서면 또는 그 이외의 유형의 기록을 송부하는 것;

(B) 기록을 송부하는 자 및 수령하는 자에 의하여 합의된 수단에 의한 기록의 전송; 또는

(C) 등록사무소에 대한 또는 등록사무소로부터의 등록 전송의 경우에 사무소의 규칙에 의하여 규정된 수단에 의한 기록을 전송하는 것.

(19) 「수치인」은 임치에 의하여 물품의 인도를 받은 상인을 의미한다.

(20) 「위탁」은 다음과 같은 거래를 위미한다. 즉, 그 형식에는 관계가 없고, 그 거래에서 상대방이 매매를 목적으로 상인에게 물품을 인도하고,

(A) 그 상인이,

(i) 인도한 자의 이름 이외의 이름에 의하여 그 종류의 물품의 매매를 업으로 하고 있으며;

(ii) 경매가 아니며;

(iii) 그 채권자에 의하여 그 이외 물품의 매매를 업으로 하고 있는 것이 일반적으로 알려있는 자이다.

(B) 각 인도에 관하여 물품의 총 가격이 인도한 시점에서 1,000달러 이상의 경우이다.

(C) 그 물품이 인도되기 직전에는 소비자의 물품이 아니다. 또한

(D) 그 거래가 채무를 보증하는 담보권을 창설하는 것이 아닌 것을 의미한다.

(21) 「위탁자」는 임치계약에서 수하인에게 물품을 인도하는 자를 의미한다.

(22) 「소비자채무자」는 소비자거래에서 채무자를 의미한다.

(24) 「소비자 물품거래」는 소비자거래로,

(A) 개인이 주로 자신, 가족 또는 세대의 모든 목적의 사용을 위하여 채무를 진다;

(B) 소비자 물품에 대한 담보권이 그 채무를 담보하는 것을 의미한다.

(25) 「소비자의무자」는 개인이며, 동시에 주로 자신, 가족 또는 세대의 모든 목적의 사용을 위하여 체결된 거래에서 채무를 진 채무자를 의미한다.

(26) 「소비자거래」는 거래이며, 그 거래에서, (i) 개인이 주로 자신, 가족 또는 세대의 모든 목적의 사용을 위하여 채무를 지며, (ii) 담보권이 그 채무를 보증하고, (iii) 담보물이 주로 자신, 가족 또는 세대의 모든 목적의 사용을 위하여 보존하고 유지하거나 획득된 것을 의미한다.

(27) 「계속명세서」는 융자명세서의 수정으로,

(A) 그것이 관계하는 최초의 융자명세서를 파일번호로 특정하고 있고;

(B) 특정된 융자명세서를 위한 계속명세서 또는 그것이 특정된 융자명세서의 효력을 계속시키기 위하여 등록된 것을 기재하여 놓은 것을: 의미한다.

(28) 「부채자」는 다음과 같은 의미를 지닌다.

(A) 채무자인가와 관계없이 담보물에 대한 담보권 또는 농업상의 우선특권 이외의 권리를 가진 자;

(B) 계좌, 동산증서, 지급금 수령권, 약속어음의 매수인; 또는

(C) 수하인.

(29) 「예금계좌」는 은행과 관련된 청구, 시기, 저금, 은행통장 또는 유사한 계좌를 의미한다. 이 용어는 증서에 의하여 증명되는 출자금 또는 계좌를 포함하지 않는다.

(30) 「문서」는 제1편의 일반적 정의(제1-210조)에 정의된 권리증명서 및 제7-201조 (2)항에 정하여진 종류의 수령서를 의미한다.

(31) 「전자적 동산증서」는 전자적 매체에 보관된 정보로 이루어지는 기록에 의하여 증명되는 동산증서를 의미한다.

(32) 「토지부담」은 부동산에 대한 소유권 이외의 권리를 의미한다. 이 용어는 부동산양도담보 및 부동산상의 우선특권을 포함한다.

(33) 「비품」은 재고품, 농산물 또는 소비자 물품 이외의 물품을 의미한다.

(34) 「농산물」은 입목 이외의 물품으로 그것에 관한 채무자가 농업경영을 행하고 있으며, 동시에 다음과 같은 것을 의미한다.

(A) 생육중인 또는 생육된 잡곡물로,

(i) 나무, 포도밭 또는 숲에서 생산된 수확물; 및

(ii) 수산물 경영에서 생산된 수산물.

(B) 수산물 경영에서 생산된 수산품을 포함하며, 생산되었거나 혹은 아직 생산되지 않은 미생산물의 가축이나 목축;

(C) 농업경영에 있어 사용되거나 혹은 제조되는 비축물; 또는

(D) 가공되지 않은 상태의 수확물 또는 가축이나 목축의 생산물.

(35) 「농업경영」은 가축, 목축을 기르고, 작물을 재배하고, 번식시키며, 비육하고, 목장에서 풀을 먹이거나 그 이외의 농업, 목축 또는 수중식물을 경영하는 것을 의미한다.

(36) 「파일 번호」는 제9-519조 (a)항에 의하여 최초의 융자명세서에 해당하는 번호를 의미한다.

(37) 「등록사무소」는 제9-501조로 융자명세서를 등록하는 장소로서 지정된 장소를 의미한다.

(38) 「등록사무소 규칙」은 제9-526조에 의하여 채택된 규칙을 의미한다.

(39) 「융자명세서」는 최초의 융자명세서 및 그 최초의 융자명세서에 관계하는 등록기록으로부터 발생하는 기록을 의미한다.

(40) 「정착물 등록」은 정착물이거나 또는 정착물이 될 물건을 대상으로 하며, 동시

에 제9-502조 (a)항 및 (b)항을 충족시키고 있는 융자명세서의 등록을 의미한다. 이 용어는 정착물이나 정착물이 될 전송업자의 물품을 대상으로 하는 융자 명세서 등록을 포함한다.

(41) 「정착물」은 특정의 부동산과 상당히 밀착하여 있으며, 그것에 대한 권리가 부동산에 의하여 발생하는 물품을 의미한다.

(42) 「일반적 무형재산」은 계좌, 동산증서, 상업상 불법행위청구서, 예금계좌, 문서, 물품, 증서, 투자재산, 신용장의 권리, 신용장, 금전 및 석유, 가스 또는 굴착 전의 그 이외의 광물 이외의 채권을 포함하는 동산을 의미한다.

(43) [삭제]

(44) 「물품」은 담보권이 부착할 때에, 이동가능한 모든 동산을 의미한다. 이 용어는 (i) 정착물, (ii) 벌채되거나 양도계약 또는 매매계약에 의하여 제거된 입목, (iii) 동물의 미생산물, (iv) 수확물이 나무, 포도원 또는 숲에서 생산된 것의 경우라도 성장하거나 생육 중이거나 생육된 수확물, 및 (v) 이동주택을 포함한다. 이 용어는 또한 (i) 프로그램이 보통은 그 물품의 일부라고 인정되는 방법으로 그 물품에 결합되어 있는 경우, (ii) 그 물품의 소유자가 됨으로써 일정한 자가 그 물품과 관련하여 프로그램을 사용하는 권리를 획득하는 경우에는 물품에 설치된 컴퓨터 프로그램 및 프로그램에 관계하는 거래와 관련하여 주어진 지원정보도 포함한다. 이 용어는 그 프로그램이 설치된 매체만으로부터 만들어지는 물품에 설치된 컴퓨터 프로그램은 포함되지 않는다. 그 용어는 또한 계좌, 동산증서, 상업상 불법행위청구서, 예금계좌, 문서, 물품, 증서, 투자재산, 신용장의 권리, 신용장, 금전 및 석유, 가스 또는 굴착전의 그 이외의 광물을 포함하지 않는다.

(45) 「정부조직」은 미국, 주 또는 외국의 정부, 기관, 도, 군, 지구, 시 또는 그 외의 단위를 의미한다. 이 용어는 독립법인격을 가진 단체가 미국의 법률에 의한 소득세로부터 이자과세를 받을 수 있는 부채를 발행하는 자격을 가진 경우에 그 단체를 포함한다.

(46) 「건강보험 수급금」은 보험약관에 대한 권리 또는 보험약관에 의한 청구권으로 건강관리 물품 또는 주어진 서비스에 대한 금전채무의 지급을 받는 권리를 가진 것을 의미한다.

(47) 「증서」는 유통증권 또는 그 외의 금전채무를 지급받는 권리를 증명하는 서면을 의미한다. 그 자체는 담보합의 또는 리스가 아니며, 보통의 영업과정에서 필요한 배서 또는 양도를 하여 인도에 의하여 이전된 형태의 것이다. 이 용어는 (i) 투자재산, (ii) 신용장, (iii) 신용카드 또는 현금카드의 사용으로부터 발생하는 변제 또는 그 카드상 또는 그 카드의 사용을 위하여 포함되어 있는 정보를 받는 권리를 증명하는 문서를 포함하지 않는다.

(48) 「재고품」은 농산물 이외의 물품으로 다음을 의미한다.

(A) 임대인에 의하여 임대된 물품;

(B) 매매 또는 임대차 또는 용역계약에 따라 제공되어야 할 자에 의하여 보관된 물품;

(C) 용역계약에 따라 당사자에게 제공된 물품;

(D) 원자재, 가공중인 작업, 작업 중의 사용, 소비된 재료로부터 나온 물품.

(49) 「투자재산」은 증명이 되었는가의 여부와 관계없이 증권, 증권권리, 증권거래계좌, 물품거래계약 또는 물품거래계좌를 의미한다.

(50) 「단체의 재판관할」은 등록 단체에 관하여 그 단체의 설립의 기초가 된 법상의 재판관할을 의미한다.

(51) 「신용장의 권리」는 수익자가 요구한 것이거나 또는 수익자가 그 때에 지급 또는 이행을 요구한 권리를 가지고 있는가 아닌가와 관계없이 신용장에 의한 지급 또는 이행을 요구하는 권리를 의미한다.

(52) 「우선특권 채권자」는 다음의 자를 의미한다.

(A) 압류, 과세추심 또는 유사한 절차에 의하여 문제가 되는 재산에 대한 우선특권을 취득한 채권자;

(B) 채권양도를 한 시점부터 채권자의 이익을 위한 양수인;

(C) 파산신청 등록일로부터 파산절차의 수탁자;

(D) 임명시부터 자기 자본상 파산관재인.

(53) 「이동주택」은 1 내지 4로 구분되어 이동할 수 있는 건축물로 여행용의 상태이며, 본체가 폭 8피트 이상 또는 길이가 40피트 이상의 것 또는 용지에 세워질 때 320평방피드 이상의 것으로 동시에 영구적 토대 위에 세워지며, 필요한 기구와 결합될 때는 영구적 토대가 없다고 하더라도 주거로써 사용할 의도가 있기 때문에 그 안에 포함되어 있는 수도비품, 난방비품, 냉방장지 및 선기 시스템을 포함한다. 이 용어는 크기에 관한 요건을 제외하고, 본호의 모든 요건을 전부 충족시키고 있으며, 그것에 관하여 제조자가 임의로 미국주택도시개발국장에 의하여 요구된 증명서를 등록하고, 미국법률집 제42권에 확립된 기준을 충족시키는 건축물을 포함한다.

(54) 「이동주택 거래」는 담보물 거래로,

(A) 재고품으로 보호되고 유지된 이동주택 이외의 이동주택에 대한 구입대금 담보권을 창설하는 거래;

(B) 재고품으로 보호되고 유지된 이동주택 이외의 이동주택이 주가 되는 담보물 거래를 의미한다.

(55) 「양도담보」는 부동산양도담보, 부동산에 대한 신탁증서 등에 의하여 창설되며,

합의에 의한 권리를 의미한다.

(56) 「신채무자」는 별도의 자에 의하여 전에 체결되었던 담보합의에 의하여 제9-203조에 따라 채무자로서 구속을 받게 되는 자를 의미한다.

(57) 「신 가격」은 (i) 금전, (ii) 재산, 서비스 또는 새로운 신용의 금전적 가치, (iii) 피이전인에게 이미 이전된 재산에 대한 이권의 이전에 의한 채무면제를 의미한다. 이 용어는 별도의 채무와 대체된 채무를 포함하지 않는다.

(58) 「비현금 수익물」은 현금 수익금 이외의 수익물을 의미한다.

(59) 「채무자」는 담보물에 대한 담보권 또는 농업상의 우선특권에 의하여 담보된 채무에 관하여 (i) 채무의 이행 또는 그 외에 이행하는 의무를 지고, (ii) 그 담보물 이외의 재산을 채무의 이행 또는 그 이 외의 이행을 보증하기 위하여 증여하거나, (iii) 그 이외의 방법으로 채무의 이행 또는 여타의 이행에 대하여 전부 또는 일부의 책임을 지는 자를 의미한다. 이 용어는 신용장의 발행 또는 신용장의 지정을 포함하지 않는다고 제9-310조 (c)항에서 사용되고 있는 경우를 제외하고, 채무자로서 제9-203조 (d)항에 의하여 새로운 채무자가 구속되는 담보 합의를 체결한 자를 의미한다.

(60) 「기존 채무자」는 제9-310조 (c)항에서 사용되고 있는 경우를 제외하고, 채무자로서 제9-203조 (d)항에 의하여 새로운 채무자가 구속되는 담보 합의를 체결한 자를 의미한다.

(61) 「지급금 수령권」은 일반적인 무형재산으로 그것에 따르는 계좌채무자의 주된 채무가 금전채무인 것을 의미한다.

(62) 「관계인」은 개인에 관하여 다음과 같은 것을 의미한다.

(A) 그 개인의 배우자;

(B) 개인의 형제, 의형제, 매제, 의매제;

(C) 개인 또는 개인의 배우자의 혈연 또는 혼인에 의한 그 이외의 친족으로 그 개인과 동일한 집에 동거하고 있는 자.

(63) 「관계인」은 단체에 관하여 다음과 같은 자를 의미한다.

(A) 단체를 직접 또는 간접적으로 지배하거나 단체에 의하여 지배를 받거나 공동지배하에 있는 자;

(B) 단체의 임원 또는 중역 또는 단체에 관하여 이와 유사한 직무를 맡고 있는 자;

(C) (A)에 정한 임원 또는 중역 또는 그 자에 관하여 유사한 직무를 맡고 있는 자;

(D) (A), (B) 또는 (C)에 정하고 있는 개인의 배우자;

(E) (A), (B), (C) 또는 (D)에 정한 개인에게 혈연 또는 혼인에 의하여 관련된 자로 그 개인과 동일한 집에 동거하고 있는 자.

(64) 「수익금」은 제9-609조 (b)항에서 사용되는 경우에 「증진시키다」라는 동사로 사

용되는 경우를 제외하고 다음의 재산을 의미한다.

(A) 담보물의 매매, 리스, 사용허락, 교환 또는 그 이외의 담보물의 처분에 의하여 획득된 것;

(B) 담보물에 대하여 추심된 것 또는 담보물을 위한 배당된 것;

(C) 담보물로부터 발생하는 권리;

(D) 담보물의 가격의 한도에서 손실 또는 담보물의 사용방해, 결함 또는 권리 침해 또는 위해로부터 발생하는 청구권;

(E) 담보물의 가격의 한도에서 동시에 채무자 또는 담보권리자에게 지급되는 한도에서 손실, 부도금 또는 담보물의 사용방해, 결함 또는 권리침해 또는 위해를 이유로 하여 지급되는 보험금.

(65) 「약속어음」은 금전채무를 지급하는 약속을 증명하는 것으로 지급지시를 증명하는 것이 아니라, 은행이 예금을 위하여 다액의 금전 또는 자금을 수령한 것에 대한 은행의 승인을 포함하고 있지 않는 증명을 의미한다.

(66) 「제안」은 담보권자에 의하여 원본과 똑같은 효력을 지니는 등본으로 처리된 기록으로 제9-620조, 제9-621조 및 제9-622조에 의하여 담보권자가 담보물이 담보하는 채무의 전부 또는 일부의 변제와 교환하여 수령하고자 하는 모든 조건을 포함하는 것을 의미한다.

(67) 「공적융자거래」는 다음의 것에 관한 담보물 거래를 의미한다.

(A) 채무 증권이 발행되거나;

(B) 발행된 증권의 전부 또는 일부가 적어도 20년의 당초 소정의 만기가 되어 있거나;

(C) 부채지, 채무자, 담보권자, 계좌채무자 또는 담보물에 의한 채무를 진 그 이외의 자, 담보물채무의 양도인 또는 양수인 또는 담보권의 양도인 또는 양수인이 주 또는 주의 정부조직이다.

(68) 「약속에 따른다는 것」은 담보권자에 의하여 지급된 양도금 또는 주어진 그 외의 가격에 관하여 후의 채무불이행의 결과 또는 담보권자의 지배를 따르지 않는 그 외의 결과가 그 채무로부터 담보권자를 면책하였는가의 여부 또는 면책할 수 있는가의 여부와 관계없이 담보권자의 채무를 따르고 있는 것을 의미한다.

(69) 「기록」은 「기록을 위한」 「기록상의」 「기록 또는 법적 권리」 및 「기록소유자」로써 사용되는 경우를 제외하고, 유형물에 기록된 정보 또는 전자적 또는 그 이외의 매개체 중에 보관되어 가독할 수 있는 형식으로 변환할 수 있는 정보를 의미한다.

(70) 「등록단체」는 단일의 주 또는 미국의 법에 의하여 설립된 단체로 그 단체에 관하여 해당하는 주 또는 미국에 그 단체가 설립되어 있는 것을 증명하는 공적인

기록을 유지하여야 하는 것을 의미한다.

(71) 「이차적 채무자」는 다음의 채무자를 의미한다.

(A) 채무자의 채무가 이차적인 것이거나;

(B) 채무자가 부채자, 그 이외의 채무자 또는 그 모든 재산에 대하여 담보권에 의하여 보증된 채무에 관하여 상환청구권을 가진다.

(72) 「담보권자」는 다음의 자를 의미한다.

(A) 보증된 채무가 미지급된 채 남아있는가의 여부와 관계없이 그 자를 위한 담보권이 창설되거나 또는 담보합의에 의하여 규정된 자;

(B) 농업상의 우선특권을 유지하거나 보호하고 있는 자;

(C) 수탁자;

(D) 계좌, 동산증서, 지급금수령권 또는 약속어음이 매각된 상대방;

(E) 수탁자, 증서수탁자, 대리인, 담보물 대리인 또는 그 외의 대리인으로 그 자를 위한 담보권 또는 농업상으로 우선특권이 성립되거나 또는 규정된 자;

(F) 제2-401조, 제2-505조, 제2-711조 (c)항, 제2A-508조 (5)항, 제4-210조 또는 제5-118조에 의하여 발생하는 담보권을 유지하거나 보호하고 있는 자.

(73) 「담보계약」은 담보권을 창설하거나 또는 규정하는 합의를 의미한다.

(74) 「송부한다」는 기록 또는 통지와 관련하여,

(A) 소정의 어음대금 또는 전송 비용을 지급하고, 그 정황 하에서 합리적인 주소로 우편송부하거나 이전을 위하여 인도하거나 또는 그 외의 전달수단으로 전송하는 것;

(B) 기록 또는 고지가 (A)에 의하여 적절히 송부되었다면 수령되었다고 판단될 때까지 수령되도록 하는 것을 의미한다.

(75) 「소프트웨어」는 컴퓨터 프로그램 및 프로그램에 관계하는 거래와 관련하여 제공된 지원정보를 의미한다.

(76) 「주」는 미국의 주, 콜롬비아, 푸에르토리코, 미국의 여러 섬 또는 미국의 관할에 따르는 영토 또는 점령된 섬을 의미한다.

(77) 「이차적 채무」는 계좌, 동산증서, 문서, 일반적인 무형의 물품, 증서 또는 투자재산의 지급 또는 이행을 지원하는 신용장의 권리 또는 이차적 채무를 의미한다.

(78) 「유형동산증서」은 유형의 매체상에 기재되어 있는 정보로부터 발생하는 기록에 의하여 증명되는 동산 증서를 의미한다.

(79) 「해제명세서」는 융자명세서의 수정으로,

(A) 파일 번호에 의하여 그것과 관계하는 최초의 융자명세서를 특정하고 있거나;

(B) 그것이 해제명세서 또는 특정된 융자명세서는 이미 유효하지 않은 것을 기재

한 것을 의미한다.

(80) 「전송업자」는 다음의 사업을 주된 사업으로 행하는 자를 의미한다.

(A) 철도, 지하철, 노면전차 또는 무궤도 전차를 운행하는 것;

(B) 전기, 전자 또는 빛에 의하여 통신하는 것;

(C) 수송관 또는 하수도에 의하여 물품을 공급하는 것;

(D) 전기, 습기, 가스 또는 물을 공급하는 것 또는 제조하여 공급하는 것.

(b) [다른 편에서의 정의] 본편에 적용되는 기타의 정의 및 그 정의를 볼 수 있는 조문은 다음과 같다.

「신청인」 제5-102조
「수익자」 제5-102조
「중개인」 제8-102조
「증명부증권」 제8-102조
「어음」 제3-104조
「어음교환회사」 제8-102조
「매매계약」 제2-102조
「고객」 제4-104조
「이권 보호 유지인」 제8-102조
「금융자산」 제8-102조
「정당 보호 유지인」 제3-302조
「발행인」(신용장 또는 신용자의 권리에 관하여) 제5-102조
「발행인」(증권에 관하여) 제8-201조
「리스」 제2A-103조
「리스 합의」 제2A-103조
「리스 보유권」 제2A-103조
「임차인」 제2A-103조
「통상적 영업에서 임차인」 제2A-103조
「임대인」 제2A-103조
「임대인의 잔여권」 제2A-103조
「신용장」 제5-102조
「상인」 제2-104조
「유통증권」 제3-104조
「지정인」 제5-102조
「약속어음」 제3-104조
「신용장의 수익금」 제5-114조

「증명한다」 제3-103조
「매매」 제2-106조
「증권거래계좌」 제8-501조
「증권매개인」 제8-102조
「증권」 제8-102조
「증권 증명서」 제8-102조
「증권 권리」 제8-102조
「증명서가 없는 증권」 제8-102조

(c) [제1편의 정의 또는 원리] 제1편은 본편을 통하여 적용되는 일반적 정의 및 해석 원리를 포함하고 있다.

제9-103조(구입대금담보권; 변제금의 충당; 입증책임)

(a) [정의] 본 조항에서,

(1) 「구입대금담보물」은 담보물에 관하여 발생하는 구입대금채무를 담보하는 물품 또는 소프트웨어를 의미한다.

(2) 「구입대금채무」는 담보물의 대금의 전부 또는 일부로써 또는 그 가격이 사실상 그와 같이 사용되면 채무자가 담보물상의 권리 또는 그 사용권을 획득할 수 있게 하기 위하여 주어진 가격으로 채무자가 부담한 채무를 의미한다.

(b) [물품에 대한 구입대금담보권] 물품에 대한 담보권은 다음의 구입대금담보권을 말한다.

(1) 그 물품이 해당 담보권에 관한 구입대금담보권이거나;

(2) 담보권이 구입대금담보권이거나, 구입대금담보물이었거나 재고품에 대한 것인 경우에 담보권자가 구입대금담보권을 가지고 있거나 가지고 있었던 그 외의 재고품에 관하여 부담한 구입대금채무를 담보하는 한도;

(3) 담보권자가 구입대금담보권을 가지고 있거나 또는 가지고 있던 소프트웨어에 관하여 부담한 구입대금채무를 보증하고 있는 한도.

(c) [소프트웨어에 대한 구입대금담보권] 소프트웨어에 대한 담보권은 다음의 경우에 담보권자가 구입대금담보권을 보호 또는 유지하고 있거나 보호 내지 유지하고 있던 물품에 관하여 발생한 구입대금채무도 담보하고 있는 자가 가지는 한도에서의 구입대금담보권을 말한다.

(1) 채무자가 물품에 대한 권리를 획득한 종합거래에서 소프트웨어에 대한 권리를 획득한 경우;

(2) 채무자가 물품 중에 소프트웨어를 사용하는 주된 목적을 위하여 그 소프트웨어에 대한 권리를 획득한 경우.

(d) [위탁자의 재고품구입대금담보권] 위탁계약의 대상물인 물품에 대한 위탁자의 담보권은 재고품에 대한 구입대금담보권이다.

(e) [비소비자물품거래에서 지급금의 충당] 소비자 물품거래 이외의 물품거래에서 담보권이 구입대금담보권인 한도가 특정의 채무에 대한 지급금의 충당에 관련되어 있는 경우에 그 지급금은 다음과 같이 충당되어야 한다.

(1) 당사자가 합의하는 합리적인 충당방법에 의하여;

(2) 당사자의 합의가 없는 경우에는 지급시 또는 그 이전에 표시된 채무자의 의사에 따르고;

(3) 합리적인 방법의 합의가 없거나 또는 적절한 때에 이루어졌던 채무자의 표시도 없는 경우에는 다음의 순서에 의하여,

(A) 담보되어 있지 않은 채무;

(B) 둘 이상의 채무가 담보되어 있는 경우에 그것들의 채무가 발생한 때의 순서로 구입대금담보권에 의하여 보증되는 채무.

(f) [비소비자물품거래에 있어 구입대금담보권의 지위를 상실하지 않는 것] 소비자물품거래 이외의 거래에서 구매대금담보권은 다음의 경우에도 그 효력을 상실하지 않는다.

(1) 구입대금담보물은 또한 구입대금채무가 아닌 채무도 담보한다;

(2) 구입대금담보물이 아닌 담보물의 구입대금 채무도 담보한다;

(3) 구입대금채무가 갱신, 재융자, 통합 또는 재구성된 경우.

(g) [비소비자물품거래에서 입증책임] 소비자물품거래 이외의 거래에서 구입대금담보권을 주장하는 담보권자는 그 담보물이 구입대금담보권인 한도를 입증할 책임을 진다.

(h) [비소비자물품거래; 추정의 금지] (e)항, (f)항 및 (g)항의 모든 원칙의 소비자물품거래 이외의 거래에 대한 제한은 소비자물품거래에 대한 적절한 원칙의 결정을 법원에 맡기는 것을 의도하고 있다. 법원은 소비자물품거래에서 적절한 원칙의 성질을 그 제한으로 추정하지 않으며, 확립된 방식을 계속하여 적용할 수 있다.

제9-104조(예금 계좌의 지배권)

(a) [지배권의 요건] 담보권자는 다음의 경우에 예금계좌의 지배를 가진다.

(1) 담보권자가 은행에서 그 은행에 예금계좌을 유지하고 있거나;

(2) 채무자, 담보권자 및 은행이 본 기록과 같은 효력을 가지도록 증서화한 기록 중에 채무자의 동의를 받지 않고 예금계좌의 자금의 처분을 지시하는 담보권자에 의하여 발하여진 지시를 은행이 준수하는 것에 합의하고 있거나;

(3) (a)항의 요건을 충족한 담보권자는 채무자가 예금계좌로부터 자금의 처분을 지

시하는 권리를 유지하거나 보호하고 있는 경우일지라도 지배권을 가진다.

(b) [처분을 지시한 채권자의 권리] (a)항을 충족한 담보권자는 이의 채무자가 은행계좌로부터 자금의 처분을 지시하는 권리를 가지고 있는 경우에도 지배권을 가진다.

제9-105조(전자적 동산증서의 지배권)

동산 증서로부터 발생한 기록이 다음과 같은 방법으로 창설되거나 보존되거나 동시에 양도된 경우에 담보권자는 전자적 동산증서의 지배권을 가진다.

(1) 유일하게 식별할 수 있거나, 동시에 (4)호, (5)호 및 (6)호에 별도로 규정된 경우를 제외하고, 변경할 수 없거나 단일의 정식적인 기록의 등본이 존재하거나;

(2) 그 정식적 등본이 담보권자를 기록의 양수인으로서 특정하고 있거나;

(3) 그 정식적 등본이 담보권자 또는 그 지정담보인에게 이전되어 유지되고 있거나;

(4) 그 정식적 등본의 특정된 양수인을 추가하거나 변경한 초본으로서 또는 개정은 담보권자가 참가하는 경우에만 이루어진다;

(5) 정식적 등본의 각 초본의 및 초본의 초본은 정식적 등본이 아닌 초본으로서 용이하게 식별할 수 있거나;

(6) 정식적 등본의 개정은 승인된 개정 또는 승인되지 않은 개정으로서 용이하게 식별할 수 있다.

제9-106조(투자재산의 지배자)

(a) [제8-106조에 의한 지배권] 지배자는 제8-106조에 규정된 바와 같이 증명부증권, 증명서가 없는 증권 또는 증권상의 권리의 지배권을 가진다.

(b) [물품거래계약의 지배권] 담보권자는 다음의 경우에 물품거래계약의 지배권을 가진다.

(1) 그 담보권자가 물품 매개인이며, 물품거래계약이 그것에 의하여 실행되는 경우;

(2) 물품고객, 담보권자 및 물품 매개인이 물품고객에 의한 동의를 받지 않고 담보권자에 의하여 지시되는 것과 같이 물품거래계약의 계좌에 배당되는 가격을 물품매개인이 충당하는 것에 합의하는 경우.

(c) [증권거래계약 또는 물품거래계약의 지배권 효력] 증권 거래 또는 물품거래계좌에서 실행되는 모든 증권상의 권리 또는 물품거래계약의 지배를 가진 담보권자는 해당 증권거래계좌 또는 물품거래계좌의 지배권을 가진다.

제9-107조(신용장 권리의 지배자)

담보권자는 발행인 또는 지정인이 제5-114조 (c)항 또는 그 외의 준거법 또는 관행에 따라 신용장의 수익금의 양도에 동의한 경우에 그 발행인 또는 지정인이 가진 지급 또는 이행의 청구권의 한도에서 그 신용장 권리의 지배권을 가진다.

제9-108조(설명서의 충분성)

(a) [기재의 충분성] (c)항, (d)항 및 (e)항에 별도로 규정된 경우를 제외하고, 동산 또는 부동산의 설명서는 그것이 구체적인가의 여부와 관계없이 합리적으로 기재된 것을 특정하고 있다면 충분하다.

(b) [합리적인 특정의 예시] (d)항에 별도로 규정된 경우를 제외하고, 담보물의 설명서는 그것이 다음의 경우에 의하여 담보권을 특정하고 있으면 그 담보물을 합리적으로 특정하고 있다.

(1) 개별적 리스트;

(2) 카테고리;

(3) (e)항에 별도로 규정된 경우를 제외하고, 그 담보물의 특정이 객관적으로 결정될 수 있을 때는 그 외의 방법;

(4) 수량;

(5) 계산식, 분배식 또는 절차;

(6) (e)항에 별도로 규정된 경우를 제외하고, 그 담보물의 특정을 결정할 수 있는 경우는 그 외의 방법.

(c) [포괄적 기재의 불충분성] 「채무자의 재산 전부」, 「채무자의 동산 전부」 또는 같은 종류의 언어에 의한 담보물의 기재는 합리적으로 그 담보물을 특정하고 있지 않다.

(d) [투자재산] (e)항에 별도로 규정된 경우를 제외하고, 증권상의 권리, 증권거래계좌 또는 물품거래계좌의 설명서는 다음과 같이 기재되어 있으면 충분하다.

(1) 그것들의 조건에 의하여 담보물의 기재 또는 투자재산이라는 기재;

(2) 그 기초가 되는 금융자산 또는 물품거래계약.

(e) [종류에 의한 기재의 불충분성] [통일상법전]에 정의된 담보물의 종류만을 기재한 설명서는 다음과 같은 기재만으로는 충분하지 않다.

(1) 상업불법행위청구권; 또는

(2) 소비자거래에서 소비자물품, 증권상의 권리, 증권거래계좌 또는 물품거래계좌.

제2절 본편의 적용

제9-109조(적용범위)

(a) [본편의 일반적 적용범위] (c)항 및 (d)항에 별도로 규정된 경우를 제외하고, 본편은 다음의 것에 적용된다.

(1) 계약에 의한 동산 또는 정착에 대한 담보권을 설정하는 거래;
(2) 농업상의 우선특권;
(3) 위탁;
(4) 제4-210조 또는 제2-505조, 제2-711조 (c)항 또는 제2A-508조 (5)항에 의하여 발생하는 담보권으로 제9-110조에 규정되어 있는 것;
(5) 계좌, 동산증서, 지급금수령권, 약속어음의 매매;
(6) 제4-210조 또는 제5-118조에 의하여 발생하는 담보권.

(b) [담보부 채무에 대한 담보권] 담보부 채무에 대한 담보권에 대하여 본편의 적용은 그 채무자 자신이 본편이 적용되지 않는 거래 또는 권리에 의하여 담보되고 있다는 사실에 영향을 받지 않는다.

(c) [본편이 적용되지 않은 한도] 다음의 한도에서 본편은 적용되지 않는다.
(1) 미국의 제정법, 규칙 또는 조약이 본편을 무효로 하거나;
(2) 본주의 별도의 제정법이 본주 또는 본주의 정부조직에 의하여 설정된 담보권의 설정, 완전화, 우선순위 또는 강제를 명시적으로 규율하고 있거나;
(3) 담보권에 일반적으로 적용되는 제정법 이외의 타주, 외국 또는 외국의 정치조직의 제정법이 본주 또는 본주의 정부조직에 의하여 설정된 담보권의 설정, 완전화, 우선순위 또는 강제를 명시적으로 규율하고 있거나;
(4) 신용장에 의한 피이전인인 수익자 또는 지정인의 권리는 제5-114조에 의하여 독립하며, 우선한다.

(d) [본편의 부적용] 본편은 다음의 것에 적용되지 않는다.
(1) 농업상의 우선특권 이외의 토지소유자의 우선특권;
(2) 서비스 또는 자재에 대한 제정법 또는 다른 법 원칙에 의하여 주어진 우선특권; 다만, 제9-333조는 그 우선특권의 우선순위에 관하여 적용된다.
(3) 종업원의 급료, 급여 또는 그 외의 보상 청구권의 이전;
(4) 사업이 매각된 그 일부로써 이루어진 계좌, 동산증서, 지급금 수령권 또는 약속어음의 매매;
(5) 추심만을 목적으로 한 구입, 동산증서, 지급금 수령권 또는 약속어음의 매매;
(6) 약속에 의한 지급금 수령권의 양수인에 대한 양도로 해당 계약에 의하여 이행을 의무로 하고 있던 것;
(7) 기존 부채의 변제의 전부 또는 일부에 맞는 단일의 계좌, 지급금 수령권 또는 약속어음의 양수인에 대한 양도;
(8) 건강보험의 의약품 공여자에 의하거나 또는 의약품 공여자에 대한 양도 및 해당 지급금 수령권의 사후 양도를 제외하고, 보험약관에 대한 권리의 이전 또는 보험약관에 의한 청구권의 양도; 다만, 제9-315조 및 제9-322조는 대금 및 수익금

에 대한 우선순위에 대하여 적용된다.

(9) 담보물이었던 지급금 수령권에 대하여 내려진 판결을 제외하고, 판결에 의한 표시된 권리의 양도;

(10) 감액청구 및 상계의 권리; 단

(A) 제9-340조는 예금계좌에 대한 감액청구 또는 상계권의 유효성에 관하여 적용된다;

(B) 제9-404조는 계좌채무자의 항변 또는 청구권에 관하여 적용된다.

(11) 리스 또는 그것에 의한 임차료를 포함하는 부동산에 대한 권리 또는 그 이상의 우선특권의 창설 또는 이전; 다만, 해당 규정이 다음에 해당하는 경우에는 그러하지 아니하다.

(A) 제9-203조 및 제9-308조에서 부동산상의 우선특권;

(B) 제9-244조에서 부착물;

(C) 제9-501조, 제9-502조, 제9-512조, 제9-516조, 제9-519조에서 정착물 등록;

(D) 제9-501조에서 동산 및 부동산을 대상으로 하는 담보합의.

(12) 상업불법행위 청구권 이외의 불법행위로부터 발생하는 청구권의 양도; 다만, 제9-315조 및 제9-322조는 수익금 및 수익금의 우선순위에 관하여 적용된다.

(13) 소비자 거래에서 예금계좌의 양도; 다만, 제9-315조 및 제9-322조는 수익금 및 수익금에 대한 우선순위에 관하여 적용된다.

제9-110조(제2편 및 제2A편에 의하여 발생하는 담보권)

제2-401조, 제2-505조, 제2-711조 (3)항 또는 제2A-508조 (5)항으로부터 발생하는 담보권은 본편에 의하여 채무자가 물품의 점유를 취득할 때까지는,

(1) 제9-203조 (b)항이 충족되지 않은 경우라도 담보권은 강제할 수 있다;

(2) 담보권을 완전화하였음에도 불구하고 등록이 요구되지 않는다;

(3) 채무자에 의한 채무불이행 후 담보권자의 권리는 제2편 또는 제2A편에 의하여 규율된다;

(4) 담보권은 채무자에 의하여 설정된 저촉하는 담보권에 우선한다.

제2장 담보계약의 효력; 담보권의 압류; 담보계약 당사자의 권리

제1절 압류의 효력

제9-201조(담보계약의 일반적 효력)

(a) [일반적 효력] [통일상법전]에 별도로 규정된 경우를 제외하고, 담보계약은 양 당사자간에 담보물의 구입자나 채권자에 대하여 그 모든 조항에 따르는 효력을 가진다.

(b) [적용되는 소비자법 또는 다른 법률] 본편에 따른 거래는 소비자를 위하여 적용되는 법원칙 및 (i) 금전대출, 신용매매 또는 그 외의 신용공여를 위한 요율, 수수료, 합의 및 관행을 규제하는 그 외의 제정법 또는 규칙 및 (ii) 소비자 담보권에 따른다.

(c) [다른 적용법률이 규율하는 경우] 본편 및 (b)항에 규정한 법원칙, 제정법 또는 규칙 사이에 저촉되는 경우에 해당 법원칙, 제정법 또는 규칙이 규율한다.

(d) [다른 적용법률에의 위임] 본편은,

(1) (b)항에 규정된 법 원칙, 제정법 또는 규칙에 위반하는 요율, 수수료, 합의 또는 관행을 무효로 하는 것이 아니며;

(2) 일반적으로 그 법 원칙, 제정법 또는 규칙에 따르지 않는 거래로 그 적용을 확장하는 것이 아니다.

제9-202조(담보물의 권원이 중요하지 않은 것)

위탁매매 또는 계좌, 동산증권, 지급금 수령권 또는 약속어음의 매매에 관하여 별도로 규정된 경우를 제외하고, 권리 의무 및 구제방법에 관하여 본편의 모든 규정은 담보권의 권원이 담보권자에게 있는가 또는 채무자에게 있는가와 관계없이 적용된다.

제9-203조(담보권의 설정과 강제가능성; 수익금; 이차적 채무; 형식적 요건)

(a) [부착] 담보물에 관하여 담보권자가 채무에 대하여 담보권을 강제할 수 있을 때 해당 담보권에 부착하는 것 또는 계약에 의하여 명시적으로 그 부착할 때를 연기하고 있는 경우에는 이것을 기한으로 하지 않는다.

(b) [강제가능성] (c)항 및 (i)항에 별도로 규정된 경우를 제외하고, 담보권은 다음의 경우에 한하여 담보권에 관하여 채무자 및 제3자에 대하여 강제할 수 있다.

(1) 가격이 주어진 경우;

(2) 채무자가 담보물에 대한 권리를 가지고 있거나 담보권자에 대하여 담보물에 대

한 권리를 이행하는 권한을 가지고 있는 경우.

(3) 다음의 경우 중 하나의 조건을 충족시키고 있는 경우,

(A) 담보물의 명세서와 담보권이 벌채될 나무에 대하여 설정된 경우에는 관련된 토지의 명세서를 규정하고 있는 담보계약을 채무자가 정본화하였다;

(B) 담보권이 인증된 증서가 아니며, 채무자가 담보계약에 의하여 제9-313조에 따라 담보권자의 점유하에 있다;

(C) 담보물이 등록양식의 증명부증권이며, 증권의 명세서가 채무자의 담보계약에 따라 제8-301조에 의하여 담보권자에게 인도되어 있다;

(D) 담보물이 예금계좌, 전자적 동산증서, 투자재산 또는 신용장의 권리이며, 담보권자가 채무자의 담보계약에 따르고 있으며, 제9-104조, 제9-105조, 제9-106조 또는 제9-107조에 따라 지배권을 가지고 있다.

(c) [다른 통일상법전의 규정] (b)항은 추심은행의 담보권에 관한 제4-210조, 신용장의 발행인 또는 지정인의 담보권에 관한 제5-118조, 제2편 또는 제2A편에 의하여 발생하는 담보권에 관한 제9-110조 및 투자재산에 대한 담보권에 관한 제9-206조에 의한다.

(d) [타인의 담보계약에 따라 기속되는 경우] 본편 이외의 법률의 효과에 의하거나 또는 계약에 의하여 다른 타인은 제3자와 체결한 담보계약에 의하여 채무자로서 기속된다.

(e) [신채무자가 기속되는 것의 효력] 신채무자가 타인에 의하여 채무된 담보계약에 의하여 채무자로서 기속되는 경우,

(1) 그 계약은 신채무자의 기존 재산 또는 사후에 취득한 재산에 관하여 그 재산이 그 계약에서 기재되어 있는 한도에서 (b)항 (3)을 충족시키고 있다;

(2) 재산에 대한 담보권을 강제함에 있어서 다른 합의는 불필요하다.

(f) [지급금 및 이차적 채무] 담보물에 대한 담보권의 부착은 제9-315조에 의하여 규정되어 있는 수익금을 얻을 권리를 담보권자에게 부여한다. 그리고 그것은 담보물을 위한 이차적 채무에 대한 담보권의 부착이다.

(g) [지급금을 얻는 권리를 담보하는 우선특권] 동산 또는 부동산에 대하여 담보권 또는 그 외의 우선특권에 의하여 담보된 지급금 또는 이행을 받는 권리에 대한 담보권의 부착은 그 담보권, 양도담보 또는 그 외의 우선특권에 대한 담보권의 부착이기도 하다.

(h) [증권거래계좌에서 운용된 증권상의 권리] 증권거래계좌에 대한 담보권의 부착은 증권거래계좌에서 운용된 증권상의 권리에 대한 담보권의 부착이기도 하다.

(i) [증권거래계좌로 행하여지는 물품거래계약] 물품거래계좌에 대한 담보권의 설정은 물품거래계좌로 행하여지는 물품거래계약에 대한 담보권이기도 하다.

제9-204조(설정 후에 취득되는 매물; 선물물품의 선금)

(a) [사후 취득된 담보물] (b)항에 별도로 규정된 경우를 제외하고, 담보계약은 설정후에 취득되는 담보물에 대하여 담보권을 설정하거나 또는 규정할 수 있다.

(b) [사후취득재산조항이 유효로 되지 않은 경우] 사후에 취득된 담보물의 담보를 정한 조항에 의하여 다음의 것에 대한 담보권은 발생하지 않는다.

(1) 부수적 담보로써 주어진 부합물 이외의 소비자 물품; 다만, 담보권자가 가격을 정한 후 10일 이내에 채무자가 그것에 대하여 권리를 취득한 물품을 제외한다.

(2) 상업불법행위청구권.

(c) [선물물품의 선금 및 이의 다른 가액] 담보계약서는 선금 또는 계약이 약속에 따라 주어졌는가의 여부와 관계없이, 담보물이 선물의 선금 또는 다른 가격을 담보하는 것 또는 계좌, 동산증서, 지급금수령권 또는 계약어음이 그것과 관련하여 매각된 것을 규정할 수 있다.

제9-205조(담보물의 사용 또는 처분의 허용)

(a) [담보권이 무효로 되지 않거나 사기로 되지 않은 경우] 담보권은 다음을 이유로 채무자에 대하여 무효 또는 사기라고 주장할 수 없다.

(1) 채무자가 다음을 할 수 있는 권리 또는 능력을 가지는 것;

(A) 반환된 물품 또는 회수할 물품을 포함하여 담보물의 전부 또는 일부를 사용, 혼합 또는 처분;

(B) 담보물을 추심, 화해, 강제 또는 그 외의 방법으로 처분;

(C) 담보물의 반환 또는 점유의 회복;

(D) 수익금을 사용, 혼합 또는 처분.

(2) 담보권자가 채무자에게 수익금 청산을 하는 것 또는 담보물 교환을 하는 것을 요구하지 않는 것.

(b) [점유요건의 미완화] 본조는 담보권의 부착, 완전화 또는 강제가 담보권자에 의한 담보물의 점유에 의존하는 경우에 점유의 요건을 완화하지 않는다.

제9-206조(금융자산의 구입 또는 인도시에 발생하는 담보권)

(a) [증권매개인을 통하여 구입한 경우의 담보권] 증권매개인을 위한 담보권은 다음의 경우에는 증권상의 권리에 부착된다.

(1) 구입 시에 증권매개인에게 구입대금을 지급하여야 하는 거래에서 타인이 금융자산을 증권매개인을 통하여 구입한 경우;

(2) 증권매개인이 매수인이 증권매개인에게 지급을 하기 전에 그 매수인의 증권거래계좌에 그 금융자산을 대여하는 경우.

(b) [금융자산을 지급하는 채무를 담보하는 담보권] (a)항에 규정된 담보권은 그 자의 금융자산을 지급하는 채무를 담보한다.

(c) [인도거래에 관한 지급에 대한 담보권] 증명부증권 또는 서면에 의하여 제시된 그 외의 금융자산을 인도하는 자를 위한 담보권은 다음의 경우에 그 증권 또는 그 외의 금융자산에 부착한다.

(1) 증권 또는 그 외의 금융자산이,

(A) 통상 영업의 과정에서 필요한 배서 또는 양도와 함께 인도함으로써 이행되거나;

(B) 해당 증권 또는 금융자산을 다루는 영업을 하는 자 사이의 합의에 의하여 인도된 경우.

(2) 그 합의가 지급과 교환으로 인도를 요구하는 경우.

(d) [인도에 지급하는 의무를 보증하는 담보권] (c)항에 정한 담보권은 인도와 교환으로 지급하는 의무를 보증한다.

제2절 권리 및 의무

제9-207조(담보물의 점유권 또는 지배권을 가진 담보권자의 권리 및 의무)

(a) [담보권자가 점유하고 있는 때의 주의의무] (d)항에 별도로 규정된 경우를 제외하고, 담보권자는 그 자의 점유 하에 있는 담보물의 보관 및 유지에 대하여 합리적인 주의를 하여야 한다. 증서 또는 동산증서의 경우에 합리적인 주의는 특별한 합의가 없는 한, 이전의 당사자들에 대한 권리를 유지하는 데에 필요한 절차를 취하는 것을 포함한다.

(b) [담보권자가 점유하고 있는 경우의 경비, 위험부담 및 권리] 특별한 합의가 없으면 담보권자가 담보물의 점유를 가지는 경우,

(1) 담보물의 보관, 보존, 사용 또는 운용에 관련한 합리적 경비(보험 비용 및 조세, 그 외의 부담 지급을 포함한다)는 채무자에게 부담시킬 수 있으며, 동시에 그 담보물에 의하여 보증된다;

(2) 우발적 손실 또는 손해의 위험은 유효한 보험으로 지급되는 금액이 부족한 한도에서 채무자가 지급한다;

(3) 담보권자는 담보물을 특정할 수 있도록 보관하여야 하지만, 대체할 수 있는 물품은 혼합할 수 있다;

(4) 담보권자는,

(A) 담보물 또는 그 가격을 보존할 목적을 위하여;

(B) 적절한 관할권을 가진 법원의 명령에 의하여 허락되도록;

(C) 소비자물품의 경우를 제외하고, 채무자에 의하여 합의된 동시에 그 한도에서 담보물을 사용하거나 운용할 수 있다.

(c) [담보권자가 점유 또는 지배하고 있는 경우의 권리와 의무] (d)항에 별도로 규정된 경우를 제외하고, 제9-104조, 제9-105조, 제9-106조, 제9-107조에 의하여 담보물을 점유하고 있거나 담보물의 지배권을 가진 담보권자는,

(1) 담보물로부터 취득한 수익금(현금 또는 기금을 제외한다)을 추가적 담보물로써 보존, 유지할 수 있다;

(2) 채무자에게 송금된 경우를 제외하고, 그 담보물로부터 수령된 현금 또는 자금을 담보부채무를 감액하기 위한 충당으로 인정한다;

(3) 담보물에 대한 담보권을 창설할 수 있다.

(d) [지급을 수령하는 일정한 권리의 매수인] 담보권자가 계좌, 동산증서, 지급금수령권 또는 약속어음의 매수인 또는 위탁자인 경우에는,

(1) (a)항은 담보권자가 합의에 의하여 권리를 가진 경우가 아니면 다음은 적용되지 않는다.

(A) 추심되지 않은 담보물을 재계산하거나;

(B) 그 외의 방법으로 담보물에 관하여 계좌채무자의 지급이 없거나 또는 그 외의 채무불이행에 근거하여 해당 채무자 또는 이차적 채무자의 대하여 전액 또는 한정적으로 구상한다.

(2) (b)항 및 (c)항은 적용되지 않는다.

제9-208조(담보물의 지배권을 가진 담보권자의 추가적 의무)

(a) [본조의 적용가능성] 본조는 피담보채무가 없고, 동시에 담보권자가 선이행, 채무의 부담 또는 대금의 지급을 하지 않은 경우에 적용된다.

(b) [채무자로부터 요청을 수령한 후 담보권자의 의무] (1) 제9-104조 (a)항 (2)에 의하여 예금계좌의 지배권을 가진 담보권자는 예금계좌가 유지되고 있는 은행에 대하여 담보권자가 발한 지시 이상을 준수할 의무로부터 은행을 면책하고, 정본화한 명세서를 송부하여야 한다

(2) 제9-104조 (a)항 (3)의 의하여 예금계좌의 지배권을 가진 담보권자는,

(A) 예금계좌의 예금 잔액을 채무자에게 지급하여야 한다;

(B) 채무자 명의의 예금계좌의 예금 잔고를 전송하여야 한다.

(3) 제9-105조에 의하여 전자적 동산증서의 지배권을 가진 매수인 이외의 담보권자는,

(A) 전자적 동산증서의 정식 복사본을 채무자 또는 그 지정 보관인에게 전송하여

야 한다;

(B) 채무자가 담보권자를 위하여 전자적 증서의 복사본을 보관하는 보관인을 지정하는 경우에 담보권자가 발한 지시 이상을 준수할 의무로부터 지정 보관인을 면책하고, 동시에 채무자에 의하여 발하여진 지시에 따를 것을 지시하고 정본화된 기록을 그 보관인에게 전달하여야 한다;

(C) 채무자 또는 그 지정 보관인이 담보권자의 동의없이 유효한 복사본의 특정한 수탁자를 추가 또는 변경하는 유효한 복사본을 개정 또는 복사할 수 있도록 적절한 조치를 취하여야 한다.

(4) 제8-106조 (d)항 (2)또는 제9-106조 (b)항에 의하여 투자 재산의 지배권을 가진 담보권자는 증권의 권리 또는 물품거래 계약이 유지되고 있는 증권매개인 또는 물품매개인에게 담보권자에 의하여 발하여진 이권지시 또는 지시 이상을 준수하는 의무로부터 해당 증권거래매개인 또는 물품거래매개인을 면책하고, 정본화한 기록을 송부하여야 한다.

(5) 제9-107조에 의하여 신용장권리 또는 지배권을 가진 담보권자는 신용장의 수익금을 담보권자에게 지급하거나 또는 인도하지 않을 의무를 진 각 당사자들에게 신용장의 수익금을 담보권자에게 지급하거나 인도하고 그 이상을 준수하는 의무로부터 면책하고, 정본화한 기록을 송부하여야 한다.

제9-209조(계좌채무자가 양도 통지를 한 경우의 담보권자의 의무)

(a) [본조의 적용가능성] (c)항에 별도로 규정된 경우를 제외하고, 본조는 다음의 경우에 적용된다.

(1) 남아있는 담보부채권이 없거나;

(2) 담보권자가 선금을 지급하거나, 채무를 시서나 또는 그 외의 방법으로 가치를 부여한다는 약속을 하지 않는 경우.

(b) [채무자로부터 요청을 받은 후의 담보권자의 의무] 채무자에 의하여 정본화 요구를 받은 후 10일 이내에 담보권자는 제9-406조 (a)항에 의하여 양수인으로서의 담보권자에 대한 양도의 통지를 수령한 계좌채무자에 대하여 담보권자의 그 이상의 의무로부터 계좌채무자를 면책하고, 정본화한 기록을 송부하여야 한다.

(c) [매매에의 비적용] 본조는 계좌, 동산증서 또는 지급금 수령권의 매매로부터 발생하는 양도에는 적용되지 않는다.

제9-210조(계산의 요구; 담보물의 리스트 또는 계좌명세서에 관한 요구)

(a) [정의] 본조에서,

(1) 「요구」는 (2)호, (3)호 또는 (4)호에서 정하고 있는 형식의 기록을 의미한다.

(2) 「명세서의 요구」는 수취인이 담보물에 의하여 보증되는 미지급의 부채 계산서로 그 요구의 대상인 거래 또는 관계를 합리적으로 특정할 것을 부여함을 요구하거나 채무자에 의하여 정본화된 기록을 의미한다.

(3) 「담보물의 리스트에 관한 요구」는 수취인이 채무자가 채무를 보증하는 담보물이라고 믿는 리스트로 그 요구의 대상인 거래 또는 관계를 합리적으로 특정하는 것을 승인 또는 정정할 것을 요구하거나 채무자에 의하여 정본화된 기록을 의미한다.

(4) 「계좌명세서에 관한 요구」는 특정일에서 담보물에 의하여 보증되는 미지급의 합계액과 채무자가 믿는 금액을 기재함과 동시에 그 요구의 대상이 되는 거래 또는 관계를 합리적으로 기재한 명세서를 수취인이 승인 또는 정정하는 것을 요구한 채무자에 의하여 정본화된 기록을 의미한다.

(b) [요청에 응할 의무] (c)항, (d)항, (e)항 및 (f)항에 의하여, 다음의 경우에는 계좌, 동산증서, 지급금수령권 또는 약속어음의 매수인 또는 위탁자 이외의 담보권자는 수취 후 14일 이내에 요구에 따라야 한다.

(1) 회계 청구의 경우에 계산서를 정본화하고, 동시에 채무자에게 송부하는 경우;

(2) 담보물의 리스트에 관한 요구 또는 계좌명세서에 관한 요구의 경우에 승인 또는 정정을 정본화하여서 채무자에게 송부하는 경우.

(c) [담보물의 목록에 관한 요청; 담보물의 종류에 관한 명세서] 채무자가 소유한 특정 종류의 담보물의 전부에 대한 담보권을 청구하는 담보권자는 수취 후 14일 이내에 그 취지의 설명을 포함한 정본화한 기록을 채무자에게 송부함으로써 담보물 리스트에 관한 요구에 따를 수 있다.

(d) [담보물의 목록에 관한 요청; 채무에 대한 이자가 청구되지 않은 경우] 담보물의 리스트에 관한 요구를 받아들이고, 그 요구를 받아들인 때에 담보물 및 이권도 주장하지 않고, 동시에 그것보다 빨리 담보물에 대한 권리를 주장한 자는 다음의 정본화된 문서를 채무자에게 송부함으로써 담보물의 리스트에 관한 요구에 따라야 한다.

(1) 담보물에 대한 권리를 포기한 것;

(2) 수취인이 알고 있는 경우에는 담보물에 대한 수취인권리의 양수인 또는 승계인의 이름 및 우편주소를 첨부한 기록.

(e) [합계의 요청 또는 계좌명세서에 관한 요청; 채무에 대한 권리가 청구되지 않은 경우] 회계의 요구 또는 계좌명세서에 관한 요구를 수령하고, 그 요구를 수령하였을 때 그 채무에 대한 이권을 주장하지 않고, 동시에 그 보다 빨리 그 채무에 대한 권리를 주장한 자는 다음의 정본화된 기록을 채무자에게 송부함으로써 수령 후 14일 이내에 그 요구에 따라야 한다.

(1) 채무에 대한 이권을 포기한 것;

(2) 수취인이 알고 있는 경우에는 수취인의 담보물에 대한 이권의 양수인 또는 승계인의 이름 및 우편주소를 첨부한 기록.

(f) [회답의 비용] 채무자는 6개월에 1회, 비용을 부담하지 않고 요구의 회답을 받을 권리를 가지며, 담보권자는 추가 회답을 받을 때마다 25달러를 넘지 않는 요금을 청구할 수 있다.

제3장 완전화 및 우선순위

제1절 완전화 및 우선순위를 규율하는 법률

제9-301조(담보권의 완전화 및 우선순위를 규율하는 법률)

제9-303조 또는 제9-306조에 별도로 규정된 경우를 제외하고, 다음의 원칙이 담보물에 대한 담보권의 완전화, 완전화 또는 비완전화의 효과 및 우선순위를 규율하는 법률을 결정한다.

(1) 본호에 별도로 규정되지 않는 한, 채무자가 한 주에 주소를 가지고 있는 동안에 그 주의 지역법이 담보물에 대한 담보권의 완전화, 완전화 또는 비완전화의 효과 및 우선순위를 규율한다.

(2) 담보물이 한 주에 있는 동안에 그 주의 지역법이 담보물에 대한 담보권의 완전화, 완전화 또는 비완전화의 효과 및 우선순위를 규율한다.

(3) (4)에 별도로 규정된 경우를 제외하고, 유통증서, 물품, 증서, 금전 또는 유형동산증서가 한 주에 있는 동안에 그 주법이 다음의 것을 규율한다

(A) 정착물을 등록하는 것에 의한 물품에 대한 담보권의 완전화;

(B) 채벌된 수목에 대한 담보권의 완전화;

(C) 완전화 또는 비완전화의 효과 및 점유되지 않은 담보물에 대한 담보권의 우선순위.

(4) 석유 또는 광물의 원천이 있는 주의 주법이 굴착할 때마다 발생하는 담보물에 대한 담보권의 완전화, 완전화 또는 비완전화의 효과 및 우선순위를 규율한다.

제9-302조(농업상 우선특권의 완전화 및 우선순위를 규율하는 법률)

농산물이 한 주에 있는 동안에 그 주의 지역법이 농산물에 관한 농업상의 우선특권의 완전화, 완전화 또는 비완전화의 효과 및 우선순위를 규율한다.

제9-303조(권원증서의 대상이 되는 물품에 대한 담보권의 완전화 및 우선순위)

(a) [본조의 적용가능성] 본조는 권원증서의 대상이 되는 물품이 존재하는 주와 물품 또는 채무자 사이에 어떤 관계도 존재하지 않는 경우라도 그 권원증서가 대상이 되는 물품에 적용된다.

(b) [물품이 권원증서의 대상이 되는 경우] 권원증서의 유효한 신청 및 적용되는 수수료가 적절하게 당국에 전달되었을 때, 물품은 권원증서의 대상이 된다. 물품은 권원증서가 발행을 관할하는 지역의 법에 의하여 유효하지 않게 되는 시기이거나 그 후 다른 재판관할에 의하여 발행된 권원증서에 의하여 물품이 대상으로 된 때의 둘 중 가장 빠른 쪽에 의하여 대상에서 배제된다.

(c) [준거법] 물품이 대상이 되는 권원증서가 기초로 하는 관할 [주]의 지역법은 물품이 권원증서에 의하여 대상이 되는 시기부터 물품이 권원증서에 의하여 대상이 되지 않게 되는 시기까지 그 권원증서에 의하여 대상이 되는 물품에 대한 담보권의 완전화, 완전화 또는 비완전화의 효과 및 우선순위를 규율한다.

제9-304조(예금계좌에 대한 담보권의 완전화 및 우선순위)

(a) [은행의 재판관할[주]법의 규율] 은행에 대한 재판관할의 법 [주법]이 은행에 유지되고 있는 예금계좌에 대한 담보권의 완전화, 완전화 및 비완전화의 효과 및 우선순위를 규율한다.

(b) [은행의 재판관할] 다음의 모든 원칙이 본장의 모든 목적을 위하여 은행의 재판관할을 결정한다.

(1) 은행 및 예금계좌를 가지고 있는 채무자 사이의 합의가 명시적으로 본장, 본편 또는 [통일상법전]의 모든 목적을 위하여 특정의 재판관할이 은행의 재판관할인 것을 규정하고 있는 경우에 그 법원이 은행의 재판관할이다.

(2) (1)호가 적용되지 않고, 동시에 은행과 그 고객 사이에 예금계좌를 규율하는 합의가 명시적으로 [통일상법전]의 모든 목적을 위하여 은행의 재판관할인 것을 규정하고 있는 경우에는 그 법원이 은행의 재판관할이다.

(3) (1)호, (2)호도 적용이 되지 않고, 동시에 은행과 그 고객 사이에 예금계좌를 규율하는 합의가 명시적으로 예금계좌가 특정 재판관할의 사무소에서 유지되는 것을 규정하고 있는 경우에 그 법원이 은행의 재판관할이다.

(4) 위의 모든 것도 적용되지 않는 경우에 은행의 재판관할은 계좌명세서에 고객의 계좌를 처리하는 사무소로 기재된 사무소를 관할하는 법원이다.

(5) 위의 모든 것도 적용되지 않는 경우에 은행의 재판관할은 은행의 주된 사무소가 소재하는 법원이다.

제9-305조(투자재산에 대한 담보권의 완전화 및 우선순위를 규율하는 법률)

(a) [준거법; 일반원칙] (c)항에 별도로 규정된 경우를 제외하고, 다음의 원칙이 적용된다.

(1) 증권증서가 하나의 재판관할에 소재하고 있는 동안에 그 재판관할의 법 [주법]이 증명부증권에 대한 담보권의 완전화, 완전화 또는 비완전화의 효과 및 우선순위를 규율한다.

(2) 제8-110조 (d)항이 정하는 발행인의 재판관할의 법 [주법]이 비인증증권에 대한 담보권의 완전화, 완전화 또는 비완전화의 효과 및 우선순위를 규율한다.

(3) 제8-110조 (e)항이 정하고 있는 관할법원의 법이 증권의 권리 및 증권거래계좌에 대한 담보권의 완전화, 완전화 또는 비완전화의 효과 및 우선순위를 규율한다.

(4) 물품매개인의 재판관할의 법 [주법]이 물품거래계약 또는 물품거래계좌에 대한 담보권의 완전화, 완전화 또는 비완전화의 효과 및 우선순위를 규율한다.

(b) [물품매개인의 재판관할] 본장의 모든 목적을 위하여 다음의 모든 원칙이 물품매개인의 재판관할을 결정한다.

(1) 물품거래계좌를 규율하는 물품매개인과 물품고객과의 합의가 명시적으로 본장, 본편 또는 [통일상법전]의 모든 목적을 위하여 특정의 재판관할이 물품거래매개인의 재판관할인 것을 정하고 있는 경우에 그 법원이 물품매개인의 재판관할이다.

(2) (1)호가 적용되지 않고, 동시에 물품거래계좌를 규율하는 물품매개인과 물품고객과의 합의가 명시적으로 특정의 재판관할법에 의하여 규율되는 것을 정하고 있는 경우에는 그 재판관할이 물품매개인의 재판관할이다.

(3) (1)호 또는 (2)호도 적용이 되지 않고, 동시에 물품거래계좌를 규율하는 물품매개인과 물품고객과의 합의가 명시적으로 물품거래계좌가 재판관할의 사무소에서 유지되는 것을 규정하고 있는 경우에 그 재판관할이 물품매개인의 재판관할이다.

(4) 위의 모든 것도 적용되지 않는 경우에 물품매개인의 재판관할은 계산명세서에 물품고객의 서비스를 행하는 사무소로서 기재된 사무소의 주소가 있는 재판관할이다.

(5) 위의 모든 것도 적용되지 않는 경우에 물품매개인의 재판관할은 물품매개인의 주된 사무소의 주소가 소재하는 재판관할이다.

(c) [완전화가 채무자의 주소지의 관할법[주법]에 따라 규율되는 경우] 채무자의 주소가 있는 관할의 지역법 [주법]이,

(1) 투자재산에 대한 담보권의 등록에 의한 완전화;

(2) 중개인 또는 증권매개인에 의하여 창설된 투자재산에 대한 담보권의 자동적 완전화;
(3) 물품매개인에 의하여 창설된 물품거래계약 또는 물품거래계좌에 대한 담보권의 자동적 완전화를 규율한다.

제9-306조(신용장의 권리에 대한 담보권의 완전화 및 우선순위)

(a) [준거법; 발행인 또는 지정인의 재판관할] (c)항에 의하여, 발행인의 재판관할[주] 또는 지정인의 재판관할[주]의 지역법 [주법]이 발행인의 재판관할[주] 또는 지정인의 재판관할[주]가 한 관할[주] 라면, 신용장 권리의 완전화, 완전화 또는 비완전화의 효과 및 우선순위를 규율한다.
(b) [발행인 또는 지정인의 재판관할] 본장의 모든 목적을 위하여 발행인 또는 지정인의 재판관할은 제5-116조에 규정된 신용장의 권리에 관하여 발행인 또는 지명인의 책임을 규율하는 법의 재판관할에 따른다.
(c) [본조가 적용되지 않은 경우] 본조는 제9-308조 (d)항에만 의하여 완전화되는 담보권에는 적용되지 않는다.

제9-307조(채무자의 주소)

(a) [영업의 장소] 본조에서 「영업의 장소」는 채무자가 사무를 처리하는 장소를 의미한다.
(b) [채무자의 주소; 일반원칙] 본조에 별도로 규정된 경우를 제외하고, 다음의 원칙이 채무자의 주소를 결정한다.
(1) 개인인 채무자는 그 개인의 주된 거주지에 주소를 둔다;
(2) 단체인 채무자로 하나만의 영업장소를 가지고 있는 단체는 그 장소에 주소를 가진다;
(3) 단체인 채무자로 둘 이상의 영업장소를 가진 단체는 그 주된 사무소에 그 주소를 가진다.
(c) [(b)항의 적용제한] (b)항은 채무자의 거주지, 영업의 장소 또는 주된 사무소 중에 적용되지만, 그 담보물에 관한 우선특권 채무자의 권리에 대한 우선권을 담보권이 취득하는 조건 또는 결과로써 등록, 기록 또는 등기 시스템에서 비점유담보권의 존재에 관한 정보가 일반적으로 이용할 수 있도록 하는 것을 일반적으로 요구하는 법의 관할 [주]에 주소가 있는 경우에만 적용된다. (b)항이 적용되지 않는 경우에 그 채무자는 콜롬비아 지구에 주소를 가진다.
(d) [주소의 계속; 존재 등의 정지] 거주지 또는 영업의 장소를 더 이상 유지하지 않은 자는 (b)항 및 (c)항에 의하여 특정된 관할 [주]에 주소를 가진다.
(e) [주법에 따라 설립된 등록단체의 주소] 주법에 의하여 설립된 등록단체는 그 주에

주소를 가진다.

(f) [연방법에 따라 설립된 등록단체의 주소; 은행의 지점 및 기관] (i)에 별도로 규정되어 있는 경우를 제외하고, 연방법에 의하여 설립된 등록단체 및 연방 또는 주의 법에 의하여 설립되지 않은 은행의 지점 또는 기관은 다음의 곳에 주소를 가진다.

(1) 미국의 법이 주소의 주를 지정하고 있는 경우에는 그 법이 지정하는 주;

(2) 등록단체, 지점 또는 기관이 그 주소의 주를 지정하는 것을 미국의 법이 허용하고 있는 경우에는 해당 등록단체, 지점 또는 기관이 지정하는 주;

(3) (1)호도 (2)호도 적용되지 않는 경우에는 콜롬비아 지구.

(g) [주소의 계속; 등록단체의 지위의 변경] 다음의 경우에도 등록단체는 (e)항 또는 (f)항에 의하여 지정된 관할 [주]에 주소를 계속 가지고 있다.

(1) 등록단체의 재판관할에서와 같이 해당 단체의 지위의 정지, 취소, 자격상실 또는 기간의 초과;

(2) 등록단체의 해산, 청산 또는 존재의 철회.

(h) [미국의 주소] 미국은 콜롬비아 지구에 주소를 가진다.

(i) [한 주에서만 영업허가를 받은 외국은행지점 또는 기관의 주소] 미국 또는 주의 법에 의하여 설립되지 않은 은행의 지점 또는 기관은 해당 은행 전부의 지점 또는 기관이 한 주에서만 영업허가를 얻고 있는 경우에는 그 지점 또는 기관이 영업허가를 얻은 주에 주소를 가진다.

(j) [외국항공회사의 주소] 1958년 연방항공법에 의한 외국항공운송회사는 해당 운송회사를 위하여 송달을 받을 수 있는 대리인의 지정사무소에 주소를 가진다.

(k) [본조의 본장에서만의 적용] 본조는 본장에서만 적용된다.

제2절 완 전 화

제9-308조(담보권 또는 농업상 우선특권이 완전화되는 시기; 완전화의 계속)

(a) [담보권의 완전화] 본조 및 제9-309조 및 제9-316조에서 완전화의 적용이 되는 모든 요건의 전부가 충족되고 있다면 완전화된다. 담보권은 그 담보권이 설정되기 전에 적용되는 모든 요건이 충족되고 있었던 경우에 그것이 설정된 시기에 완전화된다.

(b) [농업상 우선특권의 완전화] 농업상 우선특권이 유효하게 되고, 제9-310조에서 완전화의 적용이 되는 모든 요건의 전부가 충족되면 그 장기간 리스 계약은 완전화된다. 농업상 우선특권은 그 농업상 우선특권이 유효가 되기 전에 적용이 되는 모든 요건을 충족하는 경우에 그것이 유효된 시기에 완전화된다.

(c) [계속적 완전화; 다른 방법에 의한 완전화] 담보권 또는 농업상 우선특권이 최초에

본편에 의한 하나의 방법에 의하여 완전화되고, 후에 본편의 다른 방법에 의하여 완전화된 경우에 완전화되지 않은 기간이 존재하지 않을 때에는 그것은 계속적으로 완전화된다.

(d) [이차적 채무] 담보물에 대한 완전화는 담보물을 위한 보증채무에 대하여 담보권도 완전화시킨다.

(e) [지급청구권을 담보하는 우선특권] 지급 또는 이행의 청구권에 대한 담보권의 완전화는 그 권리를 담보하는 담보권, 양도담보 또는 동산 또는 부동산에 관한 그 외의 우선특권에 대한 담보권도 완전화시킨다.

(f) [증권거래계좌에서 운용되는 증권상 권리] 증권거래계좌에 대한 담보권의 완전화는 물품거래계좌에서 행하여지는 물품거래계약에 대한 담보권도 완전화시킨다.

(g) [물품거래계좌에서 행하여지는 물품거래계약] 물품거래계좌에 대한 담보권의 완전화는 물품거래계좌에서 행하여지는 물품거래계약에 대한 담보권도 완전화시킨다.

제9-309조(부착시에 완전화되는 담보권)

다음의 담보권은 그것이 부착된 시기에 완전화된다.

(1) 소비자 물품에 대한 구입대금 담보권; 다만, 제9-311조 (a)항에 규정된 제정법 또는 조약에 따르는 소비자물품에 관하여 제9-311조 (b)항에 별도로 규정된 경우에는 이를 한도로 하지 않는다.

(2) 지급금수령권의 매매;

(3) 약속어음의 매매;

(4) 건강보험수급금의 수령권을 의약품 또는 서비스의 제공자에게 양도하는 것에 의하여 창설된 담보권;

(5) 양도인의 미지급계좌 또는 지급금수령권의 중요한 부분을 그 자신 또는 동일한 양수인에 대한 다른 양도와 관련하여 이전하는 것이 아닌 계좌 또는 지급금수령액의 양도;

(6) 채무자가 담보물의 점유를 취득할 때까지 제2-401조, 제2-505조, 제2-711조 (3)호, 제2A-508조 (5)에 의하여 발생하는 담보권;

(7) 제4-210조에 의하여 발생하는 추심은행의 담보권;

(8) 제5-118조에 의하여 발생하는 발행인 또는 지정인의 담보권;

(9) 제9-206조 (c)항에 의한 금융자산의 인도시 발생하는 담보권;

(10) 중개인 또는 증권매개인에 의하여 창설된 투자재산에 대한 담보권;

(11) 물품매개인에 의하여 창설된 물품거래계약 또는 물품거래계좌에 대한 담보권;

(12) 이전인 및 그 후의 이전인의 채권자 전원을 위한 그것에 따르는 양수인에 의한 양도;

(13) 피상속인의 유산에 대한 수익권의 양도에 의하여 창설된 담보권;

(14) 복권 그 외의 우발적 사건에 관련된 게임의 당첨금의 지급금수령권인 계좌의 개인에 의한 매매.

제9-310조(담보권 또는 농업상 우선특권을 완전화하는 것에 등록이 필요한 경우; 등록에 관한 모든 규정이 적용되지 않는 담보권 및 농업상의 우선특권)

(a) [일반원칙; 등록에 의한 완전화] (b)항 및 제9-312조 (b)항에 별도로 규정된 경우를 제외하고, 융자명세서는 모든 담보권 및 농업상의 우선특권의 완전화를 위하여 등록되어야 한다.

(b) [예외; 등록이 불필요한 경우] 융자명세서의 등록은 다음의 담보권을 완전화하기 위하여는 필요하지 않다.

(1) 제9-308조 (d)항, (e)항, (f)항 또는 (g)항에 의하여 완전화된 담보권;

(2) 제9-308조에 의하여 담보권이 부착된 시기에 완전화된 담보권;

(3) 제9-311조 (a)항에 규정된 제정법, 규칙 또는 조약에 따르는 재산에 대한 담보권;

(4) 제9-312조 (d)항 (1)호 또는 (2)호에 의하여 완전화된 수탁자의 점유 하에 있는 물품에 대한 담보권;

(5) 제9-312조 (e)항, (f)항, 또는 (g)항에 의하여 등록 또는 점유 및 완전화된 증명부증권, 문서, 물품 또는 증서에 대한 담보권;

(6) 제9-313조에 의하여 담보권자의 점유하에 있는 담보물에 대한 담보권;

(7) 제9-308조에 의하여 지배권자에게의 증권증서의 인도함으로써 완전화된 증명부증권에 대한 담보권;

(8) 제9-314조에 의하여 지배권에 의하여 완전화되거나 예금계좌, 전자적 동산증명서, 투자재산 또는 신용장의 권리에 대한 담보권;

(9) 제9-315조에 의하여 완전화된 수익금에 대한 담보권;

(10) 제9-316조에 의하여 완전화된 담보권.

(c) [완전화된 담보권의 양도] 담보권자가 완전화된 담보권 또는 농업상 우선특권을 양도하는 경우에 기존의 채무자 및 양수인에 대하여는 그 담보권의 완전화 지위를 계속하기 위하여 본편에 의한 등록은 요구되지 않는다.

제9-311조(일정한 법률, 원칙 및 조약의 적용을 받는 재산에 대한 담보권의 완전화)

(a) [다른 법률의 적용을 받는 담보권] (d)항에 별도로 규정된 경우를 제외하고, 융자명세서의 등록은 다음에 따라 재산에 대한 담보권을 완전화하기 위하여 필요하지 않으며, 또한 유효하지 않다.

(1) 담보권자가 재산에 관한 우선특권 채무자의 권리보다 우선권을 취득하기 위한 요건이 제9-310조 (a)항을 선점하고 있거나, 미국의 제정법, 규칙 또는 조약;

(2) [자동차, 트레일러, 이동주택, 보트, 농장의 트랙터 등을 대상으로 하는 권원증서에 관한 제정법으로 완전화의 조건 또는 결과로써 그 증명서 상에 담보권이 기재되어야 한다고 규정하는 법 및 통일상법전 이외의 중앙등록에 관한 제정법을 나열한다.]; 또는

(3) 재산에 관한 우선특권 채무자의 권리에 대한 우선권을 담보권자가 취득하는 조건 또는 결과로써 그 증명서 상의 담보권이 기재되어 있어야 함을 규정하는 다른 관할 [주]의 권원증서의 제정법.

(b) [다른 법률의 준수] 우선특권의 권리에 대한 우선순위를 취득하기 위하여 (a)항에 규정된 제정법, 규칙 또는 조약의 모든 요건을 준수하는 것은 본편에 의한 융자명세서의 등록과 같다. (d)항 및 권원증명서에 의하여 대상이 되는 물품에 대하여 제9-313조 및 제9-316조 (d)항과 (e)항에 별도로 규정된 경우를 제외하고, (a)항에 정한 제정법, 규칙 또는 조약에 따르는 재산에 대한 담보권은 그것들의 모든 요건을 준수하는 것만에 의하여 완전화될 수 있다. 이와 같이 완전화된 담보권은 담보물 사용의 변경 또는 점유의 이전과 관계없이 완전화된 채로 존속한다.

(c) [완전화의 기간 및 갱신] (d)항, 제9-316조 (d)항 그리고 (e)항에 별도로 규정된 경우를 제외하고, (a)항에 규정된 제정법, 규칙 또는 조약에 정한 모든 요건을 준수하는 것에 의하여 완전화된 담보권의 유효기간 및 갱신은 그 제정법 규칙 또는 조약에 의하여 규율된다. 그 외의 것에 관하여는 본편에 의한다.

(d) [일정한 재고품에의 미적용] 담보물이 어떤 자에 의하여 임대 또는 판매를 위하여 보유되어 목록작성된 또는 임대인과 동종의 물품을 임대 또는 판매를 영업으로 하는 자에 의하여 임대되는 동안에 본조는 채무자에 의하여 형성된 담보물에 대한 담보권에 적용되지 않는다.

제9-312조(동산증서, 예금계좌, 문서, 문서의 대상이 되는 물품, 증서, 투자재산, 신용장의 권리 및 현금에 대한 담보권의 완전화; 자유등록에 의한 완전화; 등록 및 점유가 없는 일시적 완전화)

(a) [등록에 의한 완전화의 허용] 동산증서, 유통문서, 증서 또는 투자재산에 대한 담보권은 등록에 의하여 완전화될 수 있다.

(b) [일정한 담보물의 지배권 또는 점유] 제9-315조 (c)항 및 (d)항의 수익금에 대하여 달리 규정된 경우를 제외하고,

(1) 예금계좌에 대한 담보권은 제9-314조에 의하여 지배권에 의하여만 완전화될 수 있다;

(2) 제9-308조 (d)항에 별도로 규정된 경우를 제외하고, 신용장의 권리에 대한 담보권은 제9-314조에 의한 지배권에 의하여만 완전화될 수 있다;

(3) 대금에 대한 담보권은 제9-313조에 의하여 담보권자가 점유를 취득함으로써 완전화될 수 있다.

(c) [유통문서에 의하여 대상이 되는 물품] 물품이 해당 물품을 대상으로 하는 유통증권을 발행한 수탁자의 점유 하에 있는 동안에,

(1) 해당 물품에 대한 담보권은 그 문서에 대한 담보권을 완전화함으로써 완전화될 수 있다;

(2) 문서에 대한 완전화된 담보권은 그 기간 중에 다른 방법에 의하여 그 물품에 대하여 완전화되는 담보권보다 우선한다.

(d) [유통금지문서에 의하여 대상이 되는 물품] 물품이 해당 물품을 대상으로 하는 유통금지증권을 발행한 수탁자의 점유 하에 있는 동안에 그 물품에 대한 담보권은,

(1) 담보권자의 이름에 의한 문서의 발행;

(2) 담보권자 권리의 고지의 받는 자에 의한 수령; 또는

(3) 해당 물품에 관한 등록에 의하여 완전화될 수 있다.

(e) [일시적 완전화 ; 새로운 가치] 증명부증서, 유통증서 또는 증서에 대한 담보권은 그것이 정식의 담보합의에 의하여 부과된 새로운 가격에 대하여 발생된 한도에서 그것이 부착한 때부터 20일의 기간은 등록 또는 점유의 취득없이 완전화된다.

(f) [일시적 완전화 ; 채무자가 이용할 수 있는 물품 또는 문서] 해당 물품에 대하여 유통문서를 발행한 자 이외의 수탁자의 점유 하에 있는 유통문서 또는 물품에 대한 완전화된 담보권은 담보권자가 다음의 목적을 위하여 물품 또는 물품을 표기한 문서를 채무자가 이용할 수 있도록 한 경우에는 등록없이 20일간 계속하여 완전화된다.

(1) 종국적 매매 또는 교환;

(2) 하역, 보관, 발송, 운송, 제조, 가공 또는 그 외의 방법으로 매매 또는 교환의 예비적인 방법.

(g) [일시적 완전화; 증권증명서 또는 증서의 채무자에게의 인도] 증명부증권 또는 증서에 대한 완전화된 담보권은 담보권자가,

(1) 종국적 매매 또는 교환;

(2) 제시, 강제, 갱신 또는 이전등기의 목적을 위하여 채무자에게 이의 증권증서 또는 날인증서를 인도한 경우에 등록되지 않아도 20일간은 계속하여 완전화된다.

(h) [일시적 완전화의 실효] (e)항, (f)항 또는 (g)항에 정하여진 20일의 기간이 경과한 후의 완전화는 본편을 준수하여야 한다.

제9-313조(등록없이 완전화된 담보권의 담보권자에게의 이전 또는 인도)

(a) [점유 또는 인도에 의한 완전화] (b)항에서 별도로 규정한 경우를 제외하고, 담보권자는 담보물의 점유를 취득함으로써 유통증권, 물품, 증서, 금전 또는 유체동산증서에 대한 담보권을 완전화할 수 있다. 담보권자는 제8-301조에 따라 증명부증권의 인도를 수령함으로써 증명부증권을 완전화할 수 있다.

(b) [권원증서의 대상이 되는 물품] 본주에서 발행된 권원증서의 대상이 되는 물품에 관하여 담보권자는 제9-316조 (d)항에서 규정된 정황에 따라 물품에 대한 점유를 취득함으로써 물품에 대한 담보권을 완전화할 수 있다.

(c) [채무자 이외의 자가 점유하고 있는 담보권] 증명부증서 이외의 담보물 및 문서에 의하여 대상이 된 물품에 관하여 담보권자는 다음의 경우에 채무자의 일반적인 영업과정에서 채무자로부터 당해 채무자, 담보권자 또는 임차인 이외의 자가 점유하고 있는 담보물의 점유를 취득한다.

(1) 점유하고 있는 자가 담보권자를 위하여 담보물을 점유하고 있는 것을 인정하는 기록을 정본화한 경우; 또는

(2) 담보권자를 위하여 담보물을 점유하고 있는 것을 인정하는 기록을 정본화한 후에 위의 자가 담보물의 점유를 취득한 경우.

(d) [점유에 의하여 완전화된 시기; 완전화의 계속] 담보권의 완전화가 담보권자에 의하여 담보물의 점유에 의존하는 경우에 담보권자가 담보물의 점유를 취득한 후에만 완전화가 되며, 점유를 유지하는 동안에만 완전화가 인정된다.

(e) [인도에 의하여 완전화된 시기; 완전화의 계속] 등록된 양식의 증명부증권에 대한 담보권은 증명부증권의 인도가 제8-301조에 의하여 이루어진 경우에 이의 인도에 따라서 완전화되며, 채무자가 증권의 증명서에 대한 점유를 취득할 때까지 인도에 의하여 완전화된 상태에 있다.

(f) [인식의 불필요] 담보물을 점유하는 자가 담보권자를 위하여 점유한다는 것을 알고 있을 필요는 없다.

(g) [인용의 효력; 의무 또는 추인의 부존재] 담보권자를 위하여 점유를 보유하고 있는 것을 인식한 경우;

(1) 그 인식은 그 인용이 채무자의 권리를 침해하는 경우라도, (c)항 또는 제8-301조 (a)항에 의하여 유효하다;

(2) 그 자가 특별한 합의를 하였거나 또는 본편 이외의 법이 별도로 규정한 경우를 제외하고, 그 자는 담보권자에 추가적인 의무를 지지 않으며, 또한 타인에 대하여 그 승인을 확인하는 것도 요구되지 않는다.

(h) [채무자 이외의 자에게의 담보권자의 인도] 담보물을 점유하는 담보권자는 그 자가 인도를 받기 전에 다음의 지시를 받거나 또는 인도함과 동시에 다음의 지시를 받

은 경우에는 채무자의 통상 영업과정에서 채무자로부터 해당 채무자 또는 담보물의 임차인 이외의 자에게 담보물을 인도하는 것은 점유권을 포기한 것으로 인정되지 않는다.

(1) 담보권자를 위하여 담보물의 점유를 보호, 유지하거나;

(2) 그 담보권을 담보권자에게 다시 인도한다.

(i) [(h)항에 의한 인도의 효력] (h)항에 의한 인도가 채무자의 권리를 침해하는 경우라 하더라도, 담보권자는 점유권을 포기하는 것이 아니다. (b)항에 의한 담보권의 인도를 받은 자는 담보권자에 대하여 어떠한 의무를 지지 않고, 또한 그 자가 별도의 합의를 하였거나 또는 본편 이외의 법에서 별도로 규정된 경우를 제외하고, 타인에게 인도한 것을 확인할 필요가 없다.

제9-314조(지배권에 의한 완전화)

(a) [지배권에 의한 완전화] 재산, 예금계좌, 신용장의 권리 또는 전자적 동산증서에 대한 담보권은 제9-104조, 제9-105조, 제9-106조 또는 제9-107조에 의한 담보권의 지배권에 의하여 완전화될 수 있다.

(b) [구체화된 담보권; 지배권에 의한 완전화의 시기; 완전화의 계속] 예금계좌, 전자적 동산증명서 또는 신용장의 권리에 대한 담보권은 담보권자가 지배권을 취득함과 동시에 지배권을 유지하고 있는 동안에만 지배권에 의하여 계속 완전화되는 경우에 제9-104조, 제9-105조 또는 제9-107조에 의한 지배권에 의하여 완전화된다.

(c) [투자재산; 지배권에 의한 완전화의 시기 ; 완전화의 계속] 투자재산에 대한 담보권은 그 담보권자가 지배권을 취득하고, 지배권에 의하여 완전화된 시기로부터 다음의 시기까지 제9 106조에 의한 지배권에 의하여 완전화된다.

(1) 담보권자가 지배권을 가지지 않으며; 동시에

(2) 다음 중 어느 한가지가 일어나는 경우;

(A) 담보물이 증명부증권인 경우에 채무자가 증권증명을 가지고, 그 점유를 취득한 때;

(B) 담보물이 증명서가 없는 증권인 경우에 발행인이 채무자를 등록소유자로써 기입하거나 기입하는 경우; 또는

(C) 담보물이 증권상의 권리인 경우에 채무자가 권리소지인이거나 또는 권리소지인이 되는 경우.

제9-315조(담보물의 처분시기 및 수익금에 대한 담보권자의 권리)

(a) [담보물의 처분; 담보권 또는 농업상 우선특권의 계속; 내금] 본조 및 제2 403조 (b)항에 달리 규정되어 있는 경우를 제외하고,

(1) 담보물의 매매, 리스, 사용허락, 교환 그 외의 처분과 관계없이 그 담보물에 대한 담보권 또는 농업상 우선특권은 담보권자가 해당 담보권 또는 농업상 리스와 별도로 처분을 허락한 경우가 아니면 그 담보물에 대하여 계속한다;

(2) 담보권은 담보물의 특정가능한 수익금에 대하여 효력이 있다.

(b) [혼합된 대금의 특정가능성] 다른 재산과 혼합된 수익금은 다음의 한도에서 특정가능한 수익금이다.

(1) 수익금이 물품인 경우에는 제9-336조에 의하여 규정된 한도; 그리고

(2) 수익금이 물품이 아닌 경우에는 관계하는 종류의 혼합재산에 관하여 본편 이외의 법률에 의하여 인정된 형평법상의 원칙을 포함한 추적방법에 의하여 담보권자가 수익금을 특정한 한도.

(c) [대금에 대한 담보권의 완전화] 수익금에 대한 담보권은 기존의 담보물에 대한 담보가 완전화된 때에는 완전화된 담보권이다.

(d) [완전화의 계속] 수익금에 대한 완전화된 담보권은 그 담보권이 수익금에 부착한 후 21일째에 완전화의 효력을 잃는다. 다만, 다음의 경우는 그러하지 아니하다.

(1) 다음의 모든 조건이 충족되어 있는 경우;

(A) 등록된 융자명세서가 기존의 담보물을 대상으로 하고 있을 때;

(B) 그 수익금이 해당 융자명세서를 등록된 사무소에서 등록함으로써 완전화될 수 있는 담보물이고;

(C) 그 수익금이 현금매상금과 함께 획득되었다.

(2) 그 수익금이 특정 가능한 현금인 경우; 또는

(3) 담보권을 즉시 또는 20일 이내에 수익금에 부착하였을 때에 (c)항이 아닌 방법으로 완전화된 경우.

(e) [대금에 대한 완전화된 담보권이 완전화되지 않는 것으로 되는 시기] 등록된 융자명세서가 기존의 담보물을 대상으로 하고 있는 경우에 (d)항 (1)에 의하여 계속 완전화되는 수익금에 대한 담보권은 다음 중의 늦은 시기에 완전화의 효력을 상실한다.

(1) 등록된 융자명세서의 효력이 제9-515조의 기간을 초과하거나 또는 제9-513조에 의하여 해제된 때;

(2) 담보권이 수익금에 부착된 때로부터 21일.

제9-316조(준거법의 변경에 따른 담보권 완전화의 계속)

(a) [일반원칙; 준거법의 변경의 완전화에 대한 영향] 제9-301조 (1) 또는 제9-305조 (c)항에 지정된 주의 법률에 의하여 완전화된 담보권은 다음 중 가장 빠른 날까지 그대로 완전화되어 있다.

(1) 완전화가 그 주의 법률에 의하여 종료되었다고 인정되는 때;
(2) 채무자의 주소가 다른 주로 변경된 후 4개월이 경과한 때;
(3) 담보물의 인도에 의하여 채무자가 되는 자가 다른 재판관할지역에 주소를 두고 있는 경우에 담보물의 인도 후 1년이 경과한 때.

(b) [새로운 주의 법률에 의한 완전화 또는 비완전화된 담보권] (a)항에 정한 담보권이 동항에 정한 시기 또는 사건 중에 더욱 빠른 때보다 이전에 타주의 법률에 의하여 완전화된 경우에 그 담보권은 그 이후에도 그대로 완전화되어 있다. 담보권이 더욱 빠른 시기 또는 사건에 의하여 전에 다른 주의 법률에 의하여 완전화되지 않은 경우에 그것은 완전화되지 않은 것이 되어 그 담보물을 유상으로 구입한 매수인에 대하여는 처음부터 완전화되지 않은 것으로 간주된다.

(c) [새로운 주에 이동된 담보물에 대한 점유담보권] 권원증서에 의하여 대상이 된 물품 이외의 담보물 및 굴착할 때마다 발생하는 물품으로서 담보물이 되는 것에 대하여 점유담보권은 다음의 경우에 계속하여 완전화된다.
(1) 담보물이 한 관할 [주]에 소재하고 있고, 해당 법률에 의하여 완전화된 담보권에 의한다;
(2) 그 후에 담보권이 다른 관할 [주]로 이전되었고;
(3) 그 다른 관할 [주]에 들어왔을 때, 담보권이 그 다른 [주]의 법률에 의하여 완전화되었다.

(d) [본주로부터 권원증서에 따라 대상이 된 물품] (e)항에 별도로 규정된 경우를 제외하고, 물품을 담보로 하지 않는 다른 관할지역의 법에 의하여 담보권이 완전화되지 않았을지라도 물품이 본주에서 권원증서에 의하여 담보로 될 때 다른 관할지역의 법에 의하여 보호되는 권원증서에 의하여 담보로 되는 물품에 대한 담보권은 완전화를 유지한다.

(e) [(d)항의 담보권이 구입자에 대하여 완전화되지 않은 것으로 되는 경우] 제9-311조 (b)조 또는 제9-313조에 의하여 적용되는 완전화를 위한 모든 요건이 다음 중 빠른 시기까지 충족되지 않은 경우에 (d)항에 규정한 담보권은 물품의 유상구입자에 대하여 완전화되지 않은 것이 되고, 동시에 처음부터 완전화되지 않은 것으로 간주된다.
(1) 본주로부터 해당 물품이 권원증서에 의하여 대상으로 되지 않는 것이라면, 다른 관할 [주]의 법률에 의하여 담보물은 완전화되지 않은 것으로 간주된다;
(2) 해당 물품이 그와 같이 대상으로 된 후 4개월의 기간이 경과한 때.

(f) [은행, 발행인, 지정인, 증권매개인 또는 물품매개인의 관할 변경] 은행 관할, 발행인의 관할, 지정인의 관할, 증권매개인의 관할 또는 물품매개인의 관할의 적용이 되는 법률에 대하여 완전화된 예금계좌, 신용장의 권리 또는 투자재산에 관한 담보

권은 다음 중 빠른 시기까지 계속하여 완전화된다.

(1) 담보권이 그 관할의 법률에 의하여 완전화되지 않게 된 때; 또는

(2) 적용이 되는 관할의 다른 관할로의 변경 후 4개월이 경과한 때.

(g) [새로운 관할의 법률에 의하여 완전화되거나 완전화되지 않는 (f)항의 담보권] (f)항의 담보권이 된 경우에 그 이후부터는 완전화를 계속하여 유지한다. 담보권이 (f)항에서 정한 시기 이전에 또는 만료전에 다른 관할의 법률에 의하여 완전화되지 않은 경우에 완전화되지 않은 것으로 되며, 유상으로 구입한 자에 대하여 처음부터 완전화되지 않은 것으로 간주된다.

제3절 우선순위

제9-317조(담보권 또는 농업상 우선특권에 따라 우선하여 또는 그것과 관계없이 취득된 권리)

(a) [충돌하는 담보권 및 우선특권 채권자의 권리] 담보권 또는 우선특권은 다음의 자의 권리에 우선하지 않는다.

(1) 제9-322조에 의하여 우선순위를 가지는 자;

(2) (e)항에 별도로 규정된 경우를 제외하고, 담보권 또는 농업상 우선특권이 완전화된 때 또는 담보물에 관한 융자명세서가 등록되기 전에 우선특권의 채권자가 되는 자.

(b) [인도를 받은 매수인] (e)항에 별도로 규정된 경우를 제외하고, 담보권자 이외의 유형동산증서, 문서, 물품, 증서 또는 증권증서의 매수인은 담보권 또는 농업상 우선특권에 대하여 알지 못하며, 그 담보권이 완전화되기 전에 유상으로 담보물을 인도받은 경우에는 해당 담보권 또는 농업상 우선특권으로부터 독립하여 물품을 취득한다.

(c) [인도를 받은 임차인] (e)항에 별도로 규정된 경우를 제외하고, 임차인이 담보권 또는 농업상 우선특권에 대하여 알지 못하며, 그 담보권이 완전화되기 전에 유상으로 담보물을 인도받은 경우에는 해당 담보권 또는 우선특권으로부터 독립하여 물품을 취득한다.

(d) [일정한 담보물의 사용허락을 받은 자 및 매수인] 일반적 무형재산의 사용허락을 받은 자 또는 담보권자 이외의 계좌, 전자동산증서, 일반적 무형재산 또는 증명부증권 이외의 투자재산의 매수인은 사용허락을 받은 자 및 매수인이 담보권에 대하여 알지 못하며, 그것이 완전화되기 전에 가격을 지급한 경우에는 그 담보권으로부터 독립하여 취득한다.

(e) [구입대금담보권] 제9-320조 및 제9-321조에 별도로 규정된 것을 제외하고, 채무자

가 담보물의 인도를 받기 전에 또는 이후 20일 이내에 구입대금담보권에 관하여 융자명세서를 등록한 경우에 그 담보권은 담보권이 설정된 시기와 등록시기 사이에 발생한 매수인, 임대인 또는 우선특권 채무자의 모든 권리에 의하여 우선권을 가진다.

제9-318조(매각된 지급금 수령권에 보유된 이권의 부존재; 채권자 및 구입자에 관하여 계좌 또는 동산증명서 매도인의 권리 및 권원)

(a) [매도인의 권리 미보유] 계좌, 동산증서, 지급금수령권 또는 약속어음을 매각한 채무자는 매각한 담보물에 대하여 일반적 법률상 또는 자기자본상의 권리를 가지고 있지 않다.

(b) [매수인의 담보권이 완전화되지 않은 경우에 추정된 채무자의 권리] 계좌 또는 동산증서를 매각한 채무자로부터 유상으로 구입한 구입자 또는 채권자의 권리를 정하기 위하여 매도인의 담보권이 완전화되어 있지 않는 동안 그 채무자는 그 채무자가 매각한 것과 동일한 계좌 또는 동산증서에 대한 권리 및 권원을 가지는 것으로 간주된다.

제9-319조(채무자 및 구입자에 관한 수하인의 권리 및 권원)

(a) [수하인의 위탁자의 권리의 보유] (b)항에 별도로 규정된 경우를 제외하고, 수하인의 채무자 및 수하인으로부터의 유상으로 물품을 매수한 자의 권리를 정하기 위하여 그 물품이 수하인의 점유 하에 있는 동안 해당 수하인은 위탁자가 물품에 대하여 가지고 있다고 인정되는 권리 및 권원 또는 이행의 권한과 동일한 것을 가지고 있다고 간주된다.

(b) [다른 법률의 적용가능성] 수하인의 채무자의 권리를 결정할 목석을 위하여, 본장에 의하여 그 수하인에 의하여 유지된 완전화된 담보권이 채무자의 권리보다 우선한다고 인정되는 경우에는 물품이 수하인의 점유하에 있는 동안은 본편 이외의 법률이 수하인의 권리 및 권원을 결정한다.

제9-320조(물품의 매수인)

(a) [통상 영업과정에서 매수인] (e)항에 별도로 규정된 경우를 제외하고, 농업경영에 관련된 자로부터 농산물을 구입하는 자 이외의 통상 영업의 과정에서 매수인은 담보권이 완전화되어 매수인이 그 존재를 알고 있는 경우라 하더라도, 그 매수인의 매도인에 의하여 창설된 담보권에 방해받지 않고 [물품을] 취득한다.

(b) [소비자물품의 매수인] (e)항에 별도로 규정된 경우를 제외하고, 주인으로서 개인, 가족 또는 세대를 위하여 사용하는 또는 그 사용을 위하여 물품을 구입하는 자로

부터 물품을 구입하는 자는 그 매수인이,

(1) 담보권에 대하여 알지 못하며;

(2) 유상으로;

(3) 주인으로서 개인, 가족 또는 세대의 모든 목적을 위하여;

(4) 해당 물품을 대상으로 하는 융자명세서의 등록 전에 구입한 경우에 완전화되어 있는 경우라 하더라도 그 담보권으로부터 독립하여 취득할 수 있다.

(c) [(b)항에서의 등록의 효력] (b)항에 의한 물품의 매수인에 대한 담보권의 우선순위에 영향을 주는 한, 매도인이 주소를 가진 관할지에서 행한 등록의 유효기간은 제9-316조 (a)항 및 (b)항에 의하여 규율된다.

(d) [원유 또는 광물에 있어서 통상 영업과정에서의 매수인] 원유가 있는 지층 또는 광물이 있는 지층의 정점으로 또는 굴착 후에 통상 영업의 과정에서 석유, 가스 또는 그 외의 광산물을 구입한 매수인은 토지부담으로부터 발생하는 권리로부터 독립하여 취득한다.

(e) [점유담보권에의 미영향] (a)항 및 (b)항은 제9-313조에 의하여 담보권자의 점유하에 있는 물품에 대한 담보권에 영향을 주지 않는다.

제9-321조(통상 영업의 과정에서 일반적 무형재산의 사용허락을 받은 자 및 물품의 임차인)

(a) [통상 영업과정에서 사용허락을 받은 자] 본조에서, 「통상 영업의 과정에서 일반적 무형재산의 사용허락을 받은 자」는 사용허락이 일반적 무형재산에 대한 다른 자의 권리를 침해하는 것을 알지 못하고, 또한 같은 종류의 일반적 무형재산의 사용허락을 업으로 하는 자로부터 통상의 과정에서 신의성실하게 일반적 무형재산의 사용허락을 받은 자를 의미한다. 어떤 자에 대한 사용허락이 허락자가 업으로 하는 종류의 영업에서 통상 또는 관행 또는 해당 허락자 자신의 통상 또는 관행에 의거하고 있다면 그 자는 통상의 과정에서 사용허락을 받은 자가 된다.

(b) [통상 영업과정에서 사용허락을 받은 자의 권리] 통상 영업의 과정에서 사용허락을 받은 자는 담보권이 완전화되었고, 그 자가 그 존재를 알고 있는 경우라 하더라도 허락자에 의하여 설정된 일반적 무형재산에 대한 담보권으로부터 독립하여 배타적이 아닌 사용권을 취득한다.

(c) [통상 영업과정에서 사용허락을 받은 임차인의 권리] 통상 영업의 과정에서 임차인은 담보권이 완전화되어 있고, 임차인이 그 존재를 알고 있던 경우라 하더라도, 임차인에 의하여 설정된 물품에 대한 담보권으로부터 독립하여 취득한다.

제9-322조(동일 담보물에 대한 담보권 및 농업상 우선특권이 충돌한 경우의 우선순위)

(a) [우선순위의 일반원칙] 본조에 별도로 규정된 경우를 제외하고, 동일 담보물에 대하여 저촉되는 담보권 및 농업상 우선특권의 우선순위는 다음의 원칙에 따라 결정된다.

(1) 저촉되는 완전화된 담보권 및 농업상 우선특권의 우선순위는 등록 또는 완전화 시기의 우선순위에 따라 순위가 정하여진다. 우선순위는 등록도 완전화도 아닌 경우에 담보물을 대상으로 하는 등록이 최초로 이루어진 때 또는 담보권 또는 농업상 우선특권이 최초로 완전화된 때 중 빠른 때로부터 시작된다;

(2) 완전화된 담보권 또는 농업상 우선특권은 완전화되어 있지 않은 저촉되는 담보권 또는 농업상의 우선특권보다 우선한다;

(3) 설정되거나 또는 유효가 되는 제1 담보권 또는 농업상 우선특권은 저촉하는 담보권 또는 농업상 우선특권이 완전화되어 있지 않으면 우선순위를 가진다.

(b) [완전화의 시기; 대금 및 이차적 채무] (a)항 (1)의 모든 목적을 위하여,

(1) 담보물에 대한 담보권에 관한 등록 또는 완전화의 시기는 수익금에 대한 담보물에 관한 등록 또는 완전화의 시기이기도 하다;

(2) 이차적 채무에 의하여 보증된 담보권에 대한 등록 또는 완전화의 시기는 그 이차적 채무에 대한 담보권에 관한 등록 또는 완전화의 시기이기도 하다

(c) [우선순위의 특칙; 대금 및 이차적 채무] (f)항에 별도로 규정된 경우를 제외하고, 제9-327조, 제9-329조, 제9-330조 또는 제9-331조에 의하여 저촉되는 담보물보다 우선하는 자격을 가지는 담보물에 대한 담보권은 다음의 저촉하는 담보권보다 우선한다.

(1) 그 담보물을 위한 이차적 채무;

(2) 다음 경우의 담보물의 수익금;

(A) 수익금에 대한 담보권이 완전화되어 있고;

(B) 수익금이 현금이거나 담보물로써 같은 종류의 것이며;

(C) 수익금에 대한 수익금인 경우에 전부의 중간수익금이 현금, 담보물과 동종의 수익금 또는 담보물에 관계하는 계좌이다.

(d) [일정한 담보물에서 등록의 빠른 시기에 의한 우선순위의 원칙] (e)항에 따르거나 또는 (f)항에 별도로 규정된 경우를 제외하고, 동산증서, 예금계좌, 유통증권, 증서, 투자재산 또는 신용장의 권리에 대한 담보권이 등록 이외의 방법으로 완전화된 경우에 담보물의 수익금에 대한 완전화된 저촉하는 담보권은 등록 시기의 우선순위에 따라 순위가 결정된다.

(e) [(d)항의 적용가능성] (d)항은 담보물의 수익금이 현금, 동산증서, 유통증권, 증서, 증서, 투자재산 또는 신용자의 권리가 아닌 경우에만 적용된다.

(f) [(a)항이 아닌 (e)항에 관한 제한] (a)항 또는 (e)항은,

(1) (g)항 및 본장의 다른 모든 규정에 따른다;

(2) 추심은행의 담보권에 관하여 제4-210조에 따른다;

(3) 발행인 또는 지정인의 담보권에 관하여 제5-118조에 따른다;

(4) 제2편 또는 제2A편에 의하여 발생하는 담보권에 관하여 제9-110조에 따른다.

(g) [농업상 우선특권에 관한 제정법에 의한 우선순위] 담보물에 대하여 완전화된 농업상 우선특권은 농업상 우선특권을 창설한 제정법이 그 취지를 규정하고 있는 경우에는 동일한 담보물에 대한 저촉하는 담보권 또는 농업상 우선특권보다 우선한다.

제9-323조(선물물품의 선금)

(a) [우선권이 선금의 시기에 기하여 발생하는 경우] (c)항에 별도로 규정된 경우를 제외하고, 제9-322조 (a)항에 의하여 완전화된 담보권의 우선순위를 결정하는 모든 목적을 위하여 그 담보권의 완전화는,

(1) 그 담보권이 완전화되어 있는 동안에만,

(A) 그것이 설정되었을 때에 제9-309조에 의하여 이루어졌거나;

(B) 제9-312조 (e)항, (f)항, (g)항에 의하여 일시적으로 이루어졌으며,

(2) 담보권이 제9-309조 또는 제9-312조 (e)항, (f)항 또는 (g)항 이외의 방법에 의하여 완전화되기 전에, 또는 완전화되고 있는 사이에 체결된 약속에 따라 이루어진 것이 아닌 선금을 담보권이 보증하는 한도에서 그 선금이 이루어진 시기로부터 발효한다.

(b) [우선특권 채권자] (c)항에 별도로 규정된 경우를 제외하고, 선금이 다음에 따라 지급되지 않은 경우에 우선특권 채권자가 된 후 45일 이상 경과한 후 선금을 담보하는 범위에서 담보권이 완전화되는 우선특권 채권자가 되는 자의 권리에 우선하지 않는다.

(1) 우선특권에 대하여 알지 못하거나;

(2) 우선특권에 대하여 알지 못하고 체결된 약속에 따르는 경우.

(c) [수령권의 매수인] (a)항 및 (b)항은 계좌, 동산증서, 지급금수령권 또한 약속어음의 매수인 또는 위탁자인 담보권자에 의하여 유지된 담보권에는 적용되지 않는다.

(d) [물품의 매수인] (e)항에 별도로 규정된 경우를 제외하고, 통상 영업의 과정에서 매수인 이외의 물품의 매수인은 다음 중 빠른 시기 이후에 지급된 선금을 그것이 보증하는 한도에서 담보권으로부터 독립하여 취득한다.

(1) 담보권자가 매수인의 구입에 대하여 알았을 때;

(2) 구입 후 45일.

(e) [약속에 따르게 되는 선금; 물품의 매수인의 우선순위] 매수인의 구입을 알지 못하

고, 45일 기간이 경과하기 전에 발생한 책임에 따라 선금이 지급된 경우에 (d)항은 적용되지 않는다.

(f) [물품의 임차인] (g)항에 별도로 규정된 경우를 제외하고, 통상 영업의 과정에서 임차인 이외의 물품의 임차인은 다음 중 빠른 시기 후에 지급된 선금을 그것이 보증하는 한도에서 담보권으로부터 독립하여 임차권을 취득한다.

(1) 담보권자가 그 리스에 대하여 알고 있었을 때; 또는

(2) 리스 계약을 강제할 수 있게 된 후 45일.

(g) [약속에 따라 인도된 선금; 물품의 임차인의 우선순위] 리스를 알지 못하고 그 45일의 기간이 경과하기 전에 발생한 책임에 따라 선금이 지급된 경우에 (f)항은 적용되지 않는다.

제9-324조(구입대금담보권의 우선순위)

(a) [일반원칙; 구입대금의 우선순위] (g)항에 별도로 규정된 경우를 제외하고, 재고품 또는 가축, 목축 이외의 물품에 대한 완전화된 구입대금담보권은 동일한 물품에 대한 저촉하는 담보권보다 우선한다. 제9-327조에 별도로 규정된 경우를 제외하고, 특정가능한 수익금에 대한 완전화된 담보권은 채무자가 담보물의 점유를 취득하고, 그 후 20일 이내에 구입대금담보권이 완전화된 경우에는 우선권을 가진다.

(b) [재고품의 구입대금의 우선순위] (c)항에 의하여, 또한 (g)항에 별도로 규정된 경우를 제외하고, 재고품에 대한 완전화된 구입대금담보권은 동일한 재고품에 대한 저촉하는 담보권보다 우선하고, 제9-330조가 그 취지를 규정하는 경우에는 재고품의 수익금으로 이루어진 동산증서 또는 증서 및 수익금에 대한 저촉하는 담보권보다 우선하며, 동시에 제9-327조에 별도로 규정된 경우를 제외하고, 다음의 경우에는 특정 가능한 현금수익금이 매수인에 대한 재고품 인도시 또는 그 이전에 수령되어 있는 한도에서 재고품의 특정 가능한 현금수익금에 대하여 우선권을 가진다.

(1) 구입대금담보권이 채무자가 재고품의 점유를 수령한 때에 완전화된다;

(2) 구입대금담보권자가 정본화된 고지를 저촉되는 담보권의 소지인에게 송부한다;

(3) 저촉되는 담보권의 소지인이 채무자가 재고품의 점유를 수령하기 전 5년 동안에 고지를 수령한다;

(4) 고지한 자가 채무자의 재고품에 대한 구입대금담보권을 취득하거나 취득할 것을 예상하고 재고품을 기재한 것이 고지에 포함되어 있는 경우.

(c) [충돌하는 재고품담보권의 보유인에게의 고지] (b)항 (2) 및 (4)는 다음의 경우에 저촉되는 담보권의 소지인이 같은 종류의 재고품을 대상으로 하는 융자명세서를 등록한 경우에만 적용된다.

(1) 구입대금담보권이 등록일보다 앞서며, 등록에 의하여 완전화되어 있는 경우;

(2) 구입대금담보권이 제9-312조 (f)항에 의한 20일의 기간이 시작되기 전에 동항에 의하여 등록 또는 점유 및 일시적으로 완전화된 경우.

(d) [가축, 목축의 구입대금의 우선순위] (e)항에 의하여, 또는 (g)항에 별도로 규정된 경우를 제외하고, 농산물인 가축, 목축에 대한 완전화된 구입대금담보권은 동일한 가축, 목축에 대하여 저촉하는 담보권보다 우선하며, 동시에 제9-327조에 별도로 규정된 경우를 제외하고, 다음의 경우에는 특정 가능한 수익금 및 그 가공되어 있지 않은 상태에 있는 특정가능한 생산물에 대한 담보권은 우선권을 가진다.

(1) 구입대금담보권이 채무자가 그 가축, 목축의 점유를 수령한 때에 완전화된 경우;

(2) 구입대금담보권이 정본화된 고지를 저촉되는 담보권의 소지인에게 송부하는 경우;

(3) 저촉되는 담보권의 소지인이 채무자가 가축, 목축의 점유를 수령하기 전 6개월 동안에 고지를 수령한 경우;

(4) 고지한 자가 채무자의 가축, 목축에 대한 구입대금담보권을 취득하거나 취득할 것을 예상하고 가축, 목축을 기재한 것이 고지에 포함되어 있는 경우.

(e) [충돌하는 가축, 목축의 담보권의 보유인에게의 고지] (d)항 (2) 및 (4)는 저촉하는 담보권의 소지인이 다음의 경우에 동일한 종류의 가축, 목축을 대상으로 하는 융자명세서를 등록한 경우에만 적용된다.

(1) 구입대금담보권이 등록일보다 이전에 등록에 의하여 완전화된 경우;

(2) 구입대금담보권이 제9-312조 (f)항에 의하여 20일의 기간이 시작되기 전에 동항에 의하여 등록 또는 점유 및 일시적으로 완전화된 경우.

(f) [소프트웨어구입대금담보권] (g)항에 별도로 규정된 경우를 제외하고, 소프트웨어에 대한 완전화된 구입대금담보권은 동일한 담보권에 대하여 저촉하는 담보권보다 우선한다. 제9-327조에 별도로 규정된 경우를 제외하고, 특정 가능한 수익금에 대한 완전화된 담보권은 소프트웨어의 사용을 위하여 취득된 물품에 대한 구입대금담보권이 해당 물품 및 본조에 의한 해당 물품의 수익금에 대하여 우선하는 한도에서 우선권을 가진다.

(g) [충돌하는 구입대금담보권] 두 개 이상의 담보권이 (a)항, (b)항, (d)항 또는 (e)항에 의하여 동일한 담보물에 대하여 우선순위를 가지는 자격이 있는 경우에는,

(1) 담보물에 대한 대금의 전부 또는 일부로써 부담하는 채무를 담보하는 담보권은 채무자가 담보물에 대한 권리 또는 그 사용을 획득할 수 있도록 지급된 대금에 대하여 부담하는 채무를 담보하는 담보권보다 우선한다;

(2) 그 외의 모든 경우에 제9-322조 (a)항은 유효한 담보권에 적용된다.

제9-325조(이행된 담보물에 대한 담보권의 우선순위)

(a) [이전된 담보물에 대한 담보권의 열위성] (b)항에 별도로 규정된 경우를 제외하고, 채무자에 의하여 설정된 담보권은 다음의 경우 제3자에 의하여 설정된 동일한 담보물에 대한 담보권보다 후순위이다.

(1) 채무자가 제3자에 의하여 설정된 담보권에 따르는 담보물을 취득하였다;

(2) 제3자에 의하여 설정된 담보권이 채무자가 해당 담보물을 취득하였을 때에 완전화되어 있다;

(3) 담보권이 완전화되지 않은 것으로 된 후 기간이 경과되어 있지 않았다.

(b) [(a)항의 열위성의 제한] 담보권이 다음과 같은 경우에만 (a)항은 담보권을 열위에 둔다.

(1) 제9-322조 (a)항 또는 제9-324조에 의하여만 우선권을 가지는 경우;

(2) 제2-711조 (c)항 또는 제2A-508조 (e)항에 의하여만 발생한다.

제9-326조(신채무자에 의하여 설정된 담보권의 우선순위)

(a) [신채무자에 의하여 설정된 담보권의 열위성] (b)항에 따라 신채무자가 권리를 가지거나 획득하는 담보물에 대하여 제9-508조에 의하여만 유효한 등록융자명세서에 의하여 완전화된 신채무자에 의하여 설정된 담보권은 제9-508조에 의하여만 유효한 등록융자명세서 이외의 방법으로 완전화된 동일한 담보권에 대하여 열위하다.

(b) [다른 규정에 의한 우선순위 ; 최초의 복수 채무자] 본장의 다른 모든 규정은 제9-508조에 의하여만 유효한 등록융자명세서에 의하여 완전화된 동일한 담보물에 대하여 저촉하는 담보권 사이에서의 우선순위를 결정한다. 다만, 신채무자가 채무자로서 기속되는 담보계약이 동일한 최초 채무자에 의하여 체결되어 있지 않은 경우에는 저촉하는 담보권은 신채무자가 구속된 때의 우선순위에 따라 순위가 결정된다.

제9-327조(예금계좌에 대한 담보권의 우선순위)

동일한 예금계좌에 대하여 저촉하는 담보권 사이의 우선순위는 다음의 원칙에 의하여 규율된다.

(1) 제9-104조에 의하여 예금계좌의 지배권을 가진 담보권자의 담보권은 지배권을 가지지 않는 담보권자의 저촉하는 담보권보다 우선한다.

(2) (3)호 및 (4)호에 별도로 규정된 경우를 제외하고, 제9-314조에 의한 지배권에 의하여 완전화된 담보권은 지배권을 취득하였을 때의 순서에 따라 순위가 정하여진다.

(3) (4)호에 별도로 규정된 경우를 제외하고, 은행에 의하여 유지된 담보권으로 예금계좌가 그 은행에 유지되고 있는 것은 다른 담보권자에 의하여 유지되어 저촉하

는 담보권에 우선한다.

(4) 제9-104조 (a)항 (3)에 의한 지배권에 의하여 완전화된 담보권은 은행에 의하여 유지되는 담보권으로 예금계좌가 그 은행에 유지되고 있는 것보다 우선한다.

제9-328조(투자재산에 대한 담보권의 우선순위)

동일한 투자재산에 대한 저촉되는 담보권 사이에 우선순위는 다음의 모든 원칙에 의하여 규율된다.

(1) 제9-106조에 의하여 투자재산의 지배권을 가진 담보권자는 해당 투자재산의 지배권을 가지지 않는 담보권자가 보유하고 있는 담보권보다 우선한다.

(2) (3)호 및 (4)호에 별도로 규정된 경우를 제외하고, 제9-106조에 의한 지배권을 가지는 담보권자에 의하여 유지되어 저촉하는 담보권은 다음의 경우에 시간의 우선순위에 따라 순서가 정하여진다.

(A) 담보물이 증권인 경우에 지배권의 취득시;

(B) 담보물이 증권거래계좌로 운용되는 이권증권이며;

(i) 담보권자가 제8-106조 (d)항 (1)에 의하여 지배권을 취득한 경우에 담보권자가 증권거래계좌를 보유하는 자가 되는 때;

(ii) 담보권자가 제8-106조 (d)항 (2)에 의하여 지배권을 취득한 경우에 증권거래계좌로 운용되거나 운용되어야 할 이권증권에 관한 담보권자의 지시를 준수한다는 증권거래매개인의 합의시;

(iii) 담보권자가 제8-106조 (d)항 (3)에 의하여 타인을 통하여 지배권을 취득한 경우에 해당 타인이 담보권자라면 본항에 의하여 우선권을 가진다고 인정되는 때.

(C) 담보물이 물품매개인에 의하여 운용되는 물품거래 계약인 경우에 물품거래매개인에 의하여 운용되거나 또는 운용되는 물품거래 계약에 관하여 제9-106조 (b)항 (2)에 정한 지배권의 요건을 충족하고 있는 것.

(3) 증권매개인에 의하여 유지되는 증권상의 권리에 대한 담보권 또는 증권매개인이 유지하는 증권거래계좌에 대한 담보권은 다른 담보권자에 의하여 유지되어 저촉하는 담보권보다 우선한다.

(4) 물품매개인에 의하여 유지되는 물품거래계약에 대한 담보권 또는 물품매개인이 유지하는 물품거래계좌에 대한 담보권은 다른 담보권자에 의하여 유지되어 저촉하는 담보권보다 우선한다.

(5) 제9-314조에 의한 지배권이 아닌 제9-313조 (a)항에 의하여 인도를 받음으로써 완전화된 등기의 형식에 의한 증명부증권에 대한 담보권은 지배권 이외의 방법에 의하여 완전화되어 저촉하는 담보권보다 우선한다.

(6) 제9-106조에 의하여 지배권 및 중개인, 증권매개인 또는 물품매개인에 의하여 설정되어 저촉하는 담보권은 동일한 효력을 가진다.

(7) 그 외의 모든 경우에 투자재산에 대하여 저촉하는 담보권 사이의 우선순위는 제9-322조 및 제9-323조에 의하여 규율된다.

제9-329조(신용장 권리에 대한 담보권의 우선순위)

동일한 신용장의 권리에 대하여 저촉하는 담보권 사이의 우선권은 다음의 모든 원칙에 의하여 규율된다.

(1) 제9-107조에 의하여 신용장 권리의 지배권을 가지는 담보권에 의하여 유지되는 담보권은 지배권을 가지지 않는 담보권자에 의하여 유지되어 저촉하는 담보권에 대하여 그 지배권이 우선하는 한도에서 우선권을 가진다.

(2) 제9-314조에 의한 지배권에 의하여 완전화되는 담보권은 지배권을 취득한 때의 우선순위에 따라 순위가 정하여진다.

제9-330조(동산증서 및 비유통증서의 구입자의 우선순위)

(a) [구입자의 우선순위; 대금과 함께 청구된 이권] 동산증서의 구입자는 다음의 경우에 담보권에 따르는 재고품의 수익금으로서만 청구되는 동산증서에 대한 담보권에 대하여 우선권을 가진다.

(1) 신의성실하며, 동시에 구입자의 통상 영업의 과정에서 해당 구입자가 유상으로 구입하고, 그 동산증서의 점유를 취득하거나 또는 제9-105조에 의하여 그 동산증서의 지배권을 취득한 경우;

(2) 해당 동산증서가 구입자 이외의 특정양수인에 대하여 그것이 양도된 것으로 기재되어 있지 않은 경우.

(b) [구입자의 우선순위; 다른 담보권] 구입자가 유상으로 구입하고, 동산증서의 점유를 취득하거나 또는 신의성실함과 동시에 구입자의 통상 영업의 과정에서 제9-105조에 의하여 그 동산증서의 지배권을 취득하고, 동시에 그 구입이 담보권자의 권리를 침해하는 것을 알지 못하는 경우에 동산증서의 구입자는 담보권의 적용을 받는 재고품의 수익금 이외에 청구된 동산증서에 대한 담보권보다 우선한다.

(c) [대금에 대한 동산증서구입자의 우선순위] 제9-327조에 별도로 규정된 경우를 제외하고, (a)항 또는 (b)항에 의하여 동산증서에 대한 우선권을 가진 구입자는 다음의 한도에서 해당 동산증서의 수익금 대한 우선권을 가진다.

(1) 제9-322조가 수익금에 대한 우선순위의 우선권에 대하여 규정한다;

(2) 그 수익금이 수익금에 대한 구입자의 담보권이 완전화되어 있지 않은 경우라 하더라도, 그 동산증서에 의하여 대상이 되는 특정 물품 또는 특정물품의 수익금

으로부터 이루어진다.

(d) [날인증서구입자의 우선순위] 제9-331조 (a)항에 별도로 규정된 경우를 제외하고, 구입자가 구입한 가격을 주고, 날인증서의 점유를 신의성실함과 동시에 구입자의 통상 영업의 과정에서 취득하고, 그 구입이 담보권자의 권리를 침해하는 것을 알지 못하는 경우에 그 증서의 구입자는 점유 이외의 방법에 의하여 완전화된 해당 증서에 대한 담보권에 대한 우선권을 가진다.

(e) [구입대금담보권의 보유인이 새로운 가격을 기재하는 것] (a)항 및 (b)항의 모든 목적을 위하여 재고품에 대한 구입대금담보권의 보유자는 그 재고품의 수익금으로부터 이루어진 동산증서에 구입한 가격을 기재하고 있다.

(f) [인지된 양도의 표시] (b)항 및 (d)항의 모든 목적을 위하여, 동산증서 또는 날인증서가 구입자 이외의 특정 담보권자에 양도된 것을 기재하고 있는 경우에 해당 동산증서 또는 날인증서의 구입자는 그 구입이 담보권자의 권리를 침해한다는 것을 알고 있다.

제9-331조(다른 편에 의한 증서, 문서 및 증권 매수인의 권리의 우선순위; 금융자산에 대한 권리 및 제8편에 의한 증권상 권리의 우선순위)

(a) [제3편, 제7편 및 제8편에 의한 권리의 무제한성] 본편은 유통증권의 통상 과정에서 소지인, 유통권원증서를 적정하게 유통시킨 소지인 또는 보호된 증권 매수인은 제3편, 제7편, 제8편에 규정되어 있는 한도에서 완전화된 경우라 하더라도 보다 빠른 시기의 담보권에 대하여 우선권을 가진다.

(b) [제8편에 의한 보호] 본편은 그 자가 제8편에 의한 청구권 주장에 대하여 보호되는 한도에서 그 자의 권리를 제한하거나 또는 그 자에게 책임을 지게 하지 않는다.

(c) [등록의 불통지] 본편에 의한 등록은 소지인 또는 구입자 또는 (a)항 및 (b)항에 규정된 자에 대하여 청구권 또는 항변의 통지가 되지 않는다.

제9-332조(자금의 이체; 예금계좌로부터의 이체)

(a) [자금의 이체를 수령한 자] 자금의 이체를 받는 자는 채무자와 공동으로 담보권자의 권리를 침해하는 경우를 제외하고, 담보권으로부터 독립하여 자금을 취득한다.

(b) [예금계좌로부터 자금의 이체를 수령한 자] 예금계좌로부터 자금의 이체를 받는 자는 채무자와 공동으로 담보권자의 권리를 침해하는 경우를 제외하고, 그 예금계좌에 대한 담보권으로부터 독립하여 그 자금을 취득한다.

제9-333조(법률의 효과에 의하여 발생하는 일정한 우선특권의 우선순위)

(a) [점유우선특권] 본조에서 「점유우선특권」은 담보권 또는 농업상의 우선특권의 권

리로 다음과 같은 것을 의미한다.

(1) 통상 영업의 과정에서 물품에 관하여 타인에 의하여 부여받은 서비스 또는 자산에 대한 지급 또는 이행을 담보하는 것;

(2) 그 자를 위하여 제정법 또는 법원칙에 의하여 창설된 것;

(3) 그 효력이 그 자의 물품의 점유와 관련되어 있는 것.

(b) [점유우선특권의 우선순위] 물품에 관한 점유우선특권은 그 우선특권이 제정법에 의하여 창설된 경우가 아니면 물품에 대한 담보권보다 우선한다.

제9-334조(정착물 및 수확물에 대한 담보권의 우선순위)

(a) [본편에 의한 정착물에 대한 담보권의 우선순위] 본편에 의한 담보권은 정착물인 물품에 대하여 창설할 수 있고, 정착물이 되는 물품에 대하여 계속될 수 있다. 토지개량에 사용된 건축자재에 대하여는 담보권은 본법에 의하여 존재하지 않는다.

(b) [부동산법에 의한 정착물에 대한 담보권] 본편은 부동산법에 의하여 정착물에 대한 토지부담을 창설하는 것을 금지하지 않는다.

(c) [일반원칙; 정착물에 대한 담보권의 종위성] (d)항 및 (h)항에 의하여 규율되지 않는 경우에는 정착물에 대한 담보물은 채무자 이외의 관계부동산의 토지법에 의하여 존재하지 않는다.

(d) [정착물구입대금의 우선순위] (h)항에 별도로 규정된 것을 제외하고, 정착물에 대한 완전화된 담보권은 채무자가 부동산에 대한 등록상의 권리 또는 그 부동산을 점유하고 있고, 동시에

(1) 그 담보권이 구입대금담보권이며;

(2) 토지부담권자 또는 소유자의 권리가 그 물품이 정착물이 되기 전에 발생하였다;

(3) 물품이 정착물이 되기 전 또는 그 후 20일 이내에 그 담보권이 정착물등록에 의하여 완전화된다.

(e) [부동산에 대한 권리보다 정착물에 대한 담보권이 우선하는 경우] 정착물에 대한 완전화된 담보권은 다음의 경우에는 관련부동산의 토지부담권자 또는 소유자의 저촉하는 권리보다 우선한다.

(1) 채무자가 기록상 부동산에 대한 권리를 가지고 있거나 부동산을 점유하고 있으며, 동시에 그 담보권이,

(A) 그 토지부담권자 또는 소유자의 권리가 기록되기 전에 등록에 의하여 완전화된다;

(B) 그 토지부담권자 또는 소유자의 권원에 대하여 종전 권리자의 저촉하는 권리보다 우선권을 가진다.

(2) 다음의 물품이 정착물이 되기 전에 담보권이 본편에 의하여 인정된 방법에 의하

여 완전화되고, 그 정착물을 용이하게 제거할 수 있다.

(A) 공장 또는 사무소의 기계;

(B) 주로 부동산의 운용시 사용되거나 사용을 위하여 임대된 것이 아닌 부품;

(C) 소비자물품인 가정전기제품의 대체인 경우.

(3) 저촉되는 권리가 본편에 의하여 인정된 방법에 의하여 완전화된 후에 법 또는 형평법상의 소송에 의하여 취득된 부동산상의 우선특권인 경우, 또는

(4) 담보자가,

(A) 이동주택거래에서 이동주택에 대하여 설정되고; 동시에

(B) 제9-311조 (a)항 (2)에 의하여 정한 제정법에 의하여 완전화된 경우.

(f) [동의, 권리포기 또는 제거권에 기한 우선순위] 정착물에 대한 담보권은 완전화되어 있는가의 여부와 관계없이 다음의 경우에는 부동산의 토지부담권자 또는 소유자의 저촉되는 권리에 대하여 우선권을 가진다.

(1) 그 토지부담권자 또는 소유자가 정본화된 기록상 그 담보권에 동의하거나 정착물로서의 물품에 대한 권리를 포기한 경우;

(2) 채무자가 그 토지부담권자 또는 소유자에 대하여 물품을 회복할 수 있는 권리를 가지고 있는 경우.

(g) [(f)항 (2)호의 우선순위의 계속] (f)항 (2)에 의하여 증권상 권리의 우선순위인 채무자가 토지부담권자 또는 소유자의 반대에도 불구하고 물품을 회복하는 권리가 부정된 경우에는 합리적인 기간 동안 존속한다.

(h) [건축양도담보의 우선순위] 양도담보가 토지의 취득비용을 포함하여 토지상 개량 건축에 의하여 발생하는 채무를 담보하는 한도에서 기록이 그 취지를 기재하고 있는 경우에 양도담보는 건축양도담보이다. (e)항 및 (f)항에 별도로 규정된 경우를 제외하고, 정착물에 대한 담보권은 그 양도담보의 기록이 해당 물품이 정착물이 되기 전에 기록되었고, 동시에 그 건축의 완성 전에 그 물품이 정착물이 된 경우에는 건축양도담보보다 우선하지 않는다. 양도담보가 건축양도의 재융자를 위하여 부여된 한도에서 건축양도담보와 같은 범위내에서 우선권을 가진다.

(i) [수확물에 대한 담보권의 우선순위] 부동산상에 재배되고 있는 수확물에 대한 완전화된 담보권은 채무자가 부동산에 대하여 기록상의 권리 또는 점유를 가지고 있는 경우에 그 부동산이 저촉하는 토지부담권자 또는 소유자의 권리보다 우선한다.

(j) [(i)항의 우선적용] 다음 법률의 규정과 모순될 때는 (i)항이 우선한다.

[(i)항과 일치하지 않은 규정을 포함하고 있는 법률을 기재한다.]

제9-335조(부합물)

(a) [부합물에 대한 담보권의 설정] 담보권은 부합물에 대하여도 설정할 수 있으며, 또

한 부합물이 되는 담보권에 대하여 계속할 수 있다.

(b) [담보권의 완전화] 담보물이 부합물이 되는 시기에 담보권이 완전화되는 경우에 그 담보권은 담보물에 대하여 종전과 같이 완전화되어 있다.

(c) [담보권의 우선순위] (d)항에 별도로 규정된 경우를 제외하고, 본편의 다른 모든 규정이 부합물에 대한 담보권의 우선순위를 규정한다.

(d) [권원증서에 관한 제정법의 준수] 부합물에 대한 담보권은 제9-311조 (b)항에 의한 권원증서에 관한 제정법의 모든 요건의 준수에 의하여 완전화된 전체에 대한 담보권에 열위한다.

(e) [채무불이행 후 부합물의 제거] 채무불이행 후, 제6장에 따라 담보권자는 부합물에 대한 담보권이 전체에 대한 권리를 가지는 모든 자의 청구권보다 우위인 경우에 다른 물품으로부터 부합물을 제거할 수 있다.

(f) [제거에 계속하는 보전] (e)항에 의하여 부합물을 다른 물품으로부터 제거하는 담보권자는 전체에 대하여 또는 그 외 물품의 담보권 또는 그 외의 우선특권의 소지인 또는 소유자이며, 채무자가 아닌 자에 대하여 그 전체 또는 그 외의 재산에 대한 물리적 침해의 보수를 위한 비용을 변상하여야 한다. 그 담보권자는 제거된 부합물의 결여에 의하여 또는 그것을 교체할 필요에 의하여 발생한 해당 전체 또는 그 외의 물품 가격감소분에 대하여는 그 담보권자가 보전의무의 이행에 대하여 적절한 확약을 부여하기까지 제거요청을 거절할 수 있다.

제9-336조(혼합물품)

(a) [혼합물품] 본조에서 「혼합물품」은 그 특성이 제조물 또는 집합물 중에 소실되기 쉬운 방법으로 다른 물품과 물리적으로 결합된 물품을 의미한다.

(b) [혼합물품에 대한 담보권이 아닌 것] 혼합물품에 대한 담보권은 존재하지 않는다. 그러나 물품이 혼합물품이 될 때 제조물 또는 집합물에 담보권을 부착할 수 있다.

(c) [제조물 또는 집합물에의 담보권의 부착] 담보물이 혼합물품인 경우에 담보권은 제조물 또는 집합물에 부착한다.

(d) [담보권의 완전화] 담보물이 혼합물품이 되기 전에 완전화되어 있는 경우에 (c)항에 의하여 제조물 또는 집합물에 부착하는 담보권은 완전화된다.

(e) [담보권의 우선순위] (f)항에 별도로 규정된 경우를 제외하고, 본장의 다른 모든 규정이 (c)항에 의하여 제조물 또는 집합물에 부착하는 담보권의 우선순위를 결정한다.

(f) [제조물 또는 집합물에 대하여 저촉하는 담보권] 두개 이상의 담보권이 (c)항에 의하여 제조물 또는 집합물에 부착하는 경우에 다음 원칙에 따라 우선순위가 결정된다.

(1) (d)항에 의하여 완전화되는 담보권이 그 담보물이 혼합물품이 되는 때에 완전화되어 있지 않은 담보권보다 우선한다;

(2) 두개 이상의 담보권이 (d)항에 의하여 완전화된 경우에 그 담보권은 그것이 혼합물품이 된 때의 담보물의 가격에 비례하여 동일한 순위에 있게 된다.

제9-337조(권원증서의 대상이 되는 물품에 대한 담보권의 우선순위)

물품에 대한 담보권이 다른 관할 [주]의 법률에 의한 방법에 의하여 완전화되어 있는 동안에 본주가 그 물품이 담보권에 따르고 있는 것을 표시하고 있지 않은 권원증서 또는 해당 증명서에 표시되어 있지 않은 담보권에 따를 수 있다는 설명을 포함하고 있는 권원증서를 발행하는 경우에는,

(1) 동종의 물품을 매각하는 것을 업으로 하는 자 이외의 물품의 매수인은 그 매수인이 유상으로 구입하고, 동시에 그 증명서의 발행 후에 해당 물품의 인도를 받아 담보권을 알지 못하는 경우에 담보권과 독립하여 취득한다;

(2) 담보권은 물품에 대한 저촉되는 담보권으로 증명서의 발행 후에 담보권자의 담보권과 저촉하는 것을 알지 못하고 부착하며, 동시에 제9-311조 (b)항에 의하여 완전화된 것보다 후순위이다.

제9-338조(일정의 부정확한 정보를 기입한 융자명세서에 의하여 완전화된 담보권 또는 농업상 우선특권의 우선순위)

담보권 또는 농업상 우선특권이 융자명세서가 등록된 때에 부정확하였고, 제9-516조 (b)항 (5)에 규정되는 정보를 부여하는 등록융자명세서에 의하여 완전화된 경우,

(1) 담보권 또는 농업상 우선특권은 저촉하는 담보권의 소지인이 부정확한 정보를 합리적으로 신뢰하여 대가를 부여한 한도에서 그 담보물에 대한 완전화된 저촉하는 담보권보다 후순위이다;

(2) 담보권자 이외의 담보물의 구입자는 부정확한 정보를 합리적으로 신뢰하여 대가를 부여하고, 동산증서, 문서, 물품, 증서, 또는 증권서의 경우에 그 담보물의 인도를 받은 한도에서 그 담보권 또는 농업상의 우선특권으로부터 독립하여 취득한다.

제9-339조(사적자치)

우선순위를 가지는 자의 합의에 의하여 본편의 규정을 변경할 수 있다.

제4절 은행의 권리

제9-340조(예금계좌에 대한 감액청구 또는 상계권의 효력)

(a) [감액청구 또는 상계의 실행] (c)항에 별도로 규정된 경우를 제외하고, 예금계좌를

유지하고 있는 은행은 그 예금계좌에 대한 담보권을 소지하는 담보권자에 대하여 감액청구 또는 상계의 권리를 행사할 수 있다.

(b) [담보권에 의하여 영향을 받지 않는 감액청구 또는 상계] (c)항에 별도로 규정된 경우를 제외하고, 본편의 예금계좌에 대한 담보권에 대한 적용은 담보권자에게 맡겨진 예금계좌에 관한 담보권자의 감액청구 또는 상계의 권리에 영향을 주지 않는다.

(c) [상계가 무효로 되는 경우] 은행의 예금계좌에 대한 상계권의 행사는 그 상계가 채무자에 대한 청구권에 근거한 경우에는 제9-104조 (a)항 (3)에 의하여 완전화된 예금계좌에 대한 담보권을 가지는 담보권자에 대하여는 무효이다.

제9-341조(예금계좌에 관한 은행의 권리 및 의무)

제9-340조 (c)항에 별도로 규정된 경우를 제외하고, 또한 은행이 정본화된 서류에서 특별한 합의를 하고 있는 경우를 제외하고, 그 은행에 보관하고 있는 예금계좌에 관한 은행의 권리 및 의무는,

(1) 그 예금계좌에 대한 담보권의 부착, 압류 또는 완전화;

(2) 그 담보권에 대한 은행의 인지;

(3) 담보권자로부터 은행이 지시를 받은 것에 의하여 해제, 정지 또는 수령되지 않는다.

제9-342조(지배권 합의의 존재의 폐지 또는 개시를 거절할 수 있는 은행의 권리)

본편은 고객이 요구하거나 지시하더라도 은행이 제9-104조 (a)항 (2)에 규정된 종류의 합의를 체결할 것을 요구하지 않는다. 이러한 합의를 체결한 은행은 그 고객에 의하여 요구된 경우를 제외하고, 타인에 대하여 그 합의의 존재를 확인할 필요가 없다.

제 4 장 제3자의 권리

제9-401조(채무자 권리의 양도 가능성)

(a) [양도가능성을 규율하는 다른 법률; 예외] (b)항 및 제9-406조, 제9-407조, 제9-408조 및 제9-409조에 별도로 규정된 경우를 제외하고, 담보물에 대한 채무자의 권리가 임의적 또는 강제적으로 이행될 수 있는가의 여부는 본편 이외의 법률에 의하여 규율된다.

(b) [이전을 금지하지 않는 합의] 담보물에 대한 채무자의 권리의 이전을 금지하거나, 이전이 효력을 발생하는 것을 금지하지 아니한 이전을 채무불이행으로 하는 채무자와 담보권자 사이의 합의는 그 이행이 효력을 가지는 것을 방해하지 않는다.

제9-402조(채무자의 계약에 관하여 또는 불법행위에 대하여 의무를 지지 않는 담보권자)

채무자가 담보물을 처분하거나 또는 사용하는 것을 허용하는 담보권, 농업상 우선특권 또는 권한이 존재하는 것만으로는 해당 채무자의 작위, 부작위에 대하여 담보권자는 계약책임 또는 불법행위책임을 지지 않는다.

제9-403조(양수인에 대하여 항변을 주장하지 않는다는 합의)

(a) [가격] 본조에서 「가격」은 제3-303조 (a)항에 정한 의미를 가진다.

(b) [청구권 또는 항변을 주장하지 않을 것이라는 합의] 본조에 별도로 규정된 경우를 제외하고, 계좌채무자가 양도인에 대하여 가질 수 있는 청구권 또는 항변을 양수인에 대하여 주장하지 않는다고 하는 계좌채무자 및 양수인 사이의 합의는 양도를,

(1) 유상으로;

(2) 신의성실하게;

(3) 양도재산에 대한 재산권 또는 점유권의 청구권에 대하여 알지 못하고;

(4) 제3-305조 (a)항에 의하여 유통증권을 강제하는 권리를 가진 자에 대하여 주장할 수 있는 종류의 감액청구에 대한 항변 또는 청구권에 대하여 알지 못하고 취득한 양수인에 의하여 강제될 수 있다.

(c) [(b)항이 적용되지 않은 경우] (b)항은 제3-305조 (b)항에 의한 유통증서의 통상 영업의 과정에서 소지인에 대하여 주장될 수 있는 종류의 항변에는 적용되지 않는다.

(d) [소비자거래에서 필요한 설명의 누락] 소비자 거래에서 기록이 계좌채무자의 채무를 증명하고 있는 경우에 본편 이외의 법은 모든 소비자거래에서 기록이 계좌채무자의 의무를 증명하고 있는 경우에 계좌채무자의 권리는 그 계좌채무자가 기존의 채무자에 대하여 주장할 수 있었던 청구권 또는 항변에 따른다고 하는 취지의 설명을 해당 기록에 포함하고 있을 것 및 해당 기록이 다음과 같은 설명을 포함하고 있지 않을 것을 본편 이외의 법률이 요구한다.

(1) 해당 기록은 그 설명을 포함하고 있었던 것과 같은 효력을 가질 것;

(2) 계좌채무자는 해당 기록이 그 설명을 포함하고 있었다면 이용할 수 있었다고 인정되는 청구권 및 항변을 양수인에 대하여 주장할 수 있는 것.

(e) [다른 법률에 의하여 개인을 위한 원칙] 본조는 개인 또는 주로 본인, 가족 또는 세대를 위하여 채무를 부담하는 계좌채무자를 위하여 다른 원칙을 인정하는 본편 이외의 법률에 따른다.

(f) [다른 법률에 의한 본조의 대체불가능] (d)항에 별도로 규정된 경우를 제외하고, 양수인에 대하여 청구권 또는 항변을 주장하지 않는다고 하는 계좌채무자에 의한 합의에 효력을 부여하는 본편 이외의 법률에 의하여 본조의 효력은 변경되지 않는다.

제9-404조(양수인에 의하여 취득된 권리; 양수인에 대한 청구권 및 항변)

(a) [조항, 청구권 및 항변에 따르는 양수인의 권리; 예외] 계좌채무자가 항변 또는 청구권을 주장하지 않는다는 강제가능한 합의를 한 경우를 제외하고, (b)항 및 (e)항에 따라 양수인의 권리는 다음의 것들보다 우선하지 않는다.

(1) 계좌채무자와 양수인 사이의 합의 전 조항 및 해당 계약을 발생시킨 거래로부터 생기는 감액청구에 대한 항변 또는 청구권; 및

(2) 계좌채무자가 양수인 또는 양수인에 의하여 정본화된 양도의 고지를 수령하기 전에 발생한 양도인에 대한 계좌채무자의 그 외의 항변 또는 청구권.

(b) [양수인에게 지급한 금액을 감액하는 계좌채무자의 청구권] (c)항에 따라, (d)항과 본조에 별도로 규정된 경우를 제외하고, 계좌채무자의 양도인에 대한 청구권은 그 채무자가 부담한 금전을 감액하기 위하여만 (a)항에 의하여 양수인에 대하여 주장할 수 있다.

(c) [다른 법률에 따른 개인을 위한 원칙] 본조는 개인 또는 주로 본인, 가족 또는 세대를 위하여 채무를 부담하는 계좌채무자를 위하여 다른 원칙을 인정하는 본편 이외의 법률에 따른다.

(d) [소비자거래에서 필요한 설명의 누락] 소비자거래에서 기록이 계좌채무자의 채무를 증명하고 있는 경우에 본편 이외의 법률이 양도인에 대한 청구권 및 항변에 관하여 계좌채무자가 양수인에 대하여 회복할 수 있는 금액은 그 기록상 계좌채무자에 의하여 지급된 금액을 초과할 수 없다는 취지의 설명을 기록에 포함할 것을 요구하였으나 그 기록에 그 설명이 포함되어 있지 않은 경우에 계좌채무자가 양도인에 대하여 청구권을 주장할 수 있는 한도는 해당 기록에 그 설명이 포함되어 있는 것으로 하여 산정된다.

(e) [건강보험급부금수령권에의 미적용] 본조는 건강보험급부 수령권의 양도에는 적용되지 않는다.

제9-405조(양도된 계약의 수정)

(a) [양수인에 대한 수정의 효과] 양도된 계약의 수정 또는 변경이 신의성실하게 이루어진 경우에 양수인에 대하여 유효하다. 그 양수인은 수정되거나 또는 변경된 계약에 의하여 대응하는 권리를 취득한다. 그 양도계약은 수정 또는 변경이 양도인에 의한 계약위반인 것을 규정할 수 있다. 본항은 (b)항 및 (d)항의 적용을 받는다.

(b) [(a)항의 적용범위] (a)항은 다음의 한도에서 적용된다.

(1) 양도된 계약에 의하여 지급청구권 또는 일부가 이행에 의하여 완전히 발생하지 않은 경우;

(2) 양도된 계약에 의한 지급청구권 또는 그 일부가 이행에 의하여 완전히 발행되고

있으며, 계좌채무자가 제9-406조 (a)에 의하여 양도의 고지를 수령하지 않은 경우.

(c) [다른 법률에 따른 개인을 위한 원칙] 본조는 개인 또는 주로 본인, 가족 또는 세대를 위하여 채무를 부담하는 계좌채무자를 위하여 다른 원칙을 인정하는 본편 이외의 법률에 따른다.

(d) [건강보험급부금수령권에의 미적용] 본조는 건강보험급부금수령권의 양도에는 적용되지 않는다.

제9-406조(계좌채무자의 면책; 양도의 고지; 양도의 특정과 증명; 계좌, 동산증서, 지급수령권 및 약속어음의 양도에 대한 제한의 무효)

(a) [계좌채무자의 면책; 고지의 효과] (b)항 또는 (i)항에 따라 계좌, 동산증서 또는 지급수령권에 관한 계좌채무는 만기가 된 금액이 양도된 것 또는 그 지급이 양수인에 대하여 이루어져야 한다는 것을 기재한 양도인 또는 양수인에 의하여 정본화된 고지를 해당 계좌채무자가 수령하기 전까지 양도인에게 그 지급함으로써 채무를 경감할 수 있다. 그 고지를 수령한 후 계좌채무자는 양수인에게 지급함으로써 채무를 경감할 수 있지만, 양도인에게 지급함으로써 그 채무를 경감할 수는 없다.

(b) [고지가 무효인 경우] (h)항에 따라, 다음의 경우에 고지는 (a)항에 의하여 무효가 된다.

(1) 그 고지가 양도된 권리를 합리적으로 특정하고 있지 않다;

(2) 계좌채무자 및 지급금 수령권의 매도인 사이의 합의가 매도인 이외의 자에게 지급을 하는 계좌채무자의 의무를 제한하고 있고, 동시에 이 제한이 본편 이외의 법률에 의하여 유효화되는 한도이며;

(3) 계좌채무자의 선택에 의하여 다음의 경우라 하더라도, 해당 고지가 양수인에 대한 할부금 또는 그 외의 정기지급금의 전체 금액 이하를 지급할 것을 나타내고 있는 경우,

(A) 계좌, 동산증서 또는 일반적인 신용의 일부만이 그 양수인에게 양도된 경우;

(B) 일부가 다른 양수인에게 양도된 경우;

(C) 계좌채무자가 그 양도인에 대한 양도는 제한되어 있다는 것을 알고 있는 경우.

(c) [양도의 입증] (h)항에 따라, 계좌채무자에 의하여 요구된 경우에 양수인은 양도가 이루어졌다는 합리적인 증거를 적시에 제시하여야 한다. 양수인이 이것을 하지 않는 경우에 계좌채무자는 그 계좌채무자가 (a)항에 의한 고지를 수령한 경우라도 양도인에게 지급함으로써 그 채무를 경감할 수 있다.

(d) [일반적으로 무효가 되는 양도제한규정] (e)항 및 제2A-303조 및 제9-407조 또는

본조에 별도로 규정된 경우를 제외하고, 또 (h)항에 따라 계좌채무자 및 양도인과의 합의 또는 약속어음의 조항은 다음의 한도에서 무효이다.

(1) 그 조항이 계좌, 동산증서, 신용지급 또는 약속어음에 대한 담보권의 설정, 양도 또는 이전 또는 설정, 부착, 완전화 또는 강제에 대하여 계좌채무자 또는 약속어음상 채무를 지는 자의 동의를 금지, 제한 또는 요구하는 경우;

(2) 담보권의 양도 또는 이전 또는 설정, 부착, 완전화 또는 강제가 채무불이행, 의무위반, 탈환권, 항변권, 청구권, 해제권 또는 계좌, 동산증서, 지급금수령권 또는 약속어음에 의한 구제를 발생시킬 수 있음을 규정한 경우.

(e) [(d)항이 적용되지 않는 일정한 매매] (d)항은 지급금수령권 또는 약속어음의 매매에는 적용되지 않는다.

(f) [일반적으로 무효가 되는 양도에 대한 법적 제한] 제2A-303조, 제9-407조 및 본조 (h)항과 (i)항에서 별도로 규정된 경우를 제외하고, 계좌 또는 동산증서에 대한 담보권의 양도, 이전 또는 설정에 대한 정부, 정부기관, 담당관 또는 계좌채무자의 동의를 금지, 제한 또는 요구하는 법 원칙, 제정법 또는 규칙은 다음의 한도에서 무효가 된다.

(1) 계좌 또는 동산증서에 대한 담보권의 양도 또는 이전 또는 설정, 부착, 완전화 또는 강제에 대한 정부, 정부기관 또는 담당관 또는 계좌채무자의 동의를 금지, 제한 또는 요구한다;

(2) 담보권의 양도 또는 이전 또는 설정, 부착, 완전화 또는 강제가 계좌, 동산증서, 신용지급 또는 약속어음에 따라 채무불이행, 의무위반, 변상권, 청구권, 항변권, 해제, 해제권 또는 구제방법을 발생시킬 수 있다는 것을 규정한다.

(g) [(b)항 (3)호의 포기 불가능] (h)항에 따라, 계좌채무자는 (b)항 (3)에 의한 그 선택권을 포기할 수 없고, 변경할 수도 없다.

(h) [다른 법률에 따른 개인을 위한 원칙] 본조는 개인인 계좌채무자가 주로 본인, 가족 또는 세대의 모든 목적을 위하여 채무를 지는 것에 대하여 다른 원칙을 정하며, 본편 이외의 법률에 따른다.

(i) [건강보험급부금수령권에의 미적용] 본조는 건강보험급부금수령권의 양도에는 적용되지 않는다.

(j) [본조의 우선적용] 본조는 다음의 제정법, 원칙 및 규칙과 충돌하는 경우에 우선한다.

[본조와 일치하지 않은 규정을 포함하고 있는 제정법, 원칙 및 규칙을 기재한다.]

제9-407조(리스 보유권 또는 임대인의 잔여권에 대한 담보권의 설정 또는 강제에 관한 제한)

(a) [일반적으로 무효가 되는 양도제한규정] (b)항에 별도로 규정된 경우를 제외하고, 리스 합의 조항은 다음의 한도에서 무효이다.

(1) 리스 계약에 의한 당사자의 권리에 대한, 또한 물품에 대한 임대인의 잔여권에 대한 담보권의 양도 또는 이전 또는 설정, 부착, 완전화 또는 강제를 금지, 제한 또는 리스 당사자의 동의를 요구한다;

(2) 담보권의 양도 또는 이전 또는 설정, 부착, 완전화 또는 강제가 계좌, 동산증서, 신용지급 또는 약속어음에 따라 채무불이행, 의무위반, 변상권, 청구권, 항변권, 해제, 해제권 또는 구제방법을 발생시킬 수 있다는 것을 규정한다.

(b) [일정한 조건의 유효성] 제2A-303조 (7)항에 별도로 규정된 경우를 제외하고, (a)항 (2)에 규정된 조건은 다음의 한도에서 유효하다.

(1) 물품의 사용 또는 점유에 관한 임차인의 권리에 대한 조건을 위반한 임차인의 이전;

(2) 리스 계약의 일반 당사자의 실질적인 이행의 해당 조항에 위반한 위임.

(c) [담보권의 중대한 침해로 인정되지 않은 경우] 리스 계약에 의한 임대인의 권리에 대한 담보권 또는 임대인의 물품에 대한 잔여권의 설정, 부착, 완전화 또는 강제는 제2A-303조 (4)항의 의미에서 임대인이 반대이행을 취득하는 기대권을 실질적으로 손상시키며, 또는 임차인에게 과하여지는 부담 또는 위험을 실질적으로 증대시키는 이전이 아니다. 다만, 강제가 임대인의 실질적인 이행의 위임을 초래하는 경우에는 그러하지 아니하다.

제9-408조(약속어음, 건강보험수급금 수령권 및 그 외 일정한 무형재산의 양도에 대한 제한의 무효)

(a) [일반적으로 무효로 되는 양도제한규정] (b)항에 별도로 규정된 경우를 제외하고, 약속어음 또는 계좌채무자와 채무자와의 합의 중의 조항으로 건강보험급부금수령권 또는 계약, 허가, 사용허락 또는 프랜차이즈를 포함하는 일반적 무형재산과 관련하며, 그 조항이 약속어음, 건강보험급부금수령권 또는 일반적 무형재산에 대한 담보권의 양도 또는 이전 또는 설정, 부착 또는 완전화를 금지, 제한, 또는 약속어음상의 채무를 부담한 자 또는 계좌채무자의 동의를 요구하는 것은 다음의 한도에서 무효이다.

(1) 담보권의 설정, 부착 또는 완전화를 침해한다고 규정한다;

(2) 담보권의 양도 또는 이전 또는 설정, 부착, 완전화 또는 강제가 채무불이행, 의무위반, 탈환권, 청구권, 항변권, 해제, 해제권 또는 약속어음, 건강보험급부수령권

또는 일반적 무형재산에 의한 구제방법을 발생시킬 수 있는 것을 규정한다.

(b) [일정한 지급금수령권의 매매에 대한 (a)항의 적용] (a)항은 담보권이 지급금 수령권 또는 약속어음의 매매로부터 발생한 경우에만 그 지급금 수령권 또는 약속어음에 대한 담보권에 적용된다.

(c) [무효로 되는 양도에 대한 일반적 법적 제한] 약속어음, 건강보험급부수령권 또는 계좌채무자와 채무자 사이의 약속, 허가, 사용허락 또는 프랜차이즈를 포함하는 일반적 무형재산에 대한 담보권의 양도 또는 이전, 또는 설정을 금지, 제한하거나, 정부, 정부기관 또는 담당관, 약속어음으로 채무를 부담한 자 또는 계좌채무자의 동의를 요구하는 법원칙 또는 규칙은 다음의 한도에서 무효이다.

(1) 담보권의 설정, 부착 또는 완전화가 약속어음, 건강보험급부수령권 또는 일반적 무형재산에 의하여 채무불이행, 위반, 감액청구권, 청구권, 항변, 해제권 또는 구제방법을 발생할 수 있는 것을 규정한다;

(2) 담보권의 양도 또는 이전 또는 설정, 부착 또는 완전화가 약속어음, 건강보험급부금수령권 또는 일반적 무형재산에 의하여 채무불이행, 위반, 감액청구권, 청구권, 항변, 해제권 또는 구제방법을 발생시킬 수 있는 것을 규정한다.

(d) [(a) 및 (c)항에 의한 무효에 대한 제한] 약속어음의 조항 또는 계좌채무자 및 채무자간의 합의의 조항으로 건강보험급부금수령권 또는 일반적 무형재산에 관한 것 또는 (c)항에 정한 법규칙, 제정법 또는 규칙이 본편 이외의 법률에 의하여 유효하지만, (a)항 또는 (c)항에 의하여 무효가 되는 한도에서 약속어음, 건강보험급부금수령귀, 또는 일반적 무형재산에 대한 담보권의 설정, 부착 또는 완전화는,

(1) 약속어음상의 채무를 부담한 자 또는 계좌채무자에 대하여는 강제할 수 없다;

(2) 약속어음상의 채무를 부담한 자 또는 계좌채무자가 의무 또는 채무를 지지 않는다;

(3) 약속어음상의 채무를 부담한 자 또는 계좌채무자에 대하여 담보권을 승인하는 것, 담보권자에게 지급하거나 또는 이행을 하는 것 또는 담보권자로부터 지급 또는 담보권자로부터 지급 또는 이행을 수령하는 것을 요구하지 않는다;

(4) 약속어음, 건강보험급부금수령권, 또는 일반무형재산을 발생시키는 거래에서 채무자에게 제공된 관련 정보 또는 자료를 포함하고, 약속어음, 건강보험급부금수령권 또는 일반무형재산에 의한 채무자의 권리를 이용 또는 양도하는 권리를 담보권자에게 부여하지 않는다;

(5) 약속어음상의 채무를 부담한 자 또는 계좌채무자의 영업비밀 또는 기밀정보를 이용, 양도, 보유 또는 접근하는 권리를 담보권자에게 부여하지 않는다;

(6) 약속어음, 건강보험급부금수령권 또는 일반무형재산에 대한 담보권을 강제하는 권리를 담보권자에게 부여하지 않는다.

(e) [본조의 우선적용] 본조는 다음의 제정법, 원칙 또는 규칙의 모순하는 규정보다 우선한다.

[본조와 일치하지 않은 규정을 포함하고 있는 제정법, 원칙 및 규칙을 기재한다.]

제9-409조(신용장 권리의 양도에 대한 제한의 무효)

(a) [무효로 되는 양도제한조항 또는 법률] 신용장상의 권리에 대한 수익자의 양도 또는 담보권의 설정에 신청인, 발행인 또는 지정인의 동의를 금지, 제한 또는 요구하는 신용장 또는 신용장에 적용되는 법원칙, 규칙, 관습 또는 관행의 조항은 다음의 범위에서 무효이다.

(1) 신용장의 권리에 대한 담보권의 창설, 부착 또는 완전화를 침해하는 경우;

(2) 담보권의 양도 또는 설정, 부착 또는 완전화가 채무불이행, 계약위반, 환매권, 항변권, 해제, 해제권 또는 신용장의 권리에 의한 구제방법을 발생시킬 수 있는 것을 규정하는 경우.

(b) [(a)항에 의한 무효에 관한 제한] 신용장의 조항이 (a)항에 의하여 무효이지만, 배서권의 이전, 신용장에 따라 이행의 요구 또는 신용장에 대한 수익금에 관한 권리의 이전 및 신용장상 권리에 대한 담보권의 설정, 부착 또는 완전화는 본편이 아닌 신용장에 적용할 수 있는 법, 관습 또는 관행에 의하여 유효한 경우에,

(1) 신청인, 발행인, 지정인 또는 이전을 받은 수익자에 대하여는 강제할 수 없다;

(2) 신청인, 발행인, 지정인 또는 이전을 받은 수익자에 대하여 의무 또는 채무를 지지 않는다;

(3) 신청인, 발행인, 지정인 또는 이전을 받은 수익자가 그 담보권을 승인하고, 담보권자에게 지급하거나 이행을 하고, 담보권자로부터의 지급을 수령하거나 다른 이행을 받는 것을 필요로 하지 않는다.

제5장 등　록

제1절　등록사무소; 융자명세서의 내용 및 효력

제9-501조(등록사무소)

(a) [등록사무소] (b)항에 별도로 규정된 경우를 제외하고, 본주의 지역법[주법]이 담보권 또는 농업상의 우선특권의 완전화를 규율하고 있는 경우에 담보권 또는 농업상의 우선특권을 완전화하기 위하여 등록을 담당하는 사무소는 다음과 같다.

(1) 다음의 경우에는 관련하는 부동산상 양도담보권의 기록의 등록 또는 기록을 위하여 지정된 사무소;

(A) 담보물이 굴착될 때마다 담보물이 되거나 채벌된 수목인 경우;

(B) 융자명세서가 정착물 등록으로써 등록되고, 동시에 그 담보물이 정착물이거나 정착물이 될 물품인 경우.

(2) 담보물이 정착물이거나 정착물이 될 물품으로 동시에 그 융자명세서가 정착물등록으로써 등록되어 있지 않은 경우를 포함하며, 그 외의 모든 경우에는 [ ]의 사무소[또는 [ ]에 의하여 적정하게 수권된 사무소].

(b) [운송사업체의 등록사무소] 정착물을 포함하여, 운송사업의 담보물에 대한 담보권을 완전화하기 위하여 융자명세서를 등록하는 사무소는 [ ]의 사무소이다. 그 융자명세서는 또한 정착물이거나 또는 정착물이 되는 융자명세서에 특정된 담보물에 관하여 정착물등록이 된다.

제9-502조(융자명세서의 내용; 융자명세서로 인정되는 양도담보등서; 융자명세서를 등록하는 때)

(a) [융자명세서의 충분성] (b)항에 따라 융자명세서는 다음의 경우에만 충분하게 된다.

(1) 채무자의 이름이 기재되어 있다;

(2) 담보권자 또는 담보권자 대표자의 이름이 기재되어 있다;

(3) 그 융자명세서의 대상이 되는 담보물이 기재되어 있다.

(b) [부동산관련융자명세서] 제9-501조 (b)항에 별도로 규정된 경우를 제외하고, 충분하기 위하여는 굴착될 때마다 담보물이 되거나 또는 채벌된 수목을 대상으로 하는 융자명세서 또는 정착물등록으로써 등록되어 있고, 정착물이거나 정착물이 되는 것을 대상으로 하는 융자명세서는 (a)항을 충족하는 외에 다음의 것을 충족하여야 한다.

(1) 그 명세서가 이 종류의 담보물을 대상으로 하고 있다는 것이 기재되어 있다;

(2) 그 담보물이 부동산기록에 [기록을 위하여] 등록된 것이 기재되어 있다;

(3) 담보물이 관계하는 부동산을 기재한다 [그 기재가 부동산의 양도담보의 기재에 포함되었다면, 본주의 법률에 의하여 양도담보의 의제적 통지를 부여하는 것에 충분한 것]; 그리고

(4) 채무자가 그 부동산에 대한 등록상 권리를 가지지 않는 경우에 등록상 소유자의 이름이 기재되어 있다.

(c) [융자명세서로서의 양도담보의 기록] 양도담보의 기록은 다음의 경우에만 정착물등록으로 등록된 융자명세서로서 또는 굴착될 때마다 담보물이 되는 것 또는 채벌된 수목을 대상으로 하는 융자명세서로서 기록된 날짜 이후부터 유효하다.

(1) 그 기록에 대상이 되는 물품 또는 계좌가 기록되어 있다;

(2) 물품이 기록된 부동산에 관계하는 정착물이거나 또는 정착물이 되거나 또는 담보물이 기록에 기재된 부동산과 관계가 있고, 동시에 굴착될 때마다 담보물이 되는 것 또는 채벌된 수목이다;

(3) 융자명세서가 부동산등록에 등록되어야 한다는 점을 제외하고, 그 기록이 본조에서 융자명세서의 모든 요건을 충족하고 있다;

(4) 그 기록이 적정하게 기록되어 있다.

(d) [담보합의 또는 부착전의 등록] 융자명세서는 담보합의가 이루어지기 전 또는 담보권이 부착되기 전에 등록될 수 있다.

제9-503조(채무자와 담보권자의 이름)

(a) [채무자이름의 충분성] 융자명세서는 다음의 경우에 채무자 이름의 요건을 충분히 충족하고 있다.

(1) 채무자가 등록단체이고, 그 명세서에 그 채무자가 단체로 되어 있는 것을 증명하는 채무자 단체의 관할 [주]의 공적기록 상에 기재된 채무자의 이름만 기재되어 있는 경우;

(2) 채무자는 피상속인의 유산인 때에는 융자명세서에 그 피상속인의 이름을 기재하고, 동시에 채무자가 유산인 경우만을 기재하고 있는 경우;

(3) 채무를 신탁하거나 또는 신탁으로써 유지되는 재산에 관하여 실제상 수탁자인 경우에 그 융자명세서에 다음의 것만이 기재되어 있는 경우,

(A) 설립취지서에 그 신탁자를 위하여 특정된 이름을 부여하고 있거나, 이름이 기재되어 있지 않은 경우에 설립자의 이름 및 1인 또는 2인 이상 동일한 설립자를 가진 다른 신탁으로부터 채무자를 특정하는 것에 충분한 부수적 정보를 기재하고 있다;

(B) 그 채무자의 이름 또는 그 외의 부분에서 해당 채무자가 신탁 또는 신탁으로써 유지되는 재산에 관하여 실제상 수탁자인 것을 기재하고 있다; 그리고

(4) 그 외의 경우,

(A) 채무자가 이름을 가지고 있는 경우에 그것이 채무자의 개인 또는 단체의 이름만을 기재하고 있는 경우; 그리고

(B) 채무자가 이름을 가지지 않는 경우에 그것이 채무자인 파트너, 회원, 보조자 또는 그 외의 자의 이름만을 기재하고 있는 경우.

(b) [부수적 채무자관련정보] (a)항에 따라 채무자의 이름을 기재한 융자명세서는 다음의 것이 결여되더라도 무효가 되지 않는다.

(1) 채무자의 트레이드 네임 또는 그 외의 이름; 또는

(2) (a)항 (4)호 (B)에 의하여 요구되는 경우는 별도로, 채무자를 구성하는 파트너, 회원, 보조자 또는 그 외의 자의 이름.

(c) [채무자의 트레이드 네임의 불충분성] 채무자의 트레이드 네임만을 기재한 융자명세서는 채무자의 이름을 충분히 부여하고 있지 않다.

(d) [대표의 자격] 담보권자의 대표자격 또는 담보권자의 대표를 기재하고 있지 않는 것은 융자명세서의 충분성에 영향을 주지 않는다.

(e) [복수 채무자 및 복수 담보권자] 융자명세서는 2인 이상의 채무자 이름 및 2인 이상의 담보권자의 이름을 부여할 수 있다.

제9-504조(담보물의 특정)

융자명세서에 다음의 것이 기재되어 있다면, 그 융자명세서는 그것이 대상으로 하는 담보물을 충분히 특정하고 있다.

(1) 제9-108조에 따르는 담보물의 기재; 또는

(2) 그 융자명세서가 전부의 재산 또는 전부의 동산을 대상으로 한다는 특정.

제9-505조(위탁판매, 임대차 및 그 위탁 및 그 외의 거래를 위한 등록 및 다른 법 및 조약의 준수)

(a) [채무자] 위탁자, 임대인 또는 그 외의 물품위탁자, 사용허락자 또는 지급수령권 또는 약속어음의 매수인은 「채무자」 및 「담보권자」의 용어 대신에 「위탁자」, 「수탁자」, 「임대인」, 「임차인」, 「임치인」, 「수탁자」, 「사용허락자」, 「피사용허락자」, 「소유자」, 「매도인」, 「매수인」, 「등록소유자」이라는 용어 또는 유사한 의미를 사용하여 융자명세서를 등록하고, 제9-311조 (a)항에 정한 제정법 또는 조약을 준수할 수 있다.

(b) [(a)항에 의한 융자명세서의 효력] 본항은 (a)항에 의한 융자명세서의 등록에 적용되고, 적설한 경우에는 제9-311조 (b)항에 의한 융자명세서의 등록과 동등한 수락에 적용되지만, 그 등록 또는 수락 그 자체는 해당 담보물이 채무를 보증하는가의 여부를 결정할 수 없다. 다른 이유에 의하여 담보물이 채무를 보증한다고 결정되는 경우에 위탁자, 임대자, 임대인, 임치인, 사용허락자, 소유자 또는 매수인에 의하여 유지되는 해당 담보물에 부착하는 담보권은 그 등록 또는 준수에 의하여 완전화된다.

제9-506조(오기 또는 누락의 효과)

(a) [사소한 오기 또는 누락] 본장의 요건을 실질적으로 충족하고 있는 융자명세서는 그것에 사소한 오기 또는 누락을 포함하는 것이더라도 그 오기 또는 누락이 그 융자명세서가 현저한 오해를 받지 않는 한 유효하다.

(b) [융자명세서의 현저한 오해] (c)항에 별도로 규정된 경우를 제외하고, 제9-503조에 따라 채무자의 이름을 충분하게 부여하고 있지 않은 융자명세서는 현저한 오해를 유발하는 것이다.

(c) [융자명세서의 현저한 오해를 유발하지 않는 것] 등록사무소의 표준검색논리를 사용하여 정확한 채무자의 이름에 의한 해당 등록사무소 기록의 검색 결과로 제9-503조 (a)항에 따라 채무자의 이름을 충분하게 부여하지 않는 융자명세서가 제시된 경우에 주어진 이름은 당해 융자증명서에 대하여 현저한 오해를 유발하는 것은 아니다.

(d) [채무자의 정확한 성명] 제9-508조 (b)항의 모든 목적을 위하여, (c)항에서 말하는 「채무자의 정확한 이름」이라는 것은 신채무자의 정확한 이름을 의미한다.

제9-507조(융자명세서의 효력에 대한 일정한 사건의 효과)

(a) [처분] 담보권자가 처분에 대하여 알고 있거나 또는 동의하고 있는 경우라 하더라도 매각, 교환, 임대 또는 그 외의 다른 방법으로 처분된 담보물로 그것에 대한 담보권 또는 농업상 우선특권이 존속하고 있는 것에 관하여 등록된 융자명세서는 계속하여 효력을 가진다.

(b) [현저하게 오해를 유발하는 정보] (c)항 및 제9-508조에 별도로 규정된 경우를 제외하고, 융자명세서가 등록된 후에 그 융자명세서에 기재된 정보가 제9-506조에 의하여 현저한 오해를 유발한 경우에 무효가 되지 않는다.

(c) [채무자의 성명의 변경] 채무자가 그 이름을 변경하고, 그 결과 등록융자명세서가 제9-506조에 의하여 현저한 오해가 유발된 경우,

(1) 융자명세서는 그 변경 전에 또는 그 후 4개월 사이에 채무자에 의하여 획득된 담보물에 대한 담보권을 완전화하는 것에는 유효하다;

(2) 융자명세서는 그 융자명세서가 현저한 오해를 유발하지 않도록 하는 융자명세서의 수정이 그 변경 후 4개월 이내에 등록된 경우를 제외하고, 그 변경 후 4개월 이상이 경과한 후에 채무자에 의하여 획득된 담보물에 대한 담보권을 완전화시키기 위한 것에는 유효하지 않다.

제9-508조(신채무자가 담보계약에 의하여 구속된 경우의 융자명세서의 효력)

(a) [기존 채무자의 성명을 기재한 융자명세서] 본조에 별도로 규정된 경우를 제외하고, 기존 채무자의 이름을 기재한 등록융자명세서는 기존의 채무자가 담보물에 대한 권리를 획득한다면 그 융자명세서가 유효하다고 인정되는 한도에서 신채무자가 권리를 획득하거나 또는 획득한 담보물에 대한 담보권을 완전화하는 것에 유효하다.

(b) [융자명세서가 현저한 오해를 유발한 경우] 기존 채무자의 이름 및 신채무자의 이름 사이의 차이가 (a)항에 의하여 유효가 되는 등록융자명세서에 대하여 제9-506조에 따라 현저한 오해를 유발한 경우에는,

(1) 융자명세서는 신채무자가 제9-203조 (d)항에 의하여 기속되기 전 또는 그 후 4개월 이내에 그 신채무자에 의하여 획득된 담보물에 대한 담보권을 완전화하는 것은 유효하다;

(2) 융자명세서는 신채무자의 이름을 기재하고 있는 최초의 융자명세서가 그 기간이 경과하기 전에 등록된 경우를 제외하고, 신채무자가 제9-203조 (d)항에 의하여 기속된 후 4개월 이상이 경과한 후에 그 신채무자에 의하여 획득된 담보물에 대한 담보권을 완전화하는 것에는 유효하지 않다.

(c) [본조가 적용되지 않는 경우] 본조는 등록융자명세서가 제9-507조 (a)항에 의하여 신채무자에 대하여도 계속 유효한 담보물에는 적용되지 않는다.

제9-509조(기록을 등록할 수 있는 자)

(a) [기록을 등록한 권리를 가진 자] 다음의 경우에만 당사자는 최초의 융자명세서, 융자명세서에 의하여 대상이 되는 담보물을 추가하는 수정 또는 융자명세서에 채무자를 추가하는 수정을 등록할 수 있다.

(1) 채무자가 정본화된 기록에 또는 (b)항 또는 (c)항에 따라 등록을 인정하는 경우; 또는

(2) 그 자가 등록시에 유효로 되는 농업상 우선특권을 유지하고 있고, 그 융자명세서가 그 자의 농업상 우선특권을 유지하고 있는 담보물만을 대상으로 하고 있는 경우.

(b) [수권에 의한 담보계약] 담보계약을 정본화하거나 또는 그 계약에 의하여 채무자로서 구속을 받게 됨으로써 채무자 또는 신채무자는 다음을 대상으로 하는 최초의 융자명세서 및 수정의 등록을 지원한다.

(1) 담보계약에 기재된 담보물; 및

(2) 담보계약이 명시적으로 수익금을 대상으로 하고 있는가의 여부와 관계없이 제9-315조 (a)항 (2)에 의하여 담보물이 되는 재산.

(c) [수권에 의한 담보물의 획득] 담보권 또는 농업상 우선특권이 제9-315조 (a)항 (1)에 의하여 존속하고 있는 담보물을 획득함으로써 채무자는 제9-315조 (a)항 (2)에 의하여 담보물이 되는 담보물 및 재산을 대상으로 하는 최초의 융자명세서의 등록 및 수정을 수권한다.

(d) [일정한 수정을 등록할 수 있는 자] 다음의 경우에만 당사자는 융자명세서에 의하여 대상이 되는 담보물을 추가하는 수정 또는 융자명세서에 채무자를 추가하는 수

정 이외의 수정을 등록할 수 있다.

(1) 기록상의 담보권자가 그 등록을 수권하고 있는 경우;

(2) 그 수정이 융자명세서의 해제명세서로 그것에 관하여 기록상의 담보권자가 제9-513조 (a)항 또는 (c)항에 의하여 요구되는 해제명세서를 등록 및 송부하고 있지 않지만, 채무자가 그 등록을 인정하고 있으며, 동시에 그 해제명세서가 채무자가 그것이 등록된 것을 수권하였다는 것을 기재하고 있는 경우.

(e) [기록상 복수 담보권자] 융자명세서의 기록상 2인 이상의 담보권자가 있는 경우에 기록상의 각 담보권자는 (d)항에 의한 수정 기록을 수권할 수 있다.

제9-510조(등록된 기록의 효과)

(a) [등록기록을 유효하게 하는 수권] 등록기록은 제9-509조에 의하여 그것을 등록할 수 있는 자에 의하여 등록된 한도 내에서만 유효하다.

(b) [기록상 1인의 담보권자에 의한 수권] 기록상 1인의 담보권자에 의하여 수권된 기록은 기록상의 다른 담보권자에 관한 융자명세서에 영향을 주지 않는다.

(c) [적절한 시기에 등록되지 않은 계속명세서] 제9-515조 (d)항에 규정된 6개월의 기간 내에 등록되지 않았던 계속명세서는 무효이다.

제9-511조(기록상의 담보권자)

(a) [기록상 담보권자] 융자명세서에 관한 기록상의 담보권자는 등록된 최초의 융자명세서에 그 이름이 담보권자의 이름으로서 또는 담보권자의 대표인으로서 기재된 자이다. 최초의 융자명세서가 제9-514조 (a)항에 의하여 등록된 경우에 최초의 융자명세서에 이름이 기재된 양수인은 해당 융자명세서에 관한 기록상의 담보권자이다.

(b) [기록상의 담보권자를 지정하는 수정] 어떤 자의 이름을 담보권자 또는 담보권자의 대표로서 기재된 융자명세서의 수정이 등록된 경우에 그 수정에 이름이 기재된 자가 기록상의 담보권자이다. 수정이 제9-514조 (b)항에 의하여 등록된 경우에 그 수정에 이름이 기재된 양수인이 기록상의 담보권자이다.

(c) [기록상의 담보권자를 삭제하는 수정] 기록된 자를 삭제하는 융자명세서의 수정이 등록되기까지 그 자는 기록상 계속 담보권자이다.

제9-512조(융자명세서의 수정)

대체안 A

(a) [융자명세서의 정보수정] 제9-509조에 따라, 당사자는 다음과 같은 수정을 등록함으로써 융자명세서에 의하여 대상이 되는 담보물을 추가 또는 삭제하거나, 그 효력을 계속 또는 해제하거나, (e)항에 따라 그 안에 부여된 정보를 다른 방법으로 수정할 수 있다.

(1) 그 수정이 관계하는 최초의 융자명세서를 파일번호로 특정하고 있다; 그리고

(2) 그 수정이 제9-501조 (a)항 (1)에 정한 등록사무소에서 등록된 [또는 기록된] 최초의 융자명세서와 관련된 경우에 제9-502조 (b)항에 정한 정보를 기재한다.

대체안 B

(a) [융자명세서의 정보수정] 제9-509조에 따라, 당사자는 다음과 같은 수정을 등록함으로써 융자명세서에 의하여 대상이 되는 담보물을 추가 또는 삭제하거나, 그 효력을 계속 또는 해제하거나, (e)항에 따라 그 안에 부여된 정보를 다른 방법으로 수정할 수 있다.

(1) 그 수정이 관계하는 최초의 융자명세서를 파일번호로 특정하고 있다.

(2) 그 수정이 제9-501조 (a)항 (1)에 정한 등록사무소에서 등록된 [또는 기록된] 최초의 융자명세서와 관련된 경우에 최초의 융자명세서가 등록된 [또는 기록된] 날짜 [및 시간] 등에 제9-502조 (b)항에 정한 정보를 기재하고 있다.

[수정안 종료]

(b) [영향을 받지 않는 유효기간] 제9-515조에 별도로 규정된 경우를 제외하고, 수정의 등록은 융자명세서의 유효기간을 연장하지 않는다.

(c) [담보물을 추가한 수정의 효력] 담보물을 추가하는 수정에 의하여 수정된 융자명세서는 추가된 담보물에 관하여 수정의 등록일 이후부터 유효하다.

(d) [채무자를 추가한 수정의 효력] 채무자를 추가하는 수정에 의하여 수정된 융자명세서는 추가된 채무자에 관하여는 수정의 등록일 이후부터 유효하다.

(e) [무효인 일정한 수정] 수정은 다음의 한도에서 무효이다.

(1) 그 수정이 채무자 전원을 삭제하는 것을 의도하고 있으며, 동시에 그 융자명세

서에 의하여 대상이 되는 채무자의 이름을 기재하고 있지 않다; 또는
(2) 기록상의 담보권자 전원을 삭제하고, 동시에 기록상의 신담보권자의 이름을 기재하고 있지 않다.

제9-513조(해제명세서)

(a) [소비자물품] 융자명세서가 소비자물품을 대상으로 하고 있고, 동시에 다음의 경우에 담보권자는 융자명세서 기록상의 담보권자에게 그 융자명세서의 해제명세서의 등록을 하여야 한다.
  (1) 그 융자명세서에 의하여 대상이 되는 담보물에 의하여 보증되는 채무가 존재하지 않고, 동시에 선금을 지급하거나, 채무를 지거나, 다른 방법으로 가격을 부여하는 약속이 없다; 또는
  (2) 채무자가 최초의 융자명세서 등록을 수권하지 않았다.
(b) [(a)항의 준수를 위한 기간] (a)항을 준수하기 위하여 다음의 기간 내에 담보권자는 기록상의 담보권자에게 해제명세서를 등록하여야 한다.
  (1) 융자명세서에 의하여 대상이 되는 담보물에 의하여 담보되는 채무가 소멸하고, 선금을 지급하거나, 채무를 지거나 다른 방법으로 대가를 지급하는 약속이 소멸한 시기로부터 1개월 이내; 또는
  (2) 그 이전이라면, 담보권자가 채무자로부터 정본화된 요구를 수령한 후 20일 이내.
(c) [다른 담보물] (a)항에 의하여 규정된 경우에 담보권자가 채무자로부터 정본화된 청구를 수령한 후 20일 이내에 담보권자는 다음의 경우에 융자명세서 기록상의 담보권자에게 그 융자명세서의 해제명세서를 채무자에게 송부하거나 또는 등록사무소에서 그 해제명세서를 등록하여야 한다.
  (1) 매각된 계좌 또는 동산증서 또는 임치의 목적물인 물품을 대상으로 하는 융자명세서의 경우를 제외하고, 그 융자명세서에 의하여 대상이 되는 담보물에 대하여 보증되는 채무가 존재하고 있지 않고, 동시에 선금을 지급하거나, 채무를 지거나, 그 외의 다른 방법으로 가격을 부여하는 약속이 없다;
  (2) 융자명세서가 매각된 계좌 또는 동산증서를 대상으로 하고 있으나, 그것에 관하여 계좌채무자 또는 그 외 채무를 부담한 자가 그 채무로부터 면책되고 있다;
  (3) 융자명세서가 임치의 목적물인 물품을 대상으로 하고 있지만, 채무자의 점유 하에 있지 않다.
(d) [해제명세서의 효력] 제9-501조에 별도로 규정된 경우를 제외하고, 등록사무소에 해제명세서를 등록한 때에 해제명세서가 관련된 융자명세서는 효력을 잃는다. 제9-501조에 별도로 규정된 경우를 제외하고, 제9-519조 (g)항, 제9-522조 (a)항 및 제9-523조 (c)항의 모든 목적을 위하여 채무자가 운송사업체인 것을 기재한 융자

명세서에 관련된 해제명세서의 등록사무소에서의 등록은 융자명세서의 효력을 상실시킨다.

제9-514조(기록상 담보권자의 권한 양도)

(a) [최초 융자명세서에 기재된 양도] (c)항에 별도로 규정된 경우를 제외하고, 최초의 융자명세서는 양수인의 이름 및 우편주소를 담보권자의 이름 및 주소로서 기재하여 그 융자명세서를 수정하는 담보권자의 권한을 양도할 수 있다.

(b) [등록융자명세서의 양도] (c)항에 별도로 규정된 경우를 제외하고, 기록상 담보권자는 기록상 다음과 같은 융자명세서의 수정을 등록사무소에 등록함으로써 수정을 수권하는 권한의 전부 또는 일부를 양도할 수 있다.

(1) 파일번호에 의하여 그와 관계하는 최초의 융자명세서를 특정한다;

(2) 양도인의 이름을 기재한다; 그리고

(3) 양도인의 이름 및 우편주소를 기재한다.

(c) [양도담보기록의 양도] 제9-502조 (c)항에 의한 정착물등록으로써 등록된 융자명세서로서 유효한 양도담보의 기록에 의하여 대상이 되는 정착물에 대한 담보권 기록의 양도는 [통일상법전] 이외의 본주의 법률에 의하여 규정된 방법에 의한 양도담보기록의 양도에 의하여만 이루어질 수 있다.

제9-515조(융자명세서의 유효기간과 효력; 유효기간 경과 후의 효과)

(a) [5년의 유효기간] (b)항, (e)항, (f)항 및 (g)항에 별도로 규정된 경우를 제외하고, 등록융자명세서는 그 등록일로부터 5년간 유효하다.

(b) [공적 융자 또는 이동주택거래] (e)항, (f)항 및 (g)항에 별도로 규정된 경우를 제외하고, 공적융자 또는 이동주택 거래와 관련하여 등록된 최초의 융자명세서는 그것이 공적융자 또는 이동주택거래와 관련하여 등록된 것을 기록하고 있는 경우에는 그 등록일로부터 30년간 유효하다.

(c) [융자명세서의 유효기간의 경과 및 계속] (d)항에 따라 기간이 경과하기 전에 계속명세서가 등록된 경우를 제외하고, 등록융자명세서의 유효기간은 그 유효기간이 경과한 때까지이다. 경과할 때에 융자명세서는 무효이며, 그 융자명세서에 의하여 완전화된 담보권 또는 농업상 우선특권은 담보권이 다른 방법으로 완전화되지 않는 한 완전화되지 않는다. 담보권 또는 농업상 우선특권이 경과한 때에 완전화되지 않은 경우에 담보물의 유상 구입자에 대하여는 처음부터 완전화되지 않았던 것으로 간주된다.

(d) [계속명세서를 등록할 수 있는 시기] (a)항에 정한 5년의 기간이 경과하기 전 6개월 이내 또는 (b)항에 정한 30년 기간 중 적용되는 기간 내에서만 계속명세서를 등

록할 수 있다.

(e) [계속명세서의 등록효력] 제9-510조에 별도로 규정된 경우를 제외하고, 계속명세서를 적시에 등록한 때에 최초의 융자명세서의 효력은 등록이 없는 경우에 그 융자명세서가 무효가 된다고 인정되는 날이 시작되는 5년의 기간동안 계속된다. 그 5년의 기간이 경과하기 전에 (d)항에 따라 다른 계속명세서가 등록된 경우를 제외하고, 융자명세서는 (c)항에 규정된 것과 같은 방법으로 효력을 상실한다. 이에 계속되는 계속명세서는 최초의 융자명세서의 효력을 지속하기 위한 방법과 동일한 방법으로 기록될 수 있다.

(f) [운송사업체의 융자명세서] 채무자가 운송사업체로 등록융자명세서가 그 취지를 기재하고 있는 경우에 그 융자명세서는 해제명세서가 등록될 때까지 유효하다.

(g) [융자명세서에 의한 양도담보기록] 양도담보의 기록은 제9-502조 (c)항에 의한 정착물 등록으로써 등록된 융자명세서로서 유효하고, 그 양도담보가 해소되거나 또는 변제되거나 그 효력이 해당 부동산에 관하여 실효될 때까지 정착물등록으로써 등록된 융자명세서로서 계속 유효하다.

제9-516조(등록을 구성하는 것; 등록의 효력)

(a) [등록을 구성하는 것] (b)항에 별도로 규정된 경우를 제외하고, 등록사무소에 대한 기록의 전달 및 등록수수료의 공탁 또는 등록사무소에 의한 그 기록의 수령은 등록을 구성한다.

(b) [기록수령의 거절 ; 등록의 미이행] 등록사무소가 다음을 이유로 하여 수령을 거절한 기록에 관하여 등록은 행하여지지 않는다.

(1) 그 기록이 등록사무소에 의하여 인정된 방법 또는 전달수단에 의하여 전달되지 않았다;

(2) 적용이 되는 등록수수료와 같은 금액 또는 이상의 금액이 공탁되어 있지 않다;

(3) 등록사무소가 다음의 이유에 의하여 그 기록을 등록할 수 없다;

(A) 최초의 융자명세서의 경우에 그 기록이 채무자의 이름을 기재하고 있지 않다;

(B) 수정명세서 또는 정정명세서의 경우에 기록이,

(i) 제9-502조 또는 제9-518조의 적용을 인정하는 규정에 의하여 요구되는 최초의 융자명세서를 특정하고 있지 않다;

(ii) 그 효력이 제9-515조에 의하여 초과한 최초의 융자명세서를 특정한다.

(C) 개인으로서 특정된 채무자의 이름을 제공하는 최초의 융자명세서 또는 그 기록이 관계하는 융자명세서에 종전에 기재되지 않았던 개인으로서 기재된 채무자의 이름을 제공하는 수정의 경우에 그 기록이 채무자의 성을 기재하고 있지 않다; 또는

(D) 제9-501조 (a)항 (1)에 정한 기록사무소에서 등록 [또는 기록]된 기록의 경우에 그 기록이 그것에 관한 부동산을 충분하게 기재하고 있지 않다.

(4) 최초의 융자명세서 또는 기록상의 담보권자를 추가하는 수정의 경우에 그 기록이 기록상 담보권자의 이름 및 우편주소를 기재하고 있지 않다;

(5) 최초의 융자명세서 또는 수정에 관계하는 융자명세서에 종전에 기재되지 않았던 채무자의 이름을 기재하는 수정의 경우에 그 기록이,

(A) 채무자의 우편주소를 기재하고 있지 않다;

(B) 채무자가 개인인가 또는 단체인가를 기재하고 있지 않다; 또는

(C) 그 융자명세서가 채무자는 단체라고 기재하고 있는 경우,

(i) 채무자단체의 종류를 기재하고 있지 않다;

(ii) 채무자단체의 관할을 기재하고 있지 않다; 또는

(iii) 채무자 단체 특정번호를 기재하고 있지 않거나 또는 채무자가 없다라는 것을 기재하고 있다.

(6) 제9-514조 (a)항에 의하여 최초의 융자명세서에 기재된 양도 또는 제9-514조 (b)항에 의하여 등록된 수정의 경우에 그 기록이 양수인의 이름 및 우편주소를 기재하고 있지 않다; 또는

(7) 계속증명서의 경우에 그 기록이 제9-515조 (d)항에 의하여 규정된 6개월의 기간 내에 등록되어 있지 않다.

(c) [(b)항에 적용되는 원칙] (b)항의 모든 목적을 위하여,

(1) 등록사무소가 정보를 읽을 수 없거나 또는 해독할 수 없는 경우에 기록은 정보를 부여하지 않는다; 그리고

(2) 제9-512조, 제9-514조 또는 제9-518조에 따라 수정한 것을 기재하고 있거나 또는 기록과 관련된 최초의 융자명세서를 특정하고 있지 않은 기록은 최초의 융자명세서이다.

(d) [기록수령의 거절; 기록은 등록된 기록에 의하여 유효] 등록수수료를 공탁하여 등록사무소에 전달하였지만, (b)항에 규정하는 하나 이상의 이유에 의하여 등록사무소가 수령를 거절한 기록은 파일에 그 기록이 없음을 합리적으로 신뢰하여 가격을 지급한 담보물의 구입자에 대한 경우 이외에는 등록된 기록으로서 유효하다.

제9-517조(색인 오기의 효과)

등록사무소가 정확한 색인을 부가하지 않는 것은 등록사무소의 효력에 영향을 미치지 않는다.

제9-518조(부정확 또는 부정한 등록기록에 대한 청구권)

(a) [정정명세서] 기록이 부정확하거나 또는 부정하게 등록된 것으로 신뢰한다면, 그 자는 그 자의 이름에 의하여 색인이 붙여진 기록에 관하여 등록사무소에서 정정명세서를 등록할 수 있다.

대체안 A

(b) [정정명세서의 충분성] 정정명세서는,

(1) 그 기록이 관계하는 최초의 융자명세서에 해당하는 파일번호에 의하여 그것이 관계하는 기록을 특정하여야 한다;

(2) 그것이 정정명세서인 것을 기재하여야 한다; 그리고

(3) 기록이 부정확하고 기록이 부정확함을 시정하기 위하여 수정되어야 한다는 신뢰에 대한 근거를 제시하거나 기록이 부정하게 등록되어 있다는 신뢰에 대한 근거를 제시하여야 한다.

대체안 B

(b) [정정명세서의 충분성] 정정명세서는,

(1) 다음의 것에 의하여 그것이 관계하는 기록을 특정하여야 한다;

(A) 그 기록이 관련된 최초의 융자명세서에 해당하는 파일번호; 및

(B) 정정명세서가 제9-501조 (a)항 (1)에 규정된 등록사무소에 등록된 [또는 기록된] 기록과 관련된 경우에 최초의 융자명세서가 등록된 날짜 및 제9-502조 (b)항에 정한 정보.

(2) 그것이 정정명세서인 것을 기재하여야 한다; 그리고

(3) 기록이 부정확하고 기록이 부정확함을 시정하기 위하여 수정되어야 한다는 신뢰에 대한 근거를 제시하거나 기록이 부정하게 등록되어 있다는 신뢰에 대한 근거를 제시하여야 한다.

[대체안의 종료]

(c) [정정명세서에 의하여 영향을 받지 않는 기록] 정정명세서의 기록은 최초의 융자명세서 또는 그 외의 등록기록의 효력에 영향을 미치지 않는다.

제2절 등록사무소의 의무 및 업무

제9-519조(기록의 번호지정, 유지보관 및 색인작성; 기록에 부여되는 정보의 전달)

(a) [등록사무소의 의무] 등록사무소에서 등록된 각 기록에 대하여 등록사무소는,

(1) 등록기록에 고유한 번호를 배당하여야 한다;

(2) 등록기록에 배당된 번호 및 등록 날짜 및 시간을 정한 기록을 작성하여야 한다;

(3) 등록기록을 대중이 열람할 수 있도록 유지하여야 한다;

(4) (c)항, (d)항 및 (e)항에 따라 등록기록에 색인을 부여하여야 한다.

(b) [등록번호] 등록번호는 다음의 숫자번호를 포함하여야 한다.

(1) 등록번호의 다른 숫자에 수학적으로 관련되거나 발생된; 그리고

(2) 등록사무소가 등록번호로서 전달된 번호가 단일의 숫자 또는 잘못된 전환을 포함하고 있는가를 결정할 수 있는 번호.

(c) [색인부; 일반원칙] (d)항 및 (e)항에 별도로 규정된 경우를 제외하고, 등록사무소는,

(1) 채무자의 이름에 따라 최초의 융자명세서에 색인을 하고, 동시에 최초의 융자명세서 및 해당 최초 융자명세서에 관련된 정부의 기록과 상호 관계를 가지는 방법으로 그 최초의 융자명세서와 관련된 전부의 기록에 색인을 하여야 한다; 그리고

(2) 그 기록이 관련된 융자명세서에 이전에는 기재되어 있지 않았던 채무자의 이름을 기재하는 기록을 이전에는 기재되어 있지 않았던 이름에 의하여, 색인을 하여야 한다.

(d) [색인부; 부동산관련 융자명세서] 융자명세서가 정착물등록으로써 등록되어 있거나 또는 굴착될 때마다 담보물이 되거나 또는 채벌된 수목을 대상으로 하는 경우에 [그것은 기록을 위하여 등록되어야 하고, 또한] 등록사무소는,

(1) 그 채무자의 이름에 의하여, 그리고 그 채무자가 기재된 부동산의 양도담보에 의한 양도담보권자와 동일하게 그 융자명세서상에 나타난 기록상의 각 소유자에 대하여 그것에 색인을 하여야 한다;

(2) 본주의 법률이 양도담보채무자의 이름에 의하여 양도담보 기록에 색인하는 것을 규정하는 한도에서 담보권자가 그것에 의하여 양도담보채무자로 또는 명세서에 의한 색인인 경우에는 그 융자명세서가 기재된 부동산의 양도담보에 대한 기재와 동일하게 담보권자의 이름으로 색인을 하여야 한다.

(e) [색인부; 부동산관련 양도] 융자명세서가 정착물로써 등록되어 있거나 또는 굴착될 때마다 담보물이 되거나 또는 채벌된 수목을 대상으로 하고 있는 경우에 등록사무

소는,

(1) 수권자로서 양도인의 이름에 의하여; 그리고

(2) 본주의 법률이 양수인의 이름에 의하여 양도담보의 양도 기록에 색인하는 것을 규정하는 한도에서 그 양수인의 이름에 의하여 제9-514조 (a)항에 의하여 등록된 양도 또는 제9-514조 (b)항에 의하여 등록된 수정으로 색인을 하여야 한다.

대체안 A

(f) [정보검색 및 결합능력] 등록사무소는 다음을 할 수 있는 능력을 유지하여야 한다.

(1) 채무자의 이름에 의하여, 또한 그 기록이 관계하는 최초의 융자명세서에 해당된 파일번호에 의하여 기록을 검색표시하고; 그리고

(2) 최초의 융자명세서 및 그 최초의 융자명세서에 관계하는 등록기록을 검색하며, 상호결합한다.

대체안 B

(f) [정보검색 및 결합능력] 등록사무소는 다음을 할 수 있는 능력을 유지하여야 한다.

(1) 채무자의 이름에 의하여 기록을 검색표시하고, 동시에

(A) 등록사무소가 제9-501조 (a)항 (1)에 규정된 사무소인 경우에 그 기록이 관련된 최초의 융자명세서에 해당되는 파일번호 및 해당 기록이 등록 [또는 기록]된 날짜 [및 시간]에 의하여; 또는

(B) 등록사무소가 제9-501조 (a)항 (2)에 규정된 사무소인 경우에 그 기록이 관련된 최초의 융자명세서에 해당되는 파일번호에 의하여 기록을 검색한다.

(2) 최초의 융자명세서 및 그 최초의 융자명세서에 관계하는 각 등록기록을 검색표시하고, 상호결합한다.

[대체안 종료]

(g) [채무자이름의 삭제] 등록사무소는 기록상 담보권자 전원에 관하여 채무자의 이름을 기재한 융자명세서의 효력이 제9-515조에 의하여 실효한 후 1년이 경과하기까지 그 색인으로부터 채무자의 이름을 삭제하여서는 아니된다.

(h) [등록사무소의 이행의 시기적절성] 등록사무소는 등록사무소규칙에 의하여 규정된 시간 및 방법에 의하여, 다만 등록사무소가 문제의 기록을 수령한 후 2영업일 이내에 (a)항 및 (e)항에 의하여 요구된 행위를 이행하여야 한다.

(i) [부동산관련 등록사무소에의 미적용] (b항) 및 (h)항은 제9-501조 (a)항 (1)에 규정

된 등록사무소에는 적용되지 않는다.

제9-520조(등록의 수령 및 수령의 거절)

(a) [기록 수령의 강제적 거절] 등록사무소는 제9-516조 (b)항에 정한 이유에 의하여 등록을 위한 기록을 수령할 것을 거절하여야 하고, 또한 제9-516조 (b)항에 정한 이유만을 근거로 하여 등록을 위한 기록수령을 거절할 수 있다.

(b) [거절에 관한 의사전달] 등록사무소가 등록을 위한 기록을 수령할 것을 거절한 경우에 해당 사무소는 그 기록을 제시한 자에 대하여 그 거절 사실 및 거절의 이유 및 해당 사무소가 그것을 수령하고 있었다면 그 기록이 등록되었다고 인정되는 날짜 및 시간을 전달하여야 한다. 그 전달은 등록사무소의 규칙에 의하여 규정된 시간에 또는 규정된 방법에 의하지만 [제9-501조 (a)항 (2)에 규정된 등록사무소의 경우], 어떠한 경우라도 등록사무소가 기록을 수령한 후 2일 이내이어야 한다.

(c) [등록융자명세서가 유효한 경우] 제9-502조 (a)항 또는 (b)항을 충족하고 있는 등록융자명세서는 등록사무소가 (a)항에 의하여 등록을 위하여 그것을 수령할 것을 거절하는 것이 요구되는 경우라 하더라도 유효하다. 다만, 제9-338조는 그 융자명세서가 등록된 시점에서 부정확한 제9-516조 (b)항 (5)에 정한 정보를 부여하는 융자명세서에 적용된다.

(d) [복수 채무자에 대한 개별적 적용] 등록사무소에 전달된 기록이 2인 이상의 채무자와 관련된 정보를 포함하고 있는 경우에 본장은 각 채무자에 관하여 개별적으로 적용된다.

제9-521조(융자명세서 및 수정서의 통일양식)

(a) [최초의 융자명세서; 양식] 서면의 기록을 수령한 등록사무소는 제9-516조 (b)항에 정한 이유에 의한 경우를 제외하고, 다음의 양식 및 서식에 의한 최초의 융자명세서의 수령를 거절할 수 없다.

(b) [수정양식] 서면의 기록을 수령한 등록사무소는 제9-516조 (b)항에 정한 이유에 의한 경우를 제외하고, 다음의 양식 및 서식에 의한 서면기록의 수령를 거절할 수 없다.

UCC융자명세서

(표면 및 이면의) 표시에 주의 깊게 따라 주시기 바랍니다.

A. 등록자의 이름 및 연락처 전화번호[선택적 사항]				위의 공백은 등록사무소의 전용임.		
B. 확인서의 송달처(이름 및 주소)						
1. 채무자의 법률상 정확한 이름(1a. 또는 1b.) 채무자의 이름만 기입. 약명은 불가.						
또는	1a. 단체의 이름					
	1b. 개인의 이름		성	이름		칭호
1c. 주소			시	주	우편번호	국가
1d. 납세자 번호 또는 사회보장·건강보험 번호	단체채무자에 관한 추가정보	1e. 단체의 종류	1f. 단체의 주	1g. 단체의 ID □無		
2. 추가 채무자의 정확한 법률상의 이름(2a 또는 2b) 채무자의 이름만 기입. 약명은 불가.						
또는	2a. 단체의 이름					
	2b. 개인의 이름		성	이름		칭호
2c. 주소			시	주	우편번호	국가
2d. 납세자 번호 또는 사회보장·건강보험 번호	단체채무자에 관한 추가정보	2e. 단체의 종류	2f. 단체의 주	2g. 단체의 ID □無		
3. 담보권자의 이름(3a 또는 3b) 1채무자의 이름만 기입. 약명은 불가.						
또는	3a. 단체의 이름					
	3b. 개인의 이름		성	이름		칭호
3c. 주소			시	주	우편번호	국가
4. 다음의 융자명세서는 다음의 담보물을 대상으로 한다:						
5. 대체적 지명[해당하는 경우]□임차인/임대인 □수탁자/위탁자 □매수인/매도인 □농업상 우선특권 □UCC에 의하지 않은 등록						
6. 이 융자명세서는 부동산등기에 기록하기 위한 등록된(또는 등기된) 첨부서류[해당하는 경우]				7. 채무자에 관한 기록의 조사를 요구한다.(추가수수료)[선택적 사항] □전채무자 □채무자1 □채무자2		
8. 선택적인 등록자의 참고 자료.						

전국 UCC융자명세서(양식 UCC1)(개정 07/29/98)

<table>
<tr><td colspan="5">UCC융자명세서추가서
(표면 및 이면의) 지시에 주의 깊게 따라 주시기 바랍니다.</td><td colspan="4" rowspan="5">위의 공백은 등록사무소의 전용임.</td></tr>
<tr><td colspan="5">9. 관련융자명세서 1채무자의 이름</td></tr>
<tr><td rowspan="2">또는</td><td colspan="4">9a. 단체명</td></tr>
<tr><td colspan="2">9b. 개인의 이름</td><td>성</td><td>이름, 칭호</td></tr>
<tr><td colspan="5">10. 부기</td></tr>
<tr><td colspan="9">11. 추가 채무자의 정확한 법률상의 성명</td></tr>
<tr><td rowspan="2">또는</td><td colspan="8">11.a 단체의 명칭</td></tr>
<tr><td colspan="4">11.b 개인의 명칭</td><td>성</td><td colspan="2">이름</td><td>칭호</td></tr>
<tr><td>11c. 주소</td><td></td><td colspan="3"></td><td>시</td><td>주</td><td>우편번호</td><td>국가</td></tr>
<tr><td>11d. 납세자 번호 또는 사회보장·건강보험번호</td><td>단체채무자에 관한 추가정보</td><td colspan="3">11e. 단체의 종류</td><td>11f. 단체의 주</td><td colspan="3">11g. 단체의 ID
□ 無</td></tr>
<tr><td colspan="9">12. 추가담보권자의 명칭 또는 □양도인의 지정인의 이름. 한사람만의 이름만을 기입.(12a.또는 12b.) 약명은 불가.</td></tr>
<tr><td rowspan="2">또는</td><td colspan="8">12a. 단체의 이름</td></tr>
<tr><td colspan="4">12b. 개인이 이름</td><td>성</td><td colspan="2">이름</td><td>칭호</td></tr>
<tr><td colspan="5">12c. 주소</td><td>시</td><td>주</td><td>우편번호</td><td>국가</td></tr>
<tr><td colspan="5" rowspan="3">13. 융자명세서는 □채벌된 수목 또는 □채굴물을 대상으로 한다.

14. 부동산의 기재

15. 상술의 부동산 기록상 소유자의 이름 및 주소(채무자가 인터넷상의 기록을 가지지 않는 경우):</td><td colspan="4">16. 추가담보물의 기재</td></tr>
<tr><td colspan="4">17. 적용되는 경우에만 표시(∨)
채무자는 □신탁 또는 □신탁으로서 보유되는 재산에 관하여 대리하는 수탁자 또는 □유산이다.</td></tr>
<tr><td colspan="4">18. 적용되는 경우에만 표시(∨)
□채무자는 운송사업체이다
□이동주택거래와 관련하여 등록되었다
- 30년 유효
□공적융자거래와 관련하여 등록되었다
- 30년 유효</td></tr>
</table>

전국 UCC융자명세서추가서(양식UCC1Ad)(개정 07/29/98)

UCC융자명세서수정서 (표면 및 이면의) 지시에 주의 깊게 따라 주시기 바랍니다. A. 등록자의 이름 및 연락처 전화번호[선택적 사항] B. 확인서의 송달처(이름 및 주소)	위의 공백은 등록사무소의 전용임.
1a. 최초의 융자명세서 파일번호:	1b. □ 이 융자명세서는 부동산등기에 기록을 위하여 등록되었다(등기되었다).

2. □해제: 해제명세서를 수권하는 담보권자의 담보권에 관하여, 위에 특정된 융자명세서의 효력은 소멸된다.

3. □계속: 계속명세서를 수권하는 담보권자의 담보권에 관하여 위에 특정된 융자명세서의 효력은 적용하는 법률에 의하여 인정되는 추가기간 동안 계속된다.

4. □양도(전부 또는 일부): 7a 또는 7b의 란에 양수인의 이름을 기입하고, 7c에는 그 주소를 기입한다. 또한, 9의 란에는 양수인의 이름을 기입한다.

5. 수정(해당자 정보): 이 수정은 □채무자, 또는 □기록상의 담보권자에게 영향을 준다. 그리고, 다음 3개의 자격 중 하나에 표시를 하여 6 및 또는 7의 란에 적절한 정보를 기입한다.

□ 이름 및 또는 주소의 변경: 6a 또는 6b의 란에 기록상의 바른 이름을 기입한다. (이름이 변하는 경우)7a 또는 7b의 란에 새로운 이름을 기입하고, (주소가 변하는 경우)7c의 란에 새로운 주소를 기입한다.	□ 이름의 삭제: 6a 또는 6b의 란에 삭제된 기록상의 이름을 기입한다.	□ 추가: 7a 또는 7b 및 7c의 란을 완성하고, (적용이 된다면)7d–7e□의 란도 완성한다.

6. 현재의 기록 정보

또는	6a. 단체의 이름			
	6b. 개인의 이름	성	이름	칭호

7. 변경되는(새로운) 또는 추가된 정보

또는	7a. 단체의 이름					
	7b. 개인의 이름		성	이름		칭호
7c. 우편주소			시	주	우편번호	국가
7d. 납세자 번호 또는 사회보장·건강보험 번호	단체채무자에 관한 추가정보	7e. 단체의 종류	7f. 단체의 주	7g. 단체의 ID □ 無		

8. 수정(담보물의 변경) : 하나의 란에만 표시(∨)를 하도록 담보물을 기재한다. □삭제 또는 □추가, 또는 전체 □담보물의 변경 또는 □양도된 담보물을 기재한다.

9. 이 수정을 수권하는 위의 담보권자의 이름(양도의 경우에는 양도인의 이름). 이것이 채무자에 의하여 수권된 담보물을 추가하거나 또는 수권채무자를 추가하는 수정인 경우 또는 이것이 채무자에 의하여 수권된 해제인 경우, 여기에 □표시를 하고, 이 수정을 수권하는 채무자의 이름을 기입한다.

또는	9a. 단체의 이름			
	9b. 개인의 이름	성	이름	칭호

10. 선택적인 등록자의 참고 데이터

전국 UCC융자명세서수정(양식UCC3)(개정 07/29/98)

<table>
<tr><td colspan="4">UCC융자명세서추가서
(표면 및 이면의) 지시에 주의 깊게 따라 주시기 바랍니다.</td><td rowspan="6">위의 공백은 등록사무소의 전용임.</td></tr>
<tr><td colspan="4">11. 최초의 융자명세서 파일번호: (수정양식의 1a의 란과 같은 번호)</td></tr>
<tr><td colspan="4">12. 이 수정을 승인하는 당사자의 이름(수정양식의 9의 란과 같은 이름)</td></tr>
<tr><td rowspan="2">또는</td><td colspan="3">12a. 단체의 이름</td></tr>
<tr><td>12b. 개인의 이름</td><td>성</td><td>이름, 칭호</td></tr>
<tr><td colspan="4">13. 추가정보를 위하여 이 란을 사용하십시오.</td></tr>
</table>

전국 UCC융자명세서수정추가(양식UCC3Ad)(개정 07/29/98)

제9-522조(기록의 보존 및 파기)

대체안 A

(a) [기간경과후 정보의 유지 및 검색표시] 등록사무소는 기록상 담보권자 전원에 관하여 융자명세서의 유효기간이 제9-515조에 의하여 경과한 후 적어도 1년간 등록융자명세서에 기재된 정보의 기록을 유지하여야 한다. 그 기록은 채무자의 이름을 사용하는 것에 따라 또는 그 기록이 관계하는 최초의 융자명세서에 배당된 파일번호를 사용하는 것에 의하여 검색표시할 수 있어야 한다.

대체인 B

(a) [기간경과후 정보의 유지 및 검색표시] 등록사무소는 기록상 담보권자 전원에 관하여 융자명세서의 유효기간이 제9-515조에 의하여 경과한 후 적어도 1년간은 등록명세서에 기재된 정보의 기록을 유지하여야 한다. 그 기록은 채무자의 이름을 사용하는 것에 의하여, 또는

(1) 그 기록이 제9-501조 (a)항 (1)에 규정된 등록사무소에서 등록[또는 기록]된 경우에는 그 기록이 관련된 최초의 융자명세서에 배당된 파일번호 및 해당 기록이 등록[또는 기록]된 날짜[및 시간]을 사용하는 것에 의하여 검색표시할 수 있어야 한다; 또는

(2) 그 기록이 제9-501조 (a)항 (2)에 규정된 등록사무소에서 등록[또는 기록]이 이루어진 경우에는 그 기록이 관련된 최초의 융자명세서에 배당된 파일번호를 사

용하는 것에 의하여 검색표시할 수 있어야 한다.

[대체안의 종료]

(b) [기록서면의 파기] 공적기록의 처분을 규율하는 제정법에서 별도로 규정한 경우에, 등록사무소는 융자명세서를 증명하는 기록서면을 즉시 파기할 수 있다. 다만, 등록사무소가 기록서면을 파기하는 경우에 해당 사무소는 (a)항에 따르는 융자명세서의 다른 기록을 유지하여야 한다.

제9-523조(등록사무소로부터의 정보; 기록의 매매 또는 사용허락)

(a) [등록기록서면의 확인] 기록서면을 등록하는 자가 사무소의 확인을 요구하는 경우에 등록사무소는 제9-519조 (a)항 (1)에 따라 그 기록에 배당된 번호 및 그 기록의 등록 연·월·일과 시간을 나타내는 기록의 이미지를 그 자에게 송부하여야 한다. 그러나 그 자가 등록사무소에 그 기록의 복사를 제공하는 경우에 등록사무소는 그 송부 대신에,

(1) 제9-519조 (a)항 (1)에 따라 그 기록에 배당된 번호 및 기록의 등록 날짜 및 시간을 그 복사본에 표시하고;

(2) 그 복사본을 그 자에게 송부할 수 있다.

(b) [다른 기록의 등록허용] 일정한 자가 기록서면 이외의 기록을 등록하는 경우에 등록사무소는,

(1) 그 기록의 정보;

(2) 제9-519조 (a)항 (1)에 따라 그 기록에 배당된 번호; 및

(3) 그 기록의 등록 날짜 및 시간을 기재한 인용서를 그 자에게 전송하여야 한다.

(c) [요청된 정보의 전달] 등록사무소는 등록 중 다음의 정보를 요구하는 자에게 그 정보를 전송하거나, 그 외의 방법으로 이용할 수 있게 하여야 한다.

(1) 등록사무소가 요청을 수령하기전 3영업일보다 빠른 시기가 아닌 다음의 융자설명서에 대하여 등록사무소가 특정한 날짜 및 시간에 등록하였는지의 여부;

(A) 특정의 부채자[또는 그 요구가 그 취지를 기재하고 있는 경우에 그 요구에 지정된 주소에 있는 특정의 부채자를 나타낸다];

(B) 기록상의 담보권자 전원에 관하여 제9-515조에 의한 기간이 경과하고 있지 않고; 그리고

(C) 그 요구가 그 취지를 기재하고 있는 경우에 제9-515조에 의한 기간이 경과하고 있고, 동시에 그 기록이 제9-522조 (a)항에 의하여 등록사무소에 유지되고 있는 것.

(2) 각 융자명세서의 등록일 및 시간;

(3) 각 융자명세서에 기재되는 정보.

(d) [정보전달을 위한 수단] (c)항에 의하여 등록사무소의 의무를 준수할 때에 등록사무소는 어떠한 매체에 의하여 정보를 전달할 수 있다. 다만, 요구된 경우에 그 등록사무소는 그 증명서(그 정본성의 외부적 증거 및 본주의 법원에서 증거로써 인용될 수 있는 기록)를 발행함으로써 정보를 전달하여야 한다.

(e) [등록사무소의 이행의 적시성] 등록사무소는 등록사무소 규칙에 의하여 정하여진 시간 및 방법으로 다만, 등록사무소가 그 요구를 수령한 날 후의 2영업일 이전에 (a)항 및 (d)항에 의하여 요구된 행위를 하여서는 아니된다.

(f) [일반대중의 기록이용] 적어도 주별로 등록사무소(적절한 정부의 담당관 또는 기관을 포함한다]는 배타적인 방법을 제외하고 등록사무소를 이용할 수 있는 시간에 모든 매체로 본편에 따라 보관하고 있는 모든 기록의 전체 또는 복사본을 매각 또는 이용할 수 있게 하여야 한다.

제9-524조(등록사무소에 의한 지연)

본장에서 규정하고 있는 기간을 초과한 등록사무소의 지연은 다음의 경우에는 면책된다.

(1) 그 지연이 통신 또는 컴퓨터시설의 방해, 전쟁, 긴급사태, 설비의 고장 또는 등록사무소의 책임 없는 그 외의 정황으로부터 발생한 경우; 한편

(2) 등록사무소가 그 정황 하에서 합리적인 근면함을 나타내는 경우.

제9-525조(수수료)

(a) [최초의 융자명세서 또는 다른 기록; 일반원칙] (e)항에 별도로 규정된 경우를 제외하고, 본장에 의한 기록의 등록 및 색인작성의 수수료는 (b)항에 정한 서류의 최초의 융자명세서를 제외하고[(c)항에 정한 금액으로 하지만, 적용되는 경우에는 다음의 금액을 가산한다],

(1) 그 기록이 서면으로 전달되고, 동시에 2페이지 이내인 경우, [X]달러;

(2) 그 기록이 서면으로 전달되고, 동시에 3페이지 이상인 경우, [2X]달러; 그리고

(3) 그 기록이 등록사무소에 의하여 인정되는 다른 매체에 의하여 전달되는 경우, [1/2X]달러.

(b) [최초의 융자명세서; 공적 융자 및 이동주택거래] (e)항에 별도로 규정된 경우를 제외하고, 다음 종류의 최초의 융자명세서 등록 및 색인작성의 수수료는[(c)항에 정한 금액으로 하지만, 적용되는 경우에는 다음의 금액을 가산한다],

(1) 그 융자명세서가 공적융자 거래와 관련하여 등록이 이루어진 것을 기재하고 있는 경우에 _____달러;

(2) 그 융자명세서가 이동주택거래와 관련하여 등록이 이루어진 것을 기재하고 있는

경우에 ____달러.

대체안 A

(c) [이름의 수] 색인하기를 필요로 하는 자의 이름의 수는 (a)항 및 (b)항의 수수료 금액에 영향을 주지 않는다.

대체안 B

(c) [이름의 사람 수] (e)항에 별도로 규정된 경우를 제외하고, 기록이 서면으로 전달되는 경우에는 2인 이상의 이름 중 한 사람당 ____달러가 색인하기 위하여 요구된다.

[대체안 종료]

(d) [정보요청에 대한 회답] 구체적인 채무자의 이름을 기재한 융자명세서가 등록되어 있는가[증명하는 증명서를 발행하는가] [전달하는가]에 대한 요구를 포함하여 등록사무소로부터 정보를 요구하는 요청에 회답하는 수수료는 다음과 같다.

(1) 그 요구가 서면으로 전달된 경우에 ____달러; 그리고

(2) 그 요구가 등록사무소 규칙에 의하여 인정된 다른 매체에 의하여 전달된 경우에 ____달러

(e) [양도담보의 기록] 본조는 정착물 등록으로써 등록된 융자명세서로서 또는 제9-502조 (c)항에 의하여 굴착될 때마다 담보물이 되는 것 또는 채벌된 수목을 대상으로 하는 융자명세서로서 유효한 양도담보에 관하여는 수수료를 요구하지 않는다. 다만, 해당 양도담보 기록에 다른 경우에 적용되는 기록유지 및 담보권해제의 수수료에는 적용된다.

제9-526조(등록사무소 규칙)

(a) [등록사무소규칙의 채택] [적절한 정부의 담당관 또는 기관]은 본편을 시행하기 위한 규칙을 채택하고, 동시에 공표되어야 한다.

(1) 본편과 모순되는 것이 아니라; 동시에

(2) [적용하는 주 행정절차법을 포함한다]에 따라 채택되고, 동시에 공표되어야 한다.

(b) [규칙의 조화] 등록사무소 규칙 및 등록사무소의 관행이 실질적으로 본장을 입법하는 다른 주에 있는 등록사무소 규칙 및 관행과 조화를 이루기 위하여, 또한 등록사무소에 의하여 사용되는 기재와 호환성이 있게 하기 위하여, [적절한 정부의 관청

또는 기관을 포함한다]는 본편의 모든 목적, 정책 및 모든 규정과 합치하는 범위내에서 등록사무소 규칙을 채택, 수정, 폐지할 때에,

(1) 실질적으로 본편을 입법한 다른 관할 [주]의 등록사무소와 상담하여야 한다; 그리고

(2) 회사집행 임원 국제협회 또는 이를 승계한 단체에 의하여 제정된 모델규칙의 개정판을 참조하여야 한다; 그리고

(3) 실질적으로 본편을 입법한 다른 관할 [주]에 있어서 등록사무소의 규칙 및 관행 및 그 사무소에 의하여 사용되는 기재를 고려하여야 한다.

제9-527조(보고의무)

[적절한 정부의 관청 또는 기관을 포함한다]는 [매년 또는 ____까지] 등록사무소의 영업에 관하여 [주지사 및 주 의회]에 보고하여야 한다. 이 보고는 다음의 설명을 포함하여야 한다.

(1) 등록사무소 규칙은 실질적으로 본편을 입법한 다른 관할 [주]에 있어 등록사무소의 규칙과 조화를 이룰 것과 그 변경을 위한 이유; 및

(2) 등록사무소의 규칙은 회사집행 임원 국제협회 또는 이를 승계한 단체에 의하여 제정된 모델 규칙과 조화를 이룰 것 및 그 변경을 위한 이유.

제6장 채무불이행

제1절 채무불이행 및 담보권의 강제

제9-601조(채무불이행 후의 권리; 사법적 강제; 계좌, 동산증서, 지급수령권 또는 약속어음의 위탁자 또는 매수인)

(a) [채무불이행 후의 담보권자의 권리] 채무불이행 이후에 담보권자는 본장에서 규정하는 권리 및 제9-602조에 별도로 규정된 경우를 제외하고, 당사자의 합의에 의하여 정하여진 권리를 가진다. 담보권자는,

(1) 청구권을 판결에 따라 축소하거나 담보권을 실권시키거나 또는 그 외의 방법으로 이용가능한 사법절차에 의하여 청구권, 담보권 또는 농업상 우선특권을 강제할 수 있다; 그리고

(2) 담보권이 문서인 경우에 해당 문서에 관하거나 또는 그것이 대상으로 하는 물품에 관한 것 중 어느 것의 절차를 진행할 수 있다.

(b) [점유권 또는 지배권을 가진 담보권자의 권리 및 의무] 제9-104조, 제9-105조, 제9-106조 또는 제9-107조에 의한 담보권의 점유권 또는 담보물의 지배권을 가지는 담보권자는 제9-207조에 규정된 권리의무를 가진다.

(c) [권리의 경합; 동시행사] (a)항 및 (b)항에 의한 권리는 동시에 행사될 수 있다.

(d) [부채자 및 채무자의 권리] (g)항 및 제9-605조에 별도로 규정된 경우를 제외하고, 채무불이행 이후의 부채자 및 채무자는 본장에서 정하여진 권리 및 당사자의 합의에 의하여 정하여진 권리를 가진다.

(e) [판결후 우선특권에 의한 압류] 담보권자가 그 청구권을 판결액으로 감액하는 경우에 해당 판결에 근거하는 집행에 의하여 담보물에 관하여 행하여질 수 있는 우선특권의 압류는 다음 중 더 빠른 날까지 소급하여 인정된다.

(1) 담보물에 대한 담보권 또는 농업상 우선특권의 완전화된 날;

(2) 담보물을 대상으로 하는 융자명세서의 등록일; 또는

(3) 농업상 우선특권이 설정된 기초가 되는 제정법에 규정된 날.

(f) [집행매매] 집행에 의한 매매는 본조의 의미에서의 사법절차에 의한 담보권 또는 농업상 우선특권의 권리실효의 절차이다. 담보권자는 그 매매시에 담보물을 구입하고, 그 이후는 본편의 다른 모든 조건으로부터 독립하여 그것을 유지할 수 있다.

(g) [위탁자 또는 일정한 지급수령권에 대한 권리의 매수인] 제9-607조 (c)항에 별도로 규정된 경우를 제외하고, 본장은 위탁자인 담보권자 또는 계좌, 동산증서, 지급금수령권 또는 약속어음의 매수인인 담보권자에게 어떠한 의무도 부과하지 않는다.

제9-602조(권리의무의 포기 또는 변경)

제9-624조에 별도로 규정된 경우를 제외하고, 다음의 모든 조문이 부채자 또는 채무자에게 권리를 부여하고, 담보권자에게 의무를 지게 하는 한도에서 부채자 또는 채무자는 다음의 조문에서 정한 원칙을 회피 또는 변경할 수 없다.

(1) 담보권자에 의한 담보물의 사용 및 운용에 관한 제9-207조 (b)항 (4) (C);

(2) 명세서의 요구 및 담보물의 리스트, 계좌명세서에 관한 청구에 관한 제9-210조;

(3) 추심 및 담보물의 강제에 관한 제9-607조 (c)항;

(4) 추심, 강제 또는 처분의 비현금수익금의 충당 또는 지급에 관한 제9-608조 (a)항 및 제9-615조 (c)항;

(5) 담보물의 수익잉여금의 계산 및 지급을 요구하는 한도에 관한 제9-609조 (a)항 및 제9-615조 (d)항;

(6) 사법절차에 의하지 않는 담보물의 점유를 취득하는 담보권자에게 평온한 질서를 파괴하지 않고 행할 의무에 관한 제9-609조;

(7) 담보물의 처분에 관한 제9-610조 (b)항, 제9-611조, 제9-613조 및 제9-614조;

(8) 처분이 이루어진 때에 담보권자, 담보권자의 관계인 또는 이차적 채무자에 대한 부족금 또는 잉여금에 관한 제9-615조 (f)항;
(9) 잉여금 또는 부족금 계산의 설명에 관한 제9-616조;
(10) 채무자의 변제를 대신하는 담보물의 수령에 관한 제9-620조, 제9-621조 및 제9-622조;
(11) 담보물의 회복에 관한 제9-623조;
(12) 허용된 권리포기에 관한 제9-624조; 및
(13) 본편에 따르지 않는 것에 대한 담보권자의 책임에 관한 제9-625조 및 제9-626조.

제9-603조(권리의무에 관한 표준에 대한 합의)

(a) [합의된 표준] 당사자는 그 표준이 명백하게 불합리한 것이 아니라면, 제9-620조에 의하여 부채자 또는 채무자의 의무 달성도를 평가하는 표준을 합의에 의하여 정할 수 있다.
(b) [합의된 표준이 평온질서를 파괴하는 경우의 미적용] (a)항은 평온한 질서를 파괴하는 것을 금지하는 제9-609조에 의한 의무에는 적용되지 않는다.

제9-604조(담보합의가 부동산 또는 정착물을 대상으로 하는 경우의 절차)

(a) [강제; 동산 및 부동산] 담보합의가 동산 및 부동산 모두를 대상으로 하고 있는 경우에 담보권자는,
(1) 본장에 의하여 부동산에 관한 권리에 영향을 주지 않고, 동산에 관하여; 또는
(2) 부동산에 관한 권리에 따라 동산 및 부동산 모두에 관하여 절차를 진행시킬 수 있다. 이 경우에는 본장의 다른 규정은 적용되지 않는다.
(b) [강제; 정착물] (c)항에 따라 담보합의가 정착물이거나 또는 정착물이 될 물품을 대상으로 하고 있는 경우에 담보권자는,
(1) 본장에 의하여; 또는
(2) 부동산과 관계하는 권리에 따라 절차를 진행시킬 수 있다. 이 경우에는 본장의 다른 규정은 적용되지 않는다.
(c) [정착물의 제거] 본장의 다른 규정에 따라, 정착물에 대한 담보권을 가지는 담보권자가 부동산의 소유자 및 토지담보권자 전원에 대하여 우선권을 가지는 경우에 채무불이행 이후 담보권자는 해당 부동산으로부터 담보물을 제거할 수 있다.
(d) [제거에 의하여 발생하는 손해] 담보물을 배제하는 담보권자는 그 제거에 의하여 발생한 물리적 손해 복구의 비용에 대하여 채무자 이외의 부동산 토지부담권자 또는 소유자에게 신속하게 보전하여야 한다. 담보권자는 제거된 물품의 결여에 의하거나 대체할 필요에 의하여 발생한 부동산의 가치 감소에 대하여 보전할 필요는

없다. 보전을 받을 권리를 가지는 자는 그 담보권자가 보전의무의 이행에 대하여 적절한 약정을 부여하기까지 제거의 허가를 거절할 수 있다.

제9-605조(미지의 채무자 또는 이차적 채무자)

담보권자는 다음의 자에 대하여 담보권자로서 그 지위에 근거하여 의무를 지지 않는다.

(1) 그 담보권자가,

(A) 그 자가 부채자 또는 채무자인 것;

(B) 그 자의 신원; 및

(C) 그 자와 연락하는 방법을 알고 있는 경우를 제외하고, 그 부채자 또는 채무자인 자; 또는

(2) 그 담보권자가,

(A) 그 자가 부채자인 것; 및

(B) 그자의 신원을 알고 있는 경우를 제외하고, 그 자에 대하여 융자명세서를 등록한 담보권자 또는 우선특권의 소지인.

제9-606조(농업상 우선특권에 대한 채무불이행)

본장의 모든 목적을 위하여 채무불이행은 농업상 우선특권에 관하여 그 우선특권이 설정된 근거가 되는 법률에 따라 담보권자가 해당 우선특권을 강제하는 권리를 가진 때에 발생한다.

제9-607조(담보권자에 의한 추심 및 강제)

(a) [추심 및 강제의 일반원칙] 합의가 이루어진 경우에 채무불이행 후 어떠한 경우라도 담보권자는,

(1) 담보권자에 대하여 또는 담보권자를 위하여 지급하거나 그 외의 이행을 하도록 계좌채무자 또는 담보물에 대하여 의무를 지는 그 외의 자에 대하여 고지할 수 있다;

(2) 제9-315조에 의하여 담보권자가 권리를 가지는 수익금을 취득할 수 있다;

(3) 채무자에게 지급하거나 또는 그 외의 방법으로 이행을 하는 계좌채무자 또는 담보물에 대하여 의무를 지는 그 외의 자의 의무에 관하여, 또한 계좌채무자 또는 담보물에 대하여 의무를 지는 그 외의 자의 해당 의무를 담보하는 재산에 관하여 계좌채무자 또는 담보물에 대하여 의무를 지는 그 외의 자의 의무를 강제하고, 채무자의 권리를 행사할 수 있다;

(4) 제9-104조 (a)항 (1)에 의하여 지배권에 의하여 완전화된 예금계좌에 대한 담보권을 가지고 있는 경우에 예금계좌의 잔액을 그 예금계좌에 의하여 담보된 채무

로 충당할 수 있다; 그리고

(5) 제9-104조 (a)항 (2) 또는 (3)에 의하여 지배권에 의하여 완전화된 예금계좌에 대한 담보권을 가지고 있는 경우에 담보권자에 대하여 또는 담보권자를 위하여 예금계좌의 잔액을 지급하도록 은행에 지시를 할 수 있다.

(b) [양도담보의 사법절차 이외의 강제] (a)항 (3)에 의하여 사법 외의 절차에 의하여 양도담보를 강제하는 채무자의 권리를 담보권자가 행사할 수 있도록 하기 위하여 필요한 경우에 그 담보권자는 양도담보가 기록된 사무소에서 다음의 것을 기록할 수 있다.

(1) 해당 양도담보권에 의하여 담보된 채무에 의하여 담보권을 설정하거나 또는 규정하거나, 담보계약의 복사; 및

(2) 기록할 수 있는 양식으로 다음의 것을 진술한 담보권자의 선서부 진술서;

(A) 채무불이행의 발생; 및

(B) 담보권자는 해당 양도담보권을 사법외의 절차로 강제할 권리를 가질 것.

(c) [상업상 합리적인 추심 및 강제] 담보권자가,

(1) 계좌채무자 또는 담보물에 대하여 채무를 지는 그 외의 자로부터 추심을 하는 것 또는 그 자의 채무를 강제하는 것에 관련하고; 동시에

(2) 계좌채무자 또는 이차적 채무자에 대하여 추심되지 않은 부과금을 반환하는 것 또는 그 외의 방법으로 금액 또는 한정된 금액을 소급하는 권리를 가지고 있는 경우에 담보권자는 상업상 합리적인 방법으로 절차를 진행시켜야 한다.

(d) [추심 및 상세의 비용] 담보권자는 (c)항에 따라 발생한 추심금으로부터 합리적인 변호사 보수 및 담보권자가 부담한 법적 경비를 포함하고, 추심 및 강제의 합리적인 경비를 공제할 수 있다.

(e) [영향을 받지 않는 담보권자에 대한 의무] 본조는 계좌채무자, 은행 또는 담보물에 대하여 의무를 부담한 그 외의 자가 담보권자에 대하여 의무를 지는가의 여부를 결정하지 않는다.

제9-608조(추심 또는 강제수익금의 충당; 부족액에 대한 책임 및 잉여금에 대한 권리)

(a) [채무가 담보된 경우의 수익금의 충당, 잉여금 및 부족액] 담보권 또는 농업상 우선특권이 채무의 지급 또는 이행을 담보하는 경우에 다음의 모든 원칙이 적용된다.

(1) 담보권자는 다음의 순서에 따라 제9-607조에 의한 추심 또는 강제의 현금수익금을 충당하거나 충당을 위하여 지급하여야 한다.

(A) 추심 및 강제의 합리적인 경비 및 합의에 의하여 규정된, 동시에 법에 의하여 금지되지 않은 한도에서 합리적인 변호사 보수 및 담보권자가 부담한 법적 경비;

(B) 추심 또는 강제의 근거가 되는 담보권 또는 농업상 우선특권에 의하여 담보되는 채무의 변제; 및

(C) 담보권자가 수익금의 배분을 완료하기 전에 수익금에 대한 정식 청구를 수령한 경우에 추심 또는 강제의 근거가 되는 담보권 또는 농업상 우선특권에 따라 종된 담보권 또는 그 외의 우선특권에 의하여 담보되는 채무의 변제.

(2) 담보권자가 청구를 한 경우에 종된 담보권자 또는 그 외의 우선특권자는 합리적인 기간 내에 그 권리 또는 우선특권의 합리적인 증거를 부여하여야 한다. 그 유지인이 이것에 따르는 경우를 제외하고, 담보권자는 (1)호 (C)에 의한 유지인의 요구에 따를 필요는 없다.

(3) 그것을 하지 않는 것이 상업상 비합리적인 경우를 제외하고, 담보권자는 제9-607조에 의한 추심 또는 강제의 비현금 수익금을 충당하거나 충당을 위하여 지급할 필요는 없다. 비현금 수익금을 충당하거나 충당을 위하여 지급하는 담보권자는 상업상 합리적인 방법으로 충당하여야 한다.

(4) 담보권자는 잉여금을 계산하고, 그 잉여금을 채무자에게 지급하여야 한다. 그리고 채무자는 부족금이 있다면 그것에 대하여 책임을 진다.

(b) [일정한 지급금수령권의 매매에 대한 잉여금 또는 부족금의 부존재] 근거가 되는 거래가 계좌, 동산증서, 지급금수령권 또는 약속어음의 매매인 경우에 부채자는 잉여금에 대한 권리를 가지지 않고, 채무자는 부족금에 대한 책임을 지지 않는다.

제9-609조(채무불이행 후 점유를 취득한 담보권자의 권리)

(a) [점유; 사용할 수 없는 비품; 채무자의 가옥부지의 처분] 채무불이행에서 담보권자는,

(1) 담보물의 점유를 취득할 수 있다; 그리고

(2) 제9-610조에 의하여 비품을 사용할 수 없도록 하며, 제거하지 않고 채무자의 부동산에 대한 담보물을 처분할 수 있다.

(b) [사법절차 및 사법외 절차] 담보권자는 (a)에 의하여,

(1) 사법절차에 따라; 또는

(2) 평온질서를 파괴하지 않은 경우에 사법외 절차로 진행할 수 있다.

(c) [담보물의 수집] 위와 같이 합의가 이루어지고, 채무불이행이 발생한 후 언제라도 담보권자는 채무자가 담보물을 수집하여 양 당사자에게 합리적으로 편리하다고 담보권자가 지정한 장소에서 담보권자가 그것을 이용할 수 있도록 요구할 수 있다.

제9-610조(채무불이행 후 담보물의 처분)

(a) [채무불이행 후 처분] 채무불이행 이후에 담보권자는 당시의 상황 또는 상업상 합

리적인 준비 또는 절차에 따라서 담보물의 일부 또는 전부를 매각, 임대, 사용허락, 그 외의 처분을 할 수 있다.

(b) [상업상 합리적인 처분] 수단, 방법, 시간, 장소 및 그 외의 조건을 포함하여, 담보물 처분의 모든 측면이 상업상 합리적인 것이어야 한다. 상업상 합리적이라면, 담보권자는 공적 또는 사적인 절차에 의하거나 1 또는 2 이상의 계약에 의하여 단일 또는 수 개의 묶음으로 또는 언제, 어디에서, 어떠한 조건으로도 담보물을 처분할 수 있다.

(c) [담보권자에 의한 매입] 담보권자는 다음의 시기에 담보물을 매입할 수 있다.

(1) 공적 처분을 할 때; 또는

(2) 사적 처분시 그 담보물이 관습상 공개시장에서 거래되는 종류의 것이거나 또는 광범위하게 거래되는 표준가격 견적의 대상물이 되는 경우.

(d) [처분에 있어서 보증] 매매계약, 임대차, 사용허락 또는 그 외의 처분은 해당 계약에 적용되는 재산의 임의처분에 대한 법의 효과에 의하여 발생하는 권원, 점유, 평온한 점유 등에 관계하는 보증을 포함한다.

(e) [보증청구권의 포기] 담보권자는 다음의 방법으로 (d)항에 의한 보증을 부인하거나 또는 수정할 수 있다.

(1) 처분계약에 따르는 종류의 재산의 임의처분에서 보증을 부인하거나 또는 수정하는 것에 유효한 방법; 또는

(2) 처분을 위한 계약을 증명하고, 동시에, 그 보증의 명시적 부인 또는 수정을 포함하는 기록을 매수인에게 전달하는 것에 의한 방법.

(f) [보증을 부인하기에 충분한 기록] 기록이 「이 처분에서 권원, 점유, 평온한 점유 등에 관한 보증은 존재하지 않는다」라고 기재하고 있거나 유사한 의미의 문언을 사용하고 있는 경우에 (e)항에 의하여 보증을 부인하는 것에 충분하다.

제9-611조(담보물 처분 전의 고지)

(a) [고지일] 본조에서 「고지일」은 다음 중 빠른 날을 의미한다.

(1) 담보권자가 채무자 및 이차적 채무자에게 처분고지를 송부한 날; 또는

(2) 채무자 및 이차적 채무자가 고지를 받을 권리를 포기한 날.

(b) [필요한 처분의 고지] (d)항에 별도로 규정된 경우를 제외하고, 제9-610조에 의하여 담보물을 처분하는 담보권자는 (c)항에서 정하는 자에 의하여 정본화된 합리적 처분의 고지를 송부하여야 한다.

(c) [고지의 수령자] (b)항을 준수하기 위하여 담보권자는 다음의 자에게 정본화된 처분의 고지를 송부하여야 한다.

(1) 부채자;

(2) 이차적 채무자; 및

(3) 담보물이 소비자물품 이외의 것인 경우,

(A) 고지일보다 이전에 담보물에 대한 권리의 청구에 대한 정식 고지를 담보권자가 수령한 그 외의 자;

(B) 고지일보다 10일 전에,

(i) 담보물을 특정하여;

(ii) 그 일자에서 부채자의 이름에 의한 색인이 붙여지고; 한편

(iii) 그 일자에서 해당 담보물을 대상으로 하는 해당 부채자에 대한 융자명세서를 등록하여야 하는 사무소에 등록한 융자명세서의 등록에 의하여 완전화된 담보물에 대한 담보권 혹은 그 외의 우선특권을 보유하는 그 밖의 담보권자 혹은 우선특권 보유자; 및

(C) 통지일보다 10일 전에 제9-311조 (a)항에서 정한 법률, 규칙, 조약에 따라 완전화된 담보물에 대한 담보권을 유지하고 있던 그 외의 담보권자.

(d) [(b)항의 미적용; 부패하는 담보물; 공개시장] (b)항은 담보물이 부패하는 것, 신속하게 가치를 저하시킬 우려가 있는 것 혹은 보통 공개시장에서 판매되는 종류인 경우에는 적용되지 않는다.

(e) [(c)항 (3)호 (B)의 준수] 담보권자는 다음의 경우에 (c)항 (3)항에 의하여 정하여진 고지를 위한 요건을 준수하고 있다.

(1) 고지일보다 20일 이상 늦은 때가 아니거나 30일 전이 아닌 때에 상업상 합리적인 방법으로 (c)항 (3) (B)에서 정한 사무소에서 부채자의 이름에 의한 색인에 붙여진 융자명세서에 관한 정보를 담보권자가 요구하고; 동시에

(2) 그 고지일보다 전에 담보권자가,

(A) 정보를 구하는 요청에 응답이 없었거나; 혹은

(B) 정보를 구하는 요청에 응답을 수령하여 해당 응답의 담보물을 대상으로 하는 해당 융자명세서 속에 기명된 각 담보권자 또는 그 외의 우선특권 보유인에 대하여 정본화된 처분의 고지를 송부하였다.

제9-612조(담보물 처분 전의 고지의 적시성)

(a) [합리적인 기간의 사실문제] (b)항에 별도로 규정된 경우를 제외하고, 합리적인 기간 내에 고지가 송부되었는가의 여부는 사실문제이다.

(b) [비소비자거래에서 10일 기간의 충분성] 소비자 거래 이외의 거래에서 채무불이행 후에 고지에 기재된 가장 빠른 처분일보다 10일 전에 송부된 처분의 고지는 처분 전의 합리적인 기간 내에 송부되었다.

제9-613조(담보물 처분 전의 고지 내용과 양식; 총칙)

소비자 물품 거래의 경우를 제외하고, 다음의 여러 원칙이 적용된다.

(1) 처분 고지의 내용은 그 고지가 다음과 같은 것이라면 충분하다.

(A) 부채자 및 담보권자를 기재하고 있다;

(B) 예정된 처분 대상인 담보물을 기재하고 있다;

(C) 예정된 처분의 방법을 설명하고 있다;

(D) 부채자는 미지급 채무의 계산서를 받을 권리가 있다는 것을 설명하고 있다; 그리고

(E) 공적 처분의 시간 및 장소 혹은 그 후에 그 외의 처분이 행하여지는 시간을 설명하고 있다.

(2) (1)호에서 정하는 정보 중 어느 것이 누락된 고지의 내용이 충분한가의 여부는 사실문제이다.

(3) 당해 고지가 다음을 포함하고 있는 경우라도, (1)호에서 정한 정보를 실질적으로 주고 있는 고지의 내용은 충분하다.

(A) (1)호에서 정하지 않은 정보; 또는

(B) 현저하게 오해를 유발하지 않는 사소한 오기.

(4) 통지의 구체적인 방법은 요구되지 않는다.

(5) 다음의 고지 양식 및 제9-614조 (3)에서 요구되는 양식은 완전하게 기재되었을 때에는 각각 충분한 정보를 주고 있다.

담보물 처분의 통지

__님: [부채자, 채무자 혹은 통지가 송부된 그 외의 자의 이름]

____부터: [담보권자의 이름, 주소 및 전화번호]

부채자의 이름: [부채자가 수신인으로 되어 있지 않은 경우에만 포함한다]

[공개처분의 경우]

우리는 [담보물을 기재한다]를 다음과 같은 [자격이 있는 가장 높은 가치의 경락인(경쟁입찰에서 낙찰한 자)]에게 공개로 매각[혹은 장기임대차 혹은 사용 허락(적용이 있는 것을 기입한다)] 한다.

요일과 연월일: ________

시간: ________

장소: ________

[개별처분의 경우]

우리는 [담보물을 기재한다]를 [요일 및 연월일] 이후에 사적 매각[또는 장기리스 혹은

사용허락(적용이 있는 것을 기입한다)] 한다.

당신에게는 우리가 [___달러의 청구액을 위하여] 매각[혹은 장기리스 또는 사용허락(적용이 있는 것을 기입한다)]하고자 하는 재산에 의하여 담보되는 미지급의 부채액을 계산받을 권리가 있다. [전화번호]에 전화를 걸어 우리에게 계산을 청구할 수 있다.

[양식의 말미]

제9-614조(담보물 처분 전의 고지 내용과 양식; 소비자 물품거래)

소비자 물품거래의 경우에는 다음의 여러 원칙이 적용된다.

(1) 처분의 고지는 다음의 정보를 기재하여야 한다.

(A) 제9-613조 (1)호에서 정하는 정보;

(B) 고지가 송부된 상대방의 부족금에 대한 책임의 기재;

(C) 제9-623조에 의하여 담보물을 회수하기 위하여 담보권자에게 지급하여야 하는 금액을 알 수 있는 전화번호; 그리고

(D) 처분 및 담보채무에 관한 추가 정보를 얻을 수 있는 전화번호 또는 우편 수신처.

(2) 고지의 구체적인 방법은 요구되지 않는다.

(3) 다음의 양식 통지는 완전하게 기재되어 있으면 충분한 정보를 주고 있다.

[담보권자의 이름 및 주소]

[일자]

재산 매각의 계획 통지

[부채자이기도 한 채무자의 이름 및 주소]

대상물: [거래의 특정]

당신이 우리의 합의를 위반하였기 때문에 우리는 당신의 [담보물을 기재한다]를 보유하고 있다.

[공개 처분의 경우]

우리는 [담보물을 기재한다]를 공개처분에 의하여 매각한다. 매매는 장기리스 혹은 사용허락을 포함할 수 있다. 그 매매는 다음과 같이 행하여진다.:

일자: __________

시간: __________

장소: __________

당신이 원하면 이 매매에 출석하고 낙찰인을 동행시킬 수 있다.

[개별 처분의 경우]

우리는 [담보물을 기재한다]를 [일자] 이후에 개별 처분에 의하여 매각한다. 매각은 장기리스 또는 사용허락을 포함할 수 있다.

그 매매에서 취득하는 금전에서 (우리의 비용의 지급 후) 당신이 대차한 금액의 부채액을 공제한다. 당신이 빌린 돈보다 적은 액수를 우리가 얻는 경우에는 당신은 계속 그 금액을 우리에게 변제하여야 한다. 당신이 빌린 돈보다 많은 액수를 우리가 얻는 경우에 우리가 다른 자에게 그것을 지급하여야 하는 경우를 제외하고, 당신은 그 잉여금을 취득한다.

당신은 우리의 경비를 포함한 당신의 부채액 전액(과거에 만기가 된 지급뿐만 아니라)을 우리에게 지급함으로써 그것을 매각하기 전이라면 언제라도 그 재산을 회수할 수 있다. 당신이 지급하여야 하는 추가 금액을 알기 위하여는 [전화번호]에 전화하시오.

당신이 빌린 금액을 계산한 방식의 설명을 서면으로 원하는 경우에는 [전화번호]에 전화로 우리에게 연락하고 [혹은 [담보권자의 주소] 앞으로 편지를 쓰고], 서면의 설명을 요구할 수 있다. [과거 6개월 내에 당신이 지급할 금액의 다른 명세서를 우리가 당신에게 보내는 경우에는 그 명세서에 대하여 _달러의 수수료를 부과한다].

매매에 대하여 더욱 정보를 필요로 하는 경우에 [전화번호]에 전화를 하고 [혹은 [담보권자의 주소] 앞으로 우리에게 편지를 쓰시오].

이 통지는 [담보물을 기재한다]에 대한 권리를 가지는 다음의 자 혹은 당신과 계약에 의하여 돈을 대차하고 있는 그 외의 자에게도 송부된다.

[그 외의 부채자 및 재권사 전원의 이름을 기재한다.]

[통지의 말미]

(4) (3)호의 양식의 고지는 부수적 정보가 그 양식의 말미에 쓰여진 경우라도 충분하다.

(5) 본편에 의하여 발생한 권리에 관하여 오해를 유발하는 경우를 별도로 하고, (3)호의 양식의 고지는 오기가 (1)호에 의하여 요구되지 않는 정보에 대하여 오기를 포함한 경우라도 충분하다.

(6) 본조에 의한 고지가 (3)호의 양식에 의한 것이 아닌 경우에 본편 이외의 법률이 (1)호에 의하여 요구되지 않는 정보를 포함하는 것에 대한 효과를 결정한다.

제9-615조(처분 수익금의 충당; 부족금에 대한 책임 및 잉여금에 대한 권리)

(a) [수익금의 충당] 담보권자는 다음의 순서로 제9-610조에 의한 처분의 현금 수익금을 충당하거나, 충당에 맞추어 지급하여야 한다.

(1) 회수, 보유, 처분의 준비, 가공 및 처분의 합리적인 비용, 합의에 의하여 규정되고, 법률에 의하여 금지되지 않은 한도로 담보권자가 부담한 합리적인 변호사 보수 및 법적 여러 경비;

(2) 처분되는 근거가 되는 담보권 혹은 농업상의 우선특권에 의하여 담보되는 채무의 변제;

(3) 다음의 경우에 해당 담보물에 대한 종된 담보권 혹은 다른 종된 우선특권에 의하여 담보되는 채무의 변제;

(A) 담보권자가 대금의 배당이 완료하기 전에 종된 담보권 혹은 그 외의 우선특권의 보유자에게 대금을 청구하는 정식의 청구를 수령하는 경우; 그리고

(B) 위탁자가 담보물에 대한 권리를 가지고 있을 때, 그 종된 담보권 혹은 그 외의 우선특권이 위탁자의 권리보다도 우선하는 경우.

(4) 담보권자가 대금의 배당이 완료하기 전에 위탁자에게 대금을 청구하는 정식의 청구를 수령하는 경우에 그 담보물의 위탁자인 담보권자.

(b) [열위하는 권리의 증명] 담보권자에 의하여 요구된 경우에 후순위 담보권자 혹은 다른 우선특권자는 합리적인 기간 내에 그 권리 또는 우선특권의 합리적인 증거를 제공하여야 한다. 동기간 동안 권리자가 증거를 제공하지 않은 경우에 담보권자는 (a)항 (3)에 의한 권리자의 요구에 따를 필요는 없다.

(c) [현금이 아닌 수익금의 충당] 그것을 하지 않는 것이 상업상 비합리적인 경우가 아니면, 담보권자는 제9-610조에 의하여 처분 현금이 아닌 대금을 충당하거나 혹은 충당을 위하여 지급할 필요는 없다. 현금이 아닌 대금을 충당하고, 충당하기 위하여 지급하는 담보권자는 상업상 합리적인 방법으로 하여야 한다.

(d) [채무가 보증된 경우의 잉여금 또는 부족금] 처분의 근거가 되는 담보권이 채무의 지급 또는 이행을 담보하는 경우에 (a)항에 의하여 요구되고, 동시에 (b)항에 의하여 인정되는 지급 또는 충당한 후,

(1) 담보권자가 위탁자에 대하여 현금 대금을 충당하고, 충당을 위하여 지급하는 것을 (a)항 (4)가 요구하는 경우가 아니면, 담보권자는 잉여금에 대하여 계산하고 부채자에게 지급하여야 한다; 그리고

(2) 채무자는 부족금에 대하여 책임을 진다.

(e) [일정한 지급금수령권의 매각에 의한 잉여금 또는 부족금의 부존재] 근거가 되는 거래가 계좌, 동산증서, 지급금 수령권 혹은 약속 어음의 매매인 경우에,

(1) 부채자는 잉여금에 대한 권리를 가지지 않는다; 그리고

(2) 채무자는 부족금에 대하여 책임을 지지 않는다.

(f) [담보권자의 관계인에 대한 잉여금 또는 부족금의 계산] 처분의 결과로 발생한 잉여금 또는 부족금은 다음의 경우에 담보권자, 담보권자의 이해관계인, 이차적 채무

자 이외의 피이전자에 대하여 본장에 따르는 처분에서 실현될 수익금의 금액에 따라 계산된다.

(1) 그 처분에서 피이전자가 담보권자, 담보권자의 관계인, 이차적 채권자인 경우; 및

(2) 그 처분의 금액이 담보권자, 담보권자의 관계인, 이차적 채무자 이외의 자에게 적법하게 처분되었을 경우의 대금보다 현저하게 낮은 경우.

(g) [후순위의 담보권자에 의하여 수령된 현금대금] 신의성실하게 해당 처분이 행하여진 근거가 되는 담보권 혹은 농업상의 우선특권에 열위하는 것이 아닌 담보권자 및 농업상의 우선특권자의 권리를 침해하는 것을 알지 못하고 처분에 따른 현금을 수령하는 담보권자는,

(1) 해당 담보권 및 그 외의 우선특권과 독립하여 그 현금을 취득한다;

(2) 그 처분금을 해당 담보권 또는 그 외의 우선특권에 의하여 보증되는 채무 변제에 충당하는 의무를 지지 않는다; 그리고

(3) 해당 담보권자 또는 그 외의 우선특권자에 대하여 잉여금의 계산을 하고, 지급할 의무를 지지 않는다.

제9-616조(잉여금 또는 부족액의 계산 설명)

(a) [정의] 본조에서,

(1) 「설명」은 서면이고, 다음과 같은 것을 의미한다.

(A) 잉여금 또는 부족금의 금액을 기재하고 있고;

(B) 담보권자가 어떠한 방법으로 잉여금 또는 부족금을 계산하였는가에 대하여 (c)항에 따라 설명을 하고 있고;

(C) 적용이 있는 경우에는 장래 채무, 신용, 요금(부수적 신용 서비스료, 이자 및 수수료를 포함한다) 및 잉여금 또는 부족금에 영향을 줄 수 있는 비용을 기재하고 있고; 그리고

(D) 그 거래에 관한 부수적 정보를 이용할 수 있는 전화번호 또는 우편 수신처를 기재하고 있는 것.

(2) 「요구」는 다음과 같은 기록을 의미한다.

(A) 부채자 또는 소비자 채권자에 의하여 정본화되었다;

(B) 수령인이 설명할 것을 요구한다; 그리고

(C) 제9-610조에 의하여 담보물의 처분 후에 송부되는 기록.

(b) [계산의 설명] 부채자가 잉여금에 대하여 권리를 가지고, 소비자 채무자가 제9-615조에 의하여 부족금에 대하여 책임을 지는 소비자 물품거래에서 담보권자는,

(1) 그 처분 후에, 그리고

(A) 담보권자가 부채자에 대하여 잉여금의 계산을 하고, 지급하고 또는 최초에 그 처분 후 부족금의 지급을 요구하고, 소비자 채무자에 대하여 청구서를 발급하기 전 혹은 그 때에; 그리고

(B) 요구를 처리한 후 14일 이내에 부채자 혹은 적용이 있을 때에 소비자 채무자에 대하여 설명을 송부하여야 한다; 또는

(2) 부족금에 대하여 책임을 지는 소비자 채무자의 경우에 요구를 수령한 후 14일 이내에 부족금에 대한 담보권자의 권리를 포기하는 기록을 해당 소비자 채무자에게 송부하여야 한다.

(c) [필요한 정보] (a)항 (1) (B)를 준수하기 위하여 서면에 의하여 다음의 순서로 다음의 정보를 주어야 한다.

(1) 처분이 행하여지는 근거가 되는 담보권에 의하여 보증되는 채무의 총액 및 그 금액이 발생하지 않은 이자 또는 신용 서비스요금으로 수령한 금액 중 일부를 추후에 환급하는 금액을 포함하고 있는 경우에 그 사실의 표시; 그 금액은 다음과 같이 특정일에 계산된다.

(A) 담보권자가 채무불이행 후에 담보물의 점유를 취득하거나 수령하는 경우에 해당 담보권자가 점유를 취득 또는 수령하기 전 35일 이내; 또는

(B) 담보권자가 채무불이행 전에 담보물의 점유를 취득하거나 수령하는 경우 혹은 담보물의 점유를 취득하지 않은 경우에 그 처분 전 35일 이내.

(2) 처분 금액;

(3) 대금의 금액을 공제한 후의 채무 총액;

(4) 담보물의 회수, 보유, 처분을 위하여 준비, 가공 및 처분의 여러 경비를 포함하는 여러 경비의 금액(총액 또는 유형의 형식에 의하여) 및 유형, 담보권자에게 알려져 있고, 현재의 처분과 관계하는 담보물에 의하여 담보된 변호사 보수;

(5) 채무자가 정보를 제공받을 권리를 가지고, (1)호의 금액에 포함되지 않는 이자 또는 신용 서비스 요금으로 수령한 금액 중 일부를 추후에 환급하는 금액을 포함한 신용의 금액(총액 또는 유형의 형식에 의하여) 및 유형; 그리고

(6) 잉여금 또는 부족금의 금액.

(d) [실질적인 준수] 설명의 특정 작성법은 요구되지 않는다. (a)항의 요건을 실질적으로 준수하고 있는 설명은 현저한 오해를 유발하지 않은 사소한 오기를 포함하고 있어도 충분하다.

(e) [답변의 요금] 담보권자가 부채자 또는 소비자 채무자에 대하여 (b)항 (1)에 따라 설명을 송부하지 않은 6개월의 기간 사이에 부채자 또는 소비자 채무자는 본조에 의한 요구에 대하여 무료로 1회의 회답을 받을 권리를 가진다.

제9-617조(담보물의 피이전자의 권리)

(a) [처분의 효과] 채무불이행 후, 담보권자의 담보물 처분은,
 (1) 담보물에 대한 부채자의 권리의 전부를 유상의 피이전자에게 이전한다;
 (2) 처분이 행하여진 근거가 되는 담보권을 소멸시킨다; 그리고
 (3) 소멸되지 않는 우선특권이 있으면 그 우선특권을 규정한 법률 또는 제정법에 의하여 창설된 우선특권 이외의 종된 담보권 또는 그 외의 종된 우선특권을 소멸시킨다.

(b) [신의성실한 피이전자의 권리] 신의성실하게 행위하는 피이전자는 담보권자가 본편을 준수하고 있지 않거나 또는 사법 절차의 여러 요건에 따르지 않는 경우라도 (a)항에서 정한 권리 및 이권과 독립하여 취득한다.

(c) [다른 피이전자의 권리] 피이전자가 (a)항에서 정한 권리 및 이권과 독립하여 취득하지 않는 경우에 그 피이전자는 다음의 담보물을 취득한다.
 (1) 담보물에 대한 부채자의 권리;
 (2) 처분의 근거가 되는 담보권 또는 농업상의 우선특권; 및
 (3) 그 외의 담보권 또는 그 외의 우선특권.

제9-618조(일정한 이차적 채무자의 권리 및 의무)

(a) [이차적 채무자의 권리의무] 이차적 채무자는 다음의 행위를 한 후에 담보권자의 권리를 취득하고, 동시에 그 의무를 이행하여야 한다.
 (1) 담보권자로부터 담보부 채무의 양도를 받는다;
 (2) 담보권자로부터 담보권의 이전을 받고, 그 권리를 수령하여 담보권자의 의무를 인수하는 것에 합의한다; 또는
 (3) 담보물에 관하여 담보권자의 권리를 대위 행사한다.

(b) [양도, 이전 또는 대위의 효과] (a)항에서 규정한 양도, 이전 또는 대위는,
 (1) 제9-610조에 의한 담보물의 처분이 아니다; 그리고
 (2) 본편에 의하여 그 이상의 의무에서 담보권자를 면책한다.

제9-619조(기록 또는 법적 권원의 이전)

(a) [이전명세서] 본조에서 「이전명세서」는 다음을 기재한 담보권자에 의하여 정본화된 기록을 의미한다.
 (1) 특정된 담보물에 의하여 보증된 채무에 관하여 부채자는 채무를 이행하지 않은 일;
 (2) 담보권자가 해당 담보물에 관하여 채무불이행 후의 구제방법을 실행한 일;
 (3) 그 실행의 이유에 의하여 피이전자가 해당 담보물에 대한 부채자의 권리를 취득

한 일; 및

(4) 담보권자, 부채자 및 피이전자의 이름 및 우편 수신처.

(b) [이전명세서의 효과] 이전명세서는 정식의 등록, 기록, 등기 또는 권원 증서의 시스템 속의 담보물을 대상으로 하는 명세서에 기재된 담보물에 관한 채무자의 모든 권리의 기록을 이전받는 권리를 양수인에게 부여한다. 해당 시스템을 유지하는 책임을 지는 정부기관 또는 사무소에 대하여 이전명세서가 해당하는 수수료 및 청구양식을 붙여서 제출된 경우에 그 정부기관 또는 사무소는,

(1) 그 이전명세서를 수령하여야 한다;

(2) 신속하게 그 이전을 반영하여 기록을 수정하여야 한다; 그리고

(3) 적용이 있는 경우에 그 피이전자의 이름으로 새로운 권원증서를 발행하여야 한다.

(c) [처분이 아닌 이전; 담보권자의 의무로부터 구제의 부존재] (b)항에 의한 또는 그 외의 방법에 의한 담보물의 기록 및 법적 권원의 담보권자에게의 이전은 그 자체만으로 본편에 의한 담보권의 처분으로 되지 않으며, 본편에 의한 담보권자의 의무를 면책시키지 않는다.

제9-620조(채무의 전부 또는 일보의 대물 변제로서의 담보물의 수령; 담보물의 강제처분)

(a) [대물변제로서의 수령조건] (g)항에서 별도로 규정되는 경우를 제외하고, 다음의 경우에만 담보권자는 채무의 전부 또는 일부의 대물변제로서 담보물을 수령할 수 있다.

(1) 채무자가 (c)항에 의하여 수령에 동의하는 경우;

(2) (d)항에서 규정한 시간 내에 담보권자가 다음의 자에 의하여 정본화된 제안에 대하여 이의의 고지를 수령하지 않는 경우;

(A) 담보권자가 제9-621조에 의하여 제안을 송부하는 것이 요구된 상대방; 또는

(B) 제안의 대상물인 담보권의 대상인 담보물에 대한 권리를 유지하는 채무자 이외의 자.

(3) 담보물이 소비자 물품인 경우에 그 채무자가 수령에 동의한 때에 채무자가 담보물을 점유하고 있지 않은 경우; 그리고

(4) 담보권자가 담보물을 처분하는 것을 (e)항이 요구하지 않고, 채무자가 제9-624조에 따르는 요구를 포기하는 경우.

(b) [추정적 수령의 무효] 본조에 의한 담보물의 추정적 수령 또는 외견적 수령은 다음의 경우 이외에는 무효이다.

(1) 담보권자가 정본화된 기록 중에서 그 수령에 동의하거나 또는 채무자에게 제안을 송부하고; 그리고

(2) (a)항의 여러 조건이 충족된 경우.

(c) [채무자의 동의] 본조의 여러 목적을 위하여,

(1) 채무자가 채무불이행 후에 정본화된 기록 안의 수령 조건에 합의하는 경우에만 그 채무자는 담보물이 담보하는 채무의 일부 변제로서 담보물의 수령에 동의한다; 그리고

(2) 채무자가 채무불이행 후에 정본화된 기록의 수령 조건에 합의하는 경우, 또는 담보권자가,

(A) 채무불이행 후에 무조건 또는 담보권자가 점유하고 있지 않은 담보물이 보전되거나 유지된다고 하는 조건에만 따르는 제안을 송부하고;

(B) 그 제안에서 담보물이 담보하는 채무의 전부의 변제로서 담보물을 수령하는 것을 제안하고 있고; 그리고

(C) 그 제안이 송부된 후 20일 이내에 채무자에 의하여 정본화된 이의의 통지를 수령하지 않는 경우에만 그 채무자는 담보물이 담보하는 채무 전부의 변제로서 담보물의 수령에 동의한다.

(d) [고지의 유효성] (a)항 (2)에 의하여 유효하기 위한 이의의 고지는,

(1) 그 제안이 제9-621조에 따라 송부된 상대방의 경우에 고지가 그 자에게 송부된 후 20일 이내에; 그리고

(2) 그 외의 경우에는,

(A) 최후의 고지가 제9-621조에 따라 송부된 후 20일 이내; 또는

(B) 고지가 송부되지 않은 경우에 부채자가 (c)항에 의한 수령에 동의하기 전에 담보권자에 의하여 수령되어야 한다.

(e) [소비자물품의 강제처분] 담보물의 점유를 취득한 담보권자는 다음의 경우에 (f)항에서 정하는 기간 내에 제9-610조에 따라 담보물을 처분하여야 한다.

(1) 소비자 물품에 대한 구입대금담보권의 경우에 현금대금의 60%가 지급된 경우; 또는

(2) 소비자 물품에 대한 구입대금담보권이 아닌 경우에 채무의 원금의 60%가 지급된 경우.

(f) [강제처분의 요건준수] (e)항에 따르기 위하여 담보권자는,

(1) 점유를 취득한 후 90일 이내에; 또는

(2) 부채자 및 전부의 이차적 채무자가 채무불이행 후에 체결되고, 정본화된 그 취지에 합의한 그것보다 긴 기간 내에 그 담보물을 처분하여야 한다.

(g) [소비자거래에서 일부변제의 금지] 소비자 계약에서 담보권자는 담보물이 보증하는 채무의 일부 변제로서 그 담보물을 수령하여서는 아니 된다.

제9-621조(담보물을 수령하는 제안의 고지)

(a) [제안의 송부를 수령한 자] 담보물이 보증하는 채무의 전부 또는 일부의 변제에 충당하기 위하여 담보물을 수령하는 것을 원하는 담보권자는 그 제안을 다음의 자에게 송부하여야 한다.

(1) 부채자가 수령에 동의하기 전에 해당 담보물에 관한 이권의 청구권의 고지를 담보권자가 수령한 때의 그 상대방;

(2) 부채자가 수령에 동의하기 10일 전에,

(A) 그 담보물을 특정한;

(B) 그 일자에 부채자의 이름에 의하여 색인이 붙어진; 그리고

(C) 그 일자에 그 담보물을 대상으로 하는 부채자에 대한 융자명세서를 등록하여야 하는 등록 사무소에 등록된 융자명세서에 의하여 완전화된 해당 담보물에 대한 담보권 또는 그 외의 우선특권을 보유하고 있었던 그 외의 담보권자 또는 우선특권자; 및

(3) 부채자가 수령에 동의하기 10일 전에 제9-311조 (a)항에서 정하는 제정법, 규칙, 조약을 준수함으로써 완전화된 해당 담보물에 대한 담보권을 유지하고 있던 자.

(b) [일부변제에 관한 이차적 채무자에게 송부된 제안] 담보물이 보증하는 채무의 일부 변제로서 그 담보물을 수령하고자 하는 담보권자는 (a)항에서 규정한 자를 포함하여 이차적 채무자에게도 그 제안을 송부하여야 한다.

제9-622조(담보물 수령의 효과)

(a) [수령의 효과] 담보물이 담보하는 채무의 전체 또는 일부 변제의 담보권자의 수령은,

(1) 부채자에 의하여 동의된 한도로 그 채무를 소멸시킨다;

(2) 담보물에 대한 부채자의 권리 전부를 담보권자에게 이전한다;

(3) 부채자의 동의의 대상물인 담보권 또는 농업상의 우선특권 및 후순위 담보권 혹은 그 외의 종속적 우선특권을 소멸시킨다; 그리고

(4) 그 외의 종속적 이권을 해제시킨다.

(b) [준수되지 않았음에도 불구하고 종위적 권리의 소멸] 담보권자가 본편에 따르지 않는 경우라도, 종된 이권은 (a)항에 의하여 소멸하고, 해제된다.

제9-623조(담보물을 재구입하는 권리)

(a) [재구입할 수 있는 자] 부채자, 이차적 채무자 또는 그 외의 담보권자 혹은 우선특권 보유인은 담보물을 재구입할 수 있다.

(b) [재구입의 요건] 담보물을 재구입하기 위하여,

(1) 해당 담보물에 의하여 담보된 전부의 채무를 이행하고; 동시에
(2) 제9-615조 (a)항 (1)에서 정하는 합리적인 여러 경비 및 변호사 보수를 제공하여야 한다.

(c) [재구입이 행하여지는 시기] 담보권자는 다음을 하기 전에 언제라도 재구입할 수 있다.
(1) 제9-607조에 의하여 담보물을 추심한다;
(2) 제9-610조에 의하여 담보물을 처분하거나, 그 처분을 위하여 계약을 체결한다; 또는
(3) 제9-622조에 의하여 담보물이 보증하는 채무 전부의 변제 또는 일부 변제로써 담보물을 수령한다.

제9-624조(권리의 포기)

(a) [처분고지를 받을 권리의 포기] 부채자 또는 이차적 채무자는 채무불이행 후에 체결되고, 정본화된 그 취지의 합의에 의하여만 제9-611조에 의한 담보물의 처분 고지를 받을 권리를 포기할 수 있다.

(b) [강제처분권의 포기] 부채자는 채무불이행 후에 체결되고, 정본화된 그 취지의 합의에 의하여만, 제9-620조 (e)항에 의하여 담보물의 처분을 요구하는 권리를 포기할 수 있다.

(c) [재구입권의 포기] 소비자 물품 거래의 경우를 제외하고, 부채자 또는 이차적 채무자는 채무불이행 후에 체결되고, 정본화된 그 취지의 합의에 의하여만 제9-623조에 의하여 담보물을 회수할 수 있는 권리를 포기할 수 있다.

제2절 본편의 위반

제9-625조(담보권자가 본편을 준수하지 않는 경우의 구제방법)

(a) [미준수에 관한 사법명령] 담보권자가 본편의 규정에 따라서 절차를 진행하고 있지 않는 것이 증명된 경우에 법원은 적당한 여러 조건을 붙여 압류, 강제 또는 담보물의 처분을 명령 혹은 금지할 수 있다.

(b) [미준수에 대한 손해배상] (c)항, (d)항 및 (f)항에 따라 본편의 여러 규정을 준수하지 않음으로써 발생한 손실 금액에 대하여 그 자는 손해배상의 책임을 진다. 준수하지 않음으로써 발생한 손실은 부채자가 대체적 융자를 얻을 수 없었던 것 또는 그 융자의 비용이 증액된 것에서 발생한 손실을 포함한다.

(c) [손해배상을 받을 권리를 가진 자; 소비자물품거래에서 법정손해배상액] 제9-628조에서 별도로 정하여진 경우를 제외하고,

(1) 그 위반의 경우에 부채자였던 자, 채무자였던 자 또는 담보물에 대한 담보권 혹은 그 외의 우선특권을 보유하고 있던 자는 그 손실에 대하여 (b)항에 의한 손해배상을 받을 수 있다; 그리고

(2) 그 담보물이 소비자 물품인 경우에 담보권자가 본장에서 따르지 않는 경우에 부채자였던 자 또는 이차적 채무자였던 자는 어떠한 경우라도 그 신용 서비스료에 부채의 원본액의 10%를 가산한 금액 또는 그 차액에 현금대금의 10%를 가산한 금액보다 큰 금액을 배상받을 수 있다.

(d) [부족금이 배제 또는 감액된 경우의 회복] 부족금이 제9-626조에 의하여 배제된 부채자는 잉여금의 손실에 대하여 배상받을 수 있다. 다만, 부족금이 제9-626조에 의하여 배제되고, 또는 감액된 부채자 및 이차적 채무자는 추심, 강제, 처분 혹은 수령에 관계하는 본장의 여러 규정에 따르지 않는 것에 대하여 (b)항에 의하여 그것 이외에 손해배상을 받을 수 없다.

(e) [제정법상 손해배상; 특정 규정의 부존재] (b)항에 의하여 회복할 수 있는 손해배상 외에 부채자, 소비자, 채무자 또는 등록기록 속에 부채자로서 지명된 자는 다음의 자에게 각 사례마다 500달러를 받을 수 있다.

(1) 제9-208조를 준수하지 않은 자;

(2) 제9-209조를 준수하지 않은 자;

(3) 그 자는 제9-509조 (a)항에 의하여 등록할 권리가 없다는 기록을 등록하는 자;

(4) 기록상의 담보권자에게 제9-513조 (a)항 또는 (c)항에 따라 해제명세서를 등록시키지 않고 송부시키지 않는 자;

(5) 제9-616조 (b)항 (1)에 따르지 않고, 그 위반이 위반유형의 일부가 되고 있거나 관행과 합치하는 것으로 되는 자; 또는

(6) 제9-616조 (b)항 (2)에 따르지 않는 자.

(f) [제정법상 손해배상; 제9-210조의 미준수] 부채자 또는 소비자 채무자는 (b)항에 의한 손해배상을 받고, 그것 외에 합리적인 이유없이 제9-210조에 의하여 요구에 따르지 않는 자에게 각 사례마다 500달러를 청구할 수 있다. 담보물에 대한 이권 또는 제9-210조에 의한 청구의 대상인 채무를 청구하지 않은 제9-210조에 의한 청구의 수령자는 본항의 의미에서의 청구에 따르지 않는 것에 대하여 합리적인 면책사유를 가지고 있다.

(g) [담보권의 제한; 제9-210조의 미준수] 담보권자가 제9-210조에 의한 담보물의 리스트 또는 계좌명세서에 관한 요구에 따르지 않는 경우에 그 담보권자는 그 위반에 의하여 합리적으로 오해를 유발한 자에 대하여는 요구에 포함되는 리스트 및 명세서에 기재된 한도에서만 담보권을 주장할 수 있다.

제9-626조(부족금 또는 잉여금을 다투는 소송)

(a) [부족금 또는 잉여금을 다투는 경우에 적용되는 여러 원칙] 소비자 거래 이외의 거래에서 발생하는 소송에서 부족금 또는 잉여금이 다투어지는 경우에 다음의 여러 원칙이 적용된다.

(1) 부채자 또는 이차적 채무자가 담보권자의 준수를 다투는 경우를 제외하고, 담보권자는 추심, 강제, 처분 및 수령에 관한 본장의 여러 규정의 준수를 증명할 필요는 없다.

(2) 담보권자의 준수가 다툼이 된 경우에 그 담보권자는 추심, 강제, 처분 또는 수령이 본장에 따라서 행하여졌다는 것을 입증할 책임을 진다.

(3) 제9-628조에서 별도로 규정되는 경우를 제외하고, 담보권자가 추심, 강제, 처분 또는 수령에 관한 본장의 여러 규정에 따라서 그 추심, 강제, 처분 혹은 수령이 행하여진 것을 증명하지 않은 경우에 부족금에 대한 부채자 또는 이차적 채무자의 책임은 담보된 채무, 경비 및 변호사 보수의 총액이,

(A) 추심, 강제, 처분 또는 수령의 대금; 또는

(B) 준수하지 않는 담보권자가 추심, 강제, 처분 또는 수령에 관한 본장의 여러 규정에 따라서 진행되었다면 실현될 수 있었던 대금의 금액에 의하여 다액의 금액을 초과한 경우에 그 차액의 액수까지로 제한된다.

(4) (3)항 (B)의 여러 목적을 위하여 실현되었을 대금의 금액은 담보권자가 그 금액이 그 총액보다 적은 것을 설명하지 않은 한, 담보된 채무, 경비 및 변호사 보수의 총액과 동등하다.

(5) 부족금 또는 잉여금이 제9-615조 (f)항에 의하여 계산된 경우에 처분의 대금의 금액이 담보권자, 담보권자의 관계인 또는 이차적 채무자 이외의 자의 적법한 처분에 의하여 발생하였을 금액의 범위가 현저하게 적은 것에 대하여 부채자 또는 채무자가 증명하는 책임을 진다.

(b) [비소비자거래; 추정의 금지] (a)항에서 소비자 거래 이외의 거래에만 여러 원칙의 적용을 제한한 것은 소비자 거래에 대하여 법원이 적절한 여러 원칙을 결정하도록 위임하는 것이 의도되어 있다. 법원은 그 제한에서 소비자 거래에서 적절한 규칙의 성질을 추정하여서는 안되고, 또 [판례법상] 확립된 추정방법을 계속 적용할 수 있다.

제9-627조(행위가 상업상 합리적이었는가의 결정)

(a) [다른 정황에서 취득된 것보다 고액의 금액; 상업상 합리성의 사전 배제의 불인정] 담보권자에 의하여 선택된 시간 및 방법과 다른 시간 또는 방법보다 고액의 금액이 추심, 강제, 처분 및 수령에 의하여 얻어질 것이라는 사실 자체만으로 그 추심,

강제, 처분, 수령이 상업상 합리적인 방법으로 행하여진 것이라는 담보권자의 주장을 배제하기에 충분하지 않다.

(b) [상업상 합리적인 처분] 담보물의 처분이 다음과 같이 된 경우에 그 처분은 상업상 합리적인 방법으로 행하여지고 있다.

(1) 공개시장에서의 통상의 방법에 의한다;

(2) 처분의 시점에서 공개시장에서의 시가로; 또는

(3) 그 처분의 대상물인 종류의 재산을 다루는 업자간에서의 합리적인 상업상의 관행에 따르는 그 외의 방법에 의한다.

(c) [법원에 의한 또는 채권자를 위한 승인] 추심, 강제, 처분 또는 수령이,

(1) 사법 절차에서;

(2) 신의성실한 채권자 위원회에 의하여;

(3) 채권자의 대표에 의하여; 또는

(4) 채권자를 위한 피양도인에 의하여 승인된 경우에 그 추심, 강제, 처분 또는 수령은 상업상 합리적이다.

(d) [(c)항에 의한 승인이 불필요한 경우; 영향을 주지 않는 승인의 흠결] (c)항에 의한 승인이 이루어질 필요가 없으며, 또 승인의 결여는 그 추심, 강제, 처분 또는 수령이 상업상 비합리적이라는 것을 의미하지 않는다.

제9-628조(담보권자의 무책임 및 책임의 제한; 이차적 채무자의 책임)

(a) [본편을 준수하지 않는 것에 대한 담보권자의 책임의 제한] 어떤 자가 부채자이고, 또는 채무자인 것을 담보권자가 알고 있고, 그 자의 신원을 알고 있는 경우가 아니면,

(1) 담보권자는 그 자에 대하여 또는 그 자에 대한 융자명세서를 등록한 담보권자 혹은 우선특권 보유인에 대하여 본편에 따르지 않는 것에 대하여 책임을 지지 않는다; 그리고

(2) 담보권자가 본편에 따르지 않는 것은 부족금에 대하여 그 자의 책임에 영향을 주지 않는다.

(b) [담보권자로서의 지위에 기한 책임의 제한] 담보권자는 다음의 자에 대하여 담보권자라는 이유만으로,

(1) 그 담보권자가,

(A) 그 자가 부채자 또는 채무자인 것;

(B) 그 자의 신원; 및

(C) 그 자와의 연락 방법을 알고 있는 경우가 아니면, 부채자 또는 채무자인 자에 대하여 책임을 지지 않는다; 또는

(2) 그 담보권자가,

(A) 그 자가 부채자인 것; 및

(B) 그 자의 신원을 알고 있는 경우가 아니면, 그 자에 대하여 융자명세서를 등록한 담보권자 또는 우선특권 보유인에 대한 책임을 지지 않는다.

(c) [거래가 소비자물품거래가 아닌 것 또는 소비자거래가 아닌 것을 합리적으로 신뢰한 경우의 책임제한] 거래가 소비자 물품 거래 혹은 소비자 거래가 아닌 것 또는 물품이 소비자 물품이 아닌 것을 담보권자가 합리적으로 신뢰한 것에서 발생한 작위 또는 부작위를 이유로서 담보권자가 다음의 일을 합리적으로 신뢰한 경우에 부족금에 대하여 책임을 지지 않는다.

(1) 담보물이 사용되고, 획득되고 또는 보유되는 목적에 관한 부채자의 표시; 또는

(2) 피담보채무가 발생한 목적에 관한 채무자의 표시.

(d) [제정법상 손해배상에 관한 책임의 제한] 담보권자는 제9-616조를 준수하지 않는 것에 대하여 제9-625조 (c)항 (2)호에 의하여 어떠한 자에 대하여도 책임을 지지 않는다.

(e) [제정법상 손해배상에 대한 복수 책임의 제한] 담보권자는 하나의 보증채무에 관하여 이중으로 제9-625조 (c)항 (2)에 의하여 책임을 지지 않는다.

제7장 경과규정

제9-701조(시행일)

본[법]은 2001년 7월 1일에 발효한다.

제9-702조(유보 조항)

(a) [시행일 전의 거래 또는 우선특권] 본장에 별도로 규정된 경우를 제외하고, 본[법]은 거래 또는 우선특권이 본[법]이 시행되기 전에 창설되고, 체결된 경우에도 그 범위 내의 거래 또는 우선특권에 적용된다.

(b) [유효성의 계속] (c)항 및 제9-703조 내지 제9-709조에서 별도로 규정된 경우를 제외하고,

(1) [구 제9편]에 의하여 규율되고 있던, 본[법]이 시행되기 전에 유효하게 체결되었거나, 그것이 본[법]이 시행된 후에 체결되었거나, 창설되었다면 본[법]의 적용을 받게 되는 거래 및 우선특권은 유효하고, 동시에 이것들의 거래 및 우선특권에서 생긴 권리, 의무, 이권은 본[법]이 시행된 후에도 유효하다; 그리고

(2) 그 거래 및 우선특권은 본[법]에 의하여 또는 본[법]이 시행되지 않으면 일반적으로 적용되는 방법에 의하여 요구 또는 허용되는 것과 동일하게 해제, 완료, 소멸 및 강제될 수 있다.

(c) [시행일 전의 소송절차] 본[법]이 발효하기 전에 개시된 소송, 사건 또는 소송절차에 영향을 주지 않는다.

제9-703조(시행일 전에 완전화된 담보권)

(a) [우선특권 채권자에 대한 우선권의 계속; 완전화의 요건을 충족한 것] 본[법]이 발효되기 직전에 강제할 수 있는 담보권이었고, 그 시점에 우선특권 채권자가 되는 자의 권리보다 우선한다고 인정되는 담보권은 본[법]이 시행된 때에 본[법]에 의한 강제가능성 및 완전화를 위하여 적용할 수 있는 여러 요건이 추가적인 행위없이 충족된 경우에는 본[법]에 의하여 완전화된 담보권이다.

(b) [우선특권 채권자에 대한 우선권의 계속; 완전화의 요건을 충족하고 있지 않은 경우] 제9-705조에서 별도로 규정된 경우를 제외하고, 본[법]이 시행되기 직전에 담보권을 강제할 수 있고, 그 시점에 우선특권 채권자가 되는 자의 권리보다도 우선하지만, 본[법]에 의한 강제가능성 또는 완전화를 위하여 적용되는 여러 요건이 본[법]이 시행된 때 충족되지 않은 경우에 그 담보권은,

(1) 본[법]이 시행된 후 1년 간은 완전화된 담보권이다;

(2) 그것 이후, 1년이 도과하기 전에 제9-203조에 의하여 그 담보권을 강제할 수 있게 된 경우에만 계속 강제할 수 있다; 그리고

(3) 그것 이후, 1년이 도과하기 전에 본[법]에 의하여 적용이 있는 완전화의 여러 요건이 충족한 경우에만 계속 강제할 수 있다.

제9-704조(실행일 전에 완전화되어 있지 않은 담보권)

본[법]이 시행되는 직전에 강제할 수 있는 담보권이지만, 그 시점에 우선특권 채권자가 되는 자의 권리에 종된 것으로 생각되는 담보권은,

(1) 본[법]이 시행된 후 1년 간은 계속 강제할 수 있는 담보권이다;

(2) 본[법]이 시행된 때 또는 그 후 1년간 그 담보권이 제9-203조에 의하여 강제할 수 있게 된 경우에 계속 강제할 수 있다; 그리고

(A) 추가적인 행위가 없더라도, 본[법]에 의하여 적용되는 완전화를 위한 여러 요건이 그것보다 이전 또는 그 시점에 충족하고 있다면; 혹은

(B) 그 여러 요건이 그 시점 이후에 충족하는 경우에 적용이 있는 완전화를 위한 여러 요건이 충족한 때에 완전화된다.

제9-705조(실행일 전에 개시된 행위의 효력)

(a) [시행전의 행위; 변경되어 완전화되지 않은 경우의 1년간 완전화기간] 융자 명세서의 등록 이외의 행위가 본[법]이 시행되기 전에 행하여지고, 그 행위의 결과로 그 담보권이 본[법]이 시행되기 전에 강제할 수 있는 것이라면, 우선특권 채권자가 되는 자의 권리보다 그 담보권 쪽이 우선권을 가지게 되는 경우에 본[법]이 시행된 후 1년 간 본[법]에 의하여 부착되는 담보권은 완전화를 유지한다. 부착한 담보권은 그 담보권이 그 기간이 도과하기 전에 본[법]에 의하여 완전화된 담보권이 되는 경우가 아니면, 본[법]이 시행된 후 1년이 경과할 때까지 완전화되지 않는다.

(b) [시행전의 등록] 본[법]이 시행되기 전의 융자명세서의 등록은 그 등록이 본[법]에 의하여 적용되는 완전화를 위한 여러 요건을 충족한다는 한도에서 담보권을 완전화하는데 유효하다.

(c) [이전에 완전화를 규율한 관할[주]에 대한 시행일전의 등록] 본[법]은 본[법]이 시행되기 전에 [구 제9-103조]에서 규정되어 있는 바와 같이 완전화를 규율하는 관할[주]의 법률에 의하여 등록되고, 완전화하기 위하여 적용이 있는 여러 요건을 충족하고 있어 유효한 융자명세서를 무효로 하지 않는다. 다만, (d)항 및 (e)항 및 제9-706조에서 별도로 규정된 경우는 제외하고, 해당 융자명세서는 다음 중 빠른 때에 효력을 상실한다.

(1) 해당 융자명세서가 등록된 관할 [주]의 법률에 의하여 그 명세서가 무효로 되는 때; 또는

(2) 2006년 6월 30일.

(d) [계속명세서] 본[법]이 시행된 후의 계속명세서의 등록은 본[법]이 시행되기 전에 등록된 융자명세서의 효력을 계속시키지 않는다. 그러나 본[법]이 시행된 후에 제3장에서 규정하는 바와 같이 완전화를 규율하는 관할 [주]의 법률에 따라서 계속명세서가 적시에 등록된 때에 본[법]이 시행되기 전 해당 관할지역의 동일한 사무소에서 등록된 융자명세서의 유효성은 해당 관할 법률에 의하여 정하여진 기간의 동안에 계속한다.

(e) [(c)항 (2)호의 운송사업체융자명세서에의 적용] 본[법]이 시행되기 전에 운송사업체에 대하여 등록되고, [구 제9-103조]에서 규정되어 있는 바와 같이, 완전화를 규율하는 관할 [주]의 법률에 의한 완전화를 위하여 적용이 있는 여러 요건을 충족하고 있는 융자명세서에 대하여 융자명세서가 등록된 관할 [주]의 법률이 해당 융자명세서가 대상으로 하는 담보물에 대한 담보권의 완전화를 규율한다고 제3장이 규정하는 범위에서만 (c)항 (2)가 적용된다.

(f) [제5장의 적용] 본[법] 이 시행되기 전에 등록된 융자명세서 및 본[법]이 시행된 후에 등록된 계속명세서를 포함하는 융자명세서는 그것이 최초의 융자명세서에 관한

제5장의 여러 요건을 충족하고 있는 한도에서만 유효하다.

제9-706조(최초의 융자명세서가 융자명세서의 효력을 유지시키는 데 충분한 경우)

(a) [계속명세서를 대신하는 최초의 융자명세서] 제9-501조에서 정한 사무소에서 최초의 융자명세서의 등록은 다음의 경우에 본[법]이 시행되기 전에 등록된 융자명세서의 효력을 유지시킨다.

(1) 해당 사무소에서 최초의 융자명세서의 등록이 본[법]에 의하여 담보권을 완전화하는데 유효하다고 생각되는 경우;

(2) 시행일 전의 융자명세서가 다른 주의 사무소 또는 본주의 다른 사무소에서 등록된 경우; 및

(3) 최초의 융자명세서가 (c)항을 충족하고 있는 경우.

(b) [효력이 계속되는 기간] (a)항에 의한 최초의 융자명세서는 다음의 경우에 시행일 전의 융자명세서의 효력을 유지한다.

(1) 최초의 융자명세서가 본[법]이 시행되기 전에 등록된 경우에 융자명세서에 관하여 [구 제9-403조]에서 규정된 기간 동안; 및

(2) 최초의 융자명세서가 본[법]이 시행된 후에 등록된 경우에 최초의 융자명세서에 관하여 제9-515조에서 규정된 기간 동안.

(c) [(a)항에 의한 최초 융자명세서의 요건] (a)항에서 유효하기 위하여 최초의 융자 명세서는,

(1) 최초의 융자명세서를 위하여 제5장의 여러 요건을 충족하여야 한다;

(2) 융자명세서가 등록된 사무소를 기재하고, 등록 일자 및 그 융자명세서에 관하여 융자명세서의 파일 번호 및 가장 새로운 계속명세서의 파일 번호를 부여함으로써 시행일 전의 융자명세서를 특정하여야 한다; 그리고

(3) 시행일 전의 융자명세서가 유효하고, 계속되는 것이 기재되어야 한다.

제9-707조(본법 시행 전의 융자명세서의 수정)

(a) [시행일전의 융자명세서] 본조에서 「시행일 전의 융자명세서」는 본[법]이 시행되기 전에 등록된 융자명세서를 의미한다.

(b) [준거법] 본[법]이 시행된 후에는 제3장에서 규정하는 바와 같이 완전화를 규율하는 관할 [주]의 법률에 따르는 경우에만 시행일 전의 융자명세서에 의하여 대상으로 되는 담보물을 추가 또는 삭제하여 그 유효성을 계속 혹은 해제하고, 그 외의 방법에 의하여 그 속에 주어진 정보를 수정할 수 있다. 다만, 시행일 전의 융자명세서의 유효성은 그 융자명세서가 등록된 관할 [주]의 법률에 따라 해제될 수 있다.

(c) [수정의 방법; 일반원칙] (d)항에서 별도로 규정된 경우를 제외하고, 본주의 법이

담보권의 완전화를 규율하는 경우에 시행일 전의 융자명세서의 정보는 다음의 경우에만 본[법]이 시행된 후에 수정될 수 있다.

(1) 시행일 전의 융자명세서 및 수정이 제9-501조에서 정하는 사무소에서 등록된 경우;

(2) 제9-706조 (c)항을 충족하는 최초의 융자명세서와 같이, 제9-501조에서 정하는 사무소에서 또는 그 사무소에서 등록한 후에 수정이 등록된 경우; 또는

(3) 수정된 정보를 기재하고, 제9-706조 (c)항을 충족시키는 최초의 융자명세서가 제9-501조에서 정하는 사무소에서 등록되는 경우.

(d) [수정의 방법; 계속] 본주의 법률이 담보권의 완전화를 규율하는 경우에 시행일 전의 융자명세서의 유효성은 제9-705조 (d)항 및 (f)항 또는 제9-706조에 의하여만 계속될 수 있다.

(e) [수정의 방법; 부수적 해제원칙] 본주의 법률이 담보권의 완전화를 규율하는가와 관계없이 본주에서 등록된 시행일 전의 융자명세서의 유효성은 제9-706조 (d)항을 충족하는 최초의 융자명세서가 그 융자명세서를 등록하는 사무소로서 제3장에서 규정하는 바와 같이 완전화를 규율하는 관할 [주]의 법률에 의하여 정하여진 사무소에서 등록이 이루어진 경우가 아니면 시행일 전의 융자명세서가 등록된 사무소에서 해제명세서를 등록함으로써 본[법]이 시행된 후에 해제될 수 있다.

제9-708조(최초의 융자명세서 또는 계속명세서를 등록하는 권리를 가지는 자)

다음의 경우에는 본장에 의하여 최초의 융자명세서 또는 계속명세서를 등록할 수 있다.

(1) 기록상의 담보권자가 등록을 승인하는 경우; 그리고

(2) 그 등록이 본장에 의하여,

(A) 본[법]이 시행되기 전에 등록된 융자명세서의 유효성을 계속하기 위하여; 또는

(B) 담보권을 완전화하고, 강제처분의 권리포기 완전화를 계속하기 위하여 필요한 경우.

제9-709조(우선순위)

(a) [우선순위를 규율하는 법률] 본[법]은 담보물에 대하여 저촉하는 청구권의 우선순위를 결정한다. 다만, 구권의 상대적 우선순위가 본[법]이 시행되기 전에 확립된 경우에 [구 제9장]이 우선순위를 결정한다.

(b) [담보권이 제9-203조에 의하여 강제될 수 있는 경우의 우선순위] 제9-322조 (a)항의 여러 목적을 위하여, [구 제9장]에 의하여 완전화하지 않는 담보권은 본[법]이 시행되기 전에 융자명세서를 등록함으로써 본[법]에 의하여 완전화되는 경우에 본

[법] 제9-302조에 의하여 강제할 수 있는 담보권의 우선순위는 본[법]이 시행된 때 이후부터 발생한다. 본항은 각각의 담보권이 그 융자명세서의 등록에 의하여 완전화되고, 저촉하는 담보권에는 적용되지 않는다.

10

시행일 및 폐지 법규

제10-101조(시행일)

제10-102조(개별적 폐지 규정; 경과 규정)

제10-103조(일반적 폐지 규정)

제10-104조(폐지되지 않는 법률)

제10편 시행일 및 폐지 법규

제10-101조(시행일)

본법은 입법 이후 12월 31일의 자정부터 시행된다. 본법은 시행일 이후의 거래에 적용된다.

제10-102조(개별적 폐지 규정; 경과 규정)

(1) 다음의 법률 및 본법과 저촉하는 법률의 전부 또는 일부는 본조에 의하여 폐지된다.
통일유통증권법
통일창고증권법
통일매매법
통일대물증권법
통일주식양도법
통일조건부매매법
통일신탁증서법
그 외, 다음의 것을 규제하는 법률:
은행의 주심
일괄매매
동산양도담보
조건부매매
도매업 우선특권법
농장의 곡물창고 및 유사한 사항에 관한 법률
계좌 수령금의 양도

(2) 제10-101조에서 정하여진 시행일보다 이전에 유효하게 체결된 거래 및 그것에서 발생한 권리, 의무 및 이권은 그 이후에도 계속 유효하고, 본법에 의하여 수정 또는 폐지된 제정법 혹은 다른 법률에 의하여 요구되고 인정되는 것과 동일하게 해약, 완료, 수정 또는 강제될 수 있다.

제10-103조(일반적 폐지 규정)

다음 조에서 규정하는 경우를 제외하고, 본조에서 모순되는 전제의 법률 및 법률의 부분은 본조에 의하여 폐지된다.

제10-104조(폐지되지 않는 법률)

권원증서에 관한 편(제7편)은 권원증서의 양식, 내용 또는 수치인에 의하여 주어진 서비스, 시설을 결정하는 규율 또는 본조에서 특히 다루어지지 않는 사항에 대하여 수치인의 영업을 규제하는 법률을 폐지 및 개정하지 않는다. 그러나 그와 같은 법률에 위반되었다는 사실은 그 외의 점에서는 권원증서에서 정의로 적합한 권원증서의 지위에 영향을 미치는 것은 아니다.

11

시행일 및 경과규정

제11-101조(시행일)

제11-102조(구 경과규정의 유지)

제11-103조([신법전]으로의 이행; 일반규정)

제11-104조(등록 요건의 변경에 대한 경과규정)

제11-105조(등록 장소의 변경에 대한 경과규정)

제11-106조(재등록의 요건)

제11-107조(우선권에 관한 경과규정)

제11-108조(법의 원칙은 보편적으로 계속된다는 추정)

제11편 시행일 및 경과규정

제11-101조(시행일)

본법은 19 ____년 __월 __일 오전 0시에 시행된다.

제11-102조(구 경과규정의 유지)

[여기에 각각의 주의 법률의 경과규정에 대한 언급을 삽입한다]의 여러 규정은 [신 통일상법전]에 계속 적용되고, 동시에 이 목적을 위하여 [구 통일상법전 및 신 통일상법전]은 한 개의 연속한 제정법으로 간주된다.

제11-103조([신법전]으로의 이행; 일반규정)

[구 통일상법전의 시행일] 후이고, [신 통일상법전의 시행일] 전에 유효하게 체결된 거래에서 [구 통일상법전]의 여러 규정에 따르고 있고, 그 거래가 [신 통일상법전]의 시행일 이후에 체결되어 있었다면 수정 후의 본법에 따른다고 생각되는 것 및 그와 같은 거래에서 생겨난 권리, 의무 및 이권은 그 이후에도 유효하게 존속하고, 또 [신 통일상법전]에 의하여 요구되고 인정되는 것과 같이 해제, 완성, 종결 및 강제될 수 있다. [신 통일상법전]이 유효하게 되는 때에 완전화되고, 관계하는 거래에서 생기는 담보권은 [신 통일상법전]에서 규정하는 것과 같이 그 기간이 경과하기까지 완전화된 상태로 유지되고, 제11-105조에서 정하는 경우는 제외하고, [신 통일상법전]에 의하여 인정되는 것과 같이 존속될 수 있나.

제11-104조(등록 요건의 변경에 대한 경과규정)

[구 통일상법전]에 의하여 등록 또는 점유의 취득이 그 완전화를 위하여 요구된 담보권으로 [신 통일상법전]의 시행일 전에 이루어졌지만, 완전화되지 않았던 것은 [신 통일상법전]이 등록없이 완전화를 인정하고 있거나 이전의 무효의 등록이 이루어진 사무소에서의 등록을 인정하고 있는 경우에는 [신 통일상법전]의 시행일에 완전화된 것으로 간주된다.

제11-105조(등록 장소의 변경에 대한 경과규정)

(1) [신 통일상법전의 시행일] 전에 경과하고 있지 않은 [신 통일상법전의 시행일] 이전에 등록된 융자 설명서 또는 계속 설명서는 [구 통일상법전]에서 규정된 기간, 다

만, 그 등록 후 5년 동안 유효하게 존속한다.

(2) [신 통일상법전]의 시행일 이후에 채무자에 의하여 획득된 담보물에 관하여 본조에 규정되는 유효한 융자 설명서 또는 계속 설명서는 [신 통일상법전]에 의하여 새로운 담보물상의 담보권을 완전화하는데 적절하다고 인정되는 사무소에서 등록이 이루어진 경우에만 적용된다.

(3) [신 통일상법전의 시행일] 전에 등록된 융자 설명서 또는 계속 설명서의 유효성은 [신 통일상법전]에 의하여 인정되는 것과 동일하게 계속 설명서에 의하여 계속될 수 있다. 다만, [신 통일상법전]이 이전의 융자 설명서가 없었던 사무소에서의 등록을 요구하고 있는 경우에 제11-106조에서 적합한 새로운 융자 설명서가 그 사무소에서 등록되어야 한다.

(4) 부동산의 양도 담보의 등기가 [신 통일상법전]의 해당 양도담보의 등기로서 유효하다면 그것에 기재된 물품의 정착물 등록으로서 유효하였다고 인정되는 경우에 그 양도 담보는 [신 통일상법전]의 시행일에서 [신 통일상법전] 제9-402조 (6)항에 의한 해당 물품의 정착물등록으로서 유효하다고 간주된다.

제11-106조(재등록의 요건)

(1) 담보권이 완전화되거나, 모든 자에 관하여 혹은 일정한 자에 관하여 등록 및 등기 없이 본법이 실시되는 때에 우선권을 가지는 경우 또는 융자 설명서의 등록이 완전화 및 [신 통일상법전]에 의하여, 담보물에 대한 담보권을 위하여 요구된다고 생각되는 경우에 그 담보권의 완전화와 우선순위의 권리는 [신 통일상법전]의 시행일 후 3년간 존속한다. 그 완전화는 그 후 융자 설명서가 (4)항에서 규정하는 것과 같이 등록된 것이 아니거나 담보권이 다른 방법으로 등록되어 완전화된 것이 아니면 소멸한다.

(2) 담보권이 그 완전화를 계속하기 위하여 새로운 등록, 재등록 또는 등기를 요구하지 않는 [통일상법전] 이외의 법에 의하여 [신 통일상법전]이 효력을 발생하는 때부터 3년 후까지 완전화는 존속한다. 다만, 융자 설명서가 (4)항에서 규정하는 것과 같이 등록되거나, 담보권이 등록 이외의 방법으로 완전화되던지 또는 제9-302조 (c)항에 의하여 그 외의 법률이 등록을 계속 규율하는 경우는 이 범위에 포함되지 않는다.

(3) 담보권이 그 완전화를 계속하기 위하여 새로운 등록, 재등록 또는 등기를 요구한 본법에 의하여 폐지된 법률에 의하여 등록, 재등록 또는 등기에 의하여 완전화되는 경우에 융자 설명서가 (4)항에서 규정하는 것과 같이 등록된 것이 아니거나 그 담보권이 등록 이외의 방법으로 완전화되는 것이 아니면, 완전화는 그와 같은 폐지된 법률에 의하여 해당 새로운 등록, 재등록 및 등기를 규정한 날까지 존속하지만, 그 날 이후에는 소멸한다.

(4) 융자 설명서는 담보권의 완전화가 되지 않으면 소멸한다고 인정되는 때의 6개월 이전에 등록될 수 있다. 관련된 융자 설명서는 채무자 또는 담보권자의 어느 것에 의하여 서명되어야 한다. 그것은 담보계약, 설명서 및 통지(본법에 의하여 폐지되고, 혹은 수정되는 제정법 또는 다른 법률로 어떤 이름이 사용되는 경우를 포함하여)를 특정하고, 그것과 관련하여 이루어진 최초의 등록, 재등록 및 등기의 장소와 시간, 파일 번호, 또는 장부와 페이지 수를 기재하고, 또한 [통일상법전]에 의하여 다른 등록사무소에 있는 담보계약서, 설명서 또는 통지가 어떠한 이름이 사용되고 있는가와 함께 유효한 취지를 기재하여야 한다. 제9-401조 및 제9-103조는 관계하는 융자 설명서를 등록하는 적절한 장소를 결정한다. 본항에서 정하는 경우를 제외하고, 계속 설명서를 위하여 제9-403조 (c)항의 규정은 관계하는 융자 설명서에 적용된다.

제11-107조(우선권에 관한 경과규정)

[제11편] 에서 별도로 규정한 경우를 제외하고, [구 통일상법전]은 당사자의 입장이 [신 통일상법전] 의 시행일 이전에 정하여져 있는 경우에 우선권의 여러 문제에 적용된다. 그 외의 경우에 우선권의 여러 문제는 [신 통일상법전]에 의하여 결정된다.

제11-108조(법의 원칙은 보편적으로 계속된다는 추정)

법의 변경이 명료하게 이루어진 것이 아니면, [신 통일상법전]의 여러 규정은 [구 통일상법전]의 의미를 명확하게 하는 것으로 간주되어야 한다.

〔역자약력〕

박정기(朴正基)
부산대학교 법정대학 법학과 졸업
일본 동지사대학 대학원 법학연구과(법학석사)
일본 고베대학 대학원 법학연구과(법학박사)
사법시험위원
University of Washington Visiting Scholar
Washington University in St. Louis Visiting Scholar
현 부경대학교 법학과 교수

[저서]
국제사법/국제거래법/인터넷과 전자상거래법/
가족법/법학통론/생활과 법률/여성과 법률(이상, 공저)

윤광운(尹光云)
경남대학교 법학과 졸업
부산대학교 및 중앙대학교 대학원 무역학과(경영학박사)
국가고시출제위원, 관세사시험출제위원
국제무역학회 회장, 한국국제상사학회 부회장
현 부경대학교 국제통상학부 교수, 경영대학 학장
대한상사중재원 중재인

[저서]
국제무역상무론[제3판]/신용장론/무역법[제2판]/국제무역결제론/
전자상거래론[제2판]/관세법/국제무역실무/사이버무역론/인터넷무역실무/
동북아의 수산업과 지역어업 협력분제/전자상거래법/무역실무(이상, 공저)

미국통일상법전

2006년 11월 6일 초판 인쇄
2006년 11월 8일 초판 1쇄 발행

공 역 박 정 기 · 윤 광 운
발행인 배 효 선
발 행 처 도서출판 法 文 社
413-832 경기도 파주시 교하읍 문발리 526-3
(파주출판문화정보산업단지)
등 록 1957년 12월 12일 제2-76호(윤)
전 화 031-955-6500~6, 팩 스 031-955-6525
e-mail(영업) : business@bobmunsa.co.kr
(편집) : edit66@bobmunsa.co.kr
홈페이지 http://www.bobmunsa.co.kr
조 판 광 암 문 화 사

정가 30,000원 ISBN 89-18-01779-0